事典 古代の祭祀と年中行事

岡田莊司[編]

吉川弘文館

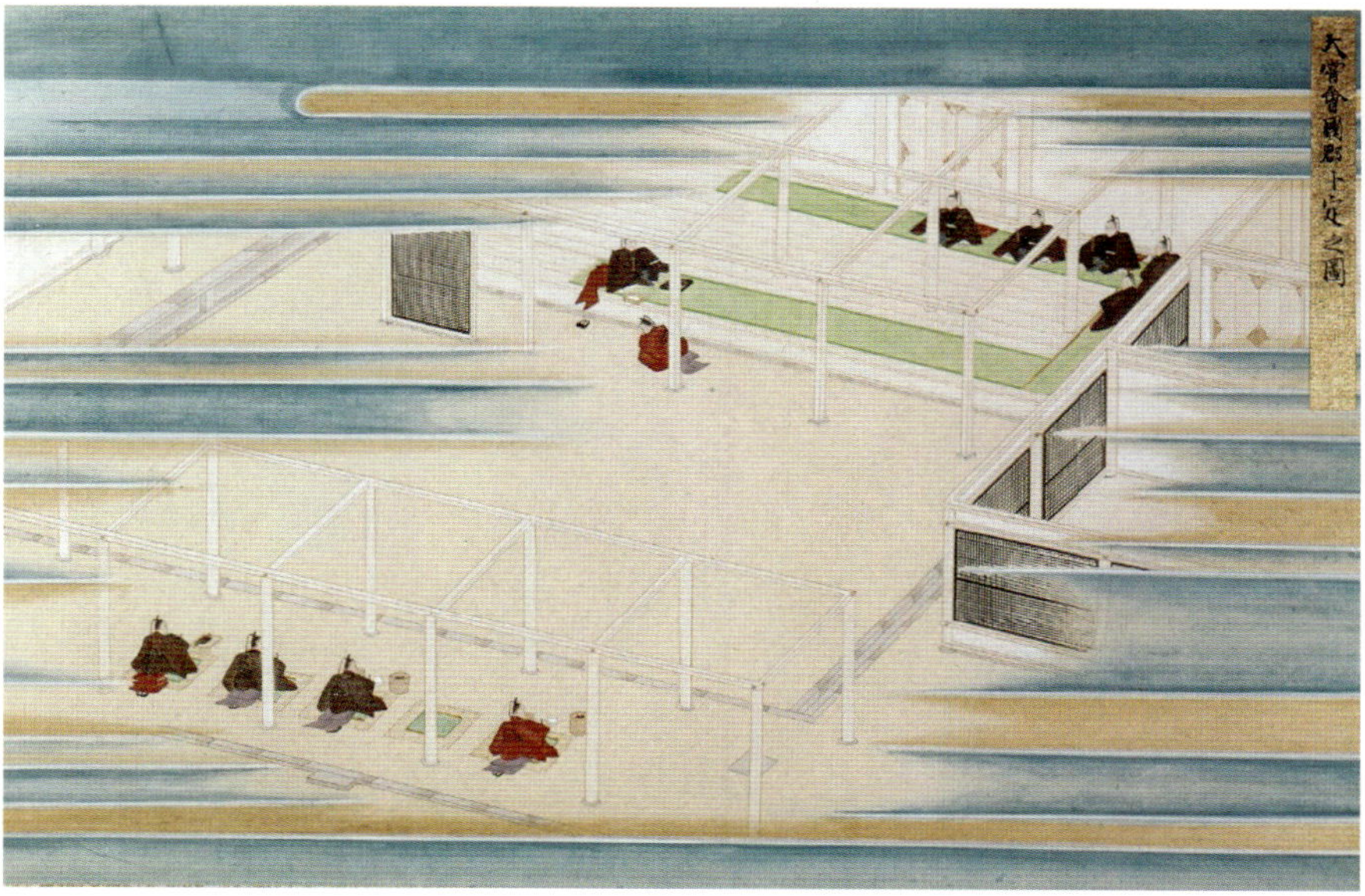

1　大嘗会国郡卜定(だいじょうえこくぐんぼくじょう)之図(『公事録』附図より，宮内庁書陵部所蔵)
大嘗祭で神に供えられる新穀を供出する悠紀(ゆき)・主基(すき)の国郡は，卜部の亀卜によって選定される．亀卜は紫宸殿東の陣座(じんのざ，図上)に着座した上卿(大臣，図中央)の指示で，軒廊(こんろう，図下)に着座した神祇官人が行なった．

2　大嘗会荒見川祓(だいじょうえあらみがわのはらえ)之図(『公事録』附図より，宮内庁書陵部所蔵)
大嘗祭に関わる諸員(悠紀国担当と主基国担当がある)の祓は荒見川(現紙屋川)で行われた．近世では九月晦日に行い，川の前に大麻を立てて祝詞を読み，祓禊を行なった．

神祭の当日夜，天皇(左図下側中央)は廻立殿(かいりゅうでん)での沐浴ののち，御祭服を着して大嘗宮悠紀殿(図左)へ渡御する．天皇の歩む道には白布と葉薦を敷き，頭上には菅蓋(かんがい)をかざした．悠紀殿での神事を終えると，天皇はいったん廻立殿に還御し，再び沐浴して主基殿(図右)に渡御する．主基殿でも悠紀殿と同様の神事が行われた．

4　大嘗会主基国風俗舞(だいじょうえすきのくにふぞくまい)之図(『公事録』附図より，宮内庁書陵部所蔵)

天皇が主基殿に出御すると，大嘗宮の南門外にて主基国(悠紀殿の儀では悠紀国)の国司に率いられた舞人が風俗舞を奏上する．それぞれの国の地名を取り入れた和歌に合わせて舞われた．

3　大嘗会渡御悠紀殿(だいじょうえゆきでんとぎょ)之図(左右一組,『公事録』附図より，宮内庁書陵部所蔵)

5　大嘗会辰日　奏寿詞之図(『公事録』附図より，宮内庁書陵部所蔵)

神祭が行われた翌日(辰日)には，節会に先立ち，中臣氏(図下中央)が天皇(殿上右側の御帳台に出御)に新たな御代を言祝ぐ「天神寿詞(あまつかみのよごと)」を奏上する．古代には豊楽院で行われたが，近世には紫宸殿の前庭で行われた．

6　秋季皇霊祭の儀・秋季神殿祭の儀(平成25年9月23日，宮内庁提供)

春分の日と秋分の日の二度行われる皇霊祭と神殿祭では，午前10時ころ，天皇陛下が黄櫨染御袍(こうろぜんのごほう，「天皇の神事装束」を参照)を召され、皇霊殿(歴代の皇霊を祀る)と神殿(天神地祇を祀る)において，拝礼を行い，御告文(おつげぶみ)を奏される．

7　夕の儀(新嘗祭神嘉殿の儀，平成25年11月23日，宮内庁提供)

11月23日の新嘗祭では，宮中三殿の西にある神嘉殿に御祭服(ごさいふく)(「天皇の神事装束」を参照)を召された天皇陛下が出御し，神饌をみずから供え，拝礼して御告文(おつげぶみ)を奏上し，自身共食される．午後６～８時の「夕(よい)の儀」と午後11時～翌１時の「暁(あかつき)の儀」の二度，同じ神事が繰り返される．

口絵解説：塩川哲朗・木村大樹

はじめに――天皇・国家の神祇祭祀と法会

本事典は、古代を中心とした天皇と国家の神祇祭祀と仏教法会六十項目を掲載した。祭祀とは、古代以来神々（天照大神はじめ天神地祇）に対して祭式作法によって祀ることであり、神社・神道の儀式として、毎年恒例・臨時に執り行われてきた。わが国は神仏共存の関係は長く、神祇祭祀とともに、仏教法会が国家的信仰儀礼の両輪として行われた。これらの祭祀・法会は、神社においては神職に、寺院においては僧侶に委託して執り行われるとともに、国家機構である朝廷内の神祇官をはじめとした官司においても斎行され、さらに国家の重事とされる大嘗祭は国家と天皇祭祀の極致として、代行の叶わない親祭として執り行われた。

古代律令国家の祭祀体系が形成していったのは、七世紀後半、天武・持統天皇朝（六七二～九七）の時代である。その祭祀体系は、祈年祭の幣帛供進（班幣）を中心とした官社制度にある。班幣儀礼は天智朝に起源が求められるが、それが制度として機能するようになるのは、天武四年（六七五）二月（『年中行事秘抄』所引の「官史記」）のこととされる。稲作豊穣の予祝儀礼は国家祭祀の基幹とされ、同四年四月には、大和の風水害防止と農耕生産祈願である龍田神社の風神祭、広瀬神社の大忌《おおいみ》祭が始まり、のちに毎年四月・七月恒例の「神祇令」祭祀に組み入れられた。さらに同五年の夏、旱魃のため諸国の神祇に幣帛を奉り、さらに僧尼に依頼して仏法に祈った。八月には臨時の大祓も行われた（『日本書紀』）。この時期から祭祀制が機能し、神祇とともに仏法法会も重視され、神仏尊崇の信仰儀礼が定着していく。

祭祀起源の二系統

神社祭祀の起源は、磐座《いわくら》祭祀・聖水信仰など、自然景観との関連が指摘されてきた。これらは五世紀初頭以後、遺跡の発掘から祭祀の連続性が確認できる（宗像《むなかた》沖ノ島、三輪山周辺遺跡など）。一方の、天皇新嘗《にいなめ》と大嘗祭《だいじょうさい》の源流は、磐座・神社祭祀とは異なり、大王・豪族の居館内神殿に発し、祖神祭祀が想定されている（大和纏向遺跡、秋津遺跡など）。

〔三・四世紀〜〕　居館内神殿―祖神祭祀　⇒宮中・新嘗・天皇親祭〈内廷・内々〉→大嘗祭

〔五世紀〜〕　自然景観―磐座・聖水祭祀　⇒神社・天神地祇祭祀・神祇官班幣〈外廷〉→祈年祭

祭祀起源の二系統として、古く居館内神殿・新嘗祭祀の原形が始まり、つづいて自然景観を背景に磐座・聖水祭祀から発した神社が成立していった。七世紀後半には、この二系統が合流した新たな祭祀形態として、皇祖神祭祀の宗廟である伊勢神宮の祭祀が地位を確立してゆく。また、天皇宮中では新嘗を拡大した大嘗祭が成立する。伊勢神宮祭祀と大嘗祭とは、ともに天皇祭祀権に基づく皇祖・天照大神への祭祀であった。

本来、天照大神と天皇とは、神代における「吾が児、此の宝鏡《たからのかがみ》を視まさむこと、吾を視るが猶《ごと》くすべし、与《とも》に床を同じくし殿《みあらか》を共にして、斎《いはひの》鏡とすべし」という宝鏡奉斎の神勅により、宮殿内に同居することが本旨であったが、国内に疫病がはやり不都合が生じ、大神をより丁重にお祀りするため、垂仁天皇のとき伊勢に鎮座することになる。「同床共殿」の本旨は毎年新嘗祭と神今食（中世後期に廃絶）斎行と内侍所（賢所）祭祀に受け継がれていくとともに、最上の清浄である大嘗宮の二殿合一という、二神殿を用意した大神事である大嘗祭が天武・持統朝から現代（二〇一九年十一月十四・十五日斎行予定）まで、天皇代替りごとに継承されてきた。

祭祀権の二重構造

祭祀の本義は、農耕生育への感謝と災異現象へ対する予防とであった。私たち祖先は日本列島を生活の場に選択したときから、自然の恵みにたくさんの恩恵をうけるとともに、厳しい自然災害を切り抜けてきた。天皇祭祀と神祇祭祀は自然災害への対応を組み込むことで、祭祀への理解が深められる。現代へとつづく神祇神道論も、自然と災害とを組み入れることで、古代人の思想・意識に触れることが可能となる。

古代の国家体制は、大化以前の氏族制社会と七世紀後半以後の律令制社会とが共存した二元的体制が維持されていった。天下統治の国家祭祀においても、地域・氏族祭祀権と国家・天皇祭祀権とは二重構造にあり、旧体制を温存し緩やかな包括をしていくことで、天皇祭祀による天下統治を完成することができた。

自然に繋がる神々の世界は、天皇といえども貫徹できない祭祀権の限界があり、神話と国史には、神祭りの厳しさ、畏怖感を伝えている。崇神《すじん》天皇紀に記された律令祭祀制の祖型となる三輪山祭祀は、天皇直接の祭祀（親祭）は認められず、氏族祭祀に介入できない原則が確立していた。天皇祭祀権（天皇＝皇御孫命による国家統合の祭祀権）と氏族祭祀権（氏族・地域の統括者による個別祭祀権）とは、不可侵の関係にあり、祭祀権の二重構造のもと、氏族祭祀は独自性をもち、地域については委託・代行の祭祀が、災害を鎮め、地域の安定化に効果があった。本事典は、国家と天皇祭祀権に基づく祭祀と法会を中心に掲載した。

律令制以前（大化前代）には、地域ごとに自己の属する守護神以外を祭ることはできない原則があったが、律令制以後も、天皇が直接の祭祀を執り行えたのは、皇祖天照大神一神のみで、それ以外の神々に対しては、地域・氏族による個別祭祀権は残りつづけ、天皇は間接的に関与するのみであった。

以後の諸国における国司の祭祀と国衙祭祀は天皇祭祀権の代行行為であり、東国における源頼朝に始まる鎌倉殿将軍祭祀も、天皇祭祀権の一部委託にほかならない。祭祀権が完全に天皇のもとに一元化したのは、明治四年（一八七一）五月、「神社は国家の宗祀」であることが表明されたときからである。以後、戦前まで天皇の祭祀大権が運用されたが、終戦とともに、政教分離のもと祭祀権は内廷に移行し、古代祭祀の原則である天皇「内々」の祭祀に戻ることになった。

本事典では、古代の祭祀制の柱とされる七・八世紀成立の律令祭祀制と九世紀成立の平安祭祀制との、二つの祭祀制を基本に収録した。前者の律令『養老神祇令』に規定する年間祭祀十三種と大祓《おおはらえ》では、祈年祭・月次《つきなみ》祭の班幣祭祀、鎮火祭・道《みち》饗《あえ》祭の宮都を守護する境界祭祀、伊勢神宮・大神神社とその諸社、広瀬神社・龍田神社など、特定神社の祭祀が神祇官はじめ諸官司が関与する国家祭祀とされた。ついで、春日神社の祭祀を筆頭に、天皇母方の氏神祭祀、平安京の王城鎮護の賀茂祭・松尾祭などの公祭、また、天皇御願のため（恒例の）臨時祭が生まれた。さらに平安京内で庶民も参加する祇園御霊会《ぎおんごりょうえ》・稲荷祭なども公的性格をもつようになる。

本事典で紹介した祭祀のなかには、中世で終焉を迎えるもの、近世に再興され現代まで盛大につづくもの、幕末に再興されるが、近代明治に入り、再度廃絶したものなど、祭祀の歴史はさまざまであった。ただし、これらのなかでも、伊勢神宮の神嘗祭《かんなめ》（例幣）と式年遷宮（平成二十五年、第六十二回斎行）、天皇祭祀である新嘗祭と大嘗祭とは、中世末期から近世初期の一時期、中断はあったが、ともに国家大事の祭祀として受け継がれてきた。

一方の仏教法会も、大極殿御斎会《ごさいえ》・薬師寺最勝会・興福寺維摩会《ゆいまえ》の南京三会をはじめ諸法会が国家的儀礼として行われた。昨年正月、真言院後七日御修法の系譜を引く、東寺で行われた後七日御修法に参拝させていただいたが、東寺灌頂院内の暗闇のなかの荘厳さは、いまもなお記憶に新しい。

平成最後の石上神宮鎮魂祭に参列し、古稀を迎えて

岡　田　荘　司

目　次

はじめに――天皇・国家の神祇祭祀と法会

凡　例

神道祭祀編

総　論……………………………………………………二

神祭りの起源――奈良・平安時代以前の祭祀　二

律令祭祀制　二

平安祭祀制　一八

中世・近世の祭祀制　二七

近現代の祭祀制　三

天皇の神事装束　三九

祭祀の祝詞――『延喜式』祝詞解説　四三

儀式書解説　四九

祭祀等収載儀式書一覧　五七

祭祀・儀式の復元　六〇

恒例祭祀……七三
【一　月】四方拝　七三
【二　月】祈年祭　七七／大原野祭（十一月）　八八／春日祭（十一月）　九三／祈年穀奉幣（七月）　九七／鹿島祭使・平岡祭・率川祭・園韓神祭（十一月）　一〇五
【三　月】石清水臨時祭　一一〇／鎮花祭　一一四
【四　月】大忌祭・風神祭（七月）　一一七／稲荷祭　一二三／平野祭・平野臨時祭（十一月）　一二八／梅宮祭（十一月）　一三三／賀茂祭　一三八／三枝祭　一四六／大神祭・宗像祭・山科祭・松尾祭・杜本祭・当麻祭・当宗祭・吉田祭・日吉祭・中山祭（十一月・十二月）　一四九
【六　月】月次祭・神今食（十二月）　一六〇／祇園御霊会・祇園臨時祭　一六七／大祓・御贖（十二月）　一七三／鎮火祭（十二月）　一八三／道饗祭（十二月）　一八六
【八　月】北野祭・北野臨時祭　一九二／石清水放生会　一九六
【九　月】神嘗祭発遣儀　二〇四
【十一月】相嘗祭　二〇七／鎮魂祭　二一四／新嘗祭　二一九／賀茂臨時祭　二三〇
【十二月】内侍所御神楽　二三五
臨時祭祀……二三九
大嘗祭、辰日・巳日・豊明節会　二三九／八十嶋祭　二五三／名神祭

二五六／出雲国造神賀詞奏上儀礼　二六〇／神社行幸　二六七／一代一度大神宝使　二七五／宇佐使　二八〇

伊勢神宮祭祀……………………………………二八四

【総　論】神宮祭祀　二八四／斎王と斎宮寮　二九一
【恒　例】祈年祭　二九六／神衣祭　三〇一／月次祭　三〇六／神嘗祭　三一〇
【臨　時】神宮式年遷宮　三一七

仏教法会編

総　論……………………………………三二六

仏教法会の概観　三二六

恒例法会

【一　月】大極殿御斎会　三三九／真言院後七日御修法　三四六／修正月　三五〇
【三　月】薬師寺最勝会　三五三
【六　月】延暦寺六月会・霜月会　三五八
【十　月】興福寺維摩会　三六一

臨時法会

一代一度仁王会・一代一度仏舎利使　三六九

付　録

特別付録　宮内庁書陵部蔵『神祇官年中行事』解題・翻刻……三七八
祭祀関係用語集……三九二
参考図書……四〇六
付録図版……四一三
平安京大内裏図　四一三／平安宮朝堂院・豊楽院図　四一四／平安京内裏図　四一五／清涼殿図　四一六／中和院新嘗祭・神今食装束図　四一七／内宮・外宮境内図　四一八／干支の方位・時刻対応図　四二〇
あとがき……四二一
神道祭祀・仏教法会年表

凡　例

項　目

一　本事典は、古代に天皇自身が行い、あるいは社寺に委託した神道祭祀（恒例祭祀・臨時祭祀・神宮祭祀）、および仏教法会についてまとめた事典である。

二　項目は、神道祭祀編と仏教法会編の二つに分け、それぞれに総論を置き、恒例・臨時・神宮などの順に約六十項目を立項し、最新の研究に基づいた記述に図表も付して、わかりやすく解説した。

三　古代を中心にするが、その後の変遷についても概観した（とくに現在まで続く祈年祭・新嘗祭・大嘗祭・式年遷宮など）。

四　見　出　し

1　各項目の冒頭には、各祭祀・法会が挙行される月や臨時・神宮などを付し、祭祀・法会名と読みを記載した。

2　一年に数度、斎行される祭祀については、／を付して記載した。

3　本文中には、内容に対応したゴチックの見出しを置き、読者の便宜を図った。

配　列

一　神道祭祀編と仏教法会編の二つに分け、それぞれに総論を置き、恒例・臨時・神宮などの順に配列した。

二　恒例祭祀・恒例法会は、挙行される月の順に配列した。

記　述

一　文体・用字

1　漢字まじりのひらがな書き口語文とし、仮名遣いは引用文を除き、現代仮名遣いとした。

2　漢字は、歴史的用語・引用史料なども含め、なるべく常用漢字・新字体を用いて記述した。

3　漢字は、漢数字を使用し、千・万・百・十などの単位語を付した。

二　年次・年号

1　年次表記は、年号を用い、各項目の初出部分に（　）内に西暦を付け加えた。

2　改元の年は、原則として新年号を用いたが、史料の記載等により旧年号を用いた箇所もある。

三　参考文献

各項目の末尾には、その項目についての参考文献を発表年順で掲載した。のちに論文集などに収められた論考については初出年を（　）付けで示し、本文中の該当箇所には〔執筆者名：発表年〕を挿入した。

四　参考図書

その項目のみならず、神道祭祀・仏教法会全体に関係する参考文献は、付録の参考図書としてまとめ、執筆者の五十音順で掲載した。また、神道祭祀編の総論の参考文献については、参考図書に含め、掲載した。

五　各項目の最後に、執筆者名を（　）内に記した。

六　付　録

読者のさらなる理解の便を図るため、以下の付録を掲載した。

1　特別付録：宮内庁書陵部本『神祇官年中行事』翻刻

2　祭祀用語集

3　参考図書

4　付録図版

平安京大内裏図／平安宮朝堂院・豊楽院図／平安京内裏図／清涼殿図／中和院新嘗祭・神今食装束図／内宮・外宮境内図／干支の方位・時刻対応図

5　神道祭祀・仏教法会年表

神道祭祀編

宮中三殿（宮内庁提供）

神祭りの起源——奈良・平安時代以前の祭祀

奈良・平安時代（八・九世紀）以前の祭祀とは、どのようなもので、いかに行われたのか。その起源はどこまでさかのぼるのか。ここでは、記紀など古代文献に、考古学の最近の調査・研究成果を加え考えてみたい。

祭祀の構造

祭祀とは何か、人間は何のために祭祀を行うのか。祭祀の対象の「神・カミ」とは、どのような存在なのか。まず、この点を明確にしておく必要がある。現在でも、古代の神々の性格を説明する場合、「自然崇拝」や「アニミズム」という言葉が使われる。しかし、これらの言葉のみでは、なぜ人々は神々を信じ、祭祀を行うのか説明しきれない。

そこで参考になるのが、最近の認知宗教学の研究成果である。人間は、さまざまな現象の背後に行為者（Agents）を直観し、それを人格化（擬人化）する。これは、人間が進化の過程で得た脳の認知機能であると指摘されている。「日が照る」「風が吹く」「山・海の恵み」などの多様な自然現象の働きに、それを起こし司る行為者を直観し、その姿は人間と同じと考える。これは、古代日本の記紀や『延喜式』祝詞の神々にも当てはまる。また、神は擬人化されるので、特定の働きの行為者（カミ・神）と人間との間には、人間同士の関係が適応される。神々へ貴重な品々、美味しい飲食を提供すれば（捧げれば）、神々はお返しとして望む働きを実現してくれると直観する。これが、祭祀の基本的な構造である。一方、危険への直観も同時に働く。神への礼を失した祭祀、穢れた捧げ物は、神の怒り（負の働き、災害＝祟り）を招くというものである。このため、古代日本の神祇祭祀では、神の祟りを防ぐため厳重に穢れを忌避し、厳格な祭祀の構成「祭式」が存在するのである。

環境の特定の働きに行為者「カミ・神」を認める直観「信仰」と働きかけ「祭祀」が、人間「ホモ・サピエンス」の脳の認知機能にもとづくものならば、それらは旧石器・縄文時代から存在した可能性は高い。しかし、古代へつながる祭祀の成立は、やはり、日本列島内で水田稲作が定着した弥生時代中期(紀元前四世紀頃)を待たねばならない。

弥生時代の祭祀

弥生時代、列島内に金属製の武器・利器がもたらされた。これに伴い、銅剣・銅鉾、銅鐸を祭器具とする祭祀が成立したと考えられる。その祭祀の具体的な内容については諸説あり現時点では明確にできない。しかし、静岡県の都田川流域の谷では十点の銅鐸が集中して出土、島根県の神庭荒神谷遺跡からは銅剣三五八本、銅鉾十六本、銅鐸六点の銅製祭具がまとまって出土した。この遺跡の近くには銅鐸三十九点が出土した加茂岩倉遺跡がある。銅製祭具を使った信仰・祭祀は、特定の場所・環境と密接に関係していたのだろう。これらの遺跡・出土地点は、いずれも灌漑用水の源となる谷地形にあり、水田稲作と深く結びついていた可能性は高い。

弥生時代の後期後半(紀元二世紀ころ)には、銅製の祭器具と入れ替わるように、墳丘墓が成立する。墳丘墓は、西日本の各地、瀬戸内(吉備)地方、山陰と北陸、近畿地方北部などで成立する墓の形である。土を高く盛り上げ、各地域で特徴的な形の墳丘を作り、有力首長の遺体を木棺・木槨に納め、鉄製の武器・工具、玉類などを副葬品として葬る。墳丘上では多量の土器を使用し死者へと飲食を供献した。とくに吉備地方の墳丘墓では、底部に穴を開けた壺と器台を組み合わせ大型にした供献用土器を使用し、特別な死者(有力首長の遺体)への飲食供献を象徴的に表現した。

この首長の遺体に対する行為にも人間の脳の認知が深く関わっている。人間は、遺体を、腐敗する穢れた危険な存在と直観する。その一方で、遺体は、その死者を知る人々にとっては、生前の人格(性格・地位・能力)を直観的に想起させる存在でもある。このため人間は遺体に対して生前と同様に接しようとする。こう考えると、墳丘墓では遺体から直観される首長の人格にもとづき、死者(遺体)の意志に沿うよう貴重な品々(副葬品)を捧げ飲食を供えたことになる。このような墳丘墓での行為は、亡き首長の人格にもとづく加護を祈り、その意志に沿うことで祟り(災害)を防ぐ「祭祀」であったといってよいだろう。弥生時代後期、生活を維持する生産や交易・流通面で各地の首長はきわめて重要な働きを果たすようになり、そのなかから有力首長が誕生した。同時に、彼らの人格を直観させる遺体への祭祀も重要性を増して肥大化、銅製祭器具にかわる墳丘墓の祭祀が成立したのだろう。

古墳の成立

地域性が強かった各地の墳丘墓は、三世紀中ごろ、ヤマト地域の都市的な大集落、奈良県の纏向遺跡周辺で統合され、全長二八〇《メートル》の巨大な前方後円墳、箸墓古墳が成立、時代は古墳時代へ移行する。古墳の特徴には以下の五点をあげることができる。①墳丘の大規模化。②墳丘の形態・規模の序列化。③長大な木棺・石室による遺体の密閉と塀・埴輪列による区画・遮蔽。④銅鏡、鉄製の武・工具、玉類・石製の腕輪など多量の副葬品。⑤壺形土器・器台が象徴する飲食の供献である。

弥生時代中・後期、北部九州の墓に納められていた中国、漢の銅鏡が重要な副葬品として加わり古墳の副葬品は成立する。弥生時代、遺体へ飲食を供献した壺と器台は大型化し壺形土器・円筒埴輪となっていく。このような、前方後円(方)墳に代表される古墳は、三世紀後半以降、東北地方から九州まで、地域差はありながらも各地で受け入れられた。この後、列島内の主要な地域で行われていた亡き首長への祭祀は、古墳という共通の型式で整えられると同時に、ヤマトの王権を中心に序列化されることとなった。

纏向遺跡の祭祀

箸墓《はしはか》古墳の北に接する纏向遺跡では、列島内各地の土器が出土し、三世紀前半までには都市的な大集落が出現する。ここが、ヤマト王権につながる勢力の拠点となっていた可能性は高い。その中心部の大型建物に接して土坑が発見され、多量の遺物が出土した。食物には、鯛・鯖・鯵・鰯など海の魚の骨、鴨・鹿・猪の鳥獣骨、約三〇〇〇個の桃の種、稲・粟などの穀物がある。さらに黒漆塗りの弓、剣形の木製品、手捏土器、ミニチュア土器といった祭祀・儀礼に関連する遺物と多量の土器が加わる。ミニチュア土器には、伊勢湾沿岸の台付き甕を小型にしたものがあり、海の魚とともに持ち込まれたのだろう。三世紀には、ヤマト地域と伊勢湾沿岸地域との結びつきが、すでに確認できる。前方後円墳(古墳)とその祭祀が成立したのとほぼ並行して、纏向遺跡の中心部では山・海の幸、稲・粟、桃など多量の食物を供える祭祀・儀礼が、伊勢湾沿岸地域と関係しながら成立していたのである。

鏡と刀剣

この三世紀前半ごろには、新たな漢の鏡が日本列島に持ち込まれた。後漢末期（二世紀）に作られた「画文帯神獣鏡」である。鏡の背面に、神仙・霊獣の精緻な像を刻み吉祥句を連ね、外縁には日・月の運行を表現する。精良な白銅質で、まさに「白銅鏡《ますみのかがみ》」と呼ぶにふさわしいその優品は、箸墓古墳に隣接する初期の前方後円墳、ホケノ山古墳から出土している。この画文帯神獣鏡を入手し分配することで、初期のヤマト王権は政治的な求心力を高めていたと考えられ、この鏡の系譜は三角縁神獣鏡へ継承された。

後漢末期の優れた刀剣も日本列島へと持ち込まれていた。奈良県の東大寺山古墳から出土した鉄刀は、その典型である。全長一一〇センチ、内反り素環頭大刀の環頭を青銅製の飾りへ換えたもので、峰に金象嵌で後漢の年号「中平」（一八四〜九〇年）と吉祥句を刻む。内反り素環頭大刀は、石上神宮の禁足地から出土した鉄刀と同じ形態である。禁足地には神剣「韴霊《ふつのみたま》」を納めたと伝えられており、内反り素環頭大刀は、神剣の具体的なイメージと重なっていた可能性は高い。三世紀、日本列島へ持ち込まれた優れた銅鏡や刀剣は、政治的・宗教的にきわめて大きな意味を持つようになり、これらの優れた銅鏡・刀剣は、のちに神を象徴し、神として扱われる「宝鏡」「神剣」の原形になっていったと考えられる。

三世紀前半から中ごろ、①古墳とその祭祀が成立、②纏向遺跡の中枢部で多種多量の飲食を供える祭祀・儀礼が形成され、そして③優れた鏡と刀剣の強い政治性・宗教性が顕在化した。ほぼ並行して展開した、これら三つの要素は、ヤマト王権を核とした「倭国」の成立と相互に関係するとともに、その要素は、後の祖や神への祭祀へと大きな影響を与えたと考えられる。

古墳の変化

四世紀後半、古墳の祭祀は大きく変化した。三重県の石山古墳（前方後円墳）では、後円部の墳頂に葬られた三体の遺体の上に、死者を象徴するように家形埴輪を置き、周囲を円筒埴輪で方形に区画し、甲冑や盾、蓋《きぬがさ》の器財埴輪を配置していた。また、副葬品には農具（鎌）・工具（刀子・斧・鉇《やりがんな》）の石製模造品が加わった。この変化は、奈良県の佐紀盾列《さきたたなみ》古墳群の佐紀陵《さきみささぎ》山《やま》古墳で始まったようである。佐紀陵山古墳は、佐紀盾列古墳群のなかでは最も古い段階に造営されたと考えられ、現在、垂仁天皇皇后、日葉酢媛命《ひばすひめのみこと》の陵墓とされている。家形埴輪は、古墳に葬られた死者を象徴し、盾形埴輪には死者（遺体）を保護・防禦する機能が考えられ、いずれも古墳時代後期まで継続して立てられていくこととなる。このような古墳で死者を祀る形は、五世紀代の人物埴輪列へと継承された。

祭祀遺跡の出現

古墳が変化する四世紀後半、日本列島内で共通する神祭りの痕跡「祭祀遺跡」が明確となる。その典型例が、宗像・沖ノ島祭祀遺跡である。初期の遺跡、十七号遺跡では沖ノ島の神を象徴する巨岩の隙間に、捧げ物として多数の銅鏡、鉄製の刀剣、翡翠《ひすい》の勾玉、碧玉製の腕輪を纏めて納めていた。これらの品々は、四世紀代の大型古墳の副葬品と共通する。

四・五世紀、中国の晋王朝は衰退・滅亡し、中国大陸は、五胡十六国・南北朝にわかれ不安定化する。朝鮮半島では高句麗が百済・新羅に軍事的な圧力をかけ、東アジア情勢は大きく変化した。その中で、倭国と百済などとの連携や、倭国の朝鮮半島における軍事行動が行われ、日本列島と朝鮮半島との人的・物的な交流が活発化した。これを背景に、四世紀後半、倭国の中枢「ヤマト地域」と朝鮮半島を最短で結ぶ航路上の宗像・沖ノ島で、前期古墳の副葬品と共通した品々を捧げた祭祀が成立したと考えられる。

日本列島と朝鮮半島との交流が活発化するなか、五世紀には鍛冶・紡織・須恵器生産という新たな技術、多量の鉄素材が列島内に流入し、古墳の副葬品の中心は鉄製の武器・武具、農・工具、乗馬用の馬具へと変化する。この古墳時代中期、五世紀前半頃を画期として、東北地方から九州までの各地域で共通の品々が出土する祭祀遺跡が残されるようになる。共通の品々とは、祭祀用の石製模造品（鏡・有孔円板、剣形、勾玉・子持勾玉・臼玉、刀子形、斧形など）、土製模造品（鏡、勾玉など）、手捏土器、飲食を盛り供える土師器・須恵器である。そして、当時、最新の技術・素材を象徴する捧げものとして鉄製の武器、農・工具、鉄素材「鉄鋌」が捧げられた。さらに、五世紀後半から六世紀には、これらに馬具が加わった。

祭祀遺跡の遺構・遺物

近年の発掘調査により、五世紀代の祭祀遺跡が多様な遺構・遺物の集合体であったことが明らかとなった。千葉県の千束台遺跡や愛媛県の出作遺跡では、石製模造品の未成品と製作過程で生ずる石屑、加工した鉄素材の鉄鋌、鍛冶炉や鉄滓を確認している。祭祀遺跡で石製模造品の製作と鉄製模造品作るような簡易な鉄加工を行っていた事実をうかがわせる。また、遺物には多くの木製品が含まれていた。刀形・船形といった祭祀用の模造品のみではない。主なものに、糸を紡ぎ布へと織り上げる一連の紡織具、楽器の琴、火鑽臼、杵、柄杓、瓢などの調理具、供献用の机「案《あん》」がある。さらに、閂穴を削り出した扉材、梯子材など高床倉の存在を示す建築部材が出土する。これら木製品が出土した五世紀代の代表的な祭祀遺跡が、静岡県山ノ花遺跡と奈良県南郷大東遺跡で、同様の遺物は六世紀から七世紀代の島根県前田遺跡でも確認でき、これらは五世紀から七世紀の祭祀の場へ伝統的に受け継がれていたと考えられる。

建物・施設の遺構としては、建築材に対応する高床建物を含む掘立柱建物跡があるほか、近年、祭祀の場と建物を区画・遮蔽する籬《かき》（垣・塀）の存在が明らかになりつつある。その「籬」の遺構は、四世紀代の奈良県秋津遺跡までさかのぼり、五世紀後半では神戸市の松野遺跡の例がある。群馬県の金井下新田遺跡では、六世紀初頭、榛名山から噴出した火山灰の下から、高さ三㍍の網代垣が高床建物と大型竪穴建物を、区画・遮蔽した遺構が発見されている。儀式用の小型銅鏡、石製模造品、土師器・須恵器をまとめた土器集積遺構が伴い、隣接地点には鍛冶工房が営まれていた。

祭祀の実態

これらの遺物・遺構をまとめると、五世紀頃の祭祀の実態が見えてくる。まず、祭祀で使用し供える品々は祭祀の場の周辺（もしくは特定の場所）で特別に製作・調理し、事前に準備されていたと推測できる。また、祭祀の場には供献した品々や祭具を収納・保管し、閂で封できる高床倉が建ち、祭祀の場や高床倉など祭祀と関連する建物・施設を籬が区画・遮蔽していたと考えられる。これらの遺構・遺物にもとづくと、当時の祭祀の構成「祭式」は、①祭具・供献品(鉄製品・布類・石製模造品など)の準備・製作→②祭祀(案に供献品を置き供える)→③貴重な供献品の収納(高床倉)、土器の撤下・集積(土器集積遺構)という流れであったと推定できる。

この祭祀の流れは、延暦二十三年(八〇四)に成立した『皇太神宮儀式帳』(『内宮儀式帳』)が記す三節祭(六・十二月の月次祭、神嘗祭)の祭式とほぼ一致する。さらに『内宮儀式帳』で、祭祀に先立ち神意をうかがうために弾く琴と、五世紀代の祭祀遺跡の琴の存在は一致する。つまり、神宮祭祀の直接の起源は五世紀代にもとめられ、その祭祀の構成は、五世紀代に日本列島の各地の祭祀で共有されたと考えられる。祭具・供献品を特別に準備・製作する目的は、それらの清浄性を確保することにあり、籬の機能は祭祀へと穢れなどの悪影響が及ばないよう、また、そこで祀る神の霊威が周辺へ影響を与えないよう、区画・遮蔽することにあった。この籬こそ、「神籬《ひもろき》」の実態であったと考えられる。

天下・神観と祭祀

古代祭祀の基本的な構成が成立する五世紀、日本列島では、国家形成の新たな段階を迎えていた。埼玉県の稲荷山古墳から出土した鉄剣の金象嵌の銘文には「治天下」「大王」の文字が含まれ、熊本県の江田船山古墳から出土した鉄刀の銀象嵌の銘文も同様である。これらの文字からは、「大王」が統治する「天下」という国家領域の意識が形成されていたことがうかがえる。この天下の自然環境で、生産・交通の面で特別な働きが現われる場所に、その働きを起こし司る行為者「カミ(神)」を直観して祭祀を行なった。そのような環境・場所に祭祀遺跡は立地し、そこは記紀、『延喜式』祝詞で神が「坐・居(ま)す」所とされている。「坐す神」の神観である。ヤマトと朝鮮半島を最短で結ぶ航路上にあり、玄界灘のただ中で真水が湧く宗像・沖ノ島は、このような特別な働きを示す環境の一つといってよい。

そして、列島内の各地では、五世紀代、当時の最新の技術を象徴し、ヤマトの大王が供与した鉄製の武器・武具、農・工具や美しい布を捧げ、地元の人々が準備した祭具を使い、調理した飲食を供え、各地の有力者が祭祀を実施した。その祭祀では、環境の働きの行為者「神」に、望ましい働きの実現と、負の働き＝災害の防止を祈った。これが、五世紀に天下の認識とともに形成された古代祭祀の本質であり、この祭祀こそ大王による「治天下」の重要な要素だったと考えられる。

律令国家と祭祀制度

七世紀、東アジアの情勢は、再び大きく変化した。五八九年、隋が南北朝を統一。その滅亡後、六一八年には中国大陸に強大な統一帝国、唐が建国した。唐は朝鮮半島の高句麗・百済を滅ぼし、新羅を強い影響下に置いた。このような情勢を受けて、日本列島の倭国は、唐の律令制度を取り入れた国家体制の再編成を行うこととなる。孝徳朝から天智朝、天武・持統朝に実施された諸政策は、「倭国」から律令国家「日本」への道程を示すものである。

これと連動して、祭祀も再編成が行われた。その一つが七世紀中頃の神郡（評）の設置である。『皇太神宮儀式帳』や『常陸国風土記』によれば、神宮の度会・多気郡（伊勢国）、鹿島（香島）神宮の香島郡（常陸国）は、七世紀中頃の孝徳朝に設置された。同時に神宮では祭祀組織を統括する大宮司が置かれている。その他、安房郡（安房国）、名草郡（紀伊国）、意宇郡（出雲国）、宗像郡（筑前国）も、七世紀後半から八世紀初頭までには、国家的に重要な神々の祭祀を支えるため神郡として設置された。

『内宮儀式帳』が記録する神宮の中枢「大宮院」の建物配置は、発掘調査で確認されている孝徳天皇の新しい宮殿「難波長柄豊碕宮」（前期難波宮）の中枢部の建物配置と共通する。このため、皇祖神の宝鏡を奉安し周囲から籬で区画遮蔽した、神宮の原形「神籬」は、神郡と大宮司が設置された七世紀中頃の時点で、新しい宮殿の構造に合わせて建物と垣（籬）の配置が再編成され「神宮」として整備されたと考えられる。この直後、六五〇年代から六六〇年代には、出雲（杵築大社）と香島（鹿島）の祭祀の場は、「神の宮」として整備されている。

宮殿構造にならった祭祀の場「神宮」の成立とともに、祭祀そのものが宮廷儀礼の形式で整えられた可能性は高い。『延喜式』巻八祝詞式におさめられた古代の祝詞で神へ申し述べるのに「神の前に白さく」という言葉を使用する。この「前に白す」の形は、七世紀後半ごろの「前白」木簡にみえる上申文書の形式と一致する。これは、祝詞の形式が当時の行政文書を踏襲して作られていたことを示し、祭祀と行政的儀礼（宮廷儀礼）との対応関係がうかがえる。

七世紀後半、祭祀の場と祭祀は、律令制度に対応した宮殿と儀礼の形に合わせて整備され「神宮・神社」が成立、神郡が設置された。この後、七世紀後半に始まる記紀編纂では、神郡で祀る神々は記紀神話の中心的な神格として位置づけられた。そして、列島内各地の主要な祭祀の場も、律令神祇制度に裏付けられた「神社」となっていったと考えられる。

（笹生　衛）

律令祭祀制

律令国家の成立と展開

一般的に「古代律令国家」と呼ばれる国家体制が日本で成立したのは、およそ七世紀後半とされる。律令国家とは、法典と役所をもって運営する中央集権的な国家体制のことである。六〜七世紀にかけて、大和政権は、中国大陸の王朝の影響を受け、律令国家の成立を目指した。とくに七世紀半ばの東アジアの混乱を契機に、急速に律令国家体制が整えられたと考えられている。法と役所の整備に関しては、中国大陸のとくに唐王朝の法体系や役所機構を参考にしたことが指摘されている。そのため、日本で成立した律令であっても、中国大陸の法の理念・哲学が反映されており、日本の実情に沿っていない部分もあった。平安初期になると、日本の実情に沿った制度を目指す国家的理念によって律令制度は変容していく。律令制成立当初は、中国大陸の文化・文明を直接的に導入していた時期であり、その時期を過ぎた後、日本的価値観に基づいた制度や文化が展開する、いわゆる「国風」の時代を迎えるのである。

国家祭祀に関する法令　神祇令(じんぎりょう)

大和政権を中心に律令国家制度を成立させていく中で、中央集権体制には不可欠である法と役所が整備されていき、国家統治に必要なものがさまざまに制度化されていった。制度化されたものには祭祀や神事も含まれており、それらに関する法と役所が整備され、国家的祭祀が制度化された。国家的祭祀を規定する法典を「神祇令《じんぎりょう》」、それを運用する役所を「神祇官《じんぎかん》」という。「神祇令」は二十条からなる諸規定であり、神祇官が運用する年間の常祀《じょうし》・斎戒《さいかい》・践祚大嘗祭《せんそだいじょうさい》・常祀の幣帛・常祀以外の幣帛と使者・大祓《おおはらえ》・神戸の租調庸《そちょうよう》、などに関して記されている。年間の常祀は、十三種十九度の恒例祭祀であり、冒頭には、「凡そ天神地祇は、神祇官、皆常典《つねののり》に依りてこれを祭れ」とある。「常典」の解釈には諸説あるものの、神祇官が法によって関与する祭祀であることを示している。恒例祭祀の種類と斎行時期は次のとおり規定されている。

仲春(二月)　①祈年祭《きねん》

季春(三月)　②鎮花祭

孟夏(四月)　③神衣祭《かんみそ》　④大忌祭《おおいみ》　⑤三枝祭《さえぐさ》　⑥風神祭

季夏(六月)　⑦月次祭《つきなみ》　⑧鎮火祭　⑨道饗祭《みちあえ》

孟秋(七月)　④大忌祭　⑥風神祭

季秋(九月)　③神衣祭　⑩神嘗祭《かんなめ》

仲冬(十一月)　⑪上卯　相嘗祭　⑫下卯　大嘗祭《だいじょう》　⑬寅日　鎮魂祭

季冬(十二月)　⑦月次祭　⑧鎮火祭　⑨道饗祭

これら恒例祭祀で用いる幣帛・祭具、式次第、斎日《いみび》については別に式に載せるとし、神祇令では個別の祭祀について詳細は記されない。ただし、二月の祈年祭と六月・十二月の月次祭においては、百官が神祇官に参集し、中臣《なかとみ》が祝詞《のりと》を宣べ、忌部が幣帛を班《わか》つと記される。神祇令では、官人が関与する部分が規定の中心となっているが、実際には、祈年祭幣帛の対象社である官社の祝《はふり》が諸国から毎年入京し幣帛を受け取る決まりになっており(『類聚国史』巻十九　神祇十九　祝　延暦十七年〈七九八〉九月癸丑条)、これをもって、祈年祭と月次祭の儀は「班幣儀礼《はんぺい》」と称される。律令国家の祭儀は、「律令祭祀」「律令国家祭祀」「令制祭祀」などと称されるが、班幣儀礼が最も特徴的とされる。祭祀の構造としては、国家が祈願者、祈年祭の対象となる神社は官社と称され、祝と呼ばれる祭祀者が各官社に設定される。国家は、四箇祭(祈年祭・月次祭・新嘗祭)のたびに奉献する幣帛を準備し、神祇官において班幣儀礼を行う。そして、官社の祝は、毎年入京して幣帛を受け取り、持ち帰って神社に奉献儀礼を行うのである。律令祭祀で最も重要なのは、国家が準備した幣帛を奉献することであり、古代祭祀におけるモノの意義は非常に大きかった。

神祇令に規定される恒例祭祀の各目的は、次のように考えられている。

祈年祭(官社に対して行われる豊穣祈願祭)

鎮花祭（大神・狭井の二社に対する防疫祭祀）
神衣祭（伊勢神宮に神衣を奉じる祭祀）
大忌祭（広瀬社に対して行われる豊穣と風水を祈る農耕祭祀）
三枝祭（大神の御子神に対して行われる防疫祭祀）
風神祭（竜田社に対して行われる豊穣と風水を祈る農耕祭祀）
月次祭（天皇の神今食とともに行われる国家祭祀）
鎮火祭（宮中で行われる火防祭祀）
道饗祭（京城で行われる防疫祭祀）
神嘗祭（伊勢神宮で行われる新穀感謝祭）
相嘗祭（大和政権から続く大和の諸社に対する「嘗」の祭祀）
大嘗祭（ここでは新嘗祭の意。収穫感謝祭）
鎮魂祭（新嘗祭にのぞむ前に天皇の御魂の静謐を保つ祭祀）

これらの祭祀の目的を分類すると、農耕儀礼・防疫・宮中守護・京城守護などであるが、農耕に関する祭祀の割合は高い。農耕、とくに稲作は、古代国家にとって基幹産業であり財源の中心であったため、農耕に関する祭祀は、国家の収入を保全するための重要な事項であった。国家祭祀の目的は、国家の基幹産業の保全、宮中・京城・畿内・国土の平安という、「国家鎮護」にあったのである。

神祇令の斎戒規定は、官人が祭祀に臨む際の禁忌とその期間を定めている。恒例祭祀は大祀・中祀・小祀に分類され、斎戒の期間には大きな差があった。古代律令国家においては、神祇官人以外の太政官人も祭祀に奉仕していたから、役所間の手続きについても定められている。とくに践祚大嘗祭は、諸司の官人が奉仕したため、複数の条文にわたって規定されている。

また、恒例祭祀以外でも、臨時的に諸社に奉幣使が派遣されて祭祀がおこなわれたから、それらの使者についても定められていた。班幣・奉幣にかかわらず、幣帛や神饌の検校は神祇官の重要な職務として規定されていた。

日本式の律令は、中国大陸の法典の影響を強く受けており、唐王朝には「祠令《しれい》」と呼ばれる祭祀関係の法令が存在した。神祇令と祠令を比較すると、条文の形式・用語などに共通点が見られるものの、祭祀やその理念は日本独自のものであったと考えられている。

国家祭祀を掌る役所　神祇官(じんぎかん)

国家祭祀を掌る役所は「神祇官」と称され、その職掌は職員令に規定される。職員の構成は、「伯《はく》・大副・少副・大祐・少祐・大史・少史・神部・卜部・使部・直丁」となっている。その職掌をそれぞれ確認すると、まず長官である伯は、「神祇祭祀・祝部・神戸の名籍・大嘗・鎮魂・御巫・卜兆・官事の惣判」などが挙げられる。次官の大副・少副の職掌は伯と同様である。判官の大祐・少祐は、官内を糺判し、史の作成した文案を審査・署名し、宿直の割り当てなどを定めるとする。主典の大史・少史は、授受した公文を記録し、公文の草案を作成して署名し、公文の問題点などを指摘することが職掌であった。これらの四等官の下に、神部が三十名、卜部が二〇名、使部が三〇名、直丁が二名いた。神部は、中臣・忌部などの名負《なおい》の氏族たちが構成しており、祝詞奏上や幣帛作成など神事の実務に従事していた。卜部は神祇官の亀卜を職掌としていた。神祇伯の職掌に見える御巫《みかんなぎ》とは宮廷の祭祀に奉仕する女性のことであり、神祇官八神殿に奉仕する御巫、内裏を囲む四面の門の神を祭る御門《みかど》御巫、神祇官西院の五神に奉仕する座摩《いかすり》御巫、大八洲の霊である生島・足島神を祭る生島御巫などがいた。このほかにも、祭祀に従事する戸座《へざ》、奏楽を担当する神琴師などが存在した。

神祇官の成立については、令制以前には、垂仁朝に「祠官」(『日本書紀』垂仁天皇二十七年八月条)という官職が記され、「神祇伯」は、継体朝(『日本書紀』継体天皇元年二月庚子条)や欽明朝(『日本書紀』欽明天皇十六年二月条)にその職名がみえ、皇極朝には、中臣鎌子(＝鎌足)が任官したと記されている(『日本書紀』皇極天皇三年〈六四四〉条)。ただし、これらの「祠官」「神祇伯」は律令制官司としての「神祇官」「神祇伯」とはまったく異なるものと考えられている。天武朝の「神官《かむづかさ》」は、即位儀礼・新嘗神事の開始と同時期であり、「大嘗に侍奉《つかえまつ》る」「新嘗に侍奉る」とあることから(『日本書紀』天武天皇六年〈六七

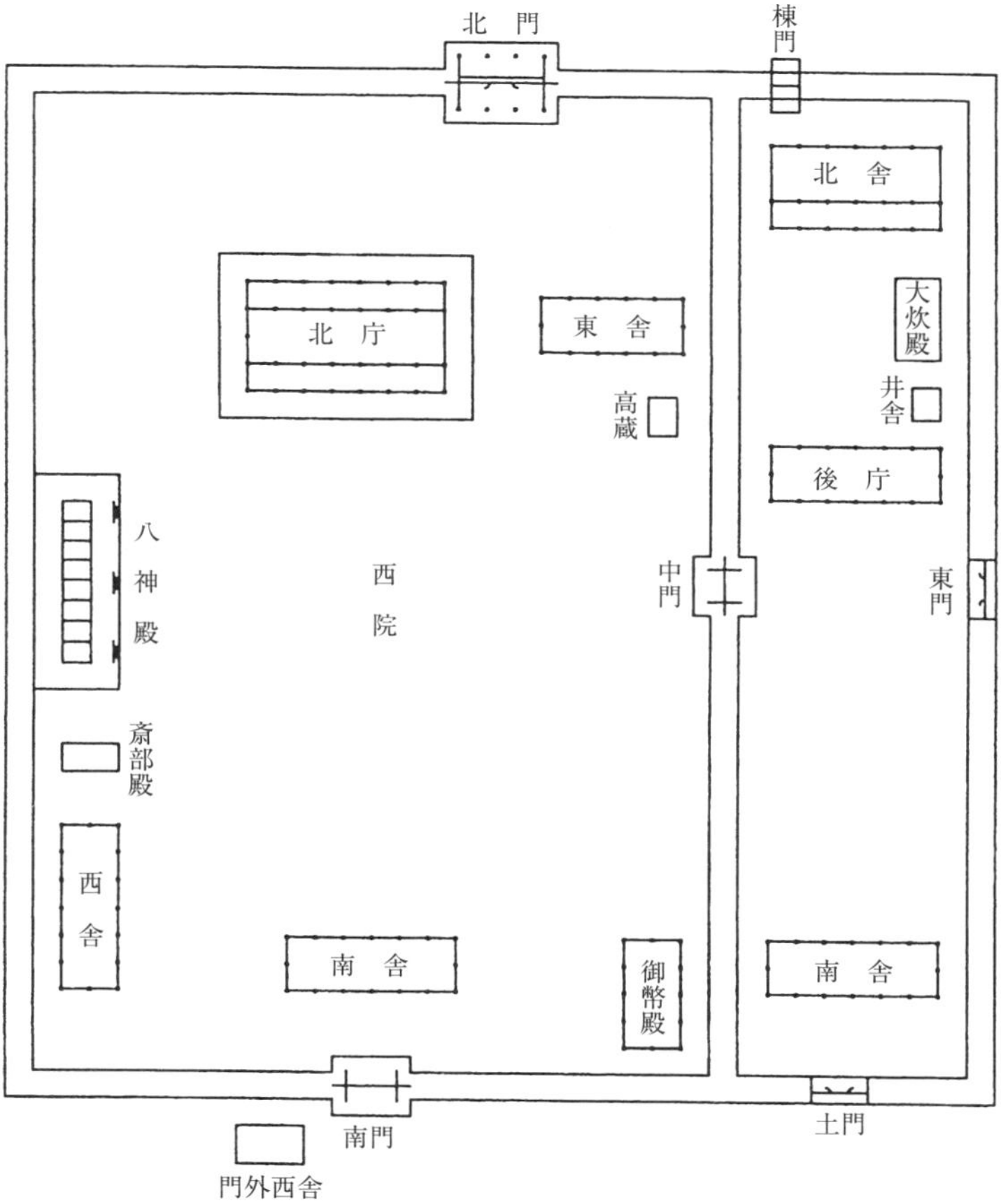

神祇官図（『大内裏図考証』より）

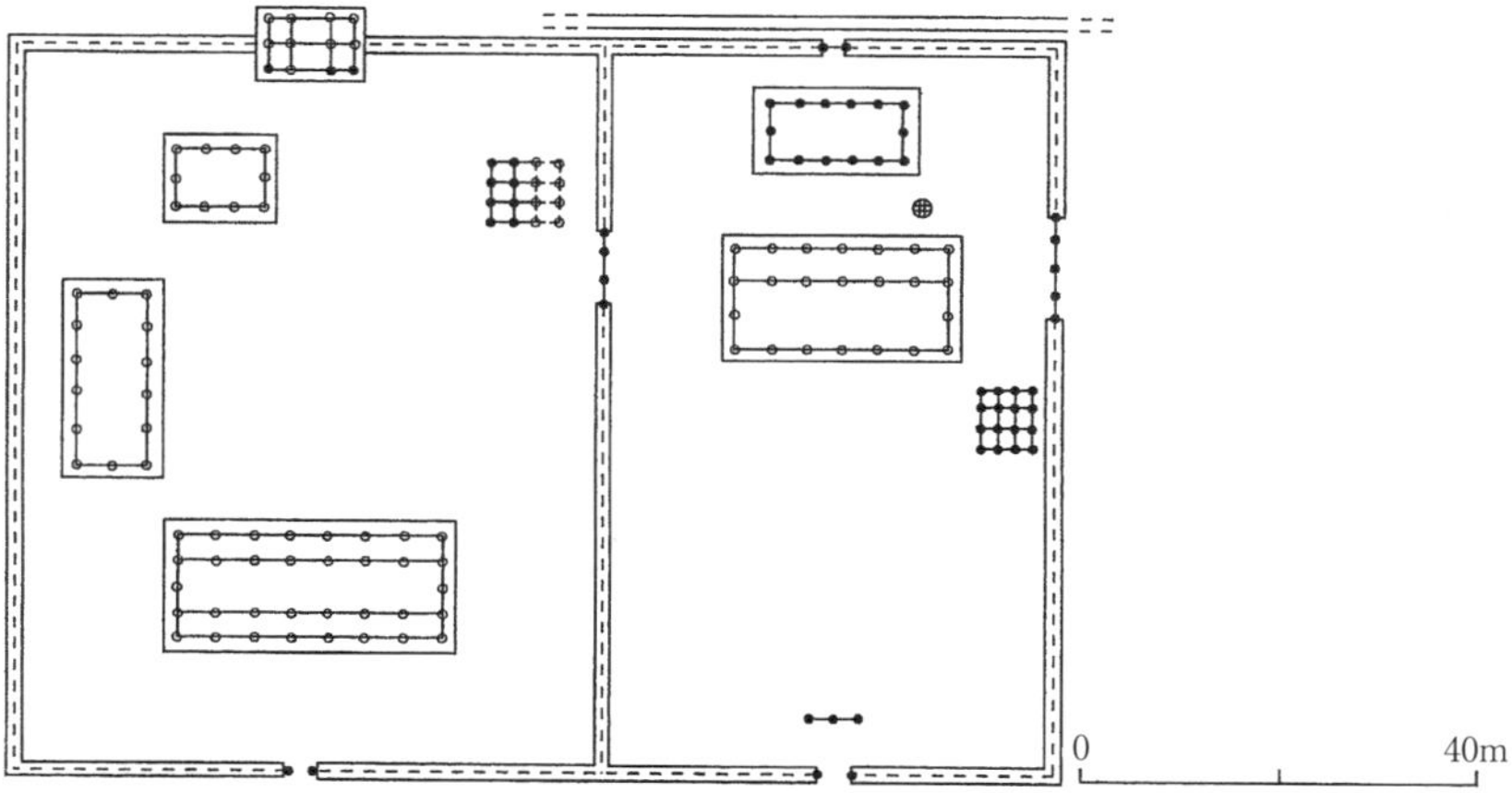

平城京跡の神祇官遺構（8世紀後半，『奈良国立文化財研究所年報』1997-Ⅲ掲載の図面を一部改変して笹生衛作成）

七〉十一月乙酉条)、新嘗儀礼の運営機関として設置されたと指摘されている。ただ、それはいまだ小規模・未整備なものであり、持統朝になって令制官司として整備されたと考えられている。

神祇官の庁舎は、奈良時代後期には、壬生門を入った北方、式部省の東側に官衙が置かれていたことが考古学資料から確認されている。平安時代になると、大内裏の郁芳門《いくほうもん》の西方、雅楽寮の北、廩院《りんいん》の東、大炊寮の南に位置していた。官衙は東西の両院に分かれており、四面には築垣が廻らされていた。東院には「東庁・政庁・南舎・大炊殿・井屋」があり、西院は斎院とも呼ばれ、「八神殿・政庁・東舎・南舎・西舎・斎戸殿・御幣殿・高御蔵」があった。班幣儀礼や諸祭の多くは西院で行われ、東院は政務の場、西院は祭祀の場として使い分けられていたと考えられている。

神祇官は、一般的な政務を掌る太政官と併置されており、両官は「二官」とも称され、官制の頂点に置かれていた。令釈には、「神祇官は是れ人主の重んずるところ、臣下の尊ぶところ、福祥を祈り、永貞を求む。神祇の徳に帰せざるなし。故に神祇官を以て百官の首となす」とあって、百官の首官として位置付けられていた。しかし、それはあくまで形式的なことであって、神祇官の公文書の形式によれば、太政官へは解《げ》をもってうかがい、太政官は符《ふ》によって発令することになっており、実際には神祇官が太政官の指揮下にあったことが指摘されている。また、八省とは移《い》によって公文書を取り交わしていたことから、奈良時代の神祇官の対等官司は、太政官隷下の八省であったとも指摘される。また、神祇伯の官位相当は従四位下であり、太政官の首班である太政大臣・左右大臣の正一位～従二位には、及ぶべくもなかった。八省の長官である卿の相当位が正四位上もしくは正四位下であったから、実際の神祇官の地位は「百官の首」とはとてもいい難いものであった。さらに、臨時奉幣・官社化・神階奉授などの決定についても、太政官で審議・決定されたものを神祇官が事務的に処理していたと考えられ、その権限も制限されたものであったと考えられる。

神祇官は、実態としては太政官と同等の官司ではなく、弁官に管隷している官司であった。しかしながら、形式的には太政官とは特立し「百官の首」と位置付けられていた。この点に対しては、北畠親房《きたばたけちかふさ》の『職原抄《しょくげんしょう》』に代表されるように、「神国の風儀として天神地祇を重んじるため」と説明されることが多かった。しかしながら、公文書の形式や神祇伯の位階によれば、神祇官の実際の地位は低かったのである。国家祭祀に関する重要事項の決定権は太政官にあり、神祇官は、国家祭祀に関する事務や実務を担当する官司であった。神祇官特立の理由としては、延暦年間に意宇郡大領と出雲国造はそれぞれ公務と神事を担当する職であるとして兼任を禁じられたが(『類聚三代格』巻七　郡司事　延暦十七年三月二十九日官符「応任出雲国意宇郡大領事」)、そのなかで、「昔は国造・郡領、職員別あり。おのおの其の任を守り、敢えて違越せず。慶雲三年(七〇六)以来、国造、郡領を帯す」とあって、令制成立期においては公務(一般的政務)と神事が区別されていたことが記されている。このゆえに、神事の事務や実務を担当する神祇官は太政官と別置され、特立されたと考えられる。

また、大化元年(六四五)に蘇我石川麻呂が「先ず以て神祇を祭《いわ》い鎮めて、しかして後に政事を議るべし」と奏上したように(『日本書紀』大化元年条)、政事よりも神事の対応を優先したことが、神祇官が首官として記された理由と考えられる。

律令国家祭祀の変遷

古代日本の班幣制度は、律令国家の特徴的な制度として指摘されるが、それは理念上のものであり、実行性は疑問視されている。毎年二月の祈年祭に向けて全国諸社から祝が上京して幣帛を受け取るという制度は、現実には実行が困難であったと考えられる。八世紀の後半から、諸社では祝の闕怠が問題視されていたが、平安遷都後の延暦十七年には、すべての祝の参集をあきらめ、祈年祭幣帛を諸国で受け取れるように制度改変した。これによって、祈年祭幣帛を神祇官で受け取る官社(官幣社)と諸国で受け取る官社(国幣社)とに分類された。これは、実行性を優先した改正であったが、改正後も官幣社の不参は常に問題となっており、貞観十年(八六八)には、官庫に「一百卌二褁」もの幣帛が溜まっていることが記録されている(『類聚三代格』巻一　科祓事　貞観十年六月二十八日官符「応科上祓祈年月次新嘗祭不参五畿内近江等国諸社祝事」)。

名神や神階など、平安祭祀制の中心となる神事は奈良時代にも確認できるが、個別の対応が基本であり、本格的に制度化するのは平安期以降のことであった。

(小林宣彦)

平安祭祀制

律令祭祀制から平安祭祀制へ

古代国家における律令制の導入は、日本的思考とは乖離することもあり、律令祭祀制が完全に定着することはなかった。古代朝廷の神祇制度は、平安時代に入ると、新たな祭祀制へと移行する。七世紀後半以降の律令祭祀制は祈年祭班幣による官社制度を中心としたが、奈良時代後期になると班幣制の完全実施は難しく、地方神社のなかには幣帛を受け取りに来ない事態が生じるようになる。

延暦七年（七八八）に入り、旱魃のため桓武天皇が祈雨の祈願を行うが効果はなかった。そこで伊勢神宮はじめ諸国の有力社である名神へ使を発遣した。これは直ちに効験が認められ、大雨になり、これを契機に伊勢・名神奉幣は国家的事由の祈願としては最高の効能のある奉幣祭祀として定着していく。その名神奉幣の対象神社は、『延喜式』臨時祭によると二百三社（『延喜式』神名帳では二百二十四社）の社名が列記されており、式内社の内の約一割が名神に選定されている。こののち、名神のなかから、平安京近辺の数社を選んだ奉幣、さらに十六社・二十二社を選定した奉幣制度が成立する。また、全国の神々に、神階を授与する制度がはじまり、神々はその霊験により、神階に格差が設けられた。

ついで、延暦十七年全国の官社を二分類し、都に近い畿内の神社を中心に神祇官から幣帛を直接受け取る官幣社と諸国の国司から幣帛を受け取る国幣社とに区別し、遠隔地の神社では近くの国府から幣帛を受け取る制度に移行した。律令祭祀制の再編が進められるとともに、官社のうちから霊験の高い神社を選んだ名神への奉幣制が桓武朝から盛んになってゆく。

公家（こうけ）の祭祀と公祭制

古代の律令制国家は内廷・外廷の区分を明確にしていくことで、官僚制的秩序を形成させていったが、天皇内廷に温存さ

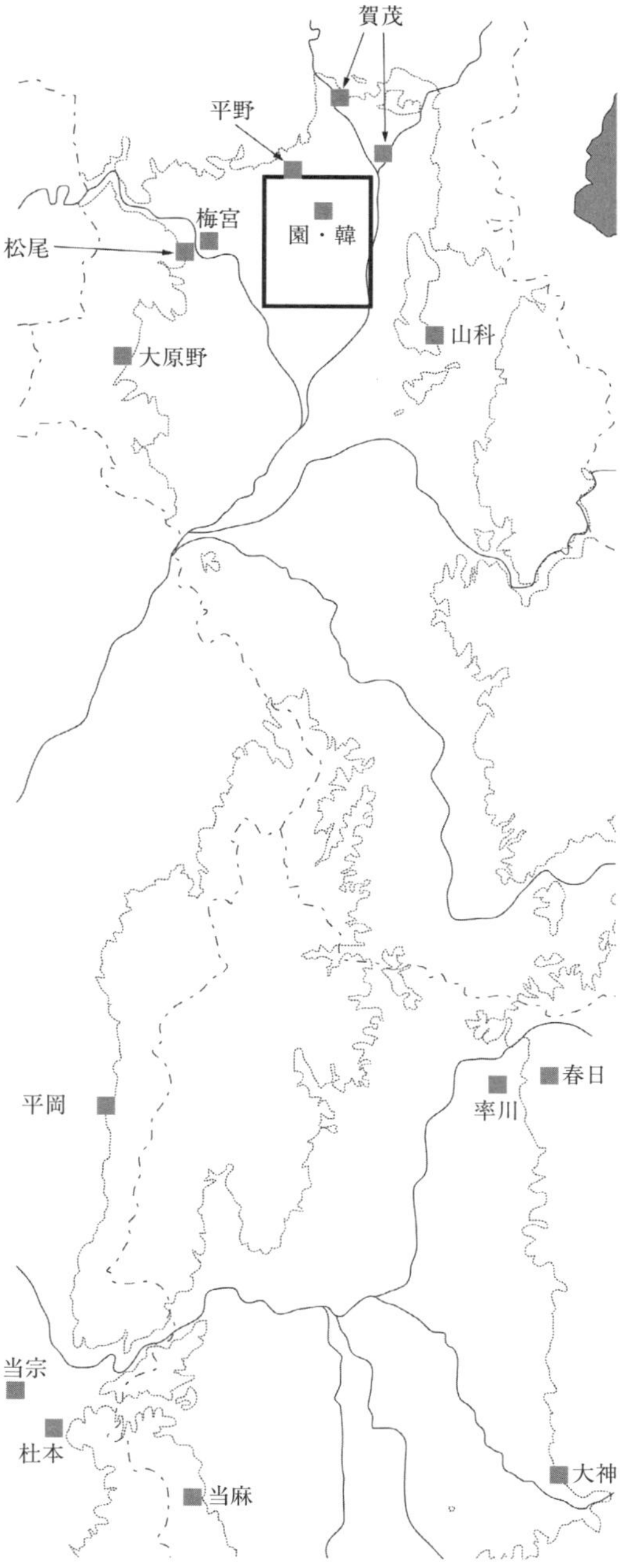

公祭対象神社鎮座地概略図

れていた家産的秩序を完全に分離することはできなかった。律令制の機能に限界が表われると、再び天皇内廷機能に依存する国制の再編成がすすめられ、儀礼の内裏への集中化、ミウチ的人事の拡大に伴って、この機能が祭祀制のなかに反映していくことになる。

古代における神社祭祀は、氏族による共同祭祀が中心であり、祭りを通して互いに氏族の氏人としての地位を再認識しあう場となった。この氏族による氏神祭祀の私祭(「私祭礼」「私神祀」「私氏神」など、『正倉院文書』)とともに、新たな祭祀制の展開によって、神社恒例の祭祀(私祭)が国家機構の関与する公的の祭祀化「公祭化」を遂げる事例が増えてくる。公祭とは広義には、国家公的の祭祀をいい、公家・朝廷の関与する恒例の神社祭祀をさすもので、『大鏡』では「おほやけまつり(公祭)」と呼んでいる。

公祭・臨時祭成立一覧

祭名	成立年代	天皇	実母	外祖父母	祭日	備考
春日祭	神護景雲二(七六八)	称徳	藤原光明子	外祖父　藤原不比等	二月上申 十一月上申	外戚神
平野祭	延暦	桓武	高野新笠	外祖父　和乙継 外祖母　大枝(土師)真妹	四月上申 十一月上申	外戚神
園韓神祭	延暦	桓武			二月中丑 十一月中丑	平安宮鎮護
賀茂祭	大同元(八〇六)	嵯峨			四月中酉	王城鎮護
松尾祭					四月上申	
梅宮祭	承和	仁明	橘　嘉智子	外祖父　橘清友	四月上酉 十一月上酉	外戚神
大原野祭	仁寿元(八五一)	文徳	藤原順子	外祖父　藤原冬嗣	二月上卯 十一月中子	外戚神
杜本祭	仁寿三(八五三)	文徳	藤原順子	外祖父　藤原冬嗣 (母方　百済氏)	四月上申 十一月上申	外戚神
大神祭	貞観	清和			四月上卯 十二月上卯	古京(大和)鎮護
当麻祭	貞観	清和	藤原明子	外祖母　源潔姫	四月上申 十一月上申	外戚神
平岡祭	貞観七(八六五)	清和	藤原明子	外祖父　藤原良房	二月上申 十一月上申	外戚神

率川祭	元慶・仁和	光孝	藤原沢子	外祖母　藤原数子（南家）	二月上酉 十一月上酉	外戚神
当宗祭	寛平元（八八九）	宇多	班子女王	外祖母　当宗氏女	四月上酉 十一月上酉	外戚神
山科祭	寛平十（八九八）	醍醐	藤原胤子	外祖母　宮道列子	四月上巳 十一月上巳	外戚神
賀茂臨時祭	昌泰二（八九九）	醍醐			十一月下酉	
石清水臨時祭	天禄二（九七一）	円融			三月中午	宿願報賽
祇園臨時祭	天延三（九七五）	円融			六月十五日	疱瘡平癒（天治以後恒例化）
平野臨時祭	寛和元（九八五）	花山			四月上申 十一月上申	
梅宮祭	寛和二（九八六）	一条	藤原詮子	外祖母　藤原時姫 （母方　橘氏）	四月上酉 十一月上酉	外戚神
吉田祭	永延元（九八七）	一条	藤原詮子	外祖母　藤原時姫	四月中子 十一月中申	外戚神
北野祭	永延元（九八七）	一条			八月四（五）日	御霊神
祇園御霊会					六月十四日	平安京中の祭礼
稲荷祭					四月上卯	
中山祭	天喜元（一〇五三）	後冷泉			四月中酉 十一月上酉	冷泉院の石神
石清水放生会	延久二（一〇七〇）	後三条			八月十五日	即位宿願報賽
日吉祭	延久四（一〇七二）	後三条			四月中申 十一月中申	

公祭は天皇外祖父母にゆかりの深い氏神祭祀が預かる例が多いが一様ではなく、初期の公祭は太政官・神祇官の二官協力体制による祭祀であるのに比べ、清和朝前後から成立する公祭は、天皇内廷機関である内蔵寮祭祀が中心となり、神祇官の関与は少なくなる。

平安前期の時期に集中して神社祭祀の公祭化が進められる。称徳朝の春日祭成立以降、平安期に入ると、平野祭・園韓神祭・賀茂祭・松尾祭・梅宮祭・大原野祭・杜本祭・大神祭・当麻祭・平岡祭・率川祭・当宗祭・山科祭の十四の祭が約百年の間に、公的祭祀の待遇を受けるようになる。

平安期の桓武朝以前に成立する春日祭は母方に藤原氏の血を引く称徳天皇の意向と太政官の左大臣藤原永手、神祇官の伯大中臣清麻呂の二官体制からなる氏神祭祀の典型であり、のちに公祭化する梅宮祭・大原野祭など、天皇外戚祭祀の形式に影響を与えている。

外戚祭祀のなかでも桓武朝の平安京遷都時に成立する平野祭は、桓武天皇の生母（高野新笠＝和氏・土師氏）の父方・母方双方の氏神祭祀を合祭したものであり、桓武天皇の皇統護持を意図した王権守護と皇太子守護の社に位置づけられている。平野祭には祭祀奉仕者ではない監視役として近衛将監が勅使になっていることは、他の公祭には類例がないことであり、平野祭が皇太子の祭祀の場であったことによる。

嵯峨朝には、天皇と平城上皇との間で二所朝廷の対立があり、きわめて異常な緊張関係のなかで、王城鎮護の賀茂社の賀茂祭が中祀に準じ、天皇直轄の祭祀として斎行された。祭儀は内蔵使が宣命を奏し、近衛使・馬寮使が祭使に参加するなど、天皇内廷機構の集中化に沿った天皇祭祀として成立する。

宇多朝祭祀制と臨時祭・神社行幸

宇多朝になると殿上・内廷機構の充実により天皇権の伸長が祭祀の面にも反映することになる。毎朝神拝の開始、殿上人・諸大夫・蔵人所雑色によって構成される一代一度の大神宝使の発遣（項目「一代一度大神宝使」参照）、恒例の公祭とは別に天皇御願の賀茂臨時祭の成立、伊勢公卿勅使の発遣など、十世紀以降に展開する祭祀制の基本は九世紀末に成立していった。

醍醐朝には特定数社奉幣から十六社奉幣へと社数が固定し、祈雨・祈年穀奉幣の定型となる（項目「祈年穀奉幣」参照）。のち十世紀末には五社増えて二十一社となり、十一世紀に入ると、恒例二月・七月の年中行事に祈年穀奉幣が組み入れられ、続いて二十二社の社数が定まる。

臨時祭とは、恒例祭祀を除いた臨時の祭りのことで、『延喜式』臨時祭に記載されているが、それとは異なり、宇多朝以降、特定神祇を対象とした天皇御願の神社臨時祭が始まる。

宇多天皇は、賀茂明神の神託を受け、四月賀茂祭のほかに、寛平元年（八八九）十一月、天皇直轄祭祀である賀茂臨時祭を創始した。賀茂臨時祭は醍醐朝の昌泰二年（八九九）十一月から恒例化した。恒例化しても、以後「臨時祭」と呼ばれつづけたのは、毎年新たに天皇御願の意志に基づいて開始されるという趣旨が守られ、その後も一貫して臨時祭と呼ばれた。

石清水臨時祭は承平・天慶の乱平定の報賽のため、朱雀朝の天慶五年（九四二）四月行われ、円融朝の天禄二年（九七一）三月に恒例となる。平野臨時祭は花山朝の寛和元年（九八五）四月の平野祭に合わせて始まり、賀茂・石清水臨時祭とは異なり、公祭の平野祭当日に行われた。平野祭は天皇祭祀の性格が薄められてきたことから、公祭平野祭の日に、合わせて天皇御願である臨時祭を組み入れたものであった。

さらに平安期祭祀制のなかで、最も丁重な形式による天皇御願祭祀として成立をみたのが、天皇が直接神社に出かける神社行幸である。承平・天慶の乱平定の報賽として行われた石清水臨時祭の二日後、朱雀朝の天慶五年四月に初めて賀茂行幸が行われた。

神社行幸制が定着していく画期となったのは円融朝である。天元二年（九七九）三月二十七日、石清水臨時祭の日に初めて石清水行幸が行われた。臨時祭にあわせてその当日に行幸しているのは、この二つの祭儀の同質性を理解することができる。石清水臨時祭に重ねて石清水行幸が始められたのは、円融天皇永年の宿願であり、皇位継承の神へ報賽とあわせて皇子出生の祈願が目的であった。

円融朝には石清水・賀茂と平野行幸の三社行幸が行われ、一条朝には、三社のほか春日・大原野・松尾・北野の七社へ、即位後、順次行幸があり、後三条朝からは、七社に日吉・稲荷・祇園の三社を加えた十社行幸が定められた（各祭の項目参照）。

このように平安祭祀制の柱になっていた恒例の「公家」の祭祀（公祭）、臨時の「公家臨時祭」（神社臨時祭）をはじめ、神社行幸・一代一度大神宝使、十六社・二十二社奉幣制などが、平安公祭制の代表的事例としてあげられる。

清涼殿の東南隅にある石灰壇（右側，屏風の前）と「年中行事御障子」（左側）

「年中行事御障子」

平安時代の朝儀を一覧したものに、『年中行事御障子文』がある。これは仁和元年（八八五）に藤原基経が光孝天皇へ献上した衝立障子であり、毎年の儀式の基本とされた。現存する「年中行事御障子」は、その後も加除され、表裏に半年ごとに、月日と儀式名が五段にわたって記されている。およその儀式数は年間約三百項目近く、このうち神事・祭祀八十（祭祀関連行事も含む）、仏事・法会十八、全体の儀式に対して、神事・仏事が三分の一を占めている。年間の神事数では、四月・六月・十一月・十二月が多く、月十項目を超えている。現在も「御障子」は、京都御所清涼殿の東南の角、殿上の間の前に置かれている。本事典に掲載の恒例祭祀のほとんどは、『年中行事御障子文』に記載されている。

宇多天皇は天神地祇を毎朝神拝する日中の所作を定める。天皇は元旦のみ清涼殿前の庭上で四方拝を行なったが、以後の毎朝は、清涼殿の東南隅にある地上から殿上まで白い漆喰を塗り固めた土間の石灰壇《いしばいのだん》に立ち神祇を拝すことが慣例とされた。これは庭上の形式を床上に設営したものにほかならない。石灰壇は醍醐朝には、その設備があったことが記されており（『古事談』第五)、天皇が大地に降り、神を遥拝する丁重な「庭上下御《げぎょ》」の作法を貫くために設けられた。

律令祭祀・平安祭祀のその後

平安時代に成立する平安祭祀制は中世以降もその命脈を保ち機能し続け、近世に志向された祭祀復興も、平安祭祀制を理想としたものであった。中世以降、幕府が成立し、天皇祭祀の一部代行行為が行われ、将軍祭祀が成立しているが、伊勢神宮祭祀に代表される天皇祭祀そのものへの侵犯はみられなかった。

律令祭祀の主な諸祭祀は、鎌倉時代に作られた『神祇官年中行事』(特別付録宮内庁書陵部本『神祇官年中行事』翻刻参照)に記載があり、形骸化しつつも室町時代まで継続していった。祈年祭は応仁元年(一四六七)、月次祭・神今食は寛正二年(一四六一)、鎮魂祭は康正二年(一四五六)、新嘗祭は寛正四年を最後とし、以後記録にみられなくなる。戦乱により朝廷の儀式が退転していった、ほぼ十五世紀半ばで中絶した。このうち月次祭・神今食は再興されることはなく、祈年祭・鎮魂祭は明治二年(一八六九)に再興され、新嘗祭は近世に入ると吉田家が代行し同家の宗源殿で行われた(元文五年〈一七四〇〉に「新嘗御祈」として再興)。天皇親祭による新嘗祭の復興は、明治四年大嘗祭の翌年、明治天皇親祭が行われた。

公祭では、賀茂祭・春日祭は室町後期には延引が多くなるが、神社社家に委託することはあっても、幕末から近代まで継続している。賀茂祭は元禄七年(一六九四)再興、石清水放生会は一時中断ののち、延宝七年(一六七九)再興された。平野祭(同日斎行される平野臨時祭は享徳元年〈一四五二〉まで斎行、以後廃絶)・大原野祭は応仁元年、吉田祭は康正二年に中絶している。

賀茂・石清水臨時祭は中世後期に中絶し、近世後期の文化年間(一八〇四〜一七)に再興されるが、明治三年近代祭祀制の再編のなかで、両臨時祭は廃絶される。祇園臨時祭は天延三年(九七五)から天治元年(一一二四)永式になるまで八例確認でき、永式のあと長禄元年(一四五七)の中絶まで、八十二例を確認できる。北野臨時祭は延元元年(一三三六)から長禄元年まで二十一例あり中絶した。このあと幕末の元治元年(一八六四)に北野臨時祭、慶応元年(一八六五)に祇園(八坂)臨時祭が復興したが、明治三年には、石清水・賀茂臨時祭をはじめとした天皇御願の諸社の臨時祭はすべて廃止された。日吉臨時祭は寛喜元年（一二二九）から貞和三年（一三四七）までの間に二十例、春日臨時祭は正安三年（一三〇一）から応永三年（一三九六）までの間に十六例あり、ともに再興されることはなかった。また、一代一度大神宝使・仏舎利使は後深草天皇の建長三年（一二五一）と同五年を最後とし、神社行幸は後醍醐天皇の建武元年（一三三四）石清水・賀茂行幸が最後であった（孝明天皇の文久三年〈一八六三〉に再興）。二十二社奉幣は、室町期の文安頃から延引が増え、宝徳元年（一四四九）八月、幕府の奏請により二十二社を対象とした最後の奉幣が行われた。ともに戦乱と朝廷の衰微により、中世後期に中絶または廃絶し、近世に一部再興された。

（岡田莊司）

中世・近世の祭祀制

中世朝廷の祭祀制度と院の熊野御幸

中世朝廷で重んじられた祭祀制度としてはまず、祈年穀奉幣を軸とする二十二社制があげられる。伊勢大神宮を筆頭とする二十二社のなかには、公祭や天皇行幸の対象神社が含まれていた。祭儀面でも天皇の関与度合いは密で、伊勢のものを除く律令神社祭祀とは対照的であった。なお、時々の政権の動向と二十二社制が密接に関連していた点は、平氏政権期に安芸厳島社加列が議された事実からも了解できる。ただ、結果的に加列は、永保元年(一〇八一)の近江国日吉社が最後であった。

同じ時代、古代以来の祭祀も基本的には継続していた。だが、大嘗祭と伊勢式年遷宮については、それぞれ大嘗会役・造大神宮役夫工米という、公領・荘園平均の課役で維持する方針が十二世紀までに固められた。国家的大事として位置づけられた二式は、この方針により、全国規模の経済的担保が設けられた。

広義の祭祀としては、中世前期に行われた院の熊野御幸も重要である。古代以来の聖地熊野を浄土とみる観念が影響してか、寛治四年(一〇九〇)正月、白河院によって本格的に始められた。熊野三山検校を筆頭とする熊野修験の組織もあわせて整備され、承久の乱で途絶えるまで、その数は都合百回を超えた。なお、その後も熊野参詣は広く人々の関心を集め、中世半ばには「蟻の熊野詣」と称されるまでにぎわった。

鎌倉幕府の祭祀制度

鎌倉の武家政権が確立した神事制度は、当然ながら朝廷とは独立していた。とはいえ、神事の対象の選び方は朝廷と共通する。その核はいうまでもなく源氏の氏神八幡神である。同神への信仰は、治承四年(一一八〇)に源頼朝が鎌倉を拠点に置いた際、先祖の頼義が山城石清水宮から勧請した社を現在の鶴岡八幡宮の境内に遷座したことに始まる。建久元年(一一九〇）には石清水宮から改めて神霊を鶴岡宮に勧請、現本宮鎮座地である高台の上に遷座した。

頼朝は、鶴岡宮の神事の軸を八月の放生会《ほうじようえ》とした。放生会は石清水宮でも最重要の神事で、当時公祭でもあった。だが、まったく同じではなく、鶴岡宮の放生会には神振行事というべき流鏑馬《やぶさめ》が関心事として位置づけられていた。御家人の武芸披露の場となったのである。文治三年（一一八七）の開始当初、流鏑馬は神事当日十五日の実施であったが、その重要性から三年後には翌日に移った。

鶴岡宮で特筆すべきは元旦参宮である。頼朝は養和元年（一一八一）からほぼ毎年参宮していた。小朝拝を行う朝廷にとって、元旦は神詣での日ではなかった。頼朝は鶴岡宮に祀られた応神天皇を、京の天皇と同じように拝したのである。ただ、その後の将軍は、元旦に御家人との垸飯《おうはん》儀礼を行ったため、後の初詣と直接結びついてはいない。

頼朝が他に重要視したのは二所詣である。これは、走湯山、箱根山の二所と、三島社の三社をめぐる行事であった。三島社は挙兵のきっかけとなる祭礼の場であり、箱根山と走湯山は挙兵当初の頼朝を庇護したとされる。二所詣のはじまりは文治四年（一一八八）だが、歴代の将軍にやはり受け継がれる。

二所詣の特徴は、先達を伴っていたところにある。鶴岡宮が系譜上の祖先を氏神としてまつる貴族の営みを反映しているのと同様、二所詣は熊野詣のような霊場巡礼と対応すると見て差し支えなかろう。つまり、幕府の神祇信仰は、時流に沿ったものといえる。

一宮の制度

鎌倉幕府によって転換点を迎えたのは諸国の一宮の制度である。平安期の「一宮」は尊称だが、治承・寿永の乱終結直後から、社殿修造の対象として一宮などが選ばれ、建久二年（一一九一）の新制により制度化された。十三世紀の半ばになると、幕府が積極的に一宮への祈願を始めるようになる。

一宮制の特色は、中世半ばになっても、一宮がどこであるか未確定の国があった点に見出せる。選定に一律のルールがなかったからである。蒙古襲来を契機とする祈願の際には、紀伊国や薩摩国で、一宮を称する社の相論があった。その後、

『類聚既験抄』『大日本国一宮記』などのような、一宮がどこかというリストが作られる一方で、一宮に対する関心は国によって温度差が生じるようになった。「一宮がどこか」という問題が注目される範囲も国単位となり、近世には藩政と関わりながら相論が展開した例もある。

南北朝・室町時代の祭祀制度

武家の勢力争いに朝廷が翻弄されるようになった南北朝時代になると、恒例祭祀が武家からの支援で行われるようになり、伊勢斎宮制も途絶え、同宮式年遷宮も遅滞を余儀なくされた。

室町幕府の神社への対応としては、将軍家御師職の活躍が特筆される。対象となったのは伊勢を筆頭に、石清水・賀茂・春日などの畿内諸社と日吉社があげられる。同職は文字通り将軍の祈禱《きとう》を担い、造営奉行や造営料所の管理などを任されたため、社内の組織再編の原動力となった。幕府の側の事情としては、拠点である京の特質上、大社寺への対応が政治的課題となり、一定の影響力行使をもくろんだ点があげられる。

吉田家と神祇官代

戦国時代になると、大嘗祭・伊勢神宮式年遷宮をはじめ、数多の公祭・律令祭祀が途絶したままとなる。吉田兼倶がみずからの神道説を時の後土御門天皇をはじめ、当時の知識文化人に広めたのはこの時である。一方で彼は「神祇管領勾当長上」などと自称し、神道界の中心であることを主張したが、企図した神祇官復興計画は果たせぬまま没した。だが、天正十八年(一五九〇)になると、八神殿が洛東吉田山の斎場所に鎮座した。八神殿はもと神祇官西院にあり、斎場所は兼倶の神道説に基づいて作られた聖地である。慶長十四年(一六〇九)には斎場所自体を神祇官代とし、この状態が江戸幕末まで続く。

江戸時代の朝廷神社祭祀

江戸時代、それまで途絶えていた朝廷祭祀が再興された。その始まりは慶長十四年の伊勢神宮式年遷宮である。実際には天正十三年にすでに遷宮をしているが、現代と同様、二十年に一度(中世以前は二十年目に一度)行われるようになったのは江戸開府後であった。

これ以外の祭祀の再興は、元和偃武《げんなえんぶ》を経てしばらくのことである。伊勢神嘗祭使の再興は正保四年(一六四七)、幕府の宗廟日光東照宮本御祭への勅使差遣開始の一年後であった。ただ、神社奉幣の対象は徐々に数を増し、延宝七年(一六七九)には石清水放生会、元禄七年(一六九四)は賀茂祭での祭使参向が再興するなどした。臨時奉幣については、延享元年(一七四四)の七社奉幣使、そして宇佐使の再興が果たされた。七社奉幣使は、二十二社の上七社のことを指す。再興とはいえ、往時よりもその対象が限られたままであった。朝廷の神社祭祀再興のペースは総じて緩やかで、石清水・賀茂両社の臨時祭など、十九世紀になってようやく再興が果たされたものもあった。

宮中の祭祀再興も、その歩みはゆっくりであった。大嘗祭の再興は東山天皇の貞享四年(一六八七)で、代々続くようになるのは次々代の桜町天皇の時、元文三年(一七三八)になってからである。その儀も幕府の制約で略された。天皇の御所からの出御を認めないという理由で、斎月入りに先立ち行われる御禊ができなかったのはその一例である。

恒例の新嘗祭についても同様であった。その再興は大嘗祭の翌年にあたる元禄元年だが、神祇官代での御祈が行われるのみで、天皇親祭ではなかった。親祭の復活は元文五年だが、当時、専用の神嘉殿は作られず、紫宸殿を神嘉殿代にして行われた。

江戸幕府の神社祭祀──日光東照宮・山王祭・神田祭

他方、朝廷が例幣使を遣わしたことからもわかるように、幕府は祭祀の核となる神社を日光東照宮とした。元和三年(一六一七)に駿河久能山から徳川家康の神霊を遷して成立した同宮は、同年四月の家康一周忌に、将軍秀忠みずから社参し祭を行なった。以後命日には、将軍の名代が遣わされる本御祭が執り行われた。同祭では神輿渡御を行うが、その御旅所では七十五膳の神供がなされ、往還の行列には百人の鎧武者が加わるなど、幕府の威信をかけた一大行事であった。

幕府と関わった祭典としては、本拠江戸で六月に行われる山王祭があげられる。家康の江戸城拡張により城外に遷座した日枝社は幕府とのかかわりも深く、早くも寛永十二年(一六三五)には将軍家光の神輿上覧があり、以後歴代将軍が踏襲した。

元禄六年には将軍に遣使、金三枚献上を行うようになる。ただ、江戸城内を神輿が渡御する天和元年（一六八一）には、神田祭のない年に隔年で行うよう定められ、行列の華美は戒められた。

その神田祭も、元禄元年には江戸城内に祭礼行列が入場し、文化十年（一八一三）に至って、その費用を幕府が負担するまでになった。こうした経緯から天下祭などと称された両祭だが、その原動力は、山車や附祭を繰り出した江戸の庶民にもあった。

（加瀬直弥）

近現代の祭祀制

祭政一致体制の確立と宮中三殿の成立

「祭政一致」の理念のもとに明治維新を迎え、近代化に適応した新たな国家体制の確立が目標に定められた。ことに祭祀をめぐっては、明治天皇による五箇条の御誓祭での親祭や、史上初となる伊勢神宮への親拝に代表される、文字どおり天皇が親しく祭祀を行う体制を構築するための取り組みがなされた。

明治元年（一八六八）、神祇官が太政官内に再興された。翌二年には明治天皇による神祇官行幸がなされ、八神・天神地祇とともに歴代皇霊が降神されて親祭がなされた。皇霊への祭祀は、古代までは主として陵墓で行われ、中世からは京都御所内の持仏堂である御黒戸《おくろど》にて仏式による奉仕がなされたが、幕末以来の陵墓の治定・修補や陵墓祭祀の復興、神仏分離の思潮などを受けて、維新以降、神式での皇霊祭祀の確立が進められた。この後まもなく、神祇官が太政官外に特立されて、古代律令制のごとく二官制となり、あわせて八神・天神地祇・皇霊を恒久的に奉祀する神祇官神殿が鎮座された。

しかし、祭政一致を実質的に具現化するには、神祇官を廃止し、天皇と太政官の一元化のもとに祭政の権を統一する「近代的祭政一致」体制の確立が志向されるようになり、明治四年に神祇官は廃止、太政官下の神祇省へと改組された。翌五年には神祇省も廃止されて、神道・仏教合同での教導職による国民教化活動を管掌する教部省が設置された。この間に神祇官神殿に奉祀された皇霊や八神・天神地祇は宮中に順次遷座され、従来の賢所に加え、皇霊及び神殿（八神・天神地祇を合祀）が奉祀された。六年の皇居の火災に伴い、赤坂仮御所内に一時遷座されるも、二十二年に現在地に設けられた新殿に遷祀され、賢所・皇霊殿・神殿からなる宮中三殿が完成した。

近代の皇室祭祀と祝祭日

明治四年に全国の神社は「国家の宗祀」として国家管理の下に置かれると同時に、近代社格制度が制定された。近代における社格は、伊勢神宮は格別として制度外とされ、官社として官幣社・国幣社(各々大社・中社・小社)・別格官幣社や、官社以外となる府県社・郷社・村社が設定された(社格のない神社は無格社と称された)。同年の神祇官廃止・神祇省設置に伴い、神祇官神殿の皇霊が宮中に遷座されると、皇室祭祀を中心に神社祭祀を含めた新たな国家祭祀の体系化が図られ、四時祭典定則・地方祭典定則が制定された。四時祭典定則では、宮中での祭祀をはじめ伊勢神宮や官幣社への勅祭を含めた皇室祭祀が大祭・中祭・小祭に区分され、祭祀の期日や執行する御殿・式場のほか、祭祀の規模に応じて奉仕者が定められ、新嘗祭など五つの祭祀が、天皇親祭・皇后御拝の大祭とされた。地方祭典定則では、国幣社・府県社・郷社における祈年祭・新嘗祭・例祭などへの地方官の奉仕・参向に関することが規定された。

明治六年の太陽暦への改暦により、五節供(人日・上巳・端午・七夕・重陽)が廃止され、天長節(天皇誕生日)と紀元節(神武天皇即位日)が祝日に定められた。これら両日と新年を合わせて「三大節」(昭和二年〈一九二七〉以降は明治天皇誕生日である十一月三日の明治節を含めて「四大節」)と称された。改暦に伴い、神社の祭日は旧暦定日を新暦日に充てるよう布告された。また同年中に、新年宴会(一月五日)が新たな祝日の、また元始祭(一月三日)、孝明天皇祭(一月三十日)、神武天皇祭(四月三日)、神嘗祭(九月十七日、後に十月十七日に改定)、新嘗祭(十一月二十三日)が祭日の休暇日とされた。十一年には春秋二季の皇霊祭(春分日・秋分日)が祭日の休暇日に加えられた。近代の祝祭日は基本的に皇室祭祀を根拠に定められ、各神社でも祭祀や遥拝式が行われた。

明治二十二年に明治皇室典範が制定されると、四十年代以降は典範に準拠した皇室令が順次整備され、四十一年に皇室祭祀令が定められた。同令では、新嘗祭をはじめとする恒例祭祀のほか、神武天皇及び先帝をはじめとする歴代天皇などの式年祭を含めて、十三祭が天皇親祭の大祭に、九祭(昭和二年に追加の明治節祭を含む)が天皇親拝の小祭とされた。

明治維新以降の皇室祭祀の管掌について、明治二年の東京奠都により、賢所が皇居内に遷座されて宮内省の管轄となるも、四年には神祇官から改組された直後の神祇省に移管された。神祇官ないし神祇省では、改組前後の時期に、宮中や陵墓での祭祀に奉仕し、神社への勅使などを担う掌典や神部が設置された。続いて旧来の刀自に代わり御巫・権御巫が置かれ、まもなく内掌典・権内掌典に改称された。翌五年に神祇省が廃止され、国民教化に特化した教部省が設置されたことに伴い、神祇省中の祭祀関係の事務および官職のすべてが太政官式部寮に移管された。式部寮はその後、八年に宮内省に移管(その後一時期、正院の所管となるも再び宮内省に移管)され、十七年に宮内省式部職に改組された。昭和十五年(一九四〇)、同職において祭祀を掌った掌典部が宮内省の外局として特立し、掌典長・掌典次長・掌典・内掌典・掌典補・事務官・属で構成される掌典職となった。

近現代の勅祭社

近現代において「勅祭社」とは、勅使が例祭や式年祭などに定例的に差遣され奉幣がなされる神社のことを主に示している。明治元年における最初の東京行幸の折、武蔵国一宮の氷川神社が近代以降新たに治定された初の勅祭社となり、明治天皇親拝がなされた。その後まもなく、府藩県所属以外の神社は神祇官管轄下で勅祭社・神祇官直支配社・准勅祭社に区別された。勅祭社は、伊勢両宮をはじめ石清水・賀茂別雷・賀茂御祖・大原野・吉田・八坂・松尾・北野・平野・稲荷・梅宮・氷川・春日の諸社とされ、三年には旧二十二社を基本に、出雲・熱田・宇佐などの大社を加えた二十九社奉幣が定められた。翌四年における近代社格制度の制定により、官幣社へは中央からの奉幣がなされるようになるも、六年には伊勢神宮を除いて、官幣社以下の奉幣はすべて地方官奉仕とすることが達せられた。

明治十六年、即位礼・大嘗祭の執行地を今後は京都とすることが定められたのに伴い、京都御所の保存をはじめとする京都復興が本格的に着手され、翌十七年の賀茂下上社および石清水八幡宮の例祭再興の際、旧儀にそくして勅使の参向・奉幣がなされた。これを端緒に、十九年に春日、二十五年に氷川の両社の例祭にも勅使参向による奉幣がなされるようになり、以後、大正期を通じて、熱田・出雲・橿原《かしはら》・明治・宇佐・香椎《かしい》の諸社が勅祭社に順次定められ、昭和前期に鹿島・香取両宮と、終戦直後には平安・近江両宮が勅祭社となった。靖国神社には、東京招魂社としての創建以降、年に一度、勅使の参向奉幣がなされ、大正二年からは春秋二季の例祭時に改められた。現在、伊勢神宮を別格として、これら十六の旧官幣社が勅祭社に治定されている。

勅祭社一覧表

社名	例祭日	鎮座地	治定年度
賀茂別雷神社	5月15日	京都府	明治16年
賀茂御祖神社	5月15日	京都府	明治16年
石清水八幡宮	9月15日	京都府	明治16年
春日大社	3月13日	奈良県	明治18年
氷川神社	8月1日	埼玉県	明治25年
熱田神宮	6月5日	愛知県	大正6年
出雲大社	5月14日	島根県	大正6年
橿原神宮	2月11日	奈良県	大正6年
明治神宮	11月3日	東京都	大正9年
平安神宮	4月15日	京都府	昭和20年
近江神宮	4月20日	滋賀県	昭和20年
靖国神社	4月22日 10月18日	東京都	明治2年 大正2年より春秋二度の例祭に奉幣
宇佐神宮	3月18日 (勅祭は10年ごとに臨時奉幣祭として同定日に斎行)	大分県	大正14年
香椎宮	10月29日 (勅祭は10年ごとに臨時奉幣祭として同定日に斎行)	福岡県	大正14年
鹿島神宮	9月1日 (勅祭は6年ごとに斎行)	茨城県	昭和17年
香取神宮	4月14日 (勅祭は6年ごとに斎行)	千葉県	昭和17年

現代の皇室祭祀

昭和二十年の終戦に伴い、連合国軍最高司令官総司令部(GHQ/SCAP、以下GHQ)による占領政策が開始され、二十二年の日本国憲法及び皇室典範の施行に際して、明治皇室典範をはじめ皇室祭祀令を含めたすべての皇室令が廃止され、翌二十三年には、「国民の祝日に関する法律」が公布されて、祝祭日の改定がなされたことにより、皇室祭祀と祝祭日との密接な関係が断たれ、皇室祭祀中、紀元節祭と明治節祭が停止となった。ただし、明治節祭の日には昭和を通じて、紀元節祭の日には平成三十年(二〇一八)現在まで臨時御拝がなされ、紀元節祭の夜になされた皇霊殿御神楽も神武天皇祭の夜に奏されている。また、皇室令廃止に伴う宮内府長官官房文書課長名の依命通牒において、新たな規定がないものについては従前の例に準じて処理することが示され、ことに皇室祭祀に関しては、三十年の伺定により、基本的に皇室祭祀令に準拠して斎行されている。加えて、皇室祭祀令に規定はなかったものの、六月・十二月晦日の節折や大祓、毎月一日・十一日・二十一日になされる旬祭、毎朝御代拝も、戦前より引き続いて行われている。

皇室祭祀一覧(平成30年現在)

月	日	祭儀		御殿または式場
1月	1日	四方拝		神嘉殿前庭
		歳旦祭	小祭	三殿
	3日	元始祭	大祭	三殿
	4日	奏事始		宮殿鳳凰の間
	7日	昭和天皇祭	大祭	皇霊殿・昭和天皇陵
	30日	孝明天皇例祭	小祭	皇霊殿・孝明天皇陵
2月	17日	祈年祭	小祭	三殿
3月	春分の日	春季皇霊祭	大祭	皇霊殿
		春季神殿祭	大祭	神殿
4月	3日	神武天皇祭	大祭	皇霊殿・神武天皇陵
		皇霊殿御神楽		皇霊殿
6月	16日	香淳皇后例祭	小祭	皇霊殿・香淳皇后陵
	30日	節折		宮殿竹の間
		大祓		神嘉殿前庭
7月	30日	明治天皇例祭	小祭	皇霊殿・明治天皇陵
9月	秋分の日	秋季皇霊祭	大祭	皇霊殿
		秋季神殿祭	大祭	神殿
10月	17日	神嘗祭賢所の儀	大祭	賢所
11月	22日	鎮魂の儀		綾綺殿
	23日	新嘗祭	大祭	神嘉殿
12月	中旬	賢所御神楽	小祭	賢所
	23日	天長祭	小祭	三殿
	25日	大正天皇例祭	小祭	皇霊殿・大正天皇陵
	31日	節折		宮殿竹の間
		大祓		神嘉殿前庭
		除夜祭		三殿
毎月	1・11・21日	旬祭		三殿
毎月	毎日	毎朝御代拝		三殿

※上記のほか，歴代天皇の式年祭などが随時斎行.

皇室祭祀を管掌する掌典職は、戦後は掌典長・掌典次長・掌典・内掌典・掌典補などで構成され、宮内庁の組織とは別の内廷の組織として位置づけられている。

近現代の大嘗祭

明治天皇の大嘗祭は、東京奠都後の明治四年に皇居吹上御苑にて斎行され、平安時代中期以降固定されていた悠紀・主基が全国的規模で卜定され、また悠紀・主基両地方の特産品を献備する庭積机代物《にわづみのつくえしろもの》が新設（大正天皇の大嘗祭より全国の特産品に拡大）されるなど、さらにひろく国民によって奉賛される形式に改められた。

明治十六年、即位礼及び大嘗祭の執行地を以後京都にすることが定められ、二十二年制定の明治皇室典範では「即位ノ礼及大嘗祭ハ京都ニ於テ之ヲ行フ」（第十一条）と規定された。四十二年には、践祚、改元、即位礼、大嘗祭、大饗《だいきょう》、親謁《しんえつ》を中心とする一連の儀式・行事により構成される大礼について定めた登極令《とうきょくれい》が制定され、明治皇室典範と登極令に則して、大正・昭和の大嘗祭は、即位礼と連続して京都において行われた。大嘗祭を含めた大礼の事務は、内閣総理大臣の管理に属し、宮中に臨時に設置される大礼使が管掌した。

明治皇室典範の廃止に伴い、戦後に制定された皇室典範では、「皇位の継承があつたときは、即位の礼を行う」（第二十四条）とあるのみで、大嘗祭について明確に定めた規定がなくなり、登極令も廃止となった。しかし、平成の御代替りに際して、典範の「即位の礼」は、皇位継承に関する一連の儀式を意味しており、ことに大嘗祭については、一世一度の重要かつ伝統的な皇位継承儀式であり、日本国憲法に定める皇位の世襲制度に基づいて公的性格を有するものと位置づけられた。ただ一方で憲法における政教分離の原則が考慮されて大礼使は置かれず、即位礼に関する事務を内閣が概ね担ったのに対し、大嘗祭については宮内庁が管掌し、大嘗祭をはじめ祭祀に関わる儀式・行事は「国事行為」ではなく「皇室の公的行事」とされた。平成の大嘗祭は、旧登極令に則して行われた昭和の大嘗祭を基本とし、かつ明治以前の古例も改めて参照されるといった伝統が尊重されるとともに、憲法以下現行法の規定や時代の変化を踏まえた新たな儀式も加わる形式をもって、平成二年（一九九〇）に東京において斎行された。

近現代の神宮祭祀・神社祭祀

伊勢神宮や官国幣社以下神社の国家祭祀制度をめぐっては、明治維新以降、随時復興・制定がなされた古儀や新儀を統合・再編成して、明治八年に「神社祭式」、十年に「神宮明治祭式」が制定・上梓され、二十七年には、神宮祭祀・神社祭祀を「大祭」と「公式ノ祭祀」の二種に区分する訓令が出された。

大正三年(一九一四)、明治以来の祭祀制度をもとに新たな祭祀も追加して再整備された神宮祭祀令と官国幣社以下神社祭祀令が制定され、大祭・中祭・小祭が各々規定された(官国幣社以下神社については神社祭式も改めて定められた)。加えて同年中に、恒例式として春季・秋季皇霊祭遥拝、神武天皇祭遥拝、明治天皇祭遥拝(昭和三年より大正天皇祭遥拝に変更)、神嘗祭遥拝(官国幣社以下神社のみ)、大祓が定められた。これら制度は、昭和二十年の終戦まで細かな改正がなされるも、近代祭祀制度の基盤となった。

占領開始当初、GHQは国家管理下にある神社を「国家神道」と呼び、その廃止を命じる神道指令を発したことで、すべての神社関連制度が廃止された。国家から分離された伊勢神宮をはじめとする全国の神社は、同じくGHQにより制定された宗教法人令に基づき、他の宗教団体と同様の宗教法人となった(占領解除に臨んで昭和二十六年に制定された宗教法人法により、改めて宗教法人となった)。占領初期におけるGHQからの圧力に対し、神社界では一致団結することが決定され、民間の神社関係団体である皇典講究所・大日本神祇会・神宮奉斎会が結集して、神社本庁が設立された。神社本庁は、伊勢神宮を本宗と仰ぎ、単立宗教法人となった一部の神社や、他の神社神道系包括団体に所属する神社を除く、約八万の神社から組織される包括宗教法人である。現在の伊勢神宮および神社本庁所属神社の祭祀は、近代の神宮祭祀・神社祭祀の制度を基本的に踏襲しつつ、戦後に復興ないし新たに追加した祭祀を含めて構成されている。

(齊藤智朗)

天皇の神事装束

天皇が神事に臨む際に着用する装束には、帛御衣《はくのおんきぬ》・御祭服《ごさいふく》・黄櫨染御袍《こうろぜんのごほう》・御引直衣《おひきのうし》などがある。

帛御衣

帛衣は、天皇が神事に臨む際、渡御において着用する装束である。帛御服《はくのおふく》ともいう。白の平絹で無裏の袍のため、帛衣《はくのきぬ》という。冬は練絹、夏は生絹《すずし》であり、成人は縫腋《ほうえき》、童体は闕腋《けつてき》である。「喪葬令」の釈説には「帛衣は白練衣也」「我朝は白色を以て貴色と為す、故に、天皇の服色也」とみえ、白い絹の衣が貴い服であることが記されている。

平安時代初期、嵯峨天皇の弘仁十一年(八二〇)二月の詔によれば、「其れ朕は大小の諸神事及び季冬の諸陵の奉幣には則ち帛衣を用ふ」とあって、大・小の諸神事、季冬(十二月)の諸陵への奉幣には、「帛衣」を用いるとされた。

奈良時代までの天皇の神事装束については、近年、平城宮跡から「神今木／御服進／帛御袴／赤帛下御袴　一」と記された木簡が発見されている。この木簡は天平八年(七三六)頃の木簡群と共に発掘されている。「神今木」とは神今食と考えられ、その装束として「帛御袴」「赤帛下御袴」が用いられたことが記されている。この装束は、帛衣の下具と推察される。

鎌倉中期頃成立の『装束式目抄』の「一、帛御装束(内蔵寮献之)」によれば、「冬分、御袍(平絹《へいけん》白練・単《ひとえ》・無裏)、御半臂《はんぴ》(白平絹・練・無裏)、御下襲《したがさね》(白平絹・練・無裏)、御衵《あこめ》(同上)、御単《ひとえ》(白平絹、同上)、御表袴《うえのはかま》(面、平絹、裏、薄紅)、御大口《おおくち》(平絹、練)、御襪《しとうず》(平絹、如例)、御扇(白、有金物、無置物)、御帯(無文玉巡方)」「夏分、帛御服(白生平絹)、単、御下具同之、御表袴面、白生、裏、生薄紅」とみえる。帛衣は内蔵寮《くらりょう》が調進するものとされており、後醍醐天皇撰の『建武年中行事』の「神今食」にも、「六月十一日、御神事一日よりはじまる、行幸あり、いぬのはじめ(午後十時ころ)に出御、はくの御装束をたてまつる、内蔵寮てう(調)す、夏はす丶し(生)、冬はねる(練)」とある。

御祭服(口絵7参照)

祭服は、天皇が大嘗祭の悠紀《ゆき》・主基《すき》両殿の儀と新嘗祭の儀のみに用いる装束である。斎服とも記す。貞観年間(八五九～七七)に成立した『儀式』の「践祚大嘗祭儀」に、「卯の日」「戌刻、鸞輿を廻立殿に御す、主殿寮浴湯を供す、即ち祭服を着したまひて大嘗宮に御す」とあるのが祭服の初出とされる。『西宮記』の「大嘗祭事」に、「行幸」「帛御衣を服し」「廻立殿に御す」「天皇更めて斎服を着し悠紀殿に御す」「殿内において神供す」とあるように、渡御の際には帛衣を着し、神事には祭服に改められた。大嘗祭の小忌《おみ》の湯をつかった後に着けるのである。

祭服の素材については、長元九年(一〇三六)、後朱雀天皇の大嘗祭について書き記した『範国記』に「大嘗宮に向ふ」「著御の祭服、生の御袍」「件の祭服二具、縫殿寮の女官命婦等白木の辛櫃に入れ、廻立殿に候す」「次、幘《さく》を献す、生絹也、内蔵寮折櫃に入れ、高坏に居」とあるから、祭服の袍は「生絹」であったことがわかる。

生絹とは、蚕の繭玉から一本の線を引き出し、それを七本ほど合わせて一筋の糸とし、それをそのまま織る、最も基本的な平織の絹のことである。『皇太神宮儀式帳』の「新宮遷奉御装束用物事」には、正殿の内側、天上から床、神座の蚊屋、御被まで、すべて生絹で覆われていることが記されている。神体に近い部分は生絹に限定されていたのであり、生絹が神事における最も丁重な素材であったことが推察される。生絹から祭服が奉製されていることは、最も人の手をかけない、最も原始的な生地が、最も格の高い「至尊の料」といえるだろう。

また、『装束式目抄』にも「一、斎服(縫殿寮献之)、御袍(白生平絹・単)、御半臂、御下襲(同上)、御袙、御単、表御袴、御大口等被用帛御服具、御幘(内蔵寮献之、白生平絹、長三尺許、三寸許畳居柳筥《やないばこ》)」とあり、帛衣は内蔵寮の調進であったが、祭服は縫殿寮《ぬいりょう》が調進するものであった。内蔵寮は宮中の衣食住全般を掌るものであり、内蔵寮が調進する帛衣は、神今食や新嘗祭においては神嘉殿までの出御、大嘗祭卯日儀においては廻立殿までの渡御に着御される。一方、縫殿寮は天皇とその奥向きの衣料を掌るものであり、縫殿寮が調進する祭服は、神今食・新嘗祭・大嘗祭の神饌親供のみに着御される装束であった。

室町時代後期に洛中が戦火にみまわれると大嘗祭は中絶する。江戸時代、東山天皇の貞享四年（一六八七）に大嘗祭が再興されたが、これは二百二十一年ぶりのことであり、装束の実態は不明となっていたようである。

祭服の袍は、基本的に闕腋でありながら、縫腋のように裾に襴が廻された独特の形状である。

黄櫨染御袍（口絵6参照）

黄櫨染御袍は、大儀に用いる天皇の装束である。束帯の縫腋袍であり、表地は天皇のみに用いられた黄櫨色である。そのため黄櫨染御袍と呼ばれる。『延喜式』「縫殿寮」によれば、黄櫨染の染色には、櫨《はぜ》（山櫨）、蘇芳《すおう》などが原料とされ、その色は緒黄色とされる。この黄櫨色は現在でも使用されているが、染色時の条件、また、天皇の好みなどで、濃淡などが異なった。嵯峨天皇の弘仁六年十月の詔によれば、黄櫨染の色を著わすことが禁じられ、同十一年二月の詔には、「朔日に朝を受ける・政を聴く・蕃国の使を受ける・奉幣・大小の諸会」などの場合に黄櫨染衣を用いることが記されており、これ以降、黄櫨は天皇の色目となった。

夏は生絹、冬は練絹で、桐、竹、鳳凰、麒麟の紋様がある。

御引直衣

直衣とは、平安時代以降、天皇や公家が日常に用いた私的な服である。その構造は、盤領《まるえり》、有襴、縫腋という朝服のそれでありながら、位階相当に対応する位色を用いないことから、「直《ただ》の衣」という。朝服を位袍というのに対して雑袍《ざっぽう》ともいう。諸臣は、腰の格袋《かくぶくろ》を引き出し、小紐で結び、襴を揃えて懐《ふところ》をつくり、指貫《さしぬき》を着けた。

天皇の直衣は屋内用の装束であり、裾長の生袴《すずしのはかま》を常用としていた。腰をたたまずに背面を束帯のように作って帯を締め、裾を長く引く着装法のため、引直衣という。前は裾を広げて着装する。冬は、表は白綾に小葵文、裏は紫平絹。夏は薄物の縠紗《こめしや》となり、色は二藍《ふたあい》、文様は三重襷《みえだすき》、紅の張袴である。

御引直衣は、毎日御拝や略儀の行事に用いられた。

女性天皇の神事服

明和元年(一七六四)十一月八日、後桜町天皇は大嘗祭に臨んだ。『後櫻町天皇宸記』によれば、後桜町天皇は、髪を女性の髪上げをして銀の釵子《さいし》を装着し、唐衣《からぎぬ》・裳《も》の女性装束形式の帛衣を着御して廻立殿まで渡御した。そこで祭服に改服し、大嘗宮で親祭親供を行なっている。この時の祭服については、『篋底秘記《きようていひき》』に、男帝装束と同じく、上げ首形式の袍であったことが記されている。国史上、女性天皇は幾人もいるが、後桜町天皇は女性天皇として初めて祭服を着御したのであった。

(宍戸忠男)

祭祀の祝詞――『延喜式』祝詞解説

『延喜式』祝詞の成立時期

祝詞とは祭祀で音読される詞章である。『延喜式』の巻八（祝詞式）には古代の祝詞が数多く収められている。『延喜式』の編纂方針からすると、同巻には基本的に、先行する『弘仁式』所収の祝詞が収められていると見られる。事実、『本朝月令』が引く『弘仁式』大忌祭・龍田祭の各祝詞は、『延喜式』所収のそれらとほぼ同文である。

これら『延喜式』の祝詞のなかには、大和盆地の特定の諸神のみを対象とするものがある。祈年祭・月次祭両祝詞の御県・山口・水分の神々の段はその典型である。それらが示す奉幣の目的は天皇の食膳充実や宮殿材木の確保なので、つまるところ、祝詞の原型成立を大和盆地内に宮都がある奈良時代以前に求めるのが自然となろう。同じことは、大穴持神が御子神を大和盆地南部に鎮座させ、「皇孫命の近き守り神」、つまり、天皇近くの守護神にしたとする出雲国造神賀詞にもいえる。ただ、『類聚三代格』によると対象神社の創建自体が延暦年間（七八二～八〇六）の平野祭・久度古関の祝詞も収められており、すべての始まりが飛鳥時代ということにはなり得ない。

奏上形式と宣読形式

『延喜式』巻八所収の詞章二十七編のうち、漢文体の「東文忌寸部献横刀時呪《やまとのふみのいみきべのたちをたてまつるときのしゅ》」以外は、漢字仮名交じり文体の前身ともいえる宣命体である（次頁図参照）。漢文が当然の古代の文章の中で、自立語を漢字で大きく、用言の語尾や付属語を一音ごとに対応する漢字、つまり、万葉仮名で小さく表記する宣命体は異彩を放つ。ただそれは、祝詞が音読第一であった証左である。

これらの祝詞は、文末の違いで二種に大別される。一方を「奏上形式」、他方を「宣読形式」という。それぞれ「奏上体」

「宣読体」などともいう場合もある。

現代、祝詞は一般的に神に祈願を伝えるためのことばと理解されている。前者の奏上形式祝詞はまさにそれである。この形式の祝詞は、「白」あるいは「申」で文末を結ぶ。これらは、「まをす」もしくは「まうす」と読む。いずれも「いう」の

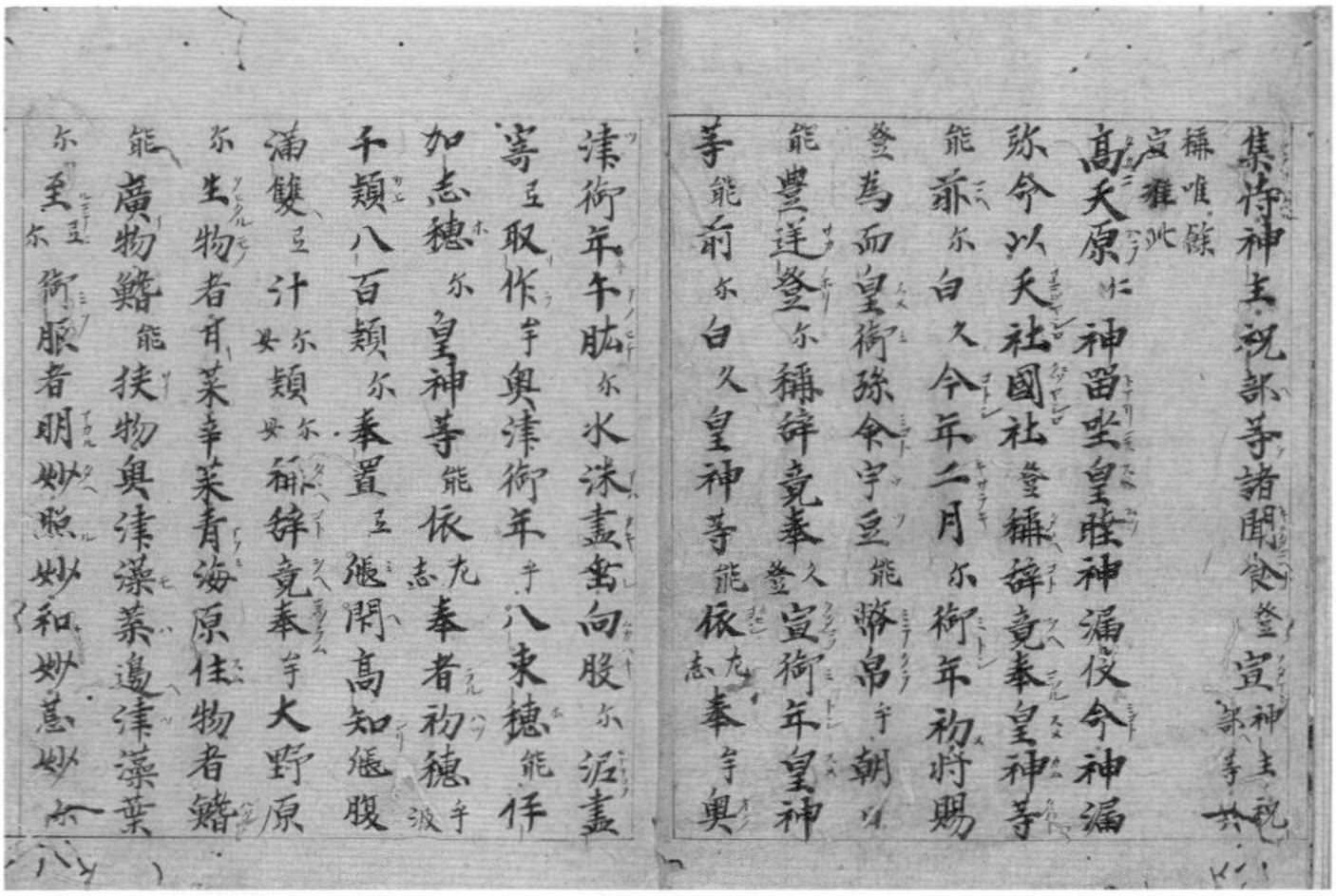

『延喜式』巻８（卜部兼永本）「祈年祭祝詞」（國學院大學図書館所蔵）

【表１】『延喜式』巻８所収祈年祭祝詞の構成

段数	対象	内容	
			奉幣奉告の対象	奉幣の目的など
1	神主・祝部	聴取命令		
2		奉幣奉告の宣告	天社・国社	稲作開始
3			御年皇神	稲の成熟
4			大御巫のまつる神	天皇の治世の長久繁栄
5			座摩御巫のまつる神	天皇の安定統治
6			御門御巫のまつる神	天皇の守護
7			生島御巫のまつる神	天皇の国土保全
8			伊勢大神宮	天皇の国土保全・治世の長久繁栄
9			御県に坐す神	天皇の食膳充実
10			山口に坐す神	天皇の安定統治
11			水分に坐す神	天皇の食膳充実
12		幣帛捧持命令		

謙譲語である。『延喜式』祝詞のうち、祭祀で用いる奏上形式の祝詞は、いずれも対象の祭神に祭祀の趣旨を申し、人の良かれを願う目的を持つ。神を敬うがための表現が文体に表われている。

【表２】『延喜式』巻８所収恒例祭祀等祝詞の表現形式

<table>
<tr><th colspan="2" rowspan="2">文体・文末</th><th colspan="3">奉読の態様</th><th rowspan="2">祝詞名（丸数字は収録順）</th></tr>
<tr><th>場所</th><th>読み手</th><th>相手</th></tr>
<tr><td rowspan="6">宣命体</td><td rowspan="3">奏上形式</td><td>宮中</td><td rowspan="2">神祇官人（⑧・⑨が忌部・その他は中臣）</td><td rowspan="2">宮中京中の神</td><td>⑧大殿祭⑨御門祭⑫鎮火祭</td></tr>
<tr><td>京中</td><td>⑬道饗祭⑮鎮御魂斎戸祭</td></tr>
<tr><td>神社</td><td>神祇官人（神主として）</td><td>神社の神</td><td>②春日祭⑤平野祭⑥久度古開</td></tr>
<tr><td rowspan="3">宣読形式</td><td>神社</td><td>朝廷の祭使</td><td>神社神職</td><td>③広瀬大忌祭④龍田風神祭</td></tr>
<tr><td rowspan="2">宮中</td><td rowspan="2">神祇官（中臣）</td><td>神社神職</td><td>①祈年祭⑦月次祭⑭大嘗祭</td></tr>
<tr><td>参集者</td><td>⑩六月晦大祓</td></tr>
</table>

※　⑪東文忌寸部献横刀時呪は漢文体

【表３】律令祭祀の祝詞の『延喜式』巻８（朝廷の恒例祭祀）収録状況

月	祭祀	朝廷の祭祀関与方法	収録状況と表現形式（丸数字は収録順）
２月	祈年祭	班幣	①宣読形式
３月	鎮花祭	委託	なし
４月	三枝祭	委託	なし
４・７月	大忌祭	遣使	③宣読形式
４・７月	風神祭	遣使	④宣読形式
６・12月	月次祭	班幣	⑦宣読形式
６・12月	鎮火祭	斎行（神祇官完結）	⑫奏上形式
６・12月	道饗祭	斎行（神祇官完結）	⑬奏上形式
11月	相嘗祭	委託	なし
11月	鎮魂祭	斎行（神祇官完結）	なし（関連の斎戸祭が⑮奏上形式）
11月	大嘗祭（新嘗祭）	班幣	⑭宣読形式

※　神衣祭（４月）・神嘗祭（９月）については伊勢大神宮奏上の祝詞が収録（前者が⑱、後者が⑳〜㉒）

対して、文末を「宣」でしめくくるのが宣読形式の祝詞である。古訓は「のりたまふ」とされ、祝詞の文脈上は「告げる」という意味となる。この形式の『延喜式』祝詞は、内容を人々に告知する目的で用いられている。多くの場合、告知内容は祭祀の契機や目的だが、聞き手に対する命令もある。たとえば、【表1】に示したとおり、十二段からなる祈年祭祝詞の最終段は、参集した神社の祝部らに、「事過《あやま》たず捧げ持ち奉れと宣りたまふ」とする。これにより、彼らは奉祀する神の前に幣帛を持ち運ぶ義務が生ずる。このような使い方をする宣読形式は、当然ながら神に対して用いることはない。

班幣祭祀の祝詞

『延喜式』巻八は、㈠朝廷の恒例祭祀等の祝詞十五編、㈡伊勢大神宮の祭祀などの祝詞九編、(三)臨時の祭祀および行事の詞章三編の、計二十七編を収める。(一)の朝廷の恒例祭祀等に絞り、その表現を整理すると【表2】のとおりだが、祭祀の行い方と祝詞の表現形式との間には対応関係がある。

特徴的な一群は、①祈年祭、⑦月次祭、⑭大嘗祭(新嘗祭)である。これら祝詞は班幣の儀で神祇官の中臣が読む点が共通する。祈年祭祝詞で説明をした通り、これら祝詞を介して祝部に求められるのは、個々の神社神前への幣帛持参である。

古代の朝廷祭祀では、必要以上の所作は義務付けられなかった。律令祭祀のなかには、【表3】で示したように、『延喜式』祝詞の存在しないものがある。鎮花祭・三枝祭・相嘗祭である。これらはいずれも、朝廷が関係氏族に祭祀の実施を委託する形式であり、神社での詳細な祭儀に関与しない。

とくに相嘗祭については天皇の御田、つまり律令制度成立前の祭のあり方を受け継いでいるとされる。その相嘗祭と、祈年祭などとの間に、祭祀の行い方に関する共通点が見いだせるのは、比較的古い祭の形を、班幣の儀の行われる祭祀が踏襲した結果といえよう。

宣読形式の遣使祭祀

宣読形式の祝詞で、特徴的なもう一種は③広瀬大忌祭・④龍田風神祭のものである。天武朝から同時に行われていた両祭は、祭使が神社に赴く形式を取る。だが、その祭使はまつりの監督が任務であった(『本朝月令』)。祝詞もそれに対応しており、対象社の「神主・祝部」に対し、奉幣、あるいは祝詞の内容を神前に奉告する(大忌祭の広瀬社のみ)ことを命じていた。祭使が神社に赴く形式を取っていても、神に近い所での祭儀は神社のいわゆる神職が行う。現場主義は古代神社祭祀の基本であった。

奏上形式祝詞を用いる公祭

対して、奏上形式の祝詞を用いる神社祭祀は、②春日祭(大原野祭・平岡祭)と⑤平野祭(⑥久度古関は同祭で読まれる)である。公祭に位置づけられるこれらの創祀年代は律令制定の後、つまり八世紀後半ないし九世紀最初期とされ、宣読形式の祝詞を用いる祭祀の多くが制度整備された時代と百年の開きがある。当然神に対する姿勢の変化も想定される。

春日・平野両祭に共通する最も重要な特色は、前者は称徳天皇、後者は桓武天皇と、創祀時の天皇の母系氏神を対象としている点にある。対象祭神がいかに重要視されていたかは、両祭の祝詞からもうかがえるので紹介したい。注目する点は両祭に共通するので、春日祭祝詞を例にあげる。

同祭祝詞には、四柱の大神の求めに従い、「春日の三笠山」に社殿を造営し、神宝や幣帛・神饌を奉ったとする。実際には、社殿はもとより、耐久財である鏡・横刀・弓・桙からなる神宝も毎度は奉られない（『延喜式』）。だが、毎年の奉献品とは別格のこれらを、大神の求めに応じて奉ったとなると、神社の創建が祝詞の形式的な申し手、つまり、天皇によるものだとわかる。

春日社の祭神はもともと、常陸国鹿島・下総国香取・河内国枚岡という、別々の地で祀られていた。単に氏神祭祀をするならば元の神社で行なえば問題がない。それをあえて京の近くに社殿を作って祀ったところに、母系氏神に対する積極的姿勢がうかがえる。この点は、同様の表現をとる祝詞が用いられ、奈良時代に主祭神が後宮もしくは大和国で祀られていた（『続日本紀』）平野祭でも同様である。

さらに、祭祀の担い手の面も注目される。春日祭祝詞では、「神主に其れ官位姓名を定めて」とあり、祭祀のたびに神主を任じていたことがわかる。また、元慶二年（八七八）、同社神主には京官の神祇大副が任じられており（『日本三代実録』）、同職が常駐していなかった実態が理解できる。こうしたあり方の原因を、祭祀組織の古い姿に求める向きもあるが、そもそも、天皇の意で始まった祭祀の担い手を、神祇官人、すなわち朝廷の組織から選ぶことは、その確実な斎行をする上では理に叶っている。

この点、春日祭の神主は大中臣氏、つまり祭神を氏神と仰ぐ氏人がなっているので分かりにくいが、大江・和両氏の氏神を祀る平野祭でも、中臣が神主になる（『延喜式』）。両祭の祝詞で神主の官位を奏上するのも、その神主が朝廷の組織に属している点を明示したいがためと考えることもできよう。

公祭は、平安時代以降その数を増す。だが、それら祭祀の祝詞は『延喜式』祝詞に含まれない。この理由を、同式に先行する『弘仁式』の編纂スケジュールにのみ求めるのは適切ではない。春日・平野両社の創建事情や組織は、他の公祭対象社とは大きく相違する。例えば賀茂祭が行われる賀茂両社の創建や組織に、両祭ほどの天皇の積極的な関与のあとはうかがえない。神社対象の恒例祭祀であっても、そのはじまりに天皇の意が強く反映し、神祇官人が神主となっていたからこそ、少数派である奏上形式の祝詞が載録されたと考えるべきであろう。

『延喜式』祝詞の収載方針

両祭の祝詞がそうだが、その読み手を勘案すると、少なくとも『延喜式』、おそらくは『弘仁式』編纂の際、神祇官の把握している祝詞を多く収載する方針がとられたと考えられる。これは、『延喜式』祝詞が、神祇官の外で祭祀に関わる、とくに天皇の祭祀に対する意識と結びついていないことをも意味している。

宣読形式の祝詞の載録だけで事済んだのは、祭儀に関わらない天皇の祈願が、神祇官とは別次元に位置づけられていたからこその結果だといえる。また、天皇が祝詞とは別に宣命を神前で祭使に読ませていたから、春日・平野両祭以外の公祭の祝詞がなくとも問題なかったのだと理解できよう。

（加瀬直弥）

儀式書解説

内裏式（だいりしき）

平安時代前期に編纂された勅撰の儀式書。上・中・下の三巻から成り、上巻六編、中巻十三編、下巻四編がおさめられている。本書の編纂過程は、序文などによれば、嵯峨天皇が右大臣藤原冬嗣をはじめ七名に詔を下し、新旧の恒例・臨時の儀式を整備したものを編纂させたとする。弘仁十二年（八二一）正月三十日に奏上された。序文によれば、その内容は、正月から十二月までの年中行事、臨時の軍国諸大小事を編纂したとするが、現存するのは、次のとおりである。

〔上巻〕元正受群臣朝賀式并会、七日会式、八日賜女王禄式、上卯日献御杖式、十六日踏歌式、十七日観射式

〔中巻〕奏成選短冊式、賀茂祭日警固式、奏詮擬郡領式、五月五日観馬射式、五月六日観馬射式、七月七日相撲式、七月八日相撲式、九月九日菊花宴式、十一月進御暦式、十一月奏御宅田稲数式、十一月新嘗会式、十二月進御薬式、十二月大儺式

〔下巻〕叙内親王以下式、任官式、任女官式、詔書式

ただ、平安時代中期以降の記録や儀式書に引用される『内裏式』には、伝存する内容にはみえないものもあるので、本来は現在の項目数よりも多かったと考えられている。「内裏式云」として引用されるものを復元すると、四十をこえる編目があったことになる。ただし、『内裏儀式』を「内裏式云」として引用する事例もあることから、逸文の取り扱いについては慎重さが求められる。さらに、平安末期の『本朝法家文書目録』に載せられる本書の編目が現存本と一致することから、残闕本ではないとする見方もある。編纂の後、淳和天皇は右大臣清原夏野をはじめとする四名に詔を下し、儀式次第の改変部について補訂が行われ、天長十年（八三三）二月十九日に奏上された。さらに、本書には承和年間の内容を記した割注があることから、天長十年以降も加筆が続けられたことが知れる。

本書は、天皇の所作や勅答、近臣の儀礼などの詳細がおさめられている。加えて編纂者の構成が天皇の側近であることなどを併せて考えれば、その後の内廷化の萌芽期にあたる史料といえよう。節会などの際には、儀礼の参考に供するため、式筥におさめられた本書を蔵人が捧持して天皇の御座近くに置かれた。さらに、殿上人や蔵人などが必携する書物でもあったことから、本書が重要視されていたと考えられている。のちには御記や御遺誡に准じる扱いを受けている。

本書の写本は、弘安十年(一二八七)の奥書がある巻子本と鎌倉末に書写されたといわれる巻子本が「九条本」と呼ばれる二つの写本であり、どちらも中巻のみ伝存する。室町時代末期に書写された「前田本」は、上・中・下の一冊であり、序文を残す貴重な史料である。前田本は鎌倉時代初期に書写された「壬生本」の系統と考えられているが、壬生本の行方は不明である。江戸期には、「紅葉山文庫本」「鷹司本」「京都御所東山御文庫本」「日野本」「柳原本」などの写本が作られた。刊本としては、『群書類従』の版本と活字本、「新註皇学叢書本」「新訂増補故実叢書本」「神道大系本」などがある。

儀式(ぎしき)

平安時代前期に朝廷の儀式次第を集成し編纂された書。通説では、弘仁・貞観・延喜にそれぞれ儀式が編纂されたとし、これらは「三代儀式」とも総称される。現存する十巻の『儀式』は、三代儀式のうちの「貞観儀式」にあたると考えられている。その根拠としては、巻十の奉頒山陵幣儀に記載されている山陵墓の種類が貞観期のものであることなどが挙げられる。しかし近年では、三代儀式の存在を疑問視する見解が出されており、伝存する儀式は貞観年間に作られた草稿を延喜年間以降に修正し完成させたものとする。ただ、いまだ定説はないものの、現存する『儀式』十巻が公的な儀式書として貞観期に作られたことに矛盾はなく、本書が平安時代前期の重要な儀式関係史料であることは間違いない。

本書の内容は、巻一～五は祭祀関係の儀式、巻六～八は恒例の年中行事、巻九・十は政務に関するものや臨時の儀式などがおさめられている。

本書の写本は、「天正官本」系統と「三条西実教所持本」系統のものがあるとされるが、諸本の精査が待たれるところである。刊本としては、「新訂増補故実叢書本」「続日本古典全集本」「神道大系本」がある。

延喜式(えんぎしき)

式とは律・令・格の施行細則を集成した古代法典である。本書の編纂は、先行の『弘仁式』『貞観式』の集成を目的の一つとしていた。同時に『延喜格』も編纂され、弘仁・貞観・延喜の格・式を総称して「三代格式」と総称される。ただし、ほぼ完全なかたちで伝存するのは本書のみである。

延喜五年(九〇五)八月に左大臣藤原時平をはじめ十二名に醍醐天皇の詔が下され、本書の編纂が開始されたが、編纂者の死亡が相次ぐなど、なかなか進捗しなかった。時平の死後、大納言藤原忠平などに改めて勅が下され、本格的に編纂事業が進められ、延長五年(九二七)十二月二十六日に完成、奏進された。施行はさらに四十年後の康保四年(九六七)である。施行が遅れた理由としてはいくつか考えられており、一つは延長五年の段階で編纂が不十分であり、その後も修訂事業が継続されたことである。これは途中で中絶したと考えられている。二つ目は、本書の内容の大半が『弘仁式』『貞観式』をそのまま受け継いだものであるから、施行を急ぐ必要がなかったことが挙げられる。三つ目は、本書の編纂事業の目的が、立法事業というよりも文化事業的側面に重点が置かれていたことが考えられている。

本書は五十巻から成っており、神祇官関係の式〔神祇式〕が巻一～十、太政官八省関係の式が巻十一～四十、それ以外の諸司式が巻四十一～四十九、雑式が巻五十である。巻数としては五分の一、分量としては約三分の一に及ぶ神祇式は、『養老令』一〇〇〇条のうち「神祇令」が二十条であったことを考えれば、その分量が飛躍的に増大しており、儀式の次第・幣帛・祭具・祭料など神祇官人に必要な細則が規定されている。さらに儀式においては、式次第のほか、儀場の舗設、饗饌、賜禄などの細則も規定されているが、これらは諸司式にも載せられている。これは神事・儀式・年中行事が、特定の官司だけでなく複数の諸司が携わっていたことに関係している。本書は儀式・年中行事に関する規定が数多く載せられていることから、古代・中世を通じ、主に公家社会において儀式や年中行事を行う際の典拠として利用された。

近世になると、主に国学者の間で、祝詞式・神名式・諸陵式に関する研究が行われた。とくに神祇式のうち祈年祭の対象社名簿である神名式は、中世から唯一神道の興隆とともに高く評価され、『延喜式』神名帳《じんみょうちょう》と称された。ここに収載された神社は「式内社《しきないしゃ》」と称された。

本書の写本は、「金剛寺本」がその奥書に「大治二年（一一二七）」とあるのが最も古いとされるほか、平安期の「九条家本」「一条家本」、鎌倉期の「三条西家本」「一条家別本」などがそれぞれ一部を伝える。神名式のみの写本も多く、「中院本」（武田本）や二種の「卜部本」（兼永本・兼右本）などが古い。校訂本としては、中原職忠・林羅山の「慶安本」（慶安元年〈一六四八〉刊）が古く、それを復刻した「明暦本」（明暦三年〈一六五七〉刊）と修正を入れた「享保本」（享保八年〈一七二三〉刊）、塙保己一と藍川慎の「雲州本」（文政十一年〈一八二八〉刊）が著名である。活字本としては、「国史大系本」（一九〇〇刊）、「新註皇学叢書本」（一九二七刊）、「日本古典全集本」（一九二七～二九刊）、「新訂増補国史大系本」（吉川弘文館、一九三七刊）、「神道大系本」（一九九一～九三刊）などがある。このほかに、皇典講究所版の『校訂延喜式』（一九二九～三二刊）や、訳註本として虎尾俊哉編の『訳註延喜式』（集英社、二〇〇〇～一七刊）が編纂されている。

本書は、延喜以前に成立・施行した規定を網羅的に集成しているため、完成時にはすでに効力が失効している条文もあることから、本書の利用にあたっては注意を要する。

本朝月令（ほんちょうがつりょう）

平安時代前期の延喜十年（九一〇）ごろに成立したと考えられる年中行事書。惟宗公方《これむねのきんかた》（生没年不詳）撰。現存する公事書としては最古のものと考えられている。「ほんちょうげつれい」とも訓む。全四巻とも全六巻とも伝わる。現存するのは四月～六月の一巻のみである。

本書の特徴は、年中恒例行事について、起源や沿革・由来を記している点にある。後代の儀式書が式次第や故実を中心に記しているのに対し、本書はすべて引用文から成っており、三十数種に及ぶ和漢の典籍が引かれている。それらのなかには、今日では亡失したものが少なくなく、特に『弘仁式』『貞観式』の逸文が多く引用されており、古代文献の原形態を伝える貴重な史料である。

写本としては、宮内庁書陵部所蔵の「九条家旧蔵本」（鎌倉期の書写か）、尊経閣文庫所蔵の金沢文庫旧蔵本「本朝月令要文」（南北朝期の書写か）が伝わる。近世の写本は九条家本を祖本とする。刊本としては『群書類従』公事部に載せる。

西宮記(さいきゅうき)

平安期に作られた儀式・故実に関する書。「せいきゅうき」または「さいぐうき」ともよむ。私撰の書であり、撰者は源高明《たかあきら》(九一四〜八二)である。本書の書名の由来は、源高明の邸宅が右京〔西京〕にあったところから、高明が「西宮《にしのみや》左大臣」と呼ばれたことによる。本書の成立時期については、安和《あんな》の政変の前後いずれの時期であるか不明である。本書は、写本によって内容や編成を異にする点が特徴ともいえるが、これは、成立後もしばしば稿を改めたためと考えられている。源高明自身による改稿と没後にも改変・追記が行われ、それぞれの段階の写本が伝わったと考えられている。伝本によって巻数も異なるものの、その内容は大きく恒例と臨時に分れており、儀式や諸政務の次第・作法などが詳細に記されている。十世紀には、本書のほか、村上天皇が撰した『清涼記』や藤原公任撰の『北山抄』などの私撰の儀式書が著されたが、『清涼記』は散逸してしまっているため、本書が私撰の儀式書・故実書としては最古の伝本といえる。写本によっては「本文」のほか「勘物《かんもつ》」〔頭書・傍書・裏書など〕がある。この勘物は諸記録の引用が多く、多数の貴重な逸書・逸文が参照されており、史料的価値は高い。

本書の写本の系統は数種類にも及ぶが、まず、「前田尊経閣文庫所蔵巻子本」や「東山御文庫本」については、(一)平安期の写しと考えられる九条家本、(二)鎌倉期の書写本、(三)鎌倉期書写の金沢文庫架蔵本、以上の三系統が考えられている。このうち、九条家本系統は、本文に対して勘物が建武元年(一三三四)の補写であることから、最も注目されている。また、最も広く流布している宮内庁書陵部所蔵の「壬生本」〔鎌倉時代末〜室町時代初期の書写〕、前田尊経閣文庫所蔵の「大永本」〔大永五年(一五二五)の書写〕や活字本の「史籍集覧本」〔壬生本系統の「松岡本」が底本〕は、本書の成立期と二期の改稿時に写された三種の異本があり、二期目の改稿時の写本が本書の大部分を伝えている。刊本としては、「故実叢書本」〔尊経閣文庫所蔵巻子本が底本、史籍集覧本による補〕、「神道大系本」〔大永本が底本〕などがある。

北山抄（ほくざんしょう）

平安時代中期に成立した私撰の儀式書。十巻。藤原公任《きんとう》（九六六～一〇四一）撰。書名の由来は、撰者の公任が、晩年に北山の長谷に隠棲したことによる。また、公任が四条の邸宅に住み、権大納言にまで補任されたことから、「四条大納言記」や「四条記」などとも呼ばれる。

本書の各巻の呼称と内容は次のとおりである。巻一「年中要抄　上」〔正月～五月の年中行事〕、巻二「年中要抄　下」〔六月～十二月の年中行事〕、巻三「拾遺雑抄　上」〔朝拝～維摩会に至る恒例・臨時の儀〕、巻四「拾遺雑抄　下」〔御元服～講日本紀に至る臨時の儀〕、巻五「践祚抄」〔譲位～一代仁王会に至る即位に関する諸儀〕、巻六「備忘」〔詔書～京官除目に至る諸事〕、巻七「都省雑事」〔外記政～請外印雑事に至る諸事〕、巻八「大将儀」〔朝拝～和漢官号に至る近衛大将に関する恒例・臨時の儀〕、巻九「羽林要抄」〔元日節会～陣中事に至る近衛中将以下に関する雑務〕、巻十「吏途指南」〔国司下向早晩～古今定功過例に至る国司の諸務〕。各巻の呼称は写本によって多少異なる。各巻は、成立の事情を異にし、成立時期も異なるとされるが、およそ寛弘・長和・寛仁のころに全体が成ったと推測されており、のちに撰者の公任がそれらを十巻に集成したと考えられている。

撰著にあたって公任が用いたとされる資料としては、㈠公任自身の日々の記録、㈡公任自身が就いた官職に関する記録、㈢父頼忠が弁官・参議として見聞した記録、㈣祖父実頼の記録〔『清慎公記』（水心記）〕、㈤藤原師輔《もろすけ》の記録〔『九暦』（九条殿記）〕、㈥藤原師輔が著わした『九条年中行事』、㈦『西宮記』などが挙げられる。また、諸書には、伝本にはみえない文が引用されていることから、伝本のほかに異本が存したと考えられている。

京都国立博物館には公任自筆の稿本（巻十）が蔵されており、国宝に指定されている。こちらは三条家に伝えられたものである。料紙は二十九紙、内、二十七紙二十四通の反故を継ぎ、その紙背を利用して記されている。この裏文書には、「長徳二年（九九六）十一月二十五日」、「長保六年（一〇〇四）二月十六日」などの日付が残る。その内容は、検非違使に関する文書が多い。公任が入手した文書を、本書の起草時に利用したと考えられている。なかには、仮名消息が二通含まれており、当時の草仮名・連綿体を伝える貴重な史料である。

また、「前田尊経閣文庫本」は全十二巻（巻三と巻五が重複）のうち巻十を欠くが、こちらも国宝に指定されている。

江家次第（ごうけしだい）

平安時代後期に成立した儀式書。大江匡房《まさふさ》（一〇四一～一一一一）著。『長秋記』の記事には「江次第」とみえ、古くはこの呼称が用いられたと考えられている。「江家次第」の書名は、一条兼良の『江次第抄』の発題に記されている。本書は、成立後すぐに朝議・公事の指針の書として高く評価されたが、兼良は本書を再三講じるなど特に評価し、さらには後土御門天皇にも進講した。匡房は、蔵人・弁官を経て参議に補任され、権中納言・大宰権帥・大蔵卿を歴任したため、その官名にちなみ「江帥次第」「江中納言次第」とも呼ばれる。匡房は、尊仁親王（のちの後三条天皇）の東宮学士や後三条・白河・堀河三代の侍読を務め、さらには白河院の近臣になるなど、学問・朝議・政務に精通した人物であった。関白藤原忠実口述の『中外抄』によれば、本書は関白藤原師通の命を受けて作成されたものである。作成時期は不明であるが、師通の生前（康和元年〈一〇九九〉以前）から匡房死去（天永二年〈一一一一〉）の直前まで書き続けられたと考えられている。

本書は、『江家次第目録』によれば全二十一巻、このうち、巻十六と巻二十一が欠巻となっている。各巻の内容は次のとおりである。巻一～十一は年中恒例の朝儀、巻十二は臨時の神事、巻十三は臨時の仏事、巻十四～十七は譲位以下の臨時の朝儀（巻十六は行幸など）、巻十八は政務、巻十九は弓射・競馬、院中の雑事、巻二十は臣下の礼節、巻二十一は凶事である。ただ、一条兼良は本書を未完の書であったと指摘しており、二つの欠巻は本文が記されなかったとする見解もある。

本書の写本は、室町期書写の「尊経閣文庫本」（巻子本　十巻）（冊子本　八冊）、中御門宣胤書写の「天理大学図書館本」（冊子本　六冊）、鎌倉期書写の「京都御所東山御文庫本」（巻五・巻八）、宮内庁書陵部所蔵の「御所本」（巻五）などがある。また、宮内庁書陵部所蔵の「壬生本」や国立公文書館内閣文庫所蔵の「紅葉山文庫旧蔵本」など、江戸期の写本も伝わる。

建武年中行事(けんむねんちゅうぎょうじ)

朝廷の年中行事を記した有職書。後醍醐天皇(一二八八～一三三九、一三一八～三九在位)著。上・中・下三巻。成立時期は詳らかではないが、建武政権が成立して間もなくの頃と推測されている。「仮名年中行事」「後醍醐院御次第」「禁裏政要」などさまざまな別称があり、後代に大きな影響を与えたとされる書である。

本書の内容は次のとおりである。上巻は序文と正月の四方拝～八日の御斎会《ごさいえ》、中巻は十一日の県召除目《あがためしのじもく》～三月の中午日に行われる石清水祭、下巻は四月一日の更衣《こうい》〔御衣替え〕～十二月の追儺《ついな》と節折《よおり》の儀が記されている。上中下巻をくらべてみると、上巻の記述は詳細であるが、下巻は簡略的である。しかしながら、宮中の年中行事を知る上では貴重な史料といえる。

刊本は『群書類従』公事部などに所収されている。

(小林宣彦)

祭祀等収載儀式書一覧

〔凡　例〕

・年間に二度以上行う祭祀などについては、二度目以降の月を（　）内に記した。
・各儀式書に項目・条目名のみでも収載されている場合には、○とした（『延喜式』については全巻を対象とした。また、『本朝月令』は四月から六月までの部分のみ現存しているため、その他の月については斜線を施した）。

恒例祭祀

月	恒例祭祀等	令	儀	延	西	北	江	本	神	建
一月	四方拝			○	○	○	○	／		○
二月	祈年祭	○	○	○	○	○	○	／	○	○
	大原野祭（十一月）		○	○	○	○	○	／	○	○
	春日祭（十一月）		○	○	○	○	○	／	○	○
	祈年穀奉幣（七月）						○	／	○	○
	鹿島祭使（十一月）			○	④	○		／	⑨	
	平岡祭（十一月）			○				／	○	
	率川祭（十一月）			○	○	○		／	○	
	園韓神祭（十一月）		○	○	○	○	○	／	○	○
三月	石清水臨時祭					○	⑧	／	○	○
	鎮花祭	○		○				／	○	

月	恒例祭祀等	令	儀	延	西	北	江	本	神	建
四月	大忌祭（七月）	○		○	○	○		○	○	○
	風神祭（七月）	○		○	○	○		○	○	○
	稲荷祭								○	
	平野祭（十一月）		○	○	⑤	○	○	○	○	○
	平野臨時祭（十一月）									○
	梅宮祭（十一月）					○	○			
	賀茂祭		○	○	○	○	○	○		○
	三枝祭	○		○						
	大神祭（十二月）			○	○	○		○	○	○
	宗像祭（十一月）									
	山科祭（十一月）			○	○	⑥		○	○	

月	恒例祭祀等	令	儀	延	西	北	江	本	神	建
四月	松尾祭（十一月）		○	○		○	○	○	○	
	杜本祭（十一月）			○		○		○		
	当麻祭（十一月）			○		○				
	当宗祭（十一月）			○		○		○		
	吉田祭（十一月）					○	○		○	○
	日吉祭（十一月）									
	中山祭（十一月）								○	
六月	忌火御飯（十一月・十二月）				○	○	○	○		○
	御贖祭（十一月・十二月）			○	○	○		○	○	○
	御体御卜奏（十二月）		○	○	○	○	○	○	○	
	月次祭（十二月）	○		○	○	○	○	○	○	○
	神今食（十二月）		○	○	○	○	○	○	○	○
	大殿祭（十一月・十二月）		○	○			○		⑦	
	祇園御霊会・祇園臨時祭									○

月	恒例祭祀等	令	儀	延	西	北	江	本	神	建
六月	大祓（十二月）	○	○	○	○	○	○	○	○	
	御贖（節折）（十二月）	①	○	○	○	○	○	○	○	○
	鎮火祭（十二月）	○		○						
	道饗祭（十二月）	○		○						
八月	北野祭							／		○
	北野臨時祭							／		
	石清水放生会							／		○
九月	神嘗祭発遣儀		○	○	○	○	○	／	○	○
十一月	相嘗祭	○		○				／		
	鎮魂祭	○	○	○	○	○	○	／	○	○
	新嘗祭	②	○	○	○	○	○	／	○	○
	賀茂臨時祭			○	○	○	⑧	／	○	
十二月	内侍所御神楽						○	／		○

臨時祭祀

月	恒例祭祀等	令	儀	延	西	北	江	本	神	建
臨時	大嘗祭	○	○	○	○	○	○	／	○	
	八十嶋祭			○	○		○	／		
	名神祭			○				／		
	出雲国造神寿詞奏上儀礼			○				／		

月	恒例祭祀等	令	儀	延	西	北	江	本	神	建
臨時	神社行幸					○		／	○	
	大神宝使					⑦	○	／	○	
	宇佐使				○	○	○	／	○	

59　祭祀等収載儀式書一覧

神宮祭祀

月	恒例祭祀等	令	儀	延	西	北	江	本	神	建
二月	祈年祭			○				／		
四月	神衣祭(九月)	○		○						
六月	月次祭(十二月)			○						
九月	神嘗祭	○		○				／		
臨時	式年遷宮			○				／	○	

仏教法会

月	恒例祭祀等	令	儀	延	西	北	江	本	神	建
一月	大極殿御斎会		③	○	○	○	○	／		○
一月	真言院後七日御修法			○				／		
三月	薬師寺最勝会			○	○	○		／		
六月	延暦寺六月会							／		
十月	興福寺維摩会			○	○	○		／		
十一月	延暦寺霜月会							／		
臨時	一代一度仁王会			○	○	○	○	／		
臨時	一代一度仏舎利会							／		

〔略称〕「令」……『神祇令』、「儀」……『儀式』、「延」……『延喜式』、「西」……『西宮記』、「北」……『北山抄』、「江」……『江家次第』、「本」……『本朝月令』、「神」……『神祇官年中行事』、「建」……『建武年中行事』

①大祓条に併記、②仲冬条「下卯大嘗祭」、③「正月八日講二最勝王経一儀」条、④十一月春日祭条に付記、⑤十一月に当該条あり、⑥十一月に当該条あり、⑦「奉二諸社神宝一事」条、⑧ただし、試楽部分のみ、⑨臨時行事部分にあり。

（木村大樹）

祭祀・儀式の復元

祭祀・儀式を復元するということ

文字として史料(資料)に表現された古代の祭祀・儀式(以下、「祭儀」)の様子を、現代人が理解できるように視覚的・復元的な形で考察することは重要な研究手法である。祭儀の性格・意義は必ずしも明確に示されるものではなく、それらは行事構成や次第、また作法の端々に間接的に表現されることが多かったためである。同様に神道も明文化された教義・教説を持たず(神話や祝詞などの一部抽象化された表現を除く)、実際に行われた古代の祭儀の背後に見え隠れする当時の思想・信仰を抽出するためにも、祭儀の復元研究は有効な手段となるだろう。

平安時代の公家社会では、祭儀や行事の場へ参列することやそこでの立ち居振る舞いが、自身および家の評価につながる場合も多かった。そこで多くの公家は『儀式』『延喜式』の規定を基本とする祭儀の次第を細かく研究・理解し実践した。祭儀にあたっては、あらかじめ識者に先例を調べさせ、儀場での立ち位置や作法について指南させることも多かった。また祭儀への参列日時や詳細な次第・作法(家が独自に継承する作法も存在した)を日記に記録した。これらの情報を子孫に伝えていく目的があったと考えられる。

しかし儀式書や日記類は、そもそも祭儀の性格や内裏の建物配置・内部構造などを熟知し、参列者同士で互いに共通理解を持つ人々が作成し利用したものであった。当事者が知っていて当然とされる情報については、いちいち記されなかったのである。そのため基礎的な知識・素養を持ち得ない現代人が祭儀次第を理解するには、できる限り多くの史料に当たり、そこから得た情報を多角的に組み上げていく作業が必要となる。単に儀式書の記述を受動的に流し読むのではなく、一つの史料だけでは理解しがたい次第の流れを、他の史料の記述により能動的に補っていくのである。

復元考察の手順

では祭儀の復元はどのような手順で行えばよいか。まずはその前段階として、祭儀の次第が記された儀式書や次第書の内容を正確に理解しなければならない。そのためには、時間や場所の転換、また人の動きに注目する必要がある。儀式書は通常、時間の流れに沿って記されているため、日付(月・旬・日)や時間(刻・分)の切り替わりは場面の転換を表すことが多く、これらで区切ると祭儀全体の流れを理解しやすい。これは場所の切り替わりも同様である。さらに祭儀は多くの人々が各々の職掌をもって携わるものであるため、これらが各場面において、それぞれどこでどのように動いているのかを把握しておかなければならない。また、その際には各官司の組織的な上下関係や指示系統について知っておくことも重要である。

以上のような資料理解の基本的な手順を踏まえた上で、以下に祭儀次第をより立体的に復元理解をするための方法の一例を示す。

①『儀式』『延喜式』を用いる

『儀式』『延喜式』に次第や諸々の規定がある祭儀については、まず両書の記述を比較して、次第を組み立てることから始める。成立年代が比較的近く体系的にまとめられている両書の記述を照らし合わせることで、相互に補完しあいながら次第を復元することができるのである。

『儀式』は祭儀ごとに参列者の全体的な次第の流れを時系列に沿って俯瞰的に規定する。一方の『延喜式』は、「四時祭式」ならば主に神祇官人、「宮内式」ならば宮内省およびその被官官人の動きに焦点を当てた祭儀の次第を規定する。これは前者が儀式次第書で、後者が律令施行細則であるという編纂目的の違いによるものであった。そのため、『儀式』で全体的な流れを捉え、『延喜式』の各式でそこに登場する官人それぞれの細かい動きを補完できるのである。

②『西宮記』『北山抄』『江家次第』を用いる

『儀式』『延喜式』の比較により大まかな祭儀次第の骨格を復元したら、次に平安時代中後期成立の『西宮記』『北山抄』『江家次第』の三書、いわゆる「三大儀式書」の記述により肉付けを行うことができる。『西宮記』の成立が『延喜式』施行の時期とほど近いのを除いて、これらの成立は前掲の両書より時代が下る。しかし、次第に大きな差異がないと認められる部分については、いずれも大いに参考になるだろう。

これら三書は私撰儀式書としての性格上、『儀式』『延喜式』には規定されてないような、詳細で具体的な次第が描かれることも多く、祭儀の復元には欠かせない史料である。また次第以外にも、頭注や裏書として他書の引用や先例を多く残している場合があり理解の助けとなる。

③古記録類を用いる

最後に公家の日記などの古記録の記述も反映することで、実際に記主が参列・供奉した、より現実味のある祭儀次第の復元が可能となる。また、これにより次第・作法が『儀式』『延喜式』規定のそれと比較して変化なく行われる部分、逆に変化して行われる部分を見出すこともできよう。この際、日記の性質上、そのとき一度きりのイレギュラーな事例である可能性もあるため、同年代資料を用いて慎重に確認することが重要となる。

また記主の立場の違いにより次第の捉え方が異なることにも注意すべきである。たとえば同日の同祭儀に供奉した官人であっても、一方が大臣で一方が外記（太政官内の事務処理を行なった書記官）であれば、立場が異なり配置や視点も異なる。当然、日記に残す次第の記述も異なってくるのである。なお、これは前述の「三大儀式書」についても同様である。

視覚的な表現

以上のような考察により古代の祭儀次第の復元を行なった後、これを視覚的に表現することができれば、より多くの人々が理解しやすいものとなる。視覚的表現としては、図表化やイラスト化などの方法（後述、復元研究の事例①など）のほかに、映像（とくに動画）化という方法（後述、復元研究の事例②など）が新たに重要になってくるだろう。また、これは史料理解だけでは及ばなかったさらなる考察の余地や課題を見つけることにもつながる。たとえば参列者が所定の門から入って殿舎内の本座に着くという何気ない動き一つをとっても、門から殿舎までどのような経路をたどり、どの入口から入ってどのように本座まで進み着くかなど、多くの新たな課題が生じるのである。拝や揖《ゆう》（ともにお辞儀の作法で、揖は拝に次ぐ）など細かい作法の問題まで含めればなおさらである。

総論

ただし、前述のようにすべての情報が史料に記されているということはない。経路を図示するには、出発地と目的地を便宜的に直線距離で示すしかないことも多いし、祭儀を映像化する場合にも、細かい作法については現行の神社祭式などを準用するしかない場合も多い。

このように祭儀の視覚的表現は、場所や道具などの物理的制約、また考証の妥協点や継ぎ接ぎも多々あるものとなることは否めない。しかし、考察にあたっては史学や文献学の知識のみならず、装束などの有職故実学、また祭式学や映像学など多くの分野の成果を必要とする。多分野の学際的な連携による今後の新たな研究の可能性を秘めているのである。

復元研究の事例①：祈年祭

祈年祭の全体的な次第は『儀式』祈年祭儀や『延喜式』四時祭上祈年祭条に記されている。ともに準備段階から参列者の参官・着座、祭儀の中核となる祝詞宣読・幣帛頒与、退出までの次第を記す。なお『延喜式』には他に掃部式に神祇官斎院（西院）での各座の設営に関する記述があり、また太政官式・大舎人式・式部式・宮内式・馬寮式などにも個別の細かい規定がある（次第全体の流れについては「祈年祭」項目を参照）。

『儀式』と『延喜式』が記す次第の顕著な違いとして、『儀式』には大臣などの太政官人が神祇官斎院の北庁に就くにあたり、まず北門の内外での次第が描かれるという点がある。北門内に着座した大臣が、門外に着座している外記から祭の準備が整った旨の報告を受けて、初めて北庁に移動するのである（図1）。またその様子について九条兼実《かねざね》『玉葉《ぎょくよう》』の治承四年（一一八〇）二月四日条は、上卿の大納言が北門の座を起つ際や北庁に着座する際に揖をした様子、また門の壇を降りて北庁に向かい着座するまでの裾《きよ》（束帯の下襲《したがさね》の後ろに長く引いた部分）の裁き方まで細かく描写していて復元の参考になる。各参列者の参入門と候所については「祈年祭」項目内の全体図を参照のこと。ただし経路は不明瞭なため、主に直線距離で記した。

なお、祝部に頒与する幣物を置いた場所について『儀式』『延喜式』は記さないが、これも『玉葉』同条で召使が上卿の命令で式部輔を召すために北庁から南門に向かう際、幣物案の東側を経たとあることから、斎院の広大な庭中に並べられていたと推測できる。ほかに神馬や御歳神へ奉る白猪・白鶏などの動物たちを待機させておく場所については、清原重憲《しげのり》『重

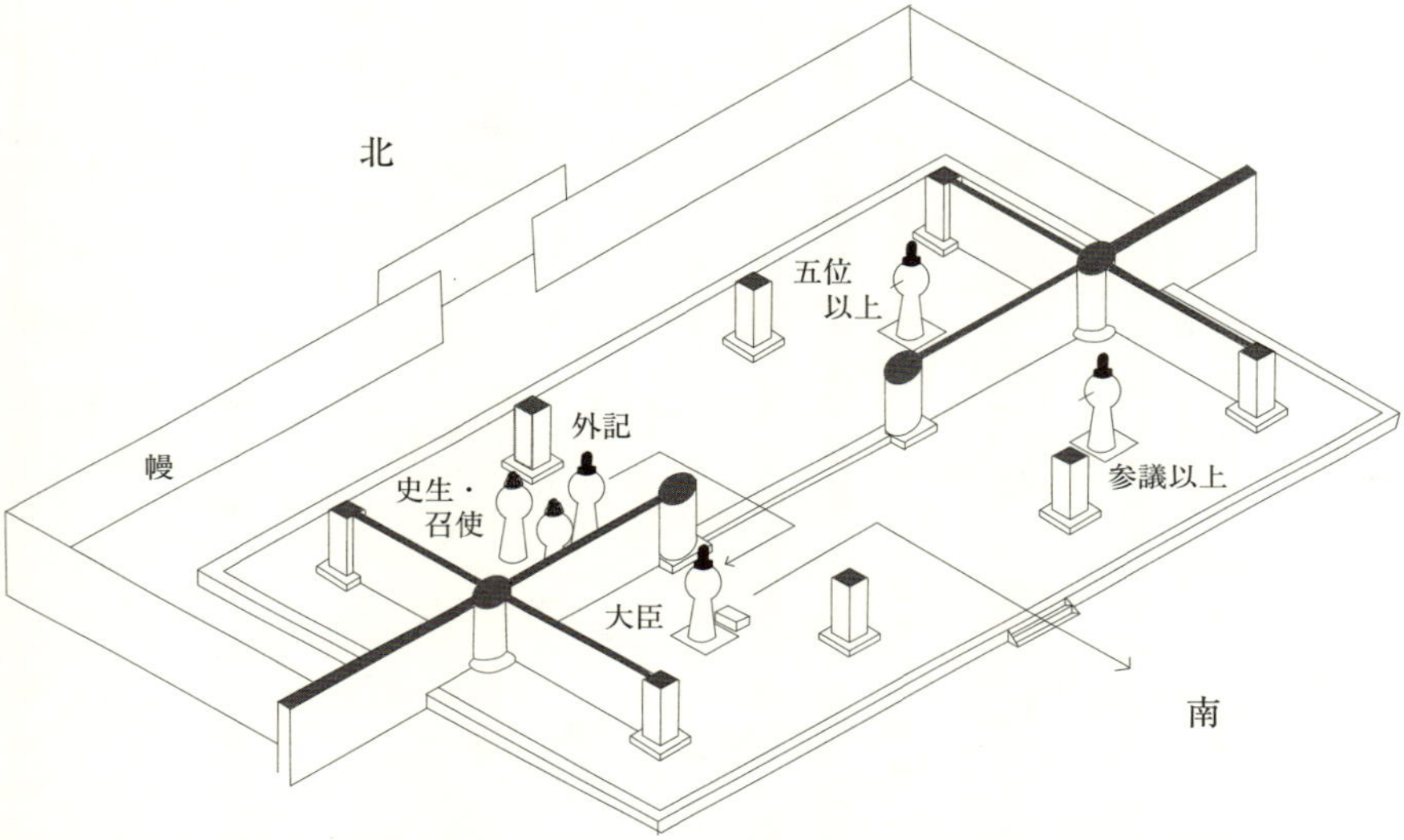

図１　神祇官北門図（『儀式』祈年祭儀条に基づく神祇官斎院北門内着座想定図（断面図），大臣の座の正面には内裏式を納めた筥が置いてある）

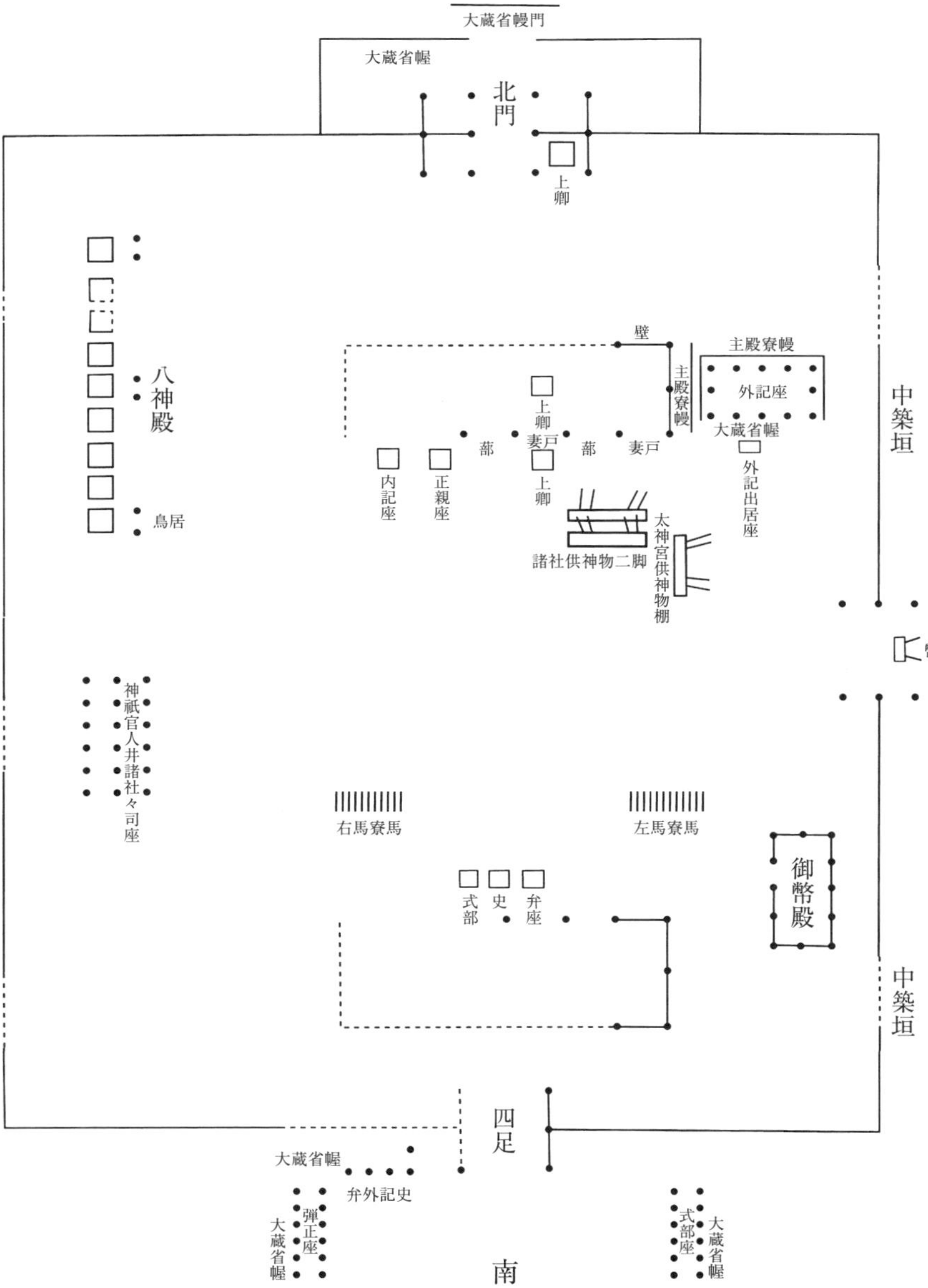

図２　『月次祭神祇官指図』翻刻図（宮内庁書陵部蔵『月次祭神祇官指図』翻刻，点線部は欠損部を補った部分〈木村大樹「班幣行事の復元的考察」［2018］より〉）

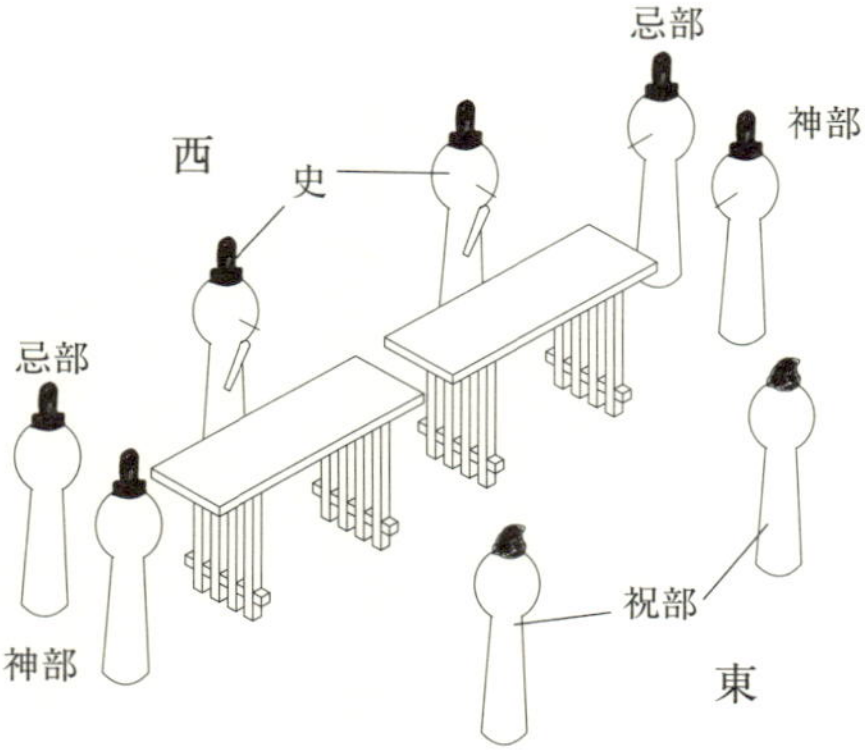

図３　班幣図（『儀式』祈年祭儀条に基づく班幣想定図．案の西側に立つ史が札を執って祝部を召す）

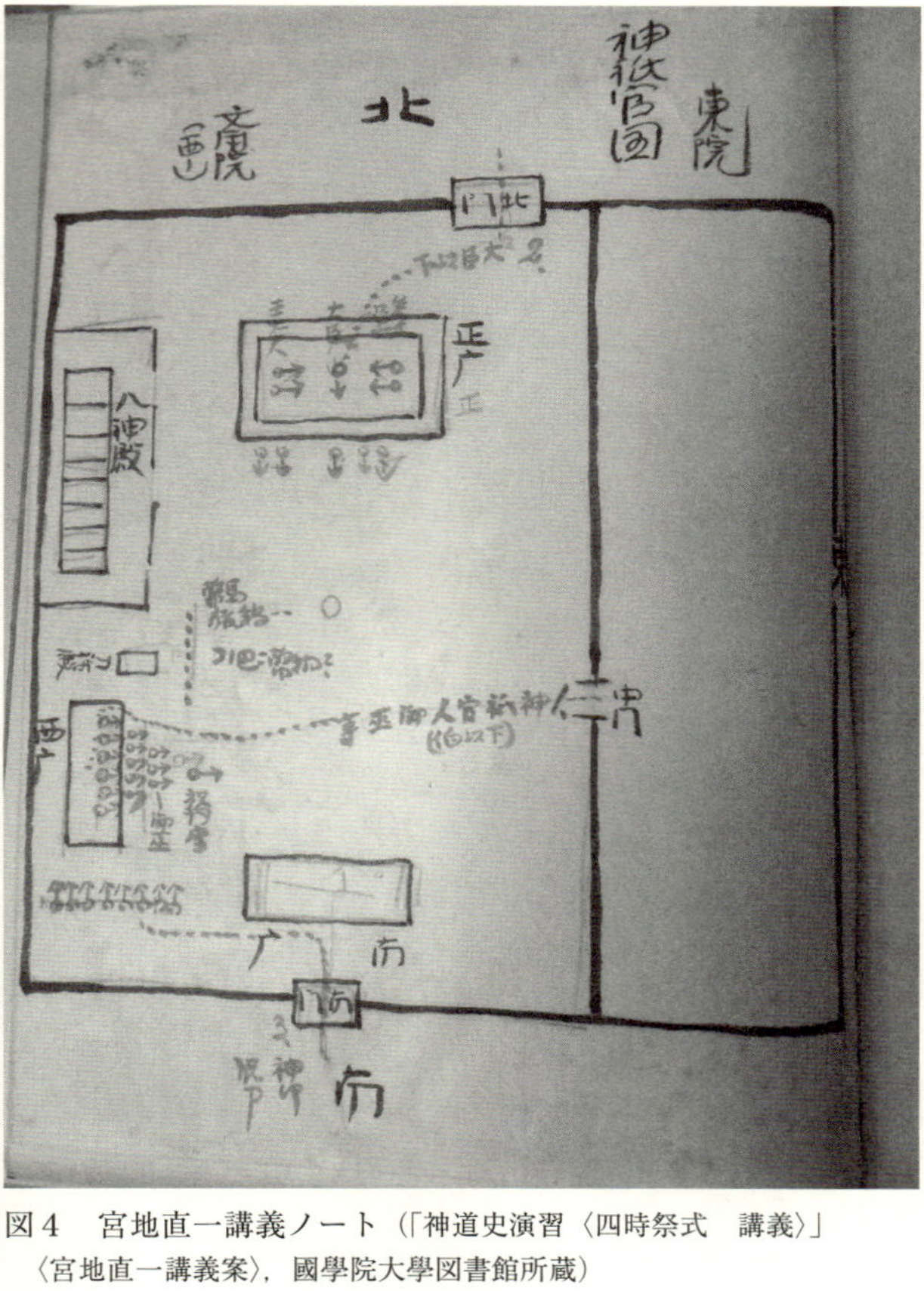

図４　宮地直一講義ノート（「神道史演習〈四時祭式　講義〉」〈宮地直一講義案〉，國學院大學図書館所蔵）

憲記』天養元年（一一四四）二月四日条に、馬が幣物の南に牽かれ、猪・鶏はさらにその南の木に繋がれていたことが記されており、大まかな位置関係を把握できよう。これに対応するように裏松光世（固禅《こぜん》）の『大内裏図考証』は、御幣殿の前方に数本の木が生えていたことを考証している。

そして中臣氏の祝詞宣読の際には、それまで殿舎内に着座していた人々が一斉に庭上に降り立つが、その外座の配置の様子は鎌倉時代成立とされる『月次祭神祇官指図』（宮内庁書陵部蔵）などにも記されている（図２）。また班幣の様子は『儀式』によると、幣案の西側に対象社のリストを携えた史《さかん》二人が東面して立ち、忌部二人が神部二人を率いて案を挟むように立つとある。リストに従い呼ばれた祝部が案に西面して進み、神部から幣物を受けるのであった（図３）。

以上が祈年祭の復元考察の一部である。同様の考察は戦前すでに宮地直一氏も行なっており、その講義ノートには祈年祭における人々の配置や動線を示す図が描かれていた（図４）。

復元研究の事例②：御体御卜奏上儀

祈年祭は神祇官での代表的な祭祀（班幣行事）であるが、以下の御体御卜奏上儀も祭儀に関連する儀式として重要である（意義などについては「月次祭・神今食」項目内も参照）。これは神祇官の卜部らが行なった向こう半年間の天皇の身体に関する占いの結果を、神祇副（中臣氏）が天皇の御前で奏上するものである。その他の奏上儀や物品の進上儀などと基本的に同様の形式で行われ、その主たる儀場は紫宸殿とその前庭であった。また大臣が事前に神祇副の進上する奏上文の案文に目を通す左《さ》近陣座《こんのじんのざ》（紫宸殿東面北廊内）や、前庭に参入する前の神祇官人らが控える延政門《えんせいもん》（内裏東面の門）での次第も描かれている。

本儀については、復元考察した様子を撮影した動画資料があるため、以下にその画像を示す（撮影は平成二十五年〈二〇一三〉六月二十三日、國學院大學祭式教室にて大学所蔵の装束などを拝借して行なった。なお、場所や装束の数量などの制約がある中での撮影のため、必ずしも平安時代の様子をそのままに復元したとはいえない）。

六月（十二月）十一日の早朝、延政門外に神祇伯と奏上を行う神祇副（中臣）、奏文を載せた案を持つ神祇官人二人、また宮内輔と大舎人《おおとねり》が並ぶ（図５）。一方、『儀式』『延喜式』には描かれないが、『北山抄』等によると陣座には大臣（上卿）が控え

図５　延政門外列立図（延政門外に列立する官人たち．大舎人（手前）が闈司を呼ぶ後ろで，左から宮内官人，神祇伯，神祇副〈中臣〉，そして奏上文の載る案を持った神祇官人２人が並んでいる）

図６　陣座大臣図（左近陣座に着座する大臣（左）．外記（右）が大臣に神祇副参上の旨を伝える）

図７　大臣昇殿図（紫宸殿に昇殿する大臣（右）．紫宸殿の東南簀子縁上〈祭式教室の大床で代用〉には内侍（左）が立ち大臣を召している）

図８　闈司奏上図（闈司の奏上．宮内官人が参上する旨を奏上する．紫宸殿内には天皇の足元が見える）

図９　宮内奏上図（宮内官人（右）の奏上．神祇官が参上する旨を奏上する．宮内官人の足元には立ち位置を示す版位が置かれている）

図10　奏文案安置図（奏上文の進上，奏上文を納めた莒の載った案を紫宸殿簀子上に安置する）

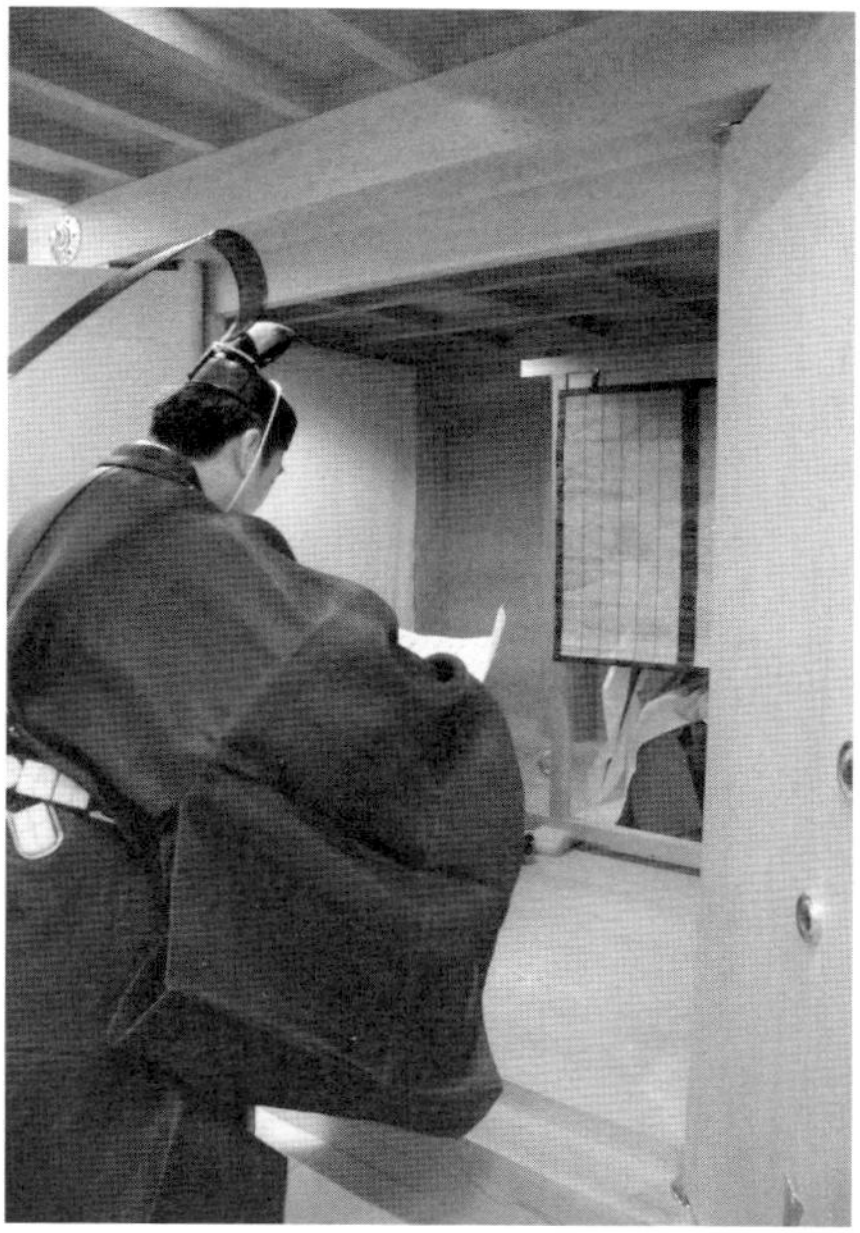

図11　中臣読奏図（奏上文を読み上げる中臣．紫宸殿内に出御の天皇の御前にて奏上する）

ていた（図6）。大臣は神祇副の進上する奏案を一読して南側の小庭を経た軒廊《こんろう》に渡り、紫宸殿の東南簀子上に立つ内侍（天皇のお側控えの女官）の召しに応じて軒廊から紫宸殿に昇殿した（図7）。

延政門外ではまず大舎人が門の出入を管理する闈《みかどの》司《つかさ》という女官に対し、宮内輔を参入させるよう伝える。大舎人は大舎人寮に属し内裏で宿直を行なった下級官人である。闈司はこれを受けて紫宸殿前庭に参入し、内侍を介してその旨を奏上し勅許を受けるのである（図8）。参入した宮内輔は、続いて神祇官人参入の勅許を受ける（図9）。宮内輔は天皇と神祇官人との仲介役のような存在であったと考えられる。こうして神祇官人はようやく紫宸殿前庭に参入を果たすのである。御体御卜奏上儀に限らず、外部者である男官が参入して天皇へ奏上・進上を行うには、本来このような何重ものプロセスがあり、基本的に内裏の内部は天皇と女官のみの空間と認識されていた。

続いて神祇官人は前庭にて内侍の召しを受け、天皇に奉る奏上文を紫宸殿東南簀子上に安置する（図10）。内侍はこれを天皇に奉り、天皇はこれを覧じるのであった。そして中臣氏である神祇副だけが紫宸殿上に昇殿し、それ以外は退出する。神祇副は簀子上を天皇御前まで進み、持参した奏上文を微声で読奏した（図11）。奏上文には、天皇に奉る本書一通に加え、大臣に事前に進上する一通と中臣氏が持参し読み上げる一通の、少なくとも三通があったことになる。終わって神祇副と大臣は退場し、奏上文を載せていた案も片付けられて儀式は終了する。なお、復元動画の撮影の際には『朝野群載』所収の実際の奏上文（承暦四年〈一〇八〇〉六月十日付）を周囲には漏れない程度の声量で読み上げた。

（木村大樹）

一月

四方拝（しほうはい）

概　要　四方拝は、元日に天皇が清涼殿の東庭で拝礼する儀式である。東西南北の四方に向って拝むために四方拝という。また、元日の早朝に行われるため、元旦四方拝とも称される。

代拝のない天皇親祭の儀式で、幼帝や女帝の際は拝座のみで出御しない。『江家次第』には、諒闇・日蝕の際も御拝はなかったことが記される。『年中行事秘抄』には、雨天の場合は弓場殿で行われることが記される。

儀式は、元旦の早朝、寅の刻(午前三時から五時)に行われた。『建武年中行事』には、四方拝が朝の暗いうちから始まる行事であったと記されている。

天皇は殿上から庭に降り立ち、宝祚を祈るために拝呪して年災を払う。御座は拝礼にあわせて、北斗七星の属星《しょくじょう》・天地四方・山陵の三座が設けられる。属星を拝する座では、北向きに属星を称し、再拝、呪文を唱える。天地四方を拝する座では、北を向いて天を拝し、西北を向いて地を拝し、東・南・西・北の順に四方を拝する。二陵を拝する座では、笏を端して父母二陵に両段再拝する。

暦首恒例の儀式であるため、平安朝以降の年中行事書はほとんど必ず元旦四方拝から始まるのが通例となった。代行不可能の天皇の御儀として、宮廷行事として継続した。『徒然草』には、年末年始に宮中の諸行事が重なり続いたことが記されており、新春を迎えるにあたって、公務とともに諸行事の準備が行われ、年の瀬の追儺や元旦の四方拝が行われた様子がうかがわれる。

中世、応仁の乱によって、大嘗祭などの主要な朝廷祭祀が途絶するなか、四方拝も中絶したが、文明七年(一四七五)には再興されたことが『実隆公記』にみえる。『晴富宿祢記』の文明十二年の記録にも、中絶した諸事のなかで、四方拝のみが再興されたことが記されている。宮中恒例の祭祀儀礼の多くは約二百年間中断を余儀なくされたが、四方拝は内侍所《ないしどころ》の行事として存続した。

近代になって、『明治天皇紀』には、明治二年(一八六九)の元旦に、明治天皇が、従来の例によって四方拝を行なった旨が記されている。先例に従って、「香華を供し北斗の属星を拝せらる、等の儀」が行われたのである。しかし、同年に太政官制度局で作成された『年中行事節会大略』と、明治四年に神祇省が制定した「四時祭典定則」により、そ

四方拝　出御之図（『公事録』附図より，宮内庁書陵部所蔵）

の内容に変革がもたらされた。

『年中祭儀節会大略』には、四方拝の対象は「伊勢・賀茂・鹿島・鹿(香)取」の天神と「大神・大倭・氷川」の地祇、そして代々の天皇陵へと変更する旨が記された。また、属星を唱え天地四方を拝するのは陰陽家の説であり古義ではないとして、天神地祇と山陵のみを拝する儀式であるべきとされた。奠都に従い、新たな皇室祭祀では、常典から陰陽道を排除し、簡易質素の儀礼であることが求められたのである。そして、明治五年以降、伊勢・天神地祇・山陵・諸大社が遥拝対象となり、属星を拝する儀は行われなくなった。

儀式次第　『内裏儀式』『西宮記』『江家次第』などから四方拝の儀式次第を確認していく。

儀式に先立つ「鶏鳴(午前二時頃)」に準備が始まる。掃《そう》司《し》または掃部寮《かもんりょう》が清涼殿の東庭に御座を設け、大宋屏風(『西宮記』では四帖、『江家次第』では八帖)を立て回して、天皇の御拝の御姿をつつみ隠す。

御座は北向き、拝礼対象にあわせて三所用意される。属星を拝する座には短畳を敷き、香が焚かれ、華と燈明が用意される。天地四方を拝する座には短畳の上に褥を敷き、香が焚かれ、華が置かれる。二陵を拝する座には畳を敷き、香が焚かれ、華が置かれる。

儀式は寅一刻（午前三時）に始まる。大晦日の追儺の後、主殿寮の供する御湯で沐浴・梳髪《そはつ》された天皇は、黄櫨染御《こうろぜんのご》袍《ほう》を着す。御手水をとり、筵道を進み、蔵人の奉る御笏を持って屏風内に入る。

まず、属星を拝する座（西座）に着座した後、笏を端して、北に向かい、属星の名字を称して再拝する。属星とは、生年干支を北斗七星の各星に配したものであり、危難病苦の消滅を願うのである。「賊寇之中過度我身」に始まり、「所欲隋心　急々如律令」に終わる八句の呪を唱え、玉体の息災をみずから祈る。

次に、天地四方を拝する座（東座）に着き、北を向いて天を再拝し、西北を向いて地を再拝する。それから、東南西北の順に四方を拝する。

その後、二陵を拝する座（南座）に着し、笏を端して、父母の山陵を両段再拝して遥拝する。

呪　文　属星を拝する座では、北向きにその名字を七度唱える。属星は、生年の干支を北斗七星の各星に配される。『江次第鈔』の「天地瑞祥志」によれば、生年によって決まる属星は運命を支配する。危難病苦を消滅するために、日の出前に属星を唱え東向きに再拝するとある。北斗七星は柄杓形の星座であるが、斗から順番に、貪狼星は子年にあたり、字は「司希神子」である。巨門星は丑亥年にあたり字は「貞文子」、禄存星は寅戌年にあたり字は「禄会子」、文曲星は卯酉年にあたり字は「徹恵子」、廉貞星は辰申年にあたり字は「衛不隣子」、武曲星は巳未年にあたり字は「賓大恵子」、破軍星は午年にあたり字は「持大景子」である。

属星を拝する座で天皇が唱える文句は、史料により異同はあるが、『内裏儀式』では次の通りである。「賊寇之中、過度我身、毒魔之中、過度我身、危厄之中、過度我身、毒氣之中、過度我身、五兵口舌之中、過度我身、五危六害之中、過度我身、百病除癒、所欲従心、急々如律令」。末尾の「急々如律令」は、「律令の如く速やかにせよ」という漢代の公文書の文句が道家の呪符に取り入れられたものであり、それが日本に伝来したと考えられる〔滝川：一九三一〕。

成　立　四方拝の起源については複数の説が存在する。

『日本書紀』皇極天皇元年（六四二）八月には、皇極天皇が四方への拝礼を行なった事例がある。皇極天皇は祈雨のため飛鳥・南淵の河上に行幸し、四方に跪拝したのである。

ただ、北斗七星・天地四方・山陵への遥拝や個々の構成要素の成立時期については諸説あり、弘仁期成立説と寛平期成立説が古くから提唱されている。

弘仁期説は『内裏式』に「正朔拝天地四方属星及二陵式」とあることを根拠とする。『内裏式』は古式を集成したものとして〔清水：一九九八〕、嵯峨天皇の弘仁九年（八一八）以前に成立したとみる説である。弘仁期以前の成立と考える場合、さかのぼりうる起源について、桓武天皇が交野で冬至に郊祀を行なった影響を考える説がある〔石野：二〇〇七〕。また、『礼記』には天子のみが天地四方を祭る思想があり、それに基づいて嵯峨天皇によって立制されたとする説もある〔佐野：二〇一六〕。ただ、元旦の庭上儀礼として恒例化した理由は不明である。

寛平期説は、『宇多天皇御記』に宇多天皇の寛平二年（八九〇）に、元旦四方拝実施の初見記事があることによる。また『宇多天皇御記』の仁和四年（八八八）には、毎朝の御拝が開始が記されている。毎朝御拝は、神国の神祇に対する拝礼の意図をもち、明確な神事性が示されている。この毎朝御拝の開始を、四方拝の成立と関係付ける見方もある。

祭祀対象を天神地祇としない元旦四方拝は、祭祀として成立したものではない。しかし、年初恒例の儀式は時代とともに伝統として位置付けられ、やがてその拝礼の原義が次第にうすれ、日本的な祈拝として年頭行事に位置づけられていったと推測される。延長九年（九三一）、朱雀天皇の諒闇の先例には、属星・天地・二陵は常のごとく行い、四方拝のみは停止、とあるから、四方拝が死穢を忌む祭祀として認識されていたと考えられる〔石野：二〇〇七〕。

私的な四方拝　四方拝は、宮中だけでなく、古くから臣下も私的に行なった。『公事根源』には、内裏・仙洞・摂関大臣家で四方拝が行われたことが書かれており、『江家次第』には「庶人四方拝」が記される。「関白四方拝」では氏神・竈神・先聖先師なども拝し、「庶人儀」では大将軍・天一・太白・竈神・先聖先師などが加わる。また、時刻は卯時であった。

日記などにも、『九暦』では「天暦元年正月一日、寅刻に四方を拝す」、また『御堂関白記』では「寛弘四年正月一日、天地を四方拝すること常の如し」などとあるから、平安時代にはこの儀は常に行われていたと考えられる。

〈参考文献〉

瀧川政次郎「急々如律令」『律令の研究』刀江書院、一九三一（初出一九二六）

所　功「「元旦四方拝」の成立」『平安朝儀式書成立史の

研究』国書刊行会、一九八五（初出一九七五）
井上　亘「元日四方拝成立考」『日本古代の天皇と祭儀』吉川弘文館、一九九八（初出一九九五）
清水　潔「「元日四方拝」成立考」『神道史研究』四六―二、一九九八
石野浩司「「元日四方拝」からみた「毎朝御拝」の成立」『神道史研究』五五―一、二〇〇七
渡辺瑞穂子「藤原京跡呪符木簡と元日四方拝の成立」『神道宗教』二一五、二〇〇九
佐野真人「天地四方拝の受容」『神道史研究』六四―一、二〇一六

（渡辺瑞穂子）

二　月

祈年祭（としごいのまつり）

概　要　祈年祭は「きねんさい」とも読む。「年」は穀物が成熟することを意味しているから、「祈年」とは「稲など穀物の豊穣を祈ること」とされる。『令義解《りようのぎげ》』にも「歳災作《としのわざわいおこ》らず、時令《じれい》をして度に順《したが》はしめんと欲す。即ち神祇官において祭る。故に祈年という」とあり、稲など穀物への災いを防ぎ、その稔りを祈ることが祈年祭の名称の由来としている。中国の古典である『礼記《らいき》』や、唐の祭祀規定である「祠令《しれい》」には、孟春（一月）に中国の天子（皇帝）が年穀豊穣を祈願する「祈穀」の祭りがみえるため、祈年祭はそれに倣ったものとも考えられる。

「神祇令」には、多くの官人を神祇官に集め、中臣が祝詞を読み上げ、忌部が幣帛を班つ春の恒例祭祀として記載されており、日本の古代における祈年祭は全国の神々に幣帛を頒布する、いわゆる班幣《はんぺい》祭祀であった。しかし、中国では幣帛を頒布する儀礼（班幣）は存在せず、また中国では皇帝親祭（多くは臣下が代行）であるのに対し、日本では天皇親祭の祭祀ではない、といった大きな違いが存在する。

「古記」によれば、祈年祭で幣帛が頒布される対象の神々は「天神地祇《あまつかみくにつかみ》」、または「天社国社《あまつやしろくにつやしろ》」の神々と称された。幣帛が頒布される神社は神祇官の帳簿に記載され、官社（式内社）と称された。官社の数は『延喜式』では三一三二座（二八六一社）にのぼるが、畿内の神社が中心であり、諸国は段階的に増加していったものと考えられている。「穴記」などによれば、幣帛頒布の際に祝部《はふりべ》が上京して受け取った幣帛は各官社に奉られていた。祝部とは『令義解』職員令《しきいんりよう》祝部条によれば、官社に神戸（神社に付属し祭祀・経済を支えた民）が充てられている場合はその中より選ばれ、神戸がない場合はそれ以外の庶人の中より選定された神職であった。

日本古代の祈年祭とは、各地の神社の祝部を京にある神祇官に集め、そこで幣帛を頒布し、その幣帛を各祝部が各地の神社に奉る祭祀であった。

祈年祭の祭日は、「神祇令」には「仲春」（二月）としか記されていないが、『延喜式』では二月四日と規定されている。『延暦儀式帳』によれば、延暦二十三年（八〇四）頃、伊勢神宮で祈年祭幣帛を奉る祭儀は二月十二日に行われており、平安京内の神祇官での祈年祭班幣が終わった後、伊勢神宮への往路にかかる日数（五日）を考慮すると、当時の神祇官での祈年祭班幣は二月七日頃とも考えられる。神祇官での祈年祭の祭日が二月四日と規定された後の史料である『皇太神宮年中行事』(鎌倉時代以後成立)では、二月九日に伊勢神宮での祈年祭が行われている。この点は右の指摘を傍証するものと考えられる。

延暦年間以後、『日本紀略』には弘仁十一年(八二〇)二月丁巳(四日)に、また『続日本後紀』に承和九年(八四二)二月己巳(四日)にそれぞれ祈年祭の記事があるため、弘仁年間以後、祈年祭の祭日は二月四日に固定化したものと推測される。

儀式次第(『儀式』『延喜式』に基づく)　神祇官の祭りに先立つこと十五日、神祇官人の忌部の監督下で神に供える調度を、神部の忌部や、木工らが作製する。当日の朝、神祇官は幣物を神祇官斎院の案上・案下に陳列し、掃部寮《かもんりょう》(儀場の設営などをつかさどった役所)は座を内外に設け、京職《きょうしき》(都の行政をつかさどった役所)は白鶏を、近江国(滋賀県)は白猪(豚)を準備する。この白鶏・白猪に白馬を加えた奉納物は、神祇官斎院の南舎の東側に安置された。

当日の祭儀は神祇官人が御巫らを率いて参入し、西舎の座に就く次第から始まる。

大臣以下の参議・諸大夫らは、まず北門内の座に就き、外記より庶事の弁備が完了した報告を受けて、皆北門内の座から北庁の座に移動する(大臣は北庁内で南面し、参議以上は北庁内の東座に西面、諸王・大夫は西座に東面する)。外記は北庁の隣にある東舎に設けられた座に移る。

大臣は召使を召して式部輔《しきぶのすけ》に百官(群官)を参入させるよう命じ、百官(群官)は式部輔に率いられて南門より参入、南舎の座に就く。

続いて、御巫《みかんなぎ》が西庁を降りて西庁前の座に就く次第より祈年祭儀の中核部分が始まる。

左右馬寮《めりょう》は各々御馬十一疋を率いて南舎の東に立つ。

神部は祝部を率いて南門より入り、西庁の南庭に立つ。

神祇官人は西庁を降りて西庁前の座に就き、大臣以下諸司もそれに倣う。そして神祇官の中臣は祝詞座に就いて祝詞を宣読する。祝部は一段ごとに称唯《いしょう》し、祝詞を読み終わって中臣は退出する。神祇官人は拍手を両段行い、続いて大臣以下・五位以上、諸司の主典《さかん》(第四等官)以上、祝部の順序で拍手を行う。

みな本の座に戻り、神祇伯が史《さかん》に命じて班幣が始まる。史二人は札を持って神祇官斎院中央にある幣帛の案の横に立ち、忌部二人は神部二人を率い、案を挟んで立つ。史は順番に御巫や諸社の祝部を呼び、皆それぞれ称唯して神部より幣帛を受け取る。伊勢神宮への幣帛はこれとは別に使いを使わして奉ることとなっていた。班幣が終わって大臣以下諸司は退出する。

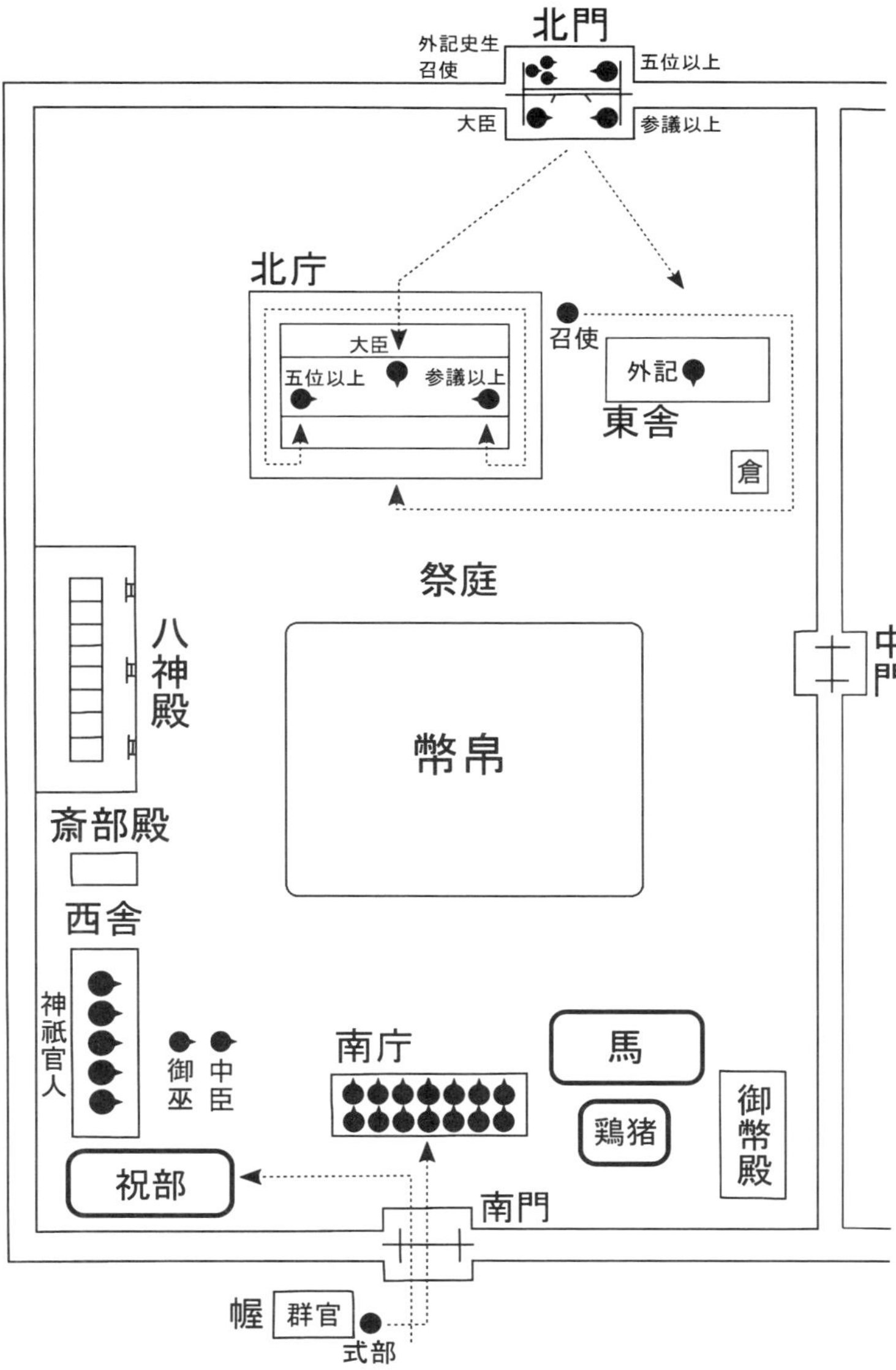

平安京神祇官斎院班幣想定図（木村大樹「班幣行事の復元的考察」『國學院大學大学院紀要』49より）

祈年祭の儀式次第を概観すると、祈年祭は大臣以下太政官の監督下で中臣忌部らの神祇官が主体となって行われる祭儀であり、祈年祭儀の中核は祝部に対する祝詞の宣読と、祝部等への幣帛の頒布であったことは明らかである〔木村：二〇一八〕。

祝　詞　『延喜式』には祈年祭の祝詞が収められ、以下の十二段によって構成されている。

①序（参集した神主・祝部等に以下の祝詞を宣読する事を述べる詞）
②天社国社の皇神等の前に白す詞
③御年の皇神等の前に白す詞
④大御巫の祭る皇神等の前に白す詞
⑤座摩《いかすり》の御巫の祭る皇神等の前に白す詞
⑥御門《みかど》の御巫の祭る皇神等の前に白す詞
⑦生島《いくしま》の御巫の祭る皇神等の前に白す詞
⑧伊勢に坐す天照大御神の大前に白す詞
⑨御県《みあがた》に坐す皇神等の前に白す詞
⑩山口《やまのくち》に坐す皇神等の前に白す詞
⑪水分《みくまり》に坐す皇神等の前に白す詞
⑫結（神主・祝部等に幣帛を捧げ持ち奉るよう宣読する詞）

祈年祭祝詞は祝部に宣読するものであるが、第二～十一段は幣帛を奉る神々への詞となっている。

第二段には「高天原」という神話世界に由来する「皇睦《すめむつ》神漏伎命《かむろきのみこと》、神漏弥命《かむろみのみこと》」（男女の皇祖神）の命によって「皇御《すめみ》孫命宇豆能幣帛《まのみことのうづのみてぐら》」（天皇の幣帛）を「天社国社」（全国の官社）の神々に奉ることが述べられている。この第二段は全国の官社に班幣を行う趣旨を述べた部分であり、それが皇祖神の名の下で天皇の幣帛を奉るという文言となっていることが注意される。

祝詞第三段は全国の御年の神々への詞である。「御年神」とは穀物をもたらす神の意味であり、この段は穀物の豊穣、とりわけ稲の豊作を祈願する内容となっている。祈年祭祝詞とほぼ同文の祝詞である月次祭祝詞にはこの段は存在せず、祈年祭が穀物（とくに稲）の豊穣を祈願する祭祀であることをこの段は明瞭に示している。

第三段には「御年皇神に白馬・白猪・白鶏を奉る」という特別な文言がある。この「御年皇神」（『延喜式』では「御歳社」）は特定の神を指しており、「古記」は「葛木鴨」であるとする。「葛木鴨」は「鴨都《かもつ》波《は》八重《やえ》事代主命《ことしろぬしのみこと》神社二座」に比定されている〔西宮：一九九一〕。鴨都波神社周辺は古くより田園が広がり、稲の豊穣を得る祭りにふさわしい地であった。『古語拾遺』には、「御歳神」の祟りを解くために「白猪白馬白鶏」を奉った古伝承が記されており、それが「葛木鴨」である「御年皇神」への特別な規定の淵源であるとされている。古代祭祀において神の祟りに対応することはきわめて重要な問題であり、それは祈年祭においても同様であったと考えられる。また、葛木を本拠地とした葛城（葛木）氏は五世紀代に大和朝廷と強い関係を持っていたともされ、その土地の神の祟りを防ぐことが穀物の豊穣を祈る際に無視できなかったことも注意される。

第四段は大御巫《おおみかんなぎ》の祭る「神魂《かみむすひ》・高御魂《たかみむすひ》・生魂《いくむすひ》・足魂《たるむすひ》・玉留魂《たまるむすひ》・大宮乃売《おおみやのめ》・大御膳都神《おおみけつかみ》・辞代主《ことしろぬし》」といった神祇官斎院八神殿の神々への詞である。「皇吾睦神漏伎命、神漏弥命登、皇御孫命能宇豆乃幣帛」として皇祖神と天皇の名が列記して丁重に幣帛の名称が読み上げられているが、これは祈年祭祝詞においてこの段と天照大御神に対する詞のみであり、八神殿の神々と天照大御神に特別な配慮がなされている。御巫は「職員令」神祇伯の職掌条に見え、神祇官の管轄下にあったと考えられ、鎮魂祭など宮城内の祭祀に携わる女性であった。

第五〜七段は座摩、御門、生島の御巫の祭る宮中の神々への言葉であり、天皇の住む宮の地・井戸、門、そして天皇の統治する国土の安泰が祈願されている。

第八段は皇祖神であり、伊勢神宮に坐す天照大御神への詞である。

第九段は大和の御県（高市・葛木・十市・志貴・山辺・曾布）の神々への詞であり、天皇の食事の安泰が述べられている。

第十段は山口《やまのくち》（飛鳥・石村・忍坂・長谷・畝火・耳無）の神々への詞であり、天皇の宮殿の用材をもたらす山の守護が述べられている。

第十一段は水分（吉野・宇陀・都祁・葛木）の神々への詞であり、農耕に必要な水源の守護が述べられている。

祈年祭祝詞を概観するに、全国の官社に班幣するという祈年祭の基本趣旨は第二段と第三段のみに抽象的に記述されるのみであり、それ以外は宮中・大和の神々と天照大御神が中心であることが注意される。第四段から第十一段は天皇と天皇の宮殿を中心にして地理的に次第に拡大する構造になっているが、大和と伊勢神宮の神々への詞までで祝詞が終了していることが指摘されている〔早川：一九七六〕。これらの神々と天皇との関係は古く、その祭祀を前提として律令期に祈年祭祝詞が整備されたと推測される。

幣　帛　『延喜式』によると、神祇官斎院に準備されて頒布される祈年祭幣帛は、絁《あしぎぬ》・五色薄絁・倭文《しず》・木《ゆ》綿《う》・麻・庸布といった布帛類や、倭文・絁・布でまいた纏《まき》刀形《かたながた》という木製模造刀、四座置《よくらおき》・八座置《やくらおき》という木を束ねた物、楯・槍鉾《ほこのさき》・弓・靫《ゆき》といった武具、鹿角、農耕具である鍬、鰒《あわび》・堅魚《かつお》・腊《きたい》・海藻《め》といった海産物、酒・塩、などで構成されている。祈年祭幣帛の品目の多くは他の令制祭祀の幣帛と同じく布帛類や海産物によって構成され、これらは律令国家によって全国より収取された調庸より供出されている。しかし、五世紀代の祭祀遺跡からは、鉄製の武器・武具、農・工具、布帛類を製造する紡績具が出土している。この品目は五世紀代から列島内の広い範囲で祭祀に使用・供献されていたと想定され、それらは『延喜式』に記述された祭料と共通するため、律令祭祀の幣帛の原形は五世紀代に溯る可能性が高い〔笹生：二〇一二〕。また、祈年祭幣帛のうち、五色薄絁・倭文・木綿・麻・纏刀形・四座置・八座置・楯・槍鉾・弓・靫・鹿角は律令前代の伝統的な幣物ともされる。

祈年祭幣帛の武具類のうち、楯・槍鉾・纏刀形・四座置・八座置は伝統的祭祀氏族である忌部氏の監督下で木工寮が作製する「供神調度」に含まれる物品であり、これらは祈年祭と同じ班幣祭祀である月次祭・新嘗祭・大嘗祭・斎宮祈年祭の班幣に共通した品目が見える他は、天武四年(六七五)四月に成立したと考えられる広瀬大忌祭にしか見出されない。つまり、忌部氏の監督下で製作される幣帛は、令制祭祀の中でも古く天武朝に成立したと考えられる祭祀か、班幣祭祀のみにしか存在しないものであると言うことができる。以上のことを踏まえると、各地の官社に分与される祈年祭幣帛は、五世紀代にその原形が見出され、その古くからの供献品を踏襲しながら忌部氏の関与の下で七世紀末頃に成立したと考えて良いであろう。祈年祭幣帛の原形と想定される出土物は全国に分布する五世紀代の祭祀遺跡から見つかっており、古くから大和朝廷が貴重な鉄製品・鉄素材、須恵器の供与などを通して、各地の祭祀に間接的に影響を与えていたことが示唆される。

成　立　『続日本紀』慶雲三年(七〇六)庚子(二十六日)条に「祈年幣帛例」という言葉がみえ、この頃には祈年祭は「大宝令」に基づいて恒例的に行われていたことが確認される。またこの記事には「神名」が記された「神祇官帳」という後の「神祇式」に匹敵するようなものも存在していたことがわかる。しかし、この記事以前に「祈年」と記された史料は存在せず、祈年祭が具体的にいつ始まったのかについて研究者で意見が分かれている。

祈年祭が開始された時期の諸説は大きく四つある。

①天智朝説：天智天皇九年(六七〇)三月壬午(九日)に幣帛を班ち、中臣が祝詞を宣るという記事があり、祈年祭が天智朝で成立したとする説は有力な学説の一つであった

〔岡田精：一九七〇、井上：一九八四〕。しかし「近江令」の完成施行が否定されると、祈年祭の成立を天智朝に求める見解は退けられる傾向となる。だが近年、天智九年条にみえる「諸神座を敷く」という記述を班幣のために用意された座を敷いたものと解し、祈年祭班幣の原型を示すものとして再評価する説もある〔岡田荘：二〇一七〕。

②天武朝説：天武天皇四年正月戊辰(二十三日)に幣帛を諸社に奉った記事がみえ、『年中行事秘抄』所引「官史記」には「天武天皇四年二月甲申、祈年祭」とあり、天武朝成立を支持する見解は古くより多い〔西山：一九四九、森田：一九七七〕。「祈年祭祝詞」に「天社国社」という天武朝以前に使用されたと考えられる用語(「飛鳥浄御原令」頒布以後「天神地祇」と改称)がみえることからも、「祈年祭祝詞」の成立を天武朝とみることができる〔西田：一九七四・一九七五〕。また、天武天皇十年正月己丑(十九日)条から「畿内及諸国」に「天社地(国)社」が存在していたことが伺われ、天武朝にはすでに全国的な官社制度が形成されていたと考えられる。よって、天武朝で祈年祭が開始された妥当性は高い。

③持統朝説：持統天皇四年(六九〇)正月庚子(二十三日)に畿内の天神地祇に班幣する記事がみえる。この記事は持統天皇即位(持統天皇四年正月戊寅朔)に際する班幣とも考えられるが、「飛鳥浄御原令」は持統三年に頒布されており、この記事は「令」に則って行われた祈年祭であった可能性がある。神祇官にて幣帛を一斉に頒布する「班幣」は天武朝では未だ形成途上であり、「飛鳥浄御原令」と神祇官が成立(天武朝では「神官」)した持統朝において恒例の班幣祭儀が成立したとも考えられる。

④大宝二年説：大宝二年(七〇二)二月庚戌(十三日)には「大幣」を班つために諸国の国造を京に集めた記事がみえ、同二年三月己卯(十二日)には幣帛を「畿内及七道諸社」に頒布したことが記されている。同二年七月癸酉(八日)には山背国乙訓郡の「火雷神」を「大幣月次幣例」に入れる記事も存在する。これら一連の記事にみえる「大幣」は祈年祭幣帛のことと解してよく、「畿内及七道諸社」という語がこの記事以前にはみられないことからも、大宝二年が初めて全国的な規模で行われた班幣祭祀であると考えられ、これこそがまさに祈年祭の成立であると考えられている〔渡邊：一九七八、田中：一九五四〕。

以上のように祈年祭成立時期には諸説あるが、班幣祭祀は天智朝を淵源として天武・持統朝に整備され、「大宝令」

制定以後、班幣の対象が全国に拡大し、班幣儀礼も整備されたと考えるのが穏当であろう。祈年祭は律令国家と同様、段階的に整備され確立していったと考えられる。

特　徴　戦後、祈年祭班幣は耕作の開始に合わせて大王の「稲魂」を授けて大王の支配を宗教的に裏づける種稲分与儀礼を淵源に持ち、祈年祭幣帛を受けることは神祇官統制に服することを意味するというイデオロギー的見解が出された〔岡田精：一九七〇〕。この祈年祭が種稲分与儀礼の要素を持つことは現在では否定されている〔森田：一九七七〕が、祈年祭に代表される律令祭祀が服属儀礼、または神祇統制の要素を持つ視角は継承されていった。しかし、諸国の官社数は不均等で、八世紀段階では官社の存在しない国々も多数あったであろう実態から、班幣制度は実効性に乏しく強制力も伴わないものであって、統制・服属を目的としたものとはいえない〔小倉：二〇一三〕との指摘もある。

注意すべきは、祈年祭の儀式次第に天皇の出御は確認できないことである。このことから、祈年祭とは新たに創設された国家の祭祀であり、新嘗祭のような古来から続く天皇親祭とは一線を画すものと考えられる〔早川：一九七六〕。班幣祭祀に天皇の直接関与がない点は、天皇が直接祭祀を行えるのは天照大神のみであり、他氏族・他神社の神々を天皇は直接祭ることはできないという古くからの不文律を継承したものであると考えられている〔岡田莊：二〇〇九〕。幣帛を受け取り諸社に直接奉るのは祝部であるが、その祝部も在地から選ばれるとはいえ神祇官に管轄される律令制神職であり、この点からも祈年祭は国家機構による祭祀として完結していたことが看取される。そのため、国家祭祀としての祈年祭は在地における既存の祭祀・行事とは別構造で併存するものであったと想定される〔塩川：二〇一七〕。全国に幣帛を頒布することは理念的な性格の強いものであり、現実的には各在地の神社を統制することはできず、また統制することを目的とはしていなかったとするのが妥当であろう。

祈年祭は国家によって準備した幣帛を各官社に奉る祭祀であり、幣帛の奉納を全官社に対して毎年恒例として行うことが祈年祭の目的であった。

変　遷　祈年祭は神祇官に在地にて選ばれた祝部を参集させていたわけだが、遠隔地から上京するには難が多く、延暦十七年以降、旧来どおり神祇官にて班幣する官幣社と、各国において班幣する国幣社に二分されるようになった（『類聚国史』神祇十、延暦十七年九月癸丑〈七日〉）。

これ以前の宝亀年間(七七〇~八一)にすでに祝部の不参は問題となっており、不参の祝部を解任する対応が取られた(貞観十年〈八六八〉六月二十八日官符所引宝亀六年六月十三日官符『類聚三代格』)。しかしそれでも諸社に頒布する幣帛が官庫に収められたまま放置されている状況(『類聚国史』神祇十、弘仁八年二月丙申〈六日〉)となり、国司の使節(貢調使・大帳使)に幣帛を付して送らせる対策(斉衡二年〈八五五〉五月二十一日官符)や、不参の祝部に祓を課す対応(貞観十年六月二十八日官符『類聚三代格』)も取られたが、祝部の不参は畿内神社まで全国に一般化しており、朝廷の対策はほとんど功をなさなかった(貞観十七年三月二十八日官符、寛平五年〈八九三〉三月二日官符、寛平六年十一月十一日官符『類聚三代格』)。三善清行の『意見十二箇条』(延喜十四年四月)によると、参集した祝部さえも幣帛を懐中に納め、神酒をその場で飲み干し、神馬を市に売って換金する有様であり、祭儀が形骸化していたことが記されている。班幣制度の崩壊は八世紀後半にはすでに始まり、九世紀以降全国的に進展し、祭儀は神祇官内部での祭祀に縮小・衰退していった。祈年祭は国家祭祀の理念のみが先行した祭祀であって、実際の執行には多くの困難を伴っていたことがわかる。

この後、朝廷での祈年祭は天照大神を祭る天皇祭祀と意識されるようになって継続していく。平安時代中期の朱雀・村上天皇の時代に、祈年祭は天皇関係の祭祀と位置づけられてその厳修が促され、院政期には伊勢神宮に穢れが発生すると祈年祭が延引する事例が見られるようになり、祈年祭は伊勢神宮を対象とした祭祀と認識されるようになる(藤森：一九九三)。順徳天皇の著わした『禁秘抄』(鎌倉時代初期)には祈年祭を「伊勢事」とし、国家祭祀であった祈年祭はその質を大きく変化させていた。『江家次第』には春日神社の幣帛が頒布され終わると上卿は退出するとの記述もあり、儀式次第も変質していたことがわかる。

祈年祭は応仁の乱以後廃絶し、元禄年間(一六八八~一七〇四)に復興が計られたが成らず、明治二年(一八六九)二月二十八日に復興する。この背景には、すでに復興していた新嘗祭のみの執行では年穀の報賽のみしか行われず、その対にあるはずの年穀を祈る祈年祭がなくては年間祭祀の均衡を欠くとの意見が有力に存在したためであった(阪本：一九八八)。『明治天皇紀』によると、この時は京都吉田の斎場所を神祇官代として祭場とし、神宮奉幣使が発遣され、天皇が紫宸殿に出御して御拝された。明治三年二月四日には東京に復興した神祇官において祈年祭が行われ、神宮以下諸社に幣帛を発遣し、宮中では伊勢神宮の遥拝があった。明治四年までの祈年祭は神宮での祈年祭の復興を主としたものであり、全国的規模での祈年祭の形態には程遠いものであった。しかし、明治四年の半ばには官社制度の再編が実現され、明治五年の祈年祭にて班幣儀も復興する。この時は二月四日に神祇省にて祈年祭が行われ、官国幣社の地方官が参集し、官幣社の幣帛が頒布された（国幣社幣帛は各地方において具備された）。

この後、祈年祭は小祭として二月十七日天皇親拝・皇太子拝礼のことと定められて今日に及び、各神社では大祭として二月十七日に行うこととなっている。班幣は官国幣社に対して二月四日に行われていたが、昭和二十年以後廃止された。

〈参考文献〉

西山　徳「祈年祭の研究」『上代神道史の研究』国書刊行会、一九八三（初出一九四九）
田中　卓「造大幣司」『壬申の乱とその前後』（『田中卓著作集』五）国書刊行会、一九八五（初出一九五四）
岡田精司「律令的祭祀形態の成立」『古代王権の祭祀と神話』塙書房、一九七〇
西田長男「「神社」という語の起源そのほか」『日本神道史研究』八、講談社、一九七八（初出一九七四・七五）
早川庄八「律令制と天皇」『日本古代官僚制の研究』岩波書店、一九八六（初出一九七六）
森田　悌「古代宮廷祭祀の一考察」『解体期律令政治社会史の研究』国書刊行会、一九八二（初出一九七七）
渡邊晋司「大幣と官社制度」『神道及び神道史』三一・三二、一九七八
井上光貞「神祇令の特質とその成立」『日本古代の王権と祭祀』東京大学出版会、一九八四
阪本是丸「官社制度の成立と国家祭祀」『国家神道形成過程の研究』岩波書店、一九九四（初出一九八八）
西宮秀紀「葛木鴨（神社）の名称について」『律令国家と神祇祭祀制度の研究』塙書房、二〇〇四（初出一九九一）
藤森　馨「院政期に於ける朝廷の神祇信仰」『古代の天皇祭祀と神宮祭祀』吉川弘文館、二〇一七（初出一九九三）
早川万年「律令制祭祀における官幣と国幣」虎尾俊哉編『律令国家の政務と儀礼』吉川弘文館、一九九五
岡田莊司「古代～の法制度と神道文化」『明治聖徳記念学会紀要』復刊四六、二〇〇九
笹生　衛「古代の祭りと幣帛・神饌・神庫」『延喜式研究』二七、二〇一一

小倉慈司「律令制成立期の神社政策」『古代文化』六五―三、二〇一三
岡田莊司「古代の国家祭祀」『神道史研究』六五―二、二〇一七
塩川哲朗「古代祈年祭の祭祀構造に関する一考察」『神道宗教』二四七、二〇一七
木村大樹「班幣行事の復元的考察」『國學院大學大學院紀要―文学研究科―』四九、二〇一八

（塩川哲朗）

二月／十一月

大原野祭（おおはらののまつり）

大原野社創建と北家藤原氏　藤原氏の氏神を祀る神社は山城国にもある。その一社が大原野社である。創建の時期は長岡京の時代（延暦三〈七八四〉～十三年『本朝文集』、『大鏡』裏書）、平安遷都（延暦十三年）後（『大鏡』本文）、嘉祥三年（八五〇『神祇正宗』）と諸説ありはっきりしない。だが、後述する創建の担い手の存在を踏まえると、長岡遷都後の桓武朝（七八四～八〇六）と考えるのが穏当である。

社名、そして祭名の大原野とは社地の地名である。長岡京から見ると北郊、平安京から見ると西郊にあたる。「大原野」の六国史上の初出は延暦十一年。遊猟の地だとされている（『類聚国史』）。時の桓武天皇は同年に四度も行幸し、晩年に至るまでしばしば猟をしていた。二代後の嵯峨天皇も猟場としており、時の右大臣藤原内麻呂の献物を受けている（『日本後紀』）。大原野社は内麻呂の創建によるという指摘もある〔宮地：一九〇九〕。なお、京近くでの祭神奉斎が創建の動機である点は、由緒を伝える諸書が伝えている（『大鏡』『公事根源』）。

創建直後の大原野社の特色として、律令祭祀の対象でなかった点があげられる。同社は平安中期、長元三年（一〇三〇）まで祈年祭幣にすら預かっていなかった（『類聚符宣抄』）。この点からすると、当初から朝廷の多大な影響が及んでいた春日社と違い、創建当初の大原野社は、内麻呂とその近縁者の私的要素の濃い神社であったと考えられる。ただし、大原野祭の祝詞と通用する春日祭の祝詞は、社殿を天皇の意思で作ったとする（『延喜式』）。事実を反映しているのであれば、大原野社の社殿も朝廷の差配で造営された可能性がある。

創祀初期の大原野祭　公祭大原野祭の制度化の時期は仁寿元年（八五一）で疑いない。公祭としての創祀も同年と見られる。六国史は同年に梅宮祭に準拠した祭儀を定めたとするが（『日本文徳天皇実録』）、祭儀を春日祭に準拠し、平野・梅宮両祭の祭式で補えとする同年二月二日付「右大臣宣」を引いた、『九条年中行事』の記載が正しいという指摘がある〔岡田：一九八六〕。大原野祭では、春日祭に登場しない一方で、山城国の平野・梅宮両祭と同じく山人（山での生業を行うという位置付けの人）の奉仕が確認できる（『延喜式』）。

大原野祭の公祭化は、藤原氏の氏神への公祭が、春日祭と大原野祭の二種になることを意味した。当時前例のない特定の氏神への併祀のはじまりには、大原野祭創祀時の右大臣で、内麻呂の孫かつ文徳天皇の外伯父である藤原良房の権勢と、北家藤原氏への強い帰属意識が影響したと考えられる。

大原野祭の祭儀は『儀式』に載録されている。同書の儀式次第は春日祭との共通点が少なくないが、式日は二月上卯日、十一月子日の年二度とあり、二月・十一月とも上申日に行われる春日祭とは相違する。さらに、十一月は子日が三度あれば中子日、二度なら下子日とする。だが、『日本三代実録』は、貞観二年(八六〇)十一月上子日の大原野祭を「常の如し」とし、翌年(卯日は月二度)、翌々年(三度)はともに下子日で「常の如し」としている。つまり、『儀式』に定める式日通りなのは貞観三年だけである。当然、斎行日とは関係なしに「常の如し」とされた可能性や、『日本三代実録』の誤記も想定されるが、この頃、式日なども含めた祭儀の変更があったのかもしれない。なお、『延喜式』四時祭には、大原野祭の祭料は春日祭に準ずるとある。

祭儀次第　『儀式』によれば、祭祀の基本的な流れは、奉幣―献饌―祝詞―引馬―東舞《あずままい》―直会―歌舞―賜禄となる。これは春日祭と大きな違いがない。ただ、奉幣に先立ち、神殿の垣根の外にある外院の座で、中宮職が大臣以下の酒食を用意するとされる。后宮の饗禄は後代も同様で、大原野祭の特色といえる〔岡田：一九八六〕。

『公事根源』には「此神社は后宮のまゐらせ給はんため、春日の本社とほきによりて、都ちかき所にうつし奉らる」とある。事実、公祭化初期の貞観三年、当時皇太后の順子が神社に向かい奉幣した(『日本三代実録』)。その四日後に落飾入道(仏門に入ること)するので、神社へは俗世を離れる別れの挨拶として参ったと推測される。奉幣の事実は、内麻呂の孫、つまり、北家藤原氏の皇太后にとって、大原野社が信仰の核であった証左でもある。祭での参列者への饗禄は、神社の創建発展に深く関わった立場の者からの振る舞いと位置づけられよう。なお、北家藤原氏出身者が后でない場合、饗禄は「氏宗公卿」(『儀式』)、「氏長者」(『九条年中行事』)の用意と定められた。

奉幣では内蔵寮・中宮職・春宮坊の幣と氏人・諸家幣が用意される例であった。前三者の幣は瑞垣前の棚に、後二者の私幣は別の幣棚に置いた。公の幣は内蔵寮・中宮職・春宮坊の使がそれぞれ捧持し奉幣、両段再拝する。なお、内蔵寮使は内蔵允《くらのじょう》が遣わされる定めで、内蔵助《くらのすけ》が遣わされる春日祭より一等低い(『延喜式』)。

その後、氏人・諸家使が同様の所作をする。内蔵寮幣に関しては神部四人が同数の幣帛を持ち内院に参入。神殿に納めるのは物忌の役割であった。幣帛が四組なのは、祭神が春日社と同じく四座のためである(『延喜式』)。

続いて、神饌机と酒罇を神殿前に運び込む。『儀式』では、机を神殿に運び込むのは氏人大夫以下とされている。机は各殿に用意される。酒罇には二種あり、一方の社醸酒(神社の酒殿で醸造される神酒)は二缶で、一・二殿に一つ、三・四殿に一つ置かれる。

もう一方は一宿酒で、朝廷の用意による。実際の献饌は天皇から遣わされた女使の内侍以下である。神饌の蓋を開き、神殿ごとに二種の酒を酌む。『儀式』では内侍以下はそのまま神殿前に留まり、大臣以下、幣使も神前庭中に着座する。ただ、平安時代後期になると、奉幣から参列者着座の順序は『儀式』とは違い、しかも一定しない。また、献饌の際、第一殿の棚(机)を上卿・弁が運び込み、内侍はすぐに退出していた(『中右記』『台記』『江家次第』)。

神　主　この後、神主により祝詞が神前に奏上される。祝詞は先述の通り春日祭のものを準用するが、これは、朝廷の長久繁栄と、諸家の王・公卿の精勤と繁栄の祈願を核とする(『延喜式』)。求める神威の範囲は、氏神と仰ぐ藤原氏などと、それら氏と血縁を持つ王である。彼らは祭祀参向を理由とする勤務日数二日が認められていた(『延喜式』)。春日祭の半分の日数なのは、往復距離の差に由来しよう。

祝詞では、祭祀に際して神主を選び定めたことを、当人の官位姓名とあわせて神に申し上げる。この丁重さは、祭祀の度に神主を任用しているがゆえのものだといえる。平安中期の例であるが、神主は社頭での卜により定めていた(『北山抄』)。選ぶに当たっては藤原北家の者とし、それがいなければ他家の者を任用するという決まりもあり、他家の者の任用の余地は残していたものの、北家の者とする原則があった。この点、神祇官人の大中臣氏が任用されていた春日祭とは相違する。北家藤原氏の氏神への祭祀としての大原野祭の一面が垣間見られる。

通常の神社の管理は神殿守《かんどのもり》が担っていたと見られる。彼らには料米が給されていた(『延喜式』)。また、寛弘二年(一〇〇五)には、神殿預《あずかり》・権預のほか、禰宜・祝・権祝各一人を神祇官が補任していた(『小右記』)。彼ら神職が祭祀にどう携わっていたかは、当時の記録からはうかがえない。

『儀式』所載の儀式の成立年代　ところで、貞観十一年に春日祭に奉仕したことが確かめられる斎女《いつきめ》は（『日本三代実録』）、春日社だけでなく、大原野社もまた奉仕の対象とした（『類聚三代格』）。『儀式』をみると、「春日祭儀」には、斎女が神社に参る際の行列などの次第が詳細に記されている一方で、「大原野祭儀」には斎女がまったく登場しない。斎女の制度は貞観八年より前にはさかのぼらないと見られるので（『日本三代実録』）、『儀式』に載った大原野祭の儀式次第はそれ以前の成立と考えられる。

　となると、『儀式』の示す次第成立の時期を仁寿元年とする見方もできようが、既述のとおり、『儀式』の式日の記載と、『日本三代実録』の実際の斎行日との間で齟齬を来たしている点や、順子による貞観三年の大原野社参の事実は十分考慮する必要があると考える。つまり、公祭化から斎女が置かれる二十年弱の間、とりわけ貞観年間初期に、祭儀の面で大きな制度変化があった可能性も想定に置くべきであろう。

　なお、大原野祭の後代の儀式次第にも斎女は登場しない（『九条年中行事』『北山抄』）。わずかな期間で廃れた斎女の制度は、大原野社のみで存続した形跡もない。

　祭祀自体は中世も続くが、戦国期には使の発遣がなされなくなったとみられる。その再興が果たされたのは慶応元年（一八六五）である（『公卿補任』）。維新後の明治三年（一八七〇）には春日祭同様宣命使が遣わされている。

〈参考文献〉

宮地直一「大原野神社の鎮座に就きて」『神社協会雑誌』八―一・二、一九〇九

岡田莊司「平安前期・神社祭祀の公祭化・上」『平安時代の国家と祭祀』続群書類従完成会、一九九四（初出一九八六）

（加瀬直弥）

二月／十一月

春日祭（かすがのまつり）

神殿創建以前　「ちはやぶる神の社《やしろ》し無かりせば　春日の野辺に　粟蒔《あわま》かましを」（『万葉集』巻三、四〇四）。

奈良時代中期頃の作とされるこの歌は、春日大社（以下、春日社という）の鎮座地（奈良市春日野町）である春日の地に「神の社」があったことが詠まれている。『万葉集』ではヤシロ（社・屋代）とは、自然景観のモリ（杜）に通じており、折口信夫は、ヤシロについて「神殿が出来てゐるのではなく、空地になつてゐながら、祭りの時に、神の降りる所として、標の縄を張つて、定めてある所を言ふ」（折口：一九二九）と述べられていて、禁足の空閑地であったことがわかる。

御蓋《みかさ》山の麓では、遣唐使の渡海安全祈願のため、臨時に天神地祇が祀られてきた。養老元年（七一七）二月「蓋山の南」において、また、宝亀八年（七七七）二月にも、「春日の山下」において遣唐使のため祭祀が行われている（『続日本紀』）。

天平勝宝三年（七五一）、藤原氏に出自する光明皇后（聖武天皇の皇后で、藤原不比等の娘・光明子。孝謙天皇の母。当時、皇太后）は、「春日に神を祭る日」に、皇后の甥にあたる遣唐大使藤原清河に歌一首を贈った（『万葉集』巻十九、四二四〇）。同七年には、光明皇太后の組織である紫微中台《しびちゅうだい》に春日神が祀られた（鎌倉時代末期成立『春日社私記』）。

その頃の景観を描いた天平勝宝八年の銘をもつ正倉院所蔵「東大寺山堺四至図」には、「御蓋山」とある山の麓に、四角で囲み「神地」と書き込まれている。昭和五十二年（一九七七）には、奈良前期に作られたと推定される「神地」を囲む築地塀跡が発掘された（春日顕彰会：一九七九）。絵図によると、「御蓋山」と「神地」の文字は、東より西へ記名されており、西面した祭場「神地」から、東向きに「御蓋山」を通して、東方の藤原氏の氏神である鹿島・香取の神へ向けた遥拝祭祀であったことが推察できる。のちに春日社について、『延喜式』神名帳に「春日祭神四座」とあるのは、山城国平野神社の「平野祭神四座」と同じく、「〇〇神社」と記載しない特異な社名であり、遥拝形式の祭祀形態を残していることがうかがえる。

祭祀氏族の中臣氏と東国鹿島社との関係は、七世紀半ば、孝徳天皇朝に鹿島神郡が置かれたことで深められ（『常陸国風土記』)、養老三年中臣氏から分かれた藤原氏の宇合《うまかい》が常陸守に任じられると、東国経営に顕著な霊験を示した国家的な神である鹿島・香取の神が藤原氏の氏神に採用されたと推定される。天平九年(七三七)光明皇后の兄弟にあたる藤原四家の人々が亡くなると、皇后は藤原氏一族の氏神祭祀を重視し、その後ろ盾の役割を果たした。

平城宮跡に復元された大極殿から、南面して左手(東)の方角を眺めると、東大寺大仏殿と春日奥山を背に蓋(笠)を伏せた形容の御蓋(三笠)山を見渡すことができる。平城遷都(和銅三年〈七一〇〉)により、外京(平城京の拡張部分)に興福寺が創建され、その東外側は特別の神祭りの場となり、光明皇后・孝謙(称徳)天皇はともに、大極殿から御蓋山を拝したことであろう。

神殿創建と神琴の奉献　創祀年代は、鎌倉時代前期の社家記録である『古社記』によると、神護景雲二年(七六八)十一月九日、称徳天皇(孝謙天皇の重祚で、父は聖武天皇)の意向を受けて南向きの神殿を造営し、祭祀が始まったと伝える。これが春日社の正式の創祀年代にあたる。平成三十年(二〇一八)九月には、御創建千二百五十年の奉祝祭が行われた。

創祀にあたり造営された神殿は、南面して三宇、第一殿は東方より常陸国鹿島の神、第二殿は下総国香取の神、第三殿は西方より河内国平岡の神(中臣氏の祖神天児屋根命と比売神)とを迎えた。翌年(一説では翌々年)、比売神は第四殿に独立し、南面した春日造四宇の神殿祭祀に形式を整えた。以後、平安前期までに、社殿の結構は、神殿四宇を囲む内院のほか、直会殿・幣殿などを備えた中院、垣外の外院の三重構造に整備され、現在に至っている。

創祀の年から百十六年後の『日本三代実録』元慶八年(八八四)八月条によると、新たに神琴二面を作り、春日社

春日祭御棚神饌模型（國學院大學博物館所蔵）

に奉納した。その理由は「神護景雲二年十一月九日」に奉納した神琴が破損したためと説明している。普通、神社の創祀年代は奉仕する社家によって、古くさかのぼらせることが通例であるが、春日の社家は時代を下げ、天皇祭祀と神殿創建の年時をもって、正式の創祀と定めている。この再度の神琴奉献記事は、神護景雲二年を創祀の日、神殿創建と春日祭淵源の最初の祭日であることを示す確たる国史記事といえよう。

貞観年間（八五九〜七七）成立の『儀式』によると、祭の二日前に神祇官人・掃部官人・内膳官人らは神社へ向かい、当日は神殿を装飾して、神宝を立てる。内蔵頭・中宮使・東宮使、氏人・諸家使は幣を奉り再拝する。近衛少将・馬寮頭は神馬・走馬を牽き、神主（神祇官人の中臣）は祝詞座につき再拝、近衛少将は近衛を率いて東舞を行う。神祇副は神琴師・笛工に「琴笛相和《みことにふえあはせ》」と命じ、琴笛が奏され、歌人は声を発する。神主の和舞ののち、それぞれ酒饌を受ける。外記は見参文を大臣に進め、賜禄があり、大臣らは馬場に向かい、馬を走らせ、内侍が臨監する。

春日祭（二月・十一月の申日）には、神祇官人が神琴師・笛工を率いて参向する例になっており、神琴師二人が琴を奏している。春日社に神宝として納められた神琴二面は神琴師によって奉奏された祭具でもあり、毎年二季の春日祭には、「神殿を飾る料」として「琴緒料の糸六両」（『延喜式』四時祭、約二五二グラム）が納められている。創祀の時に奉納された神琴二面は、その後、神殿に奉安され、春日祭に際して、神琴の糸は新しく張り替えられたのであろう。

「公祭」最初の春日祭　光明皇太后の春日祭祀は称徳天皇に受け継がれた。藤原氏の血を引いた称徳天皇（孝謙天皇の重祚）は右大臣藤原永手と協力し、母・光明皇后の祭祀を受け継ぎ、外戚の氏神へ格別の意識をもっていた。創祀の三年前である天平神護元年（七六五）十一月に、称徳天皇は大嘗祭の宴にあたって、「必ず人は父方・母方の親ありて成るものにあり」（『続日本紀』）と宣命を発し、父方の皇族とともに母方の藤原氏にも御酒を賜わった。同じ年、常陸国鹿島社に寄せられていた神封戸のうち、二十戸を割いて「春日神」（『新抄格勅符抄』）に充てられ、造営の準備が進められていった。

『延喜式』に記載された春日祭祝詞によると、「天皇《すめら》が大命《おほみこと》に坐せ」と、天皇の勅命を受けてはじめられ、大神の神意に応じて、三笠山の麓に立派な神殿を造営することが読み上げられ、神殿が創建されると、「貢《たてまつ》る神宝は、御鏡・御横刀《みはかし》・御弓・御桙・御馬」と織物の御服、海産物や山野の幸など、四方《よも》の国から奉る初物を奉献することが申し上げられる。

祭祀の祝詞は、創祀・鎮座の時に回帰することであり、神宝が奉献された創祀のときを、そのまま再現して、大神の霊威の増進をはかることであった〔西田：一九七三〕。この趣旨に則り、『儀式』によると、春日祭の当日、神宝は神殿の前（神殿四宇をつなぐ絵馬の板壁のところ）に並べられた。また、中世前期以後、鹿曼荼羅が流行り、南北朝期からは、神鹿の鞍が飾られた（現在、中門外の稲垣の近くに置かれる）。伊勢神宮の式年遷宮では、旧神宝は撤下され、土中に埋納されたが、春日の神宝は神殿内、また宝蔵に納められ、造替遷宮ごとに受け継がれ、平安時代以来の旧神宝が伝来している。

平安時代初期以後、平野祭・梅宮祭など、天皇外戚の氏神祭祀に天皇の使が遣わされ、天皇御願の祭祀である「公祭《おおやけまつり》」に列せられていったが、その始原が藤原氏の氏神である春日社祭祀の公祭《こうさい》化であった。

その後、中世・近世において多くの祭祀が退転を余儀なくされたが、春日祭は停廃することなく継続し、幕末の慶応元年（一八六五）近衛使参向が再興され、明治三年（一八七〇）宣命使に神祇官が参向する。同四年から十一月の祭祀は一社限りで斎行され、のち廃された。明治十九年からは、三月十三日が祭日となり、奈良時代に始まる春日祭は、平安時代に始まる賀茂祭（葵祭）・石清水祭（放生会）とともに、三勅祭と称され、現在まで重要な祭祀となっている。

春日社では、春日祭のほか、春日臨時祭が鎌倉時代後期の正安三年（一三〇一）に始まる。後二条天皇践祚後の御願を初例とし、応永三年（一三九六）まで、約百年近くの間に、十六例が確認でき、以後廃絶する。

〈参考文献〉

折口信夫「古代人の思考の基礎」『折口信夫全集』三、中央公論社、一九五五（初出一九二九）

宮地直一「春日神社の成立」『神道論攷』一、古今書院、一九四二

福山敏男「春日神社の創立と社殿配置」『日本建築史の研究』桑名文星堂、一九四三

西田長男「春日大社の創立」（『日本神道史研究』九）講談社、一九七八（初出一九七三）

春日顕彰会編『春日大社奈良期築地遺構発掘調査報告』、一九七九

義江明子「春日祭祝詞と藤原氏」『日本古代の氏の構造』吉川弘文館、一九八六（初出一九八五）

三橋　正「摂関期の春日祭」『平安時代の信仰と宗教儀礼』続群書類従完成会、二〇〇〇（初出一九八五）
岡田莊司「平安前期神社祭祀の公祭化」『平安時代の国家と祭祀』続群書類従完成会、一九九四（初出一九八七）
上田正昭編『春日明神』筑摩書房、一九八七
土橋　誠「氏神祭祀と「春日祭」」『古代祭祀の歴史と文学』塙書房、一九九七
三宅和朗「平安期の春日祭について」『祭祀と国家の歴史学』塙書房、二〇〇一
春日大社編『春日大社年表』、二〇〇三
大友裕二「春日大社の伝承について」『神道史研究』六五－一、二〇一七
松村和歌子「式年遷宮と春日大社の御造営」「春日大社の信仰と御神宝」東京国立博物館・春日大社ほか編『特別展　春日大社　千年の至宝』、二〇一七
春日大社編『春日大社　第六十次式年造替　記念誌』春日大社、二〇一七

（岡田莊司）

二月／七月

祈年穀奉幣（きねんこくほうへい）

概　要　別名・二十二社奉幣。二十二社を対象とした奉幣には、恒例と臨時とがある。二十二社は、伊勢神宮を筆頭に、山城・大和国など畿内近国に所在した特定諸社をさし、年穀祈願の祈年穀奉幣をはじめ、祈雨・祈晴奉幣や国家的大事に際して恒例・臨時の奉幣対象となった神社をいう〔岡田・並木：一九八七・一九八八〕。二十二社は、はじめに十六社が決まり、次第に増加して、平安中期の永保元年（一〇八一）に日吉社を加えて「永制」の二十二社に確定し、中世後期まで中央朝廷の直轄による祭祀体制として機能した。

臨時奉幣儀式の祈願目的のなかで、もっとも多くみられたのが祈年穀奉幣であり、長元年間（一〇二八～三七）には、二月・七月の後半吉日（日時は不定）の年二回定例化され、国家的恒例儀礼となる。平安中期に年穀予祝の律令班幣祭祀である祈年祭の官社制は縮小され、これに替わって二月の農耕開始期に年穀予祝の奉幣、七月の暴風雨が多くなる時期に年穀の順調な生育を祈念する奉幣が行われた。

奉幣使発遣の儀式　十六社・二十二社奉幣とは、伊勢奉幣と諸社奉幣との二系統の重層的儀式から成り立っていた。朝廷から奉幣使を発遣する儀式の次第は、以下のとおりである。

奉幣の数日前、上卿が天皇の仰せを承り、陰陽寮より奉幣吉日の日時を定める勘文が進められ、奉幣使を定めた差文が上卿から天皇に奏覧される。差文には神社名と使となる官姓名が書かれる。ただし、伊勢に遣わされる王は卜定で決めるので、王の名は書き入れない。また、丹生・貴布禰二社は神祇官人が遣わされるので記入しないことになっていた。奉幣前日には、使が持参して神前に奏す宣命の草案を蔵人が天皇に奏上、天皇は御覧の上、返され、宣命が清書される。

発遣当日、天皇は御湯に入り、潔斎を済ませる。宣命の清書が天皇に奏覧され、上卿に返される。天皇は伊勢奉幣使発遣儀式のために、国家公的の儀式の場である大内裏の正殿、八省院へ行幸する。天皇は八省院小安殿《こあどの》に出御し、小安殿の壇の下に、伊勢奉幣に遣わされる中臣・忌部氏が並び、忌部氏が外宮幣・内宮幣を受け取る。上卿は小安殿の東廊座の前に奉幣使の王を召して、伊勢への宣命を給わる。その儀は九月伊勢神嘗祭の例幣の儀に類似する。伊勢への発遣儀式が終わると、天皇は内裏へ還御する。上卿は内裏内の左近衛陣座《さこんえのじんのざ》（左仗座）に入り、伊勢以外の諸社使を召して、宣命を給わり、内裏外郭東門の建春門において諸社の幣帛を受け取り、出発する（『新儀式』巻四、『江家次第』巻五など）。

発遣の儀式を分類していくと、二つの構成に分けられる。すなわち、天皇行幸による八省院の伊勢奉幣儀（律令祭祀に基づく国家的儀礼）と、内裏内（天皇内廷）における伊勢を除く諸社奉幣儀（平安祭祀制に基づく天皇「御願」祭祀）との二構造から成り立っている〔藤森：一九八五・一九八七〕。

十六社の成立　十六社奉幣の源流は、平安初期の名神奉幣を基盤とし、桓武朝の延暦七年（七八八）に祈雨のため、伊勢と名神への奉幣が始まり、以後伊勢一社、諸国名神への奉幣が多くみられ、弘仁年間（八一〇～二三）以降は丹生・貴布禰二社への祈雨・祈晴奉幣なども行われる。天長元年（八二四）には「風雨損」を除く祈願の奉幣が伊勢と名神を対象に行われる。これが祈年穀奉幣の起源となり、嵯峨・淳和・仁明朝に平安祭祀制の骨格が形成される。仁明朝頃から伊勢・賀茂・松尾・平野・住吉など、特定数社を対象にした奉幣が行なわれ、「近京名神七社」「明神十一社」（『日本三代実録』）など、平安京近辺の諸社が選ばれ、これに大和地域の古社が増加して十六社が選定される。

仁和から寛平の宇多朝（八八七～九七）に入ると新たな祭祀制が展開し、とくに一代一度大神宝使の制が大嘗祭を前にした仁和四年（八八八）十一月に始まる。その対象神社は、伊勢・宇佐・香椎をはじめ五畿七道の、合わせて五十社をいい、この五十社には二十二社が十三所入っており、のちに国ごとに置かれた一宮に二十九所が列している。こうして九世紀末期に形成された大神宝使の制は中央の十六社・二十二社、地方の一宮制度成立の端緒となった。

十六社奉幣の初見は、醍醐朝（八九七～九三〇）の昌泰元年（八九八）五月八日「祈雨奉幣十六社」（『日本紀略』）である。つづいて延喜二年（九〇二）四月十三日の「祈年穀奉幣」（これも十六社を対象としたと考えられる）、延喜十六年七月六日の「諸社に奉幣す、祈雨によってなり、十六社の外十一社」（十一社は木島《このしま》・乙訓《おとくに》社など祈雨十一社）が早い例であり、醍醐朝の昌泰・延喜年間に成立する。伊勢使は王・中臣・忌部が、丹生・貴布禰使は神祇官人が務める。この他の石清水宮を始めとする諸社使には、公卿はじめ四位・五位の殿上侍臣《てんじょうのじしん》が充てられた。これは宇多朝における殿上制度の充実に対応した展開であった。以後、承平・天慶の乱平定後から、頻繁に十六社奉幣が執り行われ、村上天皇撰（応和三年〈九六六〉ころ成立）の『新儀式』巻四に、「祈年穀事」として、天皇へ集中化された十六社奉幣祭祀制が規定されている。

十六社選定の事由　十六社は、伊勢・石清水・賀茂・松尾・平野・稲荷・春日・大原野・大神・石上・大和・広瀬・龍田・住吉の各社をいい、二十二社のうち上七社・中七社にあたる十四社と祈雨の丹生・貴布禰を加えた十六神社をいう。

伊勢・石清水・賀茂社の上位三社は国家的神祇として重視された。伊勢は皇祖神として別格の存在であり、石清水は清和天皇から始まる皇位守護神、賀茂は王城（平安京）鎮護神として、それぞれ崇敬を集めた。石清水八幡が賀茂を超えるようになるのは、十世紀前期、承平・天慶の乱鎮圧のころにあたる。

古代の国家的神祇体制の基軸は、奈良期までは、全国的神社配置の東西軸「伊勢神宮―大和・大神神社―出雲・出雲大社」とされたが、平安初期以降は「伊勢神宮―山城・賀茂神社―豊前・宇佐八幡」へと移行する。さらに八幡神が貞観二年（八六〇）に石清水八幡へと遷座すると、宇佐・石清水の二社が国家的尊崇を集め、中央に近い石清水が十世紀に入ると賀茂を超える存在感を示した。

松尾・平野・稲荷社の三社は平安京に近接して鎮座する。王城鎮護の賀茂に続いて、松尾もまた王城守護神の性格が強い。平野は桓武天皇外戚神・皇太子守護神、稲荷は淳和天皇の玉体守護に関わり、平安京の左京南部の守護神となる。

春日・大原野社は、藤原氏一族と藤原氏北家の守護神、天皇外戚の氏神として加わる。

大神・石上・大和・広瀬・龍田社は大和に鎮座する。十六社の神社分布は、伊勢・住吉を除くとすべて山城・大和に偏重している。この二国は国家中枢の地域、朝廷の財政基礎であった。山城の平安京周辺の神祇は、直接朝廷に関係する王城鎮護・京内守護・外戚氏神祭祀などであったが、大和は古京の大和朝廷に由縁をもつ古社である。奈良以前の律令神祇祭祀に繋がる神祇五社が編成されている。

住吉社は、海外征討・対外関係、航海守護に関わって国家的霊験を示した特別の霊威神であり、外寇の不安に対応した。

丹生・貴布禰社は、それぞれ大和と山城の水源に関わりをもつ祈雨神。この二国から選定されているのは、朝廷の基盤であった畿内のうちの山城・大和が神祇崇敬の立場からも重視されていた。ほかの十四社と異なり、神祇官人が

恒例祭祀

二十二社一覧表

	社名	所在地	延喜式社格	明治以後社格	神階（仁和三年）	名神	大神宝使	公祭	臨時祭	行幸	加列年代	備考
上七社	①伊勢	伊勢	官幣大		なし		○	○			昌泰・延喜年間	国家神・天皇皇祖神
	②石清水	山城	式外	官幣大社	（一品）		○	○	○	○	昌泰・延喜年間	天皇守護神
	③賀茂	山城	官幣大	官幣大社	正一位	○	○	○	○	○	昌泰・延喜年間	王城鎮護神
	④松尾	山城	官幣大	官幣大社	正一位	○	○	○		○	昌泰・延喜年間	王城鎮護・京内守護神
	⑤平野	山城	官幣大	官幣大社	正一位	○	○	○	○	○	昌泰・延喜年間	皇太子守護・外戚氏神
	⑥稲荷	山城	官幣大	官幣大社	従三位	○	○	○		○	昌泰・延喜年間	京内守護・東寺鎮守神
	⑦春日	大和	官幣大	官幣大社	正一位	○	○	○	○	○	昌泰・延喜年間	外戚藤原氏神
中七社	⑧大原野	山城	式外	官幣中社	（春日）		○	○		○	昌泰・延喜年間	外戚藤原北家の神
	⑨大神	大和	官幣大	官幣大社	正一位	○	○	○			昌泰・延喜年間	大和朝廷守護神
	⑩石上	大和	官幣大	官幣大社	正一位	○	○				昌泰・延喜年間	大和朝廷守護神
	⑪大和	大和	官幣大	官幣大社	従一位	○	○				昌泰・延喜年間	大和朝廷守護神
	⑫広瀬	大和	官幣大	官幣大社	正三位	○		○			昌泰・延喜年間	大和五穀豊穣神
	⑬龍田	大和	官幣大	官幣大社	正三位	○		○			昌泰・延喜年間	大和風水害防護神
	⑭住吉	摂津	官幣大	官幣大社	従一位	○	○				昌泰・延喜年間	対外関係・海上安全神
下八社	⑮日吉	近江	国幣大	官幣大社	正一位		○	○	○	○	永保元年（一〇八一）	天台宗守護神
	⑯梅宮	山城	官幣大	官幣中社	従三位			○			正暦五年（九九四）	外戚橘氏氏神
	⑰吉田	山城	式外	官幣中社	（春日）			○			正暦二年（九九一）	外戚藤原山蔭流の神
	⑱広田	摂津	官幣大	官幣大社	従一位	○					正暦二年（九九一）	外寇防衛の神
	⑲祇園	山城	式外	官幣中社→大社				○	○	○	長徳二年（九九六）	疫病鎮圧・京内守護神
	⑳北野	山城	式外	官幣中社				○	○	○	正暦二年（九九一）	摂関家擁護・京内守護神
	㉑丹生	大和	官幣大	官幣大社	正三位	○					昌泰・延喜年間	大和水源・祈雨神
	㉒貴布禰	山城	官幣大	官幣中社	正四位下	○					昌泰・延喜年間	山城水源・祈雨神

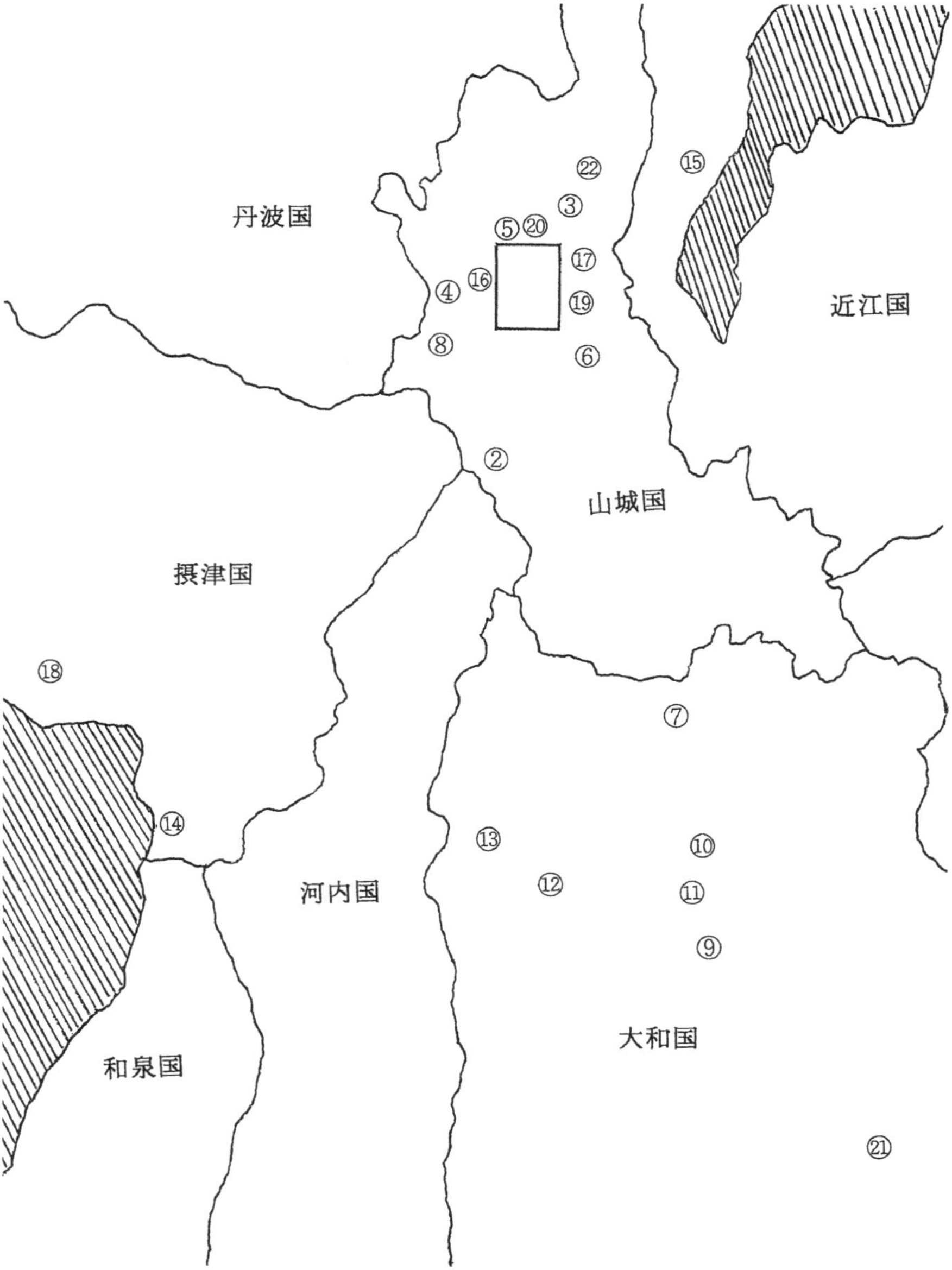

二十二社分布図（①伊勢を除く）

祭使となり、馬を奉納した。

以上の十六社は、そのほとんどが式内社・名神の列に入り、神階は貞観年間までに、丹生・貴布禰二社を除くほとんどは三位以上に昇叙され、中央朝廷・天皇に対して霊験の強い存在感を示した神祇であった。その性格は天皇守護神、王城鎮護神、京内守護神、外戚氏神、大和の五穀豊穣・風雨神、山城・大和の祈雨神に分類することができる。


十九社から二十二社へ　吉田・北野・広田社の三社は、正暦二年（九九一）に加わり十九社となる。吉田社は大和の春日四神を勧請した、一条天皇の外戚氏神（外祖母、藤原山蔭流）であり、一条天皇即位後、永延元年（九八七）吉田祭が公祭となる。北野も同年に公祭となった。霊威神の北野天神は藤原摂関家が特別の庇護を行なっている。それは天皇外戚として皇位守護を求めたものであった。広田社は承平・天慶の乱の時、賊徒平定に霊験があり、外寇や海賊追討鎮撫神として加えられた。

梅宮社は正暦五年に加わり二十社となる。一条天皇外祖母の母方の氏神祭祀が梅宮祭にあたるため、寛和二年（九八六）公祭に列した。梅宮祭はすでに仁明天皇即位後、天皇の母、橘嘉智子の氏神祭祀であったことから公祭となり、二度目には光孝天皇（祖母、橘嘉智子）の即位に公祭に復帰したが、宇多朝には、天皇との縁が遠くなったため、公祭から除外され、一条朝に三度目の公祭復帰を果たすとともに、二十社目に加列された。

祇園社は長徳二年（九九六）に加わり二十一社となる。正暦から長徳年間の時期は、平安京において疫病が流行り、疫病退散・病気平癒の信仰として、祇園信仰が隆盛した。このころから藤原道長の個人的信仰として意識され、摂関家の守護神として定着する。

その最後に日吉社が二十二社目に加わる。長暦三年（一〇三九）に日吉社を加えた二十二社奉幣が行われたが、その後も、日吉社を除いた二十一社奉幣も行われていて、日吉社の加列は確定していない。二十二社が固定化し「永制」となるのは、永保元年からである（『百錬抄』『建内記』）。

平安中期には園城寺《おんじょうじ》戒壇建立問題などで、天台宗延暦寺と園城寺との対立が深刻化していった。永保元年四月の日吉祭にあたり、園城寺の僧徒が襲撃し、比叡山延暦寺との対立、抗争はさらにすすみ、六月には園城寺が焼亡した。この事態に朝廷は二十一社奉幣を行ない、事態の鎮静を祈願した。この時、日吉社奉幣はなかったが、翌七月・翌々八月に日吉社奉幣が行われる。また、延引していた日吉祭も執り行われた。その後も、双方の対立は終息しなかったが、十一月十八日延暦寺鎮守である日吉社を永く二十二社に加列した〔岡田：一九九二、池田：二〇一二〕。

二十二社その後　二十二社編成の基本は、朝廷と天皇守護の祈願が核心にあった。外戚藤原氏も外孫天皇擁護の立場に基づき、国家・国土の保全を意図していた。二十二社には、石清水・稲荷・祇園・北野が入っていることから、八幡信仰・稲荷信仰・祇園信仰・天神信仰など、民衆信仰との関係を強調する意見も存在するが、これらが平安京の民衆信仰として隆盛するのは、平安中後期以後である。祇園の加列理由には、民衆の祇園御霊会に集まる熱狂的信仰が素地としてあったと思われるが、それ以外の信仰は後次的なもので、民衆信仰の隆盛との関係から二十二社に加わったと考えることはできない。

二十二社確定ののち、平安末期に平氏政権のもとで安芸国厳島社の加列が朝廷において論議されたが加列はなく(『吉記』)、室町期の文安頃(一四四四～一四四九)から延引が増え、宝徳元年(一四四九)八月、幕府の奏請により二十二社を対象とした最後の奉幣が行われた(『康富記』)。

近世に入り、二十二社の内、上位の七社(上七社)を対象とした七社奉幣が桜町天皇の延享元年(一七四四)甲子革命により再興され〔高埜：一九八二〕、その後、臨時に明和五年(一七六八)、文化元年(一八〇四)、元治元年(一八六四)の三度行われたが、宝徳元年以降、二十二社奉幣は再興されることはなかった。

〈参考文献〉

二宮正彦「摂関時代における神社行政」『古代の神社と祭祀』創元社、一九八八、(初出一九六五)
岡田莊司「十世紀における神社行政」『國學院雑誌』七四–九、一九七三
甲田利雄「祈年穀奉幣」『平安朝臨時公事略解』続群書類従完成会、一九八一
高埜利彦「近世奉幣使考」『近世日本の国家権力と宗教』東京大学出版会、一九八九(初出一九八二)
藤森　馨「祈年穀奉幣について」「平安時代中期における神社信仰」『平安時代の宮廷祭祀と神祇官人』大明堂、二〇〇〇(初出一九八五・一九八七)
二十二社研究会編『平安時代の神社と祭祀』国書刊行会、一九八六
並木和子「平安時代の祈雨奉幣」『平安時代の神社と祭祀』国書刊行会、一九八六
岡田莊司・並木和子編「臨時神社奉幣表(1)(2)」『國學院大學日本文化研究所紀要』五九・六一、一九八七・一

九八八
岡田莊司「十六社奉幣制の成立」「二十二社の成立と公祭制」『平安時代の国家と祭祀』続群書類従完成会、一九九四（初出一九八七・一九九二）
森田　悌「公家と神社」『講座神道』二、桜楓社、一九九一
岡田莊司「二十二社の研究史と二十二社制」中世諸国一宮制研究会編『中世諸国一宮制の基礎的研究』岩田書院、二〇〇〇
井上寛司『日本の神社と「神道」』校倉書房、二〇〇六
池田陽平「永保元年の二十二社奉幣について」『日本宗教文化史研究』一六—一、二〇一二

（岡田莊司）

二月／十一月

鹿島祭使（かしまのまつりのつかい）

藤原氏の氏神社である春日大社には、第一殿に武甕槌命《たけみかづちのみこと》（常陸国鹿島大神〈茨城県鹿嶋市鎮座鹿島神宮〉）、第二殿に経《ふ》津《つ》主命《ぬしのみこと》（下総国香取大神〈千葉県香取市鎮座香取神宮〉）が配されている。そのため、春日祭と同日の二月上申日には、内《く》蔵寮《らりょう》（天皇の私的な財政機関）で幣物が用意され、現地での鹿島・香取祭に祭使が発遣されていた（『延喜式』内蔵寮）。

祭使には六位以下の藤原氏一人が充てられ、これに内蔵寮の史生一人と当国まで幣物を運ぶ人夫二人が添えられる。また祭使の名簿は、春日祭の二十日前に大臣から内蔵寮へ下された（『延喜式』内蔵寮）。藤原氏の氏長者が勧学院（藤原氏子弟のための教育機関）に在籍する学生より選び（『小野宮年中行事』）、内印（天皇印）の捺された太政官符を下総・常陸の両国司に下してその旨を承知させることとなっていた（『類聚符宣抄』）。

内蔵寮の用意する料物には、両社に捧げる幣帛のほかに、幣を包み入れる布・櫃類や両社の神職に支給する装束、そして祭使の装束料なども含まれていた。その物品は春日祭の料物と共通する部分も多いが、鹿島・香取祭の方が量的に縮小されており、藤原氏の氏神祭祀は春日祭こそが中核であったことがわかる〔黒須：一九九九〕。

鹿島・香取祭への祭使発遣の初見は承和十二年（八四五）である（『続日本後紀』承和十二年七月二十二日条）。公的性格を付される時期については、平岡祭の公祭化と並び九世紀後半とする説がある〔岡田：一九八六〕。一方で、鹿島社の神職が弘仁十一年（八二〇）に笏を持つことを許され官人の待遇を得ていることから、弘仁年間をその画期とする説もある。その背景には藤原氏の結集を図る藤原冬嗣の存在があったと考えられている〔黒須：一九九九〕。

中世以降、鹿島社への祭使は、朝廷からではなく常陸国司代の大掾《だいじょう》氏が毎年七月に鹿島大使役《かしまおおづかいやく》として赴いた。明治以降は十二年に一度の午年に、鹿島神宮では九月、香取神宮では四月に神幸祭（御船祭）が斎行され、ともに船渡御が行われている。

（木村大樹）

平岡祭（ひらおかのまつり）

二月・十一月の上申の日に行われる、河内国河内郡に坐す「枚岡神社四座」（『延喜式』神名帳、大阪府東大阪市鎮座枚岡神社）の祭りである。枚岡（平岡）神社は中臣氏と同じ祖をもつ平岡連によって奉斎され、その祭神は中臣氏の祖神天児屋命《あめのこやねのみこと》・比売神《ひめかみ》である。春日社創祀にあたってその枚岡二神は春日社に勧請された（『延喜式』祝詞、春日祭）。

平岡祭の公祭化は貞観七年（八六五）であり（『日本三代実録』貞観七年十月二十一日、同年十二月十七日）、すでに天皇外祖父の氏神祭は公祭となっていたため（春日祭：称徳天皇、大原野祭：文徳天皇）、清和天皇即位から七年後に平岡祭を公祭に加列した。清和朝には大神祭（古京鎮護・第二代綏靖天皇の外祖父祭）・当麻祭（清和天皇の外祖母祭）が公祭化されている。

祭祀にあたっては神祇官人の中臣が発遣されて祭事を検校し、料物は春日祭に准じ、神主の読む祝詞も春日祭・大原野祭と同じであった（『延喜四時祭式』『延喜式』祝詞、春日祭）。このことは平岡祭の祭神が中臣氏の祖神であり、天皇外祖父藤原氏系統の祭りであることに起因している。

内蔵寮からの幣帛は春日祭・大原野祭と同様に存在するが、内蔵寮からの使は発遣されず、幣帛は神祇官に付して奉られた（『延喜式』内蔵寮）。また、春日祭・大原野祭に存在した中宮・春宮幣が平岡祭には存在しない点も特徴的である。中臣氏の祖神を祭りながら春日祭・大原野祭よりも待遇が落ちていたことは、二月上申日に春日祭、同月上卯日に大原野祭が執行される中で、後代に公祭化された平岡祭に右二祭と同等の待遇を与えることはできなかったからであろう。

現在、枚岡神社では二月一日に例祭が、十二月最初の申の日に勅使参向を記念して上申祭が斎行されている。

（塩川哲朗）

率川祭（いさかわのまつり）

率川祭は二月・十一月の上酉の日に行われる率川社（奈良市本子守町率川神社の摂社、率川阿波神社）の祭りである。春日祭（二月上申日）の翌日に行われ、春日祭への使が幣帛を持って参向することとなっていた（『延喜式』内蔵寮）。これは春日社と率川社が近接していることと、両祭ともに藤原氏の祭りであったことに起因するであろう。率川祭が執行される率川社は、令制祭祀である三枝祭が行われる「率川坐大神御子神社三座」ではなく、「率川阿波神社」である〔岡田：一九八八〕。『年中行事秘抄』「率川祭事」や春日社の『古社記』によると、率川社は藤原是公《これきみ》が建立した藤原南家の氏神社であり、そのすぐ南に大神御子神社があったという。

光孝天皇の外祖父は藤原総継《ふさつぐ》、外祖母は藤原数子であり、光孝天皇の即位後まもなく両者に正一位が贈られ、荷前物《のさきのもの》を奉る十陵五墓に両者の墓が定められた（『日本三代実録』元慶八年〈八八四〉三月十三日、同年十二月二十日）。総継は藤原北家であるが、北家の大原野祭は文徳朝にすでに公祭化されていた。対して数子は藤原南家である是公の子藤原雄友《おとも》の娘であるため、光孝朝に外祖母の家系である南家の氏神祭であった率川祭が公祭化されたものと考えられる。大原野祭と率川祭は「氏」の祭りではなく、藤原氏の北家・南家それぞれの「家」の祭りであった点に特徴がある。

率川阿波神社は宝亀年中に藤原是公が阿波国から勧請したとの伝承もあるが（『大神分身類社鈔並附尾』）、近世には荒廃しており、松の木が一株あるばかりとなったとされる（『率川御子守神社本縁』）。その後、大正九年（一九二〇）に率川神社（大神御子神社、本子守町）境内に社殿を建立し、昭和三十四年（一九五九）に境内整備に伴って本殿東側の現在地へと遷座した。

（塩川哲朗）

園韓神祭（そのからかみのまつり）

概　要　園韓神祭は、大内裏の東南に位置する宮内省の域内に鎮座した、園神社一座と韓神社二座（『延喜式』神名帳）の計三座に対して行われた祭祀である。毎年二月の春日祭（上申日）後の丑の日と、十一月の新嘗祭（中の卯の日）前の丑の日に行われた。同祭の初見は『日本文徳天皇実録』嘉祥三年（八五〇）の神階授与の記事であり、『伊呂波字類抄』（十二世紀）はこのときから園韓神祭が始まったとしている。しかし、『類聚三代格』の官符の内容から、桓武天皇の延暦二十年（八〇一）以前には既に公祭になっていたと考えられる。春日祭や平野祭と同様に公祭のなかでは最初期に成立した祭祀と考えられ、公祭の中でも天皇の外戚の氏神祭祀とは無関係であり、同祭神は平安京鎮護の神として祭られていた。

祭　神　園神社・韓神社は延暦以前から同地に鎮座していた地主神で、平安京遷都にあたり他所へ移されようとしたが、帝王鎮護の神託を下したことで、そのまま宮内省内に鎮まることとなったという（『江家次第』『古事談』）。

祭神について、本居宣長は『古事記』の大年神（素戔嗚《すさのお》尊の子）の御子神の中に韓神・曾富理《そほり》神があることから、この曾富理神を園神と同一ではないかとしている(『古事記伝』)。また『大倭神社註進状』は園神を大物主神・韓神二座を大己貴命《おおなむち》・少彦名命《すくなびこな》に当てるが、後に同書は偽書とされている。これらを踏まえ、平安京付近はもともと渡来系氏族である秦氏(『新撰姓氏録』によると秦の始皇帝の末裔)の本拠地であることから、園神は秦氏の邸宅内の園地に祭られていた土地神、韓神は秦氏ら渡来人により祭られてきた渡来神と理解されている〔是澤：一九七七〕。

また園神社・韓神社が公祭に預かるようになった背景には、百済王系の渡来氏族(武寧王《ぶねい》の子純陁《じゅんだ》太子の末裔)出身の高野新笠《たかののにいがさ》(旧姓・和史《やまとのふひと》)を母にもつ桓武天皇が、みずからの出自と照らし合わせて、渡来の韓神に親近感を持ち、崇敬を寄せたことが関係したと考えられている〔岡田：一九八六〕。

次第　当日は天皇の名代である内侍の到来を待って祭祀が始められる(『延喜式』四時祭上)。内侍参向を重視していたことから、天皇の私的意向から発した祭祀であったと考えられる。

『儀式』によると、神祇官が両神殿前に高机を並べ、神饌を供し、神部が神殿の庭に賢木を立て、庭火(かがり火)を焚く(『江家次第』では、衛士《えじ》扮する「山人」が燃料となる薪を差し出す)。二月は戌一刻(午後七時頃)、十一月は酉三刻(午後六時頃)の内侍の着座を待って祭祀が始められる、夜間の祭であった。まず大臣が歌人や神馬、大蔵省を召し、大蔵省が諸員に鬘木綿《かずらゆう》(木綿の頭飾り)を賜う。続いて御巫が再拝両段して微声で祝詞を述べる。この祝詞が『延喜式』に載せられていないのは、奏上者が中臣氏や忌部氏でなく、御巫であったことによるのだろう〔岡田：一九八六〕。その後、笛・琴と歌舞が奏され、御神子《みかんこ》が庭火を回って湯立舞を供し、ついで神部八人が舞った。南側の園神社に続き北側の韓神社でも同様の次第が行われ、再び園神社にて和舞が舞われる。最後に弁大夫の命令で、大膳職により諸員に御飯が賜られ、終わって大臣以下は退出した。その後も神祇官により両神殿前で神楽が奏された。

以上のように園韓神祭は、神祇副《すけ》(神祇官の次官)を筆頭に神祇官が準備段階から祭祀に深く関わっていた。また大臣を中心として太政官の関与も他の公祭に比べて重視されていた。このことから同祭は、春日祭・平野祭と併せて、神祇官・太政官の二官体制による律令国家機構が有効に機能していた最末期の時期の成立となる〔岡田：一九八六〕。その点、本来の最初で最後の典型的・国家的な「公祭」の一つといえよう。

変　遷　園神社・韓神社は、すでに永保二年（一〇八二）には社殿の破損が激しいことから修理を申請されており（『朝野群載』永保二年正月十三日条）、平安時代末期には祭祀の実態も衰微していた。やがて応仁の乱の戦火による神社の廃絶とともに行われなくなったと考えられる。江戸時代末期の慶応三年（一八六七）、国学者の大沢清臣《おおさわすがおみ》により神社・祭祀の復興に関する請願書が提出されたことがあったが〔是澤：一九七七〕、ついに実現することはなく現存はしていない。

（木村大樹）

〈参考文献〉

是澤恭三「韓神について」『神道宗教』八九、一九七七
岡田莊司「平安前期 神社祭祀の公祭化」上・下、『平安時代の国家と祭祀』続群書類従完成会、一九九四（初出一九八六）
黒須利夫「『延喜式』における鹿島・香取祭」井上辰雄編『古代東国と常陸国風土記』雄山閣出版、一九九九

（塩川哲朗・木村大樹）

三　月

石清水臨時祭（いわしみずりんじさい）

概　要　石清水臨時祭は、朱雀天皇天慶五年（九四二）承平・天慶の乱平定の報賽によるものを初見とする。この臨時祭は『延喜式』巻三に規定される「臨時祭」とは異なり、朝廷が行う年中行事として加えられた祭祀である。その特徴として、内裏から宣命を持った祭使が遣わされ、御幣（幣帛）・東遊《あずまあそび》（歌舞）・十列《とおつら》（走馬《はしりうま》）が奉られ、発遣の際には天皇による御禊・御幣奉拝・歌舞御覧が行われ、祭儀終了後、祭使一行は再び内裏に戻り還立御神楽《かえりだちのみかぐら》を行う。臨時祭では天皇の宝祚長久・皇統継承が祈念され、東宮や中宮、貴族の奉幣はない。したがって「臨時」とは、天皇個人の行うものという意味を持つとされている。

当祭は天皇ごとにその目的と背景が異なっているが（告井：二〇一三）、天延三年（九七五）頃に恒例化されたとする通説に従う。成立初期の朱雀朝においては触穢等の理由により初見記事以降行われることはなく、次の村上朝でも行われていないことから、臨時祭が一時断絶したともされるが、この間の応和元年（九六一）八月十五日には皇位継承の安寧を願って村上天皇中宮安子《あんし》が石清水放生会へ奉幣を行っており（『日本紀略』）、天皇御願の信仰対象としての位置付けという観点から継続性を見出すこともできる。ついで冷泉天皇は自身の大嘗祭大祓の際に石清水臨時祭を斎行し（安和元年〈九六八〉）、さらに翌年にも臨時祭を行なった。そして同母弟の円融天皇即位一年半後の天禄二年（九七一）にも石清水臨時祭が行われた。円融朝では臨時祭の形式が整えられ、その恒例化がなされた。

年中行事としての成立　式日が定められ年中行事に組み込まれたのは、臨時祭が三月に定着した円融朝とされる（『江家次第』巻六、『朝野群載』所収「石清水臨時祭宣命書様」など）。また臨時祭斎行の目的は、「兵乱平定の報賽」とした朱雀天皇、「大嘗祭の斎行の無事」とした冷泉天皇、「大嘗祭の斎行の無事の報賽」とした円融天皇と、いずれも具体的な御願とその報賽（お礼参り）であった。

初めて石清水臨時祭を斎行した朱雀天皇は、天慶二年に激化した平将門・藤原純友の兵乱に対する祈りのことや、兵乱が無事治まったことへの報賽は触穢によってなかなか果たせず、天慶五年の臨時祭斎行に至ったことなどを宣命として石清水八幡大菩薩に奏上している（『本朝世紀』天慶五年四月二十七日条）。

円融天皇は前二代の天皇と同様の目的で始めながら、臨時祭を毎年の恒例とすることによって祭祀に継続性を付与し、さらに天延三年には祭日の費用を賀茂臨時祭と同じく内蔵寮・穀倉院が行うことと定めて（『日本紀略』）祭祀を安定化させた。また宝祚長久とみずからの血統による皇位継承を御願としたことにより、個々の御願報賽の臨時祭から、継続性のある年中行事へ当祭を位置付けたともいえる。

式次第　臨時祭斎行三十日前に使・舞人・陪従の選定がなされ（『小右記』天元五年〈九八二〉二月二十二日条）、間をおかず構成員による調楽が開始される（『江家次第』）。神に奉る幣帛は通常その名のとおり絹や紙などであるが、金銀の幣・馬・音楽なども含まれることがある。特に臨時祭における芸能の奉納は重要視されており、臨時祭二日前には清涼殿東庭において楽舞の予行演習が行われ、天皇がそれを御覧になる。舞人は御前において社頭の儀同様に駿河舞、求子《もとめご》を御前で行い、陪従は歌を返す。その後、御馬《おうま》御覧《のごらん》がある。神前で十頭の馬を走らせる走馬（十列）も特別なものとされていた。

臨時祭当日には使・舞人・陪従・人長《にんじょう》にそれぞれ装束が下賜される。祭使発遣における重儀は天皇の御禊である。御禊は内蔵寮の奉る御贖物《みあがもの》を蔵人が天皇に供し、宮主が祓

石清水八幡宮臨時祭復興絵巻（國學院大學図書館蔵）

詞を申して行われ、使が神に奉る御幣を捧げ持ち、天皇は御幣に対し御拝する。ついで庭中で盃酌の儀が行われ、歌舞の御覧がなされる。使は舞人以下を率いて参入し、駿河舞、求子を御覧に入れた後、退出する。ここで祭使発遣の儀が終了し、使は舞人以下を率いて社頭に向かう。社頭では使以下舞人・陪従・人長等が参集し、幣帛を点検する。ついで使は舞殿に用意された座に着座し、再拝した後宣命を読む。神主を介して幣帛を奉り、社司により返祝《かえしのりと》があった後、御馬を八廻りさせ、東遊、御神楽、走馬が行われ、社頭の儀は終了する。翌日、内裏において使が祭祀の無事を天皇に報告する還立《かえりだち》の儀が行われる。使以下が参入すると天皇の出御があり、前日の出立時のように盃酌の儀が行われる。ついで禄が下賜され、舞人により求子が舞われた後退出し、「臨時祭」の祭儀すべてが終了する。ただし、この還立の儀は『江家次第』の時代にはすでに行われなくなっていたようである。

臨時祭の特徴　賀茂社における恒例祭(賀茂祭)と臨時祭(賀茂臨時祭)の祭儀を比較すると、臨時祭の特徴は天皇自身が主体者として行われる点にあるといえる〔三橋：一九八六〕。臨時祭における天皇の出御は必須であり、試楽における天皇の臨見は祭りの主体性を儀式の中で視覚的に示す方法でもあった。また、祭儀においては内裏と社頭とが直結し、天皇以外の奉幣は存在しない。「臨時祭」の名称は「恒例」に対する「臨時」の祭りとして始められたことに由来するが、毎年恒例の「臨時祭」は「天皇が特別に行う祭り」という意味が加えられている。

石清水臨時祭は朱雀天皇によって兵乱の平定の報賽として始められたが、それは危機的状況を契機にした信仰の形式化といい換えることもできる。またその背景には平安時代の祭祀制を支える宇多朝以降の新たな国家的秩序が存在する。殿上制の成立など内廷機構の充実により天皇権の伸長が祭祀面に反映され、結果、公祭とは別に天皇御願の臨時祭が成立したのである〔岡田：一九九〇〕。とくに石清水社は、藤原良房が清和天皇を擁立して以来、皇位継承の神として位置付けられ、天皇代初めの臨時祭には参議が遣わされた(『江家次第』)。母后や貴族の信仰の高まり、天皇個人の信仰を表現する環境が整い、宮中の年中行事に組み入れられていった。その過程において、天皇御願という要素が薄れ、祭りの斎行そのものに目的が移行したとき、本来の意味は失われ、天皇個人の信仰は同時期に始まった神社行幸という形式で表現されることになる。

変　遷　天皇御願祭祀として成立した臨時祭は十四

世紀までその形式を保っていたが、南北朝の動乱や、続く応仁の乱とともに中絶している。その後、文化年間（一八〇四～一八）に再興されているが、記録上は隔年の執行となっていた。明治期になると神祇制度の改革のなか、明治十八年（一八八五）に臨時祭の再興の声が上がったが、実現には至らなかった。

〈参考文献〉

三橋　正「天皇の神祇信仰と「臨時祭」」「「臨時祭」の特徴と意味」『平安時代の信仰と宗教儀礼』群書類従完成会、二〇〇〇（初出、一九八六）

岡田荘司「王朝国家祭祀と公卿・殿上人・諸大夫制」『平安時代の国家と祭祀』続群書類従完成会、一九九四（初出、一九九〇）

告井幸男「石清水臨時祭の恒例化について」『古代文化』六五―二、二〇一三

（黒澤　舞）

三月

鎮花祭（はなしずめのまつり）

概要　大和国城上郡に坐す大神大物主神社と、そのすぐ北に位置する狭井坐大神荒魂神社（奈良県桜井市三輪に鎮座）に対する国家祭祀である。大神神社と狭井社の祭神はどちらも大物主神であるが、狭井社は大物主神の「荒《あら》魂《みたま》」を祭るとされる。

祭祀の目的は、疫病をもたらす疫神を鎮圧するためであるが（「令釈」『令義解』）、その祭りの名称が「鎮花《はなしずめ》」とされた理由には、農耕行事が疫神退散の行事に転じたとするものと〔西田：一九六七〕、散る花びらに疫神が宿るとする二説が存在する〔宮地：一九五七〕。前者は、花を稲花の咲く予兆とみて、その散ることを一日でも遅らせようとする農耕に関する行事がもとであるとし、後者は、花の飛散する様が疫神の分散に思われ、花を鎮めることは疫神を鎮めることであると連想されたものと考える。『延喜式』にみえる祭料に、薬草と思われるものが含まれていることから、春に花が散るころは疫病の流行しやすい時期であって、花の飛散と疫病の拡大が連想され、疫病をもたらす疫神を鎮めることを「はなしずめ」と称したとするのが妥当であろう。

また、『令集解《りょうのしゅうげ》』に引く「令釈」が「古記」（天平十年〈七三八〉頃成立）と同内容であることから、鎮花祭は「大宝令」制定時（大宝元年〈七〇一〉）頃とされる。祭祀への幣帛は神祇官において準備され、神祇官所属の在地神職である祝部《はふりべ》によって神社まで運ばれ祭祀に供えられた。祭日は「神祇令」に「季春」（三月）とあるのみで具体的に定まってはおらず、臨時に日にちを選んで行われていたが、平安時代後期～鎌倉時代初期ころに至ると三月晦日に固定された（『年中行事秘抄』『神祇官年中行事』）。近世では旧暦三月十八日を用いていたが、明治三十年（一八九七）ごろから新暦四月十八日に改められている。

祭祀の淵源　三輪山に鎮まる大物主神への国家祭祀の淵源は、崇神朝に存在する。崇神天皇の御代、疫病がはやり、多くの民が亡くなった。天皇の夢に大物主神が現われ、災いの原因は我を祭れば解決するという。天皇は神の教えの通りに、大物主神の子孫である大田田根子を祭主（神主）として三輪山で大物主神を祭った。すると疫病が初めて止み、五穀が豊穣になったという（『日本書紀』『古事記』崇神天皇）。

この伝承は三輪山の祭祀と国家との関係を象徴するものである。古くより、三輪山の大物主神は国内の疫病を鎮圧する大きな力を持っていると考えられ、大和朝廷にとって無視できない重要な神祇であった。その祭祀は大田田根子の子孫である三輪(大神)氏が担当し、国家が直接その祭祀に介入することはなかった。国家祭祀である鎮花祭も、その幣帛は国家が準備して祝部が運搬するが、神社での祭祀執行に関する具体的な規定は存在せず、祭祀そのものは神社側に任されていた〔藤森：二〇〇八〕。

祭祀の性格　『延喜式』に規定された祭料は、布帛類や海産物、祭器類などで構成されているが、全体的に見て、大神社より狭井社に対する祭料のほうが数を多くする。この理由は狭井社の神が大物主神の「荒魂」であるためであり〔西田：一九六七〕、疫病を鎮めるために、より荒々しい霊威の発動に期待したものと想定される。狭井社は俗に「華《け》(花)鎮《ちん》神社」「華《け》鎮《ちん》社」とも呼ばれ、鎮花祭は狭井社への特殊神事の様相を呈している。「狭井」は古くは「佐為」(『大倭国正税帳』、『新抄格勅符抄』所引「大同元年牒」)と書かれることから、狭井社の神は「幸神《さいのかみ》」＝「障神」「塞神」「道祖神」であり、疫病を鎮圧する神であったとする説もある〔西田：一九六七〕。

鎮花祭の祭料の特徴として、他の祭祀には容易にみえない枲《からむし》(繊維)、黄蘗《きはだ》(染料、健胃薬)、茜《あかね》(染料、薬)や、弓、篦《の》(矢柄)、羽、鹿皮などといったものが用意されたことが挙げられる。黄蘗・茜は薬であり、疫病鎮圧という祭祀の目的のために特別に用意されたのであろう。この二種に鹿皮を加えたセットは、鎮花祭以外では龍田風神祭のみしか祭祀には用いられず、災いを鎮めるための供献品であったと想定される。現在の鎮花祭の神饌においても、薬草の

忍冬（すいかずら）と笹百合の根

忍冬《すいかずら》・笹百合の根が添えられており、製薬・医療関係者からたくさんの薬品が奉られ、鎮花祭は「くすりまつり」とも呼ばれている。

なお、山百合の本の名を「佐韋（サヰ）」と言い、狭井河の名はその河辺に山百合が多くあったためであるという話が『古事記』に存在する（神武天皇がその后、伊須気余理比売《いすけよりひめ》のもとで一夜を過ごした時）。狭井河は、大神神社と狭井神社の間を流れている川であり、伊須気余理比売は『古事記』で三輪山の大物主神の娘とされる。天皇と三輪山の関係は大和朝廷の黎明にまでさかのぼり、鎮花祭に奉られる笹百合も古くより三輪山の麓に自生していたのであろう。

また、枲・弓・篦といった供献品のセットも、鎮花祭以外は三枝祭、龍田風神祭、大祓のみにしかみえていないことが注意される。枲と弓矢は鎮祭・祓に効果のある供献品であったのであろう。とくにこの中で、鎮花祭への弓の数がほかの祭祀に比べて多いことが指摘されている（三枝祭が三張、風神祭が四張であるのに対し、鎮花祭では七張）が、これは、弓が邪霊・邪鬼を鎮める働きを持つと考えられていたため、鎮花祭に特に多く奉ることとしたのであろう〔西田：一九六七〕。

なお、大和国を中心に山城国・近江国などの近畿地方一帯で「けちん」（「花鎮」「気鎮」「結鎮」）と呼ばれる宮座行事が行われており、これらは大神神社の鎮花祭と同じ民俗信仰の一端であるとされている〔西田：一九六七〕。

〈参考文献〉

宮地直一「上代神道史要義」『宮地直一論集』五、蒼洋社、一九八五（初出一九五七）
西田長男「鎮花祭一斑」『日本神道史研究』三、講談社、一九七八（初出、一九六七）
藤森　馨「鎮花祭と三枝祭の祭祀構造」『古代の天皇祭祀と神宮祭祀』吉川弘文館、二〇一七（初出、二〇〇八）

（塩川哲朗）

四月／七月　大忌祭・風神祭

（おおいみのまつり・かざかみのまつり）

二種一体の律令祭祀　大忌祭・風神祭は『養老神祇令』で同月に斎行されるよう定められ、「広瀬龍田二柱之祭也」と称されており（『令義解』）、二種一体の祭祀として位置付けられていた。その形式は天武朝までさかのぼるが（『日本書紀』）、祭神の神威や祭祀の厳密な目的など、多くの点で両祭には相違点がある。そこでまずは、個々に祭祀を紹介する。

大忌祭の祭神と目的　『日本書紀』は大忌祭の場である広瀬社の神名を「大忌神」とする。後述の風神に対して忌む神という指摘〔山口：二〇〇八〕もあるが、神名だけでは具体的な神威は推し量り難い。一方、『延喜式』の大忌祭祝詞では「御膳持《みけも》たする若宇加《わかうか》の売《め》の命《みこと》」とする。「宇加」は食物を指し、倉稲魂命（宇迦之御魂神）や、保食神・豊宇気毘売神に通ずる。また、「御膳」は天皇の食膳を指す〔青木：二〇〇〇〕。大忌神は天皇の食のために祀る神である。

大忌神の鎮座地広瀬社は、「広瀬河曲《かわわ》」（『日本書紀』）・「広瀬の川合」（『延喜式』神名帳）と称された。神社が川の流れが屈曲し、かつ合流する場所という理解は、史料の示す表現と同様である。

『令集解』の「令釈」から読み取れる大忌祭の目的は、良質な水の供給と、その水による五穀の稔りである。だが、大忌祭祝詞は、「奥津御年《おきつみとし》」、すなわち稲の豊稔が大忌神に対する目的だとし、水については触れない。ただ、同式の祈年祭祝詞なども、水に関係するとみられる水分皇神《みくまりのすめがみ》に利水を求めていないので、「令釈」のような理解が祭祀の現場になかったとまではいえない。

大忌祭祝詞でいう奥津御年とは、普遍的な稲の豊稔ではなく、天皇の食膳に上る稲に限定される。これは神名にも通じ、大忌祭の重要な特色といえる。

御県神・山口神　『延喜式』四時祭によれば、大忌祭は大和国内の御県神《みあがたのかみ》六所と山口神《やまのくちのかみ》十四所も対象とする。この点、大忌祭祝詞は「六御県《むつのみあがた》に坐す山口神」のみを対象とし、齟齬があるのだが、理由は不明である。神々は、祈年・月次両祭では、それぞれ天皇の食膳に供する野菜や、宮殿材木の供給をつかさどると意識されている。

大忌祭祝詞によれば、御県・山口の神々への最終的な目的は大忌神と同じだが、「悪しき風荒き水」に遭わないことも求めていた。これは風神祭の目的でもある。同祭との関連なしに、このような表現は生まれ得ない。

風神祭の祭神と立地　一方、『日本書紀』は、風神祭の対象をそのまま「風神」とする。他方、『延喜式』の風神祭祝詞は神名を「天《あめ》の御《み》柱《はしら》の命《みこと》・国《くに》の御《み》柱《はしら》の命《みこと》」とする。祝詞によれば五穀成熟をつかさどる神とされる。神名に含まれる「柱」を、竜巻の旋風〔青木：一九七〇〕、あるいは伊奘諾尊・伊奘冊尊の依代〔三谷：一九七五〕と見る説があるが、祝詞はその意味までは示さない。

風神を祀る龍田社の立地については、風神祭祝詞に、「朝日の日向かふ処、夕日の日隠るる処の、龍田の立野の小野」とある。前半の描写は山を西に背負った状態を示すが、後半の「龍田の立野」という表現は、「風の立つところ」という意味に通ずる。

現鎮座地は生駒山地の東麓にある。同山地は大和盆地の北西の隔てだが、神社の南斜面を西から東へと流れる大和川で終端となり、その対岸から金剛山地が延び始める。つまり、古代、風の吹き抜け口「科戸《しなと》」と理解されたところである。史料との大きな矛盾はない。

龍田社については創建時期がうかがえる。祝詞は神社創建、そして風神祭創祀を決したのが、「志貴島」で国を治めた天皇とする。この天皇を崇神天皇とする理解は中世までさかのぼり得るが〔『龍田大明神御事』〈『神道大系』神社編五所収〉〕、『日本書紀』で「志貴島」の地を宮としたとされる欽明天皇とする説もある〔御巫：一九五九〕。祝詞には、天皇が未知の神を物知る人の卜事で探ったとする描写がある。これは六世紀に日本に本格導入された亀卜の技法を推測させよう。

風神祭の目的　文字どおり風との関係の深い風神と龍田社だが、実際、「令釈」は風神祭を、五穀を枯らす風の害を避けるための祭祀としている。この説明は祝詞にある程度即しているが、祝詞は避けるべき害について、「悪しき風」とともに「荒き水」についても触れる。大和盆地における大和川の出口に鎮座する風神に、水に関する祈願をこめても特段不自然ではない。にもかかわらず「令釈」が防水害に触れないのは、大忌祭と風神祭を一体で捉えていた時代の注釈書だからであろう。

相違点のある『延喜式』祝詞と「令釈」だが、五穀の成熟が風神祭の最終目的とする点は共通する。さらに、穀物の成就は大忌祭の目的に通ずるが、風神祭の場合、対象は

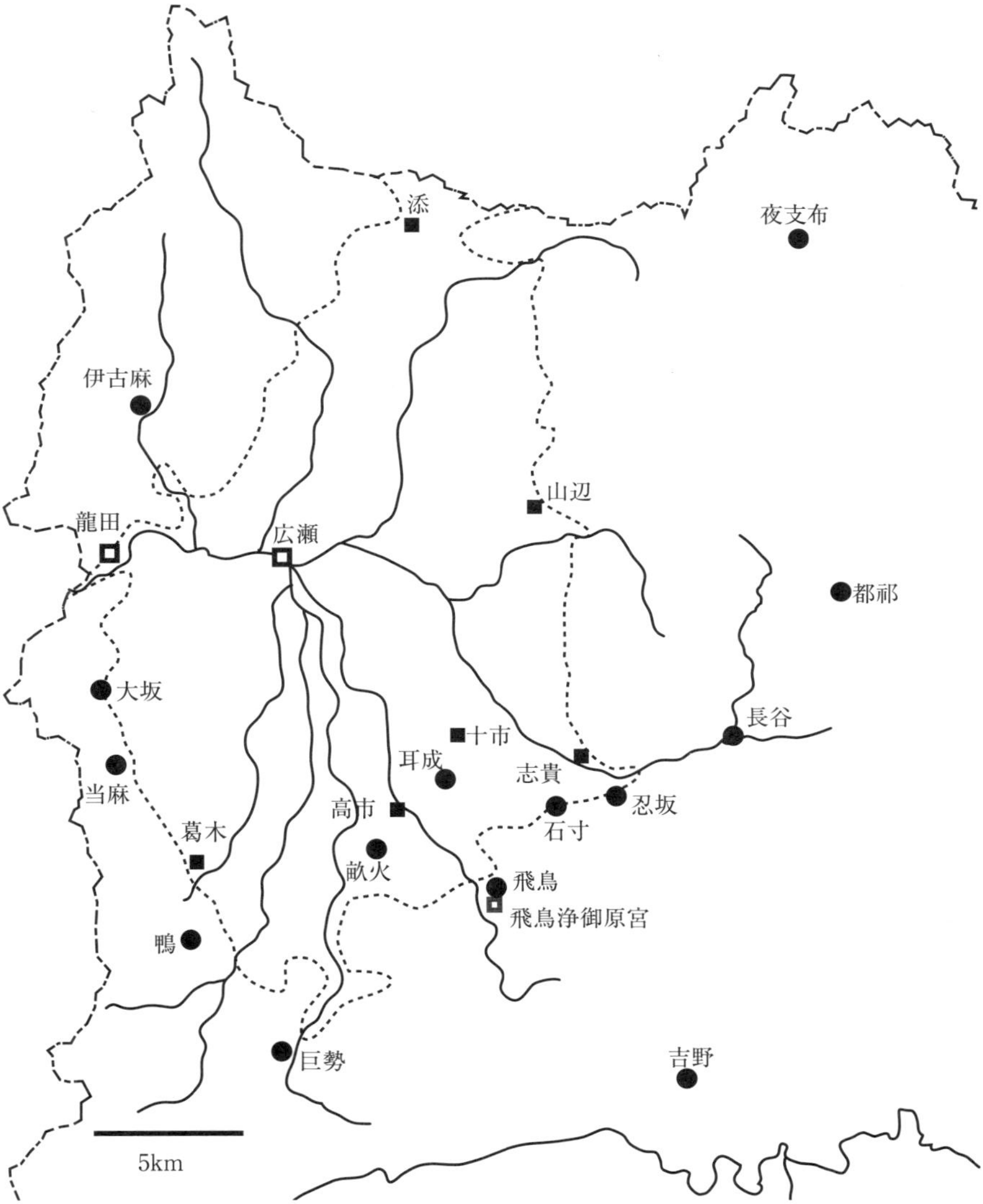

大忌祭・風神祭の対象神社

■　御県神
●　山口神

天下の五穀と広い。

両祭の一体化・律令祭祀化　「令釈」を整理すると、「大忌祭＝防水害・風神祭＝防風害」という明確な区別ができる。だが、祝詞の示す目的はそうではない。「令釈」の理解は、既述のとおり、両祭の一体化がなされていたからである。

両祭が天武朝に一体化されていた点も既述したとおりである。問題はその画期だが、律令祭祀になっている点、天皇の食膳充実という身近な利益を祭祀の目的とする点、対象の神祇が全て大和国に鎮座する点から、飛鳥に宮を置いたその天武朝より前にはさかのぼり得まい。

両祭が結びついた要因としては、ともに穀物の豊稔を最終目的とする祭祀であった点が第一にあげられる。両祭は天武朝から四月・七月に行われているが、『養老仮寧令《けにょうりょう》』給休暇条に規定された五・八月の田仮《でんか》（農事のために与えられた休暇）とも対応しており、実際の農作業と深く結びついた祭祀として位置づけられていたことは確かであろう。

祭祀で豊稔させるべき穀物については、天皇の食膳から天下の五穀まで広くカバーする風神祭があるので一体化しても変化はない。ただ、そうした中での大忌祭との一体化は、天皇の食膳充実に、朝廷が関心を向けていたことの証左となろう。

『日本書紀』には、天武・持統朝の斎行記事が多く存在している。初出の天武天皇四年（六七五）以降、記録のまったくない年は、同七年と持統天皇称制期（六八七〜八九）だけである。この点、同時期の恒例祭祀化が想定される祈年祭の記載がまったくないのとは対照的である。後述する遣使の事実も踏まえると、天皇の生活との結び付きの深さと、両祭の重要度は連関すると考えられる。ただ、大和国内の神祇だけを対象としながら律令祭祀になったのは、風神祭が天下を射程に置いていた点も一因であろう。

祝詞の表現からすると、大忌祭の対象に山口の神などが含まれたのは、二種一体化の過程であろう。その理由として、六御県や山口の場所を統合する役割を広瀬社の地に求めたという指摘がある〔山口：二〇〇八〕。少なくとも、大忌神に川の流れのコントロールを求めようとした朝廷の意図はうかがえる。

祭祀の担い手たち　天武朝の時点で、祭使が神社に遣わす形式も確立していた（『日本書紀』）。広瀬・龍田両社にそれぞれ二人遣わされ、『弘仁式』では五位以上の王・臣一人ずつで構成されること、卜で定めることなどが規定されている（『本朝月令』）。恒例の律令祭祀で遣使が制度化されているのは、両社と伊勢神宮のほかはない。

祭使の職掌は神社に赴き祭祀の実地検分を任務としていた(『本朝月令』)。他方で、のちの公祭に遣わされた使が行うような、神前で宣命を読むといった神への直接的な関わりは制度上持たなかった。

神前近くの祭祀の担い手は、祝詞が「神主・祝部《はふりべ》」とする神職であった。祝詞で朝廷が幣帛を奉ることを告知されているので、両祭における彼らの職掌は、その幣帛を神前に奉ることであったと想定される。神職に神前を任せる方式は、実は祈年祭など、宮中に祝部を参集させ班幣する祭祀と同じであり、天武朝に整備された律令神社祭祀の基本に沿っている。

ただ、大忌祭祝詞は、奉幣の旨と、豊作時の献饌の約束を祭神に申すよう命じている。祝詞を通じてのこうした命令は、他の律令祭祀では確かめられない。『延喜式』の誤記かもしれないが、目的が天皇の身辺に直結している、大忌祭の性格が影響した可能性がある。

加えて同祭同祭祝詞によれば、大和国内六御県の男女を祭祀の場に参集させていたことがわかる。当然、御県・山口の神々の祝部もその場におり、朝廷への幣帛を受け、それぞれの神社に奉幣していたとみられる。

さらに、両祭とも大和国司が祭祀に深く関与していた。遅くとも平安時代初期には、奉献する贄の調達という任務が、彼らにはあったとみられる(『本朝月令』所引『弘仁式』)。ただ、延暦十八年(七九九)、国司の次官以上に祭祀を担当させるよう取り決められた。従来は低級の史生を遣わすだけだったが、朝廷はこれを国司の怠慢と断じたのである(『日本後紀』)。平安遷都後になってから、朝廷が大和国内の重要祭祀に両祭を位置づけた可能性がある。

祭儀の次第　以後、『延喜式』から祭儀の次第を紹介する。式日は各月四日とされるが、天武朝では日が一定しておらず、元からではないようである。

祭祀は使の点定からはじまる。式部省が四・七月の朔日に王・臣を広瀬・龍田両社それぞれ一人ずつ選び弁官に申し送る。使は五位以上を選ぶことになるが、王は五位が足りなければ四位を遣わすことになっていた。選定を受けた弁官は大和国に下知する。大和国司は自国の租穀を元手に贄を、さらに一部の幣帛を準備した。

祭使は神社の庫のカギである鑰《かぎ》・匙《かららぎ》を受け取り、それぞれの神社に向かう。おそらくは神社で使の差配のもとで、所定の準備をし、祝詞が読まれ、幣帛の神主・祝部への受け渡しがあったとみられる。その後、神職による神前への奉幣、さらには願意の表明がなされたとみられるが、詳細な祭式は不明である。

幣帛は神社ごとに分けられ、布・神饌・武器など多様である。とりわけ、龍田社の女神には、伊勢神宮式年遷宮のものと同種の紡織具が奉られる。こうした品は他の恒例の律令祭祀からは確認できないが、かえって律令祭祀化以前の祭の影響がうかがえる〔笹生：二〇一二〕。なお、両社祭神それぞれに奉られる鞍《くら》については、破損した際に兵庫寮が新たに作る定めとなっているので、耐久財的な一部の幣帛については、祭祀のたびには作らず、庫に納められており、祭祀の際にそれを神前に陳列していた可能性が高い。

御県・山口の神々の幣帛は、広瀬・龍田両社とは別系統である。しかも、これらの中には、槍鋒《ほこのさき》のように社の鉄を用いる幣帛が数えられ、酒肴は社の料を用いるよう定められている。大忌祭の主対象はあくまでも大忌神で、御県・山口の神々はそれに合わせて奉幣しているといった構造も浮き彫りになる。

祭祀の実態　大忌・風神両祭が行われる日は廃務となった。この点、諸司が斎戒する定めとも対応する（『延喜式』）。平安時代中・後期の貴族の日記にもしばしば廃務のことが記されている。十六社にも列した両社の祭祀は、一定程度尊重されていた。しかし、建久年間（一一九〇〜九八）以後は祭使発遣が途絶したとされ（『禰家文書』）、南北朝時代中ごろの段階ですでに「近代無二沙汰一」とされる状況にあった。

〈参考文献〉

御巫清勇『延喜式祝詞教本』神社新報社、一九五八

青木紀元「広瀬・龍田」『日本神話の基礎的研究』風間書房、一九七〇

三谷栄一「竜田・広瀬の神の性格」『神道宗教』七五〜七九、一九七五

青木紀元『祝詞全評釈　延喜式　中臣寿詞』右文書院、二〇〇〇

山口えり「広瀬大忌祭と龍田風神祭の成立に関する一試案」『史観』一五八、二〇〇八

笹生　衛「宗像沖ノ島祭祀遺跡における遺物組成と祭祀構造」『日本古代の祭祀考古学』吉川弘文館、二〇一二（初出、二〇一一）

（加瀬直弥）

四月

稲荷祭（いなりのまつり）

概要　平安時代に公祭とされた稲荷社（京都市伏見区鎮座、伏見稲荷大社）の祭りである。京中祭礼の一つに数えられ、庶民の祭りでもあった。京外の本社から神輿が出御、御旅所へ渡御し（神幸）一定期間留まられたのち、本社へと帰られる（還幸）祇園祭のような御霊系祭礼の形式をもつ。平安時代後期、騎馬の陪従《べいじゅう》、風流傘《ふりゅうがさ》、獅子の群れ、大御幣等の行列とともに数基の神輿が八条猪熊と七条油小路の御旅所へと出御し、御旅所にて祭祀が行われた。還幸には華やかな長馬《うまおさ》が登場し、その華美を競い合った。御旅所への神幸祭は「オイデ」、還幸は「オカエリ」と呼ばれるが、稲荷祭では「オカエリ」が特に重視されており、「オカエリ」をもって稲荷祭を指すことが多い。東寺の「東門御供」も含め、還幸が稲荷祭の中心であったことがわかる。

稲荷祭は現行十二日間となっているが、古くは旧暦三月中午日に御輿迎の儀と神幸があり、御旅所に二十日留まり、四月上卯日（卯日が三日ある時は中卯日）に還幸するという長期間の祭礼であった。現在は四月二十日に近い日曜日に神幸祭、五月三日に還幸祭が行われ、九条御旅所一ヵ所への神幸となっている。十世紀以降、左京東寺の周辺に商業民が、七条には工業民が増加したことから、華やかな都市祭礼の特徴を色濃くしていった。あくまで都市民に支えられた祭礼であり、公家・朝廷が関わったのは臨時奉幣の対象である稲荷本社に対してであり、京中の稲荷祭は天皇、諸権門が私的に信仰・遊楽の対象として関わったとされる。

京中祭礼　平安京の中心部に大社は存在していない。しかし、周辺の山々の麓には、賀茂社・松尾社・稲荷社などが鎮座している。平安京に遷都後、京周辺に神社が創始されていくが、中央には霊威ある大神は見受けられない。平安京の祭礼に選ばれた稲荷・松尾・祇園・北野・今宮などは、御霊系統の諸社という特徴が見て取れる。国家的祭祀に編成されていく賀茂・平野・梅宮・大原野・吉田などの神社も郊外にありながら京中祭礼からは除外される。市内に迎えられた大神は、人々の祭祀儀礼を受けて霊威を高められ、本社に戻っていく御旅所祭祀の形式を基本としていた。神霊の威力を祭礼によって毎年高め、祭礼区域の人々を疫病等の災いから守ってくれる強い呪力をもたらす祭礼であると考えられていた〔岡田：一九九四〕。

稲荷社の創建　稲荷社の研究には、古くは伴信友「験の杉」以来多くの蓄積が存在する。創建年代に関しては、『神名帳頭註』『二十二社註式』に和銅四年(七一一)創始と記され、「天暦三年神祇官勘文」や『年中行事秘抄』にも和銅年中(七〇八〜七一四)とある。また、和銅六年の官命により撰述された風土記の逸文とされる「山城国風土記逸文」にも稲荷社についての記載があることから、詳細な創建年は不明ではあるが、和銅年間には成立していたとされている〔西田：一九五六〕。

稲荷祭の縁起　稲荷大社社伝によれば、貞観年間(八五九〜七七、『稲荷谷旧記』)と延喜八年(九〇八、『伯家部類抄』)の二つの説がある。ともに根拠が明確ではないが、天暦年間(九四七〜五七)には恒例化したともされている。

文献の上で稲荷祭が行われたことが明らかになる初見は『小右記目録』第十七の寛弘三年(一〇〇六)四月九日の「稲荷祭間、闘乱出来事」であり、ほぼ同時期に成立した『和泉式部続集』にも稲荷祭の記載がある。十世紀末・十一世紀初頭には盛大な稲荷祭が行われていたことになる。

また、京中祭礼は成立・定着していく上で、稲荷祭・松尾祭・祇園御霊会の三祭が互いに刺激し合っていたものと想定されている。松尾祭は区域の農業化が進むにつれ、祭りの規模は縮小していったが、稲荷祭は、地域の商業化が進み祭りがさらに盛大華美になっていった。江戸時代には、賀茂葵祭、祇園祭とともに京都の三大祭りと呼ばれるようになっていた。

稲荷祭の記録　『江家次第』第十六巻は「稲荷祇園行幸」とあるが、十六巻そのものは欠巻している。こちらを引用したとみられる『稲荷祇園行幸次第』という折紙が冷泉家時雨亭文庫に存在しているが、こちらも前後が少々欠損している。その他、東寺の次第とみられる「稲荷祭中門作法」が『稲荷大社由緒記集成』に収録されている。近世から現代に伝わっている次第は、応仁年間(一四六七〜一四六九)に中断していた祭りを安永三年(一七七四)に旧儀をもって再興したものとされている。

神幸「オイデ」　稲荷祭を始めるにあたり、氏子地域、神輿元の五ヶ郷を忌み清めると同時に祭の忌に入った地区内を画する忌刺《いみざし》が行われる。御旅所鳥居、神輿元五ヶ郷の各戸、氏子地域の街頭にそれぞれ榊を立て、祭りのための巨大で清浄な地域をつくりだす。江戸中期にはすでに行われていたようで、「稲荷大明神東寺祭礼次第」所収の元禄十五年(一七〇二)六月の口上書《こうじょうがき》に三月上巳日の忌刺を「榊をもって寅の刻(朝四時頃)に氏子家々に刺してゆく」との記述がある。また、忌刺は大和の石上神宮などにもみえる儀式でもあった。

四月中午日の前日に神輿元である五ヶ郷の奉仕で神輿を清める宵搦《よいがらみ》が行われ、大拝殿に荘厳な神輿が五基並ぶ。「オイデ」当日、祭典に続き神霊が神輿に遷される。午の刻（十二時頃）に田中社（不動堂）、上社（東九条）、下社（塩小路・中堂）、中社（西九条）、四大神《しのおおかみ》（八条）、の順に出立。宮司以下供奉し、諸員神宝を捧げ、氏子崇敬会である宮本組・川西崇敬会はその前後に従う。一基の担ぎ手は約三百人を要した。供奉全員は験《しるし》の杉をかざすのが古来の習わしであった。

近世の巡行路に関しては『京都御役所向大概覚書』所収「洛中洛外神社祭礼之事」に詳しい。そこには「三月二番午の日御出、神輿五基本社より伏見海道を北へ、七条通を西へ、醒井通筋を南へ、町道を東へ、土手藪際を南へ、旅所へ神幸」と記されている。

現在では、トラックにて九条御旅所に巡行し、田中社・上社・下社・中社・四大神の五基の神輿がそこに留まる。この期間中に氏子祭が行われ、氏子地域を各神輿が神幸する。古くは、伏見街道七条より油小路御旅所へ渡御があり、七条賀茂川通過の時に松明殿（田中社）の東河岸にて大炬火を焚く儀があったとされる。御旅所では連日湯立神楽《ゆたてかぐら》が奉納され、狂言等芸能の奉納も行われた〔近藤：一九八三〕。

御旅所　稲荷の御旅所は現在九条にあるが、この地に移転したのは豊臣秀吉による区画整理であったとされる。以前には八条坊門猪熊に上社と中社の御旅所があり、七条油小路に下社の御旅所が所在していた。

鎌倉期に書かれた『百錬抄』と『明月記』には、御旅所焼失の記述があり、御旅所神主が補任され、稲荷祭以外の期間にも参籠していることがわかる。さらに「御体」が鎮まっていることもわかり、御旅所は独自に宗教活動を展開していたことがうかがえる。

御旅所神主は本来、稲荷大社によって補任されていたと伝えるが、中世になると七条の工業者に補任権が移り、神主職の相伝をめぐる争論により焼死事件にまで発展した。

御旅所に神輿が逗留している二十日間は、御旅所祭祀が行われ、湯立神楽など数々の芸能が奉納された。この芸能は祇園御霊会の演目と同じものが多く、御霊会的都市祭礼の姿を稲荷祭にもみることができる。

還幸「オカエリ」　稲荷祭の中心となるのが、十一世紀中頃の『春記』『雲州消息』『東寺執行日記』等の記録に残され重視されてきた「オカエリ」である。馬長の登場や華

稲荷神社両御霊神社私祭之図（國學院大學博物館所蔵）

美の競い合いが行われ、桟敷が設けられるなど特別な措置がとられた。神幸は裏門から出立するのに対し、還幸は表門から宮入りすることからも「オカエリ」を重視していたことがうかがえる。

「オカエリ」では神輿が東寺の東門に立ち寄り御供を受けられ、新たな霊威を増進された稲荷の神が柴守長者《しばもりちょうじゃ》宅（八条猪熊御旅所）に来臨し、都市民の饗膳を受けられて本社に戻る。東寺と稲荷との関係は空海に起因するという。高野山持明院蔵『稲荷記』（一三三二）によると、空海は紀州田辺にて稲を荷《にな》う老翁に出会う。老翁は空海が平安京に東寺を賜わった際には必ず来て仏法を守護することを約束した。東寺を賜わってのち、弘仁十四年（八二三）に老翁は一族を引き連れ、東寺南大門へとやってくる。空海はこれを歓待饗応し、しばらく柴守長者宅に寄宿させた。この老翁こそ稲荷明神であり、この時の柴守長者の子孫が御旅所神主となったとされる。東寺の塔建設の際に稲荷山の木を伐採したことによる祟りから淳和天皇の体調が損なわれたこと（『類聚国史』帝王部十四、天長四年〈八二七〉条）も合わさって、稲荷大明神は東寺鎮守神として位置づけられた。この弘法大師空海と稲荷大明神の説話が祭礼の成立に強い影響を与えたとも考えられる。

〈参考文献〉

西田長男「稲荷社の本縁」『日本古典の史的研究』理想社、一九五六
近藤喜博「稲荷信仰の歴史的展開」直江廣治編『稲荷信仰』(『民衆宗教史叢書』三)雄山閣、一九八三
岡田莊司「平安京中の祭礼　御旅所祭祀」『平安時代の国家と祭祀』続群書類従完成会、一九九四
藤本孝一「冷泉家時雨亭文庫本『稲荷祇園行幸次第』」『朱』五四、伏見稲荷大社、二〇一一

（針谷武文）

四月／十一月
平野祭・平野臨時祭
（ひらののまつり・ひらののりんじさい）

概　要　山城国葛野《かどの》郡に坐す平野神社（京都市北区鎮座）における公祭であり、四月・十一月の上申日に行われた。平野祭には内蔵寮《くらりょう》の幣帛がなく、皇太子の参向と奉幣が存在するため、平野祭は天皇の祭祀ではなく、皇太子守護を目的とした祭祀であると考えられる。

平野社は桓武天皇の御代である延暦年間（七八二〜八〇六）に立てられたとされる（『類聚三代格』貞観十四年〈八七二〉十二月十五日官符）。延暦二十年に出された、祭祀を怠った際の罰則規定には、平野祭の名がみえ（『類聚三代格』延暦二十年五月十四日官符）、平野社が創建されてすぐに平野祭が開始されたものと考えられる。桓武天皇の意図の下で、皇太子安殿《あて》親王の守護と皇統の安泰を祈願するために開始されたのであろう。

祭　神　『延喜式』四時祭には「平野神四座祭《ひらののかみよんざのまつり》」とあり、今木神《いまきのかみ》・久度神《くどのかみ》・古関神《ふるせきのかみ》・相殿比売神《あいどのひめのかみ》の神名が挙げられている。祭神の意味や由来には諸説あって一定していないが、もともと大和国に鎮座していた神々を平野の地に移し祭ったものであり（伴信友『蕃神考』）、「平野祭神四座」（『延喜式』神名帳）という「地名＋祭神」という表記は、春日社の「春日祭神四座」と同じく、中心となる本社（本祠）の祭神を遠隔地で祀る神社（遙祠）を意味する。今木神は田村後宮に鎮座していた今木大神（『続日本紀』延暦元年十一月丁酉）を遷座したものであり、久度神は平群郡の久度神社の祭神（『続日本紀』延暦二年十二月丁巳、『延喜式』神名帳、大和国）を遷座したものであろう。田村後宮（平城京）は桓武天皇の生母である高野新笠《たかののにいかさ》の住居であったと想定され、今木神は高野新笠の父方である和《やまと》氏によって奉斎されていた神であった。また、久度神社の鎮座する平群郡には新笠の母土師真妹《はじのまいも》の墓が存在することもあり、久度神は土師氏（大枝朝臣の姓を賜わり、のちに大江氏に改姓）の奉斎神であったとされる〔西田：一九五七〕。また、久度神は竈の神であるとされる（鈴木重胤『延喜式祝詞講義』八）。

古関神の「関」は「開」（アキ）とも記されるが、『延喜式』の主要な写本の多くは「関」の正字である「關」や、「関」の略字・異体字である「閞」と記しており、「開」とするものでも「セキ」と訓じた例がある。よって「古関《ふるせきの》神《かみ》」を平野神社の祭神名としてよいであろう〔虎尾：二〇〇〇〕。この神の意味や由来は諸説あって一定しないが、平野祭の祝詞には二種類が存在し、一つは今木神に対するもの、もう一つは久度・古関神に対するものである（『延喜祝詞式』平野祭）。今木神が和氏によって奉斎され、久度神が土師氏によって奉斎されていたとするならば、久度神と合わせて祝詞が奏上される古関神も土師氏によって奉斎されていた神とするのが妥当であろう。

平野社の祭神は、桓武天皇の生母である高野新笠の父・母方それぞれの氏神を平安京北の葛野郡の地に遷して合わせて祀ることで、桓武天皇の血を引く皇太子および皇裔の守護神としたと考えられる〔岡田：一九八六〕。平野祭の祝詞が二種存在し、二人の神主によって奏上されることも、平野社の祭神が元々和氏と大江氏のそれぞれの氏神であったことに起因する。また、相殿比売神は平野祭の祝詞にはみえず、平野神社成立後の承和年間（八三四～四八）に合祀されたと考えられている〔義江：一九八四〕。

儀式次第　『儀式』『延喜式』によると、祭祀当日の早朝から準備が始まる。神殿前にはそれぞれの神ごとに机と食薦《すごも》（敷物）が置かれる。侍従以下と王氏の参加が点検され、衛府によって祭場が警固される。皇太子の幣帛を持つ春宮坊（皇太子に関する事務を行なった役所）の進《じょう》（第三等官）とその舎人が、神社東門の前で祓を受けて祭場に到り、幣帛を神祇官に渡す。後に皇太子も東門の前で祓を受けてから参入して神前の座に就き、親王以下も座に就く。そして賢木《さかき》を持った山人が東門に参り神寿詞《かむよごと》を申す。山人は琴師と炊《かしき》女《め》によって迎えられ、酒肴がふるまわれた後、薪を庭中に立てて退出する。山人は二十人の衛士《えじ》が扮するが、山の霊気を、薪を通して里の神殿に伝える役目を負っていたのであろう。

神殿前の儀は大蔵省が木綿鬘《ゆうかずら》を参列者に配布してから始まる。神主（神祇官の中臣二人）と皇太子は再拝を行い、神主二人がそれぞれ今木神と久度・古関神に対する祝詞を読む。皇太子は両段再拝し、左右馬寮の御馬が社を回り、氏人（和氏・大江氏）の奉った馬も牽かれる。皇太子は宮に還り、庭火が灯され、琴・笛が奏され、山人・神主・侍従などによって和舞《やまとまい》が行われ、御飯と酒が諸司にふるまわれる。祭儀が終わって外記が参列者の名簿を大臣に奉り、大臣はそれを勅使（近衛将監《このえのしょうげん》）に渡して退出する。十一月冬の祭りには諸司への禄（給与）として綿が賜わられた。

平野社の神殿は東向きであり、神殿前には舞殿があって、その東側に北から北舎、前舎、南舎、南後舎（『兵範記』仁

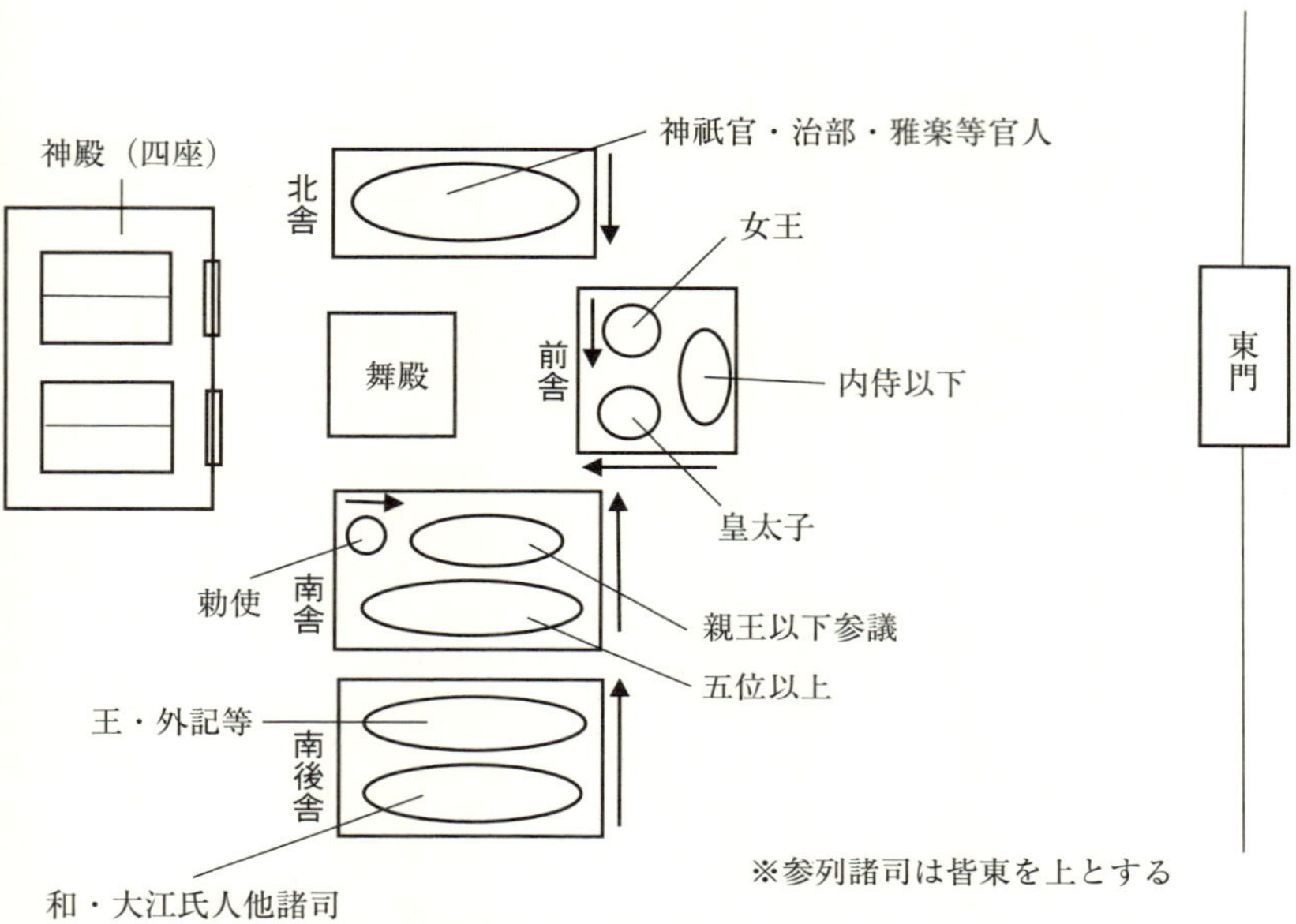

平野祭想定配置図(『延喜式』掃部寮に基づく)

安二年〈一一六七〉十一月八日)が建つ。『延喜式』掃部寮《かもんりょう》によると、北舎には神祇官人などが南面して着座し、神殿前の前舎の北側には女王の座が南向きに、その南側に皇太子の座が西向き(神殿向き)で設けられていた。南舎には親王以下の座が北向きに設けられ、南後舎に和氏・大江氏、また下級官人の座があった。勅使(近衛将監)は南舎に神殿を背にして着座している。平野祭の座の中核には皇太子が存在し、祭儀の中核となる祝詞の奏上に際しても皇太子の拝礼が定められていた。ほかの諸司の多くは皇太子の座を南北に挟むように列座しており、平野祭が皇太子の祭祀であることを物語っている。和氏や大江氏の座は後方に配置され、両氏の氏神祭祀としての要素は希薄である。それは、平野社の祭神は両氏の氏神ではあるが、平野社と平野祭があくまで皇太子と桓武皇裔の守護を目的として設定されたことに起因する。また、勅使(近衛将監)は『延喜式』四時祭では「監祀官」とも表現されているが、『儀式』においては参列者の名簿を受け取る所作しかなく、祭儀そのものに関与した記述は存在しない。勅使は祭祀の進行を行うために参列しているのではなく、皇太子の祭祀である平野祭への参列者を確認し、天皇に報告する役目を負っていたとすべきである。勅使が南舎で東を向いているのは、参列した諸司の顔ぶれを確認するために便宜が良かったからであろう。

平野臨時祭　十世紀後半になると天皇の御願祭祀である「平野臨時祭」が平野祭当日に行われるようになる。初見は寛和元年（九八五）四月十日であり、花山天皇によって使の発遣がなされた（『日本紀略』）。四月十日申日の平野祭当日に内裏より左衛門権佐《さえもんのごんのすけ》藤原《ふじわらの》惟成《これしげ》（蔵人）を使として舞人・走馬《はしりうま》が奉られた。舞人の装束は蔵人所より支給され、内蔵寮により内裏で饗応がなされ、天皇の御禊も行われた（『小右記』）。平野祭への使の発遣は賀茂・石清水の臨時祭を模したものであった〔三橋：一九八六〕。

平野祭には内蔵寮の幣帛は存在しないため、その不足を補うために、平野祭当日に天皇から使を発遣することになったと想定される。平野社への信仰は円融天皇のときから顕著となっており（天元四年〈九八一〉二月二日に天皇として初めての平野行幸を行う）、平野祭への崇敬が天皇及びその周辺で高まるにつれて、内裏から平野祭へ直接奉幣して祈願すべきという考えが生まれていったのであろう〔三橋：一九八六〕。花山天皇の次代天皇である一条天皇の時にも、平野祭への勅使が花山天皇の儀を受け継ぐ形式で発遣され（永延元年〈九八七〉四月四日）、平野臨時祭が定式化した。

恒例の公事としての平野祭は皇太子の祭祀であったが、平野臨時祭は天皇の臨時の御願祭祀であり、両者は峻別すべきである。摂関期において、内裏に穢があった際には、臨時祭の使発遣は中止しながらも、平野祭は斎行すべきであるとされた（『小右記』寛仁元年〈一〇一七〉十一月、『左経記』長元七年〈一〇三四〉十一月）。この姿勢は後代にも受け継がれ、室町時代にも天皇の病気によって平野臨時祭のみが延引している（『建内記』嘉吉元年〈一四四一〉四月六日）。臨時祭の使は天皇から直接神社の神に遣わされるものであり、それは平野祭への皇太子幣帛を春宮坊の官人が運び、祭祀に神祇官が関わるなど、平野祭が律令官僚制の枠内で執行された点と対蹠的である。臨時祭の使には律令官僚制的な官職の規定はなく、昇殿を許された天皇に近侍する者である殿上人を使としていた（『小野宮年中行事』）。臨時祭の使は天皇の個人的な使であり、平野臨時祭は公祭である平野祭とは区別された天皇の私的な祭りと位置付けられる。臨時祭は氏や共同体の祭りという旧来の枠を打ち破って神社の神に対する信仰者主体の信仰を生み出したものとして評価できる〔三橋：一九八六〕。平野「臨時祭」という名称は『江家次第』や『年中行事秘抄』の時代から定着していた。

平野社の荒廃と再興　平野社の神は十一世紀頃から「八姓」（源氏・平氏・高階氏・大江氏・中原氏・清原氏・菅原氏・秋篠氏）の祖神とされるようになるが、中世には社領を維持するのが難しくなる。十五世紀末頃からは神社の支配権などをめぐって吉田神社との間に紛争が持ちあがり、十六世紀後半には神職は衰微し社殿・社地は荒廃してしまう（『平野社再興縁起』）。この時以前に、公祭や臨時祭としての平野祭は他の朝儀と同様、戦乱によって中絶したようである。平野社の再興は西洞院時慶《にしのとういんときよし》によって慶長年間（一五九六〜一六一五）に始まる。慶長六年には後陽成天皇から平野社再興の采配が時慶に命ぜられ、翌年社殿は一応の完成をみる。造営後の祭礼は古代と同じく四月と十一月に行われた。その後再び荒廃の危機に瀕するものの、第一・第二殿は寛永三年（一六二六）に正遷宮が行われ、第三・第四殿は寛永九年に正遷宮が行われて平野社の再興がなされた。その後、平野社は甲子の年に行われる諸社奉幣の対象社ともなり、朝廷での立太子や即位日の無為の祈りのために奉幣がなされ、祈念が命じられるようになる（後桃園天皇立太子・即位、孝明天皇立太子・即位など）。平野祭は明治三年（一八七〇）に神祇官出張所より冬の祭りの停止が申し渡されて年一度の例祭となり、現在は四月二日に行われている。

〈参考文献〉

伴　信友「蕃神考」『伴信友全集』二、ぺりかん社、一九七七
鈴木重胤『延喜式祝詞講義』八（『鈴木重胤全集』一〇）鈴木重胤先生学徳顕揚会、一九三九
西田長男「平野祭神新説」『日本神道史研究』九、講談社、一九七八、（初出一九五七）
義江明子「平野社の成立と変質」『日本古代の氏の構造』吉川弘文館、一九八六（初出一九八四）
岡田莊司「平安前期　神社祭祀の公祭化」『平安時代の国家と祭祀』続群書類従完成会、一九九四（初出一九八六）
三橋　正「天皇の神祇信仰と臨時祭」「臨時祭の特徴と意味」『平安時代の信仰と宗教儀礼』続群書類従完成会、二〇〇〇（初出一九八六）
三宅和朗「平野祭の基礎的考察」『古代の王権祭祀と自然』吉川弘文館、二〇〇八（初出一九九六）
虎尾俊哉編『訳注日本史料　延喜式』集英社、二〇〇〇

（塩川哲朗）

四月／十一月

梅宮祭（うめのみやのまつり）

遷座の経緯と創祀　京都盆地の西を流れる桂川。この川に架かる名勝嵐山の渡月橋から二キロほど下流、東岸の梅津に梅宮大社が鎮座する。同社でかつて行われていた公祭が梅宮祭である。酒解神《さかとけ》・大若子神《おおわくこ》・小若子神《こわくこ》・酒解子神《さかとけこ》の四柱を祭神とする（『続日本後紀』）。同社は、もともと、奈良時代中期の左大臣橘諸兄により、山城国相楽郡の井手寺に祀られていたとされ、諸兄の母である県犬養橘美千代《あがたいぬかいのたちばなのみちよ》や、異父妹光明皇后の信仰を受けていたともいう（『伊呂波字類抄』）。

　諸兄らの信仰はその子孫に受け継がれる。葛野川（桂川）畔の梅宮社の地への遷座も、諸兄の玄孫橘嘉智子《かちこ》によると伝わる。その理由は、仁明天皇の外戚の神でありながら、特別な幣帛に預かっていない状況に対する祭神の怒りとされる（『伊呂波字類抄』）が、天皇の母后が嘉智子である。梅宮社遷座の一因は、天皇の母系氏神への公祭、すなわち梅宮祭の創祀にある点を示唆している。仁明天皇の即位時には、天皇の母系氏神に対する公祭が、すでに大和国春日社や山城国平野社で行われていた。梅宮祭の創祀はこれらにならった結果と見られる。なお、嘉智子が祭神の橘氏氏神化自体の担い手とする説もある〔義江：一九八三〕。

　梅宮祭創祀の明確な年はわからない。だが、承和年間（八三四〜四八）より前にはさかのぼらない点は六国史からも明らかである（『日本三代実録』）。梅宮社への遷座は承和三年以前（『続日本後紀』）なので、神社遷座とほぼ同じ仁明朝初期に、祭祀も始まったと見られる。梅宮祭の六国史上の初出は、仁寿元年（八五一）に大原野祭が祭儀の制度を梅宮祭に準拠する旨が定まったとする記事である（『日本文徳天皇実録』。ただし、〔岡田：一九八六〕はこの記事を編纂ミスとする）。

二度の停廃と再興　数ある公祭の中でも、梅宮祭は天皇の血縁の影響を際立って受けた。その影響は、創祀時だけではなく、存廃も左右した。最初の転機は元慶三年（八七九）で、この時を境に梅宮祭は一時行われなくなった。停廃の厳密な理由ははっきりしない。だが、中止の事実を伝える『日本三代実録』には、「梅宮の社は、仁明天皇の母で文徳天皇の祖母の、太皇太后橘氏の神である。承和・仁寿の二代を経て、公の社となった」という説明が付されている。

つまり同書は、梅宮社の祭神が橘氏の氏神であること、そして公的な祭祀の対象であった点を、中止の事実と同時に示す形式をとっている。したがって、天皇との血縁の薄さが梅宮祭停廃の決定的要因であることは疑いない。元慶三年当時、皇位に就いていた陽成天皇は仁明天皇の玄孫に当たるが、母も祖母も、そして曾祖母も藤原氏で、橘氏との縁は遠かった。

ところが、陽成天皇が退位し、仁明天皇の子の光孝天皇が即位すると梅宮祭は再開する。即位当年の元慶八年のことであった(『日本三代実録』)。だが、その子の宇多天皇の時代、寛平年間(八八九～九八)に再び停廃する(『年中行事抄』)。陽成天皇の時代と同様、血縁の薄さがその一因と考えられる。

もっとも、最初の停廃時の陽成天皇と、二度目の宇多天皇とでは世代が違う。その事実を寛平四年編纂開始の『日本三代実録』は、ややともすればぼかしているようにも受け止められるが、この対応が十陵(朝廷が特に尊重した十の陵墓)の制度と軌を一にしているとの指摘を踏まえれば(岡田：一九八六)、平城天皇の楊梅陵《やまもものみささぎ》を近陵から除いた(『日本紀略』)宇多天皇が、桓武天皇の二世世代に対して血縁関係の濃さを見出していなかったのは確かであろう。

ともあれ、梅宮祭の二度にわたる中断は、何が何でも祭祀を継続するのがよいのではなく、必要性が薄らげば祭祀を止める判断もしうるという、平安時代の祭祀に対する考え方を如実に示している。宇多天皇の後、橘氏の者が天皇の外祖父になることはなく、公祭としての梅宮祭も約九十年は行われなかった。

だが、寛和二年(九八六)になるとこの状況が変化する。同年は藤原兼家を外祖父とする一条天皇即位の年に当たる。この時、新たな天皇の祈願の対象となったことを理由として、公祭梅宮祭が復活する(『年中行事抄』)。この復活は、同時期に兼家の子の藤原道隆が橘氏の是定《ぜじょう》になった点(『玉葉』)と関係するとみられる。是定とは氏爵《うじのしゃく》、つまり正六位上の氏人の中から従五位下に叙位する人を推挙できる者である。永観元年(九八三)に橘恒平が没し、公卿から橘氏がいなくなったことで(『公卿補任』)、橘氏を母方の祖母に持つ道隆がその役目を負ったのである。そして、この是定は道隆の同母弟である道兼・道長、そして道長の子孫が世襲した。摂関家は祭祀にあたって馬を献ずる例となっていた(『年中行事抄』)。梅宮社は彼らにとっての氏神の社といっても過言ではない状況に至ったのである。

祭儀の次第　梅宮祭の式日は四月・十一月の上酉日を式

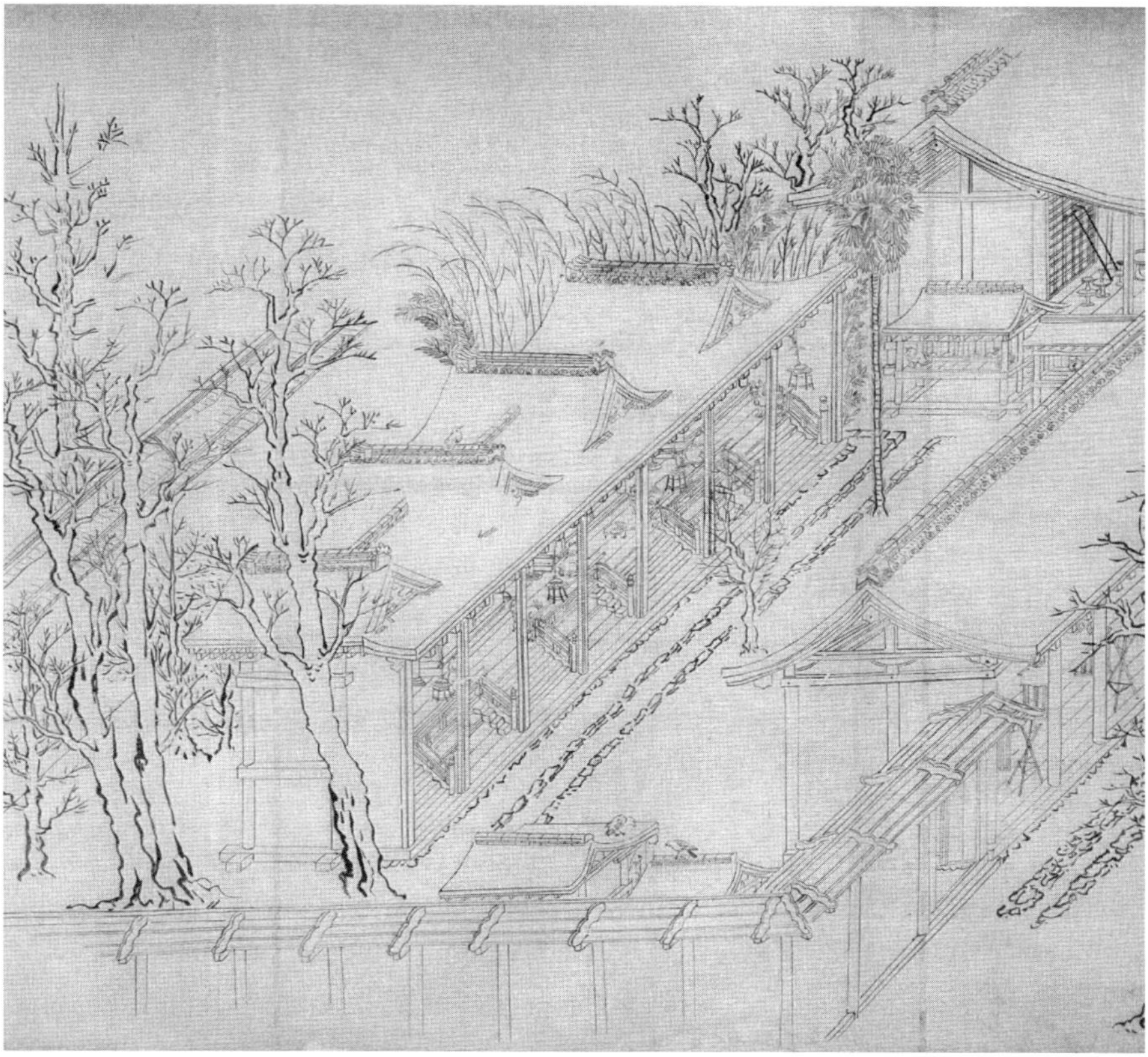

『年中行事絵巻』巻12 梅宮祭(国立国会図書館所蔵)

日とする(『九条年中行事』)。これは停廃前の貞観年間(八五九〜七七)でも同様である(『日本三代実録』)。だが、『儀式』に梅宮祭の儀がないため祭儀次第は不明である。『貞観式』に、平野祭と同じ祭料である旨規定されていたとされる(『諸神記』)点を踏まえると、皇太子と関連する面を除き、平野祭との儀式上の共通点は少なくなかったと考えられる。なお、『貞観式』を整理した『延喜式』には、祭儀も含め、梅宮祭の諸規定は存在しない。これは、同式が公祭でなかった時代に編纂成立しているからであろう。

　梅宮祭の神社での詳細な儀式次第は『江家次第』に収められている。全体の流れは、鎮神詞《かみしずめのことば》の後、琴歌—御神児舞—内侍による献饌と続き、上卿以下に蔓木綿が渡された後で神主が座にて再拝の上、祝詞を申す。上卿以下は神主の再拝にあわせ自座で再拝、その後三段手を拍つ。この後、三献の後に食に箸を下し、あらかじめ控えさせていた御馬を四度社で巡らせる。終わりには、上卿が見参・禄法を見た後、賜禄があり、饗禄が用意される。この間、吹歌《すいか》・御神児舞《みかんこまい》・倭舞が奏された。

公祭の特色である内蔵寮幣奉幣の機会は『江家次第』には記されていない。既述のとおり、平野祭と祭料が同じとなると、中断前の梅宮祭でも内蔵寮幣の伴わない公祭であったとみられる。ただ、二宮使は遣わされる定めとなっていた(『師遠年中行事』)。

梅宮祭の担い手　『江家次第』によれば、上卿・弁のもとで、祭儀の軸となるのは神主である。同職は寛仁元年(一〇一七)の段階で、氏人が任じられる職であったとされるが、やむをえない場合は他氏の任用も認められていた。また、任用は祭祀の都度だったとみられる(『左経記』)。こうした神主のありかたは、春日社・平野社など、母系氏神の公祭を行う都城近隣の神社の特徴でもある〔三橋：一九九三〕。なお、平安時代末期の時点では、神社の社司として正預・権預がいた(『台記』)。神社の維持管理の責任は同職が負っていたのであろう。預の存在も春日・平野両社と共通する。

宮中からは内侍と二宮使、さらに、参列者に給う蘰木綿《かずらゆう》をつかさどる大蔵丞《おおくらのじょう》、御飯に関わる宮内録《くないのさかん》の存在が『江家次第』から確かめられる。さらに、歌舞に携わる御琴師・御神児と、山人が祭儀に携わる。山人の祭祀への参加は平野祭と共通する。『江家次第』からわかる直接的な役割は祭庭の庭火を焚くことである。そして、冒頭の鎮神詞を申したとみられる。山で得た霊力で神を鎮めるという観念が期待されていたとも推測される。鎮神詞の有無は別としても、山人は園韓神祭(『儀式』)や大原野祭(『延喜式』)でも登場する。山人の存在は、山城国の祭の特色と捉えることができる。

ところで、氏神祭である梅宮祭には、既述のとおり、橘氏の氏人の参向は原則として求められていた。だが、大原野祭のように氏人幣の奉献もなく、平野祭で行われる定めとなっていた氏人貢馬も次第にない。氏人の動向を追わないのが『江家次第』の儀式次第の記載方針とみることもできるが、平安中期の段階で氏人の不参が起きていた事情を踏まえると、氏人の奉幣を、儀式書に記す必要性がなかった結果とも想定できる。平安末期の実際の例でも、神物を神司・社司が奉るが、それ以外の氏人の関与は記録されていない(『兵範記』)。

〈参考文献〉

義江明子「橘氏の成立と氏神の形成」『日本古代の氏の構造』吉川弘文館、一九八六（初出一九八三）
岡田莊司「平安前期　神社祭祀の交祭化・下」『平安時代の国家と祭祀』続群書類従完成会、一九九四（初出一九八六）
三橋　正「古代的「祭神主」の諸相」『日本古代神祇制度の形成と展開』法蔵館、二〇一〇（初出一九九三）

（加瀬直弥）

四月

賀茂祭（かものまつり）

起源伝承と奈良時代までの様子　賀茂祭は、京都の賀茂《かも》別雷《わけいかづち》神社（上賀茂社・上社）と賀茂御祖《かもみおや》神社（下鴨社・下社）の例祭で、現在、木々の若葉も目に鮮やかな毎年五月十五日に行われている。祭り奉仕者一同がフタバアオイを身に飾ることから、葵祭とも称され、古くは、「祭り」と言えば賀茂祭のことを指した。

京都市民から選ばれた十二単姿の斎王代《さいおうだい》をはじめとする総勢五〇〇名ほどが、京都御所から下鴨社・上賀茂社へと参向する行列はおよそ一キロにも及び、造り花をあしらった色鮮やかな風流傘が彩りを添える。藤の花房で飾られた牛車が、紅い水干姿の牛童に曳かれ、車輪を軋ませながら進んで行くその様は、平安絵巻さながらの雅な世界を現代によみがえらせる。

しかしながら、賀茂祭は、初めから今見るような形の祭りではなかった。『山城国風土記』逸文には、次のような祭りの起源伝承を見ることができる。

欽明天皇の御代（六世紀中頃）、国中が暴風雨に見舞われ、百姓が愁い苦しんでいた。そこで、朝廷が卜部《うらべ》の伊吉若日子《いきのわかひこ》に占わせると、賀茂大神の祟りが原因だと判明する。このため、四月吉日を選んで祭祀を行うこととしたが、その際、猪の頭をかぶった者が鈴をつけた馬に乗って一気に駆ける走馬《はしりうま》を行い、賀茂大神へ祈りを捧げたところ、五穀が実り天下が豊かになったという。

七世紀末にはすでに盛大な祭りとなっていたが（『続日本紀』文武天皇二年〈六九八〉三月二十一日）、当時、多くの人々が賀茂祭に集まっていたようで、朝廷は山背国《やましろのくに》（京都府）以外の人々が馬に乗って弓を射ることなどを禁止していた（『同』大宝二年〈七〇二〉四月三日）。その後、賀茂祭には国司が出向いて、滞りなく行われているかを確認することが定めとなった（『同』和銅四年〈七一一〉四月二十日）。賀茂祭には古くより、山背国の住民だけでなく近隣の国々からも人々が集まり、国司の監察が必要なほど、盛大な祭りとなっていたのである。

氏族の祭り　賀茂社は本来、祭神の系譜を引く氏族の神社であり、その祭りは氏族の祭りであった。賀茂社の祭神について、『山城国風土記』逸文には次のような記述がある。

のちに下社に祀られる賀茂建角身命《かものたけつぬみのみこと》が日向国《ひむかのくに》の曾峰《そのたけ》に降

臨し、神武天皇の先導役として大和国葛木山や山城国岡田の鴨を経て鴨川上流の久我に至り、伊可古夜日女《いかこやひめ》を妻に迎え、もうけた子が玉依日子命《たまよりひこのみこと》・玉依日売命《たまよりひめのみこと》であった。そして玉依日売命は、ある時「石川の瀬見の小川」で川上より流れてきた丹塗矢《にぬりのや》(乙訓神社《おとくにじんじゃ》の火雷命《ほのいかづちのみこと》のこととされる)を拾い寝床に差し置いたところ、これに感じて身ごもり、賀茂《かも》別雷命《わけいかづちのみこと》を産んだという。

この賀茂別雷命こそが上社の祭神であり、その母である玉依比売命と祖父の賀茂建角身命は、下社の祭神として祀られている。また、玉依日売と兄弟の関係にある玉依日子命が、のちに賀茂社に奉仕する氏族・賀茂県主《かもあがたぬし》の祖とされ、一族の系譜をひく者が代々神職となった。

地域の祭りから国家の祭りへ　賀茂社の祭神は、山城盆地北部の豪族である賀茂県主氏が古くより祀ってきた氏族の神であるが、同時に五穀豊穣をもたらす神、そして地域の神としても信仰されていた〔岡田精：一九九七〕。しかし桓武天皇によって、都が大和国から山城国へと遷された頃を境に、朝廷からも篤い崇敬を受けるようになり、賀茂社の地位が上昇していく。

まず長岡京への遷都に際しては、遷都を奉告する奉幣使が賀茂社へ遣わされ(『続日本紀』延暦三年〈七八四〉六月十三日)、従二位の位階が奉られるとともに、神社の修理が命じられている(『同』延暦三年十一月二十日、二十八日)。また、平安京への遷都に際しても奉幣使が派遣され(『日本紀略』延暦十二年二月二日)、翌年の平安京遷都の折には、より上位の神階が奉られた。そして次代の平城天皇の御代には最高位である正一位にまで進んでいる(『同』大同二年〈八〇七〉五月三日)。このように、もともと地域の神として信仰されていた賀茂社は、山城国に長岡京・平安京という「都」が遷ってきたことに伴って、王城鎮護の神として位置づけられるようになったのである。

さらに大同五年、平安京の嵯峨天皇と平城京に戻った平城上皇が二所朝廷とも呼ばれる対立状態に至ると、嵯峨天皇は賀茂社の神に問題の解決を祈願している。その後、二所朝廷を解決した嵯峨天皇は願いが叶えられたことへ感謝の意を示すため、自身の皇女である有智子《うちこ》内親王を賀茂社の神に奉仕させることとした(『賀茂皇太神宮記』など)。これが、斎院《さいいん》(別名、斎王)と呼ばれる未婚の皇女が賀茂社に奉仕する制度のはじまりである。斎院は、伊勢神宮にも置かれる特別な存在であり、賀茂社が国家の崇敬する神社として神宮につぐ地位を得たといえる。

そして、これと軌を一にして、おそらくは大同年間より

路頭の儀の様子(『葵祭図屏風』左隻，國學院大學博物館所蔵)

公祭《おおやけまつり》として国家的祭祀の性格を持つようになった賀茂祭だが、史料の上では、弘仁十年(八一九)、中祀に准じるように定められたこと(『類聚国史』弘仁十年三月甲午条)が確認できる〔岡田莊：一九八六〕。当時、朝廷では祭祀を大祀・中祀・小祀の三つに区分しており、『延喜式』の規定では、大祀は天皇即位後一代一度だけ行われる大嘗祭、中祀は祈年祭・月次祭・伊勢神宮の神嘗祭・賀茂祭の四祭のみで、そのほかはすべて小祀と定められていた。つまり、弘仁十年の時点で、賀茂祭は、神社の祭としては神宮の神嘗祭とならぶ、重要な国家的祭祀と位置付けられたのである。

もっとも、賀茂祭の諸行事全体が公祭だったわけではない。賀茂祭は、平安時代を通して神社独自の祭りとしての私祭、国家公的の祭祀としての公祭、そして山城国司による国祭の三種類の行事で構成されていた。このうち、神社の祭りとしての私祭が最も古い起源を持ち〔岡田精：一九九七〕、次に国司が出向いて行う国祭が和銅四年以降に加わり、大同年間より中酉日を祭日とする公祭が始まったと考えられている。

御生の祭り　公祭としての賀茂祭に先立って、古くより私祭として行われて来たのが、下・上両社それぞれの神霊を御山から迎える神事(現在は五月十二日、旧暦四月中午日)である。上社では、御阿礼《みあれ》神事、下社では御蔭山御生《みかげやまみあれ》神事や御生神事と称し(『嘉元年中行事』『永享年中祝光敦卿年中神事次第』『神事記』)、いずれもこの神事を斎行して初めて、公祭としての賀茂祭を迎えることができるとされる重要な神事である。

上社の御阿礼神事は、深夜の秘儀として行われて来た。神社の背後に鎮まる神山《こうやま》と本殿を結ぶ線上、本殿後方の五〇〇《メートル》のところに、御阿礼所と呼ばれる四間四面の青柴垣を造り、その内部に立てた阿礼木という榊の根元に、丸太二本を扇状に出した休間木《おやすまぎ》を取り付けて行われる。中世の記録によると、神職が笏を打ちながら秘歌を声に出さずに歌い、御阿礼所で阿礼木に遷した神を神社に迎える(『嘉元年中行事』)。この神事に関しては、賀茂建角身命が御子神(賀茂別雷命)に会う時、火を焚いて鉾を捧げ持ち、飾り馬を走らせ、奥山から採取した榊(阿礼)を立て、葵楓の蔓を造って色とりどりに飾り、御子神がやって来るのを厳かに待ったとする伝承があり(『年中行事秘抄』「賀茂大神」)、「阿礼」は「生れ」のこと、すなわち神霊の出現を意味するものと考えられている。

下社の御生神事は、現代では御蔭祭《みかげまつり》とも称され、昼間に行われる。御蔭山《みかげやま》に祀られている御蔭神社《みかげじんじゃ》において、祭神の荒御魂《あらみたま》を生木《あれき》に遷し、神馬の背に乗せて錦蓋《きんがい》で覆い、鉾をはじめ神宝類を捧げ持った神職とともに神幸させる。そして、境内の切芝《きりしば》と呼ばれる場所で神霊をのせた神馬に対して東遊を奏した後、さらに本社まで神幸する。

下・上両社ともに、新たな神霊が迎えられた後、中酉日の賀茂祭を執り行う事が可能となるのである。

公祭としての賀茂祭

中酉日を中心とする公祭は、まず、四月未日に大臣が六衛府《りくえふ》の佐《すけ》以上一人を召して内裏や諸門などを戊日まで警護するよう命じるなどの警固《けいご》の儀が行われる。(『西宮記』『江家次第』)。そして斎王は吉日(のちに中午日あるいは中未日)を選び、賀茂川で禊をする斎院御禊《さいいんごけい》を行う。御禊の当日、斎王は車に乗って平安京の北郊、紫《むらさき》野《の》の斎院を出発する。斎院長官以下男女の役人を率いて総勢二百人以上の行列をなして一条大路を東に進み、賀茂川へと向かう。斎王は河原に設置された祓所で、川の流れに臨んで禊をする。

中酉日では、初めに宮中において勅使発遣の儀が行われ、勅使一行が内裏から神社へと壮麗な行列を作って移動する路頭《ろとう》の儀が行われる。一行が神社に至ると、神に天皇からの供えものである幣帛などを奉る社頭の儀に移る。勅使によって宣命《せんみょう》が奏上され、幣帛や走馬の奉納などが行われる。

翌日の中戌日には、宮中で警固を解く解陣《げじん》の儀、勅使が内裏へと戻って饗宴などが催される還立《かえりだち》の儀が行われた。

国祭は、ここまでの私祭や公祭とは別に、四月中申日に国司によって行われていた。

一連の構成で行われる賀茂祭の特色として、神社の私祭、国司の国祭、国家による公祭がそれぞれ独立して行われていることがあげられる。他の神社の公祭は、神社の祭（私祭）に公的性格が加わって成立しており、その点が賀茂祭との大きな相異点である。また、祭の前後に六衛府の警固・解陣の儀があることや、神祇官の関与がないこと、そして勅使発遣の儀が宮中で行われ、社頭では内蔵使《くらつかい》が宣命を奏上することも賀茂祭特有の性質である。〔岡田荘：一九八六〕

中酉日の賀茂祭次第　以上が賀茂祭の大まかな流れだが、平安時代に公祭の中心となる中酉日の次第について、当時の国家が編纂した『儀式』『延喜式』よりみていくこととしたい。

四月中酉日の朝（卯四刻）、奉幣使（内蔵使）が後宮の女官である内侍に賀茂社へ参向することを奏上した後、天皇が内裏の紫宸殿で諸使が乗る馬を御覧になり、禄を下賜する。諸使は、祓を受けるなどした後、内蔵寮からの酒饌を受ける（以上、宮中の儀）。

一行は内裏から賀茂社へ向けて出発し、北辺路（一条大路）に到る。山城国司は騎兵を率いて斎王を待ち祗承《しぞう》する。時刻になると、斎王が「輿」に乗って斎院から出立し、祭使一行と合流、大行列となってともに下社へと向かう（以上、路頭の儀）。

下社に着くと、斎王は祭りに臨むための「清服」に着替えて、「腰輿」（手で腰に支える輿）に乗り換え、社殿の一〇丈ばかり（約三〇《メートル》）手前のところまで進んだのち、絹の敷かれた道を歩いて社前の左殿の座につく。ついで、内蔵寮が準備した幣帛を使いの者が捧げ持つ。全員がそれぞれの決められた座につくと、内蔵使が寿詞《よごと》（宣命）を奏上する。次に幣帛が奉られ、その後、斎王が退出する際、少将（近《この》衛《え》使《つかい》）と馬寮頭《めりょうのかみ》（馬寮使《めりょうつかい》）は境内の馬場に向かい、走馬を行う。続いて使の一行は上社に向かい、下社と同様の次第で儀式を行う（上社での斎王の座は右殿となる）（以上、社頭の儀）。

公祭の目的　賀茂祭は、四月中酉日が中心だが、なかでも内蔵使が幣帛を奉り宣命を奏上し、近衛使・馬寮使が境内で走馬を奉る社頭の儀が、さらにその祭の中核に位置づけられる。この時に奏上する宣命では、賀茂社の「皇太神」に対し、天皇が治める朝廷の平安と天下の無事を祈り、天皇からの幣帛を内蔵使が捧げ、阿礼乎止己《あれをとこ》と阿礼乎止女《あれをとめ》と走馬を奉納する旨が記されている（『朝野群載』）。この阿礼乎止己と阿礼乎止女とは、勅使の近衛使や馬寮使をはじめとする朝廷から遣わされた男性集団と、斎王の内親王を中心とした齋院の女性集団のこととされる〔岡田荘：二〇〇二、所：二〇〇四〕。つまり、中酉日の公祭で内裏より勅使らをはじめとする数百人にのぼる役人が、大行列を組んで下社、そして上社へと参向する目的は、天皇からの幣帛を奉って走馬を奉納することで、天皇の御代の安泰を祈ることであった。そしてそれは、宮中の儀として勅使が発遣され、社頭の儀の中心的な担い手が内蔵使・近衛使・馬寮使であることからわかるように天皇近臣および内廷機関が行なっており、天皇祭祀としての性格を持つ祭であった〔岡田荘：一九八六〕。

注目される近衛使と斎王　賀茂大神に未婚の皇女が奉仕する斎王の制度は、前出の有智子内親王から鎌倉時代初期の礼子《いやこ》内親王まで約四百年間存在した。歴代の斎王は平安京北郊の紫野《むらさきの》（船岡山《ふなおかやま》の南麓）にある賀茂斎院に籠もり、そこには大勢の役人で組織される斎院司が置かれた。斎王は、仏事や不浄をさけるために忌詞《いみことば》を用いるなど、清浄な環境を保ちながら、賀茂祭へ御奉仕（『延喜式』斎院、賀茂祭条）の他、毎月朔日の忌火竈神祭《いみびのみかまどしんさい》や六月・十二月の晦日の祓、十一月上卯日の相嘗祭《あいなめさい》など斎院内の祭儀を営んでいた。

賀茂祭での華やかな斎王の行列は、当時の人々の注目の的となっており、有名な『源氏物語』の「車争い」は、斎院御禊の行列を見ようと一条大路にやって来た葵上と六条御息所の間で起きた物見車の場所取り争いを描いたもので、当時の賑わいを伝えている。

藤原氏が摂関などを務めて権力が集中する時代になると、賀茂祭に派遣される近衛使は、有力貴族の子弟から選ばれるようになり、貴族社会における出世の登竜門とされた。近衛使に選出された家の主や近親者の邸宅では、祭の前に行う出立儀《いでたちのぎ》と、祭を終えてから行う還饗《かえりあるじ》が行われ、子弟をお披露目する饗宴の場ともなった。近衛使に選ばれることは名誉なこととされ、家の者は百年の費用を失うと例えられるほど贅をつくして装束などの準備をしたという〔三橋：一九八六〕。このため、毎年の近衛使の選任は人々の大きな関心事であった。

このように賀茂祭では、斎王と近衛使が特に注目され、雅な一行の様子を見ようと人々は一条大路に大挙した。また一条大路には十世紀ころより貴族たちが行列見物のための桟敷を設けるようになり、さらに十一世紀に入ると院や法皇なども行列を見物するようになった。この他、物見車による見物人もみられるようになる〔朧谷：一九八三〕。

歴史の苦難を超えて　中世をむかえると、鎌倉時代初期には斎王の制度が絶え、さらに応仁の乱後の混乱により、文亀二年（一五〇二）からは勅使発遣が中断する。以降、賀茂祭は神職が神社の本殿における祭りを行う形式で続けられた（『賀茂社秘訣』『賀茂大神宮年中神事略次第』）。江戸時代に入ると、五代将軍・徳川綱吉の頃から祭儀復興の気運が高まり、貞享四年（一六八七）の大嘗祭や延宝七年（一六七九）の石清水放生会例幣など、朝廷の諸儀式が再興されていった。この朝儀再興への意識の高まりを背景に、延宝八年には上社の神職である岡本保司らが当社の縁起・祭礼・斎院・造営・社家・神領などについて歴史史料に基づき神社の歴史を記した『賀茂注進雑記』を江戸寺社奉行に提出し、また、下・上両社の神職が朝廷や幕府に対して賀茂祭の復興を働きかけるようになる〔高木：二〇〇六〕。その結果、元禄七年（一六九四）に幕府が経費を負担する形で朝廷から勅使が発遣され、宮中の儀—路頭の儀—社頭の儀からなる賀茂祭が復興した。

その後、幕末の黒船来航による世情不安を受けて、文久三年（一八六三）に孝明天皇は十四代将軍・徳川家茂を伴って賀茂社に攘夷祈願の行幸を行う。賀茂社は朝廷より格別の崇敬を受けていたが、明治維新を経て東京奠都により、明治三年（一八七〇）から再び勅使派遣と宮中の儀が行われなくなる（『冷泉為理日記』同年四月二十五日条）。しかし明治十六年一月の賀茂祭旧儀再興に関する岩倉具視の建議により、翌十七年からは勅使発遣が再開され、路頭の儀と社頭の儀が復活し、また同年には例祭日が新暦の五月十五日に定められた（『公文録』）。そして毎年八百六十四円が定費として支給される官祭となった〔高木：二〇〇六〕。

その後、第二次世界大戦によって勅使発遣は再び中断したが、葵祭協賛会が中心となって昭和二十八年（一九五三）に再興される。さらに昭和三十一年からは、中世以来中断していた斎王の女人行列が、地域の一般女性から斎王代を選ぶという形をとることで蘇った。

〈参考文献〉

朧谷　寿「賀茂祭の桟敷」『角田文衞博士古希記念 古代学叢論』角田文衞先生古希記念事業会、一九八三
岡田莊司「平安前期　神社祭祀の公祭化」『平安時代の国家と祭祀』続群書類従完成会、一九九四（初出一九八六）
三橋　正「天皇の神祇信仰と臨時祭」「臨時祭の特徴と意

味」『平安時代の信仰と宗教儀礼』群書類従完成会、二〇〇〇（初出一九八六）
岡田精司「奈良時代の賀茂社」「補論　賀茂祭の構造と原型」『古代祭祀の歴史と文学』塙書房、一九九七
岡田莊司「御阿礼神事と聖婚儀礼説」『伝統と創造の人文科学』國學院大學大学院文学研究科、二〇〇二
所　功「賀茂大社と祭礼の来歴」『日本の古社　賀茂社　上賀茂神社・下鴨神社』淡交社、二〇〇四
高木博志「明治維新と賀茂祭」『上賀茂のもり・やしろ・まつり』思文閣出版、二〇〇六

（鈴木聡子）

四　月

三枝祭（さいぐさのまつり）

概　要　毎年の四月、国家（神祇官）が大和国添上郡《そうのかみ》（奈良市本子守町）に鎮座する率川《いさかわ》神社（率川社）の祝部に幣帛を託し、大物主神の子孫とされる大神《おおみわ》（三輪）氏の氏宗《うじのかみ》（氏上）が行った祭祀である。率川神社は率川坐大神神《いさかわにますおおみわのかみ》御子《みこ》神社ともいい、三座の神が祀られていた（『延喜式』神名帳上）。城上郡《しきのかみ》（奈良県桜井市）に鎮座する大神神社の祭神である大物主神の御子神もしくは「大神の族類の神」（「令釈」）とされてきた。

率川神社は大神神社とは離れた地にあり、その創建は大神氏の勢力が最も拡大した持統朝（七世紀後半）であったという〔和田：一九八九〕。また付近には後に平城京の外京《げきょう》（条坊拡張部分）が成立し、大神神社の神威は平城京にももたらされていったと考えられている〔藤森：二〇〇八〕。

祭祀の内容と方法　『延喜式』四時祭上には三枝祭と三月の鎮花祭（大神神社・狭井神社）の両者について、前述のとおり幣帛を祝部に託すことが記されている。しかし両祭には、祈年・月次祭の班幣のような祝詞宣読などの何らかの祭儀（行事）が神祇官で行われた形式は窺えない。祭日についても四月としか記述がなく、鎮花祭と同様に吉日を選んで行われていたと考えられる（「鎮花祭」の項目を参照）。

具体的な次第などは不明であるが、祭祀にあたり「三枝」の花で飾り付けた酒罇《さけだる》を供えたことがわかり、これが「三枝祭」の名の由来であった（『令義解』「令釈」）。三枝は通常ヤマユリ（ユリ科）のことといわれるが、他にイカリソウ（メギ科）やミツマタ（ジンチョウゲ科）などとする説もある〔宮地：一九四九〕。いずれにしてもその読みは「福草《さきくさ》」に由来し、「三枝」の字義が示すとおり茎の先が三つ枝に分かれた、福寿を祝う瑞草であったことがわかる。また酒罇に納めた神酒は、神税の稲百束から醸造されたものであったと考えられる（『延喜式』四時祭上）。

三枝祭の斎行に重要であったのは、事前に大神氏の氏宗が定められていなければ斎行は適わなかった（「令釈」）。三枝祭は氏宗を祭祀者（神主）として行われたのである。この形式は「古記に別なし」とあるとおり「大宝令」の頃にはすでに定められていた。

国家がみずからの願意を率川神社に伝えるために幣帛を奉るにあたって、幣帛を神祇官から現地まで運ぶのは祝部であり、これを最終的に祭神に奉るのは大神氏の氏宗の役割であった。祝部は主に神戸《かんべ》の中から任命され、神祇官にて名簿が管理された在地出身の令制官人であった(『令義解』)。即ち祝部が幣帛を運搬することは、国家に所属する末端官人としての自然な任務といえる。一方で、現地で祭祀を行う大神氏は在地の一氏族であり、令制でも明確な規定はなく国家の管理下にはないため、国家祭祀の祭祀者ではない。国家が主体となり国家のために行う祭祀(国家祭祀)を、特定氏族に委託するという特徴的な形式であった。

祭祀の背景と性格　大神氏が率川神社に対する国家の祭祀を担うこととなった背景には、鎮花祭と同様に、記紀神話における崇神朝の三輪山伝承が語る大神氏と大物主神との関係があった。

それによると崇神天皇の御代、疫病の流行により多くの人々が犠牲となった。あるとき天皇の御夢に大物主神が現われ、疫病の原因が自分の神意であり、その子・大田田根《おおたたね》子《こ》(『古事記』では意富多多泥古《おおたたねこ》)に自分を祭らせれば、たちまち国に平安が訪れることを伝える(『日本書紀』ではさらに三人の人物が同様の夢を見ている)。天皇は国中を探して、ついに大田田根子を見つけ出し(『紀』は茅渟県陶邑《ちぬのあがたすえむら》〈大阪府堺市東南部〉、『記』は河内の美努村《みぬ》〈大阪府中河内郡〉とする)、これを神主として三輪山で祭祀を行わせた。すると疫病は収束し、国家は平安を取り戻して五穀豊穣になったという。

三枝祭の神主となる大神氏は、この大田田根子の子孫にあたり、右の伝承を起源として祖神・大物主神を奉斎してきた。大神神社の御子神である率川神社へも同様である。

古来の原則として、国家は国家の願意(疫病鎮静など)を個別の神社に直接祈り祀ることはせず、在地・氏族の祭祀に対しては不介入の姿勢を保った。そのため神話伝承で大物主神の子孫とされる大神氏の氏宗を神主として、国家祭祀(三枝祭)を委ねる必要があったのである。

三枝祭の意義については明確な記述がないが、率川神社の親神を祀る鎮花祭と同様、疫病の予防・鎮静の意義をもつと考えてよいだろう。国家にとって率川神社は、三輪山から離れた平城京における防疫神と認識されたのである。

一方、大神氏は個別の氏族(氏神)祭祀として大神祭《おおみわのまつり》(四・十二月上卯日)を行なっていた。これは貞観年間(八五九～七七)に公祭となるが(「大神祭」の項目も参照)、大神氏が氏族のための祭祀を行うとき、大物主神は他氏族の氏神と同様の単なる始祖神であった。これは国家にとっての大物主神が防疫神としての性格で認識されていたことと対照的である。国家祭祀の三枝祭と氏族祭祀の大神祭が、祭祀者を同じにしながらも全く祭祀の目的を異にする祭祀であったことがわかる〔藤森：二〇〇八〕。

　また二・十一月の「率川祭」は率川神社の祭祀ではなく「率川阿波神社」（現在は率川神社の摂社）への祭祀であった（「率川祭」の項目を参照）。

変　遷　三枝祭は平安時代中期には廃絶したが、明治十二年（一八七九）に率川神社が大神神社の摂社となるに伴い、同十四年に再興した。

　現在は毎年六月十七日に別名「ゆりまつり」として行われており、濁酒（黒酒）・清酒（白酒）を入れた酒罇を三輪山のユリの花で飾り供える祭が行われている。

〈参考文献〉

宮地治邦「三枝祭について」『神道史学』一、一九四九

和田　萃「率川社の相八卦読み」『日本古代の儀礼と祭祀・信仰』中、塙書房、一九九五（初出一九八九）

藤森　馨「鎮花祭と三枝祭の祭祀構造」『古代の天皇祭祀と神宮祭祀』吉川弘文館、二〇一七（初出二〇〇八）

（木村大樹）

四月／十一月（十二月）

大神祭（おおみわのまつり）

三輪山を御神体とし、大物主神を祭る大神神社（奈良県桜井市鎮座）の例祭である。現在は四月九日、十月二十四日を祭日としている。三輪山と天香久山を挟むヤマトの地は、『日本書紀』などで初期大和朝廷の根拠地と伝承され、眼前にそびえ立つ三輪山の姿は『万葉集』などで古代人の情感とともに数多く歌われてきた。三輪山の祭祀は古くより大和朝廷にとって無視できない重要なものであり、大神祭そのものの淵源は太古より三輪山で行われてきた祭祀に由来するとされる〔田中：一九八七、一九九六〕。

『延喜式』には、朝廷より使が差遣されて祭祀が執り行われる「公祭」としての規定が存在する。祭日を四月・十二月の上卯日とし、内蔵寮・中宮・春宮より幣帛が奉られ、使の格は大原野祭に準じることとなっていた。内蔵寮（天皇幣）・中宮・春宮の三所より幣帛が奉られる「公祭」（醍醐天皇までに十四祭が公祭化）は、『延喜式』ではほかに春日祭・大原野祭・賀茂祭のみであり、大神祭が格別の待遇であったことがわかる。

大神祭は貞観十八年（八七六）に初見記事が見出され（『日本三代実録』貞観十八年四月八日）、『本朝月令《ほんちょうがつりょう》』所引「延喜九年外記日記」から『貞観式』に規定があったことがわかる。よってその成立は『貞観式』撰上の貞観十三年以前にさかのぼる。大物主神は貞観元年正月に従一位、同年二月に正一位と急激に神階が上昇しているが、大神祭は清和天皇の即位を契機として、貞観年間の前期に「公祭」に預かったものと考えられている〔岡田：一九八六〕。その理由は、大和国の古社であることはもちろんであるが、祭神である大物主神が天皇の母系の祖先神として伝承されている（『古事記』）点を考慮に入れる必要がある〔宮地：一九五八〕。

（塩川哲朗）

宗像祭（むなかたのまつり）

宗像祭は、関係する史料が乏しい不詳の祭である。一条天皇の時代（九八六～一〇一一）の一時期に公祭に准じた待遇を得ていたという〔岡田：一九九二〕。

古代、「ムナカタ（宗像・宗形・胸形）」を冠する神社は、筑前国宗像郡をはじめとして大和・尾張・伯耆・備前国（『延喜式』神名帳）、山城・肥前・安芸国（『日本三代実録』）、長門国（『日本紀略』）に鎮座し、また京中の藤原良房の邸内（『日本三代実録』）にもあった〔瀧音：一九八六〕。このうち、本項で扱う宗像祭の対象としては、筑前国宗像郡の宗像大社ではなく大和国城上《しきのかみ》郡の宗像神社（奈良県桜井市鎮座）がより適当であろう。

大和国の登美山（桜井市外山）に鎮座する「宗像大神社」は、天武朝以来、氏人である高階《たかしな》氏が代々奉斎しており、筑前国宗像神社を本社と仰いでいる（『類聚三代格』寛平五年〈八九三〉十月二十九日）。高階氏とは、天武天皇と胸形《むなかたの》君《きみ》徳善（宗像の豪族）の娘である尼子娘《あまこのいらつめ》との子・高市《たけち》皇子（『日本書紀』）を始祖とする氏族である。高階氏ははじめ当社を筑前国の宗像神社とは同じ神を祭る別の神社と認識していた（『日本三代実録』）。それは始祖である高市皇子が当社を創建したとの自負によるものであったと考えられている〔瀧音：一九八二〕。

高階氏のうち特に栄えたのは、一条天皇の時代、高市皇子の九世孫にあたる高階成忠《なりただ》であった。成忠の娘・貴子《きし》は摂政・藤原道隆に嫁いで定子《ていし》を生み、定子は一条天皇の中宮となっている。一条天皇は中宮定子の外祖父である成忠を厚遇した（『扶桑略記』）。そのため、このころに氏神である宗像社が公祭の扱いを得たものと考えられる〔岡田：一九九二〕。

しかし、宗像祭は他の公祭と異なり氏人の参与のみで内蔵寮使が発遣されないなど公的関与が少なく（『年中行事抄』）、扱いの軽い祭祀であった。それは天皇の外戚ではなく、あくまで外戚である摂関家に関する祭祀であったことによるものとされる。やがて藤原道隆の弟・道長の全盛期になり道隆流が衰退すると、高階氏や宗像祭も影を潜めていったのだろう。

（木村大樹）

山科祭（やましなのまつり）

山城国宇治郡に坐す「山科神社二座」（『延喜式』神名）の例祭である。四月・十一月の上巳の日に行われ、内蔵寮《くらりょう》と左右馬寮《めりょう》より使である属《さかん》（第四等官）が発遣されて幣帛と走《はしり》馬《うま》が奉られた（『延喜式』内蔵寮、『延喜式』左右馬寮）。『本朝月令《ほんちょうがつりょう》』『年中行事抄』所引の延喜十一年（九一一）太政官符によると、山科祭は醍醐天皇の宣旨（寛平十年〈八九八〉三月七日）により公祭化され、山科神社は同官符によって官社となった。同官符では、山科神社の官社化の先例として杜本神社が挙げられており、また山科神社の氏人が宮《みや》道《じ》氏であったこともわかる。醍醐天皇の母は藤原胤子《いんし》であり、胤子は藤原高藤と宮道列子《れっし》の子であった。醍醐天皇の外祖父系統の祭祀（藤原北家、大原野祭）は文徳朝で既に公祭化されていたため、外祖母の氏神祭祀（宮道氏、山科祭）が醍醐天皇即位を契機に公祭化されたものと考えられる。

公祭化された外祖母系の氏神祭祀は、山科祭の他に当麻祭・平岡祭・率川祭・当宗祭が存在する。これらの祭祀は清和朝（八五八〜七六）以後に公祭化されており、それ以前に外祖母の氏祭祀が公祭化されたことはない。天安二年（八五八）に行われた、毎年年末に荷前《のさき》を奉るべき十陵四墓の再定において、清和天皇の外祖父母の陵墓が加列したことは、天皇の外祖父の祭りだけでなく外祖母の祭りへの崇敬が清和朝以後に具体化されたことと連関している〔岡田：一九八六〕。山科祭の公祭化ののちは、天皇の外祖母両方が藤原氏と皇親になったこともあり、一条天皇の御代まで一時公祭加列は中断する。

山科神社の比定社は京都市山科区に二社存在し、『山科家礼記』は岩屋神社を挙げ、『山城名勝志』は宮道神社としている。

（塩川哲朗）

松尾祭（まつのおのまつり）

概　要　現在、四月から五月にかけて松尾七社の神霊を御旅所に遷して祭典を行なった後、本社に還幸する祭祀をいう。古代においては、四月上申の日に朝廷からの使者が参向して行われる「公祭」と、御旅所における京中祭礼の「国祭」によって構成されていた。

祭　神　松尾大社（京都市西京区）の祭神は大山咋神《おおやまくいのかみ》と市杵島姫命《いちきしまひめのみこと》であるが、大山咋神は「山末《やますえ》之《の》大主神《おおぬしのかみ》」（『古事記』）とも呼ばれ、山頂の支配神を意味する。また、『本《ほん》朝月令《ちょうがつりょう》』所引「秦氏本系帳」には、桂川で衣裳を洗っていた秦氏の女性が川上より流れて来た矢（大山咋神の化神）により懐妊する説話が載せられており、「山背国風土記逸文」に見える賀茂社の由来説話と同型の物語となっている。古代山城盆地には、矢を象徴とした神の来臨と御子神の誕生という神話形式をとる共通した信仰が存在していたと考えられる〔北條：一九九七〕。

公　祭　『儀式』『延喜式』によると、四月上申日の夜明け、山城国司が郡司・騎兵を率いて松尾社に参向し、太政官の弁・史などを行事として、内侍の参向を仰ぎ、神祇の史《さかん》によりもたらされた幣帛が松尾社の禰宜・祝《はふり》により奉られる。天皇の名代である内侍の関与は松尾祭の内廷的性格を意味するが、公祭に特徴的な内蔵寮の幣帛でなく、太政官の行事の下、神祇官幣が奉られていた。それは松尾社が天皇外戚に関係する神社ではなく、山城国の古社であり、王城鎮護のために公祭化されたこととも関係するであろう。松尾祭の公祭化は、『儀式』に祭儀次第が存在し、松尾神が貞観八年（八六六）に正一位となっていることなどから、貞観年間と考えられる。

　中近世において松尾祭に勅使が参向することは途絶えていたが、寛永七年（一六三〇）より天皇の綸旨を白川家が賜わって松尾祭が執行されることとなり、勅祭としての松尾祭は慶応二年（一八六六）に復興した。

御旅所祭祀　京中の祭礼である御旅所祭祀としての松尾祭は、松尾社の神霊を御旅所に迎えてもてなし、神威を高めて本社に還御する「御阿礼《みあれ》神事」の様相を持つ。桂川を越えて行われる京中の松尾祭は御旅所神主の管轄であり、京中祭礼の主体者は在地住人であった。それに対して古代松尾祭における弁官の参向は本社のみに限られており、御旅所祭祀に公的な性格はなく、公祭としての松尾祭は京中御旅所祭祀としての松尾祭とは区別されていた〔岡田：一九九四〕。

松尾祭における田楽の存在は『日本紀略』長徳四年（九九八）四月十日条にみえ、松尾祭の御旅所は康和二年（一一〇〇）にはその存在が確認できる（『年中行事秘抄』十一月春日祭）。

　神幸祭（行き）と還幸祭（帰り）の日取りは、近世では三月中卯日・五月上酉日、明治以降は四月下卯日・五月上酉日、昭和三十六年以後は四月二十日以後の第一日曜日・三週間後の日曜日である。現在、還幸祭では西寺《さいじ》金堂跡の旭の杜にて西ノ庄粽《ちまき》講の御供と赤飯座《あかい》による特殊神饌が奉られるが、これは松尾社の神が右京の在地神として、右京を鎮守する西寺に立ち寄る慣例を継承している。還幸祭当日は神殿や神輿を葵蔓《あおいかずら》で飾り、供奉の者も葵と桂を挿頭《かざし》（頭飾り）として身に着けるため、この祭りも賀茂祭と同じく「葵《あおい》祭《まつり》」と称している。

（塩川哲朗）

杜本祭（もりもとのまつり）

四月・十一月上申の日を祭日とする杜本神社の例祭である。『延喜式』によると、杜本祭には内蔵寮《くらりょう》と左右馬寮《めりょう》より使である属《さかん》（第四等官）が発遣され、幣帛と走馬《はしりうま》が奉られていた。使は午の日に発遣されるが、申の日に杜本祭が執行された後、同じ使が翌酉の日に、杜本神社に近接する当宗神社の祭りへも赴き幣帛を奉納した。当初は左右馬寮それぞれから使が発遣されていたが、延喜九年（九〇九）に郡司の負担軽減のため、四月と十一月で左右馬寮が交代して両社に遣わされることとなった（『本朝月令《ほんちょうがつりょう》』所引太政官符）。

杜本神社への神宝使は良峯《よしみね》氏がつとめており（『日本三代実録』貞観元年〈八五九〉七月十四日）、杜本神社の氏人は吉峯氏と考えられる。吉峯氏の始祖である吉峯安世《やすよ》（桓武天皇の皇子）の母は百済永継であり、その父は飛鳥戸奈止《あすかべのなと》麿《まろ》であった。また、杜本神社の坐す河内国安宿郡《あすかべ》には飛鳥戸氏の氏神である飛鳥戸神社が存在する。吉峯氏は自身の母方である飛鳥戸氏の祭祀を継承し、飛鳥戸神社の近隣の地に杜本神社を奉斎したものと想定される。百済永継は藤原内麻呂（藤原北家）との間に藤原冬嗣を儲けていたが、冬嗣は文徳天皇の外祖父にあたる。文徳朝において、まず藤原北家の氏神祭である大原野祭が仁寿元年（八五一）に公祭化された後、天皇外祖父の母方の氏神祭祀である杜本祭が、仁寿三年に公祭化されたものと考えられている〔岡田：一九八六〕。

式内社である杜本社の比定社には羽曳野市鎮座の神社と、柏原市鎮座（明治四十年〈一九〇七〉に国分神社に合祀されたのち、昭和四十七年〈一九七二〉旧社地に社殿が再興）の神社が存在するが、前者の方が有力である。

（塩川哲朗）

当麻祭（たいまのまつり）

大和国葛下郡に坐す「当麻都比古《たいまつひこ》神社二座」（『延喜式』神名帳）の例祭である。四月・十一月上申の日に執行され、内蔵寮《くらりょう》より幣帛が奉られた（『延喜式』内蔵寮）。内蔵寮の属《さかん》（第四等官）が使として発遣される形態は杜本祭・当宗祭・山科祭と共通しているが、左右馬寮《めりょう》からの走馬《はしりうま》奉献は当麻祭のみ存在せず、右三祭より格が一段低かった。藤原氏を除く外祖母の祭祀には、共通して内蔵寮の属が発遣される形式をとっている。

当麻神社への神宝使は当麻氏が務めているが（『日本三代実録』貞観元年〈八五九〉七月十四日）、当麻清雄の妹は嵯峨天皇との間に源潔姫《きよひめ》を産み、潔姫は藤原良房の妻となって藤原明子を儲け、明子は文徳天皇の女御となって清和天皇を産んだ（『日本三代実録』貞観十一年十二月七日）。当麻神社は当麻氏の氏神社であり、当麻氏は清和天皇の外祖母の母方の氏にあたる。清和天皇の外祖母源潔姫は清和天皇即位後の天安二年（八五八）十一月に正一位が贈られ、その墓は同年十二月に荷前《のさき》の幣を奉る十陵四墓の一つに定められた（『日本三代実録』）。外祖母系統の祭祀である当麻祭の公祭化は清和天皇の御代、天安二年~貞観初期の間に行われたと考えられる。

当麻祭と同時期に外祖父（良房）の平岡祭も公祭化されているが、外祖母の家の祭祀が公祭化されたのは当麻祭が初めてであり、外祖父・外祖母両方の氏神祭が同時期に公祭化されたことは、十陵四墓制にて外祖父・外祖母双方の陵墓が対等に列せられたことと相関していた〔岡田：一九八六〕。

現在、当麻都比古神社二座は当麻山口神社（葛木市当麻）の摂社として本殿の左右に祭られている。

（塩川哲朗）

当宗祭（まさむねのまつり）

当宗祭は四月と十一月の上酉日に行われた、河内国志紀《しき》郡の「当宗神社三座」（『延喜式』神名帳）の祭祀である。当宗神社は現在、誉田《こんだ》八幡宮（大阪府羽曳野市）の境内社であるが、近世まではその東方約一〇〇メートル（誉田御廟山古墳南東）の「当宗垣内《まさむねかいと》」に鎮座していた。

その氏人は当宗氏であり、当宗祭が仁和五年（八八九）に公祭となったのも、宇多天皇と当宗氏との関わりによるものであった。というのも宇多天皇の母・班子《はんし》女王は、仲野親王（桓武天皇の皇子）と当宗氏出身の女性との間に生まれた娘に当たる。当宗氏は宇多天皇の外祖母の家系となるのであった。また当宗氏は後漢最後の皇帝・献帝《けんてい》の四世孫である山陽公を出自とする渡来系氏族とされていた（『新撰姓氏録』）。当宗神社の祭神もこのような当宗氏の祖であったと考えられる。

また当宗神社は杜本神社とほど近く、そのため杜本祭（当宗祭前日の申日）の祭使が当宗祭の祭使も兼ねることとなっていた（『延喜式』内蔵寮）。このことから伴信友は両祭ともに当宗氏に関係する祭祀であったと考察したが（『蕃神考』）、杜本神社を奉斎したのは良峯《よしみね》氏であった〔岡田：一九八六〕。

祭使は内蔵寮の用意した幣帛を携えて午日に出立する（『北山抄』）。祭祀当日には馬寮（朝廷の馬を管理した役所）の用意した走馬十頭（『延喜式』馬寮）による競馬《くらべうま》が行われた。その祭使一行は杜本・当宗の二社分であるため、左右の馬寮からそれぞれ官人・騎士ら二十四人と馬十頭、更に幣帛を用意する内蔵寮の官人や雑色人など大所帯であった。これらの宿泊四日間と往還二日間にかかる費用は河内国の財政から捻出され、大きな負担となっていた。そのため、河内国の郡司らの訴えにより、延喜年間から馬寮が四月と十一月で左右交互に派遣し、現地の接待にかかる負担を軽減する旨の太政官符が下された(『本朝月令』)。

(木村大樹)

吉田祭(よしだのまつり)

概　要　吉田祭は、四月の中の子の日と十一月の中の申の日に行われた、吉田社(京都市左京区鎮座、吉田神社)の祭祀である。吉田社は一条天皇の寛和二年(九八六)に、春日社(平城京)や大原野社(長岡京)に準じる、平安京近郊における藤原氏の氏神社として位置づけられ、年二度の吉田祭を行うことが定められた(『日本紀略』)。翌年の永延元年(九八七)から恒例の公祭として行われ始めたという(『二十二社註式』)。

　公祭制は、醍醐天皇の寛平十年(八九八)に山科祭が公祭になったのを最後に、五代の天皇(朱雀・村上・冷泉・円融・花山)において行われていなかったが、一条天皇の時代に吉田祭が梅宮祭とともに公祭となった。これは五代の天皇(ただし朱雀・村上両天皇と冷泉・円融両天皇は同母兄弟)の母后が、いずれも藤原北家《ほっけ》の主流出身であり、春日祭・大原野祭が盛大に行われていた当時、新たな公祭の加列の必要がなかったためと考えられる〔岡田：一九九二〕。公祭の中でも天皇外戚の氏神を祀る性格の祭祀としては、吉田祭の加列が最後であった。

山蔭一族と吉田祭　貞観年間(八五九～七七)、藤原山蔭《やまかげ》が氏神である春日社の神々を勧請して吉田社を創祀した(『公事根源』)。

　当社は元来、藤原北家の傍流である山蔭の子孫の一族が私的に祀る神社であり、氏長者《うじのちょうじゃ》が関わり藤原氏全体として祀るような性格の神社ではなかった。しかし、山蔭の孫の時姫《ときひめ》が北家主流の藤原兼家《かねいえ》に嫁ぎ、その娘の詮子《せんし》が円融天皇の女御として儲けた一条天皇が即位したことで、公的な扱いを受けるところとなった。

　吉田祭を公祭として行うよう定めた寛和二年は、山蔭一族と婚姻関係にあった兼家が、氏長者に就任した時期であった。これによって吉田社は、平安京における藤原氏全体の氏神としての地位を得たと考えられる〔並木：一九八二〕。吉田祭の公祭化に最も関心を抱いていたという詮子の存在も大きかったであろう。

次　第　平安時代の吉田社には、四棟の南面の神殿のほかに、南に行事所屋（および北屋）、大鳥居内に着到殿《ちゃくとうでん》（および南五間屋）、玉垣内に舞殿・直会殿などの殿舎があった。

祭祀の次第は『江家次第』に詳しい。当日、祭祀を運営する弁以下の太政官人は、まず行事所屋に着座しており、祭儀執行の責任者である上卿《しょうけい》の参入に伴い、着到殿に着座する。ここでまず祭祀に出席する氏人の見参《げざん》（名簿）が作成され、饗饌（もてなしの食膳）が設けられる。それから所掌（担当役職）や倭舞《やまとまい》の舞人を定め、祝詞を読む神主となる氏人を占いで定めて上卿に報告する。

続いて祭使（勅使）および天皇の名代である内侍が参進するが、祭使には大原野祭と同様に近衛将監《このえのしょうげん》（近衛府の第三等官）が当たった（春日祭は次官の近衛次将）。次に上卿以下、氏人らが棚に載せた供物を神殿前まで運び奉る。続いて奉幣が行われ、神馬・走馬が神殿前に牽き立てられると、祭使以下の参集者はみな拝礼し、神主が祝詞を申す。その後、御馬は馬寮官人に神殿の周りを八度牽き回された。

上卿以下が直会殿に移ると、饗饌の後、大膳職《だいぜんしき》により御飯が準備されて直会となる。続いて神主を筆頭に倭舞が奏上される。終わって上卿が冒頭の見参を確認し、最後に禄物（祭祀供奉の給与）を賜わって、退出の運びとなった。

以上の次第は、同神を祀る春日祭・大原野祭とほぼ同じ構成である。祭儀中の饗饌や上卿以下への禄物は、藤原氏出身の后が用意することになっており、不都合があれば藤原氏の大臣がこれに代わった。天皇からの使の他に、東宮使・中宮使も発遣され、また藤原氏長者からの神馬使が出される例も多かった。

変　遷　慶応元年（一八六五）、勅祭として久しく中絶していた吉田祭が、時局に備え勅命により復興されたという（『孝明天皇実録』）。明治四年（一八七一）からは春日・大原野祭は二月、吉田祭は四月のみの年一度の斎行に改められた（『京都府史』政治部）。

現在は吉田神社の「例祭」として、毎年四月十八日に行われる。春日大社の南都楽所《なんとがくそ》により倭舞が奉納され、神職により御棚神饌《みたなしんせん》（調理神饌）が供えられている。

（木村大樹）

日吉祭（ひよしのまつり）

日吉祭は近江国日吉社（滋賀県日吉大社）の祭礼であり、四月と十一月の中申日を祭日としていた。近世には「山王《さんのう》祭」とも称されていた。

同祭は後朱雀天皇の長久四年（一〇四三）に、内蔵寮幣《くらりょうへい》（天皇の幣帛）を毎年奉る宣旨が出されたが（『年中行事秘抄』）、実際に恒例の公祭として行われるようになったのは、後三条天皇の延久四年（一〇七二）からであった（『師光年中行事』）。日吉社に特定の天皇外戚との関係はなく、公祭の中でも天皇の「御願《ごがん》」に基づく信仰に依拠した祭祀であるといえる。後三条天皇は前年に日吉社への最初の行幸もしており（『百錬抄』）、これらは自身の即位（治暦四年〈一〇六八〉）が実現したことへの一連の報賽（お礼参り）であったという〔岡田：一九九四〕。

神社の祭礼として重視されたのは四月の日吉祭であり（『耀天記《ようてんき》』）、その中心は勅使奉幣の行われる中申日であったが、午日から酉日までの四日間にわたって重要な神事が行われた。詳細な次第の知られる近世の形式によると、その祭祀は午・未日に神体山（比叡山）の二宮（大山咋神《おおやまくいのかみ》）を中心として行われる東本宮系神事と、申・酉日に三輪山（奈良）から勧請された大宮（三輪明神）を中心として行われる西本宮系神事の二要素からなった（『諸国図会年中行事大成』）。前者は山神が鎮座（「御生《みあ》れ」）し農耕神として山麓の御旅所に下る姿の再現である。また後者は三輪明神が三輪山から比叡山に勧請される過程と琵琶湖の船路に唐崎沖で御供（粟津御供《あわづのごく》）を受けた姿の再現であるという〔景山：一九七五〕。

日吉祭は延暦寺の僧兵が強訴《ごうそ》に神輿を持ち出し延期・中止となることもあった。また元亀二年（一五七一）には織田信長の比叡山焼き討ちに伴う日吉社全焼により断絶するも、天正十九年（一五九一）には再興された（『続史愚抄』）。現在は四月十二日から十五日まで行われている。

（木村大樹）

中山祭（なかやまのまつり）

中山祭は、ほかの多くの公祭とは異なり、天皇外戚の氏神を対象とする祭祀ではない。四月の中酉日と十一月の上酉日に行われ、冷泉院《れいぜいいん》に鎮座する石神（中山社）を対象とした。後冷泉天皇の天喜元年（一〇五三）から内蔵幣が供えられるようになったという（『年中行事秘抄』）。

冷泉院とは、平安京大内裏の東側(現在の二条城北東部)に位置し、天皇が後院《ごいん》(譲位後の居所)として代々受け継いだ御所である(『大鏡』)。初見は嵯峨天皇の御代であり(『類聚国史』)、やがて後院としてのみならず、仁明天皇や村上天皇などは内裏改修時の仮の御所としても使用した(『続日本後紀』『日本紀略』)。

永承六年(一〇五一)、後冷泉天皇は新造された冷泉院に移り御所としたが、その前年には邸内鎮守である「石神明神」の神殿が移し立てられていた(『百錬抄』)。その後、後冷泉天皇は冷泉院に二年間滞在したが、天喜元年(一〇五三)に不吉の兆あって高陽院《かやのいん》に移った。しかし高陽院の焼失のため再び冷泉院に戻っている(『扶桑略記』)。

冷泉院の不吉の兆については、庭園にある池の中島に鎮座する「中山社」の巌神(石神)が、光を放つ怪異を起こし託宣《たくせん》(お告げ)したという伝承がある。託宣は、冷泉院の門前に車馬の往来が多く出入りが困難なため、この地に鎮座することを好まないとするものであった(『古事談』)。これを契機として、同神は天喜元年より内蔵幣を受ける公祭の対象に加わり、後冷泉天皇は皇居を移すことになったという〔岡田：一九九二〕。

その後、後冷泉天皇が天喜四年に冷泉院を壊し、その建材で一条院を新造し移ってからも(『百錬抄』)、中山社は同地に留まったが、慶長七年(一六〇二)の二条城造営にあたり現在地(京都市中京区岩上町)に移ることとなった。

天皇外戚の氏神祭祀でない中山祭の公祭化は、天変地異による「天喜」改元や末法の世の開始(永承七年から)など、当時の一連の社会不安と関連深いものであったといえる。

(木村大樹)

〈参考文献〉

宮地直一「新都の新しき神社」『宮地直一論集』五、蒼洋社、一九八五(初出一九五八)
景山春樹「日吉社祭祀考」村山修一編『比叡山と天台仏教の研究』(『山岳宗教史研究叢書』二)名著出版、一九七五(初出一九六五)
瀧音能之「宗像氏と大和国宗像神社」『出雲古代史論攷』岩田書院、二〇一四(初出一九八二)
並木和子「平安中期の吉田神社について」『風俗』二一―三、一九八二
岡田莊司「平安前期　神社祭祀の公祭化」『平安時代の国家と祭祀』続群書類従完成会、一九九四(初出一九八六)
瀧音能之「古代の日本海と伯耆国宗形神社」『出雲古代史論攷』岩田書院、二〇一四(初出一九八六)

田中　卓「大神神社の創祀」『神話と史実』（『田中卓著作集』二）国書刊行会、一九八七（初出一九八七）

岡田莊司「二十二社の成立と公祭制」『平安時代の国家と祭祀』続群書類従完成会、一九九四（初出一九九二）

岡田莊司「平安京中の祭礼・御旅所祭祀」『平安時代の国家と祭祀』続群書類従完成会、一九九四

田中　卓「大神神社の古代祭祀」『伊勢・三輪・賀茂・出雲の神々』（『続・田中卓著作集』二）国書刊行会、二〇一一（初出一九九六）

北條勝貴「松尾大社における大山咋神奉祀の原初形態」平田耿二教授還暦記念論文集編集委員会編『歴史における史料の発見』平田研究室、一九九七

（塩川哲朗・木村大樹）

六月／十二月　月次祭・神今食

（つきなみのまつり・じんこんじき）

概　要　現在でも六月と十二月の末日に全国の神社で大祓が行われているように、古来よりこの両月には、一年を二分した半年ごとの最終月として、過去半年間をかえりみ、向こう半年間に臨むというような意味合いがあったと考えられる。このような意味から、両月には多くの祭祀・行事が対になって行われたが、その上旬ごろに行われる諸祭祀の核となるのが、月次祭と神今食であった。月次祭は十一日の日中に神祇官斎院にて行われ、多くの官人や諸神社の祝部を参集させて、祈年祭と同様に祝詞宣読と幣帛頒布を行う国家祭祀である。一方の神今食は、月次祭終了後の同日夜、天皇が内裏の西側に位置する中和院《ちゅうかいん》の神嘉殿に出御し、亥刻（午後十時ごろ）と翌日の寅刻（午前四時ごろ）の二度、祭神に対して神饌を奉り、天皇自らもまたこれを召し上がるという天皇祭祀（親祭）であった。

両者の関係については、天皇祭祀である神今食が前提・基盤にあり、その上で国家祭祀である月次祭が成立・存在して二重の構造を為すという説明がなされてきた〔岡田荘：一九九〇〕。これは十一月の新嘗祭における昼間の班幣と夜の天皇親祭（新嘗）との関係も同様である。さらに伊勢神宮における三節祭（六・十二月月次祭と九月神嘗祭）は天皇祭祀（六・十二月神今食と十一月新嘗祭）の延長線上にあり、夜間の由貴大御饌《ゆきのおおみけ》神事と翌日中奉幣祭という構造も、天皇祭祀と国家祭祀の二重構造に対応すると理解されている〔藤森：一九九〇〕。

また神今食の前後には、両月一日から神事翌日の十二日の解斎に至るまで、複数の祭祀・儀礼が行われていた。これらは主に親祭に臨む天皇の斎戒の機能を果たすものであり、神今食を中心とする複合的な祭祀群を形成していたと考えられてきた〔早川：一九七六、藤森：一九九〇、中村：一九九九など〕。これら祭祀群の多くは新嘗祭の前後にも同様に付属していたため、このような諸祭儀の全体構造については本項目で解説する。天皇が神嘉殿内で行う神事の内容・次第については、神今食と新嘗祭でほぼ同様であるため、「新嘗祭」の項目で詳しく解説したい。

名　称　月次祭の語義については見解が分かれる。近世、賀茂真淵や本居宣長は、本来は毎月行なっていた祭祀を年二度に集約したものと定義したが（『祝詞考』『玉勝間』）、これが毎月行われたことを示す史料はない。ほかにも「ナミ」の読みを「ニイナメ」の「ナメ」の変化形とする説〔岡田精：一九七〇〕、「次」の意味から暦の「次第（順序）」とする説〔森田：一九七七〕や、神宮月次祭との対応から特別な神嘗祭に対する「並《なみ》（普通）」の意味とする説〔藤森：一九九〇〕などがある。

次に神今食は、「かみあげ」と読む例もあるが（『類聚名義抄』）、本居宣長は「かむいまけ」と読むべきとした。平安時代以降には「神今食祭」と呼ばれることも多かったが、もともとは「祭」を付けなかったと考えられている〔岡田荘：一九九〇〕。その語義について『玉勝間』には、「今」が表わすように、蓄えていた稲籾《もみ》を神事に当たり新たに精米して、神に供える意味とした。わずかな差異はあれ、おおむねそのような意味と捉えてよいだろう。また、一般に「神今食」とは六・十二月に行われた神事のことをいうが、新嘗祭における神饌供進儀のことも指すと考えられる記述（『続日本後紀』承和七〈八四〇〉年十一月十九日条）や、神今食・新嘗祭で供される神饌自体をも指すと捉えられる記述（『神今食次第』）もある。

斎戒構造　神今食・新嘗祭は神事のみが単体で成立するのではない。天皇の親祭斎行のために、特に斎戒の性格を持つ複数の祭祀・儀礼（行事）が親祭の前後に付属し、一つの祭祀群を形成していた。以下では、神今食の場合の祭祀群を紹介するが、大部分において新嘗祭と共通する。新嘗祭との違いについては「新嘗祭」項を参照のこと。

①　忌火御飯（いみびのごはん）　まず当月の一日早朝、天皇日常の居所である清涼殿において、内膳司（天皇などの食事を担当した役所）から忌火で調理した御膳（酢・塩・酒・醤、御飯、御菜、御汁など）が天皇へ奉られる。『江家次第』によると、「忌火」とは日常に用いる竈の火（庭火）ではなく、神事を行うごとに新たに起こす、斎戒中の御膳や神饌の調理にのみ用いる清浄な火のことである。一条兼良の説くように、天皇が忌火で調理された御膳を食べることは、この日から親祭に向けた潔斎生活が始まることを象徴的に表していたと考えられる（『公事根源』）。

②　御贖祭（みあがもののまつり）　一日から八日までの八日間に行われる。『建武年中行事』（後醍醐天皇撰、建武元年〈一三三四〉）は、御巫《みかんなぎ》が紙の張られた土器（「贖物《あがもの》」）を天皇に奉り、天皇がその紙に指で穴を空けて息を吹き入れるという様子を記す。親祭に先立って、

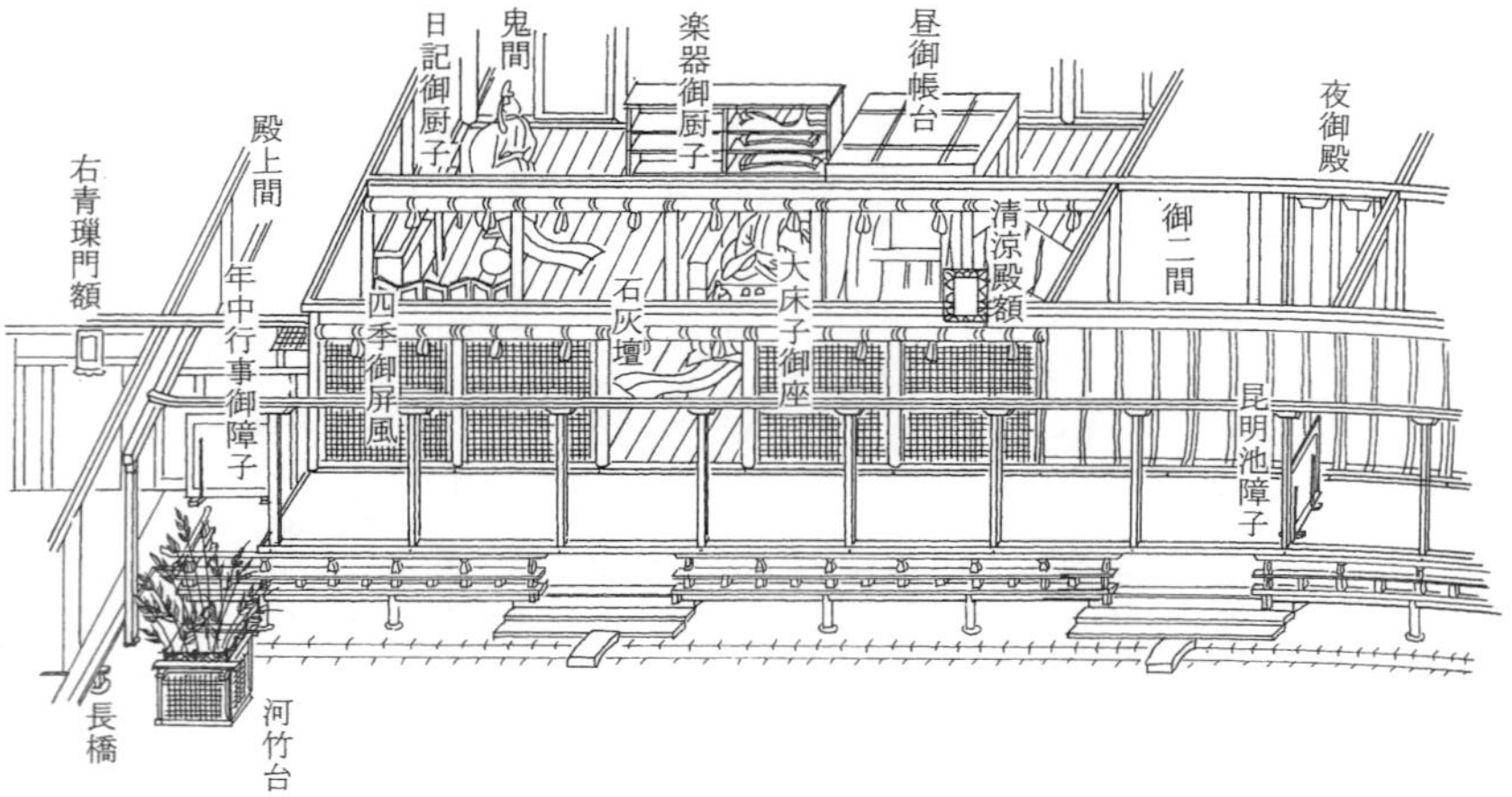

『年中行事絵巻』忌火御飯図（石野浩司『石灰壇「毎朝御拝」の史的研究』より）
大床子（だいしょうじ）御座」に着座した天皇に対して，忌火御飯が献上されている

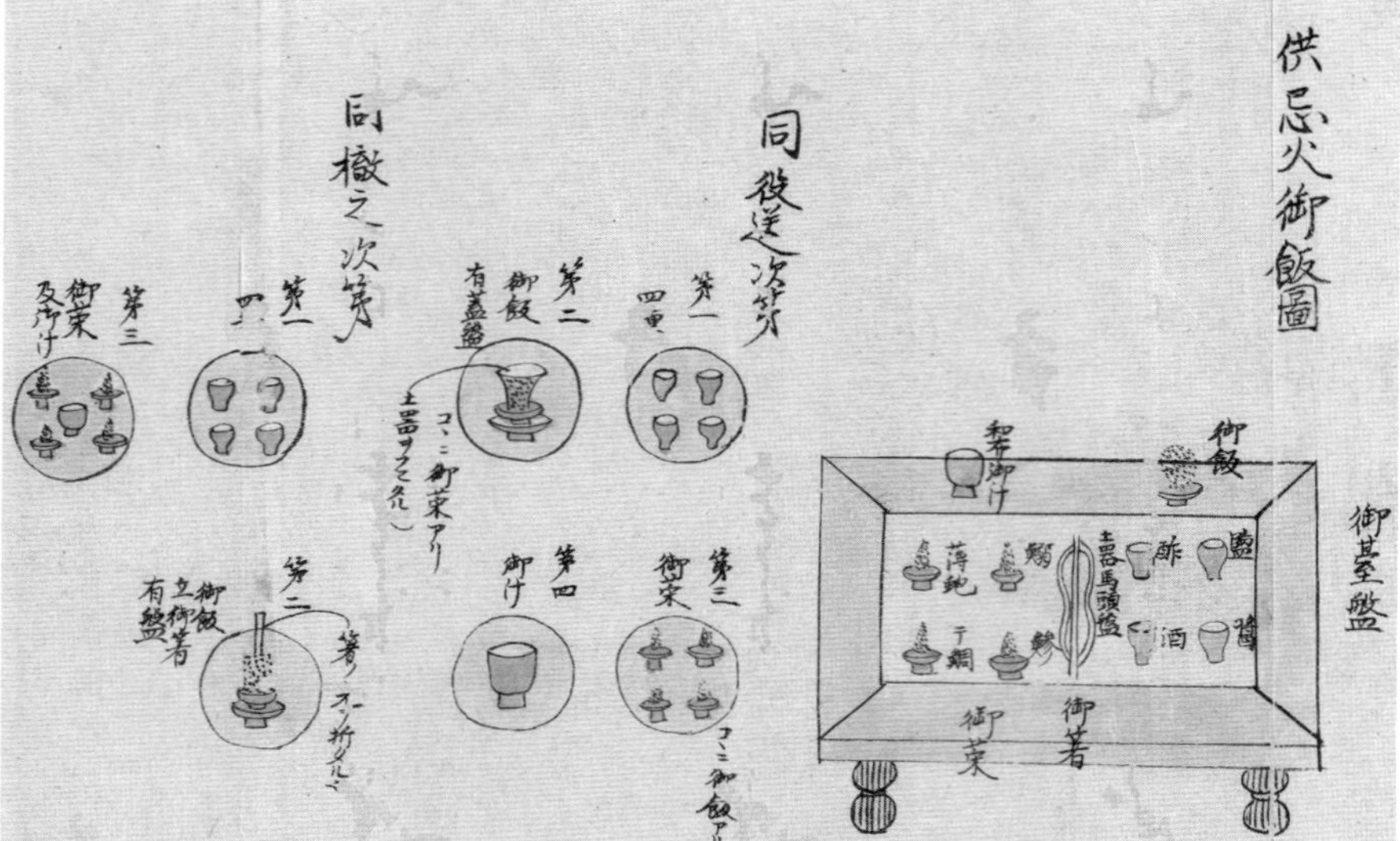

供忌火御飯図（『大嘗祭関係諸祭調度等図』より，國學院大學博物館所蔵）

天皇がみずからの穢《けが》れをこのような道具に移すことで、身体を浄化するという儀礼であった〔野口：一九九一〕。『年中行事秘抄』は、嵯峨天皇の不予（病気）を契機として弘仁五年（八一四）に同祭が成立したとしている。

③　御体御卜（ごたい〈おおみま〉のみうら）　忌火御飯・御贖祭は、親祭を控えた天皇がみずから直接関わる斎戒儀礼であったが、このころ神祇官では宮主や卜部によって、一日から九日まで御体御卜と呼ばれる占いが行われている。これは天皇の身体に対して、向こう半年間に神祇の祟りなどが起こる可能性がないかを判断するものである。その結果は十日に紫宸殿の天皇御前にて奏上される。祟りを起こすとされた神々へは、その対処として祓使が発遣される。その成立は『古語拾遺』の記述から孝徳天皇の白雉四年（六五三）とされており〔安江：一九七六〕、これは律令制による天皇の全国一律支配の開始と連動すると考えられている〔小倉：二〇一三〕。神今食との関わりの中での御体御卜の役割については、天皇が祟りの恐れなく、親祭を行うに相応しいかを判断するための占いと捉えられている〔岡田荘：二〇〇五〕。一方で、御体御卜が神今食より後に行われた事例などから、これを神今食の付属祭儀ではないとする見方もある〔木村：二〇一六〕。

④　大殿祭（おおとのほがい）　神今食に付随して、天皇の居所である内裏御殿に対して行われる祭祀である。また、神今食の斎行前後の神嘉殿に対しても行われた（『儀式』）。「ホガヒ」とは寿《ことほ》ぐ（言祝ぐ）意であり、居所の災害を予防し平安を予祝する機能があった。大殿祭は御門《みかど》祭とセットで行われ、宮殿造営にも関与していた忌部氏が、祝詞を微声で奏上して祭祀を主導していた（『延喜祝詞式』）。同祭は、令制以前の「一代一都制」に基づき、新帝即位に伴う宮殿新造を祝った「新室之《にいむろの》宴《うたげ》」の名残であると考えられている〔岡田荘：一九八〇〕。

以上は親祭を行う天皇の身体とその居住空間、および神事の場の潔斎に関する祭祀・儀礼であった。天皇は神事当日の早朝および神事直前にも、一日からの潔斎の仕上げとなる湯浴みをし、神聖な祭服に着替えて神事に臨む。一方でこれを支え、諸事に供奉する官人たちも当然、潔斎を行った。中祀である月次祭（神今食）の場合、神事の前日から翌日までは散斎《あらいみ》と呼ばれる軽い斎戒期間であり、官人たちは各々の政務を行いながら斎戒を行う。その中から占いで選ばれた官人たちが、神事当日に致斎《まいみ》というさらに重い斎戒を経て、神事供奉に専念した(「神祇令」『延喜式』四時祭上)。

天皇の行う斎戒が、官人とは異なり当月一日から行われることは、同じく天照大神を祭る神宮三節祭における神職の斎戒と同様で、両者に顕著なものであったという〔藤森：一九九〇〕。

成　立　月次祭の成立については、ほぼ同様の形式で行われる祈年祭の成立と比べて、その以前か以後かで説が分かれている。祈年祭以前に成立したとする説は、月次祭が令制以前に成立した神今食と関連していたことを根拠とする。この場合、祈年祭祝詞は月次祭祝詞に「御歳皇神《みとしのすめがみ》」に関する部分を加えたものということになる〔早川：一九七六〕。これに対して、月次祭の班幣行事自体に天皇の関与はないため、同列に扱うべきでないとの説もある〔森田：一九七七〕。一方で月次祭が祈年祭以後に成立したとする根拠には、大和の有力社が奈良後期になってようやく月次祭の班幣対象となったことなどがある。この場合、月次祭祝詞は祈年祭祝詞から「御歳皇神」部分を除いたものということになる〔岡田荘：一九九〇〕。

神今食の成立については、令制以後という説と以前という説がある。前者は「神祇令」にその規定がないことを主な根拠とする。また『高橋氏文』の霊亀二年(七一六)に関する記載の史料性を批判し、神今食が神宮月次祭における神饌の供進にならって、新たに月次祭班幣に付加して成立したとする〔黒崎：一九七八〕。対して後者は前者と比べて定説のように扱われている〔岡田精：一九七〇など〕。具体的なものとしては、『高橋氏文』の霊亀二年の記述を評価する説〔岡田荘：一九九〇〕、神今食と一体の御体御卜が令制以前から行われていたことを根拠とし、「神祇令」に記載がないのは天皇内々の祭祀であったからとする説〔藤森：一九九〇〕がある。これを補強するものとして、天平二年(七三〇)の「神今木」(『釈日本紀』に記載あり)と書かれた木簡が平城京跡から出土しており、『高橋氏文』の記載も再評価された〔西本：一九九六〕。

意　義　月次祭には、六月と十二月に神々に対して前半年間の報賽《かえりもうし》(お礼参り)をする意味があり(『年中行事歌合』)、また向こう半年間に向けての予祝の意味合いもあったとする(『令義解』)。その班幣の対象となるのは、祈年祭において案上幣を受ける神々三百四座であり、これは新嘗祭の班幣対象と同じである。しかし、百官を神祇官に集めて行うという月次祭班幣の性質上、神祇官のみで行われる新嘗祭より、むしろ祈年祭に近い構造であると考えられる。農事暦に沿った祈年祭と新嘗祭に、それぞれ豊作予祝と収穫感謝の意味合いがあったとすれば、暦法に沿った月次祭には、暦のサイクルを重視し、その中間点から前後の半年双方に向けて、予祝と報賽を行う祭祀であったと考えられる〔木村：二〇一六〕。

また神今食は、庶民が自邸で神を祭る「宅神祭」に類似するとの見方があり（『令義解』）、庶民も弦楽や舞、酒食で神霊を悦ばせていた（『類聚三代格』貞観八年〈八六六〉正月二十三日条）。神今食と十一月新嘗祭夜の親祭とはほぼ同様の次第であるが、新嘗祭が新穀を用いるのに対し、神今食は旧穀である点、また奉る神饌の枚手《ひらで》（皿）が、神今食は新嘗祭の半数であった点で異なる（『神今食次第』）。新嘗祭は一年、神今食は半年ずつを対象としていたことがわかる。神今食は他氏族の氏神祭祀と同様に年に二度行われたことや、新嘗祭と異なり天皇の神饌供進儀が中心で節会《せちえ》（公式の宴会）が伴わなかったことなどから、天皇が皇室の氏上として行う内々の祖霊祭であったと考えられている〔森田：一九七七、藤森：一九九〇〕。

『延喜式』では月次祭に関する条文中に神今食関連の規定も為されるなど、両者は関連が深かったとみられる。その関係性については、月次祭班幣が天皇の祖先祭である神今食に、畿内の大社の神々を参加させる意味があったとの見解がある〔岡田精：一九七〇〕。一方で、天皇や国家とはいえ他氏族の祭祀には直接的には関与できないことから、天皇祭祀である神今食斎行の日程に合わせて、幣帛を有力諸社に頒布し、国家のためにこれを間接的に祭ったという程度の理解も可能であろう。

変遷　月次祭は祈年祭・新嘗祭の班幣と同様、国家にとって重要な「四箇祭」と認識されていたが（『類聚三代格』寛平五年〈八九三〉三月二日条）、すでに九世紀半ばには祝部が幣帛を取りに来ない事態となっていた。その後、形式上は中世以降も存続していたが、応仁の乱により中絶すると、近世にも再興されることはなく廃絶した。なお、現在多くの神社において毎月（一・十五日など）に行われる月次祭は、大祭である祈年祭・新嘗祭とは異なり小祭であり、また名前は同じであるが宮中で行われた月次祭と直接の繋がりはない。

一方、神今食は九世紀末の『寛平御遺誡《かんぴょうのごゆいかい》』（宇多天皇）において、新嘗祭や九月の神宮例幣と併せて、天皇が必ず神嘉殿へ出御するべき神事とされた。しかし、中世には天皇の出御なく神祇官で行われることが常態化し、十三世紀の

『禁秘抄《きんぴしょう》』（順徳天皇）では、せめて一、二度は場に臨むべきと控えめに教戒されることとなった。その後、後花園天皇の御代に行われたのを最後に、応仁の乱で中絶した。江戸時代中期の元文二年（一七三七）、桜町天皇は神今食もしくは新嘗祭どちらかの再興を願ったが、翌三年に大嘗祭、五年に新嘗祭が再興されるも、神今食はその後も再興されることなく廃絶した。

〈参考文献〉

岡田精司「律令的祭祀形態の成立」『古代王権の祭祀と神話』塙書房、一九七〇
早川庄八「律令制と天皇」『日本古代官僚制の研究』岩波書店、一九八六（初出一九七六）
安江和宣「御体御卜に関する一考察」『神道祭祀論考』神道史学会、一九七九（初出一九七六）
森田　悌「祈年・月次・新嘗祭の考察」『解体期律令政治社会史の研究』国書刊行会、一九八二（初出一九七七）
黒崎輝人「月次祭試論」『日本思想史研究』一〇、一九七八
岡田莊司「大殿祭と忌部氏」『神道宗教』一〇〇、一九八〇
岡田莊司「天皇祭祀と国制機構」『平安時代の国家と祭祀』続群書類従完成会、一九九四（初出一九九〇）
藤森　馨「神宮祭祀と天皇祭祀」『古代の天皇祭祀と神宮祭祀』吉川弘文館、二〇一七（初出一九九〇）
野口　剛「御贖物について」『延喜式研究』五、一九九一
西本昌弘「八世紀の神今食と御体御卜」『日本古代の王宮と儀礼』塙書房、二〇〇八（初出一九九六）
中村英重「月次祭論」『古代祭祀論』吉川弘文館、一九九九
岡田莊司「天皇と神々の循環型祭祀体系」『神道宗教』一九九・二〇〇、二〇〇五
小倉慈司「律令制成立期の神社政策」『古代文化』六五―三、二〇一三
木村大樹「神今食を中心とした祭儀体系への一試論」『神道宗教』二四三、二〇一六

（木村大樹）

六　月

祇園御霊会・祇園臨時祭

（きおんごりょうえ・ぎおんりんじさい）

近世以前は祇園御霊会と称し、近代以後は祇園祭と呼ぶ祇園社（京都市東山区に鎮座する八坂神社）の祭礼。

祇園御霊会は、神祇祭祀の形態の一つである都市の祭礼、御旅所祭祀の起源とされている。旧暦の六月七日神輿三基が御旅所に渡御し、あわせて壮麗な山車《だし》と山鉾がひき出され、平安京中は公家から庶民まで熱気に包まれた。

旧暦六月七日に神輿迎え（お出で、現在は七月十七日夜）、六月十四日に還幸の祭礼（お帰り、現在は七月二十四日）がある。また現行の山鉾巡行の、前祭（七月十七日午前）と後祭（近年再興、七月二十四日午前）は、神幸祭前の神迎えと還幸祭前の神送りの行事にあたる。還幸祭は神霊のもっとも高まる時であり、その翌十五日、天皇御願の祇園臨時祭が行われた。

日本各地で行われる夏祭りの典型として出される山車や芸能の形式は、中世後期から近世の間に、城下町など地方都市の祭礼のなかに伝播・派生していった。

祇園社の成立　貞観十八年（八七六）、南都（奈良）の僧円《えん》如《にょ》が薬師像など仏像を安置する堂塔を建立したことを起源とする。そののち疫病が流行したため、勅使が遣わされ疫病が鎮まり、昭宣公《しょうせんこう》（藤原基経）は自身の邸宅を寄付して、精舎《しょうじゃ》（僧の修行場）となったとされる（『伊呂波字類抄』『社家条々記録』）。当初、観慶寺《かんぎょうじ》と呼ばれる寺院内に、仏堂と礼堂とともに神殿と礼堂からなる神仏共存の建築物が存在し、神殿には天神（牛頭天王《ごずてんのう》）・婆利女《はりにょ》・八王子が祀られ、祇園天神堂・祇園感神院《かんじんいん》とも称された。承平五年（九三五）には祇園寺（観慶寺）が定額寺《じょうがくじ》となり、延喜二十年（九二〇）には咳病を除くために藤原忠平によって「祇園」に奉幣・走馬《はしりうま》が行われる。これにより、疫病退散のために奉幣を受ける信仰施設として、祇園社の存在が明らかとなる。

祭礼の起源と展開　貞観十一年、疫病が流行したとき、疫病鎮圧を祈念し、卜部日良麿《うらべのひらまろ》が天皇の勅命によって、六月七日に長さ二丈の六十六本の矛を建てた（矛の数は諸国の数）。そして同月十四日には、京中の男子供と京外の農民が神輿を神泉苑《しんせんえん》に送り、この神輿が起源となる。この祭りを御霊会といい、毎年六月の七～十四日を祭礼日に定めたと伝える（『祇園社本縁録』）。

この前後、疫病退散の儀礼として御霊信仰が隆盛していった。とくに『日本三代実録』によると、貞観五年五月二十日に、清和天皇の命によって神泉苑に設けられた六前の御霊の前で行事が行われ、仏事と歌舞・音曲が奏され、疫気が除去された。こうした歌舞・音曲や相撲・騎射・演劇が庶民の間で盛大に催されるようになり、御霊会系統の祭礼が、都市祭礼の花形になっていった。

祭礼・報賽の対象となった御霊とは、特定の社寺に属する神仏ではないことを特徴としていた。これまで朝廷の関与する祭祀については、特定の祭祀の場に赴いて行うものであった。信仰される対象自体が移動可能である所に御霊信仰の特殊性があるともいえよう。また、京の貴族をはじめ都市民による見物・参加が、天皇から出される宣旨によって認められたことにより、規範を逸脱するような動的な祭礼形態も公的に容認された、ともいえる。のちの祇園御霊会において三基の神輿が御旅所に渡御するという、祭神の移動とそれに付随する祭礼行列は、御霊を慰撫するとされる御霊会系統の祭礼形態の特質とも共通していた。

平安時代の祭祀制において、二十二社のうち、多くの神社は、皇統及び平安京守護、もしくは天皇の外祖父母系の家の祭祀が公祭に発展し、二十二社へと列格している。しかし、北野社と祇園社においては、その創祀についても、祭神も、これまでの公家の神社祭祀とは異なる新たな展開を遂げており、朝廷とともに、とくに民間・庶民の信仰が基盤になって興隆していったという経緯をもっている。

御旅所の成立　祇園社の社家に伝来した『社家条々記録』によると、天延二年(九七四)六月、円融朝に祇園御霊会のための御旅所が設けられ、その敷地が神領として寄進されたと伝えられている。その祭礼区域は朱雀大路の東、北は二条の南から、南は五条の北までの、摂関家の土御門邸はじめ貴族の邸宅が建ち並んだ高級住宅街に位置していた。

御旅所とは、本社の境内より祭神が神輿渡御し、一定期間駐輦するための施設をいう。祇園社の御旅所としては、天延二年に大政所《おおまんどころ》御旅所(高辻東洞院《ひがしのとういん》)が、十二世紀前半、保延二年(一一三六)には、鳥羽院が少将井《しょうしょうい》(冷泉東洞院)の敷地を寄進し、少将井御旅所が設けられ、第二神輿が渡御するようになる。

この神輿渡御に付随して、華美な衣装の楽人が散楽する空車《むなぐるま》や、雑芸人による作り物が出されるなど、豪華を競った行列が都市民によって催された(『本朝世紀』)。貞観五年の神泉苑御霊会における、宗教的行事と芸能披露が一緒に行われていた祭礼形態を、ここにも見ることができる。

規模の拡大した祭礼に対して、藤原道長は制御・統制を加えることもあったが、還幸祭の翌十五日には、道長ら貴族諸家は祇園社参詣を行なった。

山鉾の巡行　祭礼の特徴とされる山鉾は、『社家条々記録』によると、保元二年(一一五七)六月に後白河院が鎌鉾三振を社家に下されたことが起源であると伝える。この鎌鉾の詳細な形態は不明であるが、祭礼において「天神の威儀」を増すために、勅によって造進されたものであった。鉾の役割とは、祇園祭礼の威儀を正すためとされる。こうした鉾から、さらに発展して、中世後期の応仁の乱以前には、ほぼ現在の形状の鉾と山の装飾になっていたことが確認できる。

近世に入り、天明の大火(一七八八)などで焼失した天岩《あめのいわ》戸山《とやま》の再建とともに、「山」から「鉾」へと形態を変化させた事例などをみると、山鉾の形状は時代と共に変化しつづけたものと考えられる。

平安末期に後白河院の命により、都の儀礼・祭祀を絵画化した『年中行事絵巻』のなかに、「祇園御霊会」が描かれ、蓮華王院宝蔵に収蔵されていた(現在は近世の写本が伝えられている)。

祇園御霊会(『岡田本年中行事絵巻』より，國學院大學博物館所蔵)

祇園祭礼の様子は、田楽の一団のあと、警備役の騎馬の乗尻《のりじり》、御幣、風流傘の女騎馬、市女笠《いちめがさ》を被る騎馬の巫女、そして舞楽の散手《さんじゅ》、太鼓、笛、獅子舞、神木、紙幣、鉾を持つ人々、牛頭天王（素戔嗚尊）を乗せた第一神輿が練り歩く。このあと、第二神輿の婆利女（櫛稲田姫命《くしいなだひめのみこと》）・第三神輿の八王子（八柱御子神《やはしらのみこがみ》）がつづく。

この絵図について、今宮御霊会の行列とみる見解もあったが、行列の神輿の順が鳳凰《ほうおう》・葱花《そうか》・鳳凰であり、神輿の後に駒形稚児《こまがたちご》が供奉しているところから、平安時代の祇園御霊会の様子であることが確定している。

また、後白河院は馬上役《ばじょうやく》を「洛中富家」に宛課している。天皇や貴族たちによって寄進されていた馬上役を洛中の富裕層に許すことで、都市民の恒常的な行列への参加を可能とした。

現在、目にすることのできる山鉾巡行は、平安時代中期にその祖型となる「御霊会」的芸能を伴う行列の形成と、院政期における祭礼の再編成による京中住人の積極的な参加の促進によって形成されたものであるといえよう。

近世から近代へ　祇園祭礼は、中世後期になると室町将軍家による行列見物と寄進が進められ、応仁の乱以前には、祇園祭礼の行列形式が調えられることになる。

中世後期、応仁元年（一四六七）の兵乱により祭礼は停止されたが、文亀二年（一五〇二）に復興する。以降は近世後期まで、延引はあるものの、継続していった。その後も大火などにより山鉾が焼失したことや、戦争などによる困難にも見舞われたが、そのたびに町衆・京都市民の祭礼に対する熱意によって祭祀は受け継がれ、山鉾巡行は世界遺産に選定された。

祇園臨時祭　十世紀中葉より、天皇・中宮をはじめ摂関家により病気を除くための幣帛や走馬・東遊《あずまあそび》の奉納が行われるようになり、天延三年（九七五）六月十五日には円融天皇病気平癒の報賽によって祇園臨時祭が行われる。賀茂・石清水・平野臨時祭につづく、特別の天皇御願の臨時（時に臨んで行う恒例のこと）の祭祀とされる。

平安後期に入ると、白河院が中心となって祇園御霊会催行のための経済的基盤の寄進がすすみ、祭礼行列に舞人や騎馬、公卿による馬長《うまおさ》も加えられた。

天治元年（一一二四）六月十四日には、崇徳天皇・白河院・鳥羽新院の殿上人の馬長七十余名が行列を先導するようになる。翌十五日には、祇園社に公家奉幣が発遣され、宣命が奏せられ、幣帛・走馬・東遊・神楽を奉納している。円融朝の天延三年以来、時に応じて八度確認できる天皇御願による祇園臨時祭の再興であり、このときから永式となった(『永昌記』)。

これにより、十四日の御霊会には都市民と朝廷による神輿渡御の祭礼行列、十五日は祇園社における天皇直轄の公的祭祀・臨時祭が年中行事として行われるようになる。以後、祇園臨時祭は恒例で行われたが、長禄元年(一四五七)を最後に記録から消える。

幕末の慶応元年(一八六五)祇園臨時祭が再興され、明治元年(一八六八)五月、神仏分離により祇園社は八坂神社に改称し、六月には八坂社臨時祭が行われたが、以後廃された。

〈参考文献〉

岡田莊司「平安京中の祭礼・御旅所祭祀」『平安時代の国家と祭祀』続群書類従完成会、一九九四
脇田晴子『中世京都と祇園祭』吉川弘文館、二〇一六(初出、一九九九)
松本昌子「平安時代の御霊会と都市祭礼」『國學院大學伝統文化リサーチセンター研究紀要』四、二〇一二

(松本昌子)

六月／十二月

大祓・御贖（おおはらえ・みあがもの）

古代律令国家の大祓　大祓とは、「神祇令」に規定された古代の国家的神事であり、国土の罪過を消除するために、毎年六月・十二月の晦日の夕刻に行われた恒例の儀礼である。「おおはらい」ともいう。「神祇令」大祓条に「凡そ六月十二月晦日の大祓には、中臣、御祓麻《はらえのぬさ》を上れ。東西文部《やまとかわちのふひとべ》、祓刀《はらえのたち》を上り、祓詞《はらえごと》を読め。訖りなば、百官の男女、祓所《はらえのところ》に聚り集れ。中臣、祓詞を宣え。卜部、解除《はらえ》を為よ」とあり、まず、天皇と百官の大祓の儀が規定されている。さらに、「凡そ諸国に須く大祓すべくは、郡毎に刀一口、皮一張、鍬一口、及び雑物《くさぐさのもの》等を出せ。戸毎に麻一条。其れ国造は馬一疋を出せ」とあり、天皇・男女官人・国・郡・戸あらゆる単位で恒例の大祓を行うことが制度化された。古代律令国家には、大祓を制度化し全国的規模で祓の儀礼を行い、定期的に国土から罪過を消除しようとする理念があった。

国家的神事としての大祓は、『日本書紀』天武五年（六七六）八月辛亥条の、「四方に大解除《おおはらえ》せしむ。用物は則ち国別に国造は祓柱《はらえつもの》を輸《いた》す。馬一匹、布一常。以外の郡司は各刀一口、鹿皮一張、钁《くわ》一口、刀子《かたな》一口、鎌一口、矢一具、稲一束、且つ戸毎には麻一條」という詔をはじめ、同十年七月、朱鳥元年（六八六）七月にも諸国で大解除が行われていることから、天武朝に整備されたと考えられている。

祓と罪　大祓が「神祇令」に規定されたことは、祓が律令国家にとって国土の保全のために必要な神事と想定されていたことを意味する。

祓については、正史である『日本書紀』神代巻上の第七段正文において、素戔鳴尊が高天原を追放される際、犯した罪過《つみ》を贖《あがな》うために千座置戸《ちくらおきと》を徴収される箇所と、髪や爪を抜かれて罪過を贖う箇所に、古代の祓の価値観があらわれている。すなわち、祓とは罪を贖う儀礼であり、罪を消すために千座置戸が科されている。祓の儀礼においては、罪を消除するために「千座置戸」と呼ばれる物品を供出することが必要とされたのである。「神祇令」の大祓条において、郡別に刀・皮・鍬や雑物を出し、戸別に麻を出すという規定は、罪を消除するために物品を供出するという古代の祓の価値観によっている。

祓に対応する罪については、『延喜式』祝詞の「六月《みなづき》の晦《つごもり》の大祓」において、「天津罪《あまつつみ》」「国津罪《くにつつみ》」として記されている。天津罪とは「畔放《あはなち》・溝埋《みぞうめ》・樋放《ひはなち》・頻蒔《しきまき》・串刺《くしざし》・生《いき》剥《はぎ》・逆剥《さかはぎ》・屎戸《くそと》」であり、これらは素戔嗚尊が高天原において犯した罪と解釈されている。また国津罪は、「生膚《いきはだ》断《たち》・死膚断《しにはだたち》・白人《しろひと》・こくみ・己が母犯す罪・己が子犯す罪・母と子と犯す罪・子と母と犯す罪・畜犯す罪・昆虫《はうむし》の災・高つ神の災・高つ鳥の災・畜仆《けものたお》し蠱物《まじもの》する罪」がそれにあたる。天津罪と国津罪の別については、賀茂真淵や本居宣長などが、素戔嗚尊が高天原で犯した罪を天津罪、それ以外を国津罪と解釈している。それを受けて、武田祐吉は天津罪を「古代から言い伝える罪、高天の原の物語以来の罪」、国津罪を「地上の世界で起こった罪、人間世界で始まった罪」と解釈する〔武田：一九五八〕。祝詞式が天津罪として挙げる八種の罪が『日本書紀』における素戔嗚尊の罪と重なる点を考えれば、天津罪と国津罪の淵源には区別があったと考えるのが妥当であろう。ただ、金子武雄が解釈しているように、律令期の段階でもはや「天」と「国」の罪に区別は見られず、その淵源・由来をわずかに示すのみである〔金子：一九五一〕。また石母田正は、天津罪と国津罪の罪には本質的な区別はないとし、素戔嗚尊を起源とする罪が天津罪であり、他はすべて国津罪にすぎないとしている〔石母田：一九六五〕。また、罪の語源については、本居宣長が『大祓詞後釈』のなかで、ツツム・ツツミの約言であるとし、病気や災難などの「恙＝障害」を指すとしている。

天津罪は、「畔放（＝田の畦を壊すこと）・溝埋（＝灌漑用の溝を埋めること）・樋放（＝灌漑用の樋を破壊すること）・頻蒔（＝種を蒔いた耕地に重ねて種子を蒔くこと）・串刺（＝耕地に串を刺して耕作権を侵害すること）」など、稲作の妨害に関する罪が多いのが特徴である。稲作に関する罪が天津罪であるのは、『日本書紀』神代巻下の第九段第二の一書において、天照大神が天忍穂耳尊《あめのおしほみみのみこと》に「吾が高天原に御《きこ》しめす斎《ゆ》庭《にわ》の穂《いなほ》を以ちて、亦吾が児に御《まか》せまつるべし」とする勅にあるように、稲が高天原からもたらされたとする伝承にも由来する。また、同段の第一の一書において天津彦彦火瓊《あまつひこひこほのに》瓊杵尊《にぎのみこと》の天孫降臨に従った天児屋命・太玉命・天鈿女命・石凝姥命・玉屋命の「五部神《いつとものおのかみ》」は、神祭のための神々である。右の一書によれば、天孫降臨の際に、稲作とそれに付随する祭祀・神事が高天原からもたらされたことになる。天津罪において農耕に関する罪が多いのは、農耕関係の諸事が高天原に由来するという伝承に対応していると考えられる。

また、千座置戸は「祓物《はらえつもの》」とも称される。延暦二十年

(八〇一)には、罪を軽重四種に分け、「祓料物」が科されている(『類聚三代格』巻一・科祓事「定准犯科祓例事」)。一等重い「大祓」にあたる罪は、「大嘗祭での闕怠《けたい》、斎《いみ》月において、喪を弔う・病を問う・刑殺を判ずる・決罰する・宍を食す・穢悪《えお》に触れる」ことである。祭祀の闕怠以外は「神祇令」の散斎《あらいみ》条に規定された禁忌と同様である。これらの罪に対して、「馬・大刀《たち》・弓・矢・刀子《かたな》・木綿《ゆう》・麻・庸布・鍬・鹿皮・猪皮・酒・米・稲・鰒《あわび》・堅魚《かつお》・雑腊《くさぐさのきたい》・塩・海藻《め》・滑海藻《あらめ》・食薦《すごも》・薦・坏《つき》・盤《さら》・柏・瓠《なりひさご》・楉《しもと》・席《むしろ》」二十八種の祓料物が科されたのである。次に重い「上祓」にあたる罪は、「新嘗祭・神嘗祭・祈年祭・月次祭・神衣祭などの闕怠、伊勢神宮の神職に暴力を振るう、御膳《みけ》物《もの》を穢す、諸祭の斎日において、六色《りくじき》の禁忌《きんき》を犯す」ことである。これに対し、大祓の祓料物から馬と猪皮を除いた二十六種が科された。「中祓」にあたる罪は、「大忌祭・風神祭・鎮花祭・三枝祭・鎮火祭・相嘗祭・道饗祭・平野祭・園韓神祭・春日祭の闕怠、物忌・戸座《へざ》・御火炬《みひたき》に暴力を振るう、物忌女を犯す、穢悪に触れたにもかかわらず御《ご》膳所《ぜんしょ》に預かる、斎日に祭事を担当する神職に暴力を振るう、六色の禁忌を犯す」ことである。「下祓」にあたる罪は、「諸祭を闕怠し、斎日に祭事を担当する神職に暴力を振るう」ことである。中祓と下祓に対しては、上祓料物から大刀・弓・矢・刀子を除いた二十二種が科された。

これらの祓料物は罪を贖うために科されたのであるが、勅には「其れ殴傷もし重ければ、祓浄の外、法によりて罪を科せ、斎外の闘打は律によりて科決すべし」とあり、闘打は、斎戒期間中であれば神事上の禁忌にあたり、祓の対象であるが、重傷の場合、もしくは斎戒期間外であれば犯罪であり、律によって処罰された。祓の対象となる罪とは神事上の禁忌を指しており、法によって裁かれる犯罪とは別の価値観が基になっている。大祓とは神事上の禁忌を犯した罪を消除する神事であり、「神祇令」においては、神事上の罪を消除するために祓物が科されたのである。

大祓制度化の目的　大祓が国家的神事として規定された目的は、「律令国家が神事上の罪を定期的に消除せねばならない理由」と同義である。国家には、神事上の罪を半年ごとに消す必要があった。大祓の起源としては、『日本書紀』の神功皇后伝承において、仲哀天皇が崩じた後、「群臣及び百寮に命《みことのり》して、以て罪を解《はら》へ過ちを改め」るために、祓が行われた記述が挙げられる。『古事記』においては、さらに罪の内容が詳しく記されており、「国の大幣《おおぬさ》を取りて、生剥・逆剥・阿離《あはなち》・溝埋・屎戸・上通下通婚《おやこたはけ》・馬《うま》婚《たはけ》・牛婚《うしたはけ》・鶏婚《とりたはけ》・犬婚《いぬたはけ》の罪の類を種々求ぎて、国の大祓して」とあるように、神への謝罪とともに、神事上の罪を消す祓が真っ先に求められた。そもそも仲哀天皇の崩御は、神教に従わないことによって引き起こされた「神の祟」であるとされ、神怒による災いとされた。その災いの最中に大祓が行われ、神の意志に従うために三韓征伐が行われるのである。また、履中紀においては、筑紫国の宗像神の祟りによって皇妃が薨じたとされ、その咎《とが》（＝神の祟りの原因）を究明すると、車持君《くるまもちのきみ》が勝手に百姓を検校した罪と宗像神の「充神者《かんべらのたみ》」を奪い取った罪と二つの罪があげられた。これにより、「悪解除《あしきはらえ》」と「善解除《よきはらえ》」が行われ、長渚崎《ながすのさき》で祓禊が行われた。そして車持君の財産は接収され、宗像神に奉じられたと記される。仲哀紀と履中紀に共通するのは、神怒による災いの最中に、祓が行われたという点である。

　罪と祟りとの関係については、平安時代初期に淳和天皇が不予におちいったとき、その原因を卜占に求めると、「先朝において稲荷神社の樹木を伐った罪が、今祟りとしてあらわれている」と結果が出る〔『類聚国史』天長四年〈八二七〉正月辛巳条〕。神社の樹木を伐採することに関しては、斉明紀に、天皇が造宮のために朝倉社の木を切り払ったところ、殿舎が雷で破壊され、鬼火があらわれて人々が病死し、斉明天皇の葬儀の際にも朝倉山に鬼があらわれたとある。古代において、神社の樹木の伐採が神事的に禁忌であったことは、孝徳紀にも、「仏法を尊び、神道を軽んじた〈生国魂社の木を伐採したのがそれである〉」と記載があることからも、当時広く受け止められていた観念であった。淳和天皇の不予は、神社の樹木を伐採するという神事上の禁忌・罪が、祟り・災害につながる可能性があるという価値観が示されている〔小林：二〇一八〕。

　つまり、神事上の罪は神祟・災害を引き起こす可能性があるものと考えられていたのであり、そのために律令国家は大祓を制度化し、半年ごとに罪を消除することで、災いの発生を防ぎ国土の保全をはかったのである。

平安期の大祓　平安期初頭は、律令期の大祓が踏襲されていたが、十世紀ごろから大きく変化していく。とくに特徴的なのは、清涼殿が大祓の執行場所になったり、内蔵祓が成立したりするなど、大祓が内廷化したことである。並木和子は、律令官人制や貴族社会の身分秩序の再編成が、大祓の変化を引き起こしたと指摘する〔並木：一九九〇〕。また並木は、人の罪穢を祓う儀であった大祓が、平安前期から中期にかけての穢の意識変化と祓の機能変化によって、場の穢に対する儀へと定着していく点にも触れている。罪と禊の差異については、金子武雄が、記紀神話においては罪と穢の相違が画然と意識されており、それぞれの対応する儀礼も異なると明確に主張した〔金子：一九五〇〕。さらに多田一臣も、罪に対応する儀礼が祓・解除、穢に対応する儀礼が禊であるとし、両者は本来その目的を異にするものであるとする〔多田：一九八一〕。そして、金子も多田も祓と禊が後代に混用されたと指摘したのである。清和朝から穢に対する臨時的な祓が頻出することから、九世紀半ば頃から、祓と禊の混用が進んだと考えられる。

天皇の大祓の儀「御贖」　令または式に規定される大祓の儀式を確認すると、「中臣が御祓麻を奉り、東西の文部が祓刀を奉り、祓詞を読む」とあるように、まず天皇の大祓が行われた。並木は、中臣の御祓麻の儀は日本の神祇信仰が基盤となっており、東西文部の祓刀・祓詞の儀は大陸の思想に基づくとし、両者の性格と目的は異なると指摘した〔並木：一九九〇〕。ただ、両者の目的については「災禍の除去」と「聖寿の長久」で共通すると考えるのが妥当であろう。

　天皇および中宮・東宮のために行われる祓の儀は、御贖、御祓、御贖祭《みあがのまつり》などと称されるようになる。六月・十二月の晦日に行われる「御贖」、毎月の晦日に行われる「つごもりの御祓」、六月・十一月・十二月の朔日から八日まで日別に行われる「御贖祭」、天皇一代一度行われる「羅城御《らじょうのみ》贖《あがもの》」などである。

　御贖の儀を『儀式』『延喜式』『江家次第』などの諸儀式書で確認すると次のとおりである。

①当日、宮主《みやじ》・神祇官史生・神部・中臣の官人・御麻《ぬさ》を持した卜部・横刀を執った東西文部・荒世《あらよ》を執った卜部・和世《にぎよ》を執った卜部が列を組み、神祇官から内裏へ向かう。このとき、宮主と荒世・和世の卜部は明衣《みょうえ》を着し、卜部は木綿鬘《ゆうかずら》をつける。

②次に宮内輔が御麻等を陳列し、一同は延政門外に候す。

③次に宮内輔が内裏に入り「御麻進らむと神祇官〈姓名〉御門に候すと申す」と奏し、中臣の官人を召す。

④次に中臣の官人は称唯し、文部・四国卜部を率いて参入し、宜陽門の南に控える。

⑤縫殿寮官人は、荒世（＝荒妙《あらたえ》の白絹）・和世（＝和妙《にぎたえ》の紅絹）の御服《みそ》（豆豆志余呂比御服《つつしよろいのみそ》）を持って内裏に参入し、内侍・縫司の女官と蔵人（『西宮記』では中臣女）を経て天皇に奉る。天皇は息吹をつけて返す。返された御服は、掃部寮が階下の席の上に置く。

⑥次に中臣が御麻を捧げ版につき、「参来《もうこ》」という勅語を

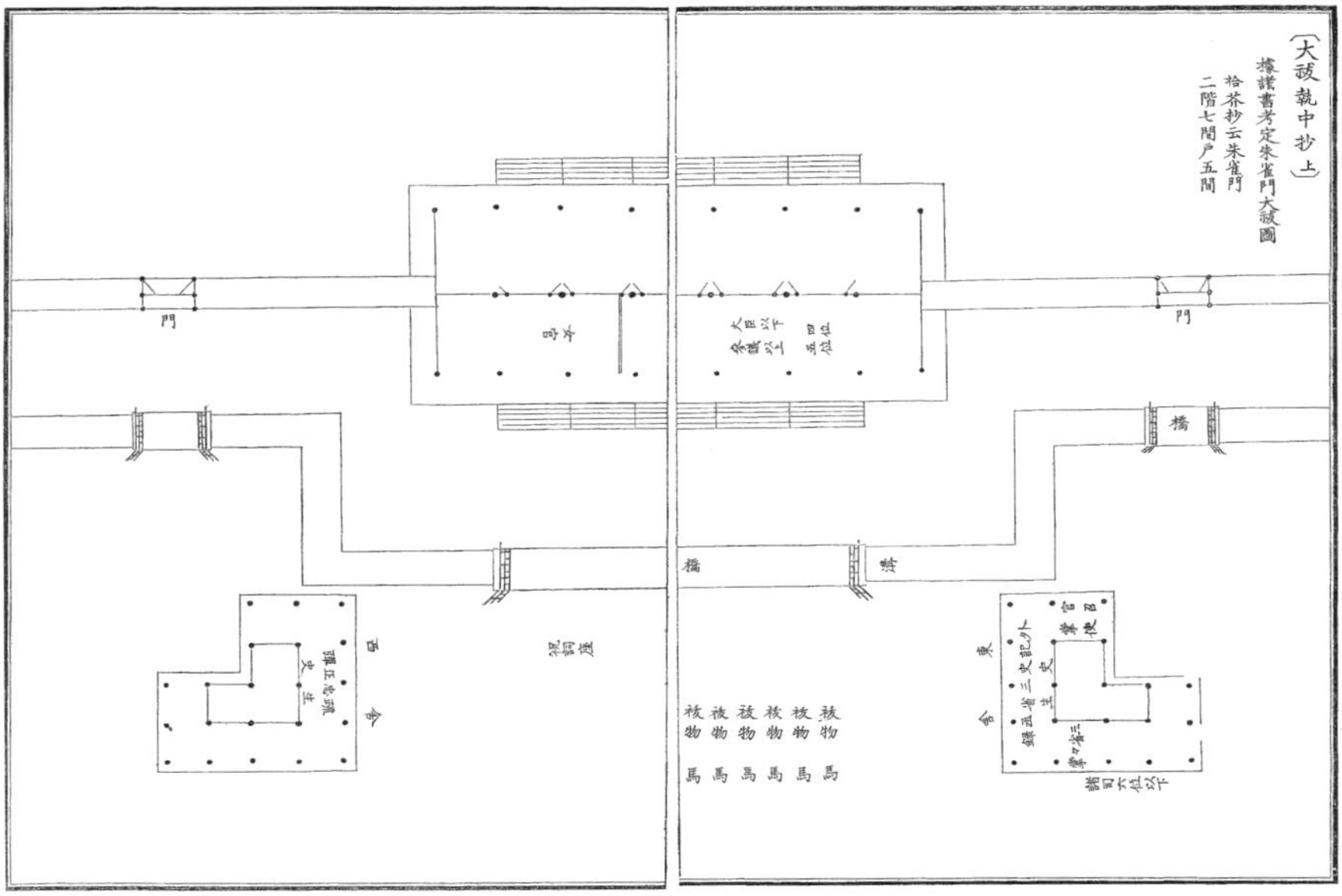

朱雀門大祓図（『大祓執中抄』より）

受けて階下に進み奉献し、中臣女が伝供して天皇〈中宮・東宮〉に奉る。天皇は御体を撫で、中臣に返す。中臣は御麻を卜部に授け、卜部は祓所で解除を行う。

⑦次に宮内輔が再び参入し、「御贖物進らむと神祇官〈姓名〉、大和・河内の文部、四国の卜部等を率いて候すと申す」と奏す。文部が横刀《たち》を捧持して版につき、「参来」の勅語を受け参進、横刀を中臣女を経て奉る。この時、漢音の祓詞を奏す。天皇は息吹をつけて返す。この儀は東と西の文部がそれぞれ行う。

⑧次に中臣が宮主と荒世の竹を執る卜部を率いて階下に進む。卜部は荒世御服が置かれた席に竹を置き、宮主は荒世の竹をほどき、中臣に渡す。さらに中臣女がその小竹の枝をもって五度、次のごとく天皇の背丈や寸法を量る。

(1)一本の竹で身長を量る。
(2)二本の竹で両肩から左右の足の爪先まで量る。
(3)二本の竹で胸の中心から左右の手の指先まで量る。
(4)二本の竹で両腰から左右の足の爪先まで量る。
(5)二本の竹で両膝から左右の足の爪先まで量る。

量り終えた竹は一々宮主に返された。

⑨次に宮主が坩を取り中臣に授け、さらに中臣女を経て天皇に奉られる。天皇は坩中に三度口気を放ち、宮主に返

す。一旦全員退出する。

⑩次に中臣が宮主と和世の卜部を率いて再び参入し、荒世の御服と同様の儀が行われる。

⑪この後、宮主によって河上で解除が行われる。

これら御贖の儀で用いられる御麻・横刀・荒世の御服・和世の御服・小竹枝は、贖物《あがもの》と呼ばれる。贖物とは「罪過を祓い清めるため、その代償として差出し、罪過の償いとした物品」と解釈されている。『延喜式』四時祭上には御贖として「鉄人像《くろがねのひとがた》・金装横刀《こがねづくりのたち》・五色薄絁《ごしきのうすぎぬ》・糸・安芸木《あきのゆ》綿《う》・凡木綿《おおしのゆう》・麻・庸布・御衣・袴・被《ふすま》・鍬・米・酒・鰒・堅魚・腊《きたい》・海藻《め》・塩・水盆《みずへ》・坩《つぼ》・坏《つき》・匏《なりひさご》・柏・小竹《しの》」が記されている。これらの贖物は、明衣を着した宮主と卜部によって天皇（中宮・東宮）に奉られ、祓を行なったのち、宮主等によって河に流し棄てられた。鉄人像や御麻は、御体を撫でることによって罪を移すもの、横刀は、その霊威によって御体の罪過や病禍を消除するものとそれぞれ考えられている。『延喜式』祝詞には、「東文忌寸部《やまとのふみのいみきべ》の横刀を献る時の呪《しゅ》」が載せられており、「銀人像を捧げて禍災を除くことを願い、金刀を捧げて帝祚（＝天皇の位）が延びることを願う」という主旨の言葉がある。天皇の大祓は、天皇の身体と皇位に降りかかる災いを消除する目的で行われた神事であるが、御贖の鉄人像・金装横刀や東文忌寸部の呪などから、外来思想の儀礼も取り入れながら形成されたと考えられる。また、中臣の女が小竹の枝で御体を測り、測り終わるとその小竹の枝を折り、荒世の御服・和世の御服にあて、御体の罪過や病禍を移したとされる。竹の節と節との間を「節《よ》」といい、その小竹の枝を折るところから、この行事を「節折《よおり》の儀」、中臣の女を「節折の命婦《みょうぶ》」と称するようになった。小松（藤森）馨は、節折の儀の成立について、延長六年（九二八）から天慶九年（九四六）の間に成立したとする〔小松：一九八八〕。このほかに、鉄や木の人形をおさめた壺が奉られ、天皇（中宮・東宮）はそれに息を吹きかけて病禍を移し入れるとされた。『日本書紀』において、素戔嗚尊の罪に対して髪や手足の爪を抜いて贖うとあるのは、身体の一部もしくは身に着けたものをもって贖うことと考えられ、それが河や海で祓うことで罪過を河や海に流し棄てるという儀に通じたと考えられる。

大祓の行事は、仏教・道教・陰陽道など外来思想の影響が多分にあったと指摘されている。ただ、並木が指摘するように、十世紀以降は陰陽道的祭儀などが貴族社会に普及したにもかかわらず、御贖においては、荒世和世の御服の儀や節折など神式の儀が行われ、陰陽道的儀式には転化し

恒例祭祀

ていかなかったのである〔並木：一九九〇〕。

日本古来の祓と罪過の観念と共通するように、御贖とは、禍災の可能性を事前に消除し、天皇の健康と皇位を保全するところに目的があった。

御贖は応仁の乱以降中絶し、再興されたのは明治四年（一八七一）のことであった。現在は、宮中の大祓は賢所前庭で行われている。

大祓の儀式　御贖の後、百官男女が祓所に集まり、中臣が祓詞を宣読し、卜部が解除を行なった。祓所は宮城の南路にあたる二条大路の朱雀門前である。式次第としては、当日の午刻に百官男女が悉く朱雀門の祓所に参集するのであるが、それに先立ち、神祇官は門前に祓物を陳設し、掃部寮の官人によって仗舎が整えられた。大祓は諸省寮にも細かい規定があり、大臣以下五位以上は壇上の東側、女官は壇上の西側に席が設けられ、外記、中務・式部・兵部の三省は東の仗舎、弾正は西の仗舎に席が設けられた。そして、見参の人数を記した目録が集められ、人数が申し上げられた。神祇官は五位以上に切麻を頒ち、その儀が終了すると、中臣が大路の南西に設けられた祝詞座において、大祓詞を読むのである。祓詞において中臣が「諸聞し食せ」と宣ると、参集した六位以下の者たちが称唯《いしょう》し、大祓は終了する。大祓で用いられた切麻などは、卜部によって河川に流し棄てられ、参集した百官男女は米・塩を賜わった。

大祓詞の変遷　『延喜式』祝詞によれば、大祓詞の構成は、「集わり侍る親王・諸王・諸臣・百官の人ども、諸聞き食えよと宣う」という宣読形式の言葉から始まる。そこで、雑々の罪を祓え清めることを「諸聞き食えよと宣う」と再び宣読を強調する。そして、次に罪が祓われる過程が述べられる。すなわち「天孫降臨によって国土を治めるなかで、高天原由来の罪と豊葦原水穂国の罪とが生じたため、宮中祭祀において、祓物と祓詞によって祓えが行われる。天神《あまつかみ》と国神《くにつかみ》が祓詞を聞き、国土からすべての罪が祓われる。祓われた罪は、瀬織津比咩《せおりつひめ》によって河川から大海原《おおうなばら》に持ち出され、速開津比咩《はやあきつひめ》が呑み込んで息吹戸主《いぶきどぬし》が根国《ねのくに》・底国《そこのくに》に吹き払う。さらに、根国・底国の速佐須良比咩《はやさすらひめ》が罪をなくしてしまうことで、罪が完全に消え失せた」という経緯である。そして、最後に、罪が消え失せたことを参集の諸人に宣り聞かせ、卜部に祓物を流し棄てるよう宣べるのである。

大祓詞の宣読者については、「神祇令」では「中臣」、『延喜式』四時祭上では「卜部」となっており、この問題をめぐって古くから諸説ある。ただ、平安時代初期の『古語拾遺』には「中臣祓詞」という語がすでに見えており、祓で唱えられる詞は中臣氏の大祓詞として当時から認識されていたと考えられる。

　平安時代以降、朝廷による公的な大祓は廃れていったが、その一方で、私的な祓の儀礼は盛んになっていった。私的な祓における儀礼では、中臣祓《なかとみばらえ》が唱えられた。もともと国家的儀礼として読まれる大祓詞は宣読体《せんどくたい》の形式で、参集した百官に宣り聞かせるものであったが、中臣祓は「中臣祭《なかとみさい》文《もん》」とも称され、神に対して奉読する祈願形式のものに変化していった。中世になると、中臣祓は伊勢流と卜部流とに分派し、神事における最重要儀礼の一つとなっていった。中臣祓は仏教や陰陽道の影響を受け、中世の特徴として神秘化されていき、さまざまな教義に基づいた注釈書が多数著された。その中で特に著名なものをあげると、初期両部神道による『中臣祓訓解《なかとみばらえくんげ》』『中臣祓注抄《なかとみばらえちゅうしょう》』、伊勢神道の荒木田《あらきだ》尚重《なおしげ》が著わした『諸祓集』や度会延佳《わたらいのぶよし》が著わした『中臣祓瑞穂抄』、卜部神道の吉田兼倶が著わした『中臣祓抄』、垂加神道の山崎闇斎が著わした『中臣祓風水草』などがある。

諸国の大祓　「神祇令」において、「凡そ諸国に須く大祓すべくは、郡ごとに刀一口、皮一張、鍬一口、及び雑物等を出せ。戸毎に麻一条。其れ国造は馬一疋を出せ」とあるように、大祓は国・郡・戸の単位でも行うことが想定された。

　三橋健は、『令集解』の古記に「天皇即位し、すべて天神地祇を祭る。必ずすべからく天下に大祓すべし。そのほかは臨時にあるのみ」とあることから、諸国の大祓が恒例でも臨時でも行われていたとする〔三橋：一九八四〕。その一方で、梅田義彦は、実際には諸国大祓はすべて臨時で行われ、その範囲は全天下もしくは畿内近辺など比較的狭い地域にとどまることもあったと述べる〔梅田：一九七四〕。古代律令国家の理念として、天皇や男女の官人、さらには国・郡・戸と全国的な規模で罪過を毎年定期的に消除することが想定されていたのであるが、諸国においては史料の僅少性から、その実態については不明な点が多い。

臨時大祓　「神祇令」に規定されるような恒例の大祓以外に、臨時的に大祓が行われることがあった。大嘗祭、斎宮・斎院の卜定・群行、疫病の流行、怪異、災異、仁王会などに際し、臨時の大祓が行われたのである。このうち、大嘗祭や斎王群行の祓は特に重視され、大祓使が八月の上旬と下旬に卜定され、それぞれ、左右京・五畿内・七道、左右京・五畿内・近江・伊勢に派遣された。

　恒例の大祓は朱雀門前で行われるのが基本であったが、

臨時の大祓においては朱雀門前のほか、内裏南門の建礼門前、八省院東廊などで行われた事例も多い。国史や儀式書、古記録によれば、天長年間から臨時大祓の事例がみえ始め、このときすでに「南庭」や「建礼門南庭」「建礼門前」で行われたことが確認できる（『日本紀略』天長三年正月壬申条・『同』天長七年八月辛未条・『同』天長三年七月乙亥条）。これらの大祓は、失火・斎王の伊勢参入・掖庭における犬死の穢が対象である。このときの失火は災異・怪異として捉えられていた可能性が高く、貞観年間（八五九～七七）には、失火は穢と見なされるようになる（『日本三代実録』貞観十六年十二月十一日乙丑条）。死や触穢は「神祇令」散斎条にも神事上の罪として規定されているが、それはあくまでも祭祀に臨む際の一定期間であった。平安時代に恒常的に触穢を避ける価値観が生まれ、それが臨時大祓の増加につながったと考えられる。

　国史によれば、文徳朝までの臨時大祓は服喪、即位、斎王・斎宮に関連したものがほとんどであった。大嘗祭に際しての大祓は朱雀門前で行われたが、その他は建礼門前で行われることが多かった。貞観年間からは、それに加えて触穢の祓が急増する。大嘗祭に際しても、朱雀門前のほか、「八省院東廊」「建礼門前」などが確認されるようになる。臨時大祓の場として建礼門前が成立した背景については、三宅和朗が長岡京の段階で内裏が朝堂院から分離した影響が大きいと指摘する〔三宅：一九九〇〕。また三宅は、建礼門前の臨時大祓は内裏内の浄化を目的としたものとも指摘する。人ではなく空間を対象とした祓が多い点が臨時大祓の特徴の一つであろう。

　十世紀半ばになると、八省院東廊での大祓の事例が『日本紀略』に頻出する。三宅は、建礼門前の臨時大祓の代替であると指摘する〔三宅：一九九〇〕。さらに疱瘡の流行に際しては、紫宸殿・建礼門前・朱雀門前の三ヵ所にて臨時大祓が行われており、その厳重さから、当時の疱瘡に対する恐怖の一端がうかがえる。

　さらに天慶年間（九三八～四七）頃から、仁王会に際して臨時大祓が行われるようになる。これは仁王会の前日に建礼門前で行われていたが、十世紀末の正暦年間（九九〇～九五）からは八省院東廊下で行われるようになった。仁王会に際しての大祓は、宮中における神仏隔離の意識が根底にあると推測されるが、その実態は不明である。

中世以降の大祓　平安時代になると国家的神事としての大祓は次第に廃れていき、応仁の乱以降廃絶した。近世の元禄四年（一六九一）に復興されたが、それは国家的な儀礼ではなく、吉田家が内侍所清祓《ないしどころきよはらえ》と称して、その西庭で行なったにすぎなかった。大祓の意味自体もわからなくなっていたらしく、吉田兼連《かねつら》（のちに兼敬《かねゆき》）は大祓と清祓とを混同した見解を残している。

明治四年（一八七一）に旧儀が再興されると、国民にも大祓を修めさせようという理念のもと、同五年六月、儀式次第が府県に達せられた。大正三年（一九一四）三月には、内務省訓令で官国幣社以下の神社における大祓式が定められ、これが現在でも各神社で踏襲されている。伊勢の神宮においては、六月十二月の大祓のほか、祈年・月次・神嘗・新嘗の各大祭の前月晦日に五十鈴川のほとりで祓を行なっている。

民間においては、中世ごろから六月の大祓を夏越祓《なごしのはらえ》や水無月祓《みなづきのはらえ》と称し、茅の輪をくぐったり水辺で祓を行うようになった。

〈参考文献〉

金子武雄「天津罪国津罪考」『国語と国文学』二七―八、一九五〇

金子武雄『延喜式祝詞講』武蔵野書院、一九五一

武田祐吉校注「祝詞」『古事記　祝詞』（『日本古典文学大系』一）岩波書店、一九五八

石母田正「古代法の成立について」『古代法と中世法』（『石母田正著作集』八）岩波書店、一九八九（初出一九六五）

梅田義彦「臨時大祓考」『神道の思想』二、雄山閣出版、一九七四

多田一臣「天津罪・国津罪と「大祓詞」」『語文論叢』九、一九八一

三橋　健「大祓研究序説」『神道史論叢』国書刊行会、一九八四

小松　馨「『清涼記』と『西宮記』の節折条の成立について」『大倉山論集』二四、一九八八

並木和子「大祓の構造と変遷」『神道学』一四六・一四七、一九九〇

三宅和朗「古代大祓儀の基礎的考察」「諸国大祓考」『古代国家の神祇と祭祀』吉川弘文館、一九九五（初出一九九〇）

青木紀之『祝詞全評釈　延喜式祝詞　中臣寿詞』右文書院、二〇〇〇

小林宣彦「「樹伐の罪」と「稲荷神の祟」について」『朱』六一、二〇一八

（小林宣彦）

六月／十二月

鎮火祭（ほしずめのまつり）

概　要　鎮火祭は「ちんかさい」とも読む。神祇官の卜部《うらべ》により、毎年六月・十二月、都市に被害をもたらす火災を予防するために、宮城の四隅で行われたとするが、史料上の斎行は確認できない。京《みやこ》の四方で行われる道饗祭《みちあえさい》とともに、条坊制都城（碁盤の目状に区画された都城形式）の成立とかかわりの深い祭祀と考えられる。

斎行日は道饗祭と同日とされるが諸説ある。『小野宮年中行事』は具体的な期日を記さず（ただし六月二十五日の「任左右相撲司事」についで記す）、『師遠年中行事』は六月晦日（十二月は具体的な期日を記さず）、また他儀式書は「吉日」などとし、一定ではなかったとみられる。摂関期の『御堂関白記』（藤原道長）では六月二十日・十二月二十日、院政期の『台記』（藤原頼長）等では六月・十二月晦日を祭日とするようになっている。両祭ともに元来は六月下旬に祭日を卜定《ぼくじょう》して行われていたものが、時代が下ると卜部が従事する大祓と同日の斎行とされたと思われる。江戸時代末期の『標注令義解校本』（近藤芳樹）は当日の斎行順を大祓→道饗祭→鎮火祭と理解している。

儀式次第　『延喜式』で祝詞や祭料は規定されているものの、式次第は不明である。『公事根源』は火災予防のために、卜部が火を打ち宮城の四隅で祭祀を行ったこと、その間に「秘術」が多くあったことを述べており、『令集解』にも「火を鑽《き》りて祭る」とあることから、宮城四隅において実際に火を使った儀式が行われていたと考えられる。祭料についても藁、水を汲む瓢《ひさご》（ひょうたん）、火を消す道具となる海藻（川菜）をはじめ、その他の土器・供え物の数量に四と定められたものが多いことから、祝詞で描写されるとおりの所作を四ヵ所で行ったのではないかと推測される。

また卜部は亀卜《きぼく》など忌火《いみび》を用いる祭祀を主たる職掌としてきた氏族であり、祭儀の成立自体に密接にかかわっていると考えられている〔工藤：一九九二〕。

祝　詞　前段は神話の描写であり、その後に祈願の言葉が述べられる形式をとる。また記紀にある火の神の神話の前に、天孫降臨神話を付加し権威づけがなされていることも特徴的である。記紀神話部分には脚色があり、使用される言語にも平安時代のものが見られることから、後世の成立または改変を受けていると考えられている〔青木：

一九七〇〕。

しかしながら、火の神の扱いについて「心悪しき子」と繰り返しながらも、尊称をつけ神格化している点など、精霊を支配するという古代呪術的な側面を残しつつ、神として祈願の対象とする宗教的側面を持つ、つまり古い精神性を残す祝詞であるという分析もなされている。また、実際に火を消す様子を描いていることからも同様に呪術性をみることができ、もともとの祭儀に関しては古代のものがあり、祝詞に関しては後世に整えられたと理解できよう。

祭神については、火の神とする説〔青木：一九七〇ほか〕、荒びた火の神を鎮める他の神とする説〔武田：一九二八〕と解釈はいまだ分かれているが、祝詞においては明確に述べられている。①「悪しきもの」とされる対象、②それを対処する神または存在、③捧げものとして次に挙げる。

①火結神《ほむすびの》（の心が荒びること）

②水の神（匏を持つ）・埴山姫《はにやまひめ》（川菜を持つ）

③幣帛・御酒・鰭広物・鰭狭物・奥海菜・辺海菜・和稲・荒稲

祝詞では後述の道饗祭と同様、直接①に祈願するのではなく、②に対し③を用いて①を鎮めていただくという形式をとっており、この点からも祝詞は比較的後世に体裁を整えられたと考えられるのである。

特徴と変遷　道饗祭とともに、宮城（道饗祭は京城）の四方で行われること、六月・十二月に斎行されることから、天皇を中心とした政治の場である宮城（京城）を空間的・時間的に清浄・安全に保つために、都城の成立とともに令制で整備された、いわゆる「都城祭祀」と位置づけられる。

八世紀前半の下野国（栃木県）国府跡から「鎮火祭」と書かれた木簡が出土していることからも、これら防火の祭祀は条坊制のひろがりとともに各地方の国衙（国府の政庁）で斎行されていたようである〔中村：一九九九〕。

その後の都城祭祀は、やがて時代的な変化のなかで陰陽道祭祀の隆盛と、穢れから距離をとっていく神祇祭祀の範囲縮小によって衰退していく。さらに時代が下ると、類似した陰陽道祭祀である「四角四堺祭《しかくしかいさい》」と混同されるなど（『公事根源』）、実質的には姿を消していった。

〈参考文献〉

武田祐吉「祝詞宣命研究」『日本文学講座』新潮社、一九二八
青木紀元「火の神」『日本神話の基礎的研究』風間書房、一九七〇

工藤　浩「鎮火祭の起源」『新撰亀相記の基礎的研究』日本エディタースクール出版部、二〇〇五（初出一九九二）
中村英重『古代祭祀論』吉川弘文館、一九九九

（船井まどか）

六月／十二月

道饗祭（みちあえのまつり）

概　要　厄神・疫神が京内に入らぬよう、京城の四隅で神祇官の卜部が毎年六月・十二月に行なった祭祀である。祝詞では八衢比古《やちまたひこ》・八衢比売《やちまたひめ》・久那斗《くなと》の三神を祀るとする（『延喜式』祝詞）。

初見史料は『続日本紀』天平七年（七三五）八月乙未条であるが、疫病流行により長門国（山口県西部）以東の諸国での斎行を命じた臨時のものであり、「神祇令」に規定された道饗祭としては『御堂関白記』寛弘二年（一〇〇五）三月二十一日条までみられない。

斎行日は鎮火祭と同日とされるが諸説ある。律令の注釈書である「穴記」には六・十二月の晦日に行うこと（『令集解』）、『年中行事秘抄』『師遠年中行事』では六月晦日（十二月については記さず）、『年中行事抄』は吉日を撰ぶとしている。

儀式次第　式次第は不明であるが、「饗《あへ》」とは飲食のもてなしをする意である。『令集解』には京城の外から入り来る鬼魅《きみ》（鬼や化け物）を京城四隅の路上で祭りもてなすことで、その侵入を防ぐ祭祀であると書かれている。

ただし、もてなす対象については、祝詞の内容も含めて解釈の分かれるところであり、『令義解』が鬼魅を饗応するとする一方、「令釈」（令の注釈書）は獣皮で鬼魅を追い払うとしている（『令集解』）。平田篤胤はチマタ（道の分岐点）に鎮座する神へのもてなしが本来の意だとし（『古史伝』）、賀茂真淵は『令義解』の説を採る（『祝詞考』）。さらに祝詞では、前述の三神を祀ることで疫神を祓っていただくという、鎮火祭祝詞と同様の形式になっているのである。

また、祭料についても特徴的で、「令釈」では牛・鹿・猪などの獣皮が定められている。恒例祭祀で牛皮・猪皮が祭料に挙がるのは道饗祭だけであり、大陸的要素が指摘されている。『延喜式』四時祭ではこれに熊皮が加えられていることから、後述する祝詞の整備と同じく、卜部によって祭儀内容も整えられていった可能性が考えられる。

祝　詞　『延喜式』祝詞では、八衢比古・八衢比売・久那斗の三神を饗応することで、疫神を祓っていただく内容となっている。この三神は記紀に見られないが、岐神（道の分岐点などに祭られ、邪霊の侵入を防ぐ神）とされている。これら三神についての解釈も諸説あり、平田篤胤は、伊邪那岐神が黄泉国で伊邪那美神に追われた際に黄泉平坂を塞いだ石が八衢神であり、これを二柱に分けたものが八衢比古、八衢比売であるとする。また久那斗は、黄泉国から帰った伊邪那岐神が禊をするときに投げ棄てた杖から成った衝立船戸神《つきたつふなとのかみ》とした(『古史伝』)。

その成立は、使用語句などから鎮火祭祝詞と同様に比較的新しいとされ、少なくとも後世の改変を受けていると考えられている。

大陸的要素との関連としては、瀧川政次郎が八衢比古、八衢比売を中国の城隍神(都城守護の神)がもとであり、陰陽道の神道化によって発生した神とし、陰陽道の四角四堺祭も道饗祭と同じ性質の祭であると述べたが〔滝川：一九六七〕、城隍神が祈雨を目的として祭られることに対して道饗祭は鬼魅と疫病の侵入防止を目的とする祭祀であること、また中国には羅城(都市を取り囲む城壁。中国の都城は羅城と呼ばれる壁で囲われていた)の四方の道路において行われる祭祀が見られないという指摘〔楊：一九八九〕がなされている。ただし、近年の発掘成果により、わが国でも都城制の初期においては羅城が一部存在したことが確認されており、都城を(物理的に)囲うという概念が、都城祭祀の成立に作用した可能性は考えられよう。

また、鎮火祭祝詞と同様、天孫降臨神話による権威づけもなされており、前半部分は御門祭祝詞と相似している。祈年祭祝詞にも同様の特徴があることから、御門祭祝詞をもとに祈年祭祝詞がつくられ、これら二つの祝詞を補綴してつくられたのが道饗祭祝詞であろうと考えられている。

成立過程　『続日本紀』には、宝亀年間(七七〇～八一)に諸国に疫病が流行し、疫神祭を行うよう命じた記事が多くみられ、国家として疫病への対策が大事となっていた。衛生状態も悪く人口の密集した都市の生活においては、一度そのような疫病が侵入すれば被害は大きく、また都の中心には天皇がおられることからも、予防祭祀を行う必要性が生じたのである。

恒例祭祀は国史に残されないことが多いため記録が少ないが、都城の四隅で斎行されるかたちでの道饗祭は、条坊制を導入した初めての都である藤原京(六九四～七一〇)で開始されたと考えるのが妥当であろう。藤原京はもともと四つの古道(下ッ道・中ッ道・横大路・山田道)が交差する地にあり、四隅がすでにチマタとして機能していた〔和田：一九八五〕ことからも、ごく自然な形で行われたと考えられる。

また考古学的見地からも、藤原京では下ッ道路面の東西溝から人面土器(藤原京期と推定)が、平城京では九条大路路面の前川遺跡の井戸から人面土器や多量の土師器の食膳具など（八世紀前半）が出土し、道饗祭での饗応跡とされている〔巽：一九九三〕。

　道饗祭の起源は、その名称のとおり、道の祭祀あるいは道が交差したチマタの祭祀であり、都城制以前の境界祭祀が淵源であることは間違いないだろう。平川南は、平成十一年（一九九九）に前期難波宮北西隅から出土した陽物形木製品について、ともに出土した木簡から大化四年（六四八）前後のものであり、百済での道の祭祀に酷似した、吊り下げる形式で行われた道饗祭の存在を指摘している〔平川：二〇〇八〕。また、「追い遣る」という概念については、長岡京（七八四～九四）の四周にある遺跡、とくに京外への流れを示す流路で行われた祭祀跡から、都の鎮護・防御だけでなく、ケガレを外に出す祭祀が行われた可能性が論じられている〔久世：一九九二〕。

　都城研究の見地からは、小澤毅らが、藤原京は平城京以後の日本の都城とも、同時期の中国の都城とも違い、中国の儒教経典である『周《しゅ》礼《らい》』考工記に書かれた理想の都、つまり正方形の都城の中央に宮を置き、一辺に三つずつの宮城門をつくるという構造であったとしている。発掘調査の進展が待たれるところではあるが、この場合、後に述べるような天皇を中心とした同心円的構造が、視覚的にも一層明確となる。

　実際に周礼型都城が採用されなかったとしても、そのようなプランを含め、理想的な都城建設を国家規模で実現すべく試行錯誤していた時代に、中国の律令をもとに我が国独自の祭祀を明文化し、整備していったものが律令祭祀である。この国家事業の両輪によって、既存の境界・道の祭祀が都城祭祀として整えられたと考えられよう。

祭祀構造　鎮火祭・道饗祭のような境界の祭祀は、陰陽寮の行事を含め、ほかにも複数、律令に定められていた。これには、次の図のような天皇を中心とした同心円的構造が見られる。

　これら境界祭祀の先行研究は以下のように分類できる。①宮中から京外へケガレを追いやり、外部から来る鬼魅や

図　境界の祭祀の天皇を中心とした同心円的構造

天皇身辺	⇩	内裏	⇩	宮城	⇩	都城	⇩	畿内
		四面御門祭		鎮火祭 宮城四隅疫神祭 土牛童子・追儺		道饗祭		畿内堺十処疫神祭

火神を防ぐ祭祀とする説〔和田：一九八五〕

②宮城―京城―畿内堺への同心円的拡大をする空間構造の祭祀とする説〔中村：一九八三、前田：一九九六〕

③同心円的構造を持つ境界祭祀であり、天皇の身辺から外へ向かって行うとする説〔鬼塚：一九九五〕

④宮城を結界化する空間的対応と、年二回の恒例祭祀という時間的対応により、「宮―京」の二重の結界化を行い、不成形な京城であった都城制を補完する祭祀とする説〔宍戸：二〇〇七〕。

このように同心円状の複数の境界、年に二回という時間的な対応と併せて、そして神祇官・陰陽寮が重層的に祭儀を執り行うことで、都市ひいては天皇の身辺の清浄化・結界化を万全にしようとした。それほど、都市への疫病の侵入は脅威だったのである。

また、陰陽寮行事の追儺は、すでに宮中にいる鬼を追い出すという事後対応の行事であるが、一方の道饗祭では京外から来る鬼魅を防御し未然に追い返す予防祭祀であり、その点からも重層的と捉えられよう。

このほか臨時祭の八衢祭、宮城四隅疫神祭、畿内堺十処疫神祭などが、道饗祭と類似した性格を持つ。

このように複数存在した祭祀もやがて時代が下ると、鎮火祭と同様、陰陽寮行事の隆盛とともに衰退の道をたどっていくのであった。

〈参考文献〉

瀧川政次郎「羅城祭と道饗祭」『京制並に都城制の研究』（『法制史論叢』二）角川書店、一九六七
前田晴人「古代国家の境界祭祀とその地域性」『日本古代の道と衢』吉川弘文館、一九九六（初出一九八二）
中村英重「畿内制と境界祭祀」『史流』二四、一九八三
和田　萃「夕占と道饗祭」『日本古代の儀礼と祭祀・信仰』中、塙書房、一九九五（初出一九八五）
酒向伸行「疫神信仰の成立」鳥越憲三郎博士古希記念会『村構造と他界観』雄山閣出版、一九八六
楊　永良『日本古代王権の祭祀と儀式』私家版、一九八九
久世康博「長岡京祭祀の一側面」『竜谷史壇』九九・一〇〇、一九九二
巽淳一郎「都城における墨書人面土器祭祀」『月刊文化財』三六三、一九九三
鬼塚久美子「古代の宮都・国府における祭祀の場」『人文地理』四七、一九九五
宍戸香美「鎮火祭・道饗祭にみる都城の境界」『寧楽史苑』五二、二〇〇七

平川　南「今に生きる地域社会」『日本の原像』（『全集　日本の歴史』二）小学館、二〇〇八

（舩井まどか）

八月

北野祭・北野臨時祭

（きたのまつり・きたのりんじさい）

淵源と祭日　北野祭の淵源は、北野社（京都市上京区の北野天満宮）の創建当初である平安時代にさかのぼる。菅原道真の伝記『菅家御伝記』には、第六十六代・一条天皇の御代である永延元年（九八七）八月五日に「北野聖廟祭祀」として北野祭が初めて執り行われたことがみえる。その際には「掛けまくも畏き北野に坐す天満宮天神」との宣命が奏上されており、「天満天神」の称号がここに始まったとされる。北野社は元々官社ではなかったものの、その祭祀は日を定めて執行され、朝廷からの幣帛に預かる祭りだった（『政事要略』巻二十二）。当初は私祭だったものが、のちに公的な性格が付与されて「公祭」に位置づけられたことがうかがわれる。

　祭日は八月五日であったが、永承元年（一〇四六）に前日の八月四日に変更された。これは、八月五日が第七十代・後冷泉天皇の母・嬉子《きし》の忌日と重なり国忌《こき》となったためであった（『師遠年中行事』）。このほか、北野社が比叡山と関係を結んでいたことから、院政期には強訴《ごうそ》などの山門の状況によって北野祭が延引・中止されることもあり、鎌倉期以降にも祭日の変更は散見される。

公祭化と藤原氏　平安時代の早い段階で始まった北野祭が公祭に加えられたことには、北野社の創建事情と一条天皇の即位とが関係している。

　周知のごとく、北野社で祀られている天満天神は、平安時代の文人貴族・菅公こと菅原道真である。第五十九代・宇多天皇の信任を得て右大臣にまで異例の出世を遂げるも、次代・醍醐天皇の昌泰四年（九〇一）に、左大臣・藤原時平の讒言《ざんげん》によって大宰府に左遷され、延喜三年（九〇三）に同地で没した。

　その後、同二十三年の皇太子・保明《やすあきら》親王の死やさまざまな怪異・天変地異が菅公の霊と結び付けられるようになる。さらに天慶五年（九四二）、右京に住む多治比奇子《たじひのあやこ》へ託宣が下って菅公の神霊の奉斎が始まり、天暦元年（九四七）のころには近江国比良宮の禰宜である神良種の子・太郎丸へも託宣が下り、北野の地へ移して祀られるようになったという。こうした、いわゆる御霊信仰の興隆も相まった流れのなかで、藤原氏もまた、早い段階で天満天神に対して社殿造営などを行い、崇敬するようになっていく。

　このなかで永延元年七月一日、一条天皇の母で摂政・藤原兼家の娘である詮子《せんし》のもとに天神の託宣が下る。その内容は破損した北野社社殿の修繕を求めるものだったが、託宣時に殿上にいた殿守司《とのもりのつかさ》が変死したことから、兼家は菅公を畏れ、その年の内に社殿を修繕したという〔山本：一九八〇〕。冒頭に触れた、北野祭で「天満天神」の勅号が奉られるのは、この一月後である。

　一条天皇の御代における北野社への崇敬は強く、天皇が七歳で即位した寛和二年（九八六）七月の翌月に執り行われた北野祭に際して、菅原氏の者を奉幣使に立てて「神宝・東遊《あずまあそび》・走馬《はしりうま》」が奉られている。これは天皇「御願」の臨時祭に相当する形式であり、北野祭に公的性格が付与されたことを意味する。北野祭の公祭化は、幼帝の玉体を道真の霊から護るために詮子と兼家の主導のもとに進められたものであり、永延元年の一連の託宣・変死が大きな影響を与えたと考えられる〔岡田：一九九二〕。

　祭儀の概要・次第　当初の北野祭がどのようなものであったか。詳細はうかがえないものの、たとえば『天神記』（建久三年〈一一九二〉書写）によると、北野社の神輿は西ノ京の御旅所に巡行しており、八月四日に神輿が北野社に還幸した際には、老若男女が皆「たな心（掌、手のひら）」を合わせ、神輿が拝殿に入ると、僧侶の錫杖《しゃくじょう》の音が神威の高まりに華を添えたという。さらに『北野事跡』（建保年間〈一二一三〜一九〉成立）によれば、この時に獅子舞や鼓・笛があり、奉幣後には神馬が引き廻されての十列《とおつら》（十頭の馬による競馬《くらべうま》）が行われ、法会ののちには相撲があったという。このことから、北野祭は神仏習合を特徴とし、現在の西ノ京への神輿巡行を伴う御旅所祭祀であったことがうかがえる。

　さらに同史料によれば、北野祭は「公家の御沙汰」「大蔵省のつとめ」であったという。この祭りに官人が関与する例は貴族の日記など多くの史料から散見される。

　北野祭の神輿については、神輿の穢れの先例として天仁二年（一一〇九）八月一日の例が挙げられた記録があり（『百錬抄』建久三年八月一日条）、少なくとも天仁二年には北野祭に先立って神輿を迎える祭儀があったことがうかがえる。神輿は嘉応元年（一一六九）には二基あったようで（『兵範記』）、建保六年（一二一八）には神輿は二基で「天神」と「三所」があったと記されている（『百錬抄』）。この「三所」は「三王子」とも称されるが、『北野天満宮史料　古記録』所引で長享二年（一四八八）に書かれたと伝わる『神記』に

北野臨時祭舞人走馬之図(『公事録』附図より，宮内庁書陵部所蔵)

は、「三所皇子」として敦実《あつみ》親王(宇多天皇の子)、英明《ふさあきら》(宇多天皇孫で斉世《ときよ》親王の子)、斉世親王(宇多天皇の子、道真の娘婿)の名が挙がっている。

このほか時代は降るものの、たとえば室町時代の明徳二年(一三九一)の例は、比較的詳細に祭儀をうかがい知ることができる(『北野天満宮史料　古記録』「三年一請会引付」)。なお、この時代、北野祭は室町幕府が経済面を含めて主導していた〔三枝：二〇〇七〕。以下、概要を見てみたい。

まず八月一日、神輿が出御する。神楽や獅子舞、田楽などが奉られ、神輿と老松《おいまつ》殿に「餝神供《かざりじんく》」が奉られる。「餝神供」とは、大宿禰神人《おおすくねのじにん》(製織を業とする神人、神人《じにん》は神社に仕えていた庶人)によって調製され、神輿などに施される荘厳な織物加工品を膳に載せたものと考えられる〔西山：二〇一五〕。

その後、神輿が発御する。西ノ京の神人による第一の鉾(一御鉾《いちのみほこ》)の参列を待って出発し、途中で大宿禰神人の鉾(保々御鉾《ほぼのみほこ》)も加わった渡御列は御旅所を目指す。この時、大蔵省からの御幣《ごへい》が供えられ、社頭は侍所《さぶらいどころ》によって警固される。御旅所到着後、二日・三日の両日には大座神人《おおざのじにん》(北野祭のために京の出入り口で短冊と交換に北野社への上分を徴収していた牛飼)によって「御燈《みあかし》」が奉られる。

四日には神輿が還御し、御幣が奉られる。翌五日には御霊会《ごりょうえ》が行われ、獅子舞・田楽・舞楽・相撲などが奉納される。続く六日には、僧侶によって法華経を講説する法会(山門八講)が修められた。

また、北野祭に先立って、少なくとも鎌倉期には具体例がみられる「三年一請会」という儀式があったという。これは天暦三年に始まったとされ(『北野宮寺縁起取要』)、三年に一度、神輿を点検して必要な部分を修復するとともに、荘厳具《しょうごんぐ》などを調えるものだったとされる。

国家の大事と臨時祭　北野社では臨時祭も斎行されることとなる。臨時祭とは天皇個人の「御願」により「時に臨みて」執り行われる祭りである。北野社においては前述のように、一条朝でその形式が見られたものの、年中行事としては、第九十二代・伏見天皇の正応二年(一二八九)七月十二日に「東遊・走馬」が奉られたことに始まるとされる(『二十二社註式』)。たとえば元弘元年(一三三一)には北野祭と同日に執り行われており、奉納する馬に乗る童を天皇が御覧になる「馬長御覧《うまおさのごらん》」も予定されていたようだった。この年、翌日には十列もあり、かつては猿楽も付き従ったという(いずれも『花園天皇宸記』)。

臨時祭が始まった正応年間は、前代・後宇多天皇の御代での文永・弘安の役(元寇)に加え、臨時祭を始めた正応三年には三月に賊が宮中に侵入して伏見天皇の玉体を脅かす事件も起こっている。北野臨時祭の成立は国難とも呼べる時期を克服するためのものであったと位置づけられる。

こののち、臨時祭は応仁の乱頃を境に史料の記述が見えなくなり、中断したものと考えられるが、はるかに降って幕末の元治元年(一八六四)十一月、第百二十一代・孝明天皇の「御願」によって再興される。

幕末の臨時祭の大要を『北野臨時祭次第行列』からみていくと、以下のとおりである。

まず祠官(神職)以下が神前に進み、奏楽のなか神饌を供する。そののち「内蔵寮《くらりょう》御幣」をはじめとする行列が祓いを受け、南鳥居から参入ののち、勅使が昇殿して宣命を奏上して、祠官に渡し、祠官が神前に奉納する。続いて幣帛が奉られ、祠官が返祝詞《かえしのりと》を奏す。その後、御馬が引き廻され、東遊が奏されたのち、中庭で神宴が開かれる。

当時の宣命では、北野臨時祭を再興した要因について開国と禁門の変・長州征伐が挙げられており、安穏ならざる国内外の状況は正応年間との類似性をうかがわせる。

今も続く祭祀　現在、北野祭は例祭として八月四日に斎行されているが、神輿渡御はない。西ノ京の御旅所へ渡御する祭祀は、十月一日神幸、四日還幸の瑞饋《ずいき》祭において執り行われている。野菜などを神輿の形にした瑞饋神輿が有名で、これは応仁の乱で途絶えていたものを復興したとされる。

北野祭は現在も、北野天満宮の最も重要な祭りであり、皇室の繁栄と国家安泰、五穀豊穣、人々の無病息災が祈られている。天満天神は平安時代以来、学問・芸術の神として親しまれているが、古来、国家鎮護の神という側面も有してきたのである。

〈参考文献〉

山本信吉「永祚元年二月藤原兼家奏上について」『摂関政治史論考』吉川弘文館、二〇〇三（初出一九八〇）
岡田荘司「平安中期における祭祀制の展開」『平安時代の国家と祭祀』続群書類従刊行会、一九九四（初出一九九二）
三枝暁子「北野祭と室町幕府」『北叡山と室町幕府』東京大学出版会、二〇一一（初出二〇〇七）
西山　剛「室町期における北野祭礼の実態と意義」瀬田勝哉編『変貌する北野天満宮』平凡社、二〇一五

（伊東裕介）

八　月

石清水放生会（いわしみずほうじょうえ）

概　要　石清水八幡宮は貞観元年（八五九）四月に、大安寺の僧、行教《ぎょうきょう》が宇佐八幡に参詣し、七月に都の近くに移座すべしとの託宣を得て、山城国男山の峰に勧請され、同年九月十九日に朝廷は木工寮権允《もくりょうごんのじょう》橘良基《たちばなのよしもと》を勅使に遣わし、六宇の宝殿（三宇正殿・三宇礼殿）の神殿創建に着手し、「三所御躰《さんしょごたい》」を安置した（行教『石清水八幡宮護国寺略記』）ことに始まる。同宮は創建当初からきわめて公的性格が濃く、行教を「祈勅使」として差遣することや、木工寮という国家公的機関が関与して神殿の造営にあたるなど、その背景には清和天皇の外祖父である藤原良房の意志が働いていたとみられる。皇位継承を認証する宇佐の神の霊威をうけ、都の近くに神霊を迎えて、天皇擁護の神とし、さらには王城鎮護の神として位置付けられた。

王城鎮護の神として朝廷から崇められた賀茂と石清水は、伊勢に次ぐ大社とされ、九世紀末以降、賀茂臨時祭・石清水臨時祭が天皇「御願」祭祀として設定されたほか、両社は神社行幸の対象社としても重視され、十六・二十二社に預かる厚遇をうけた。恒例祭祀の放生会が後三条天皇の延久二年（一〇七〇）に公祭に位置付けられると、賀茂祭をも凌ぐ地位を築いていった。

その祭祀は神事を基本にしながら放生の仏事を加えたもので、公祭としては異質ともいえるが、摂関期から院政期への推移の時期に、天皇外戚神ではない後三条天皇の意向を反映した「御願」祭祀として成立する。しかも、公祭としての儀式次第は、他の祭祀と比べると、きわめて複雑であり、男山の山麓の宿院（下院）に降った御輿（神璽）に対して、公家の儀礼、社家・寺家の神事・仏事を盛大に執行することで、宇佐から当地に勧請したときを再現する。清和天皇を擁護する神として、皇位継承の守護を掲げて出現する神としての威光の再現ということができる。

石清水放生会は文明十六年（一四八四）より中絶（並木・一九九五〕、延宝七年（一六七九）に大嘗祭・賀茂祭よりも早く、伊勢の例幣についで再興されている。なお明治元年（一八六八）に中秋祭と改称、さらに同十七年には平安朝以来の旧儀に戻って男山祭と称し、祭日が九月十五日に改められた。大正七年以後は石清水祭と改称して現在に至る。

祭祀構造　石清水放生会の祭祀構造は大きく①公祭、②放生会、③神幸祭に分けられ、それが儀式のなかで融合されている点に特色がある。石清水放生会は賀茂祭との共通点も多く、その祭儀を祖型にしているが、王朝行事として高度に儀礼化されていった賀茂祭に比べて、祭儀に行幸の儀式を取り入れ、六衛府を繰り出した盛儀としている。儀礼としては神事の形式ながら、外見は放生会の仏事に彩られ、神仏習合最盛期の時代に相応しい公家儀礼と位置付けられた。同じく後三条朝に公祭化された日吉祭（項目「日吉祭」参照）も神仏習合に関係深く、時代思潮を反映していたといえる。また、神霊が移御するいわゆる御旅所祭祀の形式も取り入れられている。

十五日の祭儀に先立ち、十四日に勅使上卿以下が出発する。その行装は、行幸に劣らぬ威儀を正し、宣命にあるとおり、神社行幸に準じた最高の公祭としての扱いをうけている（『年中行事秘抄』）。朝廷から参向する官人は上卿（納言）・参議・弁・外記・史・史生・官掌ら太政官人と、六衛府の左近衛府・右近衛府・左衛門府・右衛門府・左兵衛府・右兵衛府、そして馬のことを官掌する左馬寮・右馬寮の諸司が供奉し、三基の内蔵幣を奉じていた。公卿のなかから選ばれ、公卿分配に預かった上卿は、祭祀運用が滞りなく進むように、弁・史・外記などの太政官機構を指揮し、公祭の祭祀を統括する。太政官構成員の上卿一員のほか参議が加わる祭祀は、賀茂祭と石清水放生会の二儀式のみである〔岡田：一九九三〕。

①公　祭　祭儀は十五日の上院行事から始まる。男山山頂の本社を中心に御輿出御のために一社独自の神事が行われる。御輿に神璽を移す秘儀が、禰宜・俗別当《ぞくべつとう》ら社家側の神事として斎行される。寅一刻（午前三時ころ）、御輿所大行事の打つ鐘の音を合図に俗官・神人らが参集し、供奉する神人の名前が読み上げられる。ついで乱声《らんじょう》（雅楽の曲の一つ）があり、禰宜は莚《むしろ》を持ち、中御輿の前に敷く。俗別当が神前に着座して祝詞を申すと、御殿司が本殿に入り、三所の御璽を御輿に移す所作がある。ついで、行列が整えられ、石段を下って下院に向かう。行列は、巡検使、火長陣衆、御捧物・御装束唐櫃四合、預禰宜、師子二頭、御前掃、大御鉾持、林邑楽人、近衛陣衆、神宝取物小童、従僧、駒形童・陪従などについで、一御輿、御綱引、荷輿丁、侍人（俗別当・権俗別当・権神主・禰宜）御殿司、御輿預禰宜、威儀御馬、御鞍預禰宜が連なる。二御輿、三御輿も同様である。後陣巡検使がこれに続き下院に向かう。

祭儀の中心となる下院では、上院の鐘の音を合図に下院

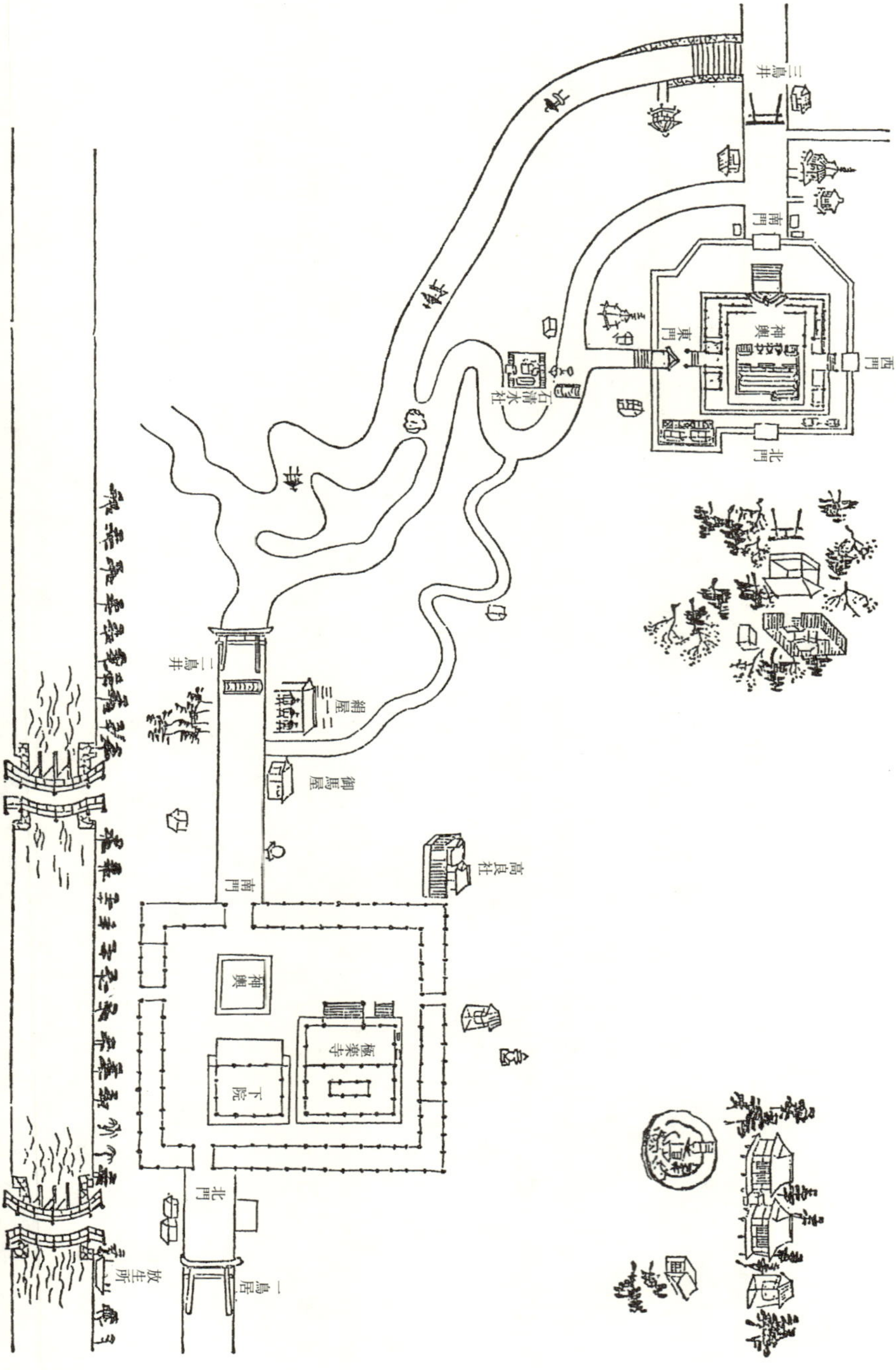

石清水八幡宮概観図（近世）（岡田荘司『平安時代の国家と祭祀』より）

の楽人も準備に入り、乱声する。前日から参向している勅使上卿・宰相・弁・史・外記らは礼堂（極楽寺）に着く。ついで勅使上卿以下、南門を出て絹幕に包まれた仮設の絹屋殿まで出向いて御輿を迎える。この絹屋殿から下院までのわずかの距離が行幸の儀式に準ぜられた（『石清水八幡宮放生大会記』）。御輿が、絹屋殿に着御すると、奏楽・僧衆行事がある。

上卿以下が、下院（宿院）前の舞台西へ戻り列立すると、御輿が神幸して舞台に安置される。ついで神璽を宿院に移す。宿院に神璽を移すと、神事仏事が、連続して執行される。上卿以下、礼堂の座に着く。供花十二瓶・小供十二杯・御装束・捧物を献供する。禰宜三人、御幣（内蔵幣）を御殿の前に立てる。御供を奉ったのち、内蔵寮官人の持参した三本の官幣を禰宜が請け取り神前に供え、神主の祝詞奏上と拍手三度があって、上卿もこれに応じて拍手を三度する。神主、舞台の上にて祝詞を奏す。この間、公家の御馬十列を乗尻《のりじり》近衛舎人によって曳く。祝詞奏上が終わると南大門を出て河原において馳せる。

宣　命　使　祭儀の順序としては放生会の後となるが、公祭の要素として宣命使の内蔵助《くらのすけ》（内蔵寮の次官）が、宣命を神主に渡し、神前に納めるという次第がある。十五日、内裏に宣命の上卿、内記らが出仕して、放生会宣命を天皇に奏し、宣命使が遣わされる。宣命使となる内蔵助は、宣命を預かり石清水へと向かう。内廷の財政機関である内蔵助を宣命使として発遣する公祭は賀茂・石清水の二祭に限られ、天皇直轄祭祀としての性格が濃厚である。宣命使の内蔵助は下院の北門より入る。神前の神主は内蔵助より宣命を受け取り、神前に献じる。十四日の勅使参向のほか、十五日の祭祀日当日にも、宣命奏の儀を経て内蔵助を発遣していることは、賀茂祭に準じた重儀としたものであり、内蔵助が遣わされることも、意図して同格の官人を派遣したものといえよう。祭日を発遣日としているのも、祭祀重視の現れである。

当初の石清水放生会の宣命は内侍を通して内蔵助に渡されたが、白河上皇以降、宣命の上卿より陣座で渡されることに変わった（『中右記』寛治六年〈一〇九二〉八月十五日条）。そこでは内侍の関与はなく、蔵人方の催しにより執行され、公卿をはじめ、太政官機構の主導で儀式は進められている（『中右記』承徳二年〈一〇九八〉八月十五日条）。十五日発遣の宣命使は、当日午後から夕刻にかけて遣わされる例が多く、下院（宿院）に御輿が渡御している間に、宣命使が到着して宣命を神前に納める。十四日に出発する上卿以下に宣命を託するのではなく、祭祀の日にとくに宣命使を立てていることに重い意味が含まれていた点は、他の公祭にはみえない特色といえる。

②放生会　大行道、導師・咒願が高座に登り礼仏、衆僧惣礼がある。(以下、仏事略)導師が正月以後放生会目録を読み、この間に神前に鳥、放生川に魚を放す。続いて賀殿・万歳楽・延喜楽・長保楽の勅楽が奏される。さらに、東遊・舞楽が続き、関白家の神馬が奉納される。乗尻《のりじり》には(騎手)、馬允・兵衛尉、御使諸大夫があたる。相撲十七番(相撲長近衛府)・奏舞が行われる。放生会と称される所以は仏事に併せて行われる放生の儀式にある。神事・仏事についで芸能など神賑行事が日中続く。

③神幸祭　日が暮れる頃、再び御輿三基の行列は山麓から男山山頂へと進み、山上に還幸してゆき、神事の作法により、本社に遷座する。御輿は上卿以下、下殿に列立すると、三所の御輿を舞殿に据え、俗別当が祝詞を奏上する。導師が表白した後、御輿に神璽を移す。酉刻(午後六時ころ)、遷御登山して山上の幣殿に安置する。このとき、諷誦、俗別当による祝詞の奏上がある。御輿を外殿に寄せ、御殿司ら神璽を内殿に移し奉る。

宣命の内容　『朝野群載』巻十二に掲載の宣命では、①延久二年から始まった石清水放生会に、②納言、参議、弁、外記、史、諸衛等を差遣すること、③その形式は、行幸の儀に準じて供奉させること、④放生会前後あわせて三日間を奉仕させること、⑤内蔵助を差遣して幣帛を奉ること、⑥天皇の宝位長久と皇位の守護、天下国家の平安を祈念することが奏されるように、毎年恒例の宣命にも、行幸に準じた儀式で行うことが強調されている。

後三条天皇は自身の日記に「旧御願」に基づいて放生会を公的な重儀としたことを書き綴った。行幸に準じて斎行させたことは、祭祀重視の意向を示している。このような重儀になった理由には、東宮時代以来の皇位継承に関する御願について、延久元年三月の即位を報告する石清水行幸の往復にあたり乗輿が損壊するという事態(『扶桑略記』『百錬抄』)が起こったことも関係している。清和天皇以来の皇位継承を認証する神社への行幸に際して、不慮の事故が起こったことは、皇位に就いたばかりの後三条天皇にとって、畏怖の念を高め、重儀として公祭化することに十分な理由となりうる。

成　立　石清水放生会(現行の九月十五日の勅祭・石清水祭)の成立は、貞観三年(『八幡宮寺縁事抄』)、同五年(『宮寺旧記』)、同十八年(『日本三代実録』巻二九、八月十三

日条）など諸説あるが、石清水宮の神殿が創建された貞観年間の早い時期に、一社の沙汰（寺家沙汰）による放生会が宇佐宮に倣って始められた（『政事要略』二三）とされる。

放生は仏教の不殺生戒《ふせっしょうかい》に基づいて、魚鳥類を山野池川に放ち供養する作善（善行を積むこと）の一つであり、「放生」の儀は天武五年（六七六）八月条にみられる（『日本書紀』巻二九）。養老四年（七二〇）に九州の隼人の反乱鎮定ののち、宇佐の神の託宣をうけて宇佐八幡放生会が始まり、これが石清水へと伝播した。創祀の当初から清和天皇の守護神的性格が濃厚であり、朝廷側の積極的な関与のもとで成立した石清水は、宮寺組織の拡充、恒例祭祀の定制など、整備過程を辿るとともに、庶民からの信仰も集めるようになる。

公祭化の過程　石清水放生会が、一社の沙汰から公的性格が加えられたのは、天暦二年（九四八）の放生会の延引を契機とする。放生会が執行されないことによる長雨の祟りが、神祇官・陰陽寮の御占の結果に出たため、朝廷が関与することとなり、十月十四日に八幡宣命使の発遣、翌十五日に放生会が斎行された（『九暦』）。応和元年（九六一）の放生会には、村上天皇の中宮安子による守平親王（のちの円融天皇）の成長の報賽を目的とする中宮奉幣が行われている（『日本紀略』）。中宮安子の石清水に対する信仰は、安和元年（九六八）の冷泉天皇による石清水臨時祭の斎行や、天禄二年（九七一）円融天皇による石清水臨時祭の恒例化と石清水神社行幸へと引き継がれ、石清水放生会の公祭化の土壌が整えられた。天延二年（九七四）の放生会に雅楽寮が節会に準じて音楽を奏し、左右馬寮・左右近衛府は毎年交互に祭祀に預かることになった（『日本紀略』）天延二年八月十一日条、『親信卿記』八月十一日条）。十五日の放生会には、祭使の左近中将源正輔によって幣帛が奉られている（『日本紀略』）。朝廷諸司の関与する節会に準じた形式に整えられ、幣帛が奉られる（恒例化には至っていない）ことにより、公的性格が強まったのである。

放生会の公祭化は、延久二年の放生会に際し、諸儀行幸に准じて上卿以下を発遣したことから始まる（『宮寺縁事抄』放生会京官参事）。このときの宣命に、大菩薩の冥感（仏が人々の願いを感じ取ること）によって皇位が継承されたとあるとおり、石清水八幡が皇位継承に関わる社であったことが、公祭化の最大の理由であった。延久二年から、上卿・参議をはじめとする勅使が立ち、その祭儀は、宣命にも述べられているとおり、従来の公祭を凌ぐ行幸に準じた重い形式で行われた。

特　徴　石清水放生会は、神霊勧請の神事儀礼に、放生の仏事儀礼を加えて成立している。前述のとおり、その祭祀構造は大きく①公祭、②放生会、③神幸祭に分けられ、それが儀式の中で融合されている点に特色がある。公祭とは朝廷が公的な地位・立場から関わることであり、上卿・弁・外記らの太政官機構が行事するものである。春日祭・園韓神祭・大原野祭・平野祭・梅宮祭・日吉祭・賀茂祭・吉田祭などのなかでも、春日祭・賀茂祭は別格であり、石清水放生会の祭使団の編成はこれに近い。後三条天皇の意向を反映した御願祭祀として成立した点にその特徴がある。

宣命において後三条天皇は、東宮時代に皇位に就くことを祈願し、その報賽のための儀礼として始められたことを挙げている(『宮寺縁事抄』)。ここから上卿・参議をはじめとする勅使が立ち、その祭儀は、行幸に準じた重儀で行われるようになる。この祭祀は神事を基本にしながら放生という仏事を加えた神仏習合最盛時代にふさわしい公家儀礼として成立した。山上から山下に降り祭祀を受けるという形式もまた当時の京中祭礼として形成され始めた御旅所祭祀の形式を取り入れており、時代に即した儀礼構造を持つ祭祀であった。

変　遷　室町時代中期以降になると、その斎行に支障が生じ始めた。室町中期以降の石清水放生会の延引記事をみていくと、神人や延暦寺僧による訴などが多くみられ、神人層の強訴や祭儀妨害により延引したことがわかる。これは石清水に限らず、各社の祭祀の延引事由にも通じている。石清水では特にこの神人層の祭儀への参加が、斎行にあたり不可欠要因であったためである。また、寛正年間(一四六〇～六六)に入ると天変地異や飢饉、疫病の流行による朝廷ならびに室町幕府の経済状況逼迫のため、朝廷の儀式の多くが中絶する。この状況のなかで、石清水放生会への上卿の参加も、寛正六年以降途絶され、蔵人所「社家の沙汰」の御教書《みぎょうしょ》を発行する形式となる。やがて文明十六年の還幸の儀を最後に中絶することとなった。二百年近く経た延宝六年に江戸幕府から助成金が石清水に支給され、再興の運びとなるが、東福門院和子の崩御、諒闇期間と重なったため、朝廷による参加は翌延宝七年からとなった。それ以後、石清水放生会は朝廷祭祀の一つとして、幕末まで斎行されることになる〔並木：一九九五〕。

明治元年(一八六八)の神仏分離令により、八幡大菩薩号から八幡大神への改称、神前に魚味を供すことの禁止、宿坊の廃止など、仏教的色彩の濃厚なものが排除される。このような動きのなかで、明治四年に官幣大社に列せられ、男山八幡宮と改称。大正七年(一九一八)に石清水八幡宮の呼称が復活した。これに伴い、石清水放生会の呼称も明治元年に中秋祭、明治十七年に男山祭となる。大正七年、石清水祭とされ、祭日は明治十七年に九月十五日と改められてのち、現在に至る。

(黒澤　舞)

〈参考文献〉

岡田莊司「石清水放生会の公祭化」『平安時代の国家と祭祀』続群書類従完成会、一九九四(初出、一九九三)
並木昌史「延宝七年　石清水放生会の再興」『國學院雑誌』九六―七、一九九五

九　月

神嘗祭発遣儀（かんなめさいはっけんぎ）

概　要　伊勢神宮の恒例祭祀中最重要である秋の神嘗祭に、朝廷から奉幣使が発遣される儀式である。古代では、毎年原則として九月十一日に執行された。通常、神社への奉幣儀に天皇は直接関与しないが、神嘗祭発遣儀は、天皇が大極殿《だいごくでん》後房小安殿《こあどの》に行幸し、奉幣使となる王・中臣・忌部が参会して挙行された。伊勢神宮において新穀を神に奉る神嘗祭に際し、皇祖神への天皇の丁重な配慮が窺われる。また、朝堂院（朝政・国家儀式の場）の正殿である大極殿と比べ、神嘗祭発遣儀が行われる小安殿は、天皇の御在所である内裏の延長線上に存在するという指摘もあるが定かでない。ともあれ、伊勢神宮への奉幣は天皇のみが行いえる専権事項であった。

なお、九月十一日が恒例であったたため、例幣使ともいい、発遣儀を例幣発遣儀ともいった。十一日に発遣される理由は、同月十六日の度会宮（外宮）神嘗祭奉幣儀、同月十七日の大神宮（内宮）奉幣儀に間に合わせるために、決定されたものと考えられる。

王卜定　「神祇令」によると、諸社への臨時奉幣は、五位以上の者がそのつど、占いで選定（卜定）されることになっていたが、伊勢神宮へ差遣される奉幣使のみ、臨時にしろ、常祀（すなわち神嘗祭）にしろ、五位以上の者が卜定されるきまりであった。また、伊勢神宮への奉幣使ということから、皇親である王が任用されることになっていた。その王の卜定は発遣の四日前に行われ、外記が王四人の歴《れき》名《みょう》を記録し、これを封じ、四人のなかの一人を神祇官に卜定させた。ただ、その対象となったのは、四世以内の皇親の王で、五世以下の王の任用は禁じられていた。神祇官は卜定が終了すると、合否を注して外記に進め、外記は大臣の前に進んで、大臣の目の前で封を開き、大臣に結果を覧ぜしめた。大臣の閲覧後、卜定にかなった王を召して、奉幣使任用を命じた。

儀式次第　十一日の明け方、掃部寮の官人によって八省院小安殿の敷設が行われる。東の第三の間中央に御座が敷かれ、東の壁の下に幣帛を置く葉薦《はごも》が敷かれる。豊受宮の幣帛は南に、大神宮の幣帛は北に置かれた。西第一の間北壁外に簀《す》一枚を置き、第二の間に幣帛をつつむ葉薦と、その左右に幣帛をつつむ者の座となる長席を敷く。第三の間北壁下には内侍の座が敷かれ、その南少しく東に闈司《みかどのつかさ》の座となる長畳が敷かれる。東廊に参議以上の座が敷かれ、北廊に少納言や弁の座が敷かれる。その西すこし後ろに外記や史の座が敷かれ、その後ろに史生や官掌の座が敷かれた。

敷設が終わると、内蔵寮の官人一人が、蔵部二人を率いて幣帛を持ち参り、内侍以下四人がつつみ備え、幣帛は葉薦の上に置かれる。中務録《なかつかさのさかん》が版位を小安殿東南の庭に置く。その後、天皇が小安殿の御座につかれる。天皇は勅語を二回発せられて、舎人を喚《め》し、舎人四人ともに称唯《いしょう》するも、御前には出ず、代わって少納言が参入する。天皇は「中臣・忌部を喚せ」と、勅語を発し、少納言が称唯して退出、「中臣・忌部を喚せ」という勅語を伝える。中臣と忌部はともに称唯して小安殿に参入し、版位につく。この時、卜部が務める後執者《しどりのもの》が忌部に続いて参入した。「忌部参来《もうこ》」と勅語が発せられ、忌部は昇殿し手を拍つこと四段、豊受宮の幣帛を受け、後執者に渡し、大神宮の幣帛をみずから捧持する。そして「中臣参来」という勅語が発せられ、中臣は称唯し、昇殿して跪く。そこで天皇より中臣に「好《よ》く申して奉れ」という勅語が発せられた。中臣と忌部はいったん版位に就いて後退出し、神祇官より伊勢に向かった。

『儀式』にはこのようにみえるが、正使である王が登場しないのは何故だろうか。『九条年中行事』や『北山抄』によれば、中臣と忌部が幣帛の授受を行なっている時間に(『北山抄』では中臣・忌部の退出後)、小安殿外の東福門において、大臣が外記を介して王に対し、宣命文を授けていたのである。これらの儀式終了後、天皇は内裏に還御される。

大臣の指示のもと卜定によって任用される王は、太政官の使いと考えられ、小安殿の儀に参加し、幣帛や勅語を賜わる中臣と忌部は、神祇官の使いであったといえよう。

なお、『延喜式』伊勢大神宮、幣帛使禄条によれば、臨時の伊勢奉幣使には王以外の者の任用が許されていた点も指摘しておきたい。宇多天皇の寛平六年(八九四)四月二十一日に開始された公卿勅使という天皇の侍臣《じしん》を奉幣使に任用する制が立制されるまで、橘諸兄(天平十年〈七三八〉五月)など、天皇の臣下が臨時奉幣使を勤仕している事例が存在するが、これらは令制下の臨時伊勢奉幣であったのである。

ちなみに、公卿勅使の発遣儀は、八省院も用いられたが、天皇の御在所清涼殿で執行され、天皇が大極殿小安殿に行幸することはなかった。

変遷　例幣使発遣儀の初見記事は、『続日本紀』

養老五年(七二二)九月十一日条にみられる「天皇内安殿にましまして、使を遣はし幣帛を伊勢太神宮に供したてまつる」という記事である。穢などが原因で延引されることもしばしばあったが、室町時代までは継続した。そして、例幣儀は応仁の乱による天下大穢のため一時断絶するが、江戸時代の正保四年(一六四七)に再興され、近代に及ぶ。ただし、大中臣祭主藤波家のみが唯一古代氏族中臣氏の血統を伝えたが、王は王代河越家、忌部も忌部代真継家が勤仕し、古代の姿から大きく変貌を遂げた。

近代になっても、神嘗祭発遣儀は行われ続け、神嘗祭当日に天皇は神宮を遙拝されている。神嘉殿《しんかでん》南廂で、神宮を遙拝された天皇は、その後賢所《かしこどころ》において玉串を奉り、御拝《ごはい》され、御告文《ごこうもん》を奏上されるという。

〈参考文献〉

神宮司庁編『神宮要綱』、一九二八

大西源一「室町時代上　例幣の延引と中断」『大神宮史要』第九編神宮司庁教学課、一九六〇

瀧川政次郎「律令における太神宮」『神道史研究』九―四、一九六一

直木孝次郎「奈良時代の伊勢神宮」『日本古代の氏族と天皇』塙書房、一九六四

岩橋小弥太「中臣と忌部」『神道史叢説』三、吉川弘文館、一九七一

藤森　馨「神宮奉幣使考」『改訂増補　平安時代の宮廷祭祀と神祇官人』原書房、二〇〇八(初出一九八六)

藤森　馨「平安時代中期における神宮奉幣使の展開」『改訂増補　平安時代の宮廷祭祀と神祇官人』原書房、二〇〇八(初出一九八八)

三宅和朗「古代奉幣儀の検討」『古代国家の神祇と祭祀』吉川弘文館、一九九五

(藤森　馨)

十一月

相嘗祭（あいなめのまつり）

概　要　相嘗祭は、『日本書紀』天武五年（六七六）十月丁酉条に「幣帛を相新嘗の諸神祇に祭《いわいのまつ》る」とあるのを初見とする。「神祇令」では仲冬の上卯の日に規定されている令制祭祀である。「職員令」の神祇伯の職掌には「大嘗」が記されるが、令釈においては「新穀を嘗《な》めて以て神祇を祭るなり。朝は諸神の相嘗祭、夕は新穀を至尊に供するなり」と記述しており、相嘗祭は新穀を神祇に供する祭祀であり、新嘗祭と対応するものと解釈している。また、『延喜式』四時祭下によれば、「その須《もち》うるところの雑の物は、預《あらかじ》め官に申して請い受け、祝《はふり》らに付して班ち奉れ」とあるから、神祇官が幣帛を準備し、各神社の祝がそれを受取りに来る班幣祭祀の一つであったと考えられる。

以上の点から、令制祭祀である相嘗祭は、仲冬の上卯に行われる新穀儀礼であり、神祇官において班幣儀礼が行われたと考えられている。ところが、同じく新穀儀礼である新嘗祭も、令制祭祀として同月の下卯に行われるから、同じ趣旨の令制祭祀が同月に重複して行われることになる。伊勢神宮で行われる神嘗祭も新穀儀礼であるが、こちらは天皇の皇祖神に対し、その年の最初の収穫稲で祭る祭儀とされる。神嘗祭においては、大神宮司の奉幣も行われ、天皇の氏神社としての祭儀と律令国家による奉幣儀との二重構造が指摘されている。また、新嘗祭は、仲冬という時期を考えれば、収穫儀礼とともに、その年の農耕の終了の報告を兼ねた祭儀であることが推測でき、宮中で行われる天皇儀礼と新嘗祭班幣による令制祭祀という二重構造になっている。神嘗祭と新嘗祭が新穀儀礼でありながらも、別々に行われる意味があるように、相嘗祭も神嘗祭・新嘗祭とは別に行われる意義が存在したと考えられる。新穀儀礼である相嘗祭と新嘗祭の重複の問題については、古くからさまざまに指摘されており、江戸時代中期の国学者谷川士清《たにがわことすが》が著わした『倭訓栞《わくんのしおり》』には、相嘗祭は、神嘗・大嘗などの間に行われる「間嘗」の意であろうと説明する。しかしながらこの説では、神嘗祭と新嘗祭との間に相嘗祭を行う理由が不明である。本居宣長《もとおりのりなが》は、『玉勝間《たまかつま》』において「天皇と相伴に新饗し奉る故の名」であるとする。しかし、こちらも天皇儀礼である新嘗祭との重複を説明しておらず、そもそも、『令集解』所引「貞観講書私記」によれば、「上卯、所司行うところなり。下卯、新穀をもって至尊を供するために祭るところなり」とあって、上卯には天皇儀礼は行われず、神祇官班幣が中心となる祭儀であったことからすれば、本居説も慎重な検討が必要になるであろう。

対象社　『令義解』では、相嘗祭の対象社として「大倭・住吉・大神・穴師《あなし》・恩智《おんち》・意富《おお》・葛木鴨・紀伊国日前神《ひのくまのかみ》」などを挙げ、令釈では、「大倭社・宇奈太利・村屋・住吉・大神社・穴師・巻向《まきむく》・池社《いけのやしろ》・恩智・意富・葛木鴨、紀伊国坐日前・国県須《くにかかす》・伊太祁曾《いたきそ》・鳴神《なるかみ》」の十五社を対象社としている。「古記別無し」とあるから、その対象社は少なくとも八世紀半ばまでさかのぼると考えられる。『延喜式』四時祭下では、相嘗祭の対象として四十一社七十一座を挙げており、「令釈」の記述と比べると『延喜式』の社名列挙数が大きく増加していることが指摘され、段階的に対象社が追加されていったと考えられている〔丸山：一九九九〕。また、『延喜式』の相嘗祭条においては、神社が国ごとに列挙されているが、郡ごとには整理されていない（「相嘗祭対象社一覧」を参照）。とくに大和国では、「令釈」に記載されている十五社がはじめに集中して列記され、しかもその順番も「令釈」の記載順と近似している。相嘗祭対象社の数については、「令釈」の成立以後に拡大したと指摘されており、二宮正彦は、『延喜式』における相嘗社の列挙は相嘗祭に預かった順であると論じ〔二宮：一九八八〕、菊地照夫も、九世紀に「令釈」十五社以外の神社が相嘗祭に預かったと推測する〔菊地：一九九三〕。

また、大和国には「天平二年度大倭国大税帳」に「神嘗酒料」の記載があることから、相嘗祭と大和との関係が指摘されている〔西宮：一九九二、井上：一九六七、田中：一九八六〕。

京　（一社〈二座〉）
山城（八〈十一〉）
大和（十七〈三十一〉）
河内（三〈八〉）
摂津（八〈十五〉）
紀伊（四〈四〉）

右のように、相嘗祭対象社の分布は畿内に集中しており、相嘗祭の祈願範囲として畿内がとくに意識されていたことが推測される。「神祇令」に規定された十三種十九度の祭祀は、律令国家による恒例祭祀であるが、それは、律令国家が祈願者となって幣帛を準備し、それを特定社に奉献して祈願するものである。たとえば祈年祭は、稲作という国家の基幹産業に関する祈願であるが、祈願対象社は広く全国に及んでおり、祝詞に「天社国社《あまつやしろくにつやしろ》と称え辞竟え奉る皇神《すめがみ》たちの前に白さく」とあるように、理念的に祈願の範囲は全国（＝律令国家の統治範囲）である。一方、鎮火祭や道饗祭は、火防や防疫を目的とした祭祀であるが、宮中もしくは京城において行われ、祈願範囲も限定的な祭祀である。どちらも令制祭祀であるが、祈願範囲はさまざまであり、鎮魂祭など天皇のみを対象とする祭祀もある。新嘗祭は、対象社は畿内・畿外の神社であり、祝詞にも「天社・国社」とあることから、広く全国を意識した祭儀である。このように、令制祭祀の祈願範囲が全国的なものから、狭く限定的なものがあることを考えれば、相嘗祭の祈願範囲は、畿内を中心とした限定的なものと考えられよう。天武朝において「相新嘗の諸神祇」に幣帛が奉納されているとおり、律令前代から新嘗祭と相嘗祭は並立しているが、天皇儀礼と関係する新嘗祭が天皇の統治範囲である全国を意識した収穫儀礼であるのに対し、相嘗祭は政権の基盤である大和地方を意識したものとして行われたのであろう。そして、それが令制祭祀へと継承されたと考えられる。令制祭祀において、相嘗祭と新嘗祭が、新穀儀礼という同じ趣旨の祭祀でありながらも、同時期に重複して行われたのは、天皇の収穫儀礼に関係する新嘗祭に対し、相嘗祭は畿内特有の収穫儀礼を継承した祭祀として位置付けられ、令制祭祀に組み込まれたと考えられる。

祭祀担当者 「令釈」では、相嘗祭の祭祀者について次のように記述する。「大倭社〈大倭忌寸祭〉」「住吉〈津《つ》守《もり》〉」「大神社〈大神氏神祭〉」「穴師〈神主〉」「巻向〈神主〉」「池社〈池首〉」「意富〈太朝臣〉」「葛木鴨〈鴨朝臣〉」「紀伊国坐日前・国県須・伊太祁曾・鳴神〈已上、神主〉」。義解においても、「神主が神祇官幣帛を受けて祭る」と記すように、相嘗祭の特徴は、令制祭祀でありながらも、令制神職以外の祭祀者を指定している点にある。

令制祭祀は、律令国家が祈願者となって幣帛を奉じる祭祀であるから、祈年祭などでは、祝《はふり》と呼ばれる在地の令制神職が奉仕する。ところが、相嘗祭では神主や各神社の奉斎氏族といった令制神職以外の祭祀者が国家祭祀を奉仕する。神主は、もともと氏神祭祀の祭祀者であったものが九世紀以降に律令制神職として位置付けられたものであるため、「令釈」に記される「神主」とは、令制神職ではなく氏神祭祀の祭祀者を指している。氏神祭祀は奉斎氏族のための祭祀であり、その祭祀者は基本的に奉斎氏族の氏上や氏人が奉仕する。一方、令制祭祀は律令国家のための祭祀であり、その祭祀者は令制神職である祝や神祇官人もしくは太政官人が奉仕する。ところが、相嘗祭は令制祭祀でありながらも、奉斎氏族を祭祀者として特定している点が特徴として挙げられる。鎮花祭や三枝祭などの大神系統の神社に対する令制祭祀においても、祭祀者として奉仕する氏族が特定されている。これに関連して、藤森馨は、大和政権においては神社に対して祈願をする際にその祭祀を奉斎氏族に委ねる「委託型祭祀」の形式がとられたとし、大神神社系統の令制祭祀は大和政権の伝統を継承する祭祀形式であると指摘した〔藤森馨：二〇一七〕。おそらく、相嘗祭における祭祀者の特徴についても、令制成立期に創出されたものと考えるよりは、大和政権の伝統を継承したものと考えるのが妥当であろう。令制祭祀としての相嘗祭は、大神系統の祭祀と同様、祭祀者を特定することに祭祀の意味があったと考えられ、個々の神社の伝統的な収穫儀礼を継承した祭祀と考えられる。

　また、班幣儀礼に関しては、令制の成立に伴うものであるため、令制神職である祝が担当したのであろう。

祭　料　『延喜式』四時祭下では、相嘗祭の対象として四十一社七十一座を挙げ、その祭料を載せる。相嘗祭対象社におおよそ共通する祭料としては、「絹、糸、綿、調布、庸布、木綿、鰒(鮑)、堅魚、腊《きたい》、凝海藻《こるもは》、塩、海藻《め》、筥《はこ》、𤭯《さらけ》、缶《もたい》、水盆《みずへ》、山都婆波《やまつばは》、小都婆波《こつばは》、筥瓶、酒垂、匜《はぞう》、等呂須伎《とろすき》、高盤《たかさら》、片盤《かたさら》、短女坏《ひきめつき》、筥坏、小坏、陶《すえ》の臼」などが基本であり、これに加えて「酒稲」が充てられる。酒稲は神税または正税から支出され、一座につき五十束が基本であった。相嘗社の分布、神戸数、酒稲の支出などを対応させると「相嘗祭対象社一覧」のとおりとなる。

　相嘗祭の酒稲料は、「天平二年度大倭国大税帳」にみえる「神嘗酒料」に相当すると指摘されており〔宮城：一九五五・一九五七〕、大倭国からの酒稲料の支出が少なくとも天平初年(七二九ころ)には行われていたと考えられている。酒稲が相嘗祭の祭儀において重要な意味を持つ祭料であったことは間違いない。令制祭祀では基本的に国家が祭料を準備すべきものであるが、酒稲が祭料に含まれているのは、各神社の稲で酒を醸造することに「嘗」の重要性があったためと推測できる。『延喜式』四時祭下において酒稲料の支出が正税・神税の別を明記されたのは、相嘗祭対象社の性格の違いが考えられる。ただ、収穫儀礼における酒稲の意味や、そもそも神税は神社と神祇官といずれに帰属するのかという問題など、検討すべき課題は多い。

　「令釈」に記された十五社の祭料の特徴としては、「綿なし」の社が多いものの(ただし、住吉社・日前社・国懸社は「あり」)、その規模には差異がある。たとえば、糸で「○

相嘗祭神社一覧表

国	郡	社名・座数	令釈の記載	祭祀担当者	神戸数	酒稲	※1
京		太詔戸社(二)			2	神税	
山城	愛宕	鴨別雷社(一)			34	神税	
	愛宕	鴨御祖社(二)			30	神税	
	愛宕	鴨川合社(一)			14	神税	
	葛野	松尾社(二)				神税	
	愛宕	出雲井社(一)				神税	
	久世	水主社(二)				神税	
	愛宕	片山社(一)				神税	
	葛野	木嶋社(一)			9	正税	
大和	山辺	大和社(三)	○	大倭忌寸	337	神税	神嘗酒料100束
	山辺	石上社(一)			90	神税	
	城上	大神社(一)	○	大神氏上	170	神税	神嘗酒料100束
	添上	宇奈足社(一)	○		13	神税	神嘗酒料50束
	城下	村屋社(一)	○		6	神税	神嘗酒料50束
	城上	穴師社(一)	○	神主	52	神税	神嘗酒料50束
	城上	巻向社(一)	○	神主	2	神税	
	城下	池社(一)	○	池首	3	神税	神嘗酒料50束
	十市	多社(二)	○	太朝臣	60	神税	神嘗酒料50束
	葛上	葛木鴨社(二)	○	鴨朝臣	84	神税	
	高市	飛鳥社(四)				神税・正税	
	高市	甘樫社(四)				正税	
	葛上	高鴨社(四)			53	正税	
	葛上	高天彦社(一)			4	神税	
	吉野	金峯社(一)				神税	
	葛上	葛木一言主社(一)				神税	
	忍海	火雷社(二)				神税	
河内	河内	枚岡社(四)			60	正税	
	高安	恩智社(二)	○		37	神税	
	若江	弓削社(二)				正税	
摂津	住吉	住吉社(四)	○	津守	249	神税	
	住吉	大依羅社(四)			18	正税	
	東生	難破大社(二)			2	正税	
	東生	下照比売社(一)			1	正税	
	嶋下	新屋社(一)			1	正税	
	武庫	広田社(一)			41	神税	
	八部	生田社(一)			44	神税	
	八部	長田社(一)			41	神税	
紀伊	名草	日前社(一)	○	神主	61	神税	
	名草	国懸社(一)	○	神主	65	神税	
	名草	伊太祁曾社(一)	○	神主	66	神税	
	名草	鳴神社(一)	○	神主		神税	

※1　「天平二年度大倭国大税帳」の記載

絢○両○分○銖」まで細かく指定している社もあることから、古くからの対象社は、令制成立以前の形式をそのまま継承している可能性が高い。祭料の数量や品目が一律でない点は、相嘗祭の特徴として指摘されているが〔三宅：一九九五〕、『延喜式』四時祭下の新嘗祭条に「座別の幣物は社の法に准えよ」とあるように、祭祀における幣物の個別性は新嘗祭でも遵守すべきものとされており、相嘗祭のみの特徴とはいいがたい。神祇官が個々の「社の法」を考慮してすべての祭料を準備するという形式は、「令制前の祭祀形態の継承」「祭祀者の指定」「酒稲の神税・正税からの支出」などの問題と共に検討すべき課題であろう。

祭料については、近年、菊地照夫が相嘗祭料の検討から、相嘗祭は調庸の初荷(荷前《のさき》)奉献の儀であると論じた〔菊地：一九九五〕。『令集解』所引「貞観講書私記」には、「上卯、先ず調・庸・荷前及び当年の新穀を諸神に祭る」とあり、また、『同』所引「延喜講書私記」には、「調・庸・荷前を先ず神祇に祭るを相嘗祭と号く。後に山陵に奉るを荷前と号くなり」とあって、相嘗祭の祭料は調庸など諸国からの貢献品と解されている。ただ、祭料を他の令制祭祀と比較した場合、祭料の種類に特異性があるとは考えられず、果たして諸国からの貢献という点を相嘗祭の特徴として挙げるべきであるのかは検討を要しよう。

成　立　相嘗祭成立の時期としては、中野高行の七世紀初頭には相嘗祭が成立していたとする説〔中野：一九九〇〕に対し、田中卓は天武五年創始説を述べる〔田中：一九九四〕。中野や黒崎輝人は、天皇が直接祭れない在地有力神を奉斎氏族とともに王権の新穀感謝儀礼に取り込むために相嘗祭が成立したと指摘する〔黒崎：一九八一〕。稲作に関する儀礼は、稲作の伝播とともに古くから行われていたと考えられ、新穀の収穫に関する祭儀も各地で行われていたであろう。しかしながら、諸祭儀が国家恒例祭祀として整うのは神祇令の成立に伴うとみるべきであり〔虎尾：二〇〇〇〕、大和地方の収穫儀礼が天武朝に制度化され、さらに令制祭祀へと継承されたと考えるのが妥当であろう。西宮秀紀は、令制祭祀としての相嘗祭と原相嘗祭を区別する視点を示したが〔西宮：一九九七〕、相嘗祭に関しては、不明な点が多く検討すべき課題も多い。

〈参考文献〉

宮地直一「相嘗祭異見」『国史学論集　植木博士還暦記念』植木博士還暦記念祝賀会、一九三八
宮城栄昌『延喜式の研究』史料篇・論述篇、大修館書店、一九五五・一九五七

二宮正彦「相嘗祭の考察」『古代の神社と祭祀』創元社、一九八八（初出一九五九）

井上辰雄「大倭国正税帳をめぐる諸問題」『正税帳の研究』塙書房、一九六七（初出一九六六）

田中　卓「意富神社について」『日本国家の成立と諸氏族』（『田中卓著作集』二）、一九八六（初出一九七二）

黒崎輝人「相嘗祭班幣の成立」『日本思想史研究』一三、一九八一

田中　卓「神嘗・相嘗・新嘗・大嘗の関係について」『神社と祭祀』（『田中卓著作集』一一－一）国書刊行会、一九九四（初出一九八九）

中野高行「相嘗祭の成立と天高市神話」（黛弘道編『古代王権と祭儀』吉川弘文館、一九九〇

菊地照夫「相嘗祭の基礎的考察」『法政考古学』二〇、一九九三

西宮秀紀「律令制神祇祭祀と畿内・大和国の神（社）」『律令国家と神祇祭祀制度の研究』塙書房、二〇〇四（初出一九九二・一九九七）

菊地照夫「律令国家と相嘗祭」虎尾俊哉編『律令国家の政務と儀礼』吉川弘文館、一九九五

三宅和朗「『延喜式』祝詞の成立」『古代国家の神祇と祭祀』吉川弘文館、一九九五（初出一九八五・一九八六）

丸山裕美子「齋院相嘗祭と諸社相嘗祭」『愛知県立大学文学部論集　日本文学科編』四八、一九九九

虎尾俊哉編『訳注史料 延喜式』上、集英社、二〇〇〇

藤森　馨「鎮花祭と三枝祭の祭祀構造」『古代の天皇祭祀と神宮祭祀』吉川弘文館、二〇一七（初出二〇〇八）

（小林宣彦）

十一月

鎮魂祭（たましずめのまつり）

概　要　鎮魂祭は、「神祇令」に仲冬（十一月）寅日の祭りとして規定された古代の国家祭祀である。「オオミタマフリノマツリ」「オオミタマシズメノマツリ」とも読まれ、天皇の活力を増進し、正常な状態にするための祭祀であることが原義であろう。鎮魂祭の翌日には新嘗祭が執行されることとなっており（『延喜式』四時祭）、十一月卯日に斎行される天皇親祭との連動は、一世一度の大嘗祭においても同様であった（『延喜式』践祚大嘗祭）。「職員令」神祇伯の職掌条には「鎮魂」と「大嘗」のみが特記されており、両祭祀は天皇関係の重要な祭祀として認識されていたと推察される。

鎮魂祭には天皇の鎮魂祭だけでなく中宮・東宮の鎮魂祭も存在する。中宮の鎮魂祭は天皇の鎮魂祭と同時に行われたが、東宮の鎮魂祭は辰日の新嘗祭豊明節会が終了した後の巳日に執行される規定であった。

儀式次第　『儀式』や『延喜式』などに基づき古代の鎮魂祭の次第を確認したい。鎮魂祭は神祇官斎院に坐す八神（神魂《かみむすひ》・高御魂《たかみむすひ》・生魂《いくむすひ》・足魂《たるむすひ》・魂留魂《たまるむすひ》・大宮女《おおみやのめ》・御膳魂《みけつむすひ》・辞《こと》代主《しろぬし》）と大直神《おおなおびのかみ》の座を宮内省に設けて執行される。当日には神座に対して神祇官より神宝（太刀・弓・矢など）と御巫《みかんなぎ》の炊飯した御飯が、大膳職・造酒司より八代物《やつしろもの》（海産物や酒など）が供えられる。また、内侍によって内裏から御衣の入った箱がもたらされる。神座は宮内省正庁の東端に設けられて幣物が供えられ、内裏の御衣、諸官人などは神座より西側に配置され、鎮魂祭儀は大直神と八神に対する形で執行されていた。また、古代の鎮魂祭に天皇の出御は存在しないが、この点は現行の鎮魂祭も同様であり、現在は掌典職のみでの執行となっている。

祭儀は夕刻以後に開始される。大臣以下諸司が宮内省に参入して正庁の座に就いたのち、大蔵省を介して鬘木綿《かずらのゆう》という頭飾りが配布される。神祇伯の命（「みことにふえあわせ」）によって笛・琴の演奏が開始され、歌が奏される。神部は堂上にて拍手を行う。そして神座の前で御巫の舞が始まり、舞ごとに巫部が三回「あなとうと」（「ああ貴い」の意）と誉める。御巫は宇気槽《うけふね》を覆せてその上に立ち、桙で槽を衝き、十度ごとに神祇伯が木綿（コウゾの繊維で作った糸・布）を結ぶ。御巫が舞を終えた後、猿女《さるめ》の舞が披露され、諸官人らの舞が行われる。その後、宮内省を介して大膳職

「鎮魂祭」絵図（鷹司本『年中行事絵巻』〈残欠〉，宮内庁書陵部所蔵）
平安時代後期以降は，宮内省跡地に幄を立てて行われた．図右中央に，御衣の入った箱を女官が持つ姿が描かれている．

より諸司に酒食が供され、行酒（宴席での酌）・拍手があって祭儀は終了する。また、内侍によって内裏よりもたらされた御衣は天皇の御衣を意味するが、御巫が宇気槽を突く間、女官が御衣の入った箱を振動させていた（『政事要略』所引「清涼記」など）。

古代の鎮魂祭儀において中心的な役割を果たす御巫は、常時神祇官斎院に坐す八神の奉斎者であった。鎮魂祭にて八神・大直神の座に御巫の炊飯した御飯が供えられたことは、八神と御巫の密接な関係に由来するものであろう。天皇のための祭祀である鎮魂祭に天皇の出御が存在しなかったことは、鎮魂祭が八神と大直神を祭って行われる祭儀であったためであり、天皇は天照大神以外を親祭することはなかったからであろう。

鎮御魂斎戸祭　鎮魂祭で使用された内裏の御衣と結ばれた木綿は、十二月から一年間神祇官斎院の「斎戸《いわいべ》」という神殿に鎮められる（『延喜式』四時祭、『日本三代実録』貞観二年〈八六〇〉八月二十七日）。祭日は定められていなかったが、十二月十一日の月次祭と同日に行われた記事が存在する（『神祇官年中行事』）。御衣を鎮めるにあたって布帛類・酒・米・海産物などが奉られているが、祭祀の対象を天皇の御魂とする説〔谷：一九八〇〕と、八神・大直神などの神々とする説〔青木：二〇〇〇〕がある。八神・大直神を祭って執行される鎮魂祭に連続する祭祀であることを踏まえると、祭祀の目的が天皇の「鎮魂」であっても、幣帛供進の対象自体は八神・大直神であったとすべきであろう。

祭祀にあたっては天皇の一年間の安泰が祈念されており（『延喜式』祝詞、「鎮御魂斎戸祭」）、鎮魂祭の目的を明瞭に示している。

淵源と解釈　鎮魂祭の淵源は記紀神話である天磐戸神話における天鈿女命《あめのうずめのみこと》の所作と、『先代旧事本紀』にみえる物部氏の「鎮魂」の儀であると考えられてきた〔肥後：一九五八、松前：一九七三〕。『日本書紀』第七段本書などには、天照大神が磐戸に隠れた際に、大神を呼び戻すために天鈿女命が槽を覆せて突き、神がかりする伝承が存在し、鎮魂祭儀で御巫が行う所作は猿女氏の祖とされる天鈿女命に由来するとされた（『古語拾遺』所遺九）。また『先代旧事本紀』「天神本紀」には、もし痛む処があれば一から十を数えて十種瑞宝をゆらゆらとふるわせよ、とする伝承があり、同書「天孫本紀」には神武天皇の時代に「御鎮祭」を始めたとし、鎮魂祭で神祇伯が十度ごとに糸を結ぶ所作は『先代旧事本紀』の記述と関係しているとされた（『江家次第』）。しかし古代の鎮魂儀に猿女氏の参加はあるものの物部氏の関与は存在せず、また祭儀で奉られる神宝や八代物の品目も『先代旧事本紀』に見える十種瑞宝とはほとんど関係していない。古代宮廷の鎮魂儀に対する物部氏の影響力は猿女氏に比べて低かったと考えられる。

また、鎮魂祭祭日の設定に関して、鎮魂祭の行われる十一月寅日は、冬至の前後の、一年で最も日が短い時期に当たり、太陽の回復を願う信仰がその背景に存在するともされている〔安江：一九七八〕。

「鎮魂」の解釈は『令集解』所引「令釈」や『令義解《りょうのぎげ》』に記された、体から遊離した霊魂を身体に鎮めるとする理解が古代から存在し、伴信友もその理解を踏襲しながら考察したが（「鎮魂傳」「比古婆衣」）、折口信夫は外来魂を天皇に付着させる祭儀であるとした（「大嘗祭の本義」）。「鎮魂」に存在する二つの訓のうち、魂を身体に鎮める「タマシヅメ」より、魂を活性化させる「タマフリ」を鎮魂祭本来の性格とする説もあるが〔土橋：一九六五〕、記紀などの古代の伝承には外来魂を身体に付着させる記述はみられず、身体から遊離した霊魂という考え方自体が古代日本には存在していなかったとする見解も存在する〔渡辺：一九九四〕。いずれにしても、鎮魂祭に天皇の出御が存在していない以上、宮廷鎮魂祭は天皇の玉体を直接祭儀の対象とはせず、天皇守護をもたらす八神と大直神を祭ることで、間接的に天皇の長久を祈念する構造となっていたことは確かである〔塩川：二〇一八〕。

衰退と再興　鎮魂祭は平安時代後期以後、衰退の途を歩んでいく。平安後期頃には宮内省の庁舎は廃絶していたため、跡地に幄を立てて執行することとなっていた（『江家次第』）。十二世紀には祭儀で使用される御衣がもたらされない事例も存在する（『長秋記』大治二年〈一一二七〉十一月十六日）。後には宇気槽を衝く儀も行われなくなり、御衣振動の儀なども有名無実なものとなる（『宮主秘事口伝』）。鎮魂祭は他の祭祀と同様十全な祭儀からは程遠い状態となっていたのである（『薩戒記』応永三十三年〈一四二六〉十一月十三日、『康富記』宝徳三年〈一四五一〉十一月十九日）。

鎮魂祭の実施は康正二年（一四五六）までは確認できるが（『師郷記』康正二年十一月二十四日）、新嘗祭が寛正四年（一四六三）、大嘗祭が文正元年（一四六六）を最後に中絶したのと同時期に鎮魂祭も中絶したものと考えられる。

鎮魂祭は寛政九年（一七九七）光格天皇の御代に神祇伯の白川家邸にて再興したが、この時以前から鎮魂祭は白川家にて内々に実修されてきたとされ（『柳原均光卿記』寛政九年十一月十三日）、宝暦元年（一七五一）の白川家邸内における八神殿再興以前の享保十四年（一七二九）には、霊元上皇の意向で白川家において内々に鎮魂祭が再興されていた〔山口：二〇〇九〕。

明治以降の鎮魂祭は、明治二年（一八六九）に神祇官八神殿の前庭で執行され、明治三・四年は宮内省代にて執行、明治五年は宮殿の小御所、明治六年以降は赤坂仮皇居の大広間や表一の間に充てられ、明治二十二年以降は御三殿に続く綾綺殿《りょうきでん》を用い、現在に至っている〔川出：一九七九〕。

祭祀の等級は、明治四年「四時祭典定則」において「中祭」であったが、明治四十一年公布の「皇室祭祀令」では大祭（御親祭）である新嘗祭に従属する祭儀とされて現在に至る。

〈参考文献〉

折口信夫「大嘗祭の本義」『折口信夫全集』三、中央公論社、一九七五（一九二八年講演筆記）

八束清貫「鎮魂祭について」（一）（承前）（承前・完）『神道学』一二・一四・一六、一九五七・五八

肥後和男「鎮魂の儀について」『千家尊宣先生還暦記念神道論文集』神道學會、一九五八

土橋　寛「鎮魂祭とその起源説話」『古代歌謡と儀礼の研究』岩波書店、一九六五

松前　健「鎮魂祭の原像と形成」『王権祭祀論』(『松前健著作集』六)おうふう、一九九八(初出一九七三)
伴　信友「鎮魂傳」『伴信友全集』二、ぺりかん社、一九七七
伴　信友「比古婆衣」『伴信友全集』四、ぺりかん社、一九七七
安江和宣「鎮魂祭の義」皇學館大学神道研究所編『大嘗祭の研究』皇學館大学出版部、一九七八
川出清彦「鎮魂祭古儀考」『大嘗祭と宮中の祭り』名著出版、一九九〇(初出一九七九)
谷　省吾「鎮御魂斎戸祭に関する一考察」『神道史研究』二八-一、一九八〇
渡辺勝義「「魂」という概念に関する考察」『鎮魂祭の研究』名著出版、一九九四
青木紀元『祝詞全評釈　延喜式祝詞　中臣寿詞』右文書院、二〇〇〇
山口剛史「鎮魂祭御祈祷に関する一考察」『神道史研究』五七-一、二〇〇九
塩川哲朗「鎮魂祭の祭祀構造に関する一考察」『神道研究集録』三二、二〇一八

(塩川哲朗)

十一月

新嘗祭（にいなめのまつり）

概　要　音読みで「しんじょうさい」ともいう。新嘗祭とは毎年十一月に行われる、国家の収穫感謝祭としての性格を持つ祭祀である。その中核は天皇が内裏西側に位置していた神嘉殿《しんかでん》（現在の皇居では宮中三殿の西側に所在）において、二度にわたり皇祖の天照大神へ新穀を中心とする神饌を奉る神事である。これは古代においては十一月中卯日（または下卯日）に、現在では同二十三日に行われている。

応仁の乱による中絶まで、このような天皇親祭（天皇自ら親しく皇祖を祀ること）は、二度（六月と十二月の十一日）の神今食と併せて年間三度あり、その祭祀・斎戒の構造や天皇の行う神事の次第については、ほぼ同様であった。そのため、本項では神今食との構造上の違いや、天皇が行う神饌供進の神事の次第・作法について主に解説する。神今食・新嘗祭の双方に共通する斎戒の流れについては、「月次祭・神今食」の項目を参照していただきたい。

なお、新たに即位した天皇が行うべき最初の新嘗祭を「践祚大嘗祭」と呼ぶ。これは毎年の新嘗祭より遥かに大規模に行われる。なお、大嘗祭が行われる年には新嘗祭は行われず、毎年の新嘗祭および神今食における天皇親祭は、大嘗祭での親祭を経てからでないと行うことができないと認識されていた（『小右記』）。皇位継承後の大嘗祭において皇祖天照大神の御神意を得て初めて、毎年の親祭が可能になるのである（岡田荘：一九九〇）。大嘗祭の形式や構造については、「大嘗祭」の項目を参照していただきたい。

なお、本項では夜の天皇親祭を「新嘗」、昼の班幣行事を「新嘗祭」と使い分けることとする。

名　称　『日本書紀』などの古写本において「新嘗」の文字に付された読みには、「ニハナヒ」「ニハヒ」「ニハノアヒ」「ニヒナヘ」「ニヒナメ」などがある。

本居宣長は『古事記伝』で「ニヒナヘ」と読むのが正しいとし、これは「新之饗（ニヒノアヘ）」が転じた形であるとした。天皇が新穀を以て祖神を饗宴するという意味を採っている。近代以降には、折口信夫が『万葉集』の「ニフナミ」を採り、神に贄《にえ》（捧げ物としての食物）を奉るための物忌みを意味する「贄の忌（ニヘノイミ）」の転じた形とする説を挙げた（折口：一九二八）。

一方で西宮一民は、「ニヘ」（「ニヒ」）は「贄」で、「ナヘ」（「ナヒ」「ナフ」）は「行《おこな》ふ」「商《あきな》ふ」などの「ナフ」と同じ動詞語尾であるとして、神に贄を奉ること、また神が贄を受けることを意味するとした。後に「ニヒ」を「新」の意味とし、「ナヘ」を「ニヘ（贄）」の変形とする解釈に変更されたが、「贄」の意味を含むとすることに変わりはない〔西宮：一九七六〕。

これらの読みに「新嘗」という漢字を当てた意味については、古代中国の儒教経典『礼記《らいき》』に記載のある「嘗」、即ち天子が祖廟（祖先の墓所）に新穀を供える秋祭りの意味を借用したものと考えられている。一方で九月（季秋）に行われる伊勢神宮の神嘗祭は秋祭りとして適当であるが、十一月（仲冬）の新嘗は冬であるため不適当とし、中国の「嘗」との関連を否定する説もある。これについては、新嘗祭が元々は九月に行われていたと推測する説もあるが〔田中：一九七八〕、日本における「嘗」の祭りが、神宮神嘗祭に始まり宮中新嘗に終わる、広義の収穫祭（秋祭り）であったとする説もある。これは早稲《わせ》（九月収穫）から晩稲《おくて》（十一月収穫）までの農耕サイクルに合わせて、租税の収納時期を九月中旬から十一月末までとした律令解釈（『令義解』）による〔岡田莊：一九九〇〕。

祭祀構造　一世一代の大嘗祭と毎年の新嘗との重要な差異の一つとして、祭神に奉る米の新穀の出どころが違うという点が挙げられる。大嘗祭では畿外諸国の中から占いで選ばれた（国郡卜定）、悠紀《ゆき》国・主基《すき》国の斎田で収穫した稲を充てるのに対して（『延喜式』践祚大嘗祭）、新嘗では宮内省の管轄する畿内の官田で収穫した稲を用いたのである（『延喜式』宮内）。この官田は律令制以前の「倭屯田《やまとのみた》」の系譜を引く、天皇の直轄領であった。

新嘗祭二ヵ月前の九月二日、造酒司《みきづかさ》（酒の醸造などを管掌した役所）において、畿内に点在する官田の中から祭神に奉る黒酒《くろき》・白酒《しろき》を造るための稲を収穫する田、および醸造に携わる人を決める占いが行われ、十月上旬の吉日を選んで醸造が開始される（『延喜式』宮内・造酒）。さらに十月二日には、大炊寮《おおいりょう》（米の収納・分給などを管掌した役所）において、同じく官田のなかから、その年に奉る新穀を収穫する田を決める占いが行われる（『延喜式』宮内）。これらの官田卜定は神今食の際には行われず、新嘗に当たり収穫した稲を保管し、十二月および翌年の六月の神今食に同様に奉ったものと考えられる。

十一月に入って行われる行事は、六・十二月の神今食の前後に行われたものとおおむね同様の流れ（詳しくは「月次祭・神今食」の項目を参照）であるが、いくつか異なる点も存在する。その主な違いとは、①御体御卜《おおみまのみうら》が行われないこと、②官田で収穫された稲の総量が丑日（神事の前々日）に奏上されること、③寅日（神事の前日）に鎮魂祭が行われること、そして④辰日（神事の翌日）に豊明節会《とよあかりのせちえ》が行われることである。

①御体御卜が行われない理由については、これが二度の神今食との密接な関わりにより行われるためとの解釈が一般的である〔早川：一九七六、藤森：一九九〇など〕。一方で、御体御卜が親祭に臨む天皇の祭祀適合性を判断する性格を持つならば、新嘗の前段に御体御卜が行われないことは不審であるとして、両者に密接な関係はなかったとする説もある〔木村：二〇一六〕。

②稲数の奏上とは、その年の畿内官田の面積数と収穫された稲の数、および昨年以前の収穫分の残数とその合計数をまとめた奏上文を、宮内省が天皇に進上する政治的な儀式である（『儀式』）。これは旧穀を用いる神今食と異なり、新穀の収穫に伴う国家公的な収穫祭としての新嘗の意味に合致するものである。

③鎮魂祭については「鎮魂祭」の項目を参照。

④豊明節会とは、天皇の出御の下で豊楽院（国家の饗宴の場）に皇太子以下の群臣が出席して行われる、国家公的な宴会のことである。神事で奉られた白酒・黒酒が神事に供奉した群臣に振る舞われることから、直会《なおらい》（神事後に撤下した神饌をともにいただくこと）の意味合いが強いとされている。また、大和国（奈良県）吉野地方に住む山の民「国栖《くず》」による贄の献上と歌笛の奏上、舞姫による五節舞《ごせちのまい》の奏上などといった芸能が行われ、最後に禄（褒賞の意味を持つ給与）が給われた（詳細は「辰日・巳日・豊明節会」の項目を参照）。

また日程は未定であるが、神饌を調理する場である炊殿《かしきどの》を卯日以前に新たに造営する。前年より一年間使用した古い炊殿はこのとき解体した（『延喜式』四時祭下）。新造された炊殿で新穀を調理することが重要であり、その後は十二月の神今食や翌年六月の神今食で引き続き使用されたと考えられる。

さらに神今食と同日に行われる月次祭と同様、夜の天皇親祭が行われる卯日の午前には、神祇官において新嘗祭（班幣）が行われた。その対象となる神社は、月次祭のそれと同じ三百四座であったが、月次祭での幣帛と比べて海産物や酒が含まれないなど規模が縮小されている。また、祈年祭・月次祭の班幣行事の重要には、多くの官人が神祇官へ参集するという規定があったが、これは新嘗祭班幣には適用されず、ただ神祇官人のみによって小規模に行われる

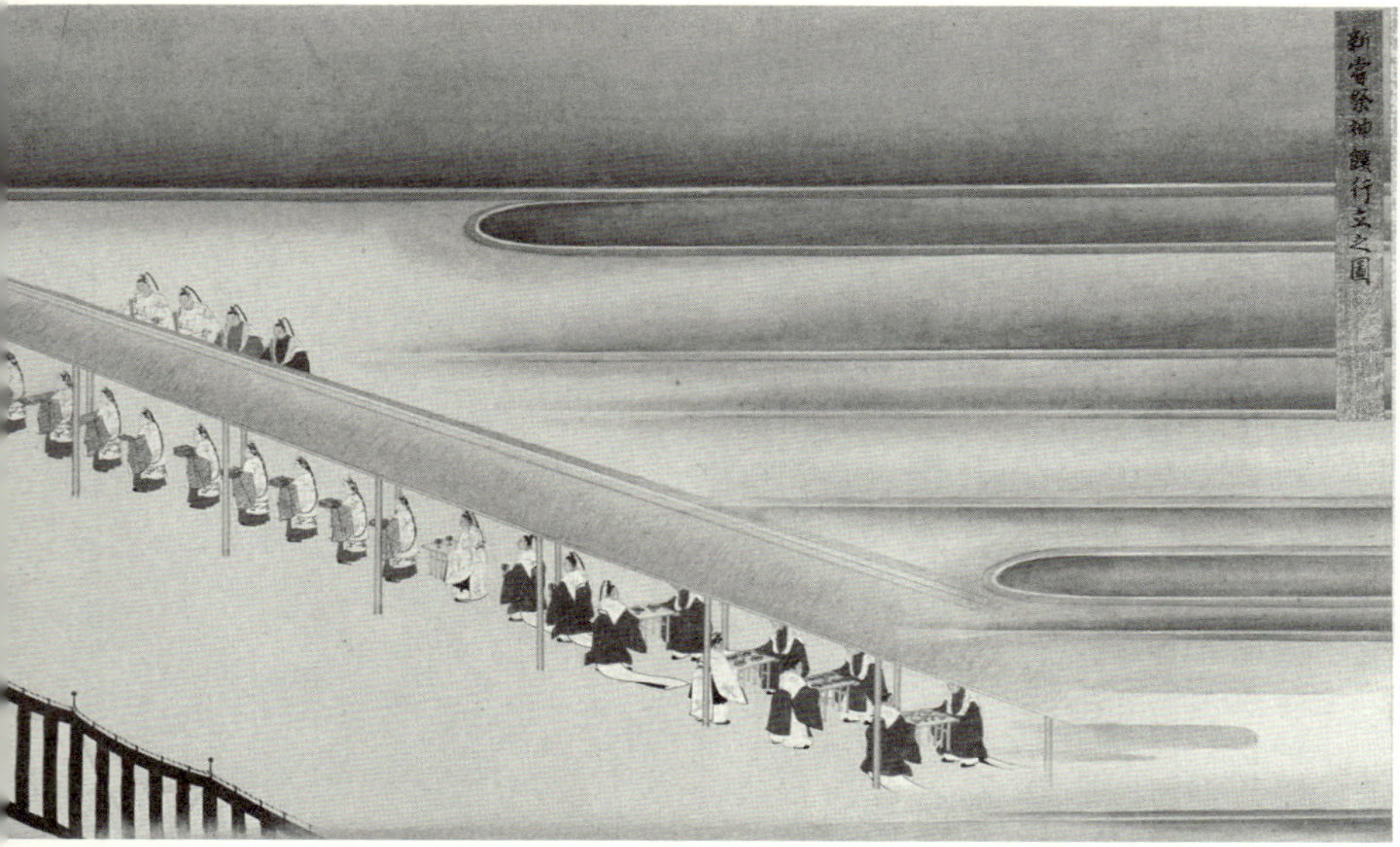

行事であった(『延喜式』四時祭下)。

こうして同日夜、中和院神嘉殿に出御した天皇によって、亥刻(午後十時ごろ)と翌辰日の寅刻(午前四時ごろ)の二度にわたり親祭が行われた。

神嘉殿　神事のために天皇が出御する神嘉殿とは、内裏の西側および朝堂院の北側、すなわち大内裏のちょうど中心部に位置した中和院の正殿のことである。天皇恒例の神今食と新嘗はここで行われるのが正式であった。これは神事に際して臨時に造営した大嘗宮で行われる大嘗祭との重要な差異の一つである。ちなみに、大嘗宮は朝堂院に造営されたため、天皇親祭が行われる場所は、いずれも大内裏の中央軸上にシンメトリーに存在していたということになる。

神嘉殿の成立は『類聚国史』に初見のある平安時代の天長七年(八三〇)ごろとされ、それ以前は大嘗宮のように神事のたびに神殿を仮設していたと考えられている〔丸山：一九八三〕。

神嘉殿の内部は、東西三区画に分かれる。中央部分が天皇の神事を行う「神殿」、西側は天皇が「神殿」に赴く前に控える「御在所」、東側は神事に供奉する采女《うねめ》(神饌のことに従事する女官)が控える「候所」として使用された。ま

新嘗祭神饌行立之図(『公事録』附図より，宮内庁書陵部所蔵)

た母屋の四面には庇(屋根が外側に張り出した部分)が設けられ、御在所の西側の庇には、神事に臨む天皇が潔斎を行う「御湯殿」が設置されていた。

また神嘉殿の前方(南側)左右には東舎・西舎、後方(北側)には北舎が付属しており、全体で四殿構造となっている。さらにこれらを囲む垣の南側には「中門」が開き、その外の中和院全体の東側には「中和門」が開いていた(付録図版「中和院新嘗祭・神今食装束図」参照)。

神事次第　卯の日の夜に神嘉殿で行われる天皇の親祭(神饌供進)は、神今食とほぼ同じ次第・作法で行われるため、両者を併せてここに記す(大嘗祭も同様)。天皇がみずから行う「秘事(秘儀)」という性格上、その詳細な内容を記す史料は限られているが、後三条天皇の時代(一〇六八～七二)ころの成立とされる『神今食次第』には、その詳細な次第が多く引用・記述されている(西本：二〇〇九①②)。以下では同書の記述をもとに神事作法の流れを見ていく(より詳細な次第については川出：一九五三、安江：一九七九、木村：二〇一七などを参照)。

卯日(神今食の場合は六・十二月の十一日)の戌刻(午後八時頃)、天皇は内裏の紫宸殿から、輿に乗って中和院に移動し、神嘉殿の御在所に入る。それから天皇はまず西庇にある御湯殿にて沐浴《もくよく》し、祭服（白い絹で仕立てた神事用の服）に着替えて神事に臨む。

亥刻（午後十時頃）、天皇は神事開始時刻の知らせを受けて神殿に入る。神殿の中央には神座である寝具が敷かれており、天皇はその北側（足元側）を回るようにして東側に東南向きに敷かれた御座に座る。御座の正面にはもう一つの神座である短帖《みじかだたみ》（丈の短い畳）が敷かれる。御座に座る天皇と神座が対面する構図であった。

この頃、神饌やその他の道具を運ぶ人々の行列が神嘉殿に向かっていた。いわゆる「神饌行立《しんせんぎょうりゅう》」である。行列を構成するのは、神事の作法を采女に教示する神祇官の宮主《みやじ》（占いをつかさどる卜部氏の中から選ばれた重職）、御手水の道具を運ぶ主水司と水司（女官）、神饌を運ぶ采女（女官）と内膳司、神酒を運ぶ造酒司などであった。宮主を除くと女官および宮内省管轄の内廷機関（天皇の私的生活を補佐）で構成されているのが特徴的である〔木村：二〇一八〕。また先頭には采女朝臣（古来から采女の管理に携わった氏族）が立ち、「おーしー」という先払い（警蹕《けいひつ》）の声を挙げて大切な神饌を運ぶ行列の前方を警戒しながら進んだ（「新嘗祭神饌行立之図」参照）。

行列が神嘉殿に到着し、宮主と八人の采女が神嘉殿東側の候所に入ると、まず御手水が行われる。これ以降、中央の神殿内で天皇に直接お仕えできるのは、八人の采女のうち先頭に立っていた一人のみであり、これを「陪膳采女《はいぜん》」と呼んだ。陪膳采女は御手水に始まり天皇の神饌供進作法やその後の撤去までの一切の介添えを行なった。御手水の作法は、御座に着く天皇のもとに海老鰭槽《えびのはたふね》という水受けを置き、その上にて多志良加《たしらか》という土器から水を三度注ぎ御手を洗う。御巾で手を拭き道具を片付けて終了という流れである。

続いて神饌行立で采女と内膳司が捧げ持ってきた神饌品々が、つぎつぎと神殿に運ばれてくる。これらを受け取り神殿内で配膳するのも陪膳采女の役割であり、その他七人の采女たちが、東側の采女の候所にて神饌を伝え、最終的に陪膳采女に手渡す采女を「後取采女《しどり》」と呼んだ。神饌を並べる前に、まず神食薦《かみのすごも》（神饌を供えるための敷物）が敷かれ、次に御食薦《おんすごも》（天皇の召し上がり物を並べる敷物）が天皇の正面に敷かれる。窪手《くぼて》（箱型の器）に納められた神饌の品々は一旦御食薦上に並べられ、陪膳采女の介添えで天皇が自ら枚手《ひらで》（皿型の器）に盛り付け、最終的に陪膳采女がこれを神食薦上に並べるという手順で供えられた。なお、窪手や枚手は柏の葉を編んで作られており、箸も竹をピンセット状に曲げて作られたものを用いた。

供えられる神饌は、まず主食となる御飯である。米飯と粟飯の二種類あり、一枚の枚手に天皇の手でそれぞれ三箸ずつ盛り付けられて十枚（神今食の場合は半数の五枚）供えられる。新嘗・神今食ともに官田で収穫された米粟であるが、新嘗祭では新穀が供えられた。次は副食となる御菜である。海産物を調理した鮮物《なまもの》四種と干物《からもの》四種の計八種の御菜が、同じく一枚の枚手に三箸ずつ盛り合わせられ、さらに陪膳采女の手で鰒汁漬《あわびのしるひじ》・海藻汁漬《めのしるひじ》（鰒・海藻を調理し汁に浸した料理）がやはり三箸ずつ加えられて十枚（神今食は五枚）供えられる。さらに菓子《くだもの》が続く。これも一枚の枚手に栗や棗などの果実を四種類ずつ盛り付け、十二枚（神今食は六枚）供える。

種類ごとに数々の神饌が盛り合わせられた計三十二枚（神今食は十六枚）の枚手は、陪膳采女により神食薦上に何段にも積み重ねて並べられる（その並べ方については、「二行」と「五出」という二種類の形式があったという〈後鳥羽院『大嘗会神饌秘記』〉）。この積み重なる神饌の上に、今度は天皇みずから白酒・黒酒を四度（神今食は二度）注ぎかける。これは新嘗と神宮神嘗祭にのみ供えられる特別な酒（神今食は通常の神酒）であり、白酒は官田の新穀から醸造した酒、黒酒は白酒に久佐木《くさぎ》（臭木、シソ科の落葉小高木で、独特の香りがする）の焼灰を混ぜて作る酒であった（『延喜式』造酒）。また『内裏式』『清涼御記』に記述はないが、続いて米粥と粟粥も供えられたと考えられる（『延喜式』四時祭下）。

この後、天皇は拍手・称唯《いしょう》して御飯と御酒のみを召し上がる。律令国家の頂点にある天皇が、上位者の命令に対する下位者の応答行為である称唯を行うのは、神今食・新嘗および大嘗祭のみであったという〔岡田荘：一九八九①〕。これらの神事が終わり、神饌は撤去される。積み重ねて供えられた神饌は神食薦でひとまとめに包まれて撤去され、御食薦上の神饌は初めと同様に采女らにより撤去された。

右のような神事を、天皇は亥刻と寅刻の二度行う。亥刻の神事が終わると天皇は西側の御在所に還御し、神殿の寝具も撤去される。寅刻の神事に臨む際には再び御湯殿での潔斎も行われた。すべてを終えると、天皇は輿に乗り紫宸殿に還御するのであった。

成立と意義　『古事記』『日本書紀』の神代巻には、天照大神が高天原で「新嘗」を行う記述がみえる。神話の記述であり、これをそのまま祭祀の成立とすることはできないが、古くから新嘗の観念上の始原として位置付けられていたのだろう。一方、古墳時代初期（三世紀）の遺跡とされる纏向《まきむく》遺跡（奈良県桜井市）からは、大型建物跡に隣接して祭祀で奉られたと推定される土器や魚介・鳥獣類の骨、また稲・粟などの穀物や多量の桃の種といった遺物がまとまって出土しており〔桜井市纏向学研究センター：二〇一三〕、同地にて新嘗に繋がるような祭祀・儀礼が行われていたと考えられる。纏向遺跡は垂仁・景行天皇の宮城との関連が指摘されているが、『古事記』雄略天皇条の記述により新嘗（「爾比那閇《にひなへ》」）が景行天皇の時代にはすでに纏向日代宮《まきむくのひしろのみや》（景行天皇の都宮）で行われていたとする考えもある〔田中：一九七八〕。

このように「新嘗（ニイナヘ）」という呼称・風習は令制以前のかなり古くに遡れるだろうが、国家的な新嘗祭（新嘗）としての制度化は天武天皇（六七三〜八六）の頃に確立したと考えられる。しかし、養老二年（七一八）に制定された「神祇令」は、一世一度の践祚大嘗祭と毎年の新嘗祭を、どちらも「大嘗」の名で規定している。これは両者がともに天皇の行う最重要の神事であるという理念から、律令用語として皇太子・臣下や一般民衆の行う新嘗（『日本書紀』皇極天皇条、『常陸国風土記』など）とは区別するためであったと考えられる〔加藤：一九八〇〕。なお、天武五年（六七六）・六年の新嘗は、のちの践祚大嘗祭と同様に国郡卜定や国司への賜禄を伴う大規模な形式で行われた（『日本書紀』）。

また『内裏式』（弘仁十二年〈八二一〉成立、天長十年〈八三三〉改訂）以降には律令用語としても令制以前からの「新嘗」が採用されるようになったが、『延喜式』段階においても祝詞式をはじめ毎年の新嘗祭を「大嘗」と表記する例が散見される〔高森：一九八六〕。

新嘗の意義については、律令制以前に地方豪族が大王（朝廷）に対して食物を献上し服属してきたのを、毎年の儀礼（「ニイナメ＝オスクニ儀礼」）として反復するものとの解釈が有力視されてきた。豪族が献上する食物は国そのものを象徴し、天皇がそれを食べることは国の支配を意味するとされた〔岡田精：一九六二〕。しかし新嘗の新穀は、畿外ではなく天皇直轄領（屯田）の系譜にある官田より収穫されるため、服属・支配の意味は成り立たないという反論がなされ〔岡田荘：一九八九②〕、後に撤回された〔岡田精：一九九二〕。

新嘗は、前述のように皇祖に新穀を捧げて一年の収穫を感謝する意味を持ち、同時に租税を納めてその年の農期の締め括りとするものであったと考えられる。また新嘗を行うのが十一月（仲冬）であることから、一年で最も日照時間が短い冬至祭(旧暦十一月)としての性格も指摘できよう。

また新嘗祭の班幣については、これが平安時代初期の桓武天皇朝に開始されたとする説があるが〔黒崎：一九八二〕、祝部が神祇官に幣帛を取りに来ないことは早くから問題となっているため、これは当てはまらないだろう。その成立は祈年・月次祭の班幣とほぼ同時期であったと考えられる。

その意義については、天皇が天照大神をもてなした神饌を撤下して、宗教的に優遇された畿内を中心とする全国の主要な神々へ分与するという意味合いが提示された〔岡田精：一九七〇〕。しかし、班幣は天皇の新嘗以前に行われるため、撤下の意味は考え難い〔黒崎：一九八二〕。祈年祭に対応するとの指摘もあるが、新嘗祭班幣の対象神社は祈年祭より少なく、また幣帛の量数も圧倒的に少ない。祝詞でも示されるように(『延喜式』祝詞・大嘗祭条)、新嘗祭はあくまで夜の新嘗の親祭に付随する行事であり、神事の成功と御世の繁栄を祈念する目的があったと考えられている〔塩川：二〇一八〕。

変遷　平安時代になると、新嘗についても神今食と同様、天皇が神嘉殿に出御せず神祇官(もしくは宮内省)にて臣下が神事を行う例が増え、中世にはこの形式が一般化していた。新嘗は大嘗祭とは違い、臣下による代行が許されていた。やがて応仁の乱のはじまりも近い後花園天皇の寛正四年(一四六三)を最後に、新嘗の斎行は中絶する。

その後、二百二十年以上にわたり新嘗が行われることはなかったが、大嘗祭再興の翌年にあたる貞享五年(元禄元年、一六八八)より、吉田家邸内の宗源殿《そうげんでん》において「新嘗御祈《にいなめのおんいのり》」として変則的に再興された。これは吉田家当主が独自につとめる吉田神道流の新嘗祭であり、たんに天皇が神嘉殿に出御しない場合の神事とは異なっていた。天皇親祭による新嘗の再興は桜町天皇の元文五年(一七四〇)であったが(元文三年に大嘗祭二度目の再興)、その後も諒闇の年には宗源殿にて新嘗御祈が行われた。なお元文五年の新嘗祭は神嘉殿がなく紫宸殿で代用したが、寛政三年(一七九一)には御所内に神嘉殿が再建された。

近代に入り明治天皇の慶応三年(一八六七)に新嘗祭が行われた。しかし孝明天皇崩御の翌年であったため宗源殿で行われ、「新嘗祭」とは名ばかりで実際には新嘗御祈と大した違いのない吉田家の身内的な祭儀であった。一方、明治元年(一八六八)と二年は宗源殿で行われたものの、吉田家の関与はなく、明治神祇官が主導する新嘗祭であった。東京で初めて新嘗祭が行われたのは翌三年であり、それは伝統的な神祇官家である吉田家との決別を意味していた〔阪本：一九九一〕。

明治天皇が新嘗祭を親祭するようになったのは、明治四年に行われた大嘗祭の翌年からであった（『明治天皇紀』）。また翌六年には太陽暦（グレゴリオ暦）への改暦が行われ、同年の十一月二度目の卯日が二十三日であったため、以降現在まで同日（および翌二十四日未明）に固定して行われるようになった。

新嘗祭当日は、明治六年から終戦後の昭和二十二年（一九四七）まで同名の祭日であったが、翌二十三年に「勤労感謝の日」と改められた（「国民の祝日に関する法律」）。

現在も皇居内の宮中三殿西側にある神嘉殿において、「大祭」（「皇室祭祀令」）として天皇親祭が行われている。神事には天皇陛下自らお手植えの新穀や全国都道府県の代表から献納された新穀が供えられる。

〈参考文献〉

折口信夫「大嘗祭の本義」『古代研究』三（民俗学篇二）、中央公論社、一九七五（初出一九二八）
川出清彦「新嘗祭神膳のことについて」にひなめ研究会編『東アジアの農耕儀礼』（新嘗の研究一）学生社、一九七八（初出一九五三）
岡田精司「大化前代の服属儀礼と新嘗」『古代王権の祭祀と神話』塙書房、一九七〇（初出一九六二）
岡田精司「律令的祭祀形態の成立」『古代王権の祭祀と神話』塙書房、一九七〇
早川庄八「律令制と天皇」『日本古代官僚制の研究』岩波書店、一九八六（初出一九七六）
西宮一民「新嘗・大嘗・神嘗・相嘗の訓義」『上代祭祀と言語』桜楓社、一九九〇（初出一九七六）
田中　卓「奈良時代以前における〝新嘗〟と〝大嘗〟について」『律令制の諸問題』（『田中卓著作集』六）国書刊行会、一九九八（初出一九七八）
安江和宣「大嘗祭の神饌御供進」『神道史研究』二七―四、一九七九
加藤　優「「大嘗祭」「新嘗祭」の呼称について」関晃教授還暦記念会編『日本古代史研究』吉川弘文館、一九八〇
黒崎輝人「新嘗祭班幣の成立」『日本思想史研究』一四、一九八二
丸山　茂「平安時代の神嘉殿について」『神社建築史論』中央公論美術出版、二〇〇一（初出一九八三）
高森明勅「式における『大嘗』の表記について」『國學院雑誌』八七―一一、一九八六

岡田莊司「〝真床覆衾論〟と寝座の意味」『大嘗の祭り』学生社、一九九〇（初出一九八九①）
岡田莊司「大嘗・新嘗の淵源」『大嘗の祭り』学生社、一九九〇（初出一九八九②）
岡田莊司「天皇祭祀と国制機構」『平安時代の国家と祭祀』続群書類従完成会、一九九四（初出一九九〇）
藤森　馨「神宮祭祀と天皇祭祀」『古代の天皇祭祀と神宮祭祀』吉川弘文館、二〇一七（初出一九九〇）
阪本是丸「近世の新嘗祭とその転換」『近世・近代神道論考』弘文堂、二〇〇七（初出一九九一）
岡田精司「大嘗祭の神事と饗宴」『古代祭祀の史的研究』塙書房、一九九二
西本昌弘「九条家本『神今食次第』にみえる「清涼御記」逸文」『日本古代の年中行事書と新史料』吉川弘文館、二〇一二（初出二〇〇九①）
西本昌弘「九条家本『神今食次第』所引の「内裏式」逸文について」『日本古代の年中行事書と新史料』吉川弘文館、二〇一二（初出二〇〇九②）
桜井市纒向学研究センター編『奈良県桜井市纒向遺跡発掘調査概要報告書』桜井市教育委員会、二〇一三
木村大樹「神今食を中心とした祭儀体系への一試論」『神道宗教』二四三、二〇一六
木村大樹「神今食の神饌供進儀に関する考察」『神道研究集録』三一、二〇一七
塩川哲朗「月次祭・新嘗祭班幣に関する一試論」『國學院雑誌』一一五‐九、二〇一八
木村大樹「天皇親祭をとりまく人々」『神道史研究』六六‐一、二〇一八

（木村大樹）

十二月

賀茂臨時祭（かもりんじさい）

創始の背景　平安時代以降、王城鎮護の神として国家より崇敬を受けた賀茂御祖《かもみおや》神社（下鴨神社・下社）と賀茂別雷《かもわけいかづち》神社（上賀茂社・上社）では、天皇の「御願」により神に幣帛を奉る賀茂臨時祭が、旧暦十一月下酉日に行われていた。

この祭りの成立は、宇多天皇が即位以前に賀茂明神から受けたとされる託宣に起因する。賀茂明神は「他の神は、祭が一年に二度あるが、我は一度の祭りしかない。その一度の祭り（賀茂祭）には、弘仁年間（八一〇～二四）より斎院と勅使以下百官の参向を得ており、何ら恨む所はないが、それだけではきわめて寂しい。秋にも幣帛を奉るようにして欲しい」と託宣した（『宇多天皇御記』（以下『御記』）寛平元年〈八八九〉十月二十四日）。『大鏡』はこれを元慶年間（八七七～八五）の出来事としている。この説に従えば、宇多天皇はまだ定省《さだみ》王として侍従をしていた時であり、時康親王（のちの光孝天皇）を父とする皇族の一員ではあるものの、皇位にはほど遠い人物であった。そのため神の託宣に対して、「私のような地位の低いものでは、その任に当たることはできない」と答えると、賀茂明神は、「必ずやその任に堪える地位につけるようになる」と答えたという（『御記』寛平元年十一月二十一日）。

この託宣を受けた後、仁和三年（八八七）八月に践祚し、同年十一月十七日に即位、翌四年には大嘗会を迎え、臣籍から昇った初の天皇となる。宇多天皇は、思いがけなくも即位することが出来たのは、賀茂明神のおかげと考え、践祚以来、賀茂社への奉幣の実施を計画した。しかし、即位同年は先帝（光孝天皇）の崩御による諒闇《りょうあん》（喪に服すこと）のため果たせず、翌年の仁和四年秋にも、祭りに奉納する馬十疋を調備させ、衛府《えふ》官人のなかから歌曲のできる者を選んで陪従《べいじゅう》として東遊《あずまあそび》を練習させ、内蔵寮《くらりょう》には幣帛を用意させるなどの準備をしていたが、穢の発生により、祭りは実現しなかった。

この延期の間、天皇は賀茂臨時祭の実施にあたり、故実に詳しい藤原基経などに、幣帛は内蔵寮が調達すべきかどうか、幣帛を天皇みずから奉拝すべきか、松尾社へも幣帛・走馬を奉るかどうか、などのことについて意見を求めている。これに基経は、賀茂社に奉る時は、必ず松尾社にも奉るのを本来の例とすること、そして、奉幣についても恒例の賀茂祭のような「例幣」ではないのだから天皇の意志・裁断に任されるという回答をする(『御記』寛平元年十一月十二、十九日)。それは、天皇直轄祭祀の性格がきわめて強いことを示しており、十世紀以降に展開する「御願」祭祀の始源とみられている。〔岡田：一九九〇〕

賀茂臨時祭の確立　このように周到な準備を進めた結果、寛平元年十一月二十一日己酉に、初めて賀茂臨時祭が実現する。初回の祭使に右近衛《うこのえ》権中将《ごんのちゅうじょう》藤原時平が選ばれ、また、発遣に際しては清涼殿の巽(東南)に「御座」を設け、東側に設置された案の上に内蔵寮が松尾社・賀茂下上社の幣を置き、解除《はらえ》の物が御座の前に置かれて宮主《みやじ》による祓等が行われた。そして辰二刻(午前九時ごろ)に祭使の藤原時平は、走馬や舞人らを率いて賀茂社へ向かい、社頭で幣帛を捧げ、宇多天皇の「念願」を宣命により奏上した。祭使一行が帰参したのは、日付が変わった翌日の子三刻(午前一時過ぎ)で、時平は宇多天皇に幣帛を賀茂社へ奉った事を報告した。また、祭使一行が移動する道中の様子を観る者が垣根をなすほど多く、車も馬も神社の境内まで入れないほど、当初より人々に注目された祭りであった(『御記』寛平元年十一月二十一日)。

記録上における次の臨時祭は、寛平三年十一月二十四日に斎行され、右兵衛督《うひょうえのかみ》藤原朝臣高経を勅使として、下上社に遣わし幣帛と走馬を奉っている(『政事要略』所引「外記日記」逸文)。

その後、宇多天皇の譲位により皇子の醍醐天皇が即位すると、その二年後の昌泰二年(八九九)十一月十九日の臨時祭より毎年の恒例行事となり(『政事要略』所引「外記日記」逸文)、十一月下酉日を祭日として定着する。

賀茂臨時祭という名称の初見は延喜四年(九〇四)十一月二十一日にみられ、「賀茂臨時祭の試楽《しがく》、常の如し」とある(『西宮記』裏書)。この記事からは、延喜年間の初めには天皇が舞楽をご覧になる試楽が行われていたことが確認できる。また、この頃には式次第も整えられたと考えられる。

儀式次第　宇多天皇が創始し、次代の醍醐天皇に受け継がれた賀茂臨時祭は、平安時代中後期を中心に盛大に行われていた。その様子を『政治要略』、『蔵人式』逸文、『江家次第』に基づいてみていこう。

祭りの三十日前に、天皇の前で、蔵人頭《くろうどのとう》が祭使(勅使)・舞人・陪従を定められ、舞人が決まると、日を選んで楽所において歌舞の練習が行われる。四日前、天皇は馬寮《めりょう》の馬を御覧になり、祭り当日の走馬に出す馬を選ぶ。そして三日前には、清涼殿に王卿・殿上侍臣《てんじょうのじしん》が召され、天皇が舞人の歌舞を御覧になる試楽が行われた。

当日の次第は、まず、清涼殿での祭使発遣の儀から始まる。天皇の身を清める御禊《ごけい》が行われ、神に捧げる御幣に天皇が奉拝をする。その後、上卿《しょうけい》が宣命を奏上し、庭中の座で祭使一行が内蔵寮の準備した酒饌によって勧盃を受け、祭使らに挿頭花《かざしのはな》が授けられる。次に殿上に王卿を召して、天皇の前で歌舞が行われた。

これら一連の宮中における儀式の後、祭使一行は、賀茂社(下社・上社)へ参向し、社頭の儀を行う。まず、下社の境内に大蔵省が幄を立て、内蔵寮が饌を設けておく。そこへ祭使一行が到着すると、祭使とは別に内裏から遣わされた垣下《えんがの》侍臣《ししん》たちによる勧盃や湯漬《ゆづけ》(ご飯に湯をかけたものを食す)などがあった。その後、祭使一行は社頭に参り、祭使によって宣命が奏上されて奉幣が行われた。そして東遊・列舞・走馬などが行われる。宣命の内容は、寛平より始められた幣帛・東遊・走馬の奉納を今年も行い、天皇の治める朝廷の無窮と五穀豊穣、そして平安の世を祈るというものであった(『政治要略』)。続いて一行は上社へ参り、垣下侍臣が参向しない以外、下社と同様の次第を行なった。

社頭の儀が終わると、使一行は内裏に帰参し、還立《かえりだちの》御神《み》楽《かぐら》が行われる。出立《いでたち》の儀と同様、内蔵寮によって酒饌が準備され、勧盃の儀を行う。ついで、祭使らは天皇の前に召

賀茂臨時祭社頭一舞之図(『公事録』附図より，宮内庁書陵部所蔵)

された、最後に禄（給料）が賜わられる。

祭りの性格　賀茂祭（四月中酉日）では、斎院（賀茂社に奉仕する未婚の皇女）が関与し、内蔵寮・近衛府・馬寮といった国家機構の役人が務める「勅使」の他に、中宮・東宮の使、女使《おんなづかい》なども選ばれていた。しかし、賀茂臨時祭では律令官職にとらわれず天皇の側近から祭使が一名選ばれるのみで、「天皇の個人的な使」としての性格が強い。この祭使一行が内裏（清涼殿）と神社の間を往復し、神に奉幣して天皇の御願を伝えるという形式の祭りであった。つまり、祭りの空間において、天皇の居住する内裏と神の在所である社頭が直結する構造になっていることが特徴といえるのである〔三橋：一九八六〕。

　祭りの次第に注目すると、事前に十列《とおつら》（競馬《くらべうま》の一種）の御覧、試楽の儀が宮中で行われ、天皇みずからがそれを臨見するという、賀茂祭にはみられなかった新たな次第がみられる。さらに当日の儀に関しても、天皇の身を清める御禊や、神に捧げる御幣に対する天皇の奉拝が行われている。この一連の次第から、臨時祭では天皇が神を祭る主体者であったと考えられる。

　祭りの名称である臨時祭は、「恒例」に対し「臨時」の祭りとして始められたことに由来する。しかし恒例行事と

賀茂臨時祭還立之図（『公事録』附図より，宮内庁書陵部所蔵）

なった後も「賀茂臨時祭」と称するのは、毎年新たに天皇「御願」の意志に発して行われるという主旨に変わりはなく、時に臨んで行われる「臨時」という意味合いが強く意識されているからであった〔岡田：一九九〇〕。

中断から再興そして廃絶へ　中世に入ると、朝廷の資力が衰えるにつれ、徐々に規模を縮小しながらも祭りは行われたが、応仁・文明の乱を契機に中断する。やがて江戸幕府が成立し、社会が安定し始める十七世紀に至ると、中世末に中断した朝儀や神社祭祀が復興していくが、賀茂臨時祭の再興までには到らなかった。このような状況で、光格天皇が、享和元年（一八〇一）ころに「宸筆《しんぴつ》御《お》沙《さ》汰《た》書《しょ》」を記し、歴代天皇のお考えをうけ、賀茂臨時祭の再興を成就することを願う旨を近臣に示した。折しも朝廷の権威が高まりつつある時期で、これを機に祭りの再興にむけた動きが進められ、文化十一年（一八一四）、約三百五十年ぶりに賀茂臨時祭が行われた。この時の次第は、平安時代の次第を可能な限り忠実に再現したものであった〔所：一九九八〕。

　近代になると、明治二年（一八六九）三月に天皇が東行したため、この年より四月十九日の賀茂祭、そして十月七日の賀茂臨時祭が、京都御所での宮中の儀（勅使発遣）を行えなくなる。翌三年二月には新政府の政策により、賀茂祭は奉幣を伴う「大祭」と定められたが、一方の賀茂臨時祭は明治三年神祇官の達により廃止されることとなった（『法令全書』）。

〈参考文献〉

三橋　正「賀茂・石清水・平野臨時祭について」『平安時代の信仰と宗教儀礼』続群書類従完成会、二〇〇〇（初出一九八六）

岡田荘司「王朝国家祭祀と公卿・殿上人・諸大夫制」『平安時代の国家と祭祀』続群書類従完成会、一九九四（初出一九九〇）

所　功「賀茂臨時祭の成立と変転」『京都産業大学日本文化研究所』三、一九九八

（鈴木聡子）

十二月

内侍所御神楽（ないしどころのみかぐら）

概　要　内侍所御神楽とは、内裏の温明殿《うんめいでん》にある内侍所（賢所《かしこどころ》ともいい、内侍以下の女官が詰めた場所）の前庭において行われた御神楽である。

内侍所には、天照大神の御霊代《みたましろ》とされる神鏡が奉斎されていた。神鏡は後宮十二司の蔵司《ぞうし》（神璽など天皇の宝物を管理する女官の機関）に納められるべきものと定められていたが（「後宮職員令」）、平安前期には蔵司の職掌の大部分が内侍所に移ったことで、神鏡も内侍所に納められるようになった。その神鏡に対して行われたのが内侍所御神楽である。

恒例のものは毎年十二月に吉日を占い、内侍所の前庭に天皇の出御を仰ぎ夜どおし神楽が奏された。また臨時の内侍所御神楽もあり、神鏡に災厄や異変があったとき、また戦乱などで神鏡を動座するときなどに行われた。

「神楽」の起源は、『古事記』などに描かれる天岩屋戸の前における天宇受売命《あめのうずめのみこと》の所作に求められることが多い。また「神楽」という語句も古くから文献に記され、『古語拾遺』神武天皇条には猿女《さるめ》氏（天宇受売命の後裔）が神楽に奉仕したこと、『先代旧事本紀』天孫本紀には鎮魂祭の日に猿女氏が神楽を舞い歌うことが記されている。

内侍所御神楽については「神祇令」や『儀式』『延喜式』には記載がなく、平安時代後期の『江家次第』（大江匡房、平安時代後期）に初めてみえる。『江家次第』や『禁秘抄』（順徳天皇、鎌倉時代初期）は、その創始を一条天皇の時代（九八六～一〇一一）のことであるとしている。また『公事根源』（一条兼良、室町時代中期）も一条天皇の時代を挙げるが、毎年行われるようになったのは白河天皇の承保年間（一〇七四～七七）からとした。

現在も宮中では「賢所《かしこどころ》御神楽《みかぐら》」として、十二月十五日の夕方から宮中三殿の賢所前庭の神楽舎で御神楽が行われる。夜半過ぎには神楽の終盤を迎え、最後に武官姿の人長《にんじょう》（神楽の次第を取り仕切る舞人の長）が採り持って舞っていた榊を天皇が受け取る。この賢所御神楽は、内侍所御神楽そのままの次第ではないが、古い時代の御神楽の面影を伝えている。

成立の背景　内侍所御神楽が成立する以前に存在した神事芸能の代表的な原型として、宮中では九世紀後半頃から清暑堂《せいしょどう》御神楽《みかぐら》とよばれる神宴（神楽）が行われていた。清暑堂とは豊楽院《ぶらくいん》にあった殿舎の一つで、正殿である豊楽殿の北に位置する後房であった。豊楽院は国家の饗宴を行うための施設であり、天皇が大嘗祭の節会などのために豊楽殿に出御する前後には、清暑堂が控えの堂として用いられていた。清暑堂御神楽は、大嘗祭の辰日および巳日（のちに巳日のみに固定）の節会後の夜、清暑堂にて天皇出御のもと夜どおし奏された神楽のことである。その初見は『日本三代実録』貞観元年（八五九）十一月十七日条であり、清和天皇の清暑堂への出御のもと「琴歌《きんか》神宴《しんえん》」が催された。

ただし、この御神楽は節会に続く二次会的な宴会の性格を持つものであった。神事儀礼としての内侍所御神楽は、清暑堂御神楽だけでなく賀茂・石清水の両臨時祭、園韓神祭、鎮魂祭などの要素を、原義・機能とは関係なく抽出・再統合して新たに作り出した儀礼であったと考えられている〔松前：一九七一〕。

内侍所御神楽が恒例化する過程には、神鏡を襲った数度の火災の存在があった。まず天徳四年（九六〇）九月二十三日の火災である。これにより内裏は焼亡したが、翌日に焼け跡の灰の中から神鏡がほぼ損傷なく取り出され、村上天皇はこれを神意によるものと感嘆している（『村上天皇御記』）。

また一条天皇の寛弘二年（一〇〇五）十一月十五日には、

内侍所臨時神楽之図（『公事録』附図より，宮内庁書陵部所蔵）

再び内裏に火災が起きて温明殿が焼亡してしまう。このときは神器・重宝などみな取り出すことができず、神鏡も焼け損じて元の形を失ってしまい、左大臣藤原道長や公卿らが神鏡の改鋳について討議している(『小右記』)。のちの記事によると、この火災の後、ある内侍の機知により内侍所で非公式に近衛官人による神楽・歌舞を奏したところ、翌日に霊験があったという(『春記』長元元年〈一〇二八〉九月十四日条)。これが不定期な内侍所御神楽の初めであり、その後も火災の折りなどにときどき行われることとなった。

また長久元年(一〇四〇)九月九日には、内裏および内侍所が焼亡し、さすがの神鏡も焼け損じて灰となった。残ったのはわずか五・六寸ばかりの焼け残り部分だけであったという。このとき関白藤原頼通(道長の子)は、神宮に奉幣使を出し、寛弘の例に倣い同二十八日から三夜にわたり神楽を行なっている(『春記』)。

このような御神楽が毎年行われるようになるきっかけは長暦二年(一〇三八)十二月十日の後朱雀天皇の仰せ事にあった。寛弘二年に行われた内侍所御神楽を、今後毎年の恒例とすべきとされ、その方式が整えられたのである(『春記』)。しかし、実際に毎年恒例で行われたことが記録で確認できるのは、堀川天皇の寛治元年(一〇八七)からであった(『中右記』寛治七年十二月二十二日条。これは前述の『公事根源』の承保年間説より一代下る)。

このように内侍所御神楽は、度重なる宮中の火災に伴う神鏡の損壊を動機として、天照大神の神霊慰撫のために始められた神事芸能であったと考えられている〔本田：一九六九、松前：一九七一〕。

次第　内侍所御神楽は内侍所の前庭、つまり温明殿とその西側の綾綺殿《りょうきでん》との間の庭上で行われた。この儀式の様子を示す図が平安時代後期の有職書である『雲図抄』(藤原重隆)の内侍所神楽事に描かれており、立ち位置などを確認するための参考になる。これによると、内侍所に向かって前庭左側に本方《もとかた》(先に歌い出す方)、右側に末方《すえかた》(後に歌う方)の座があり、それぞれの後ろに近衛召人《めしうど》座があった。本方座の後ろの近衛召人座の上座には近衛官人が務める人長の座が設けられている。また温明殿には屏風で囲まれた天皇の御座と御拝座、また内侍座と内侍座が設けられ、庭上の座前にはそれぞれ庭火(かがりび)が焚かれていた。

その次第は平安時代後期の『江家次第』や江戸時代後期の『楽章類語鈔』(小山田与清)などに記録がある。まず神前に高坏の神饌が供えられ、天皇の内侍所御拝がある。この後、内侍が神鏡を納めた辛櫃の綱を引き御鈴を三度振り鳴らす作法がある。天皇が御座に着くと、人長が楽人・舞人を連れて登場し、それぞれ本末の座に就く。続いて人長は神前の庭火前に立ち特徴的な名乗り（みずからを近衛将監《しょうげん》かつ「男山〈石清水八幡宮〉の総検校」と称する）をして、楽人らの才《ざえ》の試み（楽の技能の確認）の作法を行う。これについては鍋島家本『東遊歌神楽歌』「神楽歌次第」に詳しく、人長の指示で笛・篳篥《ひちりき》・和琴の楽人が順に庭火前に召され「庭火」という曲を演奏（「音取《ねとり》」）し復座。続いて合奏（「寄《より》合《あい》」）し、拍子（歌人）が琴に合わせて歌う。このような作法を経て神楽は開始されたのであり、「庭火」は神楽本体の曲には含まれなかったという〔飯島：二〇一三〕。

続いて全体の曲目としては、海神への神事芸に由来があるとされる「阿知女作法《あちめのわざ》」（本方「アヂメ、オオオオ」・末方「オケ」と唱和）や、榊・幣など九種の祭具の出自を歌う「採物《とりもの》」（舞になし）などが奏され、また宮内省に祀られた韓神社（「園韓神祭」の項目も参照）への神歌であった「閑韓《しずから》神《かみ》」が歌われ、人長によって「早《はや》韓神」が舞われた。

これが終わると酒が一巡まわされ（中入《なかいり》）、才《ざえ》の男《おのこ》（のちの細男《せいのう》）が召されて散楽（奈良時代に中国から伝来した曲芸や軽業などの滑稽な雑技）があった。

続いて民謡的な「前張《さいばり》」、また祝福の寿歌である「千歳《せんざい》の法」「明星《あかぼし》」などが終わる頃には明け方となり、「朝倉」や「昼目歌《ひるめうた》」「其駒《そのこま》」、人長も「其駒」を舞い、最後に「神《かみ》上《あげ》」が奏され、舞人らに賜禄が行われて儀式は終わった。

次第の意味については、神が招かれて地主神に迎えられ、酒食とともに技芸・民謡でもてなされ、朝になって馬に乗り帰っていくという構図で、様々な種類の芸能が雑然と取り入れられたものと考えられている〔松前：一九八六〕。

〈参考文献〉

本田安次「祭と神楽」芸能史研究会編『日本の古典芸能』平凡社、一九六九
松前　健「内侍所神楽の成立」『神と芸能』（『松前健著作集』四）おうふう、一九九八（初出一九七一）
松前　健「宮廷神楽の様式とその展開」『神と芸能』（『松前健著作集』四）おうふう、一九九八（初出一九八六）
飯島一彦「鍋島家本『東遊歌神楽歌』中の「神楽歌次第」における二、三の問題について」『マテシス・ウニウェルサリス』一四―一、二〇一三
斎藤英喜「変奏する岩戸神楽譚」岡田莊司編『古代の信仰・祭祀』竹林舎、二〇一八

（老田理恵子）

臨　時

大嘗祭（おおにえのまつり）

概　要　天皇代替わりの即位儀につづいて斎行された天皇親祭。神祇官によって代行できた新嘗祭とは違い、かつては摂政といえども代行の叶わない天皇一代一度の祭儀。「だいじょうさい」ともいう。七月以前の譲位による即位のときは、その年十一月に行い、八月以後のときは、翌年十一月に行われる。また、先帝崩御のときは諒闇のため翌年斎行となる。斎田の稲穂の確保のため、八月以前と以後とに区別された。祭儀は大嘗宮の正殿（悠紀殿《ゆきでん》・主基《すき》殿《でん》）において、皇祖天照大神に新穀の神膳を捧げ、神と天皇とが共食し、国家の安寧を祈念する国家最高の「饗《あえ》の事《こと》」といえる。

一世一度の大嘗と毎年の新嘗とは、『養老神祇令』では、ともに「大嘗」と称しているのは、大王・大殿・大内裏・大田など、国家と天皇に関係するものに「大」の字が付けられており、「大嘗」の「大」も、そのように理解できる。

毎世の大嘗は毎年の新嘗と区別するため、『儀式』『延喜式』では「践祚」の二字を冠して「践祚大嘗祭」と称した。十世紀には、節会を含めた一連の儀式である「大嘗会」を「大じやうゑ」（『宇津保物語』）と音読した（加藤：一九八〇、黒崎：一九九〇）。『類聚名義抄』では「オホムベ」、『古今集』には「承和の御べの吉備の国」とあるので、「オホムベノマツリ」と訓んでいたことがわかる（西宮：一九七八）。ニヒナヘの語源は諸説あるが、祭儀の内容からいえば、「ニヒ（新穀）アヘ（饗応）」の転化とみられる。

大嘗祭の淵源とされる毎年恒例の新嘗祭と神今食との関係は、項目「月次祭・神今食」「新嘗祭」を参照。また、近代の大嘗祭については、「総論　近現代の祭祀制」を参照のこと。

大嘗祭の成立　律令制下では毎世の大嘗祭が行われる時には、毎年の新嘗は行わないことを例とした。大嘗祭の成立については、天武二年（六七三）説と持統五年（六九一）説とがある。

天武天皇が飛鳥浄御原宮で即位した天武二年に「大嘗」とあり、播磨・丹波の郡司に賜禄のあることから国郡卜定が行われていたと推定され、毎世の大嘗祭の初例とも考えられている。しかし、天武五年の毎年の新嘗にも国郡卜定は行われていることから、天武朝においては、国郡卜定の有無では毎世の大嘗祭の成立を判断することはできない。

天武朝前期には、卜定による斎田を畿外に求め、毎年の新嘗儀礼の規模を拡大した、のちの毎世の大嘗祭に匹敵する毎年の新嘗祭祀が行われていた（『日本書紀』）。毎世の大嘗祭の初例は、持統天皇即位の翌年、持統五年十一月の「大嘗」とみるべきである〔岡田精：一九六二、岡田莊：二〇一八〕。

国家的威信を世に示す儀礼として天武朝の前期に成立した毎年の天皇新嘗は、持統朝に伊勢神宮の神嘗祭の規模を拡大して開始された式年遷宮との対応関係から、ともに一世代と二十年を周期とする大嘗祭と式年遷宮として制度化が図られ成立したとみられる。

前段諸儀　古代の儀式書『儀式』（貞観年間〈八五九〜七七〉後半の成立に比定、現存する『儀式』十巻のうち、三巻が「践祚大嘗祭儀　上・中・下」にあたる）と『延喜式』に基づいて、儀式次第を鳥瞰しておきたい。以下は『儀式』『延喜式』などにより、大嘗祭儀に関わる主要行事を触れていくことにする。

国郡卜定　諸行事の最初に、国郡卜定《こくぐんぼくじょう》が行われる。『日本書紀』天武五年九月条には、悠紀・主基国郡卜定（これは新嘗のため）の初見記事がみえ、悠紀は「斎忌《ゆき》」、主基は「次《すき》」にあてている。祭儀に供える御飯と御酒を作る新穀を収穫する国郡二ヵ所のうち、第一の国郡を悠紀（斎忌：清浄のこと）といい、第二の国郡を主基（次：二番目のこと）という。ここで収穫された稲穂の御飯・御酒を用いて卯日から辰日にかけて神事が行われ、大嘗宮の東の斎場である悠紀院において第一の神事、西の斎場、主基院において第二の神事が行われる。

明治以前の悠紀国・主基国に卜定された国郡の地域は、畿内には所在せず（毎年の新嘗祭は畿内の官田を卜定する）、東は遠江・越前まで、西は備中・因幡まで分布し、持統天皇は播磨と因幡、文武天皇は尾張と美濃のように、必ずしも東西に選定されていない。また、孝謙天皇のときは、悠紀に西の因幡、主基に東の美濃が卜定されたが、光仁天皇以後は、東を悠紀、西を主基とする原則が定まっていった。平安中期以後、斎国は固定化し、悠紀は近江国、主基は丹波国または備中国が選ばれ、室町中期以後と、中絶・復興ののち明治前まで近江国・丹波国が選ばれた。斎国は固定化していったが、郡の卜定は行われた。明治の大嘗祭は東京で行われ、伊勢に近い西を悠紀とし、甲斐国・安房国が選ばれ、大正は愛知県・香川県、昭和は滋賀県・福岡県、平成には秋田県・大分県が卜定された。

大祓・大奉幣・御禊行幸　八月上旬と下旬の二度、大祓

使を発遣して全国を祓うとともに、その月の晦日には恒例二季の大祓と同じ形式で、在京諸司を対象とした大祓が執行される。こののち、天神地祇への奉幣（大嘗会大奉幣）がある。大奉幣使は、中臣・忌部の両氏が相半ばで奉仕することになっており（『日本後紀』大同元年〈八〇六〉八月十日条）、即位後の天神地祇大奉幣は嵯峨天皇（大同四年即位）の例を初見とし、大嘗祭前の大奉幣も平城・嵯峨天皇の代に整備されている。平城天皇大嘗祭には、即位儀礼に関する新たな制度の整備がすすめられ、天神地祇大奉幣も大同年間に完成をみた〔岡田荘：一九九〇〕。また、十一月の散斎に入る以前、十月には最大規模の儀礼として天皇の御禊行幸が行われる。平城天皇の御禊は近江の大津（琵琶湖）が選ばれたのが初見（『日本後紀』大同三年十月丁丑）である。平安初期には御禊の河川は卜定により定められたが、仁明天皇の御禊から賀茂川に固定し、室町後期の後土御門天皇まで継続した。近世以後、復興することはなかった〔中嶋：一九九〇〕。

抜穂使　八月に卜定して斎郡に派遣され抜穂の儀を奉仕する使を「抜穂使」という。その使は、天皇代替りに選任された天皇の宮主一人と卜部三人が悠紀・主基二国に二人ずつ充てられ、稲実卜部・禰宜卜部と称した。稲穂を収穫する斎田は、百姓の営作する田、各六段が用いられ、「抜穂田」といい、また「大田」とも称した。その稲を「撰子稲《えりこのとう》」ともいい、代替の稲は国衙の正税から支給された。悠紀・主基の二国に在地の斎場が設けられ、九月下旬の上京時まで収穫した稲穂は稲実斎屋に納められた。

抜穂の儀式において最初に稲穂を抜く神聖な童女である「造酒児《さかつこ》」は、悠紀・主基斎郡の大領・少領（郡司の長官・次官）の娘で未婚の女性が卜定され、この稲穂が神事のときの御飯・御酒になる。九月下旬になると抜穂の稲は京に運び在京の斎場に納められ、斎場の鎮祭の儀式も、大嘗宮に用いる材木伐採の儀式も、すべて造酒児の所作から始められる重要な存在であった。

十一月上旬になると、神膳のための黒酒・白酒の醸造が最初に造酒児が手を下して始まり、卯日の当日もまず造酒児が稲を舂き炊いで御飯を準備する。また、上京の時と大嘗宮への運送の時に造酒児は御輿に乗るなど特別の扱いであり、在地の雑人々の中では最も神聖で重い役割を担っている。職掌はその名の造酒と御飯の調理に携わり、稲穂を抜くことから、稲穂を用いての醸造・調理まですべてに関わった〔土岐：一九六〇〕。

斎田の稲穂以外では、祭祀に用意される供神の雑器《ゆかもの》は、八月上旬、宮内省史生が使となり、河内・和泉・尾張・三河・備前の五ヵ国に遣され製作の監督を担当する。また、神膳の海産物としては、由加物《ゆかもの》の料の使（由加物使）が九月上旬に阿波・紀伊・淡路の三ヵ国に派遣され、鮑《あわび》・螺《さざえ》・海藻・年魚など海産物の御贄《みにえ》を採集して、十一月上旬までに貢納され、神祇官卜部によって北野斎場の内院に運ばれる。

神服としては、神服使《かんはとり》（摂津国神服社の神主神服宿禰）が三河国に遣わされ、三河国の織女によって調進された神衣の繒服《にぎたえ》は悠紀・主基の嘗殿に備えられる〔高野：一九九一〕。

一方の麁服《あらたえ》は阿波の忌部氏が奉進することになっていた。阿波忌部氏が用意する麁布・木綿は神祇官に納められ、卯日の悠紀・主基の行列に麁服の案が途中から加わり、神殿に奉安される。これは古くから阿波国の忌部が朝廷の神事に、荒妙の服を貢納してきた由来に基づくものであろう（『古語拾遺』）。

大嘗宮　朝堂院大極殿南の前庭に特設された。平城宮第二次朝堂院発掘調査により、三期にわたる仮設の掘立柱や柴垣が建てられていた数多くの柱列の跡が確認されている〔奈良国立文化財研究所：一九八五、一九八六〕。平安時代中期以後は大極殿の焼失など異例のあるときに、豊楽院・内裏紫宸殿南庭で斎行されている。中世以後は平安宮内、朝堂院のあった故地で室町後期（後土御門天皇）まで行われ、近世の再興後は内裏紫宸殿の南庭で行われている。近代になると、明治は東京・皇居（吹上）、大正・昭和は登極令により京都御苑、平成には東京・東御苑に斎場が設けられた。

大嘗祭の中心祭儀である卯日神事の行われる悠紀殿・主基殿の正殿（嘗殿）をはじめ膳屋・臼屋などを総称して大嘗宮という。その建物は祭の七日前（上申日）に斎場を鎮祭して建設にかかり、五日間で建て終え、致斎（中丑日）の前日までに完成させ、殿と門をまつる大殿祭がある。辰日早朝に祭儀が終わると、再び鎮祭があり、悠紀・主基国の人夫により大嘗宮は壊された。

大嘗宮の左右対称の配置については中国古代宗廟の形式に類似するという指摘がある。また正殿・膳屋や廻立殿などの主要建物は五間の平面形式の建物であり、正殿の建物は閉ざされた三間の室と開かれた二間の堂に分かれる。その建築様式は住吉大社本殿に類似し、近世の農家住宅に見られた地床（土座）式住居に似ていることから、上代の住宅建築の遺存とする見方がある。正殿は『延喜式』では青草を束ねた束草《あつか》を敷き、その上に竹の簀を置いた簡素な土座であり、堂にはこの上に席（ムシロ）を敷いた。土座の古い

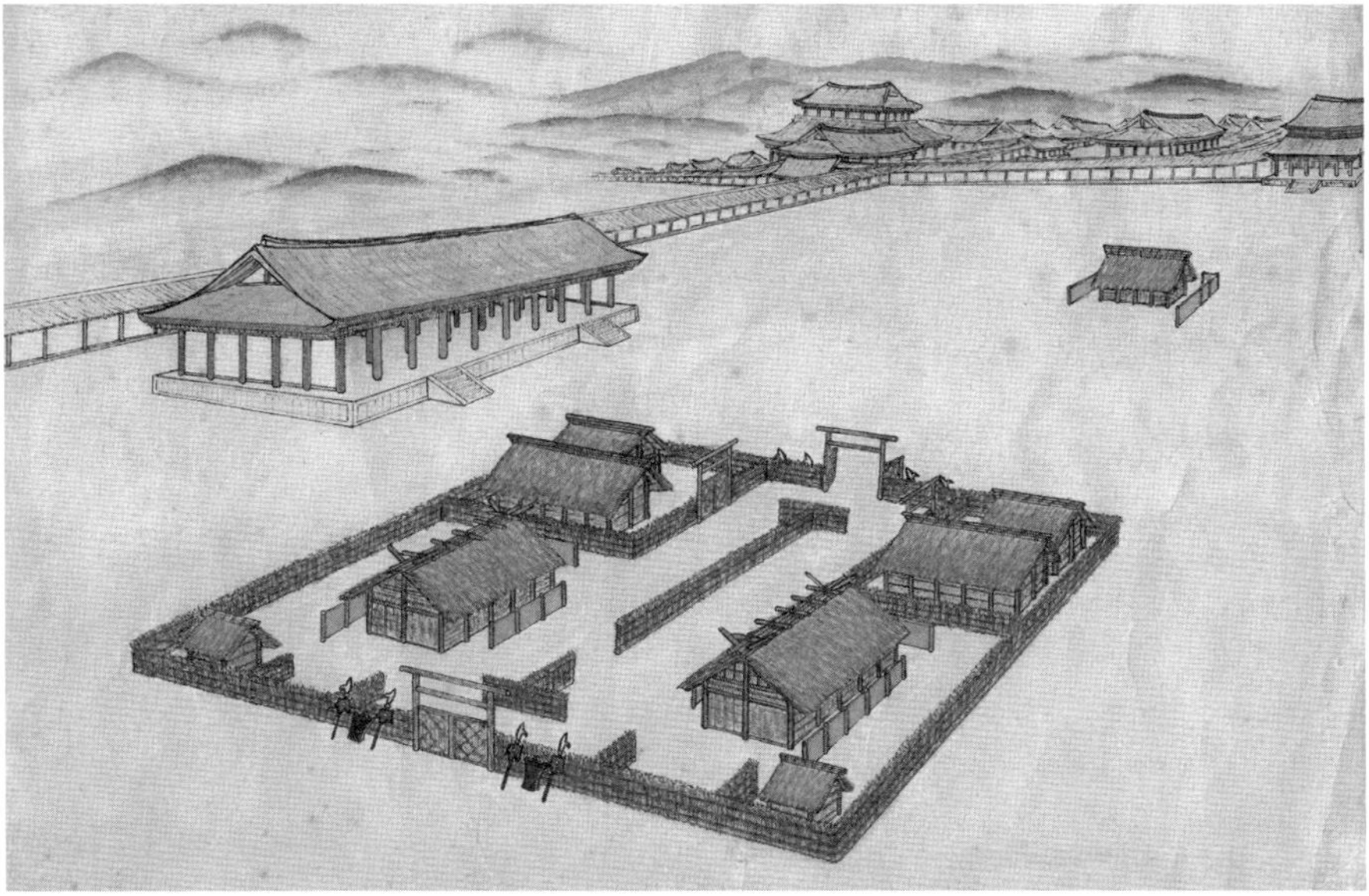

平城宮内の大嘗宮復元図（中嶋宏子作画）

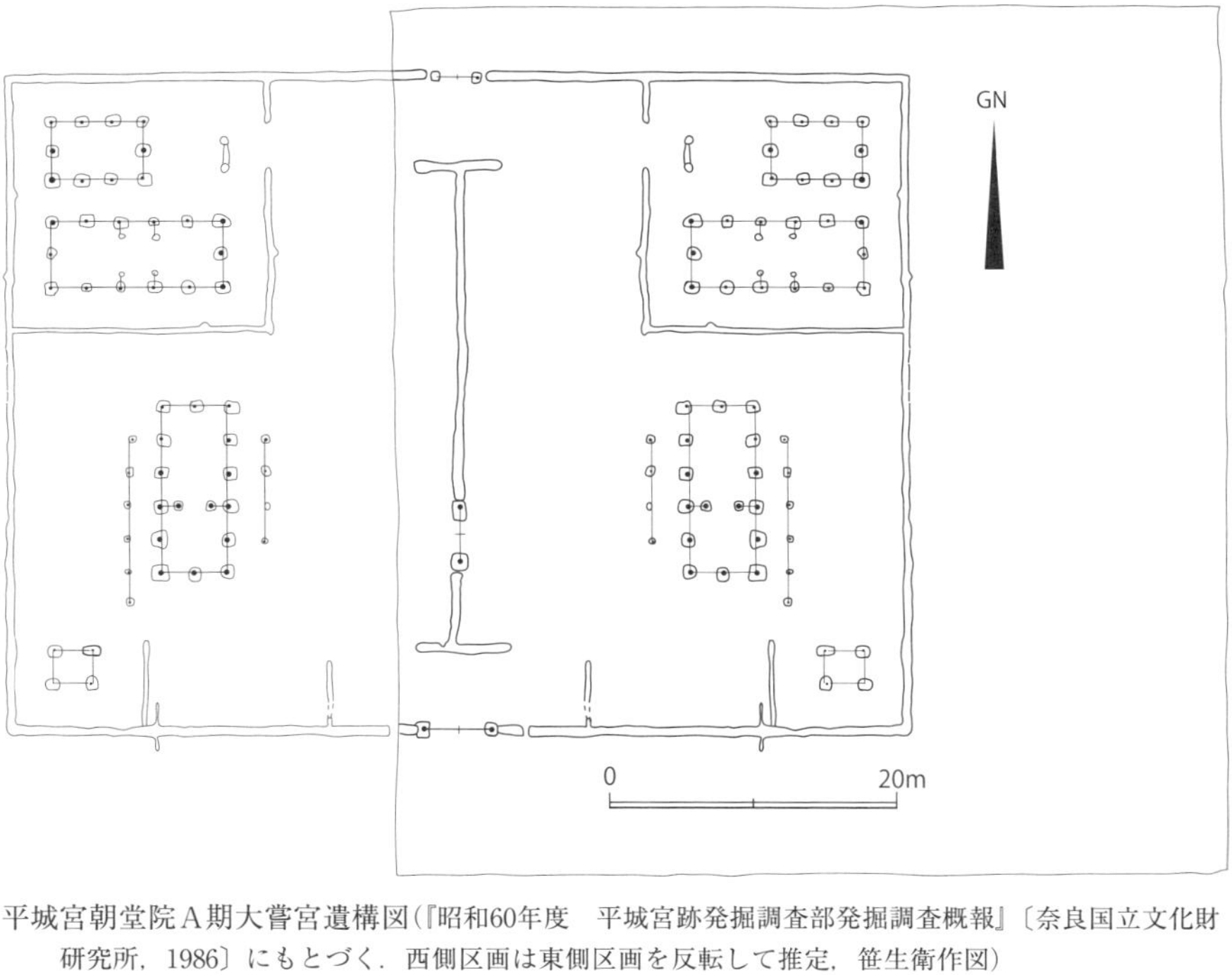

平城宮朝堂院Ａ期大嘗宮遺構図（『昭和60年度　平城宮跡発掘調査部発掘調査概報』〔奈良国立文化財研究所，1986〕にもとづく．西側区画は東側区画を反転して推定，笹生衛作図）

形式は平安後期になると高床式建物に移行する〔関野：一九三九、池：一九八三〕。

卯日の儀式次第　当日、神祇官は諸神に幣帛を班ち、大嘗祭斎行のことを神々に告げる。班幣の祭神は恒例祭祀の月次祭と新嘗祭班幣に同じ。北野の斎場にて黒酒・白酒が醸造され、神服院にて神服が奉織されると、神供の品々は御飯の料となる御稲とともに、悠紀・主基あわせて五千人（『儀式』による。『延喜式』では三千八十余人）にも及ぶ大行列を作り、巳刻（午前十時）に北野の斎場を出発する。行列の途中から、阿波国の忌部が織りあげ神祇官に納められていた麁服の案が、摂津神服社の神主（神服宿禰）の奉じる繒服の案の後ろに加わる。その後方には車輪のついた造り山である標の山がつづく。標の山について『延喜式』に記載はないが、平安初期から中世後期の後土御門天皇の時まで、悠紀・主基二国の山車である標の山が記録に残されている。未刻（午後二時）以前に朱雀門に到着し、大嘗宮へ入る。

神座の鋪設　酉刻（午後六時）に掃部《かもん》寮官人らは、悠紀・主基正殿の中央に、白端御帖十一枚、布端御坂枕一枚を置き、打払布をその傍らに納めるなど神座・御座を設ける（『延喜式』掃部）。神座は悠紀・主基両殿一緒に鋪設される。ついで中臣・忌部は縫殿・大蔵の官人を率いて衾・単を悠紀殿に納め（『天仁大嘗会記』）、神祇官は神服宿禰を率いて服案を悠紀殿の神座の上に供え、忌部は麁服の案を同じく供えた。神膳の準備は大嘗宮の臼屋・膳屋において行われ、造酒児は御飯の稲を舂き、御飯が炊かれ、内膳司により御膳が料理される。また悠紀院・主基院の宮域は酉刻（午後六時）になると主殿寮により燈・燎が点灯される。

悠紀・主基殿の儀　主殿《とのも》寮は巳刻（午前十時）に天皇の常の御所（仁寿殿）で浴湯の準備をし、天皇は大斎の御湯に入る。酉刻（午後六時）には廻立殿の浴湯を準備する。天皇は帛の御衣を着して戌刻（午後八時）に廻立殿に入り、小斎の御湯の儀がある。天皇は天の羽衣と呼ばれる湯帷子《ゆかたびら》を着けて御湯をうける潔斎を行い、神事の装束である祭服を着ける（『北山抄』）。一条朝以後は藤原山蔭流（一条天皇外祖母の父方）の子孫が御湯の儀を奉仕した。天皇は廻立殿から大嘗宮の悠紀殿へ渡御する。その道筋にはあらかじめ大蔵省が布単を敷き、その上に葉薦を敷き巻き上げながら天皇は進む。その行列は神祇官の中臣・忌部・御巫・猿女が前に立ち、天皇の頭上に菅笠を懸ける車持朝臣と蓋の綱をとる子部宿禰と笠取直とが従う。

天皇が悠紀殿の堂（外陣）に入ると、吉野国栖の古風《いにしえぶり》、悠紀の国風《くにぶり》、語部の古詞、隼人の風俗《ふぞく》歌舞の奏がある。ついで皇太子以下は拝礼をし、安倍氏が文武官の簿を奏上する。

大嘗宮膳屋で調理された神膳は、内膳司の膳部を先頭に悠紀殿に進む。悠紀殿の儀は亥一刻(午後九時三十分)から四刻(午後十一時)にかけて行われ、そのほとんどの時間は神膳供進と共食の儀礼であったと推定される。『儀式』『延喜式』には殿内における天皇の所作について詳しい記載はない。その所作が口伝から記録に綴られるようになるのは、平安後期以後のことであった(殿内における天皇所作については、項目「新嘗祭」参照)。

悠紀殿の儀と同一の儀式が主基殿において行われる。子一刻(午後十一時三十分)に内膳司の膳部らは主基院の膳屋に入り、神膳を調理する。悠紀殿の儀を終えた天皇は廻立殿に戻り、再度、主殿寮が供奉して小斎の御湯の儀があり、新しい祭服を着け、主基殿に入御する。寅一刻(午前三時三十分、二時、三時とする儀式書もある)より神膳供進の儀が行われ、辰日卯一刻(午前五時三十分)、天皇は廻立殿に還り、さらに内裏に戻る。

同じ祭儀が二度繰り返されることは、一条兼良の『代始和抄』に明快な解説がある。悠紀・主基の二儀は天地懸隔の大きな違いではなく、左右・前後ということであるとし、その和訓は、神事潔斎の心であると説く。悠紀・主基の両殿は二殿合一であり、斎忌の斎場で夕膳を供え、再度、次の斎忌の斎場で暁膳を差し上げ共食を行う。悠紀殿の儀は夕膳、主基殿の儀は暁膳と考えられ、伊勢神宮における神嘗祭・月次祭の由貴夕大御饌と朝大御饌とがあること、その祭儀の時間帯の共通性なども傍証になる。

卯日神事の祭神　祭神名は平安時代末期以後の史料に記録されるようになる。その早い例は、平安時代末期から鎌倉時代初期成立の装束書『助《じょ》無《む》智《ち》秘抄』に、「大神宮」(伊勢・天照大神)へ物を供進することであるとし、『後鳥羽院宸記』に掲載する祝詞文には、天照大神と天神地祇であると明記している。大嘗宮の嘗殿において天皇は東方または巽(東南)の方向に着座する。これは伊勢神宮を意識したものである(明治と平成は、東京で斎行されたことから西南の方角)。

壬申の乱に勝利した天武朝の初期に伊勢神宮・天照大神への尊崇が高まり、持統天皇即位の年に伊勢式年遷宮が始まり、翌年に大嘗祭が始まっている。国家祭祀として天皇祭祀と神宮祭祀とが確立していることから、大嘗祭の成立当初から天照大神が祭神の中心であった可能性は高い。大化前代の負名の氏族により、神代の天上の儀の形式を再現する祭祀儀礼の祭神には、天照大神が最もふさわしいのであり、天武朝から一貫して天照大神が祭神であったと思われる。

　このほか、悠紀殿の祭神を天神、主基殿の祭神を地祇とする説（忌部正通『神代巻口訣』、卜部兼倶『唯一神道名法要集』、荷田在満『大嘗会便蒙』など）、御膳八神とする説〔三品：一九七三、松前：一九七〇〕、神供の枚手の数から天照大神・豊受大神と御膳八神とする説〔川出：一九六七〕、男女一対の田の神説〔森田：一九九一・一九九四〕などがある。

神座（寝座）秘儀説　折口信夫は昭和の大嘗祭に際して、悠紀殿内にある中央の神座（寝座）は天皇が資格完成のために物忌をする場所であり、神代紀にみえる真床覆衾《まとこおふすま》をかぶり、これを取り除いた時「完全な天子様」になると論じた〔折口：一九三〇〕。寝座秘儀説・マトコオフスマ論のはじまりである。折口仮説により、神膳供進とマトコオフスマ秘儀の二つの儀礼の行われることが推定されるようになり、折口の寝座秘儀説は通説となっていった。以後、洞富雄は天皇と先帝の遺骸との同衾説を論じ〔洞：一九七九〕、山尾幸久は聖婚儀礼説を論じ〔山尾：一九八三〕、岡田精司は折口マトコオフスマ論を否定しつつも聖婚儀礼の場であ

平城宮内の大嘗祭復元図（中嶋宏子作画）

ることを主張し〔岡田精：一九八三〕、折口の寝座秘儀説は拡散していった。しかし、この神座（寝座）の中に天皇が入り秘儀を行ったことを推測できる記録は確認できない（藤原忠通『大嘗会卯日御記』、『後鳥羽院宸記』など）。一条兼良『代始和抄』にも、神膳供進・共食こそが重要な「秘事」であると指摘している。

　岡田荘司は、中央の神座（寝座）は大神が来臨し泊まる神の座であり、天皇といえども入ることのできない見立ての座であると論じた。また、共食の儀礼において天皇は頭を低く下げ、下位の者の作法である称唯《いしょう》（＝上位の者に対して応答する作法で、「オオ」という）をして大神に対して恭敬の態度を示している（『江家次第』『天仁大嘗会記』）。これは大神と天皇との間には、侵すことのできない明確な上下関係があったことを論じ、折口マトコオフスマ論をはじめ、数多くの寝座秘儀説を完全否定した〔岡田荘：一九八九、研究史は小倉：二〇一一〕。

（岡田荘司）

辰日・巳日・豊明節会

（たつのひ・みのひ・とよのあかりのせちえ）

概　要　大嘗祭の神事のあとに行われる三日間の節会。卯日神事である悠紀・主基の祭儀は辰日の暁まで続き、天皇は本宮へ還られる。ここまでが神事で、こののち辰・巳・午の三日間、豊楽院《ぶらくいん》に天皇が出御する公儀の節会がある。節会とは、定期的に一定の場所で反復して行われる儀式のうち、特に天皇と官人とが一堂に会して行われる饗宴であり、宮廷秩序の維持、強化に最も有効に機能するとされる。神祭を終えた天皇が初めて臣下の礼をうけるもので、天神寿詞《あまつかみのよごと》の奏上など儀礼的要素が強い。その初日の節会を辰日の節会（悠紀国へ賜禄があることから、悠紀の節会ともいう）といい、翌日巳日の節会（主基国へ賜禄があることから主基の節会ともいう）が続き、最終日に豊明節会（酒を飲んで顔のほてることを「とよのあかり」といい、転じて宮中で儀式の後に催される宴会を意味する）がある。なお、辰日・巳日節会の儀式・饗宴は一代一度のことであり、平安時代の祭祀制の展開とともに新嘗祭では辰日、大嘗祭では午日に行われる節会として豊明節会が行われた。

儀式次第(辰日と巳日節会)　辰日の次第は、辰二刻(午前九時)に天皇が豊楽院の悠紀の帳に御し、中臣は天神寿詞を奏上し、忌部は神璽の鏡剣を奉り(天長十年〈八三三〉の仁明天皇大嘗祭以後は廃絶)、弁官は両斎国の供御と多明物《ためつもの》の色目(目録)を奏上し、皇太子以下は八開手《やひらで》の拝をする。このあと、悠紀国は別貢物を献じ、天皇に御膳をすすめ、五位以上に饗膳を給わる。悠紀国司は歌人を率い風俗歌舞を奏す。未二刻(午後二時三十分)に天皇は主基の帳に御し、御膳をすすめ、風俗歌舞を奏することなど、悠紀の帳と同じ所作がある。ついで悠紀国に禄を賜わる。

辰日の行事は、前半部に中臣の天神寿詞奏上、忌部の鏡剣奉上を中心とする儀礼と後半部の節会から構成されており、前半部を「辰日前段行事」と呼んでいる(加茂：一九八三、土橋：一九八六、藤森：一九九二)。巳日も辰日節会とほぼ同じ儀式が繰り返され、主基国に禄を賜わる。その日の夜には清暑堂《せいしょどう》の神宴が行われた(『日本三代実録』貞観元年〈八五九〉十一月十七・十八日条、『西宮記』臨時七、『北山抄』五)。

午日の豊明節会　節会の構成は、大きく①悠紀・主基国司・氏人への叙位、②芸能、③解斎、④賜禄である。午の日に豊楽院の悠紀・主基の帳を撤去し、天皇は清暑堂を出て豊楽院の豊楽殿に設置された高御座《たかみくら》に御す。群臣へ労をねぎらう宣命があり、悠紀・主基の国司らに叙位を行ない、天皇に御膳を供え、臣下の饗膳がある。吉野の国栖《くず》は歌笛を奏し、御贄を奉る。和琴に合わせて剣を抜いて舞う武人の舞である久米舞(伴・佐伯氏)、吉志《きし》舞(阿部氏の舞)・大歌(大歌所で伝習された風俗歌・神楽歌)・五節《ごせち》舞が奏され、神服女は解斎の和《やまと》舞を奏する。神祇官人らは造酒司より柏を受けて酒を頂戴し、柏を鬘《かずら》とし、和舞を奏する。続いて皇太子以下に賜禄が行われたあと天皇は内裏へ還御する。この後宮内省において諸司の解斎が行われる(『儀式』四、『北山抄』五「大嘗会事」、『江家次第』一〇)。

儀式と芸能　特定の儀式と芸能が結びつけられたのは、九世紀からという(中川：一九九九)。大嘗祭の豊明節会では、吉野の国栖の奏する歌笛、久米舞・風俗楽・吉志舞・大歌・五節舞が奏される。(なお、和舞については他祭においても舞われ、祭祀構成員による舞であることから、解斎舞として扱う)。

大嘗祭の芸能は、古代からの服属儀礼との指摘が多く見られるが、平安時代の祭祀との関わりを見る限り、宮廷秩序の視覚化としての機能とみることが妥当であろう。

五節舞が奏されるようになるのは、大嘗祭は大同三年

(八〇八)十一月、新嘗祭は弘仁五年(八一四)十一月(『日本後紀』)を初見とする。即位儀礼の整備過程のなかで、導入が図られた。新嘗祭の時には四人、大嘗祭のときには五人の舞姫によって舞われる。舞人は九世紀前半には「宮人」などの表記が見られ、女官による舞の可能性が考えられるが、『寛平御遺誡』の舞姫献上に関する記述より、献上行為が宮中祭祀を構成する要素として取り入れられた様子がみてとれる。

場の変遷　大嘗祭の節会が行われていた豊楽院は、平安宮八省院の西隣にあり、「天子宴会の処」(『西宮記』)といわれ、豊楽院の正殿豊楽殿に天皇の臨御を仰ぎ、元日節会、七日白馬節会、十六日踏歌節会、十七日大射、新嘗祭・大嘗祭の節会、蕃客入朝時等の国家的饗宴が行われた。元慶元年(八七七)正月三日の陽成天皇即位では大極殿が造られていなかったため豊楽院が儀式場として利用された記録がみられる(『日本三代実録』)。この豊楽院における節会は、九世紀後半には内裏紫宸殿にその場が移っている。

豊楽院は、十一世紀に入ると次第に荒廃し、豊楽院の殿堂を巡検した藤原行成が、その破壊がはなはだしいことを嘆いている(『権記』長保三年〈一〇〇一〉三月五日条)。康平六年(一〇六三)三月二十二日豊楽院は焼亡し、再建されることはなかった。この節会儀式の場が豊楽院から紫宸殿へと変遷していることは、天皇祭祀の変遷とも重なる変化といえる。

(黒澤　舞)

〈参考文献〉

折口信夫「大嘗祭の本義」『折口信夫全集』三、中央公論社、一九五五(初出一九三〇)

関野　克「貞観儀式大嘗宮の建築上・下」建築史研究会編『建築史』一―一・二、一九三九

柳田国男「稲の産屋」『定本柳田国男集』一、筑摩書房、一九六三(初出一九五三)

土岐昌訓「造酒児考」『神社史の研究』桜楓社、一九九一(初出一九六〇)

林屋辰三郎『中世芸能史の研究』岩波書店、一九六〇

岡田精司「大化前代の服属儀礼と新嘗」『古代王権の祭祀と神話』塙書房、一九七〇(初出一九六二)

川出清彦「大嘗祭における稲のお取扱いについて」『大嘗祭と宮中の祭り』名著出版、一九九〇(初出一九六七)

松前　健「大嘗祭と記紀神話」『古代伝承と宮廷祭祀』塙書房、一九七三(初出一九七〇)

倉林正次「大嘗祭の成立」『饗宴の研究・祭祀編』桜楓社、

一九八七（初出一九七一）
山中　裕『平安朝の年中行事』塙書房、一九七二
三品彰英『古代祭政と穀霊信仰』平凡社、一九七三
今江広道「大嘗祭国郡卜定の儀について」『國學院雑誌』七九―一一、一九七八
川出清彦『祭祀概説』学生社、一九七八
西宮一民「践祚大嘗祭式一重要語彙攷証」皇學館大學神道研究所編『大嘗祭の研究』皇學館大学出版部、一九七八
岡田精司編『大嘗祭と新嘗』学生社、一九七九
洞　富雄『天皇不親政の起源』校倉書房、一九七九
加藤　優「「大嘗祭」「新嘗祭」の呼称について」関晃教授還暦記念会編『日本古代史研究』吉川弘文館、一九八〇
池　浩三「大嘗祭の建築」『家屋文鏡の世界』相模書房、一九八三
山尾幸久「ヤマト政権の男王位の継承」『日本古代王権形成史論』岩波書店、一九八三
岡田精司「大王就任儀礼の原形とその展開」『古代祭祀の史的研究』塙書房、一九九二（初出一九八三）
加茂正典「大嘗祭〝辰日前段行事〟考」『日本古代即位儀礼史の研究』思文閣出版、一九九九（初出一九八三）
奈良国立文化財研究所編『昭和五九年度平城宮跡発掘調査部発掘調査概報』一九八五
高森明勅「式における「大嘗」の表記について」『國學院雑誌』八七―一一、一九八六
土橋　寛「中臣寿詞と持統朝」『日本古代の呪祷と説話』塙書房、一九八九（初出一九八六）
奈良国立文化財研究所編『昭和六〇年度平城宮跡発掘調査部発掘調査概報』一九八六
岡田莊司「〝真床覆衾論〟と寝座の意味」『大嘗の祭り』学生社、一九九〇（初出一九八九）
岡田莊司「大嘗・新嘗の祖型」『大嘗の祭り』学生社、一九九〇（初出一九八九）
岡田莊司「天皇祭祀と国制機構」『平安時代の国家と祭祀』続群書類従完成会、一九九四（初出一九九〇）
岡田莊司「即位奉幣と大神宝使」『平安時代の国家と祭祀』続群書類従完成会、一九九四（初出一九九〇）
黒崎輝人「大嘗祭と大嘗会」『江戸川女子短期大学紀要』五、一九九〇
中嶋宏子「大嘗祭の御禊行幸」『國學院雑誌』九一―七、一九九〇
中嶋宏子「大嘗祭における御禊行幸の成立と特徴」『國學院大學大学院紀要』文学研究科二一、一九九〇

鳥羽重宏「大嘗祭と神官奉幣と摂政・関白」『神道宗教』一四〇・一四一、一九九〇

高野良徳「大嘗祭儀における神服社小考」『神道研究集録』一〇、一九九一

森田悌「大嘗祭・神今食の本義」山中裕・森田悌編『論争古代史』新人物往来社、一九九一

岡田精司「大嘗祭の神事と饗宴」『古代祭祀の史的研究』塙書房、一九九二

藤森（小松）馨「新発見の藤波家所蔵『中臣秘書〈天神寿詞〉』の紹介と考察」『國學院大學日本文化研究所紀要』七〇、一九九二

森田悌「嘗の祭りのメタモルフォシス」『天皇の祭りと村の祭り』新人物往来社、一九九四

服藤早苗「五節舞姫の成立と変容」『平安王朝の五節舞姫・童女』塙書房、二〇一五（初出一九九五）

古瀬奈津子『日本古代王権と儀式』吉川弘文館、一九九八

中川尚子「古代の芸能と天皇」『日本史研究』四四七、一九九九

牟禮仁『大嘗・遷宮と聖なるもの』皇學館大学出版部、一九九九

虎尾俊哉編『訳注日本史料　延喜式』上、集英社、二〇〇〇

西本昌弘「九条家本『神今食次第』所引の「内裏式」逸文について」『日本古代の年中行事書と新史料』吉川弘文館、二〇一二（初出二〇〇九）

黒澤舞「伊勢神宮五節舞成立に関する一考察」『延喜式研究』二六、二〇一〇

小倉慈司・山口輝臣『天皇と宗教』（『天皇の歴史』09）講談社、二〇一一

皇學館大学神道研究所編『訓読註釈　儀式　践祚大嘗祭儀』思文閣出版、二〇一二

加茂正典「大嘗祭御祭神考」『文化学年報』六五、二〇一六

木村大樹「神今食の神饌供進儀に関する考察」『神道研究集録』三一、二〇一七

岡田莊司「稲と粟の祭り」『國學院雑誌』一一九‐一一、二〇一八

岡田莊司「天武朝前期における新嘗祭祀と伊勢斎王」『古代の信仰・祭祀』古代文学と隣接諸学七、竹林舎、二〇一八

（岡田莊司・黒澤　舞）

臨時

八十嶋祭（やそしまのまつり）

概要　八十嶋とは「数多くの島」の意である。八十嶋祭は、『江家次第』によれば、「大嘗会の次の年にこれを行う。多くは大神宝の後に在り」とあって、大嘗祭の翌年に行われる臨時の祭祀であった。大嘗祭や大神宝使発遣儀礼など天皇の即位儀礼の一環として行われた。初見は、文徳天皇の嘉祥三年（八五〇）とされる（『日本文徳天皇実録』同年九月壬午条）。「宮主正六位下占部雄貞、神琴師正六位上菅生朝臣末継、典侍正五位下藤原朝臣泉子、御巫无位榎本連浄子らを遣わし、摂津国に向かい、八十島を祭らしむ」とあり、宮主《みやじ》・神琴師・典侍《ないしのすけ》・御巫《みかんなぎ》が摂津国に派遣されて奉仕する祭祀であった。なお、このときは翌仁寿元年（八五一）に大嘗祭が行われており、「即位→八十嶋祭→大嘗祭」の順であった。

八十嶋祭の斎行は史料上確かなことであるが、その起源については明らかではない。従来の研究においては、史料上の初見である嘉祥三年を祭儀の開始とする説と、それ以前からすでに行われていたとする説とに大きく分かれている。

儀式次第　その儀式次第は、『江家次第』によれば、祭使の出発にあたり、宮主が御麻を献じ、天皇は「一撫一息」して返す。女官は「御衣筥」を持参して下向する。淀より乗船して難波津に到着すると、宮主が祭壇を設けて祭物を置き、女官と内藏寮官人は御衣案を宮主の前に設ける。神祇官が御琴を弾き、女官は御衣筥を開いて振り、宮主は御麻を捧げて禊を修める。その後、祭物を投じて帰京するのである。

これらの儀礼において、いずれが八十嶋祭の中心であるかも諸説あり、岡田精司は、八十嶋祭儀が鎮魂祭の儀式次第に近いとして、天皇の即位にあたって「大八洲之霊」を祭る鎮魂儀礼であり、大八洲の霊を付着させる目的があるとした。そして、その起源も五世紀初頭にさかのぼるとし、奈良時代の難波行幸も八十嶋祭に関わるものであり、天皇親祭の形態であったと主張した〔岡田精：一九七〇・一九九二〕。一方、田中卓は、御禊が中心の儀礼であるとし、文徳天皇以前に八十嶋祭が行われた形跡がまったくないとして、嘉祥三年を開始時期とする〔田中：一九五六・一九七七〕。滝川政次郎も嘉祥三年説をとる〔滝川：一九八六〕。また、滝川を代表する「陰陽道の祓」説では、小坂眞二が、

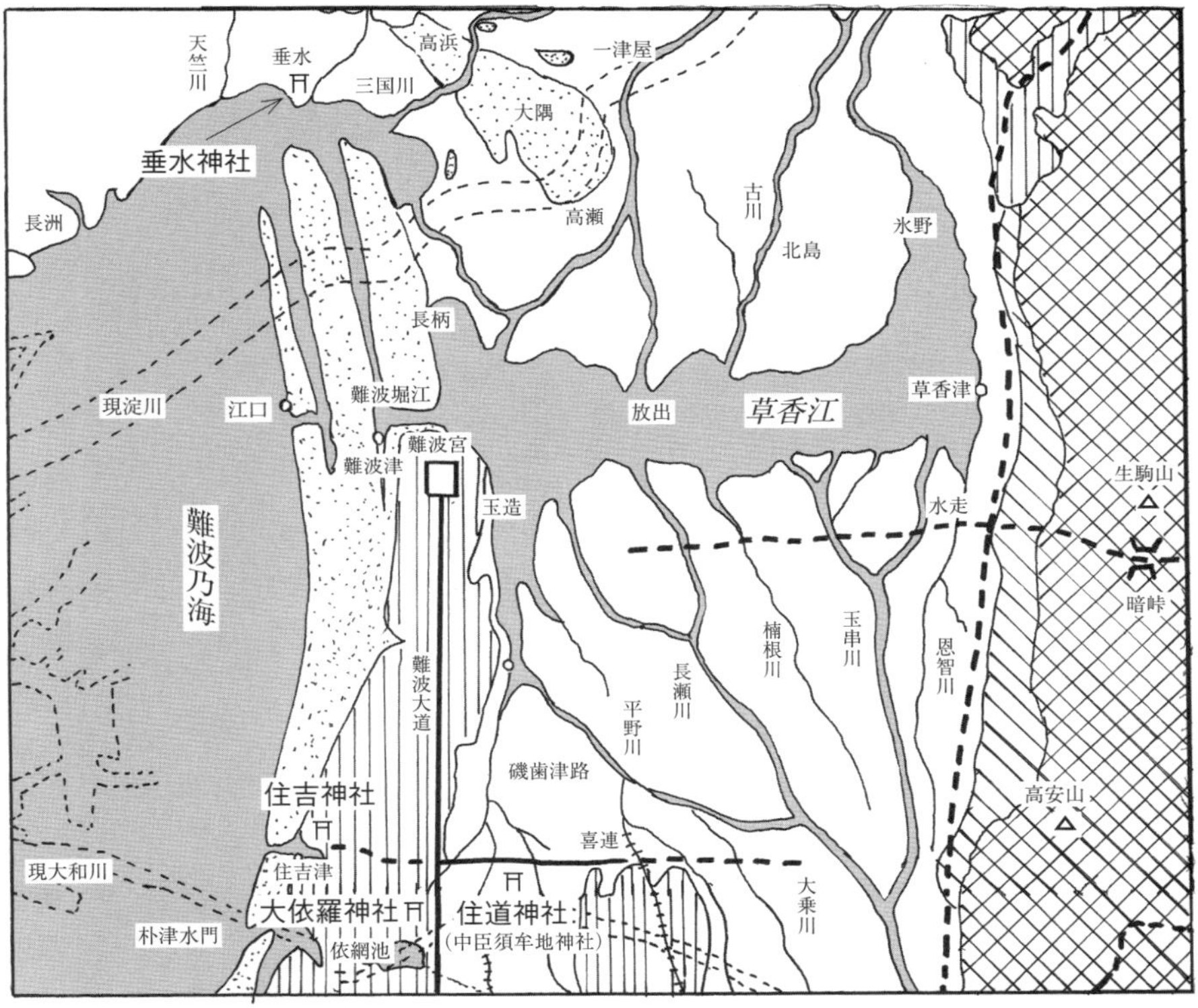

文徳朝期の難波津における住吉神・大依羅神・海神・垂水神・住道神の鎮座地

陰陽道の河臨祓と比較し、八十嶋祭は御贖の系譜を引く御祓であると指摘した。そして、衣を振る呪術は古くはさかのぼらず、九世紀半ばに八十嶋祭が衣の呪術を取り入れて編成されたとした〔小坂：一九七七〕。

祭　料　その祭料は『延喜式』臨時祭に規定されており、「五色の帛（各一疋二丈）、絁《あしぎぬ》（一疋二丈）、糸（三十絇）、綿（三十屯）、倭文《しず》（一端三丈八尺）、木綿《ゆう》（三十斤）、麻《お》（三十斤）、庸布（十段）、紙（二百張）、幣《みてぐら》を挿《さしはさ》む木（百二十枚）、麁《あらたえ》の御衣《みそ》（八具）の料の庸布（八段）、御輿形《みこしがた》（四十具）の覆の料の紫の帛（四丈）、鍬（四十口）、銭（三貫文）、金《こがね》・銀《しろがね》の人像《ひとがた》（各八十枚）、金塗《こがねぬり》の鈴（八十口）、鏡（八十二面）、玉（百枚）、大刀（一口）、弓（一張）、矢（五十隻）、胡籙《やなぐい》（一具）、黄蘗《きはだ》（八十枚）、盆《ほとぎ》（二十口）、堝《なべ》（二十口）、坏《つき》（八十口）、米（一石）、酒（一石）、糟《かす》（八斗）、缶《もたい》（六口）、鰒《あわび》（八籠）、堅魚《かつお》（八籠）、腊《きたい》（八籠）、海藻《め》（八籠）、鮭（五十隻）、塩（五籠）、槲《かしわ》（二俵）、稲（二十束）、席《むしろ》（八枚）、薦《こも》（八枚）、食薦《すごも》（八枚）、輿籠《こしこ》（五脚）、明櫃《あかひつ》（四合）、匏《なりひさご》（十柄）、祝詞の料の絁（二疋）・調布

（二端）」が準備される。これらの祭料では、幣帛、幣帛料、祭具、祭具料、奉仕料などのほかに「金・銀の人像」「御輿形」が記されている。『延喜式』木工寮にも、「毎月の晦《つご》日《もり》の御《み》贖《あがもの》の料」として、「金・銀の人像」「御輿形」が記されているから、八十嶋祭で用いられる金・銀の人像は祓物・贖物であり、祓を意識した儀礼で用いられたと考えられる。『延喜式』木工寮から推測すると、金・銀の人像は「長さ一尺（約三〇センチ）、広さ一寸（約三センチ）」、御輿形は「長さ九寸（約二七センチ）、広さ四寸（約一二センチ）、高さ七寸（約二一センチ）」ほどと考えられ、八十嶋祭で用いる「御輿形四十具の覆の料の紫の帛四十丈」と対応する。人像は罪を移す人《ひと》形《がた》の一種と推測できる。一方、『延喜式』木工寮では御輿形は「鉄《くろがね》の偶人《ひとがた》」「木の偶人」「幣帛を挿む木」とセットであり、御輿をかたどったものに偶人を載せ、幣帛とともに儀礼で用いたとも推測できる。

祭祀の性格　河や海において、祓具や贖物を用いた祓は古くにさかのぼり、『延喜式』にも御衣を用いた祓の儀礼が載せられている。また、『延喜式』四時祭下の鎮魂祭では、弾琴《だんきん》や歌女《うため》が御琴・笛をあわせ、歌を奏す儀があり、さらに『北山抄』などには女蔵人が御服の箱を開けて振り動かす儀が載せられる。この御服振動の儀礼が八十嶋祭と鎮魂祭に共通すると岡田精司は指摘したのである〔岡田精：一九七〇・一九九二〕。ただし、八十嶋祭の儀式次第からみれば御祓や鎮魂祭との要素がうかがえるものの、八世紀以前にさかのぼるかという点は慎重に検討すべきである。

また、八十嶋祭は御贖と同様、天皇・中宮・東宮において行われる。ただ、八十嶋祭では、祭料において幣帛が用意され、祝詞が奏上されることから、祓以外に何らかの祈願が行われていたことは確かである。祈願の内容や「八十嶋祭」という名称の由来についても、未だ不明の点は多いが、儀式次第や祭料から推測すると、「祈願」「御贖」「鎮魂」の要素が混在しており、これは、中臣祓が隆盛する過程において、大祓の宣読形式が奏上形式へと変化する流れに対応していると考えられる。また、八十嶋祭初見の文徳朝では、神階の一斉奉授など、既存の神事を「天皇の即位と治世を意識した神事」へと展開する姿勢が確認できることから、八十嶋祭とは「御祓・御贖による御身の安寧」と「祈願による国土の平安」を混在させた新たな祭儀と解釈することもできよう。

難波津の神々　八十嶋祭では、住吉神・大依羅神《おおよさみのかみ》・海《わたつみ》神《のかみ》・垂水神《たるみのかみ》・住道神《すむちのかみ》など難波の津に鎮座する神々に対しても、座別に「五色の帛(五尺)、絹(五尺)、糸(一絇)、綿(一屯)、倭文(一尺)、裹《つつ》む料の布(三尺)、」などが祭料として用意された。神主や祝にも、住吉神主には絹一疋、住吉・大依羅の祝には布三端、垂水の祝には布二端、海・住道の祝には布一端がそれぞれ用意された。さらに、御巫・生島の巫も派遣されて奉仕し、料として各絹二疋・布二端が用意された。祭料から判断すると、こちらは祓の要素は見られず、あくまで難波の津を意識した祭祀と考えられる。八十嶋祭における儀礼の中心ではないが、「八十嶋祭は難波の津で行われることが重要である」ということを示すものといえる。

〈参考文献〉

田中　卓「八十島祭の研究」『神社と祭祀』(『田中卓著作集』一一―一)、国書刊行会、一九九四(初出一九五六)

滝川政次郎「八十島祭と陰陽道」『律令と大嘗祭』国書刊行会、一九八八(初出一九六六)

岡田精司「即位儀礼としての八十島祭」『古代王権の祭祀と神話』塙書房、一九七〇

三品彰英『古代祭祀と穀霊信仰』平凡社、一九七三

田中　卓「再び八十島祭について」『神社と祭祀』(『田中卓著作集』一一―一)国書刊行会、一九九四(初出一九七七)

小坂眞二「御祓儀礼と陰陽道」『早稲田大学大学院文学研究科紀要』別冊三、一九七七

吉田　晶『古代の難波』教育社、一九八二

岡田莊司「私祈禱の成立」村山修一編『陰陽道叢書』二〈中世〉、名著出版、一九九三(初出一九八五)

岡田精司「八十島祭の機能と本質」『古代祭祀の史的研究』塙書房、一九九二

若井敏明「八十島祭の再検討」『日本宗教文化研究』四―二、二〇〇〇

(小林宣彦)

臨時

名神祭（みょうじんさい）

概要　「名神祭」は字義の表わすとおり、「名神」に対する祭祀のことをいう。「名神奉幣」ともいう。

そもそも「名神」とは、神威が盛んにして霊験あらたかで、高名な天神地祇《てんじんちぎ》（神祇）・神明を示す名称である。名神をして「名社神明」と表されるところから、そのことが知れる（『日本三代実録』貞観五年〈八六三〉三月丙寅〈四日〉条）。数ある神々のなかでも、天皇・朝廷をはじめ国家・社会にとって特に重要な神祇・神明が列せられたのである。名神を奉斎する神社を「名神社」と呼び、名神社を対象に国家が行う祭祀を「名神祭」と称した。

「名神」の語は古く、すでに奈良前期には確認できる。『続日本紀』天平二年（七三〇）十月庚戌（二十九日）条に、渤《ぼっ》海《かい》（中国の東北地方を領域とした国家）からの進物を諸国の「名神社」へ使者を差遣して奉ったとあるのが、その初見とされる。

その後、奈良中期の天平宝字八年（七六四）十一月に、九月に起きた恵美押勝《えみのおしかつ》（藤原仲麻呂）の乱にあたり、近江国（滋賀県）に逃奔する押勝を朝廷の要請に応じて近江国内から逃すことなく、結果として誅罰できたことに対する報賽（感謝）として、近江国の名神社に幣帛が奉られた（『続日本紀』同年十一月癸丑〈二十五日〉条）。

また、奈良末期から平安前期の桓武朝に至ると、旱《ひでり》に伴う祈雨を中心に、天候不順や皇太子の病気・疫病平癒、遷都や蝦夷《えみし》の征討など国家の大事にあたり、畿内や七道諸国の名神へ奉幣を行なったという記事が散見する。この時期には「名神」と称する特定社を対象に、奉幣による祈請《きせい》の形式が整えられていったことがうかがえよう（『続日本紀』延暦七年〈七八八〉五月己酉〈二日〉条、同九年五月甲午〈二十九日〉条、同十年七月庚申朔〈一日〉条、『日本紀略』同十一年六月戊子〈五日〉条、同十三年九月戊戌〈二十八日〉条、『日本後紀』延暦二十四年七月癸巳〈二十六日〉条など）。

とくに、平安遷都から三年後の延暦十六年六月、国の安寧を祈るため畿内と七道諸国の名神に奉幣を行うにあたり、桓武天皇みずからが南庭での使者発遣の儀式に臨んだとあり、いかに天皇・朝廷が畿内や各地の名神に対する奉幣を重視していたのかが、見て取れる（『類聚国史』同年六月壬申〈十八日〉条）。

桓武朝に行われた祈雨を事由とした名神への奉幣（名神

奉幣）は、直ちに効験がみられたようである。これを契機に名神奉幣は、伊勢神宮に対する奉幣と並び、国家的事由の祈願においては最高の効験ある方法として定着し、祈雨を基軸として頻繁に行われて臨時奉幣制の主流を形成していった〔岡田：一九八七〕。

成 立 桓武朝を契機に、名神奉幣の形式が整えられ始めて以降、「名神」に列せられた神祇・神社の数は徐々に増加したと考えられる。六国史（逸文も含む）にみえる名神に関する記載は百二十回に及ぶという。なお、六国史や『類聚国史』『日本紀略』の中には、「明神」の表記が十五例ほどあり、名神関連記事との比較から、明神の用例も「名神」と同一と指摘される〔梅田：一九六四〕。

このように、奉幣による名神への祈請の在り方は、平安初期から前期にかけて整備されていく。以降、『延喜式』のうち、巻第三「臨時祭」（以降、臨時祭式）の二十八条目に「名神祭」の記載がある。条文では名神祭に預かる二百八十五座（二百三社）の神名と奉献の品目・数量が定められており、同時期までには名神祭の制が成立していたことがうかがえる。名神に預かった神社・神座の数を示すと、次のようになる。

【京・畿内】宮中二社（三座）・山城国十三社（二十三座）・大和国二十五社（四十六座）・河内国四社（九座）・和泉国一社（一座）・摂津国九社（十八座）

【東海道】伊勢国二社（四座）・尾張国七社（七座）・遠江国二社（二座）・駿河国一社（一座）・伊豆国五社（五座）・相模国一社（一座）・武蔵国二社（三座）・安房国一社（一座）・上総国一社（一座）・下総国一社（一座）・常陸国七社（七座）

【東山道】近江国九社（十二座）・美濃国一社（一座）・信濃国三社（五座）・上野国三社（三座）・下野国一社（一座）・陸奥国十五社（十五座）・出羽国二社（二座）

【北陸道】若狭国一社（二座）・越前国二社（八座）・能登国一社（一座）・越後国一社（一座）

【山陰道】丹波国四社（五座）・丹後国五社（六座）・但馬国八社（十六座）・因幡国一社（一座）・出雲国二社（二座）・隠岐国四社（四座）

【山陽道】播磨国五社（七座）・美作国一社（一座）・備前国一社（一座）・備中国一社（一座）・安芸国三社（三座）・長門国一社（三座）

【南海道】紀伊国十一社（十一座）・淡路国二社（二座）・阿波国二社（二座）・讃岐国一社（一座）・伊予国四社（四座）

【西海道】筑前国七社（十五座）・筑後国二社（三座）・豊前国一社（一座）・肥前国一社（一座）・肥後国一社（一座）・

壱岐島六社(六座)・対馬島六社(六座)

名神への加列は諸国で均等ではなく、各地方にあって特に霊験あらたかで高名な神祇が対象とされたのだろう。

このほか、『延喜式』第九・第十の「神名」(以降、神名式)からも、名神に預かった神名が注記より読み取れる。神名式に確認できる名神は三百十座(二百二十四社)に及び、臨時祭式とは若干異なる。これは、二十二年間に及ぶ『延喜式』の編纂過程において、増加した名神の記録が神名式では逐次増訂された一方で、名神祭条では訂正を遺忘した結果ともされる〔梅田：一九六四〕。

なお、神名式に登載された神社(式内社)には大小の社格の違いがあったが、名神に預かる神社はすべて大社であり、「名神大」と注記された。ここから、名神社は名神大社《みょうじんたいしゃ》と称され、名神に加列されて名神祭に預かることは、神社の格式(社格)の高さを示すものの一つとなっていった。

祭　儀　『延喜式』での名神祭は臨時の祭祀であって、毎年恒例の「四時祭」と異なり必要な状況にのみ行われた。祭儀の形式・実態は定かでない。なお、国史にみた名神関係記事は叙階・預名神を除き奉幣記事が大半であり、儀式書等に具体的な儀式次第が確認できない点から、名神祭は諸名神を対象とする臨時の奉幣そのものと位置付けられている〔並木：一九八六〕。

祭料(祭祀に宛てるもの)より確認すると、名神祭条では神座ごとに「絁《あしぎぬ》」五尺、「綿《わた》」一屯《とん》、「糸」一絇《く》、「五色薄《うす》絁《ぎぬ》」一尺、「木綿《ゆう》」二両、「麻《お》」五両、「裹料《つつむ》」(布帛《ふはく》類を裹〈包〉むのに供する)の薦《こも》二十枚が規定される。さらに「大禱」(重大な祈禱)では、これらに「絁」五丈五尺を加え、「糸」一絇に代えて「布」一端を捧げるものとされた。

他の祭祀とは異なり、こうした奉献品目に飲食物は含まれない。朝廷が弁備して各名神へ捧げたのは布帛・繊維類、まさに幣帛であって、名神奉幣・名神祭とは古代国家の重大事に当たり、幣帛を奉って祈請した祭儀なのであった。

名神祭祝詞についての規定はないが、名神奉幣に関係し、国史には宣制《せんせい》(宣命《せんみょう》)(『日本文徳天皇実録』天安元年〈八五七〉二月乙酉〈十七日〉条)や「告文《こうぶん》」(『日本三代実録』貞観三年五月十五日戊子条、同七年四月十七日丁卯条、同八年七月六日戊申条、貞観十六年閏四月七日乙丑条ほか)の形式にて、「天《すめみま》皇《のみこと》が詔旨《おおみこと》」に始まり「恐《かしこ》み恐《かしこ》みも申賜《もうしたま》わくと申《もうす》」などの表現で締めくくられる、名神の神前にて奏された願文を載せる。祈願内容から表現に若干の差異こそあるが、祭儀の主旨は幣帛を捧げて願意の聞き届けを願うものであったことが、願文からも読み取れるのである。

展　開　臨時祭式において、名神祭と同様に奉幣を中心とした祭祀に「祈雨神祭」がある。祈雨神祭は八十五座（五十二社）の神祇に対して降雨・止雨《しう》を願う祭祀をいう。そのうち、六十一座（二十八社）は名神であった。

こうした祈雨止雨に関する事由で特定数社に対して行う奉幣の事例は、九世紀以降に増加したとされ、対象となった特定数社は名神に預かる近京の有力社の中から選ばれた。名神に対する奉幣・祭祀の制を基盤とし、平安中期には十六社奉幣が成立していったのである〔並木：一九八六〕。

やがて十六社奉幣制は二十二社へとつながり、大神宝使《だいじんぽうし》発遣社や諸国一宮も、おおよそ名神から選定された。以上の点からも、平安前期から中期の祭祀制における名神奉幣・名神祭の重要性がわかるだろう。

〈参考文献〉

梅田義彦「名神考」『神祇制度史の基礎的研究』吉川弘文館、一九六四
並木和子「平安時代の祈雨奉幣」二十二社研究会編『平安時代の神社と祭祀』国書刊行会、一九八六
岡田莊司「十六社奉幣制の成立」『平安時代の国家と祭祀』続群書類従完成会、一九九四（初出一九八七）

（吉永博彰）

臨時

出雲国造神賀詞奏上儀礼
（いずものくにのみやつこかんよごとそうじょうぎれい）

出雲国造と出雲神話　出雲国造神賀詞奏上儀礼とは、出雲国造が新任の際に上京し、天皇の大御世を祝って寿詞《よごと》を奏聞し、神宝を奉献する儀礼である。

正史である『日本書紀』では、出雲の豪族である出雲臣は天穂日命《あめのほひのみこと》を祖とし「国造」を世襲とする。天穂日命とは、誓約《うけい》の段で出現した天照大神の御子神であり、葦原中国《あしはらなかつくに》の平定のために高天原から派遣されたものの、大己貴神《おおなむちのかみ》に佞《おもねり》り媚びて復命しなかったと伝える。『令義解』では「出雲国造の斎神」を「天神《あまつかみ》」、「出雲大汝神」を「地祇《くにつかみ》」とし、「出雲国造の斎神」は出雲国造の氏神である熊野神社、「出雲大汝神」は出雲大神を祀る杵築大社と考えられている。出雲国造は「天神の系譜を以て、出雲の地で、出雲の神々を祀る、天皇または朝廷の祭祀者」として位置付けられていた。

出雲と大和との関係については、「服属儀礼」が議論の中心であったが、岡田荘司は「伊勢神宮―宮都―杵築大社」という東西軸の視点を新たに示した〔岡田：二〇〇〇〜〇九〕。岡田は、出雲では殿内祭祀が重視される点を強調しており、神話世界の価値観が現実の祭祀に反映されているとした。出雲神話は建物との関係が密接であり、たとえば、『古事記』で大国主命《おおくにぬしのみこと》が「根之堅洲国《ねのかたすくに》」から逃亡する際、須佐之男命《すさのおのみこと》が「大刀弓矢をもって、大勢の神を追い払い、私の女《むすめ》の須勢理毘売《すせりひめ》を正妻として、宇迦山《うかのやま》のふもとに、太い柱と高い屋根を持つ壮大な宮殿を建てて住むがよい」と呼びかけている。また、国譲り神話では、『日本書紀』一書《あるふみ》の、高皇産霊尊《たかみむすひのかみ》から大己貴神へ示された勅において、以下の諸条件を提示している。

①大己貴神の統治のなかで、現実の地上の政治は天孫が治める。

②大己貴神は出雲における幽界のことをつかさどる。

③大己貴神が住むべき天日隅宮《あめのひすみのみや》は、天神がつくる。その敷地は広大で、宮殿建築は柱が高く太く、板も広く厚い。御料田を供し、往来に必要な橋や船を準備する。何遍も縫って丈夫にした白楯をつくる。

④大己貴神に対する祭祀を天穂日命に行わせる。

崇神紀では、天から将来した神宝が「出雲大神宮」におさめられているとし、その神宝をめぐって出雲振根《ふるね》が弟の飯入根《いいいりね》を殺し、振根も朝廷によって誅殺され、それ以降しばらく出雲臣は出雲大神を祭らなかったと伝える。

斉明朝には、出雲国造に命じて立派な神の宮をつくらせたとあるが（『日本書紀』斉明五年〈六五九〉是歳条）、この創建をめぐっては、熊野大社とする説〔井上：一九五一、平野：一九八五、田中：一九九七〕と杵築大社とする説〔門脇：一九七六、新野：一九七七、岡田：二〇〇九〕が提示されている。熊野神社が「出雲臣の氏神社」であるのに対して杵築大社は「出雲の神々を象徴する神社」であり、出雲神話における出雲神と建築物との関係を考えれば、大和政権が意識した神社は杵築大社とするのが妥当であろう。熊野神社説の論拠は、神郡が杵築大社が鎮座する出雲郡ではなく熊野神社が鎮座する意宇郡に設定されている点にあるが、神郡は国家祭祀に対する経済的・人的支援の本拠地であるため、出雲臣の本貫である意宇郡に設定されたと考えられる〔小林：二〇一五〕。

平成になって出雲大社の神域からは中世期の巨大柱が発掘され、出雲神話における建築物の記述が注目されている〔松尾：二〇〇五〕。また、藤原宮から出土した木簡の一つには「出雲評支豆支里大贄煮魚　須々支」とあり〔木簡学会：一九九〇〕、こちらは、国譲り神話で鱸の料理が「天の御饗」として献上される場面と、出雲から藤原宮へ鱸の貢献とが一体化したものと指摘されている〔加藤：一九七七、岡田：二〇〇〇～〇九〕。

出雲臣は、奈良時代から国造と意宇郡大領とを兼任したが、大領は公務をつとめ国造は神事を掌るべきとして、延暦年間（七八二～八〇六）に兼任が禁じられた（『類聚三代格』巻七、郡司事延暦十七年三月二十九日官符「応任出雲国意宇郡大領事」）。その後、国造の地位は、南北朝ごろから、千家《せんげ》と北島《きたじま》の両家に分れて受け継がれ、その血脈は今日まで継承されている。

神賀詞奏上儀礼　『延喜式』臨時祭の規定によれば、太政官において補任された出雲国造は、神祇官において負幸《おいさち》物《もの》を賜う儀が行われる。負幸物としては「金装横刀《こがねづくりのたち》、糸、絹、布、鍬」などが用意される。神祇官で行われるが、太政官の弁官が中心となる儀式であり、弁《べん》の座は神祇伯の上座、史《さかん》の座は「前敷《まえじき》」という神祇官庁の前座に設けられる。さらに、大蔵の録《さかん》の座も前敷に設けられる。式次第は次のとおりである。

①官掌《かじょう》が出雲国司と出雲国造を喚びたて、版位《へんい》に就けしめ、神部が大刀の案前に跪く。

②弁が「出雲の国造と今定め給える〈姓名〉に、負幸の物を賜わく」と宣ると、国造は称唯《いしょう》して再拝両段と拍手両段し、案に進みて神部から大刀を授けられる。

③国造が版位に戻ると、次に大蔵録によって喚びたてられる。国造が称唯して録の前に跪くと、糸・絹・布・鍬が授けられる。

④国造はそれぞれ手を拍って賜わった後、版位に戻り、大刀を取って退出する。

⑤次に大蔵録、神祇官員、史、弁の順に退出し、儀式は終了する。

負幸物を賜わった出雲国造は、出雲国に還って一年間潔斎した後、国司、諸々の祝部やその子弟とともに再び上京する。京外の便処において献物を修飾するが、神祇官はあらかじめ吉日を卜し、関係諸司に周知する。さらに後斎一年の後、入朝してようやく神賀詞奏上儀礼が行われるのである。

神賀詞（神寿詞）とは、天皇の延命と皇位の隆盛を寿ぎ祝う言葉である。賀詞または寿詞は「よごと」と訓み、「吉《よ》言《こと》」に通じるという解釈が有力である。寿詞の淵源としては、仲哀紀において、筑紫への行幸の際、伊覩県主《いとのあがたぬし》の祖の五十迹手《いとて》が五百枝賢木を船の舳艫に立てて八坂瓊・白銅鏡・十握剣を取り掛け、これを献上し、「臣、あえてこの物を献る所以は、天皇、八坂瓊の勾《まが》れるがごとくにして、曲妙《たへ》に御宇《あめのしたしろしめ》せ、また、白銅鏡のごとくにして、分明《あきらか》に山川海原を看行《みそなわ》せ、すなはちこの十握剣を提げて、天下を平けたまへともうす」（『日本書紀』仲哀天皇八年正月壬午条）と奏上した言葉が、それにあたるとされる。仲哀天皇に献上した瓊・鏡・剣一つ一つに意味を持たせ、それを説明して天皇の治世を祝福している。すなわち、献上物には「勾れる瓊のように曲妙に天下を治め、白銅の鏡のようにはっきりと国土の様子を見つめ、十握剣をもって天下を平らげる」意味が込められている。出雲国造の神賀詞奏上儀礼においても、奉献物と神賀詞との組み合わせが重要である。

出雲国造は、神賀詞を奏上するにあたって、前日に斎戒を行い「玉六十八枚〈赤水精八枚・白水精十六枚・青石玉四十四枚〉、金銀装横刀一口〈長さ二尺六寸五分〉、鏡一面〈径七寸七分〉、倭文二端〈長さ各一丈四尺、広さ二尺二寸〉、白眼《さめ》の鴾毛《つきげ》の馬一疋、白き鵠《くぐい》二翼、御贄《みにえ》五十舁《かき》」を貢献物として準備する。儀礼は大極殿の前庭で行われ、神賀詞が奏上される。

『延喜式』祝詞に載せられる神賀詞によれば、その序段は、出雲国造が姓名を申し上げ、天皇の治世を祝福し、熊

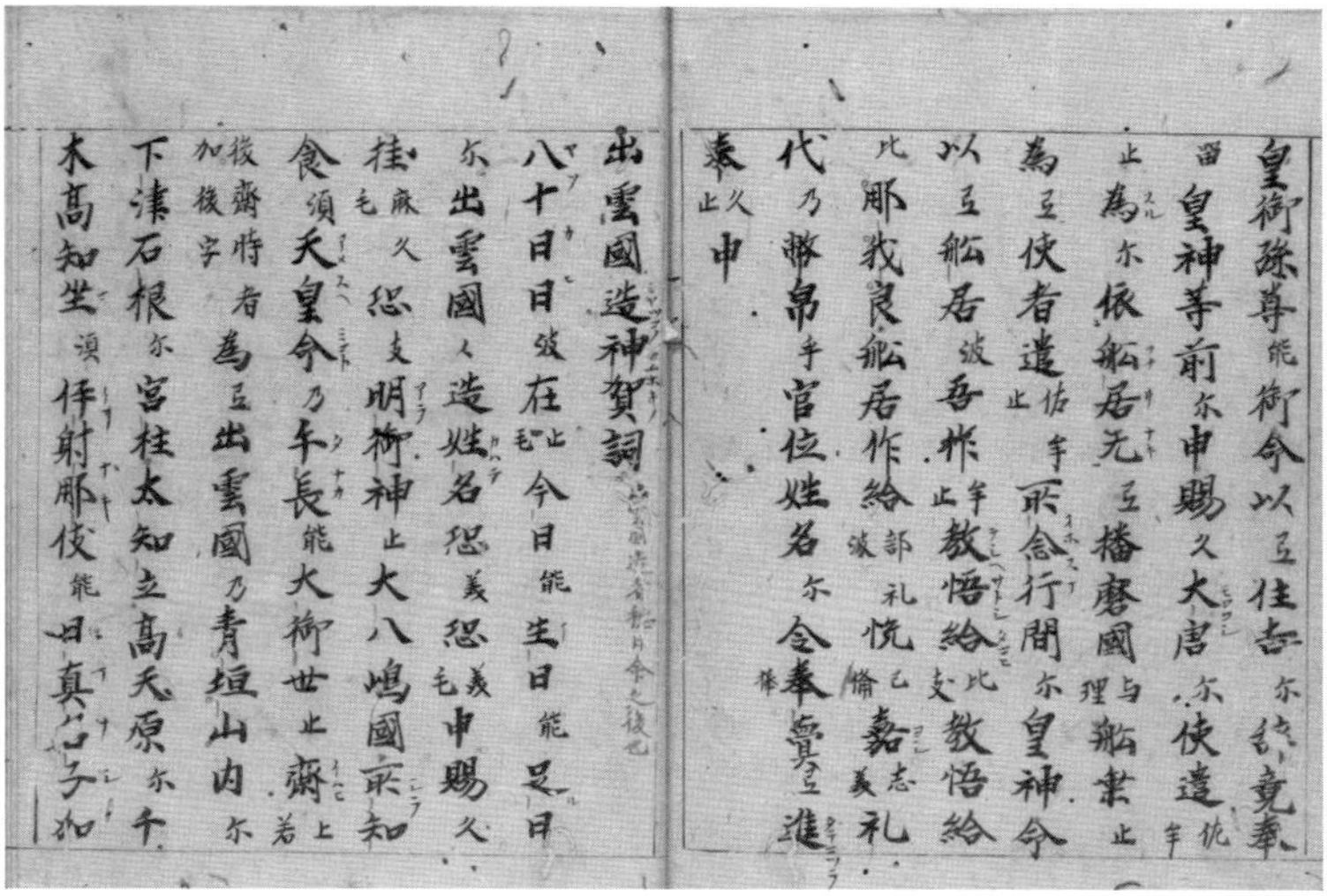

『延喜式』巻8（兼永本，國學院大學図書館所蔵）

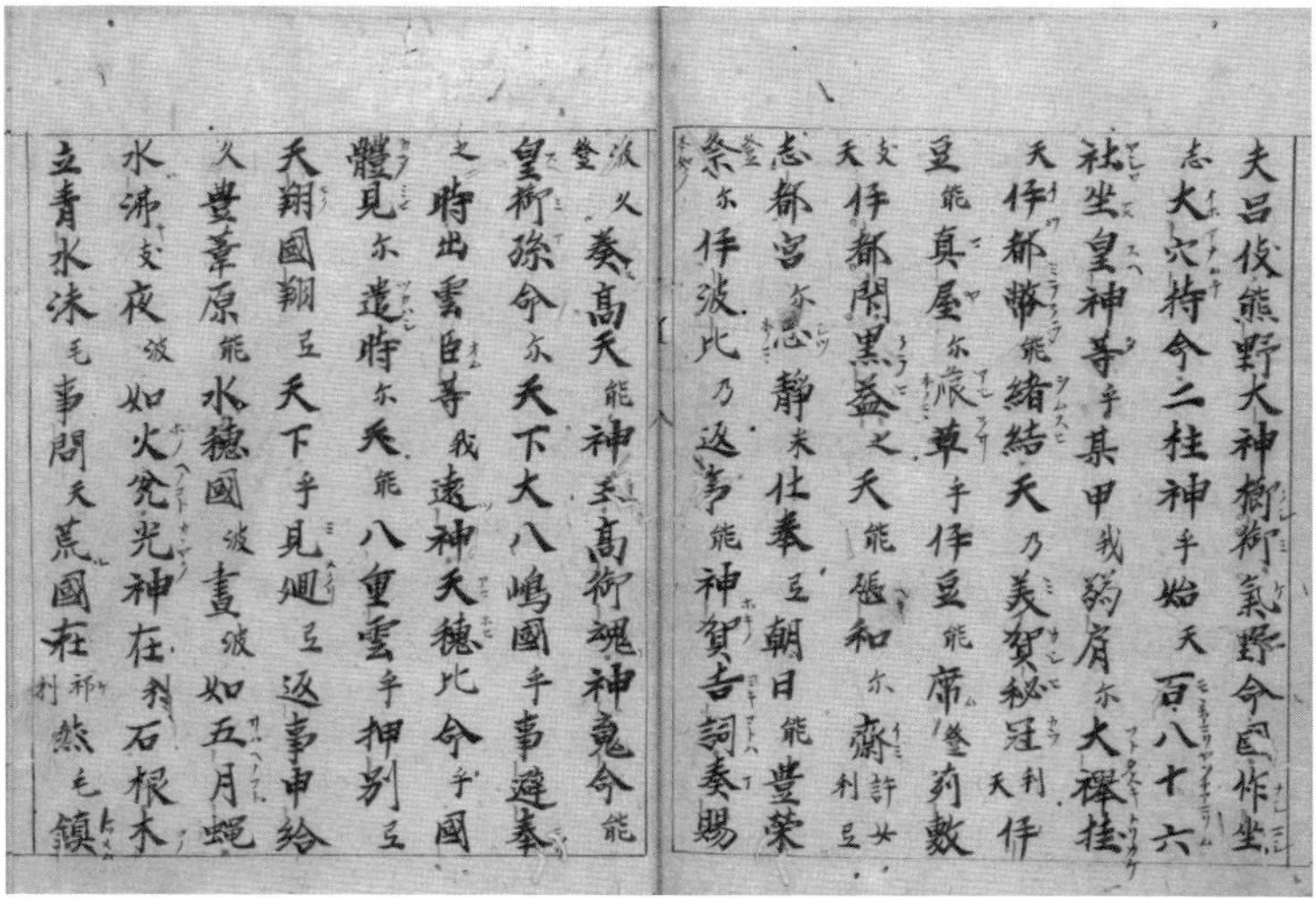

『延喜式』巻8（兼永本，國學院大學図書館所蔵）

野神である櫛御気野命《くしみけののみこと》と出雲神である大穴持命《おおあなもちのみこと》をはじめ百八十六社の皇神《すめがみ》の神事の担当者として、神賀詞を奏上することを述べる。神名式（出雲国）、出雲国風土記、神賀詞いずれも百八十余の神社が載せられているが、この数字の一致が重要であることが指摘されている〔西郷：一九七六〕。

二段目では、出雲国造が出雲の地において、天皇の治世のために祭祀を行う由来と正統性が述べられる。すなわち、葦原中国の平定のために派遣された「天穂比命」が、大穴持命を「媚び鎮めて」統治権を放棄させ、幽世《かくりよ》に避らしめたとする。そして、「親神魯伎《むつかむろぎ》と神魯美《かむろみ》の命」が「汝《いまし》天穂比命は、天皇命の手長の大御世を、堅石に常石にいわい奉り、いかしの御世にさきわえ奉れ」と仰せられたとし、天穂比命から出雲国造へと続く系譜の正統性が述べられる。一方の大穴持命は、皇孫の拠点は大倭国であるとして、己の和魂《にぎみたま》を「大物主櫛甕玉命《おおものぬしくしみかたまのみこと》」と称して大神神社に鎮座させ、己の御子である阿遅須伎高彦根命《あぢすきたかひこねのみこと》と事代主命をそれぞれ高鴨阿治須岐託彦根命神社と鴨都波八重事代主神社に鎮座させて皇孫の守護神とし、みずからは杵築宮に鎮まったとする。神賀詞では、出雲の神々が皇位を守護するために大和に鎮座し、天皇の御世を祝福する存在として述べられる。

　神賀詞の前半部は、天穂比命が「葦原中国を平定した天神」と「平定された出雲の神々」の両者に所属する立場にあり、その子孫である出雲国造が「天皇の治世を祈る祭祀者」としていかに正統な存在であるかが示されている。

　神賀詞の三段目は、天皇の御世を祝福するために出雲の神宝を奉献する段であり、奉献される神宝が皇位を祝福する意味を持つ品々であることが説明されている。すなわち、白玉（＝水晶）のごとく「大御白髪（延命長寿）」、赤玉（＝赤水晶）のごとく「御あからび（健康）」、横刀によって皇位を「誅《う》ち堅め」、馬の脚爪が踏み立てるように「天皇の御殿の柱を踏み堅め」、天下を治めることによって白鵠が生きた御調として奉献され、織り目が細かい倭文のように「天皇の大御心も細部まで行き届き」、澄んだ鏡を祓い清めて見るがごとく「国土を平安に治める」と述べるのである。鵠は、垂仁天皇の皇子が鵠を得て話せるようになった伝承が記紀に載せられており、天皇にとって縁起のよい鳥であることが奉献の由来と考えられる。出雲の神宝には、神賀詞と同様、皇位を祝福する重要な意味があった点が指摘できる。

　出雲国造神賀詞儀礼とは、「詞」と「物」をもってする出雲から大和への祝福の儀礼であり、神賀詞の序段と二段目において、その由来と正統性が述べられ、三段目において神宝が持つ祝福の意味が説明されるのである。

　奏上儀礼が終わると、国造・祝・神部・郡司・子弟に対して賜禄が行われた。

　正史によれば、出雲国造の神賀詞奏上儀礼の初例は、『続日本紀』霊亀二年（七一六）二月丁巳条とされ、「出雲国々造外正七位上出雲臣果安、斎みし、竟って神賀事を奏す。神祇大副中臣朝臣人足、其の詞を以て奏聞す。是日、百官斎みす。果安より祝部に至るまで、一百一十余人に、位を進め禄を賜う。各差有り」と記されている。また、神亀元年(七二四)に奏上儀礼を行なった出雲臣広嶋は、『出雲国風土記』の巻末に「国造帯意宇郡大領外正六位上勲十二等出雲臣広嶋」と記されており、出雲土着の伝承を編纂している。平安時代に入ると、延暦(『類聚国史』延暦十四年二月甲子条)・弘仁(『日本後紀』弘仁三年〈八一二〉三月癸酉条)・天長(『続日本後紀』天長十年〈八三三〉四月壬午条)とそれぞれ神賀詞奏上儀礼が行われたが、以後の正史においては確認できず、廃絶の時期は不明である。

〈参考文献〉

本居宣長『出雲国造神寿後釈』、一七九三

鈴木重胤『中臣寿詞講義』、一八五三

井上光貞「国造制の成立」『井上光貞著作集』四、岩波書店、一九八五(初出一九五一)

山田孝雄『出雲国造神賀詞義解』出雲大社教教務本庁、一九六〇

倉野憲司「出雲国造神賀詞について」『上代日本古典文学の研究』桜楓社、一九六八(初出一九六二)

門脇禎二『出雲の古代史』日本放送出版協会、一九七六

西郷信綱『古事記注釈』二、平凡社、一九七六

加藤義成「天之御舎と出雲大社の創建」神道学会編『出雲学論攷』、一九七七

新野直吉「古代出雲の国造」神道学会編『出雲学論攷』、出雲大社、一九七七

青木紀元『祝詞古伝承の研究』国書刊行会、一九八五

平野邦雄「神郡と神戸」『大化前代政治過程の研究』、吉川弘文館、一九八五

大浦元彦「『出雲国造神賀詞』奏上儀礼の成立」『史苑』四五―二、一九八六

粕谷興紀「『出雲国造神賀詞』考証三題」『皇学館大学紀要』二四、一九八六

森　公章「律令制下の国造に関する初歩的考察」『ヒストリア』一一四、一九八七

木簡学会編『日本古代木簡選』岩波書店、一九九〇

武廣亮平「『出雲国造神賀詞』研究小史」『出雲古代史研究』二、一九九二

関　和彦「復奏儀礼としての神賀詞奏上」『古代出雲世界の思想と実像』大社文化事業団、一九九七(初出一九九二)

瀧音能之「出雲国造神賀詞奏上儀礼の成立過程」『出雲国

風土記と古代日本』、雄山閣出版、一九九四
高嶋弘志「出雲国造の成立と展開」瀧音能之編『出雲世界と古代の山陰』、一九九五
菊池照夫「出雲国神賀詞奏上儀礼の意義」瀧音能之編『出雲世界と古代の山陰』名著出版、一九九五
田中　卓「日本古代史における出雲の立場」『伊勢・三輪・賀茂・出雲の神々』二〇一一（初出一九九七）
榎村寛之「出雲国造神賀詞奏上儀礼の衰退期について」『出雲古代史研究』十、二〇〇〇
岡田莊司「古代出雲大社神殿の創建」『神道文化』一二、二〇〇〇
岡田莊司「出雲と大和の神社神殿の創建」『神道宗教』一八二、二〇〇一
岡田莊司「古代神祇祭祀と杵築大社・宇佐八幡」今谷明編『王権と神祇』思文閣出版、二〇〇二
岡田莊司「出雲大社の成立」奈良文化財研究所編『出雲大社社殿等建造物調査報告』二〇〇三
岡田莊司「国家祭祀からみた古代の大社と出雲国造」『古代出雲大社の祭儀と神殿』学生社、二〇〇五
岡田莊司「古代・中世祭祀軸の変容と神道テクスト」名古屋大学ＣＯＥプログラム、阿部泰郎編『日本における宗教テクストの諸位相と統辞法』、二〇〇八
岡田莊司「古代律令神祇祭祀制と杵築大社・神賀詞奏上儀礼」『延喜式研究』二五、二〇〇九
篠川　賢「出雲国造神賀詞奏上儀礼小考」『日本常民文化紀要』二三、二〇〇三
和田　萃「出雲国造と変若水」『国立歴史民俗博物館研究報告』一一二、二〇〇四
松尾充晶「考古学からみた出雲大社とその歴史環境」『古代出雲大社の祭儀と神殿』、学生社、二〇〇五
武光　誠「神祇官と出雲国造神賀詞」『増訂律令太政官制の研究』吉川弘文館、二〇〇七
大川原竜一「律令制下の神賀詞奏上儀礼についての基礎的考察」『ヒストリア』二一一、二〇〇八
新谷尚紀「民俗学の王権論」広瀬和雄・仁藤敦史編『支配の古代史』学生社、二〇〇八
小林宣彦「律令制の成立と祭祀」『國學院雑誌』一一六―九、二〇一五

（小林宣彦）

臨時

神社行幸（じんじゃぎょうこう）

概要　「神祇令」に規定された古代律令祭祀は理念的な性格が強く、平安時代に至ると「神祇令」祭祀と並行して新たな祭祀制度が展開して行く。平安前期には天皇外戚の氏神社の祭祀が多く公的化され、それらの特定有力大社に天皇の使を遣わして幣帛を奉る奉幣祭祀へと国家祭祀の比重は移っていく。さらに平安中期には天皇個人の祈り・願いによる「臨時祭」が斎行されるようになる。賀茂・石清水・平野などの各臨時祭は、各社で行われる恒例祭祀に使が発遣されるのではなく、天皇の御願で臨時的に成立した祭祀が恒例化したものであり、天皇の御願を受けた側近が内裏から神社へと直接発遣され、天皇個人の祈り・願いを神に伝えるものであった。この天皇個人の信仰の表現である臨時祭の延長線上に、神社行幸が存在する。神社行幸は、天皇が直接神社に出向く点で最も丁重な形式による天皇の御願祭祀と言える〔岡田：一九九一〕。神社の祭りに参加する形式を取らず、天皇の信仰を主体として成立した神社行幸は、信仰者がみずからの意思で特定の神

葱花輦図（『輿車図』〈『故実叢書』36巻〉より）

社を選んで参詣する自由な神社詣でを先取りしたものでもあった。そして、葱花輦（屋根に金色の葱の花の飾りをつけた輿。略儀の行事を意味する）に乗る天皇を中心とした華麗で威厳のある行列は、京中の人々の目を楽しませるものであり、国家の盛儀を世に知らしめるものであった。

成立　「行幸」は「みゆき」「いでまし」とも読み、天皇が皇居から外へ出かけることを意味し、古代から幅広く行われてきたが、神社への行幸は平安時代中期に至るまで行われることはなかった。神社行幸の初見は朱雀天皇による天慶年間（九三八〜四七）の賀茂行幸である。天慶四年には平将門、藤原純友の乱が終焉し、翌五年四月二十九日に盛大な行幸が催されて神宝・幣帛が奉られた（『本朝世紀』）。不審ではあるが、その三年前の天慶二年四月二十五日にも賀茂行幸が行われた記事がある（『日本紀略』）。朱雀天皇の賀茂行幸は天慶五年四月二十七日に初めて行われた石清水臨時祭と同じく東西の乱平定に関する天皇の祈願と感謝の意を示す臨時的な祭儀であった。神社行幸の定着は、のちの円融朝の石清水行幸を画期とする。

円融天皇が初めて石清水行幸を行なったのは天元二年（九七九）三月二十七日、石清水臨時祭の当日であった（『日本紀略』）。石清水八幡は皇位継承を守護する神として崇敬されており、円融天皇大嘗祭の翌年以降に定例化して行く石清水臨時祭と、同時期に計画された石清水行幸の御願は同一のものと考えられ、皇位継承への感謝、また皇子出生の祈願によるものであったと想定される。

石清水行幸の行われた翌年の天元三年十月十日には賀茂行幸、天元四年二月二十日には初めて平野社への行幸が行われた（『日本紀略』）。賀茂行幸の四ヵ月前には円融天皇と詮子《せんし》（藤原兼家の女）との間に懐仁《やすひと》皇子（一条天皇）が生まれており、皇子誕生への感謝、無事成長の祈願のため、王都鎮護の賀茂社と、皇太子守護の平野社に行幸したものと考えられる。

神社行幸の恒例化　一条天皇の御代になると、神社行幸の対象は七社に拡大し、大嘗祭の翌年に必ず行う代始《だいはじめ》行幸として、石清水・賀茂行幸が成立・恒例化する。七歳で即位した一条天皇は大嘗祭の翌年永延元年（九八七）十一月八日に石清水八幡宮、十二月十五日に賀茂社へと、母后詮子と同じ輿に乗って参向しており（『日本紀略』）、これ以後高倉天皇まで大嘗祭の翌年、もしくは数年後に両社への行幸が必ず行われるようになる（六条天皇は除く）。

一条朝ではさらに春日社へも行幸が行われた（永祚元年〈九八九〉三月二十二、二十三日）。この時も母后詮子が天皇

神社行幸表(朱雀〜後醍醐天皇)

天皇	朱雀	円融	一条	三条	後一条	後朱雀	後冷泉	後三条	白河
石清水		天元二・三・二七	永延一・一一・八 長徳一・一〇・二一 長保五・三・四	長和二・一一・二八	寛仁一・三・八 長元二・一一・二八	長暦一・三・九 長暦一・一二・八	永承二・三・八 永承六・二・一五 天喜四・一一・二八 康平五・四・二七	延久一・三・一五	承保二・三・一四 承保三・三・四 承暦一・三・九 承暦二・三・一一 承暦三・三・二三 承暦四・三・二八 永保一・一〇・一四 永保二・三・二六 永保三・三・一六 応徳一・三・八
賀茂	(天慶二・四・二五) 天慶五・四・二九	天元三・一〇・一〇	永延一・一二・一五 長保五・三・二六	長和二・一二・一五	寛仁一・一一・二五 長元二・一二・二〇	長暦一・八・一一	永承二・四・二三 天喜四・一二・九 康平五・七・一三	延久一・八・九	承保二・四・二三 承保三・四・二三 承暦一・四・一七 承暦二・四・二三 承暦三・四・二三 承暦四・四・五 永保一・一〇・一九 永保二・四・二二 永保三・四・九 応徳一・四・一五
春日			永祚一・三・二三		治安一・一〇・一四	長暦二・一二・二〇	永承四・一一・二七	延久二・八・二三 延久三・八・二二	承保二・一二・七 承保三・一二・七 永保一・一二・四
平野		天元四・二・二〇	正暦三・一二・一四 寛弘一・一〇・二一		治安二・一〇・二五	長久一・一二・二五 長久三	永承五・一〇・七 永承七・一一	延久二・一一・二八	承保三・八・二一
大原野			正暦四・一一・二七		治安二・一一・二八	長久二・八・三	永承五・一一・二八	延久三・三・二三	承保三・八・二九
松尾			寛弘一・一〇・一四		万寿一・一一・二三	長久二・八・二七	永承六・四・二七 永承七・一一	延久三・三・二六	承保三・一〇・一七
北野			寛弘一・一〇・二一		万寿一・一二・二六	長久二・二・二二	永承六・六・一	延久二・一一・二八	承保三・一〇・二〇
日吉								延久三・一〇・二九	承暦一・二・二六
稲荷								延久四・三・二六	承暦一・一二・一
祇園								延久四・三・二六	承暦一・一二・一

臨時祭祀

堀河	鳥羽	崇徳	近衛	後白河	二条	高倉
寛治二・三・九 嘉保二・三・二九 康和五・一・一五	天仁二・四・二六 永久二・一一・一四 永久五・八・二九 保安一・二・二〇 保安二・三・一四 保安三・九・一四	天治二・一〇・九 長承三・五・一〇 保延四・一〇・七 保延五・九・二六 保延六・五・二七	久安一・一一・九 仁平一・八・一七 仁平二・三・二五	保元一・三・一〇	永暦一・八・二〇 応保二・三・一六 長寛一・三・二五 長寛一・一〇・二三 長寛二・八・一九 永万一・三・二三	嘉応一・四・二六 承安三・三・二〇 安元一・三・二八 治承一・一〇・五 治承三・八・二七
寛治二・四・二七 嘉保二・四・一五 長治一・二・二七	天仁二・八・一六 永久二・一一・二三 永久五・九・一四 保安一・二・二六 保安二・四・七 保安三・九・二八	天治二・一〇・二二 長承三・五・一五 保延四・一〇・一四 保延五・一〇・二 保延六・⑤・一	久安一・一二・四 仁平一・九・七 仁平二・五・二	保元一・四・二五	永暦一・八・二七 長寛一・三・一四 長寛一・一〇・二七	嘉応一・八・二九 承安三・四・一三 安元一・四・一六 治承一・一〇・一四 治承三・九・五
寛治三・三・一一 承徳一・三・二八	天永二・二・一一 保安二・一〇・二八	大治三・四・二七	久安三・二・一三	保元三・二・二八	応保一・二・二八	嘉応二・三・一三 治承二・三・一三
寛治四・二・一七	天永三・八・一三	大治四・一〇・一九	久安四・八・一六		応保一・八・二〇	承安一・四・一三 治承三・三・一五
寛治四・二・二三	天永三・八・二三	大治四・一一・七	久安四・八・二三		応保一・八・二五	承安一・四・二七
寛治四・一〇・二七	永久一・八・一一	大治五・四・二五	久安五・八・二〇		応保一・一〇・二二	承安一・一〇・一九
寛治四・一一・七	永久一・八・一七	大治五・四・二八	久安五・八・二三		応保一・一〇・二二	承安一・一一・七
寛治五・三・八 康和二・五・一六	永久一・一〇・一一 保安二・三・一	大治五・一一・四	久安五・一〇・一一		応保二・二・二三	承安二・三・二六
寛治五・一〇・三	永久一・一一・二六	天承一・三・一九	久安五・一一・二五		応保二・八・二〇	承安二・一〇・二三
寛治五・一〇・三 承徳一・四・二六	永久一・一一・二六	天承一・三・一九	久安五・一一・二五		応保二・八・二〇	承安二・一〇・二三

後鳥羽	文治三・一一・七 建久七・一〇・二五	文治三・一一・一四 建久七・一一・五	文治五・一〇・二九	建久一・一一・二七	建久一・一二・一四	建久二・一二・八	建久二・一二・一三	建久四・一〇・一一	建久五・一二・二	建久五・一二・二
土御門	元久二二・三	元久一・一一・一三	承元四・八・二〇							
順徳	建保一・三・一〇 承久三・三・一五	建保一・三・一五 承久三・三・二〇	建保二・三・二六	建保三・四・二三	建保三・四・二六	建保五・一二・一	建保五・一二・八	建保六・三・一一	承久一・一〇・五	承久一・一〇・五
後堀河	嘉禄一・一一・二五	嘉禄一・一二・八	安貞一・一二・一四	寛喜二・二・二三						
四条	嘉禎三・四・二三	嘉禎三・一一・一一	暦仁一・三・二八	仁治二・七・二三	仁治二・七・二六					
後嵯峨	寛元一・一二・一	寛元一・一二・五	寛元四・一一・一七							
後深草	建長五・一・二六	建長五・二・三	建長七・一〇・一九							
亀山	弘長二・三・二六	弘長二・四・二〇	文永七・三・一四							
後宇多	弘安一・三・一三	弘安一・四・一九	弘安九・三・二七							
伏見	正応三・一二・四	正応三・一二・八								
後醍醐	正中一・三・二三 建武一・九・二一	正中一・四・一七 建武一・九・二七	元徳二・三・二〇	元徳二・一一・二四			元徳二・一一・二四	元徳二・三・二六		

※神社行幸を行っていない村上・冷泉・花山・六条・安徳・後伏見・後二条・花園天皇の欄は省略した。
※史料の信憑性に問題の残る事例もいくつか存在するが、参考のため掲出している。⑤は閏五月のこと。

と同じ輿に乗り、摂政藤原兼家（詮子の父）も供奉している。嵯峨天皇以来一六四年ぶりに天皇が山城国を出て実行された藤原氏の氏神社への天皇行幸は、母后と摂政（外祖父）の強い影響下で行われ、とくに兼家はその実現に悦びを隠せなかった（『小右記』）。一条朝ではこの後、平野行幸（正暦三年〈九九二〉十二月十四日）、大原野行幸（正暦四年十一月二十七日）、再度の石清水行幸（長徳元年〈九九五〉十月二十一日）、石清水・賀茂両社行幸（長保五年〈一〇〇三〉三月四、二十六日）が行われる。藤原氏出身の中宮によって尊崇されてきた大原野社への行幸は初であり、母后詮子の意向によるものであろう。この後寛弘元年（一〇〇四）十月十四日に初の松尾行幸、同月二十一日には平野・北野両社行幸が行われた。松尾社への行幸は、松尾神が賀茂の神と同じく王都の守護神であることが理由と想定され、北野社はその祭祀がすでに一条天皇即位の翌年（永延元年）に公的化されており、幼帝守護の報賽などが目的であったのであろう。

一条朝で神社行幸制の基礎がつくられ、石清水以下の七社行幸は後一条・後朱雀・後冷泉朝も踏襲された（三条天皇は大嘗祭翌年の石清水・賀茂両社行幸のみ）。神社行幸が定着していった背景には摂関の存在感が際立っており、神社行幸に貴族官人の総動員が図られ、行列の盛大さが見物人に注目されるなかで、公卿層から隔絶した摂関の地位も可視化されていた〔大村：一九九四〕。

展開・変遷　後三条朝では行幸の対象が石清水以下の七社に日吉・稲荷・祇園社が加わって十社に拡大して固定化する。後三条天皇は大嘗祭翌年延久元年（一〇六九）の石清水・賀茂行幸から四年間で十社行幸を完了させ、次代白河天皇は十社行幸を踏襲し、わずか三年間で完了させる。その後、石清水・賀茂両社のみ再度の行幸を重ね、両社行幸を毎年の恒例行事とした。十社行幸を終えた後、石清水・賀茂行幸を恒例行事とするのは、毎年ではないものの、鳥羽・崇徳・高倉天皇にも引き継がれている。

また、院政期に入ると自由な立場にある上皇が、自身の信仰的営みとして霊験のある神社に祈願する神社御幸《ごこう》が盛んになり、その祭儀自体も大幅に整備される〔平泉：二〇一二〕。御幸の目的は自身の皇統の護持のための祈願・報賽が中心となり、天皇が神社行幸を催す意義は相対的に薄れていった〔岡田：一九九一〕。

鎌倉初期に入っても十社行幸は維持されていくが（後鳥羽・順徳（二人昰））、承久の乱（承久三年（一二二一））を経た後堀河天皇以後、行幸の実施例は減少し、神社行幸の財源調達が困難になったことが大きな原因で、後伏見・後二条・花園天皇において行幸は中断する。後醍醐天皇は正中元年（一三二四）に石清水・賀茂行幸、元徳二年（一三三〇）に日吉・平野・北野行幸を再興し、建武元年（一三三四）には足利尊氏らを供奉して再度石清水・賀茂行幸を行なったが、これが中世最後の神社行幸となった。

神社行幸の形式と特徴　神社行幸において、天皇は神社に到着すると、神社外の一角に設けられた御所で神に奉る幣帛に御拝し、天皇の意を受けた上卿が使として社頭に向かい、奉幣・宣命の奏上を果たし、帰って天皇に報告を行っている。この神社行幸の次第は神社臨時祭と同型のものであり、神社行幸は公的な国家儀式というより天皇の私的な御願祭祀としての性格が濃厚であった。

文久3年3月11日賀茂行幸図(『孝明天皇紀　附図』より，平安神宮所蔵)
この時は葱花輦でなく鳳輦の輿に乗った．

しかし、ここで注意すべきは、天皇が行幸の主体で、その目的が天皇の御願にあっても、天皇はあくまで社頭近くの御在所に留まり、神前にて幣帛・宣命を奉るのは上卿であることである。この点は神社行幸の大きな特徴であり、中世まで一つの例外もなく天皇は神前に直接出向くことはなかった。天皇が神前に立たない理由には、天皇が自ら直接祭ることができるのは天照大神のみであり、それ以外の個別神社への親祭はありえないという古くからの根本観念が存在するためである〔岡田：一九九一〕。ただし神社御幸において上皇は神域へと参入し、さらには神前仏事を行うことも可能となっている。在位中の天皇のみが新嘗祭・神今食といった天照大神の親祭を行うことができるのであり、退位するとその祭祀権は失われ、上皇は自由に諸神の前に立つことができた〔嵯峨井：二〇〇二〕。

神社行幸は後醍醐天皇を最後に中絶するが、文久三年(一八六三)、孝明天皇が攘夷祈願のため、賀茂・石清水行幸を復活する。しかし、この時天皇は神前にて御拝を行っており(『実麗卿記』、米田：二〇〇九)、古来からの儀式作法の伝統は失われ、新たな近代祭祀制度への転換を迎えた。

〈参考文献〉

岡田莊司「神社行幸の成立」『平安時代の国家と祭祀』続

群書類従完成会、一九九四（初出一九九一）
大村拓生「行幸・御幸の展開」『中世京都首都論』吉川弘文館、二〇〇六（初出一九九四）
嵯峨井建「社寺行幸と天皇の儀礼空間」今谷明編『王権と神祇』思文閣出版、二〇〇二
米田裕之「孝明天皇の賀茂社行幸」『儀礼文化』四〇、二〇〇九
平泉紀房「神社御幸儀の成立」『神道史研究』六〇―二、二〇一二

（塩川哲朗）

臨時

一代一度大神宝使（いちだいいちどのだいじんぽうし）

概要　天皇代替わりごとに、伊勢・宇佐はじめ諸国の特定神祇五十社に、神宝として劔・弓・矢の武具と鏡・麻桶・線柱などを奉献する使が発遣された。そのはじまりは宇多天皇の大嘗祭を前にした仁和四年（八八八）十一月のことである。全国（畿外諸国が半数以上を占める）の五十社へ大神宝が奉献されるとともに、同じ神社に天皇から仏舎利《しゃり》が奉献されており、十世紀初頭、神社における神仏習合が一層促進されたと推定される。

天皇の皇位継承にあわせて行われた、即位と大嘗祭における大奉幣・由奉幣《よしのほうべい》と、大神宝使とは、その構成内容に大きな違いがある。即位・大嘗祭における大奉幣は、中臣・忌部氏といった伝統的祭祀氏族が遣使となる神祇官祭祀に属する形式であるのに対して、大神宝使は殿上制度（殿上人・諸大夫・蔵人所雑色所衆が遣使となる）による新たな天皇内廷機構に依拠した制度として運用されたことを特色としている。十世紀以降は律令祭祀制（神祇官制）と天皇直轄の神宝御覧・御拝がある祭祀制とが併存して展開していったが、後者の大神宝使対象五十社が次第に重視され、中央の権威を背景に二十二社・一宮制へと、新たな中世的祭祀制へ移行・発展していった。

大神宝使の成立については、清和天皇の貞観元年（八五九）七月、諸社十五社に使を遣わし神宝・幣帛を奉った『三代天皇実録』の記載を、『古事類苑』の解説がその初見とし、清和朝成立説が有力であった。しかし、十世紀に展開する五十社の大神宝使発遣社に比べて、神社数が少なく、地域も限られていること、伊勢・宇佐の両社が見られないことなどから現在では否定されている〔甲田：一九八一〕。

大神宝使の成立　宇多天皇の『日本紀略』仁和四年十一月八日「発遣大神宝使」がその始源となる。承和二年（八三六）朱雀天皇の大嘗祭にあわせて「一代一度大神宝」が奉られており（『日本紀略』）、『北山抄』頭書に、合せて五十所が「承平・天慶の例」であると記載されている。五十社を対象とした大神宝使制が既に朱雀朝には運用されていたことがわかる。

大神宝使とともに発遣された仏舎利使《ぶつしやりし》の初見記事は、村上天皇天暦二年（九四八）九月二十二日（『日本紀略』）であるが、『貞信公記』天暦元年四月十七日条によると、承平（朱雀天皇）の仏舎利使発遣はなく、寛平（宇多天皇）、延喜（醍醐天皇）の例では行われていたと記されている。この記述によれば、仏舎利使も宇多朝の開始であることとなり、大神宝使制の成立と同時期に、一代一度仏舎利奉献制も派生・展開していったと考えられる。また、仏舎利奉献の対象神社も、伊勢を除いた大神宝使発遣神社とほぼ重複するとみられる〔岡田：一九九〇、大原：二〇一七〕。（項目「一代一度仏舎利使」参照）。

大神宝使発遣の儀式　大神宝の取扱いと天皇の所作については、『左経記』寛仁元年（一〇一七）十月二日条の後一条天皇の例と、『江家次第』延久元年（一〇六九）十月七日条の後三条天皇の例に詳しい記述がある。

その式次第は、あらかじめ陰陽寮勘申により、大神宝発遣日時が定められ、七社使は御前において決められる。発遣当日、天皇は沐浴ののち、清涼殿の石灰壇《いしばいのだん》において、伊勢・宇佐・石清水・賀茂・日前国懸《ひのくまくにかかす》の五社、各二ヵ所ずつ、合せて十ヵ所の神宝および金銀幣を御覧になる。ついで伊勢・宇佐に奉納される神馬御覧ののち、天皇は直衣《のうし》から束帯に召し替えられ、石灰壇より伊勢大神宮を拝される。伊勢とともに宇佐および香椎《かしい》は、和気清麻呂《わけのきよまろ》以来、皇位継承を認証する王権守護の神として格別に位置づけられた。

神社数は計五十社、このうち伊勢内外宮、賀茂下上社、日前国懸を各二所とすると、宣命の数は五十三となる。これは一貫して変動がない。神宝は先の特別幣（金銀幣）を受ける五社（十ヵ所）を数えていくと五十五ヵ所になる。

大神宝使に遣わされた使者の選定基準は、伊勢は恒例である王・中臣・忌部氏の使から成っており、神嘗祭・臨時の伊勢奉幣と同じく、八省院を発遣の場とした。宇佐（および香椎）と宮中・京畿七社（石清水・園韓神・賀茂・稲荷・松尾・平野・大原野）の使は御前定《ごぜんさだめ》による勅裁により選ばれた殿上人、畿内三国（大和・河内・摂津）の使は五位の諸大夫、七道使には殿上方差定《さじょう》により道別に蔵人所雑色以下、所衆が選ばれており、三重構成から成り立っていた。

伊勢をはじめとする五十社への神宝奉献儀礼は、伊勢奉幣祭祀に関わる八省院儀と、宇佐使発遣儀に代表される天皇内廷の殿上儀との、二儀式を基本構成としており、後者の制は、すぐれて天皇直轄の強い機能をもち、殿上人・諸大夫層の編成、殿上内廷機構の充実を背景としており、宇多朝以前には成立しえない。

五十社の選定　奉献の対象となった五十社のうち、『延喜式』神名に記載されない式外社は、香椎廟・石清水・大原野の三社、また式内小社は率川・白山の二社の、合わせて五社を除いた四十五社が、『延喜式』規定の大社である。このうち伊勢は別格であり、その他の四十四社は名神に列していた。平安初期以降、しばしば臨時の遣使奉幣をうけた特別の名社から選ばれている。

伊勢・住吉・日吉社と山城・大和国所在の十社は、二十二社と重複している。十六社奉幣制は醍醐朝の昌泰元年（八九八）祈雨奉幣と延喜二年（九〇二）祈年穀奉幣とを起源とするが、この時期に十六社が定められていったのと相俟って、十六社に選定された京畿、とくに山城・大和の有力社が優先して大神宝奉献社に選ばれており、醍醐朝における十六社成立との関連は無視できない。また、のちの一宮制に列した神社も二十九社を数え、大神宝奉献社の所在する国が三十二ヵ国であるから、一宮の占有率は九割以上にのぼっている。

以上のとおり、大神宝奉献五十社は、中央においては二十二社、地方では一宮に列している確率が極めて高い。そのほとんどは名神大社であり、中央に知られた名社に集中している。その選定には、一宮のように在地国衙の意向を反映した祭祀制とは異なり、中央朝廷直轄の宇多天皇の意向が反映したものであった。

宇多朝の祭祀制は、律令祭祀制とは異なる、天皇の内廷機構に基づく御願祭祀としてはじまるが、これらが開始される背景に、九世紀後半の清和朝から宇多朝の時期、日本的な文化の熟成が存在する。

国別では、伊勢と宇佐・香椎を除くと、山城と大和・河内・摂津（三国使）の畿内以外は、国別に一社を原則としていた。出雲・筑前二国のみが各二社で例外となっている。道別には東山道が飛騨（同国には名神が一社もない）を除いて全てに所在する。山陰道は出雲国のみ。北陸道は都に近い能登まで、西海道は大宰府に近い周辺諸国など、地理的偏重も認められる。

大神宝使と仏舎利使　ここに掲げた「一代一度大神宝使・仏舎利使発遣一覧」（※〇印の数字：①は大嘗祭の翌年、③は三年後を示す）は、仏舎利使について、「一代一度仏舎利使派遣一覧」〔大原：二〇一七〕を参考に、一部補訂して作成した。この内、大神宝使の確認がとれない一条・後朱雀・白河天皇の三例は、基本的に大神宝使と仏舎利使とは対になっているのが慣例であるため、大神宝使発遣が行われたと推定される。また、大神宝使と仏舎利使の双方の確認がとれない六天皇のうち、後白河天皇は保元の乱、安徳天皇は源平合戦、仲恭天皇（即位儀も実施できず）は承久

一代一度大神宝使・仏舎利使発遣一覧

天皇	即位儀	大神宝使	大嘗祭	大神宝使	仏舎利使
宇多	仁和三・一一・一七	仁和四・一一・八（日本紀略）	仁和四・一一・二二		寛平の例、あり（貞信公記）
醍醐	寛平九・七・一三		寛平九・一一・二〇	昌泰一・八・一三（日本紀略）①	延喜の例、あり（貞信公記）
朱雀	延長八・一一・二二	承平二・九・三（日本紀略）	承平二・一一・一三		承平、なし（貞信公記）
村上	天慶九・四・二八		天慶九・一一・一六	天暦一・四・二〇（日本紀略）①	天暦二・九・一三（日本紀略）②
冷泉	康保四・一〇・一一	安和一・一〇・二〇（日本紀略）	安和一・一一・二四		安和二・五・二六（日本紀略）①
円融	安和二・九・二三	天禄一・一一・一一（日本紀略）	天禄一・一一・一七		天禄二・一〇・二八（日本紀略）①
花山	永観二・八・二七	寛和一・一一・一五（紀略・小右記）	寛和一・一一・二一		
一条	寛和二・六・二三		寛和二・一一・一五		永延一・九・二七（日本紀略）①
三条	寛弘八・六・一三		長和一・一一・二二	長和一・一二・一九（紀略・御堂関白記）	
後一条	長和五・一・二九		長和五・一一・一五	寛仁一・一〇・二（御堂関白記）①	寛仁二・一〇・一一（小右記）②
後朱雀	長元九・四・一七		長元九・一一・一七		長暦二・六・一五（扶桑略記）②
後冷泉	寛徳二・四・八		永承一・一一・一五		
後三条	治暦四・七・二一		治暦四・一一・二二	延久一・一〇・七（江家次第）①	延久二・一一・一七（扶桑略記）②
白河	延久四・一二・二九		承保一・一一・二一		承暦一・六・二四（水左記）③
堀河	応徳三・一二・九		寛治一・一一・一九	寛治二・一〇・八（後二条師通記）①	寛治三・一一・二八（中右記）③
鳥羽	嘉祥二・一二・一		天仁一・一一・二一	天仁二・一〇・二九（殿暦）①	天永三・六・一七（殿暦・中右記）⑤
崇徳	保安四・二・一		保安四・一一・一八	天治一・一〇・一五（中右記）①	大治一・七・一八（中右記）③
近衛	永治一・一二・二七		康治一・一一・一五	康治二・一一・九（本朝世紀）①	天養一・一〇・一三（本朝世紀）③
後白河	久寿二・一〇・二六		久寿二・一一・二三		
二条	保元三・一二・二〇		平治一・一一・二三	永暦一・一一・一一（山槐記）①	応保二・六・一二（上卿故実）③
六条	永万一・七・二七		仁安一・一一・一五	仁安二・一一・一一（兵範記）①	
高倉	仁安三・三・二〇		仁安三・一一・二二	嘉応一・一〇・二六（兵範記）①	承安二・二・一三（民経記）④
安徳	治承四・四・二二		寿永一・一一・二四		
後鳥羽	元暦一・七・二八		元暦一・一一・一八	文治三・一一・一三（玉葉）③	建久三・三・一〇（玉葉・百錬抄）⑧
土御門	建久九・三・三		建久九・一一・二二	正治二・一二・二五（百錬抄）②	建永一・九・二六（百錬抄）⑧
順徳	承元四・一二・二八		建暦二・一一・一三	建保一・一一・二八（明月記）②	承久三・三・二六（百錬抄）⑩
仲恭					
後堀河	承久三・一二・一		貞応一・一一・二三	元仁一・一二・二七（類聚大補任）②	寛喜一・八・八（民経記・玉蘂）⑦

四条	貞永一・一二・五		嘉禎一・一一・二〇		
後嵯峨	仁治三・三・一八		仁治三・一一・一三		
後深草	寛元四・三・一一		寛元四・一一・二四	建長三・一一・二（百錬抄）⑤	建長五・八・一三（百錬抄）⑦

の乱の戦乱のため、発遣はなかったものと思われる。

この一覧によれば、宇多天皇以来、鎌倉時代中期までに記録で確認できる大神宝使は二十二例、仏舎利使は二十一例を数える。その多くの事例は二制度が連動して展開しているが、神社仏事である仏舎利使よりも、大神宝使派遣の神事優先が貫かれていた。

初期の大神宝使五例は、大嘗祭の前、九月から十一月にかけて発遣されている。三条天皇（長和元年〈一〇一二〉）からは、大嘗祭の後、一年以内、鎌倉期に入ると数年後の発遣が続く。一方、仏舎利使は大神宝使発遣の後、数年以内に行われており、鎌倉期に入ると七年〜十年後の事例が続いた。

大神宝使の最後は、鎌倉時代中期、後深草天皇即位五年後の建長三年（一二五一）十一月のこと、仏舎利使の最後は、その二年後、後深草天皇の建長五年八月（『百錬抄』）のことであった。この二つの制度が終焉を同じくすることから、不離の関係が維持されてきたことを示唆している。

〈参考文献〉

橋口長一「大神宝の史的研究」『考古学雑誌』八―十二〜九―十二、一九一八・一九一九
甲田利雄「一代一度大奉幣」『平安朝臨時公事略解』続群書類従完成会、一九八一
井後政晏「一代一度大神宝使の研究」皇学館大学神道研究所編『続大嘗祭の研究』皇学館大学出版部、一九八九
岡田莊司「即位奉幣と大神宝使」「王朝国家祭祀と公卿・殿上人・諸大夫制」『平安時代の国家と祭祀』続群書類従完成会、一九九四（初出一九九〇）
藤森　馨「神宝使考」『改訂増補　平安時代の宮廷祭祀と神祇官人』原書房、二〇〇八（初出二〇〇二）
大原真弓「一代一度仏舎利使の成立」『日本宗教文化史研究』二一―一、二〇一七

（岡田莊司）

臨時祭祀

臨時

宇佐使（うさづかい）

宇佐使の儀式化とその沿革　儀式化された宇佐使は、豊前国宇佐宮・筑前国香椎《かしい》宮を対象とするところに特徴がある。その沿革について、『北山抄』の「宇佐使立事」には、①かつては即位時に和気《わけ》氏と御神宝使を遣わし、のちに有事に使者を立てたが、②近い例では三年に一度遣わす、といった旨の注記がある。ここでは、①即位時の発遣と②三年一度の発遣を中心に説明したい。

即位時の宇佐使　『北山抄』の記載の裏付けは、宇佐使の儀式化の過程を追うことにより確かめることができる。まず①である。和気氏を遣わす使の例は、『北山抄』そして、同書に先立つ『西宮記』ともに明示しているが、即位奉告目的の和気氏発遣については、六国史上は『続日本後紀』の天長十年（八三三）の条が初見である。この時の使は和気真綱《まつな》。彼の父は清麻呂《きよまろ》である。

周知のとおり、和気清麻呂は皇統護持に多大な貢献を果たした。八幡神の神意を知ろうとした称徳天皇の命で宇佐宮に遣わされた清麻呂は、皇位を望んだ僧道鏡《どうきょう》におもねらず、彼の即位を非とする託宣を得たと報告した。当然に道鏡の怒りを買った清麻呂は、神護景雲三年（七六九）に大隅国（鹿児島県）に配流されるという憂き目に遭うが、結局翌年、皇位は白壁王《しらかべおう》（光仁天皇）が継ぐことになった（『続日本紀』）。そして、その即位直前に帰京した清麻呂は、延暦十八年（七九九）に没するまで光仁・桓武両帝に仕えた（『日本後紀』）。天長十年の真綱遣使に、清麻呂を知らぬ仁明天皇（弘仁元年〈八一〇〉生まれ）の代になり、皇位継承の意識が高まった結果の可能性もある。「宇佐和気使」とも呼ばれる和気氏遣使の宇佐使はこれ以上前にさかのぼり得まい。

だが、皇位継承に関係する遣使には先々代の嵯峨朝の前例がある。弘仁元年、宇佐宮・香椎廟限定奉幣の初例となる遣使が行われるが、この理由は「乱の平定祈願」の報賽（お礼参り）である（『日本後紀』）。この年の「乱」といえば、平城上皇と嵯峨天皇の対立によって起きた薬子《くすこ》の変にほかならない。さらに、次代の淳和天皇も、即位から間もない弘仁十四年に両所に遣使している（『類聚国史』）。これら遣使の積み重ねが、天長十年の和気氏遣使に結びついたものと考えられる。ただ、元慶元年（八七七）の陽成天皇即位時の使が在原友于《ありわらのともゆき》であるなど（『日本三代実録』）、和気氏の即位時遣使の例が定まるには、なお時間を要したとみられる。

宇佐使　御禊之図（『公事録』附図より，宮内庁書陵部所蔵）

儀式が整った状態で遣使がなされたとわかるのは、寛平九年（八九七）八月の時である。それを示す『西宮記』の「進発宇佐使事」には、発遣に伴う準備などが「例」の通りである旨の記録が注されている。発遣の時期と、使が和気氏である点とを勘案すれば、この時の宇佐使は①に分類されるので、少なくとも、元慶八年（八八四）に和気彝範《つねのり》を遣わした光孝天皇（『日本三代実録』）による発遣までに、核となる部分での儀式化が果たされた可能性は高い。ただ、宇佐宮と香椎宮の神に対する幣帛の分配方法について、「寛平九年以来」という先例もあるので（『西宮記』）、儀式化は漸次であった。

三年一度の宇佐使　他方、②の恒例の使が発遣された確実な時期については、南北朝時代の『拾芥抄《しゅうがいしょう》』が示唆を与えている。同書には、「宇佐勅使」のはじまりを昌泰元年（八九八）八月とする旨の記載がある。前述のとおり、醍醐天皇の①の遣使は寛平九年に行われている。『古事類苑』宇佐使の項では、昌泰元年の遣使を三年一度の使のはじまりだと推測する。この推測は妥当であろう。だが、先代の宇多天皇の時代には、寛平二年から六年までの間、二年に一度の間隔で遣使がなされていた（『日本紀略』）。したがって、②の遣使については、寛平年間前期が実質的なはじまりで、年限の確定を昌泰元年とみることもできる。

以上、平安時代中期の儀式書からすれば、①②とも儀式化の画期は九世紀末だといえる。ちょうど四方拝・大神宝使・神社臨時祭などのはじまりの時期と同時期である。

宇佐使の始まり　しかしながら、宇佐使のはじまりを奈良時代とする見解は存在する。『古事類苑』は同使の項で奈良時代の宇佐宮奉幣の史料を紹介し、『国史大辞典』の当該項目(中野幡能執筆)でも天平九年(七三七)の奉幣(『続日本紀』)をはじまりとしている。その理由は対等外交を要求した新羅対策であり、有事の対応だといえる。有事対応としての臨時遣使は平安の儀式化後も行われている(例として『西宮記』所載『醍醐天皇御記』)ので、その原点を奈良時代とみたのであろう。

だが、既述のとおり、儀式化された宇佐使と同様の、宇佐・香椎両所限定の奉幣の記録上の初見は弘仁元年である。天平九年の場合は両所に奉幣されているが、ほかに伊勢神宮・大和大神社・筑前住吉社も対象であり、両所に限られていない。冒頭に示した『北山抄』の記載も踏まえると、奈良時代から儀式化されていたとは考え難い。

なお、『北山抄』の該当部は、①に「御神宝使」を加えている。これは、天皇一代一度の大神宝使を指すと考えられる。大神宝使の大枠は、伊勢一社の奉献とその他の神社の奉献に分けられるが、宇佐・香椎両所への使は、ほかの西海道諸国の対象社とは、厳密には別扱いであった。したがって、単独で見れば宇佐使といえるのだが、詳細は「大神宝使」の項目に譲る。

儀式次第　宮中では天皇出御の伴う発遣の儀を行う。具体的な延長元年(九二三)の例の概略を紹介すると(『西宮記』裏書)、清涼殿の孫庇に、天皇が用いる南面の座と、それと向き合う形で神宝を置く高机を設ける。高机には金銀幣と、鏡・剣を置く。なお、『西宮記』の「宇佐使事」や『江家次第』では、神宝を置く場は石灰壇《いしばいのだん》(清涼殿東庇南端)となっている。また、その前庭には御禊に従事する宮主と、使の座を設けるとされている。さらに天皇の御禊物を用意する。

天皇の出御は卯刻(午前五時ころ)で、同時に宮主・使が前庭の出入り口にあたる仙華門から参入・着座する。天皇の御禊が終わると使は蔵人とともに神宝を撤する。御禊の後に天皇が両段再拝を行う例もあった。神宝は使とみられる卜部によって最終的に韓櫃に納められる。その後、天皇は告文(宣命)を御覧じ、使に賜う。午一刻(午前十一時頃)には改めて使を召し、勅命し、衣・下襲・袴からなる御衣一襲を下賜する。使は拝舞(謝意を表す礼)し、仙華門から退出する。

以上の次第を整理すると、儀式の核は天皇の御禊・神宝御覧・宣命下賜であった。逆をいえば、神宝の献上と宣命奉読による祈願が、使の主たる任務であったと分かる。神宝は蔵人が調度品の製作をつかさどる作物所《つくもどころ》に作らせるものだが(『西宮記』)、宣命によると、八幡大菩薩には、錦蓋・弓・箭・剣・桙・御服・玉佩・宝鏡と多種用意された。なお、同宮の姫神、さらに香椎廟の神へは別の品が用意された。『朝野群載』に載る宣命によれば祈願の具体的な目的は朝廷の守護と、五穀の豊稔、除災、万民の平安であった。

なお、宇佐宮については、儀式化された時期に当たる寛平元年の行事例が伝わり、その中には、勅使らの参宮時に南中門を開けるなどの儀式次第が記されている(『宮寺縁事抄』)。中央と軌を一にして、同宮では対応を定式化していた。

宇佐使の変遷　宇佐宮側の史料に『歴代宇佐使』がある(中野：一九七五)。目的などで分けず、通史的に使の到来を記録したものだが、これによれば宇佐使の制は鎌倉時代でいったん途絶えている。長距離を往還するためか、南北朝の動乱で発遣が困難になったと考えられる。その復興は江戸時代の延享元年(一七四四)、甲子の年を契機に、近京七社とともに奉幣された(『公卿補任』)。以後、甲子の年に二度奉幣されている。

〈参考文献〉

中野幡能『八幡信仰史の基礎的研究 増補版』上、吉川弘文館、一九七五
中野幡能『宇佐宮』吉川弘文館、一九九六

(加瀬直弥)

総論

神宮祭祀（じんぐうさいし）

概要　今日伊勢神宮では、皇祖神天照大神を奉斎する皇太神宮《こうたいじんぐう》（内宮）と、その食事を司る御饌津神《みけつかみ》である豊受大神を奉斎する豊受大神宮《とようけだいじんぐう》（外宮）の両正宮をはじめ、別宮・摂末社・所管社合わせて一二五すべての社において、年間一五〇〇回にも及ぶ祭祀が執り行われている。それらは大きく、一年のなかで祭日が定められている年中恒例祭祀と、日々外宮にて欠かすことなく斎行される日別朝夕大御饌祭に分けられ、その祭祀のほとんどが平安時代の初頭延暦二十三年（八〇四）に編纂された、『皇太神宮儀式帳《こうたいじんぐうぎしきちょう》』と『止由気宮儀式帳《とゆけぐうぎしきちょう》』に古式をみることができる。

両宮儀式帳によると、古代伊勢神宮において年中恒例の祭祀として斎行されていたのは、二月祈年祭《きねんさい》、四月神衣祭《かんみそさい》、六月月次祭《つきなみさい》、九月神衣祭・神嘗祭《かんなめさい》、十二月月次祭の年間六度の祭祀である。それらのなかでも、祈年祭・神衣祭・神嘗祭に関しては、養老四年（七二〇）に定められた『養老神祇令』にも記されており、古代律令制のもと国家の祭に位置付けられる祭祀であったといえよう。

御正殿（伊勢神宮の内宮）

このほかにも、明確に祭祀としては位置付けられていないものの、二月神田の耕作始めに執り行われる御田種蒔下《みたのたねまきおろし》始《そめ》や、夏の天候が順調であることを祈る日祈神事《ひのみしんじ》など、後世神田下種祭《しんでんげしゅさい》や風日祈祭《かざひのみさい》として年中恒例の祭祀に組み込まれていく神事の様子も儀式帳の記述から詳細にうかがうことができる。さらには、儀式帳には内宮・外宮それぞれの正殿をはじめとする建造物の様子も細部まで記されており、そこからは現在の社殿配置とほぼ同様の姿を想像することができ、伊勢神宮では平安時代の初め頃には現在と大きく変わることのない祭祀が営まれていたということを知ることができる。

神宮祭祀と天皇祭祀

『日本書紀』によると、天照大神の御魂代《みたましろ》である八咫鏡《やたのかがみ》は、宝鏡奉斎の神勅に基づき、もともと天皇の御殿に奉斎されていた。しかし、崇神天皇六年に国内が乱れ、天皇はみずからと同じ御殿に奉斎することは畏れ多いと考え、皇女豊鍬入姫命《とよすきいりひめのみこと》に託して倭の笠縫邑《かさぬいむら》に祀られた。その後次代垂仁天皇の御代になると、皇女倭姫《やまとひめの》命《みこと》により伊勢の五十鈴の川上に鎮祭されたと伝えられている。

こうした鎮座伝承を裏付けるかのように、神宮祭祀は中央における天皇祭祀と連動するような形で執り行われている。朝廷では、六月・十二月の月次祭においては、昼間に国家祭祀として百官および神祇官人らによる月次祭班幣が勤仕されるとともに、夜には天皇祭祀として神今食が天皇みずからの手により斎行された。また、新嘗祭においても同様に、昼神祇官により班幣が執り行われる一方、夜には天皇親祭のもと新嘗祭が奉仕された。この月次祭・新嘗祭に共通するのは、昼間に執り行われる班幣は天皇が一切関与せず官人らにより執り行われる国家祭祀であるのに対し、夜間に執り行われる神今食と新嘗祭は、いずれも天皇がみずから天照大神に神饌を供える天皇親供儀礼を中心とした天皇祭祀であるということであろう。

一方、伊勢神宮では、年中最も重要な祭りとして三節祭というものがあり、これは六月と十二月に執り行われる月次祭と九月の神嘗祭のことを指している。この三節祭は、神宮祭祀の特徴ともいえる昼夜二部構成となっており、夜間に行われる由貴大御饌供進儀《ゆきのおおみけくしんのぎ》と翌日の昼間に執り行われる奉幣儀という二種類の儀式により構成されている。祭月の十五・十六日に外宮、十六・十七日に内宮でそれぞれ斎行される訳だが、一日目から二日目にかけての夜半に夕と暁の二度執り行われる由貴大御饌供進儀は禰宜・大物忌以下在地の祭祀専門職の手により、また二日目の昼間に執り行われる奉幣儀は、さらに斎王や勅使、伊勢神宮の統括行政職である大神宮司らが参加した上で斎行されている。このことは、由貴大御饌供進儀が天皇の内々の祭祀であるのに対し、奉幣儀がより国家祭祀の色彩を強くしていることの表れであると考えられている。

このように、中央における両度月次祭・新嘗祭と伊勢神宮における両度月次祭・神嘗祭は、祭祀の位置付けや天皇祭祀と国家祭祀といった祭祀構造の面からも見事に対応、連動しながら斎行されていたといえよう。

外宮の鎮座と日別朝夕大御饌祭　豊受大神宮の御鎮座について、『止由気宮儀式帳』や『太神宮諸雑事記《だいじんぐうしょぞうじき》』には以下のように記されている。

外宮（豊受太神宮）の創祀は、五世紀頃活躍した雄略天皇の夢に天照大神があらわれ、丹波の国比治の真奈井に鎮まる御饌津神豊受大神を我がもとに来るようにと告げられた。天皇は驚き、早々に度会山田原に外宮を造営し豊受大神をお祀りしたという。以来、神宮における毎日の食事、日別朝夕大御饌祭は、外宮御饌殿の殿内に天照大神をお迎えし、毎日毎日一日も欠かすことなく朝夕の二度勤仕されてきた。こうして、内宮・外宮といった二宮祭祀が成立し、これ以降祭儀にあたり外宮を先に祀る「外宮先祭」が例とされた。これは御饌津神を先に祀り、豊受大神の霊威が高まった状態で、最上の神饌を天照大神に供え奉るという意識に基づくものであった。

さて、この内宮の天照大神とその御饌津神である外宮の豊受大神という両者の関係は、両宮の祭儀の在り方にもさまざまな影響を与えている。平安時代中頃に編纂された『延喜式』伊勢大神宮によると、神饌に用いる稲を育てる神田は、内宮よりも外宮の方が多く割り当てられている。二月御田の種蒔下始以降、秋の収穫までの耕作は内宮・外宮同様に進められるが、収穫後の稲の取扱いには大きな違いが見られる。外宮神田にて収穫された稲のうち、一部を除いては悉く日々欠かすことなく外宮御饌殿にて執り行われる日別朝夕大御饌祭の祭料として用いられることとなっている。さらにその一部の稲も神嘗祭の一日目より斎行される由貴大御饌供進儀ではなく、二日目の奉幣儀に際し正殿下に進め置かれることとなっている。この外宮にのみに見られる奉幣儀での新稲奉納という儀式は、内宮での祭儀に先立ち、御饌津神豊受大神に天照大神の日々の食事に供する稲が無事収穫されたことを報告するためのものであると考えられている。

この後、内宮では中島神事を経て、天照大神の神前に新

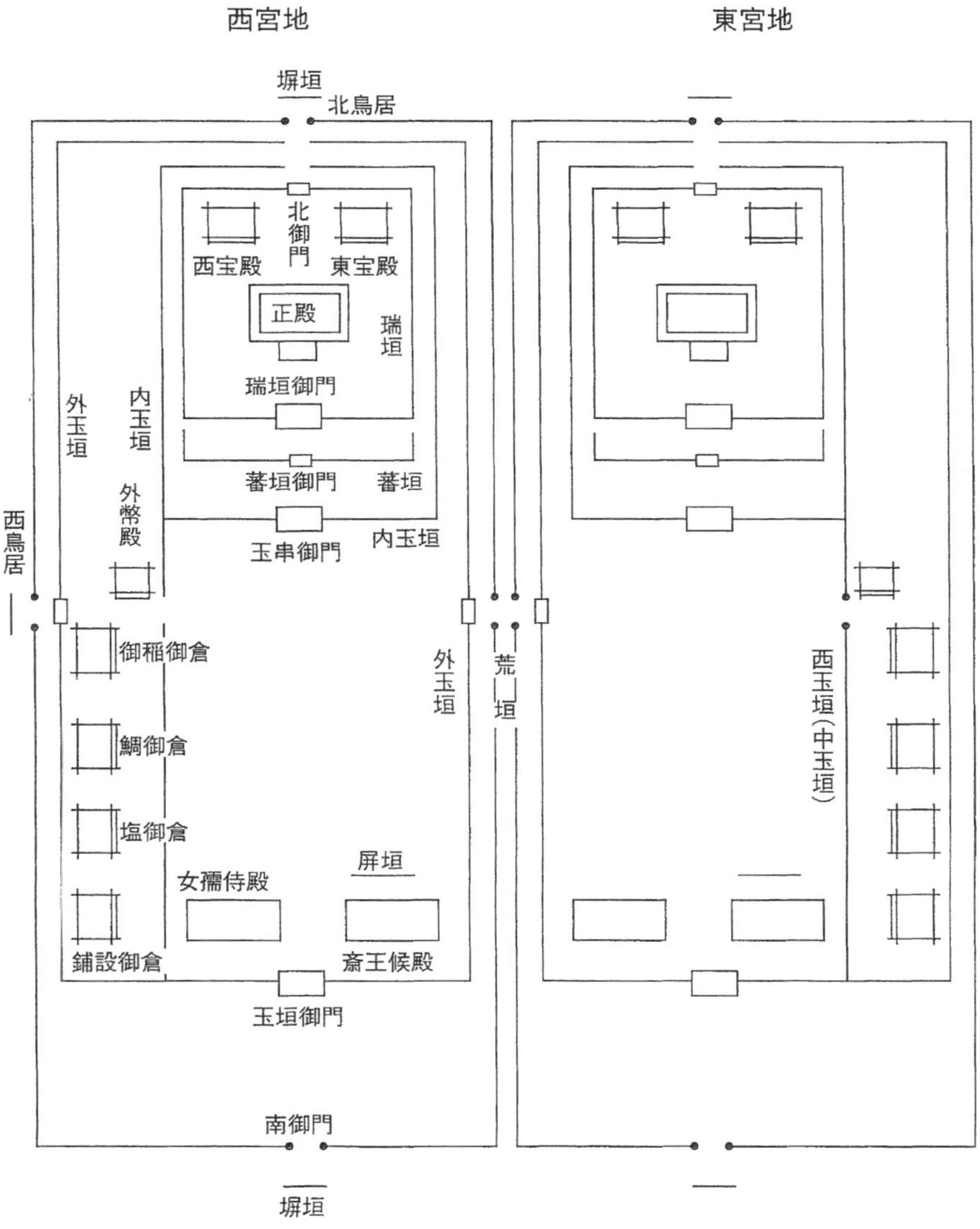

古代の大神宮殿舎配置図（福山敏男『神社建築の研究』〈『福山敏男著作集』4〉より）

穀が奉られる訳だが、つまりは外宮神田であっても、実際は豊受大神のために設けられているのではなく、内宮の天照大神のために定められたものであり、そこで収穫される稲もすべて天照大神のために用いられているのである。このことからも外宮御鎮座の事情というものが祭祀に深く浸透していることをうかがい知ることができる。

式年遷宮　伊勢神宮を代表する祭祀に式年遷宮《しきねんせんぐう》を上げることができる。式年遷宮とは二十年に一度正殿をはじめ東西宝殿などの殿舎および諸別宮、御装束神宝などを一新する大祭である。

式年遷宮は、律令国家の祭祀制度が整備された天武天皇の御代に立制され、その遺志を引き継いだ持統天皇により斎行された。第一回式年遷宮は内宮が持統天皇四年（六九〇）、外宮は二年後の同六年に開始された。

遷宮制度の導入は、皇位継承儀礼の整備とともに進められた国家の重事であった。持統天皇の即位儀礼は内宮遷宮と同年、大嘗祭は翌年の十一月に斎行された。毎年九月神宮の御神前に初穂を奉献する神嘗祭が二十年に一度式年遷宮となり、天皇が即位後初めて臨む新嘗祭が大嘗祭となる。宮中祭祀と神宮祭祀との間には一体の関係が保たれ、その最大儀礼が式年遷宮と大嘗祭であった。

古代の遷宮は、朝廷から社殿の造営を担う造宮使をはじめ御神宝を司る神宝使、遷御を司る奉遷使が任命され伊勢へ遣わされた。また社殿の造営費用は、神郡・神戸の神税が用いられたほか、不足にあたっては正税が用いられ、さらには実際の造営作業にあたる役夫も神宮周辺五ヵ国の国郡司が率いるなど、律令国家による万全の体制の下で斎行されていた。

中世以降、律令制が崩壊し全国に荘園が展開していくなかで遷宮の制度も大きく変化していく。すべての土地に全国一律で賦課する役夫工米制度が導入され、引き続き国家の重事に位置付けられ厳粛に斎行されていたものの、中世後期に入ると戦乱と財政事情の悪化により中断を余儀なくされた。この中断期間中は傷んだ御殿の寿命を仮殿遷宮というかたちで修繕を加えながら何とか引き延ばしていた。おおよそ百三十年間途絶えていた式年遷宮であったが、慶光院上人の勧進もあり永禄六年（一五六三）外宮にて正遷宮が斎行された。

近世、徳川幕府が成立すると、遷宮の費用は幕府が全面的に負担するようになるとともに、伊勢の地には神宮の守護と祭祀の護持、神領の管轄を担うため山田奉行が設けられ、幕府が全面的に庇護することとなった。

そして、近代に入ると遷宮費用はすべて国費より支弁されることとなったが、戦後国費の支弁が不可能となって以降は、国民総奉賛と称して国民一般の寄付により遷宮が運営斎行されることとなった。

祭儀の興廃と近代神宮祭祀　遷宮さえも中断することを余儀なくされた中世後半、その影響は恒例の祭祀にまで達するところとなる。伊勢神宮では神祇官班幣および勅使による官幣奉納と、年四回にわたり天皇および国家から神前に幣帛が奉られてきた。しかし、これら奉納される幣帛についても朝廷の衰微や室町幕府の財政悪化などの理由により、中断を余儀なくされることとなる。神嘗祭における例幣は、寛正六年（一四六五）を最後に中断することとなり、再興されたのはそれから百八十年あまり経た正保四年（一六四七）のことであった。それと同様に祈年祭や神衣祭、月次祭官幣についても中絶の憂き目に遭うこととなる。近世元禄の頃、廃絶していた祭祀や神宮の職掌などの見直しに伴い祈年祭や神衣祭が相ついで再興されることとなったが、月次祭官幣だけは議論の壇上にすら上がることはなく、近代になりようやく幣物が本格的に奉られるようになるものの、未だ勅使の参向が再興されるには至っていない。

このように、伊勢神宮の恒例祭祀は中世から近世後半まで衰退・中絶そして再興という道を歩むこととなり、時代により祭祀の内容にも大きな変化が生ずることとなる。こうした流れの中大きな節目となったのが、明治初頭の「神宮御改正」である。明治四年（一八七一）、太政官により「神社は国家の宗祀」とされ、加えて神宮・神社の神職の世襲についての通達がなされたことにより、神宮の体制は大きな変化を迎える。これまで神宮の祭祀は、内宮の荒木《あらき》田《だ》氏と外宮の度会《わたらい》氏の一門が中核となり禰宜や大内人《おおうちんど》、御師もつとめる権禰宜らを中心に斎行されていた。しかし、この一連の改革により職掌は変更され御師は廃されることとなり、新たな職掌により祭祀が斎行されることとなった。この御改正を受け両宮の祭祀を統一し、新たな職掌に応じた祭典の所役を定めるため、明治十年に発行されたのが『神宮明治祭式』である。これにより、年間恒例祭祀における大祭・中祭の区別が明確に示されるとともに、御饌祭と奉幣祭の次第が類型化されることとなったのである。

そして、この『神宮明治祭式』に修正を加え、現行神宮祭祀の原型ともなっているのが、大正三年（一九一四）に定められた『神宮祭祀令』である。ここでは大祭として祈年祭・神御衣祭・月次祭・神嘗祭・新嘗祭・遷宮祭・臨時奉幣祭、中祭として日別朝夕大御饌祭・歳旦祭・元始祭・紀元節祭・天長節祭・風日祈祭・明治節祭が示されており、そのほかが小祭に該当する。戦後、伊勢神宮は国家の手を離れ宗教法人として今日に至るわけだが、現行の神宮祭祀は引き続き、この『神宮祭祀令』に準じて日々の祈りが捧げられている。

〈参考文献〉

神宮司庁『神宮要綱』一九二八
阪本廣太郎『神宮祭祀概説』神宮文庫、一九六六
大西源一『大神宮史要』神宮司庁、二〇〇一
中西正幸『神宮祭祀の研究』国書刊行会、二〇〇七
藤森　馨『古代天皇祭祀と神宮祭祀』吉川弘文館、二〇一七

（山口祐樹）

総論

斎王と斎宮寮（さいおうとさいぐうりょう）

【斎王】

概要　斎王（斎内親王《さいないしんのう》《いつきのひめみこ》）とは、卜定により選ばれ都から伊勢の地に遣わされた未婚の内親王（天皇の姉妹・娘）または女王（内親王以外の皇族女子）のことである。天皇に代わり日常的に厳しい物忌（斎戒）の生活を送り、伊勢神宮の三節祭（両度月次祭・神嘗祭）に参向して太玉串を捧げた。その居所を「斎宮」（伊勢国多気郡〈三重県多気郡明和町〉）というが、これは斎王の別名でもある。

伝承上の斎王には豊鍬入姫命《とよすきいりひめのみこと》（崇神天皇皇女）・倭姫命《やまとひめのみこと》（垂仁天皇皇女）がいるが、制度上の最初の斎王としては天武天皇朝の大来皇女《おおくのひめみこ》（天武天皇皇女）が考えられる。以降、代々の斎王が天照大神の「御杖代《みつえしろ》」として存在した。最後の斎王である南北朝時代の祥子《しょうし》内親王（後醍醐天皇皇女）まで、六百数十年のうちに六十数名の斎王が卜定された。このうち諸々の理由で在京中に退下（退任）した斎王以外の五十数名が、実際に伊勢に参向し奉仕している。

現在、斎王の制度はない。朝廷と神宮との関わりとしては、明治時代から男性皇族・華族が「祭主」（江戸時代まで大中臣氏〈藤波家〉が歴任）として任命されて京と伊勢を往復した。戦後からは元皇族の女性（婚姻により皇籍離脱した内親王）がこれに任命されている。

卜定から群行まで　天皇が即位すると、卜定により新たな斎王が選ばれ、それから伊勢赴任までの三年（実質二年間）の在京中も潔斎の日々を送る。まず斎王卜定の年の八・九月頃、宮城（大内裏）内の官庁から卜定した「初斎院《しょさいいん》」で翌年七月まで過ごし、さらにその翌年八月まで宮城外の清浄な土地から卜定した「野宮《ののみや》」で過ごすのである。在京中、斎王は三節祭の月以外の毎月朔日に神宮に向かい遥拝をした（ただし拍手はしない）。なお両所に入る前には、主に賀茂川で禊が行われた。足掛け三年目の九月、斎王は神宮の神嘗祭に合わせて、伊勢の地に赴くことになる。五百人を超える行列とともに伊勢に向かう様子は「群行《ぐんこう》」と呼ばれ、五泊六日で近江国の勢多《せた》（国府）・甲賀・垂水《たるみ》、伊勢国の鈴鹿・一志《いちし》の頓宮（仮宮）を経由した（『延喜式』斎宮寮）。

なお、伊勢の地へ出発する日、斎王は葛野《かどの》川（桂川）で禊を行い、大極殿（朝堂院の正庁）での発遣の儀式に臨む。そこで天皇はみずから斎王の髪に「別れの御櫛」と呼ばれる櫛を挿し、「京の方に赴き給うな」（都にはお戻りなさるな）と勅した（『江家次第』）。斎王の解任理由の一つに天皇の崩御があり、天皇と斎王はこれが今生の別れとなる場合も多かった。なお、天皇が櫛を挿す行為には、天皇の祭祀権を斎王に付与する意味をもつとする説がある〔榎村：一九九六〕。

斎王と祭祀　斎王は斎宮に籠り、その名のとおり日常的に「斎《いつ》く」、つまり穢れを避けた斎戒の生活を送っていた。そこでは使用する言葉も制限され、不浄や仏教的要素を嫌い「忌詞《いみことば》」（「死→奈保留《なおる》」「僧→髪長《かみなが》」など）が用いられた。

斎王と神宮祭祀との関わりにおける最も重要な務めとして、神宮三節祭の両宮奉幣の儀（二日目の昼）への参宮がある。このとき斎王は太玉串を持ち内玉垣御門まで参入し拝礼を行うものの、これを受け取って実際に瑞垣御門に捧げるのは在地出身の少女である大物忌の役割であった（『延暦儀式帳』）。斎王の参宮は表敬訪問のようなものであったといえる。厳しい斎戒の毎日を送る斎王であっても、実際に参宮するのは年に三度のみであった。さらにその際にあっても、斎王が神宮祭祀に直接・主体的に関与したとはいえなかったのである（ただし斎王は参宮前日、離宮院〈伊勢市小俣町〉において供膳を行なっている）。

一方、斎王は宮中での天皇の新嘗祭と同様、十一月に斎宮内にて新嘗祭を行っていた。そこでは「蝦鰭槽《えびのはたふね》」「多志《たし》良加《らか》」や「坂枕」など、いずれも天皇新嘗祭に特有の道具が用いられていたことが確認でき（『延喜式』斎宮寮）、都と斎宮で同日に同様の祭祀が行われていた様子がうかがえる。天皇の新嘗祭が国家としての収穫祭の性格を持っていたのに対し（「新嘗祭」の項目を参照）、斎王の新嘗祭は伊勢におけるミニチュアの都ともいうべき斎宮としての収穫祭であったといえる。なお、斎王は新嘗祭を行う一方で、天皇神今食に直接対応する祭祀は行っていなかったと考えられる〔木村：二〇一八、岡田：二〇一八〕。

斎王と天皇　『日本書紀』神代下の示すように、天照大神の神鏡は本来、天皇が宮殿内でみずから祀るべきものであった（「宝鏡奉斎〈同床共殿〉の神勅」）。しかし、神宮創祀伝承にあるように、神威を畏れた崇神天皇は、神鏡を皇女・豊鍬入姫命に託して宮外に出し、後に倭姫命が神意に応じて伊勢の地に遷座させるところとなった（『日本書紀』崇神紀・垂仁紀）。斎王はこの二人の皇女を始原としている。朝廷で日常の政務を執る天皇に代わり、伊勢でひたすら斎戒生活を送り、年に三度の参宮を行うことが、斎王の最重要の務めであった。また天皇祭祀権である天照大神への親祭（新嘗祭）を天皇以外で行うことができたのは、唯一斎王のみであった。

斎王は伊勢において都の天皇と対比される存在であったと考えられる。そのため元旦には、朝廷で天皇が官人から受ける朝賀（新年の祝賀）と同様に、斎宮寮官人から拝賀を受けた。年中行事・祭儀にも朝廷と同様のものが少なくなかった。斎王ただ一人を擁し、このような朝廷同様の行事の数々を執り行うため、多くの官人を配して伊勢に「神の朝廷」（『古事記』景行記）として造営されたのが斎宮なのであった。

【斎宮寮】

概　要　斎王が伊勢に在任している間にのみ設置される令外官《りょうげのかん》（律令に規定のない官職）である。斎宮寮は斎王の存在とともにあったと考えられるが、寮として成立したのは『続日本紀』に関連記事のある大宝元年（七〇一）とみられている〔熊田：一九七七〕。斎王が斎宮で生活する上で必要な庶務全般を処理するため、その組織体系は朝廷に

国史跡「斎宮跡」（三重県多気郡明和町）に復元された斎宮寮の正殿（中央）・西脇殿（左）・東脇殿（右）（斎宮歴史博物館提供）

おいて皇室の生活を支えた、宮内省や後宮十二司、春宮坊《とうぐうぼう》の構成に類似する点が多い。また、斎宮寮に供奉した官人は、女官や雑色人を含めて全体で五百二十人がおり、初斎院での八十人、野宮での百四十五人から段階的に規模を拡大した(『延喜式』斎宮寮)。

斎宮および斎宮寮は、南北朝時代の斎王制度の廃絶とともに姿を消した。その後、斎宮は長く埋もれて「幻の宮」とされたが、昭和四十五年(一九七〇)以降の発掘調査により大規模な遺物・遺構が出土し、昭和五十四年に国史跡「斎宮跡」となっている。

構　成　斎宮寮は長官の斎宮頭《さいぐうのかみ》以下の四等官で構成され、のちにその上位の総裁職として別当も置かれた。別当は斎宮頭が兼任する場合もあったが、斎宮頭は後に伊勢守(介)も兼任し、多気・度会神郡の雑務を検校するなど伊勢国との関わりも強かった(『続日本後紀』)。

斎宮寮の被官としては斎宮十二司(舎人司・蔵部司・膳部司・炊部司・酒部司・水部司・殿部司・采部司・掃部司・薬部司・門部司・馬部司)があり、各司が伴部を抱え、斎王の生活・財政・祭祀を支えていた。それぞれ朝廷の各官司(多くが宮内省被官)および後宮十二司とのおおまかな職掌上の対比ができる。このような斎宮寮の全体構成は神亀五年(七二八)の井上内親王の斎王時代に確立したと考えられている(『類聚三代格』)。また、これとは別に主神司《しゅしんし》があり、斎宮における独自の祈年・月次・新嘗祭の班幣などを管掌していた。主神司は十二司より上位に置かれ、延暦十九年(八〇〇)以降は神祇官の被官とされた。

財　政　斎王および斎宮寮の財政は、天平二年(七三〇)以前まで伊勢神宮の神戸の財政により維持されていたが、この年から国家財政(官物《かんもつ》)によって賄うこととなった(『続日本紀』天平二年七月十一日条)。これは右の神亀五年の組織確立(拡大)に伴い、神宮財政では賄えなくなったためと考えられている。

斎宮寮の年間経費は、祭祀の経費・物品費・人件費に分けられた。その調達元としては、①寮物(斎宮寮自体の財政)、②伊勢国、③京庫(国家)、④尾張・美濃国(主に土器類)、⑤神宮、があったが、基本的には寮物自体で運営が可能で、不足の際に伊勢国が補うという形式であった。

また寮物のうち、斎王の年間の食料となる主な財源は多気・度会郡に設置した供田《くでん》の稲であり、これは朝廷で天皇の供御料に畿内官田の稲を充てることと対応していた。また東海・東山道十八ヵ国からの輸納物品も寮物の財源とされたが、これは朝廷へ納入すべき物品の一部を斎宮寮に充てたことになる。

伊勢の斎王・斎宮の存在は中央における天皇・国家と凡そ対応が可能であったが、財政的にもまさに中央財政のミニチュア版というべきものであった（早川：一九九三）。

〈参考文献〉

熊田亮介「斎宮寮の成立をめぐって」『文化』四一―一・二、一九七七
早川庄八「斎宮寮の成立とその財政」『日本古代の財政制度』名著刊行会、二〇〇〇（初出一九九三）。
榎村寛之「斎王発遣儀礼の本質について」『律令天皇制祭祀の研究』塙書房、一九九六
木村大樹「天皇と斎王の祭祀構造」『神道研究集録』三二、二〇一八
岡田荘司「天武朝前期における新嘗祭祀と伊勢斎王」『古代の信仰・祭祀』（『古代文学と隣接諸学』七）竹林舎、二〇一八

（木村大樹）

恒　例

祈年祭（きねんさい）

概　要　祈年祭は、「神祇令」に「仲春祈年祭」と記されているとおり、毎年二月、神祇官にて執り行われるその年の五穀豊穣を祈る祭祀である。伊勢神宮に関しては、『延喜式』四時祭に「大神宮の幣帛は別の安の上に置き、使を差《つかわ》して進《たてまつ》れ」とあるように、幣帛使の中臣が差遣され、幣帛が両正宮に奉献されて豊穣を祈る祭儀が執り行われた。案上の幣帛は十四座を数え、両正宮ならびに相殿神《あいどののかみ》七座と荒祭《あらまつり》・伊佐那岐《いざなき》・月読・瀧原・瀧原並《たきはらのならび》・伊雑《いざわ》・多賀《たか》の別宮七宮九座に幣帛が奉られた。

祭儀次第　延暦二十三年に撰進された『皇太神宮儀式帳』によると、平安時代初頭における祈年祭の祭儀次第は以下のようなものであった。まず当日神祇官より差遣された幣帛使の中臣と大神宮司が外院に参入する。その後、禰宜・内人《うちんど》らが参集し、宇治大内人《うじのおおうちんど》より太玉串が宮司と禰宜に分かたれる。次に奉仕者が内院へと参入する訳だが、まず左方に禰宜、右方に宇治大内人、次に大神宮司、幣帛捧持の内人、御馬と御馬飼《みまかいの》内人、幣帛使、内人の順に列立し、内院第三重《だいさんのえ》へと参入する。

内院へ参入すると、幣帛使・大神宮司・禰宜・宇治大内人・大内人らが正殿に向かい跪き、版位《へんい》につく。内物忌子《うちのものいみのこ》などは玉串御門の東西に祇候するとともに、内物忌父《うちのものいみのちち》四人と諸内人、物忌父らは玉串御門の内側東西に着座する。奉仕員が所定の座につくと、大神宮司が第三重内に設けられた版位に進み出て祝詞を奏上し、終わると本座に復する。

祝詞奏上が終わると、次に玉串行事が執り行われる。まず宇治大内人が大神宮司の捧げ持つ二枝の太玉串を請い受け本座に復する。すると禰宜は大物忌父に命じて、宇治大内人が預かり持つ大神宮司の太玉串二枝を第三御門左方に進置せしめた。次に禰宜が捧げ持つ太玉串を宮守物忌父に命じて同御門右方に進置せしめ、同様に宇治大内人が捧げ持つ太玉串も地祭《とこまつりの》物忌父に進め置かせた。この後、再拝両段の作法にて拝礼が行われ、正殿における奉幣儀は終了する（項目「神宮祭祀」の「古代の大神宮殿舎配置図」参照）。

正殿の儀が終わると、大神宮司と幣帛使は外直会殿へと向かう。一方禰宜・内人らは荒祭宮へ参向し、正殿を開扉した後、幣帛を奉納して祭儀は終了する。

祈年祭の祭儀は外宮でもほぼ同様の次第にて執り行われているが、『止由気宮儀式帳』には正殿での祭儀の後、高《たかの》宮《みや》(多賀宮)には宮司と幣帛使が参向し、正殿を開扉の上、幣帛を奉納すると記されている。なお、別宮である荒祭《あらまつりの》宮《みや》、高宮では御殿が開扉され幣帛が納められるのに対し、両正宮ではそうした様子は確認することができない。

祝詞奏上者の変遷　祭儀における重要な要素の一つである祝詞奏上について、『皇太神宮儀式帳』には「即《やがて》大神宮司、版位より進みて、告刀《のりと》申し」とあり、大神宮司が祝詞を奏上している様子をうかがうことができる。それに対し、およそ四百年後の鎌倉時代初期に編纂された『皇太神宮年《こうたいじんぐうねん》中行事《ちゆうぎようじ》』では、使いが祝詞を読み、宮司の祝詞はないことが記されており、鎌倉時代初頭の段階で祝詞を奏上していたのは奉幣使であった。この点について、『延喜式』祝詞の伊勢大神宮条には、天皇の命で使いが奏上する祝詞が見られることから、この時点ですでに奉幣使(中臣)が祝詞を奏上していたものと考えられる〔藤森：一九八七〕。

この延暦と延喜以降において祝詞奏上者が異なる要因は、朝廷の神宮政策変化にあると指摘されている。奈良時代中頃より中臣氏が奉幣使として神宮に参向するようになるが、それでも延暦の頃までは祝詞を奏上することもなく、あくまで神宮祈年祭において主体的な役割を担っていたのは大神宮司であった。しかし、こうした役割分担も弘仁年間(八一〇～二四)に大きな変化を迎え、神祇官において神宮専従の担当官として令外官《りようげのかん》で宣旨職《せんじしよく》の祭主(大神宮司の上にあって神宮一切の政務を管理した職)が成立するとその動きがより顕著なものとして表れる。この宣旨職である祭主は、蔵人《くろうど》・検非違使《けびいし》などと同様、律令の範囲を超えた令外官として天皇に直接結びついた官職である。嵯峨天皇は平城上皇の乱を経て、政治的・精神的な体制強化をはかり、令外官を重視した。なかでも皇祖天照大神を祀る伊勢神宮に対して、より主体的に祭祀に関与すべく設けられたのが祭主であり、その影響の一端としてみえたのが、祈年祭における祝詞奏上者の交代である〔藤森：一九八六・二〇一四〕。

正殿御扉の開扉　神宮祈年祭におけるもう一つの大きな特徴として、正宮正殿の御扉が開扉されていなかったという点があげられる。『皇太神宮儀式帳』と『止由気宮儀式帳』によると、祭儀中両宮ともに正殿の御扉が開扉されたとは記されておらず、神祇官からの幣帛も殿内に納められたか否かは確認できない(『延喜式』伊勢大神宮にも詳細は記されていない)。しかし、『皇太神宮年中行事』には両宮儀式帳と同様のことが記されており、神宮祈年祭では延暦から建久に至るまでの間、一貫して正宮正殿が開扉されなかったものと考えられる。

この点については、江戸時代の神宮祠官であり考証学者でもある中川(荒木田)経雅も、その著『大神宮儀式解』のなかで、両宮儀式帳や『皇太神宮年中行事』の詳細な儀式作法において、別宮の幣帛についてはその奉納の次第が記されているにも関わらず、正宮のみ官幣奉納の記載を漏らしたとは考えにくいことを理由に、正宮正殿への官幣奉納はなかったと主張している。このように祈年祭に対する神宮側の対応は神嘗祭や月次祭などと比べると決して重要視されていたとはいえない。これは『皇太神宮年中行事』に、神祇官の祭祀が延引した場合、神宮の神事もなし、と記述されたように、必ずしも行わなければいけない祭祀とは認識されておらず、状況によっては中止されるのもやむをえない、と考えられていたことからもうかがうことができる。これは神宮祈年祭が三節祭のような神宮固有の祭祀ではなく、神祇官祭祀の延長線上で行われているものであり、また祭儀次第も幣帛奉献のみの構成であることから、祭儀の開始時期も比較的新しいものと説明されている〔熊田：一九八三、藤森：一九八七〕。

御田種蒔下始　古代伊勢神宮では祈年祭と前後して、神田にて春耕行事が執り行われていた。延暦年間(七八二〜八〇六)、内宮では「御田種蒔下始《みたのたねまきおろしそめ》」、外宮では「御田種下《みたのたねおろし》始行事《はじむるぎようじ》」と称されて二月初めの子の日に行われており、のちの『皇太神宮年中行事』よると、二月一日に鍬山神事《くわやまのしんじ》が、同十二日には伊賀利《いがり》神事が斎行されていた。この春耕行事に関して、その位置づけと斎行日時についていくつかの論が提示されている。一つは、祈年祭と春耕行事はともに予祝の性格があるものの、祭祀構造の違いからそれぞれ独立したものとする見解である〔黒崎：一九七八〕。しかし一方、『皇太神宮儀式帳』には「毎年二月の祈年祭の忌《いみ》鍬一口《くわいっく》」とも記されており、官幣奉献の祈年祭では忌鍬を使用しないことからも、ここでいう「祈年祭」とは「御田種蒔下始」のことを指していると考えられ、それはつまり神宮において独自に行われた祈年祭であったという説もある〔西山：一九四九、櫻井：一九九一〕。

斎行日時については、この神田行事が祈年祭予祝や春耕祭祀であることを前提に、延暦のころ、二月十二日の祈年祭終了後はじめの子の日に斎行されたという説がみられる〔西山：一九四九〕。しかし、前述の中川経雅は『大神宮儀式解』において、祈年祭の日時いかんに関係なく子の日の神田行事を執り行なっていたとしており、これは神宮において、あくまで朝廷の祭祀である祈年祭がさほど重要視されていなかったという見解にも当てはまる〔藤森：二〇〇一〇〕。

変　遷　朝廷による国家祭祀という色彩の強い祈年祭であるが、その衰微も朝廷側の影響が大きく関係していた。藤波氏経の『氏経卿神事記』には応仁二年（一四六八）二月の記事に、「神祇官幣の沙汰がなく、神宮の神事も行われなかった」と記され、後世の黒瀬益弘も『大祭礼勘例』において、文正二年（一四六七）三月二十三日の奉幣をもって祈年祭は中絶したと考証している。これは、その年都で発生した応仁の乱が大きく関係していると考えられている〔中西：二〇〇七〕。

中世末に中絶した神宮祈年祭も、おおよそ三百年の年月を経た元禄十二年（一六九九）に再興される。しかし、その祭儀に幣帛使・官幣はみられず、宮司以下が太玉串を奉納し拝礼するという簡略化されたものであった。祭儀が本格的に復興されたのは明治二年（一八六九）のことで、中央の祈年祭に際し、勅使が神宮に差遣され、官幣が奉納された。明治から昭和にかけて、新暦の採用や『神宮明治祭式』の制定などにより、そのつど変更が加えられてきたが、昭和二十三年（一九四八）に現在の形に定められた。現在は、内宮外宮ともに二月十七日に斎行される。その次第は、大きく御饌祭と奉幣祭に分けられ、まず祭主・大宮司以下により御饌祭が奉仕される。御饌祭では、三節祭由貴大御饌とは異なり神饌は瑞垣御門前に奉奠され、一度退下した後改めて勅使参向のもと奉幣祭が斎行される。奉幣祭では、正殿が開扉され勅使により御祭文《ごさいもん》が奏上された後、殿内に幣帛が納められる。

正宮での祭儀が終了後、荒祭宮、多賀宮においても勅使参向の下祭儀が執り行われ、翌日から禰宜以下の手により執り行われる別宮以下と合わせ、全百二十五の宮社にて祈年祭が斎行される。

〈参考文献〉

中川（荒木田）経雅『大神宮儀式解』（『増補大神宮叢書』五・六）吉川弘文館、二〇〇六（初出一九三五）

西山　徳「祈年祭の研究」『上代神道史の研究』国書刊行会、一九八三（初出一九四九）

黒崎輝人「月次祭試論」『日本思想史研究』一〇、一九七八

熊田亮介「伊勢神宮の月次祭と祭祀体系」『文化』四六―三・四、一九八三

藤森　馨「平安時代前期の大中臣氏と神宮祭主」『改訂増補　平安時代の宮廷祭祀と神祇官人』原書房、二〇〇八（初出一九八六）

藤森　馨「伊勢神宮祈年祭における御扉の開閉をめぐって」『古代の天皇祭祀と神宮祭祀』吉川弘文館、二〇一七（初出一九八七）
櫻井勝之進『伊勢神宮の祖型と展開』国書刊行会、一九九一
中西正幸『神宮祭祀の研究』国書刊行会、二〇〇七
藤森　馨「伊勢神宮祈年祭と御田種蒔下始行事」『古代の天皇祭祀と神宮祭祀』吉川弘文館、二〇一七（初出二〇一〇）
藤森　馨「神宮月次祭への祭主参加時期の検討」『古代の天皇祭祀と神宮祭祀』吉川弘文館、二〇一七（初出二〇一四）

（山口祐樹）

恒　例

神衣祭（かんみそさい）

概　要　神衣祭は毎年四月と九月に皇大神宮（内宮）と荒祭宮《あらまつりのみや》で執り行われる更衣の祭祀である。祭儀では、神《かん》服部《はとり》、神麻績《かんおみ》の織り上げた和妙衣《にぎたえのころも》（絹）と荒妙衣《あらたえのころも》（麻）がそれぞれ内宮と荒祭宮に奉献される。通常伊勢神宮における年中恒例の祭祀は内宮・外宮同様に執り行われるが、本祭に限り外宮では斎行されない。

「神祇令」には、孟夏（四月）と季秋（九月）に「神衣祭」とみえ、神嘗祭とともに国家の祭祀とされてきた。平安時代に編纂された『皇太神宮儀式帳』と『延喜式』伊勢大神宮にも四月・九月の神衣祭の記述があり、平安時代には四月・九月の十四日に祭儀が執り行われていたことが確認できると共に、両者とも祭儀の流れが詳しく記されている。

祭儀次第　『延喜式』伊勢大神宮によると、祭儀当日の十四日に先立ち、前月晦日から関連する儀式が始まっていたことがわかる。それによると、前月晦日には大神宮司（離宮院《りきゅういん》）に禰宜、内人らが参集し、度会河にて祓いが行われた。翌一日からは、潔斎した服部氏と麻績氏により和妙衣と荒妙衣が奉織《ほうしょく》され、十四日に内宮と荒祭宮へ奉献された。『令義解』と『令集解』には、神服部氏が和妙衣を、神麻績氏が荒妙衣を奉織していた様子が記されているものの、『皇太神宮儀式帳』と『延喜式』伊勢大神宮には記されておらず、「織女《おりめ》（服織女《はたおりめ》）」という女性奉織者の存在をうかがえるのみである。

祭儀当日は、宮司・禰宜・内人らに従い「神服織織女《かんはとりのおりめ》八人、神麻績織女《かんおみのおりめ》八人」が、明衣《みょうえ》を著け玉串をとり、内宮の第三重《だいさんのえ》へと参入する。そして宮司が祝詞を奏上し、それぞれ玉串を御門に置いた後に拝礼。その後、和妙衣と荒妙衣を東宝殿《とうほうでん》に奉納する。また、鎌倉時代初頭に編纂された『皇太神宮年中行事』には、祭儀の様子がより鮮明に記されており、『皇太神宮儀式帳』にはみられなかった前月晦日の川原祓い、修祓《しゅばつ》、神衣の東宝殿奉納の様子などを確認することができる。なかでも神服部・神麻績の大神部《かんべ》が奉る玉串は、木綿に糸を包み榊の枝に懸けた特殊な形状をしていたことがうかがえ、神衣祭における神服部氏・神麻績氏の存在意義をより一層際立たせている。

内宮に引き続き、宮司・禰宜・内人らは荒祭宮へと向かい、荒祭宮でも同様に拝礼の後、殿内に神衣が奉納された。

麻績氏・服部氏　荒妙衣と和妙衣を奉織する役を担って

4月14日神御衣祭　玉串行事所図（『神宮神事図録』より，神宮文庫所蔵）

いた麻績氏と服部氏は、『続日本紀』文武天皇二年九月一日にそれぞれの氏上《うじのかみ》・氏助《うじのすけ》が定められている。この記事については、文武朝における伊勢神宮崇敬観の高まりとあいまって、この年の神衣祭のために伊勢地方在住の有力氏族であった麻績氏と新来の勢力である服部氏の氏族制度が整備されたとの指摘〔高森：一九九九〕があるものの、「神祇令」により令制祭祀が徐々に整備されていく過程で、「大宝令」により更衣を目的とした国家祭祀である神衣祭を神宮で実施させるため、国家が氏上・氏助を定めたものと考えられている〔藤森：二〇一五〕。

三河赤引糸と幣帛使　神衣祭について『古事類苑』は、神服部が潔斎し、三河国の赤引の糸をもって和妙の御衣を織り、麻績の連《むらじ》が麻を績んで荒妙の御衣を織り、皇大神宮と荒祭宮に奉る、と簡潔に記し、定説的な理解とされてきた。そしてこの根拠となっているのが『令義解』、『令集解』所引「令釈」、そして『延喜式』伊勢大神宮の記述である。「令釈」には三河国の神戸より供進された赤引糸から神服部が「神衣」を、麻績氏が「敷和衣《うつはたのみそ》」を奉織していたと記されている。

　しかし、一方『延喜式』伊勢大神宮には奉献された和妙衣などの数量や、和妙衣と荒妙衣の奉織者とその日程の記述があるのみで、三河国の赤引糸に関する記述をみることはできない。この点については『皇太神宮儀式帳』も同様である。つまり、『令義解』『令集解』(令釈)と、『延喜式』伊勢大神宮『皇太神宮儀式帳』の記述には、三河国赤引糸の供出の有無をめぐって大きな隔たりがあることを見て取れる。

　江戸時代の神宮祠官中川(荒木田)経雅は、その著書『太神宮儀式解』のなかで、『令義解』『令集解』(令釈)の記述を認め、三河国赤日子神社から奉献された赤引糸を用いて和妙衣が奉織されたと考証している。また同じく江戸時代の神宮祠官である薗田(荒木田)守良は、『新釈令義解』において、『皇太神宮儀式帳』に三河の赤引糸がまったくみられないことに疑問を呈しながらも、経雅と同様和妙衣の材料として赤引糸を認めている。これらのことからも、この三河赤引糸の存在が古くより論議の対象となっていたことがわかる。

　これらの考証は、『令義解』や『令集解』(令釈)、さらには嘉応二年(一一七〇)の神服連公俊正などの解状を根拠としたものだが、赤引糸の貢納を積極的に支持する立場として、大宝二年(七〇二)八月癸亥の勅により、三河国渥美神戸より赤引糸を貢納する制度が整えられた、とする説も提示されている〔高森：一九九九〕。

　一方、『皇太神宮儀式帳』と『延喜式』伊勢大神宮の記述を積極的に採用する立場からは、神衣祭の祭料には神服織、神麻績の庸調が当てられており、三河国赤引糸は用いられていないと論じられている。また、『令集解』(令釈)と『皇太神宮儀式帳』については、その相違が中央の法曹官人の誤解によるものとしている。大嘗祭にも神服社《かんはとりのやしろ》の神主が深く関与しているとともに〔熊田：一九八〇〕、大嘗祭と神衣祭は奉献氏族こそ異なるもののほぼ同様の次第であったことや、両祭とも天照大神を祭神としていることなどから誤解が生じ、両者の記述に差違が生じたとの見解が示されている〔藤森：二〇一五〕。

　これは、幣帛使に関しても同様で、『令義解』や『令集解』(令釈)にはその記載があるものの、『皇太神宮儀式帳』や『延喜式』伊勢大神宮にはその存在が認められず、この点についても式作成材料の『皇太神宮儀式帳』が書き漏らすとは考えられないため、『皇太神宮儀式帳』の記述にこそ信をおくべきであり、中央法曹官人は伊勢神宮で実際執行されている祭祀の詳細を把握していなかったという可能性が提示された〔藤森：二〇一五〕。

変　遷　神衣祭は、中世の『皇太神宮年中行事』にはその次第が詳しく記されているものの、それ以降の様子をうかがえる史料はほとんどみることができない。機殿《はたどの》の触穢や焼失、社殿の転倒などが続くうちに、神衣の調製もままならなくなり、神衣祭自体も室町時代中頃までには中絶することとなる。

近世になると、徐々に神衣祭の復興が進められるようになる。貞享三年(一六八六)、神服織社神人《じにん》らの請願を受け、津藩藤堂家により神服織社の社殿が造進された。また元禄十一年(一六九八)には、内宮禰宜薗田将監が上洛のおり、祭主藤波景忠に神衣祭の再興を願い出た。そしてその年、伊勢の山田奉行が祈年・神衣両祭の再興を認め、幕府もその許可を祭主に通知したものの、神衣祭は『延喜式』伊勢大神宮に記されたものとはほど遠く、簡素化した形で行うよう申し渡しがあった。

神衣祭が本格的に再興されるのは、明治時代末葉まで待つこととなる。明治時代初頭、神宮側は再三神衣の織立奉納の復元を願い出ていたものの、教部省からは中々許されず、和妙・荒妙の再興が許可されたのは明治七年(一八七四)のことであった。しかし、この時点では織立奉納には至らず、その後も装束師が司庁に納め、一日に機殿へ持参し奉織始祭《ほうしょくはじめさい》を、十三日に鎮謝祭をそれぞれ行い、その後御料を内宮へ移送するという状態が続いた。明治十二年には太陽暦の採用に伴う神嘗祭祭日の変更に伴い、神衣祭も一月遅い五月と十月に斎行されることとなった。そして、ようやく明治三十三年には御料が延喜の頃の員数に整えられ、その翌年には和妙・荒妙の奉織が外部に特命された。

御代が代わり、大正三年(一九一四)に『神宮祭祀令』が公布されると、機殿では地元の青年達により和妙・荒妙が各一匹ずつ織立てられ、内宮に奉納された。ここに中世以来中絶していた神衣祭が、延喜の古制に則る形で再興されるに至った。

現在では、五月と十月、それぞれ一日から十三日にかけて、神服織機殿神社では和妙が、神麻績機殿神社では荒妙が奉織される。十四日になると皇大神宮と荒祭宮にて神衣祭が斎行され、皇大神宮では東宝殿に、荒祭宮では殿内に奉織された神衣が奉納される。

〈参考文献〉

中川(荒木田)経雅『大神宮儀式解』吉川弘文館、二〇〇六(初出一九三五)
薗田守良『新釈令義解』汲古書院、一九七四
熊田亮介「伊勢神宮神衣祭についての基礎的考察」『新潟大学教育学部長岡分校研究紀要』二五、一九八〇

高森明勅「神衣祭の成立」『神道宗教』一七六、一九九九
中西正幸『神宮祭祀の研究』国書刊行会、二〇〇七
藤森　馨「神衣祭と大嘗祭のニギタエ・アラタエ」『古代の天皇祭祀と神宮祭祀』吉川弘文館、二〇一七（初出二〇一五）

（山口祐樹）

恒　例

月次祭（つきなみさい）

概　要　伊勢神宮の月次祭は、毎年六月と十二月に行われる祭祀であり、古来神嘗祭と併せて三節祭とも称された。

祭儀は皇太神宮（内宮）と豊受宮（外宮）の両宮にて執り行われ、それぞれ夕暁の二度、由貴大御饌《ゆきのおおみけ》が神前に奉られる。そして、その翌日には斎王が参向し玉串を奉り拝礼すると共に、朝使参向の下、幣物が東宝殿《とうほうでん》に納められる。

祭日は、外宮が十五日の夕刻より十六日の朝、内宮が十六日の夕から十七日朝と定められており、外宮先祭の例に従い、まず外宮にて祭祀が行われて、後に内宮にて祭祀が執り行われることとなっている。後述するが、この由貴大御饌の儀は、神嘗祭と月次祭においてのみ執り行われ、神宮祭祀の中でも特に由緒の深い祭祀として斎行されている。

祭儀次第　『皇太神宮儀式帳』と『止由気宮儀式帳』によると、諸儀式は前月晦日、禰宜内人等が大神宮司に参集の後、度会川にて大祓を執り行うことに始まる。十五日には両宮の禰宜が伊勢国と志摩国の境の海へ入りみずから御贄を採取する行事が行われたが、外宮ではその日が祭儀当日であるため禰宜・内人の戸人《へひと》が代行していた。

祭儀は、ほかの恒例祭祀と同様、外宮を先に祭る。十五日、まず神郡、神戸《かんべ》より奉られた榊に木綿がつけられ正宮が飾られる。その後、外宮北の河原にて大祓が行われ、御贄や御塩などが清められる。こうして清め整えられた神饌は由貴大御饌と呼ばれ、内院御門に運ばれた後、亥の刻（午後十時頃）に夕御饌《ゆうべのみけ》が、丑の刻（午前二時頃）には朝御饌《あしたのみけ》が供せられる。

十六日には斎王が外宮に参向し、中重《なかのえ》にて命婦《みょうぶ》を介し大神宮司より受けた玉串を、再び命婦の手により御門に進め立てたのち拝礼する。その後、多気・度会二神郡より所進の明曳御調糸《あかひきのみつぎのいと》とともに、大神宮司・禰宜・内人らが中重に進み、大神宮司により告文《のりと》が述べられた後、大神宮司・禰宜の太玉串が進め置かれ、諸員は内院へと参入する。内院では、大神宮司が御門内にて祇候するなか、禰宜の手により東宝殿の御扉が開扉され、殿内に明曳御調糸が納められる。そして、大神宮司以下諸員は中重の本座に戻り拝礼する。拝礼の作法についても、『止由気宮儀式帳』には「諸々の刀禰等《とねら》共に発《た》ちて、四段拝奉《よたびおろがみまつ》り、八開手《やひらで》を拍《う》ち、次に短《みじか》手一段《でひときだ》拍ちて、一段《ひとたび》拝奉る。又、更に四段拝奉り、八開手を拍ち、次に短手一段拍ちて、一段拝奉る」と記されており、伊勢神宮独特の拝礼作法であるいわゆる「八度拝《はちどはい》」が行われていたことをうかがうことができる。この拝礼の後、大神宮司以下は髙宮《たかのみや》へ参向し拝礼。諸司官人や諸々の刀禰らが皆直会殿の座に着き大直会を賜り、大神宮司以下は再度中重へ進み、倭舞《やまとまい》を奉仕する。

以上が外宮における月次祭の流れである。内宮の祭儀もほぼ外宮と同様の構成にて執り行われるが、一部『止由気宮儀式帳』には記載のない儀式も散見される。十五日夜亥時には、御巫内人《みかんなぎのうちんど》が御琴を賜り、「大御事請弖《おおみことこいて》」、月次祭斎行にあたり神慮をうかがう儀式が執り行われた。この儀式は後に「御占神事《みうらしんじ》」「御卜《みうら》」などとも称され、鎌倉時代初頭に編纂された『皇太神宮年中行事』では「御占神事」として祝詞文を記載している。その祝詞文から、この神事が祭儀にあたり不浄を忌避し、万全の清浄を期するために神慮をうかがう儀式であったことがわかる。

十六日には、宮西の川原にて禰宜、内人等の大祓が執り行われ、正宮に参入して御垣内を浄めた後に、外宮と同様宮廻りに榊が飾られる。その夜、由貴御倉《ゆきのみくら》より取り出された神饌は、五十鈴川中島で豊受大神の来臨を仰ぎ御饌を調理する「中島神事」を経て、朝大御饌、夕大御饌として正殿に供進される。ついで荒祭宮、瀧祭《たきまつり》においても御饌祭が奉仕される。

十七日の午時（十二時頃）、斎王が参向し、三重《さんのえ》にて命婦を介し大神宮司より玉串を受け、内玉垣御門の座につき拝礼、大物忌子の手により瑞垣御門に進め奉られる。そして、大神宮司により告文が述べられたのち、御門に大神宮司・禰宜らの太玉串が進め置かれ、大神宮司より御鎰《みかぎ》を受けた禰宜ら諸員は、大物忌を先頭に明曳御調糸とともに内院へと参入する。内院では大神宮司が御門内にて祇候するなか、外宮とは異なり大物忌父の手により東宝殿の御扉が開扉され、殿内に明曳御調糸が納められる。そして、大神宮司以下諸員は第三重の本座に戻り拝礼する。拝礼の後、斎王を除く大神宮司以下が荒祭宮へ参向し拝礼。諸司官人や諸々の刀禰らが皆直会殿の座に着き大直会を賜わり、その後、第三重にて倭舞を奉仕するといった流れは外宮と同様である（項目「神宮祭祀」の「古代の大神宮殿舎配置図」参照）。

翌十八日以降は、十八日には荒祭宮、十九日に瀧祭にて直会行事が執り行われる。また、十九日には月読宮、二十日に大歳神社、二十三日には瀧原宮、二十五日に伊雑宮にて、それぞれ御饌が供えられるとともに、幣帛が奉られる。

御饌祭と奉幣祭　現在月次祭の祭祀構造については、由貴大御饌供進儀と奉幣祭を分けて考える説が主流であり、特に御饌祭については、神饌供進に重きを置くという祭祀構造の類似性から、神祇官の月次祭に続いて執り行われる神今食との密接な関係性が指摘されている〔黒崎：一九七八、藤森：一九九〇〕。

この御饌祭と奉幣祭は、両者ともに稲・御贄・幣帛などの奉献を祭祀の中心としながらも、その祭祀運営の主体が異なっていたという点が指摘されている〔大関：一九八六〕。具体的には、御饌祭が禰宜・物忌・内人らの手により整えられた神饌が神前に奉献されるという、在地神職による自給自足的色彩が濃厚であるのに対し、奉幣祭は神祇官の被官である大神宮司が母体となって御贄や幣帛類が調達されており、より国家的祭祀としての性格が強く表われているためである。こうした財政構造面の検討から、御饌祭と奉幣祭の二元性だけではなく、在地祭祀である御饌祭の起源は、翌日の神祇官人による奉幣祭よりもさかのぼるものであるという見解も提示されている〔岡田精：一九七〇〕。

中島神事　由貴大御饌供進儀に関連して、『皇太神宮儀式帳』には、内宮にて特殊な神事が執り行われていたことが記されている。それによると、大御饌供進に先立ち正宮南側を流れる五十鈴川の中島へ禰宜・内人・物忌らが参向し、止由気大神の神座のある石畳に跪き、志摩国神戸が供進した御贄を調理する。止由気大神の神前において調理するということは、同神が天照大神の御饌津神であるということが象徴的に表されたものであるといえる。

この中島神事については、鎌倉時代初頭に編纂された『皇太神宮年中行事』に記された「内外物忌父等」という記述を、「内外両宮の物忌父」と解釈し、その儀式内容も、伊勢の土地神である豊受大神が、征服者天照大神へ神饌を奉る服属儀礼を両宮の物忌父が問答として表現したものという説も見られた〔岡田精：一九七〇〕。しかし、この「内外物忌父」の解釈については、江戸時代の神宮祠官であり優れた考証学者でもあった薗田守良が、大物忌・宮守・地祭の物忌を内物忌といい、別宮の物忌を外物忌という、と記しているように、「内宮と内宮別宮の物忌父」と解釈するのが妥当であり、その儀式内容についても、単に御贄に塩をかける所作の指示と承諾にあたり、服属儀礼とは考えられないとする説が定説となっている〔藤森：一九九一〕。

朝使奉幣儀　両宮儀式帳によると、朝使の奉幣儀は内宮・外宮いずれも別日に行うものと記されている。しかしながら『延喜式』には、朝使の奉幣の儀が外宮十六日、内宮十七日に固定化されている。この『儀式帳』と『延喜式』の記述の相違について、『神宮要綱』によると「月次祭」は神戸の所進の荷前糸《のさきのいと》を東宝殿に奉納する儀式であり、斎王御参向のもと、大神宮司・禰宜以下が奉納の儀を執り行う。これは御鎮座以来のものであるが、のちに神祇官にて月次祭が執り行われるようになり、官幣の供進は荷前赤引御調糸の奉納とともに行われるようになった。ただし、延暦の頃は幣帛使参入の日が一定ではなかったものの、『延喜式』の頃には、斎行の日が定められたと記している〔神宮司庁：一九二八〕。この説をさらに発展させ、六月月次祭についていては、二日目の祭祀は赤引糸奉献行事が核であり、朝使による幣帛奉献行事は本来別日に執行されていたという説もある〔熊田：一九八三〕。

変　遷　律令制が崩壊し、世情も混乱をきたした中世末期、月次祭もほかの恒例祭典と同様に勅使差遣と官幣奉納が中絶することとなる。時代も下り、近世元禄期には祈年祭と神衣祭が相次いで再興されるものの、月次祭奉幣儀の再興は明治時代まで待つこととなる。明治初年の神宮御改正では、神宮司庁より『月次祭御幣物之儀願』が教部省に提出され、御幣物が式部寮から神宮司庁に直送されることとなったものの〔中西：二〇〇七〕、幣帛使については差遣されることはなく現在に至るまで参向はないままとなっている。

〈参考文献〉

神宮司庁『神宮要綱』一九二八
薗田守良『神宮典略』（『増補大神宮叢書』一～四）吉川弘文館、二〇〇五～〇六（初出一九三二～三四）
岡田精司『古代王権の祭祀と神話』塙書房、一九七〇
黒崎輝人「月次祭試論」『日本思想史研究』一〇、一九七八
熊田亮介「伊勢神宮の月次祭と祭祀体系」『文化』四六-三・四、一九八三
大関邦男『古代伊勢神宮の財政構造』『国史学』一二八、一九八六
藤森　馨「神宮祭祀と天皇祭祀」『古代の天皇祭祀と神宮祭祀』吉川弘文館、二〇一七（初出一九九〇）
藤森　馨「伊勢神宮内外両宮の祭祀構造」『古代の天皇祭祀と神宮祭祀』吉川弘文館、二〇一七（初出一九九一）
中西正幸『神宮祭祀の研究』国書刊行会、二〇〇七

（山口祐樹）

恒　例

神嘗祭（かんなめさい）

概　要　神嘗祭は毎年十月（旧暦の九月）皇祖神天照大神に新穀を捧げまつり、国家の安寧を祈る伊勢神宮最高の重儀である。古くは「神祇令」に「季秋神嘗祭」とあるように、国家の祭祀として位置付けられた祭儀であり、伊勢神宮においては六月・十二月の両度月次祭と併せて三節祭とも称される。

祭儀は皇太神宮（内宮）と止由気宮《とゆけぐう》（外宮）の両宮にて執り行われ、それぞれ御饌祭と奉幣祭の二部構成となっている。祭儀一日目の夜、夕暁の二度由貴大御饌《ゆきのおおみけ》が神前に奉られ、そしてその翌日には斎王が参向して玉串を奉り拝礼すると共に、朝使参向の下幣物が正殿殿内に納められる。

祭日は、外宮が十五日の夕刻より十六日の朝、内宮が十六日の夕から十七日朝と定められており、外宮先祭の例に従い、まず外宮にて祭祀が行われて後に内宮にて祭祀が執り行われることとなっている。この由貴大御饌の儀は、神嘗祭と月次祭においてのみ執り行われることから、神宮祭祀のなかでも特に由緒の深い祭祀として斎行されている。

その祭祀構造についても、月次祭と同様、由貴大御饌を供進する御饌祭と奉幣祭を分けて考える説が主流である。この御饌祭と奉幣祭は両者ともに稲・御贄・幣帛などの奉献を祭祀の中心としながらも、御饌祭が禰宜・物忌・内人ら在地神職の手により整えられた神饌が神前に奉献されるという自給自足的色彩が濃厚であるのに対し、奉幣祭は天皇の幣帛に加え、神祇官の被官である大神宮司が母体となって御贄や幣帛類が調達されており、より国家的祭祀としての性格が強く表われていたという点が指摘されている。

稲の祭り　伊勢神宮における年間恒例の祭祀を見てみると、稲の生育に関係する祭祀が多く含まれていることに気付く。現在では、二月の神田下種祭《しんでんげしゅさい》に始まり、五月には御田植初式《おたうえはじめしき》と風日祈祭《かざひのみさい》、八月の風日祈祭、九月には抜穂祭《ぬいぼさい》が斎行されている。このように恒例祭祀のなかに、春の種蒔に関する祭儀や、風雨が順調であることを祈る祭儀が含まれている訳だが、これら一連の祭儀の目指すところは稲の生育が順調で収穫に支障がないことであり、ひいてはそれらを神前に奉る神嘗祭が無事斎行されることにあるといえよう。

平安時代中頃に編纂された『延喜式』には、神嘗祭で奏上される祝詞も収められており、その文中には、由貴の御酒、御贄、懸税《かけちから》（玉垣にかける稲穂）を横山のごとく置くことが記され、神嘗祭の主たる目的が天照大神に新穀を供え奉る事にあるということをうかがい知ることができる。また、近世の神宮祠官であり優れた考証学者でもある薗田守良もその著書『神宮典略』において、「当年の新穀をもて大宮を始め諸神を饗奉る祭」と説いており、古来変わることなくその年の新穀を神に捧げ奉ることに意義を見出し奉仕していたことがわかる。

では、この年中最大の重儀である神嘗祭で天照大神に供える稲をいかに丁重に育てるのか、そして神嘗祭をとどこおりなく斎行するにはどうすればよいのか、それは古代より神宮に携わる人々にとって最大の課題であり、稲の成育に数々の祈りが捧げられた理由でもあった。現行の神宮祭祀にみえる稲作の諸祭儀は、平安時代初頭に編纂された『皇太神宮儀式帳』と『止由気宮儀式帳』にもその源流をみることができる。『皇太神宮儀式帳』二月例には、後に鍬山神事《くわやましんじ》、近代には神田下種祭と呼ばれるようになる種蒔《たねまき》下始《おろしそめ》神事の記述が見られ、稲の耕作にあたり、まず山口・木本《このもと》の神に祈りを捧げ、その後に忌鍬《いみくわ》にて御田を耕す様子が記されている。そして七月例には、禰宜と日祈内人が一か月間にわたり風雨が順調であることを祈願する神事が斎行されていたこと、また八月例にも風雨順行のため、幣帛が奉られていたことなどが記されている。この日祈《ひのみ》神事は、鎌倉時代初頭に編纂された『皇太神宮年中行事』では、四月十四日の風日祈祭礼、七月四日の風日祈神態、と記されており、四月には蓑笠《みのかさ》が、七月には御幣《ごへい》がそれぞれ神前に供えられ、現在の風日祈祭の姿へとつながっていく。同様に抜穂神事に関しても、儀式帳には小内人《こうちんど》・祝部《はふりべ》らが三節祭料の稲穂を抜き、酒作物忌父《さかとくのものいみのちち》が御稲御倉《みしねのみくら》に納めるとのみ記されているが、『皇太神宮年中行事』には神事のより詳細な様子まで記されている。

このように、春二月の種蒔下始神事に始まる稲の祭祀は、すべては神嘗祭にて天照大神に新穀を備え奉るため、いわば神嘗祭の前儀としての性格を多分に含んでおり、いい換えれば神嘗祭は一年間の稲の祭りの集大成ともいうべき祭祀であるといえるのである。

祭儀次第　『皇太神宮儀式帳』と『止由気宮儀式帳』によると、諸儀式は六月・十二月の月次祭と同様に前月晦日、禰宜内人等が大神宮司に参集し度会川にて大祓を執り行うことに始まる。十五日には両宮の禰宜が伊勢と志摩の境の海へ入り、みずから御贄を採取する行事が行われたが、外宮ではその日が祭儀当日であるため禰宜・内人の戸人《へひと》が

皇大神宮神嘗祭旧式祭典図(『神宮神事図録』より，神宮農業館所蔵)

代行していた。

祭儀は、ほかの恒例祭祀同様外宮先祭に執り行われる。十五日、まず神郡、神戸《かんべ》より奉られた榊に木綿がつけられ正宮が飾られる。その後、外宮北の河原にて大祓が行われ御贄、御塩などが清められる。こうして清め整えられた神饌が内院御門に運ばれた後、亥の刻(午後十時)に夕御饌《ゆうべのみけ》が、丑の刻(午前二時)には朝御饌《あしたのみけ》が供せられる。

十六日には月次祭と同様に斎王が外宮に参向するわけだが、月次祭と大きく異なるのは斎王の参向に先立ち懸税と抜穂稲が奉納されるということである。抜穂稲は外宮の神田にて収穫されたもので、大内人と大物忌父の手により正殿下に奉られる。また、百八十荷の懸税は小内人や戸人らにより玉垣に懸け奉られる。やがて、斎王が参入すると、中重《なかのえ》にて大神宮司より命婦《みょうぶ》を介して御蘰木綿《みかずらのゆう》と太玉串を受け、中重の坐についた後拝礼する。その後、大神宮司・禰宜・朝使らが中重に参入する。先頭は禰宜、次に大神宮司、次に幣帛を捧持した忌部、次に御馬、次中臣、次に王、次に内人ら、次に斎宮所司の順に参入することになっていた。ただし、斎宮所司は第三御門までの参入で御門の東西に控えていた。第三重に参入すると、忌部は幣帛を捧持して跪き、中臣は版位に跪き祝詞を奏上した後、本坐に復した。

次に大神宮司が祝詞を奏上し、次に、大物忌父が大神宮司・禰宜らが捧持する太玉串を第二御門東西に進置する。その後、大物忌が先頭に立ち禰宜が御鎰《みかぎ》を持ち内院に参入する。大内人らが忌部の捧じてきた幣帛と馬具を捧持し内院に参入。禰宜は正殿を開扉して幣帛を奉納し、次に大内人が西宝殿《さいほうでん》に御馬の鞍を奉り、奉献の儀は終了する。各員内院を出て本座に復し、四段拝奉、八開手《やひらで》を拍《う》ち、短手《みじかで》一段拍ち、一段奉拝し、正宮を退出する（項目「神宮祭祀」の「古代の太神宮殿舎配置図」参照）。

その後、大神宮司以下は髙宮《たかのみや》へ参向し拝礼したのち、朝使をはじめ諸司官人らに至るまでことごとく直会殿の座に着き大直会を賜わる。大直会が終わると、諸員は再び正宮へと進み月次祭と同様に舞が奏された。まず、二神郡の歌《うた》人《ひと》、歌女《うため》らにより御饌歌・伊勢歌・舞歌が奏られる。次に朝使の中臣・忌部・王をはじめ、大神宮司・禰宜・大内人・斎宮司・諸司らに至るまでつぎつぎと舞を舞い、舞い終えると采女らが御角柏《みつのかしわ》に盛った直会酒を給わった。そして最後に禰宜内人の妻が舞い、斎宮采女らが五節舞《ごせちのまい》を奏した。この舞の奏奏は、神嘗祭御神楽《みかぐら》として現在もその姿を残しているが、平安時代初期の段階より、朝使から禰宜以下在地神職さらにはその妻、斎宮采女らが一同に舞いを奉るさまを確認できるのは希有な例であるといえよう。

以上が外宮における神嘗祭の流れである。内宮の祭儀もほぼ外宮と同様の構成だが、一部『止由気宮儀式帳』には記載のない儀式も散見される。内宮では、月次祭と同じく十五日夜の亥時（午後十時）に、御巫内人《みかんなぎのうちんど》が御琴を賜わり「大御事請弖《おおみことこいて》」、神嘗祭斎行にあたり儀式が執り行われた。この儀式は、のちに「御占神事《みうらしんじ》」、「御卜《みうら》」などとも称され、祭儀にあたり不浄を忌避し清浄を期するために、神慮を伺う儀式であった。

十六日には、宮西の川原にて禰宜・内人らの大祓が執り行われ、正宮に参入し御垣内を浄めた。その夜、由貴御倉より取り出された神饌は五十鈴川中島での神事を経て、朝大御饌、夕大御饌として正殿に供進され、ついで荒祭宮《あらまつりのみや》、瀧祭《たきまつり》においても御饌祭が奉仕される。

十七日午時（十二時頃）、斎王が参向し、第三重にて命婦を介し大神宮司より玉串を受け、内玉垣御門の座につき拝礼、大物忌子の手により瑞垣御門に進め奉られる。そして、使いの中臣、大神宮司により告刀《のりと》が述べられた後、御門に大神宮司・禰宜らの太玉串が進め置かれ、大神宮司より御鎰を受けた大物忌・禰宜ら諸員は、大物忌を先頭に明曳御《あかひきのみ》調糸《つぎのいと》と共に内院へと参入する。内院では大神宮司が御門内にて祇候するなか、禰宜の手により正殿の御扉が開扉され、殿内に幣帛が納められる。また、大物忌父の手により東宝殿の御扉が開かれ、御馬の鞍具が奉納された。そして、外宮と同様大神宮司以下諸員は、第三重の本座に戻り拝礼し、その後斎王を除く大神宮司以下が荒祭宮へ参向し拝礼。朝使、大神宮司、諸司官人や諸々の刀禰らがことごとく直会殿の座に着き大直会を賜わった後、第三重にて倭舞《やまとまい》を奉仕するといった流れは外宮と同様である。

翌十八日以降は、こちらも月次祭と同様に、十八日には荒祭宮、十九日に瀧祭にて直会行事が執り行われる。また、十九日には月読宮、二十日に大歳神社、二十三日には瀧原宮、二十五日に伊雑宮にて、それぞれ御饌が供えられるとともに、幣帛が奉られる。

例幣　神嘗祭の奉幣は「例幣」とも称され、とくに祈年祭や月次祭の奉幣と明確に区別されてきた。この「例幣」は養老五年(七二一)に初見され、両儀式帳によると、祈年祭・月次祭の使が中臣氏であるのに対し、神嘗祭例幣には王・中臣・忌部らが差遣されるなど、格別の扱いがなされていた。朝廷においてもその扱いは重んじられ、天皇みずから大極殿《だいごくでん》小安殿《こあどの》に出御した上で発遣の儀式に臨むとともに、神祇官幣帛に加え内蔵寮《くらりょう》にて調進された錦綾の幣帛が用意された。

伊勢の祭儀においてもその扱いは異なり、月次祭幣帛が東宝殿に納められるのに対し、神嘗祭では、先述のとおり中臣・大神宮司がそれぞれ祝詞を奏上した後に、禰宜・大物忌の手により正殿が開扉され、幣物は直接正殿内に奉納されるのである。また、幣帛についても内蔵寮調進の錦綾、宮司が調進する荷前調《のさきのみつき》の絹、禰宜・宇治大内人により調進された織御衣が奉られることとなっている。

中世後期、度重なる戦乱により神嘗祭例幣もまた御遷宮と同様中断を余儀なくされることとなる。近世の神宮祠官である御巫清直によると、例幣は寛正六年(一四六五)の勅使参向後、中絶したとされる。その後、勅使発遣と幣帛奉納が再び執り行われるのは、正保四年(一六四七)に参議広橋綏光が公卿勅使として参向する際まで待つこととなり、実に百八十年の中絶を経た上での再興であった。

由貴大御饌と新穀　『皇太神宮儀式帳』と『止由気宮儀式帳』には、神嘗祭に際し一夜のうちに二度、由貴大御饌という、神に大御饌を捧げ奉る祭儀が執り行われていたことが記されている。しかし、その記述には内宮と外宮の差異に加えて、記述そのものが不確かな箇所も多く、かねてより議論の対象となってきた。

その論点となってきたのは大きく二点あり、まず一つは由貴大御饌にて奉奠される御飯は新米か旧米かという点である。これについては、神嘗祭自体が新穀を神に供え奉る祭儀であるから、新穀が供えられることは疑いようのない事実であるが、問題は供えられる御飯がいつの時点から新米になるのかという点である。由貴大御饌が終了した後に新米が供えられたという見解もみられるが、大神嘗祭ともいわれる式年遷宮に注目し、遷御前の夕大御饌は旧米が供えられ、新宮に遷御後の朝大御饌には新米が供えられるという推測を神嘗祭に当てはめた、夕朝で旧米と新米が異なるという論〔中西：一九九五〕。そして現在主流となっている論として、神嘗祭の夕朝の由貴大御饌にははじめから新米が用いられていたという見解がみられる〔大野：二〇一四〕。

そして二つ目の論点として、由貴大御饌自体は皇太神宮・止由気宮それぞれで奉られるが、そもそも最初の論点となっている御飯そのものが止由気宮では含まれていなかったのではないかという点である。これは『止由気宮儀式帳』に、神嘗祭と月次祭の両度由貴大御饌に際して御飯の供進をうかがわせる記述がみられないことと、併せて大物忌や御炊物忌による精米炊飯の記述もみることができないということに起因する〔藤森：一九九一〕。

御飯の供進を肯定する論としては、儀式帳には実際行われていることでも記載を省略する場合があり〔加茂：二〇〇〇〕、また外宮神嘗祭では第一別宮の髙宮（多賀宮）には新穀の御飯が供進されるほか、直会の場において奉仕者が御飯を食するなど、正宮のみ新穀の御飯が供進されないのは余りにも不自然な状況であることから、止由気宮正宮にも御飯が奉られたと考察する〔大野：二〇一四・二〇一六〕。

一方、外宮の由貴大御饌には御飯は供進されていないとする説は、内外両宮の祭祀構造の違いから説明されている。つまり、外宮御鎮座の縁起から、内宮の天照大神とその御饌津神である外宮の豊受大神という両者の関係性を読み取ることができ、それが両宮の祭祀構造の違いとして細部にまで影響を与えているという考え方である。両宮を比較すると、内宮の由貴大御饌が在地社会の自給生産的経済機構に支えられた自己完結的な祭祀であるのに対し、外宮の由貴大御饌は、朝廷の出先機関である大神宮司への経済的依存度が高い不完全な祭祀であった。また外宮神田で栽培された稲も日別朝夕大御饌祭《ひごとあさゆうおおみけさい》用に定められたものであり、豊受大神のためのものではなかった。つまり、外宮の由貴大御饌で御飯が供進されないのは、外宮の祭祀が、天照大神の日別朝夕の大御饌祭祀を主斎する御饌津神としての豊受大神に対する中央朝廷の祭祀という側面を多分に含んでいたためであると説明されている〔藤森：二〇〇八・二〇一七〕。

変　遷　中世後期、度重なる戦乱により神嘗祭例幣が御遷宮と同様中断を余儀なくされた間、神嘗祭は神宮独自で斎行することとなった。例幣は正保四年に再興されたが、神嘗祭そのものについて大きな変化がみられたのは、明治初期の御改正であった。なかでも、明治五年（一八七二）十二月に従来の太陰暦から太陽暦に移行した際、旧暦日をそのまま新暦の祭日に当てはめたことが混乱を招いた。神宮側より、新暦の九月では稲が未成熟であり祭儀に支障を来す旨が上申されるも、時の政府からは早熟の稲の供進もやむを得ないとの判断がなされた。さらには『神宮明治祭式』の制定にあたり、伊勢神宮においては前例のない新嘗祭を斎行することとなったことが、神宮祠官らの混乱に一層拍車をかけることとなった。新嘗祭については、その後『神宮祭祀令』に引き継がれ、現在では五大祭として勅使参向の下厳粛に祭祀が執り行われている。一方神嘗祭の祭日については、明治十二年七月に太政大臣三条実美《さねとみ》の名をもって十月十七日に改める旨が布告されることとなった。これもひとえに、その年最上の新穀を天照大神に奉るという、神嘗祭の本義に照らし合わせた結果の是正であるといえよう。

〈参考文献〉

中西正幸「正遷宮の意義」『神宮式年遷宮の歴史と祭儀』大明堂、一九九五
藤森　馨「伊勢神宮内外両宮の祭祀構造」『古代の天皇祭祀と神宮祭祀』吉川弘文館、二〇一七（初出一九九一）
加茂正典「外宮三節祭由貴大御饌私注」『皇學館大学神道研究所紀要』一六、二〇〇〇
藤森　馨「真名鶴神話と伊勢神宮の祭祀構造」『古代の天皇祭祀と神宮祭祀』吉川弘文館、二〇一七（初出二〇〇八）
大野由之「神宮の抜穂と御饌と神嘗祭」『神道宗教』二三五、二〇一四
大野由之「止由気宮由貴大御饌の御飯について」『神道宗教』二四一、二〇一六
藤森　馨「伊勢神宮内外両宮の祭祀構造再考」『古代の天皇祭祀と神宮祭祀』吉川弘文館、二〇一七

（山口祐樹）

臨時

神宮式年遷宮

（じんぐうしきねんせんぐう）

概要　神宮式年遷宮とは、二十年に一度、正殿をはじめ諸殿舎を新たに造替し、さらに御装束神宝も新調して、大御神が新宮へ遷る祭りをいう。式年とは「定められた年」という意味で、延暦年間に両宮禰宜が神祇官に提出した解文『皇太神宮儀式帳』と『止由気宮儀式帳』（両書をあわせ以下『延暦儀式帳』とも称する）には「常に廿箇年を限りとし、一度新宮に遷し奉る」とあり、さらに延長五年（九二七）成立の『延喜式』には、皇大神宮正殿、東西宝殿および外幣殿を二十年に一度新造し、度会宮、別宮もこれに倣い、宮地は二所を定めて交互に遷座する旨が明記されている。

また元亨三年（一三二三）内宮正遷宮までは「式月式日」といい、遷宮を行う月日が定まっていた。内宮は九月十六日、外宮は二年後の九月十五日と、いずれも神嘗祭由貴大御饌の日に行われるのを通例とし、大御神が新殿に遷った後に由貴大御饌を奉った。このことから、式年遷宮は神嘗祭と不可分の性格を有する祭典であるとの認識が強まった（牟禮：一九九四）。

式年遷宮の初見は、『太神宮諸雑事記《だいじんぐうしょぞうじき》』に、持統四年（六九〇）に内宮、同六年外宮において、初めて遷御が斎行されたと記されており、天武天皇の宿願により、持統天皇の御代に制度化されたとされる。なお立制以前は、著しい破損により尊厳を護持しがたい時、宮司が修補していたと伝えている。

立制以来、式年遷宮は国家制度の下に位置付けられ、斎行については天皇の命を受けて神祇官が社殿の造営を、太政官が御装束神宝を新調し奉献した（牟禮：一九九九）。『皇太神宮儀式帳』によると、都より造宮使《ぞうぐうし》が赴任し、伊勢・美濃・尾張・三河・遠江の五ヵ国から、国ごとに国司・郡司が役夫を率いて従事することが定められていた。『延喜式』には、造宮使に対する給付や工匠、役夫に対する糧食などについて、すべて神郡や神戸の神税を用い、不足の場合は正税から補充すべきことと記されている。

しかし平安中期以後、律令制度の弛緩に伴い、神税の収納、役夫の徴収が困難となった。そこでこれに代わり、新たに太神宮役夫工米《だいじんぐうやくぶくまい》の名の下で、全国にわたって定率の米穀賦課が命じられることとなった。この制度は室町時代に至る約四百年間、遷宮の経費を支弁した。ところが室町時代後期に至るとその徴収さえも困難となり、寛正三年（一四六二）内宮遷宮をもって両宮の遷宮は中絶を余儀なくされる。

その後、遷宮再興のために尽力したのは勧進を担った尼僧であった。まず初代守悦は延徳三年（一四九一）と永正二年（一五〇五）の二度、諸国に勧進して流出した宇治大橋を架け替え、三代清順も天文十八年（一五四九）に大橋を架け替えた。清順は綸旨と内書を奉じて諸侯に奉加を求め、その結果永禄六年（一五六三）百三十年ぶりに外宮遷宮が再興された。四代周養は、さらに内宮遷宮の再興を志し、両宮の遷宮費を募って織田信長より三千貫を得た。また豊臣秀吉からは本銭一万石、米千石の寄進を受け、天正十三年（一五八五）、内宮では百二十四年ぶりに正遷宮が再興され、爾来両宮は同年に斎行されることとなった。

江戸時代においては慶長十四年（一六〇九）遷宮に際して、徳川家康より両宮造営料三万石が寄進された。以来毎度の遷宮には幕府より三万石が寄進され、山田奉行に遷宮奉行を兼ねさせ、御用材も尾張藩の木曽山と紀州藩の大杉山から供給させた。寛永六年（一六二九）遷宮は、前回から数えて二十一年目（実年数二十年）に行われ、以後これに倣い式年遷宮は中絶することなく近代を迎える（中西：一九九五）。

遷宮諸祭（『儀式帳』『延喜式』に基づく）　遷宮はまず造営の諸事を担当する造宮使の任命から始まった。『儀式帳』には造宮使長官一人、次官《すけ》一人、判官《じょう》一人、主典《さかん》二人、木工長上一人、番上工四十人とあるが、『延喜式』では「使の判官、主典各一人」とある。また、造営は『延喜式』によると遷宮前年の十月から始められたことが確認でき、造営の進捗に伴って諸祭が営まれ、新造なった宮殿に神体を遷し、御装束神宝を奉っていたことを確認できる。

①山口祭（やまぐちさい）　現行式年遷宮においても諸祭のはじめに位置付けられており、御造営用材を伐り出す御杣山において、その山の口に坐す神を祭る祭儀である。『皇太神宮儀式帳』に造宮を担う使いとして都より派遣された忌部が祝詞を奏上し、山向物忌が忌鎌で草木を苅初めた後に役夫等を山々に遣わすとあり、『止由気宮儀式帳』からも、祝詞は御巫内人が奏し、忌鎌は菅裁物忌が取り扱うものの、内宮と同様の祭儀が執り行われていた様子を窺うことができる。また『延喜式』伊勢大神宮には「年限が満ち、大神宮を修造する際には、中臣・忌部らの使いを遣わして孟冬より造営させせよ」とみえる。

すなわち、遷御前年の十月新宮の造営を開始するにあたり、神域に近い宮山から御料木伐採し始める際、大工の棟梁に当たる造宮使の忌部（外宮は御《み》巫《かんなぎ》内人《うちんど》）が祝詞を読み、山向物忌《やまげのものいみ》（外宮は菅裁物忌）が草木を刈り始めて、その作業の安全を祈る祭儀であったといえよう。

中世・嘉元二年（一三〇四）には神路山で大径木を伐り尽くしたため、神宮周辺の江馬や答志、さらには他国の設楽山や美濃山へと御杣山を探し求め、江戸中期からは木曽山に固定した。御杣山の変遷に伴い、元禄二年（一六八九）以後は遷宮八年前の三月、昭和四年には十年前の五月、現行では八年前の五月と変遷している。しかしながら祭場は両宮とも宮山の入り口から変えずに古態を残している〔中西：一九九五〕。

②木本祭（このもとさい）　現行祭儀では、新殿の御床下に奉建する心御柱の料木を伐採する秘儀とされており、山口祭同日の深夜に両宮域内の山林において行われている。

『儀式帳』では「次に吉日を取り、正殿心柱造り奉る為に、大内人一人、諸内人等、戸人夫等を率いて杣に入る、木本祭」とあり、宇治大内人が諸々の内人を率いて祭儀を執り行なっていた。一方『延喜式』では造宮使の忌部が内人、役夫らを率いて奉仕している。忌部の奉仕については、忌部広成が『古語拾遺』に述べるとおり、忌部氏が神宮及び大嘗宮の造営に関わっていた由緒に基づくものと考えられる〔中西：一九九五〕。

③鎮地祭・立柱祭（ちんちさい・りっちゅうさい）　心御柱を伐採する木本祭の次に、大宮処を鎮め奉る「宮地鎮謝（『儀式帳』）」「鎮祭宮地（『延喜式』）」が行われる。現行祭儀では「鎮地祭」と称し、新殿の御造営を始めるにあたり、心御柱覆屋を中心として、新御敷地で行われる最初の祭儀である。

『儀式帳』によれば、「地祭物忌、忌鎌を以て宮地の草苅始める、次に忌鍬を以て宮地を穿始奉る」とあり、地祭物忌（外宮は菅裁物忌）が奉仕する草刈、穿初の重儀であったことがわかる。

『儀式帳』には続いて「禰宜大物忌は、忌柱を立て始め、その後諸々の役夫等竪奉る」と、鎮地祭に引き続き、禰宜、大物忌らによって心御柱および正殿柱を奉建したことがみられる。『延喜式』でも同じく鎮祭宮地に続いて禰宜・物忌の手により心御柱奉建が行われている。現行祭儀では祭儀としての「心御柱奉建」と、造営儀式としての「立柱祭」は別個に行われているが、古代は鎮地祭に続いて心御柱奉建、立柱が行われていたことがわかる。鎮地・立柱と心御柱が分離したのは建久元年（一一九〇）の内宮遷宮からである〔中西：一九九五〕。

④御船代祭（みふなしろさい）　御樋代を納める船形の容器の料木を伐採する祭儀である。『儀式帳』によると、宇治大内人に率いられた諸内人や戸人らが杣山に入り祭儀を執り行った様子が見え、まず御巫内人が祝詞を奏上した後に、山向物忌が忌斧で木本を切り始め、神服部・神麻績内人戸人と役夫が切り造ったと記されている。杣からは警蹕《けいひつ》を唱え正殿地に運び込まれた。『延喜式』ともに天照大御神の御料と相殿神二神の御料、豊受大御神の御料と相殿神・高宮の御料に関する記載が続き、料木伐採から奉製、殿内奉納を一連で行なっていた。中絶後、近世になって再興されたが、料木伐採と奉製、殿内奉納は時期を違えて執行した〔中西：一九九五〕。

⑤御形祭（ごぎょうさい）　正殿東西の妻にある柱に、円形の図様を穿つ儀式である。『儀式帳』には「宮を造奉り了る時、正殿の東西の妻御形を穿ち初め仕え奉る、地祭物忌父仕え奉る。若し物忌父に事故ある時は、禰宜が仕え奉る。」とある。『延喜式』には祭儀の記述はないが、「鏡形木覆金廿四枚」と用いられたであろう飾金物の記述は確認することができる。

⑥杵築祭（こつきさい）　現行では、新殿の柱根を白杖にて撞き固めて竣工を祝う儀式として行われる。『儀式帳』では、御船代祭に先立ち禰宜、内人等が卜合され、役夫が正殿地に運んだ土を撞き均して詠い舞い、幕を張り巡らせて正殿を覆い隠すとある。『延喜式』では殿地を築き均す日には、紺の布の帳を以て正殿を翳し奉り、工夫の目に触れないようにしたとある。

⑦後鎮祭（ごちんさい）　現行の祭儀では、新殿の竣工にあたり、その御床下に天平瓮を据える儀式として行われる。『延喜式』では鎮祭宮地条に「後鎮此に准ず」とあり、鎮地祭と同様の祭儀が行われたが、後返しの鎮祭と意味づけている。

⑧御装束神宝（おんしょうぞくしんぽう）の奉納　御装束は大御神の御召し物や殿内奉飾、遷御の際の奉遷御料をいい、御神宝は殿内に奉納する威儀物をいう。ともに太政官が奉製し、神宮に奉納する。現行は新たに新調された御装束神宝を、新宮の四丈殿において式目に照らして読み合わせる「御装束神宝読合《おんしょうぞくしんぽうとくごう》」を行い、御飾において御装束神宝を新殿に収めている。

『儀式帳』には「新宮餝り奉る使、官小弁已上一人、史生一人」「新造宮御装束用物事。太政官大史一人、史

昭和４年度御遷宮絵巻(『神宮神事図録』より，神宮農業館所蔵)

生一人、神祇官大史一人、史生一人」とあり、御装束神宝の制作監督者である太政官弁官、神祇官大史、太政官・神祇官の史生によって調製され、神宮に送られた。『延喜式』では、太政官の弁官五位以上の者以下百五人が神祇官西院で作製にあたり、五位の弁官以下が奉送使として神宮に送ったことがわかる。御装束神宝を神宮に送るに際しては、まず宮中を祓い清め、さらに中臣氏を京・五畿内と近江・伊勢、および伊勢大神宮司に派遣して祓い清めると規定されていた。なお、弁官の発遣式は『新儀式』によれば、天皇の御在所で行われ、蔵人が関与した。いうなればこの弁官こそが遷宮正使であったといえよう。のちには神祇伯が弁官使を代行するようになり、弁代と称された。

『儀式帳』によると御装束神宝は遷御の儀で直ちに殿内に奉納されており、現行のような事前の読合行事は行われていない。

⑨御飾(おかざり)　現行は、新たな御装束で新殿内を飾り御神宝を納め、遷御の準備を整える儀式である。

『儀式帳』では「常に九月十四日をもって、正殿内の壁代《かべしろ》・帷《かたびら》、宝殿御幌幷禰宜内人等明衣をば、御装束使より請はしむ」とあるように遷御の二日前に殿内の壁代、帷を飾った。『延喜式』では「九月十四日粧二餝度会宮一、十五日奉レ徙二御像一、同日粧二餝大神宮一、十六日奉レ徙二御像一」とあり、遷御の前日に行われた。

⑩遷御（せんぎょ）　『延暦儀式帳』による次第は以下のとおりである。

まず、奉遷使・宮司等が御装束物を奉じて参進する。続いて禰宜以下、人垣奉仕の男女が大宮以西の川原において大祓し、明衣を賜わる。次に諸員、御装束物を持参して内院に参入し、中臣使が新宮遷奉状並びに御装束奉進状を奏上する。

次に使以下は新宮に参入し、新正殿御階下に着座する。大物忌が新正殿の御扉に手を付け、禰宜が開き奉る。殿内四隅に御燈を灯し、御装束を具進する。その後諸員退下、使は外直会殿に着座する。

次に宮司、衣垣《きんがい》・衣笠《きぬがさ》・刺羽《さしは》などを奉持し、太玉串を奉持する諸員を率いて内院に参入、正殿御階下に着座する。大物忌が正殿御扉に手を付け、禰宜が開き奉る。殿内四隅に御燈を灯すと、御船代を開き、神体を禰宜、東相殿神を宇治内人、西相殿神を大物忌父が戴き奉り、人垣と衣垣で囲み新宮へ奉遷する。新宮玉串御門、瑞垣御門、御河橋本にて鶏鳴三声を発する。

次に使が参進、新宮玉垣御門に伺候する。神体が入御するや、禰宜は昇殿して正体を安置する。そして、注文を読申し、御装束物を御床代に奉納する。

諸員退出し常告刀地（中重）にて八度拝を行い退下する。禰宜・内人らは、引き続き新正殿にて由貴大御饌を供進する。その行事については「具所録祭行事の條に録《しる》す也」とあり、月次祭、神嘗祭の行事と同様であったことがうかがえる。尚、豊受宮の遷御次第も皇大神宮と同様である。

⑪古物渡（こもつわたし）　現行は遷御翌日、古殿内に奉納していた幣帛、神宝を新殿に遷す儀式である。『延喜式』には「其れ旧宮の神宝は、新殿に遷し収む、但し糸綿之類、大神宮司及禰宜、内人等に頒給う」とあり、古神宝を新殿に遷すことと、古装束の分配を記している。

祝詞　『儀式帳』では中臣使が遷御前に「新宮遷奉状」ならびに「御装束奉進状」を奏上し、入御の後注文を読申して御装束を奉納しているが、遷奉状などの本文は記載されていない。『延喜式』祝詞には遷宮に際し、祭主・中臣が奏上する祝詞が収載されている。

二十年に一度社殿を造営し、御装束神宝を厳重に祓い清めて、太政官の弁官が神宮へ奉納するという内容である。

これについて、本居宣長は『大祓詞後釈』（下巻）「つけそへぶみ」で「此祝詞の文は、たゞ御装束神宝を進り給ふ時の祝詞にして、遷宮の文にあらず、いかゝ、題を書誤れるなるべし」と、題と内容が一致しないと指摘している。しかし『儀式帳』および『延喜式』の次第では、御装束神宝の奉進と遷御は一連の儀式として行われており、遷御が終わって由貴大御饌が奉られている。由貴大御饌儀の祝詞は恒例の神嘗祭祝詞であったと考えられる。したがってこの祝詞は御装束神宝を儲備し、新宮を奉飾する趣旨のものではあるが、遷御の次第とは矛盾しない〔本澤：一九九九〕。すなわち古代における遷宮は、その主催者である朝廷が社殿を造営し、御装束神宝を奉献したのち、神宮神職が大御饌を奉るという構造であり、この祝詞文はそれを端的に示しているといえる〔藤森：二〇〇二、二〇一七〕。

なお、遷宮祝詞は時代が降るに従い神体奉遷を意義付けるものへと変遷し、奉遷使が本殿階下で遷御の趣を申し上げ、奉遷の後新殿階下で、滞りなく遷御を終えた旨を奏上するものとなった〔中西：一九九五、本澤：一九九九〕。

〈参考文献〉

『神道大系』神宮編、神道大系刊行会、一九八〇
牟禮　仁「『元亨三年内宮遷宮記』考」『遷宮大嘗と聖なるもの』皇學館大学刊行会、一九九九（初出一九九四）
神社本庁教学研究所『遷宮論集』一九九五
中西正幸「式年遷宮の諸祭・行事」『神宮式年遷宮の歴史と祭儀』大明堂、一九九五
牟禮　仁「遷宮小考二題」『遷宮大嘗と聖なるもの』皇學館大学刊行会、一九九九
本澤雅史「遷宮祝詞の歴史」『祝詞の研究』弘文堂、二〇〇六（初出一九九九）
虎尾俊哉『訳注日本史料 延喜式』集英社、二〇〇〇
藤森　馨「神宝使考」『平安時代の宮廷祭祀と神祇官人』原書房、二〇〇八（初出二〇〇二）
藤森　馨『古代の天皇祭祀と神宮祭祀』吉川弘文館、二〇一七

（嶋津宣史）

仏教法会編

東大寺二月堂

仏教法会の概観

日本における法会の始まりと類型

『日本書紀』敏達天皇十三年（五八四）是年条によると、蘇我馬子が善信尼ら三尼を出家させ、仏殿を経営し、三尼に「大《たい》会設斎《えせつさい》」させている。「斎《さい》」は僧尼が説法して食を受けることで、僧尼による法会は「斎会《さいえ》」ともいわれる。

法会には、安居《あんご》・授戒《じゅかい》のようにインドで始まったものと、盂蘭盆会《うらぼんえ》・仏名会《ぶつみょうえ》・仁王会《にんのうえ》のように中国で始まったものとがある。また本来の目的によって、修学法会（出家者の修行・学問のための安居・授戒など）、報恩法会（釈迦や宗祖に対する報恩の灌《かん》仏会《ぶつえ》・成道会《じょうどうえ》など）、祈願法会（祈願のための仁王会・御斎会《ごさいえ》・後七日御修法《ごしちにちのみしほ》など）、回向《えこう》法会（葬送・追善のための国忌《こき》など）、特殊法会（開眼式・落慶供養会など）に分類できる〔榊・藤井：一九八九〕。ただし、灌仏会などで国家安泰が祈願されていたりもする。

国家的法会——執行主体・場所・執行官司

法会の執行主体は、天皇や上皇、藤原氏などの氏族・官人であることが多い。執行場所は寺院のほか、大極殿、治部省、宮中真言院、内裏清涼殿、上皇の御所などである。

執行官司については、①『職員令』の治部卿《じぶきょう》の職掌に喪葬・国忌が、玄蕃頭《げんばのかみ》のそれに仏寺・僧尼名籍・供斎が規定されており、治部省・玄蕃寮が寺院・僧尼・法会などの仏教行政を担った。しかしそれだけでなく、②上卿《しょうけい》・弁・外記・史など太政官官人からなる行事所（行事司）が編成されるものもある（御斎会・一代一度仁王会など）。また③行事蔵人が法会執行の主要な役を担う法会もみられる（宮中仏名会・宮中灌仏会など）。さらに④式部省・雅楽寮・弾正台などの諸官人が関与し、内蔵寮などが財源を供する法会も多い。これら官司が関与するのが公的法会であり、九世紀までに成立した諸法会が『延喜式』に

表1『延喜式』にみえる法会

正月	御斎会（八～十四日）	（太政官・中務省・図書寮・縫殿寮・内蔵寮・内匠寮・式部省上下・雅楽寮・玄蕃寮・大蔵省・宮内省・大膳職下・大炊寮・主殿寮・掃部寮・内膳司・造酒司・主水司・春宮坊・左右近衛府・左右衛門府）
	真言法（後七日御修法）（八～十四日）	（玄蕃寮・大蔵省・大膳職下・大炊寮・主殿寮）
	大元帥法（八～十四日）	（玄蕃寮・大蔵省・大膳職下・大炊寮・主殿寮）
	延暦寺修法（十二月二十三～正月十四日）	（民部省下）
	延暦寺定心院修法（七箇日）	（民部省下）
	延暦寺定心院正月悔過	（大蔵省）
	延暦寺西塔院釈迦堂正月悔過	（大蔵省）
	諸国国分二寺正月金光明経会（八～十四日）	（玄蕃寮・主税寮上）
	諸国国庁吉祥悔過（八～十四日）	（玄蕃寮・主税寮上）
二月	季読経（季御読経）（三箇日）	（太政官・図書寮、掃部寮）
	新薬師寺修法	（玄蕃寮・主税寮上）
	諸国国分寺金剛般若経会（崇道天皇春秋読経）（春秋二仲月各七日）	（主税寮上）
三月	薬師寺最勝会（七～十三日）	（太政官・中務省・中宮職・内蔵寮・式部省上・玄蕃寮・主税寮上・正親司・春宮坊）
	興福寺国忌（十日・皇太后藤原乙牟漏）	（治部省）＊1
	授戒（十一日）（東大寺・下野国薬師寺・筑紫観世音寺）	（玄蕃寮）
	東大寺華厳経（十四日）	（雅楽寮）
	西大寺成道会（十五日）	（雅楽寮）
	東寺春秋修法（十五日）（日付は『類聚三代格』承和十三年三月十五日官符による）	（大炊寮・主殿寮）
	西寺国忌（十七日・桓武天皇）	（治部省）
	東寺国忌（二十一日・仁明天皇）	（治部省）
	嘉祥寺地蔵悔過	（大蔵省・大膳職下・大炊寮・主殿寮・造酒司）
四月	大般若会（四月一～八月三十日）（東大・興福・元興・薬師・西大・法隆・新薬師・招提・本元興・弘福・四天王・崇福・東・西・法華・梵釈寺）＊2	（玄蕃寮）
	大安寺大般若会（六・七日）	（雅楽寮・玄蕃寮・主税寮上・大膳職下・造酒司）
	御灌仏（殿上灌仏）（八日）	（図書寮・掃部寮）
	東寺西寺四月八日・七月十五日斎会（東・西・大安・西大・法華・秋篠寺）	（雅楽寮・玄蕃寮・弾正台）
	下野国薬師寺四月八日・七月十五日斎会	（民部省下）

	崇福寺悔過（四月十三日・十二月三日から各三日）	（玄蕃寮）
	十五大寺安居（四月十五〜七月十五日）（東大・興福・元興・大安・薬師・西大・法隆・新薬師・本元興・招提寺・西・四天王・崇福・弘福・東寺）	（玄蕃寮・主税寮上）
	招提寺安居（四月十五〜七月十五日）	（玄蕃寮）
	諸国金光明寺安居（四月十五〜七月十五日）	（玄蕃寮・主税寮上）
六月	東寺国忌（晦日・贈皇太后藤原沢子）	（治部省）
	東寺国忌（晦日・贈皇太后藤原胤子）	（治部省）
	本元興寺万花会（十五日）	（主税寮上）
七月	東寺・西寺文殊会（八日）（日付は『類聚三代格』天長五年二月二十五日官符による）	（大舎人・左右京職）
	盂蘭盆会（七寺盂蘭盆会）（十五日）（東・西・佐比・八坂・野・出雲・神聖寺）	（太政官・大舎人寮・雅楽寮・玄蕃寮、大蔵省・宮内省・大膳職下・大炊寮・主殿寮・内膳司・造酒司・弾正台）
	東寺西寺四月八日・七月十五日斎会（東・西・大安・西大・法華・秋篠寺）	（雅楽寮・玄蕃寮・弾正台）＊3
	下野国薬師寺四月八日・七月十五日斎会	（民部省下）
	薬師寺大般若会（二十三〜二十九日）	（玄蕃寮）
八月	季読経（季御読経）（三箇日）	（太政官・図書寮、掃部寮）
	西寺国忌（二十六日・光孝天皇）	（治部省）
	西寺国忌（二十七日・文徳天皇）	（治部省）
	諸国国分寺金剛般若経会（崇道天皇春秋読経）（春秋二仲月各七日）	（主税寮上）
九月	東大寺大般若経（十五日）	（雅楽寮）
	延暦寺灌頂（十五日）	（大蔵省・主税寮上・主殿寮）
	金剛峯寺修功徳（二十四日）＊4	（主税寮上）
十月	興福寺維摩会（十〜十六日）	（太政官・中務省・内蔵寮・式部省上・玄蕃寮）
	本元興寺万灯会（十五日）	（主税寮上）
	嘉祥寺地蔵悔過	（大蔵省・大膳職下・大炊寮・主殿寮・造酒司）
十一月	東寺春秋修法・秋灌頂（十六日）（日付は『類聚三代格』承和十三年三月十五日官符による）	（大炊寮・主殿寮）
十二月	崇福寺国忌（三日・天智天皇）	（治部省）
	崇福寺悔過（四月十三日・十二月三日から各三日）	（玄蕃寮）
	御仏名（仏名会）（十九〜二十一日）（日付は『類聚三代格』仁寿三年十一月十三日官符による）	（図書寮）

	東寺国忌（二十三日・光仁天皇）	（治部省）
春秋	出雲国四王寺春秋修法（七箇日）	（主税寮上）
天皇代始	一代一度仁王会	（太政官・図書寮・玄蕃寮・大膳職下・掃部寮）

＊1　国忌は、『延喜式』太政官・中務省・図書寮・式部省上下・玄蕃寮・左右近衛府にもみえる。
＊2　招提寺は唐招提寺、本元興寺は飛鳥寺である。
＊3　四月八日・七月十五日斎会は灌仏会・盂蘭盆会を指す。盂蘭盆会は平安初期に成立した東・西・佐比・八坂・野・出雲・神聖寺の七寺が重視された。『延喜式』雅楽寮における七月十五日斎会の東・西・大安・西大・法華・秋篠寺への伎楽人差遣の規定は、奈良時代の例が残ったものである〔黒須：二〇〇五〕。
＊4　『高野春秋編年輯録』では「修功徳」を「高野万灯会」とする。

規定されている〔古瀬：一九八九、海老名：一九九三①〕。

十世紀になると、少納言・弁・外記・史、式部省・弾正台・雅楽寮、治部省・玄蕃寮などが参加する「准御斎会《じゅんごさいえ》」の処遇が登場している。延喜九年（九〇九）の大極殿臨時仁王会、延長五年（九二七）の崇福寺弥勒新像供養会が早い例で、法成寺無量寿院・仁和寺観音院・法勝寺・尊勝寺・興福寺などの落慶供養会、建久六年（一一九五）の東大寺再建供養会などが続き、天皇が行幸した例もある。それらは大極殿での御斎会の執行形態を模したものである〔吉江：二〇〇一〕。また院政期の円宗寺・法勝寺・尊勝寺などの法会にも、上卿・弁・外記・史の行事官がおり、院司がそれと共同執行した例も知られる〔古瀬：一九九四〕。

こうした執行主体・場所・執行官司が伴うものが国家的法会であり、また勅使の派遣（興福寺維摩会《こうふくじゆいまえ》・薬師寺最勝会《やくしじさいしょうえ》）や僧綱《そうごう》所《しょ》の威儀師《いぎし》・従儀師《じゅぎし》の関与（延暦寺六月会《えんりゃくじみなづきえ》）も、天皇・朝廷との関係を象徴するものとなった。

祈願法会

御斎会は、正月八日から十四日まで大極殿において僧に『金光明最勝王経』（十巻）を講説させ、その年の豊作や安泰を祈る法会である。持統天皇八年（六九四）五月に『金光明経』（八巻）百部を諸国に送り毎年正月に読むよう命じており、天平六年（七三四）の「尾張国正税帳」などに国府での同経講説が記録されている。称徳朝の神護景雲元年（七六七）正月に、大寺の僧に『金光明最勝王経』を読ませ、吉祥天悔過《きちじょうてんけか》を行わせており、翌年から大極殿で執行され、天皇が出御する年中行事となった。その後、弘仁四年（八一三）から殿上で論義が始まっている。その聴衆は、六宗の学僧のほか延暦寺僧も含まれる。諸国国分寺でも同じ期間に『金光明最勝王経』が転読され、また部内諸寺の僧を国庁に集めて吉祥天悔過を行うことも、『延喜式』玄蕃寮に規定されている。

後七日御修法《ごしちにちのみしほ》は、正月八日から十四日まで宮中真言院で行われる密教修法《みっきょうすほう》で、承和元年（八三四）十二月の空海の上表によって、翌年から勤修《ごんしゅう》された。その上表では、御斎会と同じ期間に僧・沙弥《しゃみ》各十二人が別に一室を荘厳して尊像を陳列し真言を持誦するとしており、裁可の十二月二十九日の官符では国家護持・五穀成熟のために同法を毎年勤修することとしている。

大元法《たいげんのほう》は、正月八日から十四日まで治部省において大元帥明王を主尊として勤修される密教修法である。元興寺の常暁が入唐して同法を伝え、法琳寺でそれを勤修した。その後、常暁は毎年正月に王宮で行うことを上表し、仁寿二年（八五二）から常寧殿で勤修され、貞観八年（八六六）から治部省に場所を変えて行われた〔佐藤：一九九一〕。

以上は、期日を同じくする年始仏事である。これらとは別に諸寺で行われた修正会《しゅしょうえ》・修二月《しゅにえ》のことが、天禄元年（九七〇）の天台座主良源起請（『平安遺文』三〇三号）第十条や、永観二年（九八四）の『三宝絵詞』下巻にみえる。

季御読経《きのみどきょう》は、春秋二季（二月・八月）の吉日に百僧を大極殿に招いて三日間『大般若経』を転読させる法会で、盧遮那仏《るしゃなぶつ》と脇侍仏を本尊として設定する（『延喜式』太政官・図書寮）。大極殿および紫宸殿（南殿）・御在所（御殿＝清涼殿）でも読経が行われる。弁・史が行事を担い、親王以下参議以上が座に就き、労問のために近衛少将が派遣される。『日本三代実録』貞観元年二月二十五日条に、六十四僧を東宮に請《しょう》じて三日間『大般若経』を読ませた記事、元慶元年（八七七）三月二十六日条に百二十僧を紫宸殿に屈して三日間『大般若経』を読ませた記事があり、前者に「およそ貞観の代、毎年四季に大般若経を転読す。ほか皆これにならう」、後者に「今上践祚の後、二季これを修す。貞観の四季の例を変じるなり」とあり、清和朝には四季に行われ陽成朝になって二季に転じたことがわかる。なお、『江家次第』には、その請僧《しょうそう》が百人と規定されており、東大寺・興福寺・延暦寺・法勝寺・尊勝寺など三十三の所属寺院が列挙されている〔熊谷：一九七六、佐野和：一九九一〕。

表2　『三宝絵詞』巻下にみえる法会

正月	修正月 御斎会 比叡懺法 温室（毎月十四日・二十九日） 布薩（毎月十五日・三十日）
二月	修二月 西院阿難悔過（二月八日、八月八日） 山階寺涅槃会（十五日） 石塔
三月	志賀伝法会（三月四日、九月四日から） 薬師寺最勝会（七日間） 高雄山法花会（八日から） 法花寺花厳会 比叡坂本勧学会（三月十四・十五日、九月十四・十五日） 薬師寺万灯会（二十三日）
四月	比叡舎利会 大安寺大般若会（五・六日）
四月	灌仏（八日） 比叡受戒（三日または十五日）
五月	長谷菩薩戒 施米
六月	東大寺千花会
七月	文殊会 盂蘭盆会（十五日）
八月	比叡不断念仏（十一〜十七日） 八幡放生会
九月	比叡灌頂
十月	山階寺維摩会
十一月	熊野八講会 比叡霜月会
十二月	仏名

一代一度仁王会は、天皇の即位に伴い『仁王般若経』を講説させる法会で、宮城諸殿・省寮・近京諸寺・国分寺など合わせて百座を設け、七僧を請う。あらかじめ行事司を任じて事に当たらせ、当日は殺生が禁断される。

灌仏会は、四月八日に釈迦の誕生を祝う法会で、本来は報恩儀礼である。『三宝絵詞』は、『仏説灌洗仏形像経』『仏説浴像功徳経』を引いて、十方諸仏が四月八日に誕生したことや、仏を湯浴みさせる方法を説明している。『日本書紀』推古十四年(六〇六)四月壬辰条(八日)に、この年から諸寺で四月八日の斎会が行われるようになったとあり、『延喜式』雅楽寮・玄蕃寮に、東寺・西寺での四月八日の斎会に伎楽人が遣わされ、玄蕃寮・弾正台の官人が非違を検察すると規定されている。宮中での灌仏会については、『続日本後紀』承和七年（八四〇）四月癸丑（八日）条に律師静安《じょうあん》が清涼殿で灌仏を始めたとあり、『延喜式』図書寮に金色釈迦仏像一体などの御灌仏の装束が列記されている。『西宮記』によると、王卿・侍臣・導師が参入し、導師が杓《しゃく》で五色水を仏に灌《そそ》ぎ、「祈祝詞」をもって国家を誓護し、蔵人が布施を授けるという。

仏名会《ぶつみょうえ》は、十二月に一万三千もしくは三千の仏名を唱えて、その年に犯した罪を懺悔《さんげ》する法会で、本来は修道儀礼である。仁寿三年十一月十三日の官符で十二月十九日から二十一日の三日間と規定された。宮中での仏名会については、『延喜式』図書寮「御仏名装束」条に、御持仏一龕《がん》、裁物の仏一基、水精《すいしょう》の塔影一基、一万三千仏の像二鋪《ほ》、十六仏名経などの品が挙がり、十二月十九日から二十一日まで三箇夜に執行し、礼仏は御在所に備えるとある。『政事要略』『江家次第』などから、天皇の在所である清涼殿に公卿ら官人が参集し、複数の導師が招かれ、開始前に蔵人頭が御導師と次第僧の交名《きょうみょう》を天皇に奏上したことや、地獄変屏風が設営されたことがわかる。創始時期について『政事要略』は、宝亀五年（七七四）、弘仁十四年、天長七年（八三〇）、承和五年の事例を挙げているが、天平宝字八年（七六四）十二月に内裏で仏名会が行われたことが正倉院文書から知られる〔勝浦：一九九五〕。宮中仏名会が年中行事として定着したのは、承和五年十二月に清涼殿において静安など五僧を導師として行われた仏名懺悔を契機としていた。承和十三年十月二十七日の官符で、諸国で仏名懺悔が行うことが命じられ、貞観十三年九月八日に一万三千画仏像七十二鋪を太政官・図書寮・五畿七道・太宰府観世音寺・宇佐八幡神宮寺に安置するよう官符で命じられている〔竹居：一九八〇・一九八一〕。後者の官符に「鎮護国家」の文言があり、仏名会は祈願法会の側面も合わせ持っていた。

修学法会

安居《あんご》は、雨期に僧尼が集住して学問・修行にはげむ行事である。十五大寺の安居は、寺ごとに講師《こうし》・読師《どくし》・法用《ほうよう》（呪願《じゅがん》・散花《さんげ》・唄《ばい》）などの役僧を決め、四月十五日から七月十五日まで、所定の経典を講説する。東大寺は『法華経』『金光明最勝王経』『仁王般若経』『理趣般若経』『金剛般若経』であり、それ以外の興福・元興・大安・薬師・西大・法隆・新薬師・本元興（飛鳥寺）・招提・四天王・崇福《すうふく》の十二寺、弘福《ぐふく》寺、東寺にも、各々経典が指定されている。また諸国の国分寺では『金光明最勝王経』が講説され、尼も同寺に会すると、『延喜式』玄蕃寮に規定されている。成立については、『日本書紀』天武十二年（六八三）是夏条に宮中で安居を始めたとあり、また『東大寺要録』巻七によると、天平十四年七月十四日の官符で金鐘《こんしゅ》寺《じ》（東大寺）が八箇寺の例に預かり安居を始めたという。延暦二十五年（八〇六）四月二十五日の官符で、十五大寺安居に『仁王般若経』を講じることが命じられており、『東宝記』巻五に、東寺安居において『守護国界主経』の講説を命じた天長二年四月八日の太政官牒が収録されている。

授戒は、沙弥《しやみ》・沙弥尼《しやみに》（見習いの僧尼）が、戒律を授けられ、その遵守を誓約し、比丘《びく》・比丘尼《びくに》（正式な僧尼）となる儀式である。東大寺戒壇院での授戒は三月十一日から始めて月内に終わらせる。受戒する沙弥・沙弥尼が僧綱所《そうごうしょ》に集い、その度縁《どえん》（得度の証明書）を勘会する、授戒の後に受戒者数を記録し、戒壇院十師らが連署して太政官に進上する。また地方の沙弥・沙弥尼は、東海道の足柄坂以東、東山道信濃坂以東は下野国薬師寺で、西海道は筑紫観世音寺において受戒すると、『延喜式』玄蕃寮に規定されている。『東大寺要録』巻四によると、天平勝宝六年（七五四）に東大寺盧舎那仏殿の前に戒壇を立て、鑑真が孝謙天皇らに授戒し、翌年に完成した戒壇院で和尚・十師・僧綱・治部省・玄蕃寮の揃った授戒が始まったという。また同書巻一に、天平宝字五年に下野薬師寺・筑紫観世音寺で授戒が執行された記事がある。延暦寺での授戒は、最澄の主張によって弘仁十三年六月十一日の官符で裁可され、翌年から始まり、天長四年に戒壇院が建てられた。東大寺戒壇院の『四分律』による授戒と異なり、『梵網経《ぼんもうきょう》』に基づく授戒のため、七大寺僧を師主とする者の受戒を禁じた条文が『延喜式』玄蕃寮にみえる。

三会《さんえ》（南京三会《なんきょうさんえ》）は、興福寺維摩会《こうふくじゆいまえ》・大極殿御斎会《だいごくでんごさいえ》・薬師寺最勝会《やくしじさいしょうえ》からなる学僧の登竜門である。興福寺維摩会は、十月十日から十六日に『維摩経』を講説する法会である。藤原鎌足が同経の講説によって病気が快復し精舎（興福寺）を建立したことに由来し、藤原氏行事大夫が法会執行の役を担った。薬師寺最勝会は、三月七日から十三日に『金光明最勝王経』を講説する法会である。薬師寺は天武天皇が建てた寺院で、その子孫の直世王が上奏し、天長七年九月十四日の官符によって、毎年の講説が決まった。『日本三代実録』貞観元年正月八日条に、毎年十月の興福寺維摩会の講師を明年正月の御斎会の講師、さらに三月の薬師寺最勝会の講師とする、そしてその三会講師の歴任者(已講《いこう》)を僧綱に任じると記されている。『延喜式』玄蕃寮には、興福寺維摩会の竪義《りゅうぎ》(立義)は探題《たんだい》が試し満位《まんい》に叙す、維摩会・最勝会の竪義に及第した僧を満位に叙すには寺ごとに名簿を作り、僧綱とともに署名して太政官に申上する、と規定されている。竪義は、教学の理解を試す問答試験で、探題が出題者、竪者《りっしゃ》が受験者である。承和元年正月二十九日の官符では、維摩会の竪義に及第した僧を、諸寺の安居講師とするとあり、最勝会の竪義得第僧《とくだいそう》についても同様のことが貞観十年十月四日の官符で決まっている。また貞観七年四月十五日の官符では、諸国講読師《しょこくこうどくし》(講師・読師)の条件を満位《まんい》以上の僧としており、維摩会・最勝会の竪義が、諸寺安居講師や諸国講読師となる資格試験の意味を持ったのである。『類聚三代格』巻二によると、十世紀初頭までに御斎会聴衆、維摩会竪義・聴衆、最勝会竪義・聴衆に、南都・天台・真言の諸寺僧の参加が規定されている〔上島：一九九二、前田：二〇〇三〕。

北京三会《ほっきょうさんえ》・三講《さんこう》・山門両会《さんもんりょうえ》は、青蓮院の尊円法親王が文和四年(一三五五)に著わした『釈家官班記』にみえる法会で、同書「顕宗名僧昇進次第」が、南京(興福寺僧・東大寺僧)・山門(延暦寺僧)の昇進ルートを説明している。それによると、南京の場合、①三会遂行(興福寺維摩会・興福寺法華会・薬師寺最勝会の竪義得第)、②三講聴衆(最勝講・仙洞最勝講・法勝寺御八講の聴衆)、③三会遂講(興福寺維摩会・御斎会・興福寺法華会の講師歴任)の段階を経て僧綱に補任される。山門の場合は、①両会(延暦寺十一月会・六月会の竪義得第)、②三会(円宗寺法華会・法勝寺大乗会・円宗寺最勝会の講師)の段階を経て僧綱に補任される、という〔平岡：一九五九〕。

また同書「僧綱書連次第」に、勅願の結縁灌頂《けちえんかんじょう》の小阿闍梨《しょうあじゃり》を二年にわたって勤仕《ごんし》した僧を僧綱《そうごう》(権律師《ごんのりっし》)に任じるとして、以下の結縁灌頂を掲げている。①東寺は承和十一年に結縁灌頂を始行、永久元年(一一一三)に僧綱補任を宣下。②延暦寺惣持院は仁寿元年に始行、建長元年(一二四九)に宣下。③尊勝寺は長治元年(一一〇四)に始行、永久元年に宣下。さらに以下の結縁灌頂も続けて紹介している。④最勝寺は保安三年(一一二二)に始行。尊勝寺・最勝寺の灌頂は、山門(延暦寺)・三井寺(園城寺)が執行する。⑤仁和寺観音院は、保延六年(一一四〇)に始行。

山門(延暦寺)僧の昇進次第に位置づけられた三会は、「南京三会」に対置するものとして「北京三会」と呼ばれている。

また『釈家官班記』には、円宗寺法華会が延久四年(一〇七二)十月二十九日、法勝寺大乗会が承暦二年(一〇七八)十月六日、円宗寺最勝会が永保二年(一〇八二)二月十九日と、おのおの創始時期が記されている。

三講についても『釈家官班記』に創始時期が記されており、最勝講《さいしょうこう》は長保四年(一〇〇二)五月七日、法勝寺御八講《ほっしょうじごはっこう》は天承元年(一一三一)七月七日、仙洞最勝講は永久元年七月二十四日である。最勝講は『公事根源』に、五月に清涼殿で『金光明最勝王経』を講じる法会で、東大寺・興福寺・延暦寺・園城寺の四箇大寺の僧を招く、証義《しょうぎ》・講師・聴衆などの役僧が置かれる、一条朝の寛弘年間(一〇〇四〜一二)もしくは長保四年から始まったと記されており、『権記』長保四年四月二十五日、寛弘七年三月二十一日条に、それに対応する記事がみられる〔岡野:一九九五〕。法勝寺御八講は、白河上皇の三回忌に始まった忌日法要であり、『夕拝備急至要抄』によると僧名定などが上卿《しょうけい》・弁・外記・史によって行われていた〔海老名:一九九三②〕。仙洞最勝講は、中断を経て後鳥羽朝に再興されている〔山岸:二〇〇四〕。

山門(延暦寺)の両会は、智顗《ちぎ》(十一月二十四日)、最澄(六月四日)の忌日に由来する十一月会《しもつきえ》(霜月会)と六月会《みなづきえ》である。『釈家官班記』によると、十一月会は最澄が延暦二十年に比叡山の止観院で始め、嘉元元年(一三〇三)に准御斎会《じゅんごさいえ》の処遇を受けた。六月会は弘仁十四年に始まり、承和十三年に竪義《りゅうぎ》、康保四年(九六七)に精義《しょうぎ》が置かれ、建暦三年(一二一三)に准御斎会を宣下された。『華頂要略』によると、准御斎会の処遇を受けたことで、六月会に勅使が派遣され、僧綱所の威儀師・従儀師も加わっている〔岡野:二〇〇六〕。

回向法会

国忌《こき》は、皇祖・先皇・母后の命日で、特定の寺院で追善の仏事が行われた。『延喜式』太政官に、あらかじめ治部省が日と行事に当たる省・玄蕃寮の官人の名を録して太政官に申し、東寺・西寺での国忌は参議以上および弁・外記・史各一人などが担うと規定されている。『延喜式』式部省下に、礼仏《らいぶつ》・散花《さんげ》・行香《ぎょうこう》・呪願《じゅがん》など衆僧《しゅそう》の行事次第がみえる。同書治部省に、天智・光仁・桓武・仁明・文徳・光孝・藤原乙牟漏(桓武の皇后、平城・嵯峨の母)・藤原沢子(仁明の女御、光孝の母)・藤原胤子(宇多天皇の女御、醍醐の母)の九件がみえ、崇福寺・東寺・西寺・興福寺で行われ、各々百僧を請じて転経・礼仏させるとある。

『日本書紀』持統天皇元年九月庚午(九日)条に天武天皇の国忌を京の諸寺で行わせた記事、『続日本紀』大宝二年(七〇二)十二月甲午(二日)条に天武(九月九日)・天智(十二月三日)の国忌を置き、当日は諸司を廃務とした記事がある。『続日本紀』延暦十年三月癸未(二十三日)条によると、『礼記』の天子七廟に習って国忌の数を増やさない方針が決まっている。『新撰年中行事』から弘仁・貞観式の国忌の復元が可能である〔西本：一九九八・二〇一一〕。こうした公的な国忌とは別に、御願寺において国忌の法華八講を執行したり、天皇が父母の天皇・皇后の忌日に清涼殿に僧を招いて斎会を行う「天皇御前の儀」が、平安時代中期から登場している〔古瀬：一九九一〕。

盂蘭盆会《うらぼんえ》は、七月十五日に死者の霊に供物《くもつ》を備えて供養する法会で、釈迦の弟子の目蓮《もくれん》が餓鬼道で苦しむ亡母を救うために始めたという『盂蘭盆経』の記事に基づく。『日本書紀』推古天皇十四年四月壬辰(八日)条は、この年から諸寺で七月十五日の斎会《さいえ》が行われるようになったとし、斉明天皇三年(六五七)七月辛丑(十五日)条にも盂蘭盆会がみえる。『続日本紀』天平五年七月庚午(六日)条に、大膳職に盂蘭盆供養を備えさせた記事があり、大安寺・東大寺での盂蘭盆会も正倉院文書(『大日本古文書』二―六三一、五―四八四)から知られる。平安時代については、①『延喜式』大膳職下に、七寺(東寺・西寺・佐比寺・八坂寺・野寺・出雲寺・聖神寺)に送る盂蘭盆供養料の物品が載り、弁・史がそれを担当し、各寺に大舎人を派遣すると規定されている。『延喜式』雅楽寮・玄蕃寮・弾正台には、四月八日・七月十五日に東寺・西寺の斎会に伎楽人が遣わされ、玄蕃寮・弾正台の官人が非違を検察するとある。朝廷の盂蘭盆会は、東寺ほか七寺に大膳職が供養料を送る形態を取ったのである〔黒須：二〇〇五〕。②いっぽう『西宮記』の「盆供」では、七月十四日に内蔵寮の弁備した料物を御前に運び、先皇の御願寺に送ると規定されている。これは寛平元年(八八九)宇多天皇が亡父光孝のために御願寺(仁和寺)などに供物を送ったのに端を発する拝盆行事である。醍醐・村上・円融・三条などの天皇、藤原実資・藤原行成なども、亡き父母のために盂蘭盆の供物を御願寺や氏寺に送っている。③さらに法成寺の盂蘭盆会は、藤原道長の没後に貴族が参列するかたちで成立し、摂関家の家司が行事を担った。また尊勝寺・法勝寺でも堀河天皇・白河上皇の崩御後に貴族が参列する盂蘭盆会が成立し、上卿・弁などの行事がそれを担い、院司も職掌を分担している〔古瀬：一九九四〕。

勅会と民間儀礼

国家的な祈願法会のうち、御斎会《ごさいえ》は至徳四年(一三八七)を最後に終焉を迎えた。後七日御修法《ごしちにちのみしほ》は、長禄四年(一四六〇)を最後に断絶したが、近世になって元和七年(一六二一)に再興された。大元帥法《たいげんのほう》は、江戸時代まで連続して行われている〔井原：二〇〇八〕。明治四年(一八七一)九月二日の太政官布告に「大元帥法、後七日の法、並びに諸寺・諸山の勅会、自今廃され候こと」とあり、これによって勅会は廃止されたが、御修法は明治十六年に東寺で再興された〔佐野恵：一九三九〕。

仁王会《にんのうえ》は、平安時代後期に国司が任地で行わせており、中世には諸国一宮・総社や荘園において仁王講《にんのうこう》が催されている。また仁王会と同じように民間儀礼として定着した法会として、修正会《しゅしょうえ》が指摘できる〔井原：二〇一二〕。

〈参考文献〉

佐野恵作「御修法」『皇室と寺院』明治書院、一九三九
平岡定海「東大寺の寺院構造について」『日本寺院史の研究』吉川弘文館、一九八一(初出一九五九)
熊谷保孝「四季御読経と貞観寺真雅」『政治経済史学』一一八、一九七六
竹居明男「日本における仏名会の盛行」牧田諦亮監修・落合俊典編『七寺古逸経典研究叢書』第三(『中国撰述経典』其之三)
大東出版社、一九九五(初出一九八〇・一九八一)
榊泰純・藤井正雄「法会」金岡秀友・柳川啓一監修『仏教文化事典』佼成出版社、一九八九
古瀬奈津子「行事蔵人について」『日本古代王権と儀式』吉川弘文館、一九九八(初出一九八九)
佐藤長門「太元帥法の請来とその展開」佐藤長門編『遣唐使と入唐僧の研究』高志書院、二〇一五(初出一九九一)
佐野和規「季御読経における請僧」『待兼山論叢』二五、一九九一
古瀬奈津子「「国忌」の行事について」『日本古代王権と儀式』吉川弘文館、一九九八(初出一九九一)
上島　享「中世国家と仏教」『日本中世社会の形成と王権』名古屋大学出版会、二〇一〇(初出一九九二)

海老名尚「宮中仏事に関する覚書」『学習院大学文学部研究年報』四〇、一九九三①
海老名尚「中世前期における国家的仏事の一考察」『寺院史研究』三、一九九三②
古瀬奈津子「盂蘭盆会について」福田豊彦編『中世の社会と武力』吉川弘文館、一九九四
岡野浩二「僧綱―有職制の成立―」『平安時代の国家と寺院』塙書房、二〇〇九（初出一九九五）
勝浦令子「八世紀の内裏仏事と女性」『日本古代の僧尼と社会』吉川弘文館、二〇〇〇（初出一九九五）
西本昌弘「東山御文庫所蔵の二冊本『年中行事』について」『日本古代の年中行事書と新史料』吉川弘文館、二〇一二（初出一九九八）
吉江　崇「御願供養会の准御斎会化」『日本古代宮廷社会の儀礼と天皇』塙書房、二〇一八（初出二〇〇一）
前田慶一「階業制度に関する基礎的考察」『日本歴史』六六六、二〇〇三
山岸常人「六勝寺の法会の性格」『中世寺院の僧団・法会・文書』東京大学出版会、二〇〇四
黒須利夫「七寺・七廟考」あたらしい古代史の会編『王権と信仰の古代史』吉川弘文館、二〇〇五
井原今朝男「天皇と仏教」『中世の国家と天皇・儀礼』校倉書房、二〇一二（初出二〇〇八）
岡野浩二「延暦寺六月会・霜月会の竪義について」速水侑編『奈良・平安仏教の展開』吉川弘文館、二〇〇六
西本昌弘「平安京野寺（常住寺）の諸問題」角田文衛監修・古代学協会編『仁明朝史の研究』思文閣出版、二〇一一
井原今朝男「王権と儀礼」『中世の国家と天皇・儀礼』校倉書房、二〇一二

（岡野浩二）

一月

大極殿御斎会（だいごくでんごさいえ）

概　要　大極殿御斎会《だいごくでんごさいえ》（みさいえともいう、以下「御斎会」と表記する）は正月八日より十四日にかけて、大極殿において行われた。護国経典である『金光明最勝王経《こんこうみょうさいしょうおうきょう》』（以下『最勝王経』と表記する）の講説や吉祥悔過《きっしょうけか》が行われ、十四日には斎会《さいえ》が朝堂院の昌福堂《しょうふくどう》で、内論議《うちろんぎ》が内裏の清涼《せいりょう》殿《でん》で行われた。

会場に天皇が出御することがあったこと、一代一度仁王《いちだいいちどのにんのう》会《え》や季御読経《きのみどきょう》、天皇・皇族の葬儀と同様に太政官《だいじょうかん》構成員からなる行事官が差配する点、律令制的官人が参加する点に特徴がある。このため、律令国家において最も重要な法会であったと位置づけられる。

『延喜式』には「正月最勝王経斎会」「最勝王経斎会」「正月御斎会」と表記され、「御斎会」の名称は次第に固定していったものと考えられる。

本尊は龕《がん》（厨子）に収められた盧舎那仏《るしゃなぶつ》と脇侍の菩薩像であり、高御座《たかみくら》に置かれた。さらに会場には、聖僧《しょうそう》の座や四天王像が配され、金泥《きんでい》で書かれた『最勝王経』（金字最勝王経）も置かれた。また、高御座の北東には天皇の座が設けられた。

法会の目的は国家安寧・五穀豊穣である。

出仕するのは、三十二人の僧と、それぞれに従う沙弥《しゃみ》三十四人である。

御斎会の成立年については、天平神護二年（七六六）、神護景雲元年（七六七）、神護景雲二年など諸説あり一定しないが、このころに成立したものと考えられている。

なお、御斎会と同期間には真言院後七日御修法《しんごんいんごしちにちのみしほ》や大元帥《たいげんの》法《ほ》も行われた。

次　第　御斎会については、『延喜式』の太政官《だいじょうかん》、中務省《なかつかさしょう》、内記《ないき》、大舎人寮《おおとねりりょう》、図書寮《ずしょりょう》、縫殿寮《ぬいどのりょう》、内蔵寮《くらりょう》、内匠《たくみ》寮《りょう》、式部省《しきぶしょう》、治部省《じぶしょう》、雅楽寮《ががくりょう》、玄蕃寮《げんばりょう》、大蔵省《おおくらしょう》、宮内省《くないしょう》、大膳職《だいぜんしき》、大炊寮《おおいりょう》、主殿寮《しゅでんりょう》、典薬寮《てんやくりょう》、掃部寮《かもんりょう》、内膳司《ないぜんし》、造酒《ぞうしゅ》司《し》、主水司《しゅすいし》、春宮坊《とうぐうぼう》、左右近衛府、兵庫寮《ひょうごりょう》にみえる。これらに依拠し、《本尊》《その他の会場及びその設え》《出仕する僧》について述べる。

《本　尊》

御斎会の中心となる会場は、大極殿である。その中央には高御座が設えられ、白檀《びゃくだん》で作られた盧舎那仏と脇侍の菩薩が収められた龕が南面して置かれた。

『最勝王経』の教主は釈迦如来であり、盧舎那仏はみえない。これについて、御斎会が始められた八世紀中ごろは、東大寺大仏（盧遮那仏）開眼法要が行われた天平勝宝四年（七五二）から間もなくであり、当時の流行に従う形で選択されたものとする見解もある〔吉田：一九九三〕。

『百練抄』嘉禄二年（一二二六）八月二十七日条には御斎会の本尊が焼けたとあり、また、百済より渡ってきたものであるとする。翌年（安貞元年〈一二二七〉）正月五日条には新造された本尊（白檀の釈迦三尊像）が供養されたとある。ここで本尊が釈迦に変更されたのは、再造にあたって『最勝王経』にふさわしい仏に改めたためと考えられる〔吉田：同前〕。

龕（本尊）の前には白銅の火炉や黒漆の案が置かれ、案には供物が置かれた。

さらに四天王像も高御座の周囲に配され、供物が供えられた。『最勝王経』には同経を広宣読誦《こうせんどくじゆ》する国王があれば、四天王や諸天がその国土を擁護することを説いており、四天王が配されるのはその内容に合致する。

また、会場には金泥で書かれた『最勝王経』（金字最勝王経）一部と墨で書かれた同経二十部が用意された。前者は金銅の函に入れられ、後者は十部ずつ本尊の左右に立てられた。

会場には聖僧の座が設けられ、その前には内膳司《ないぜんし》が用意する特別な供物（仏聖供）が供えられた。

同法会の狭義の本尊は盧舎那仏を中心とする三尊であるが、龕・金字最勝王経・聖僧の三者を広義の本尊とする見解もある〔吉田：同前〕。

《会場およびその設え》

高御座の南側には高座《こうざ》が二つ向かい合って配され（東側〈西面〉が読師《どくし》、西側〈東面〉が講師）、その上には蓋《がい》が吊された。これは幡《ばん》で飾られ、周囲に布を周らせている。高座には蓮華の座、赤い褥、大床が敷かれ、その前に漆の案が置かれた。講師の高座の方には麈尾《しゆび》が用意された。麈尾は獣の尾の毛を挟木に挟んで扇状に切りそろえ、それに柄を付けたもので、講師が経を講じる際、威儀を正すために用いられた。

高座のそばには礼盤《らいばん》が設けられた。『年中行事絵巻』巻七（田中家本）の御斎会に僧が出仕する様子を描いた場面には、会場に設えられた高座とその間に礼盤が描かれている。

高御座および高座を中心に、その東西には衆僧《しゆうそう》の座が設けられた。『江次第抄』は、それは三列ずつであり、最前列は僧綱の座であるとする。

御斎会の始まる大極殿(田中本『年中行事絵巻』巻7より)

初日に天皇が出御する場合には、高御座の北東に南面して座が設けられ、その東側に西面して門内で諸事を取り仕切る内弁《ないべん》の大臣の座、衆僧の座の前に北面して皇太子の座が設けられた。

同法会が始まった八世紀半ば以降、天皇の出御は天暦二年(九四八)の村上天皇まで幾度も行われ、長保六年(一〇〇四)には十四日に一条天皇が出御している。ただし、長保六年は特殊な例であった。

参議以上の座は大極殿の南側の東方に北面して設けられ、同じく西方には王の五位以上の座が設けられた。『年中行事絵巻』の先述の場面には、前者のみが描かれており、後者はない。法会の雑役をする堂童子《どうどうじ》の五位以上の座は東西の壇上、それ以外の座は東西の廊の壇下に設けられた。ただし、出御がない場合は壇上に設けた。

同法会に用いられる道具類は図書寮がこれを管理し、高座から内匠寮が運び出して設置した。また、衆僧の座は掃部寮が舗設し、僧の食事や仏供は大膳式、香は内蔵寮、燈《とう》明《みょう》の油は主殿寮が用意した。

《出仕する僧》

出仕するのは三十二人の僧である。その内訳は講師一人、読師一人、呪願《じゅがん》師一人、法用《ほうよう》四人の七人と聴衆が二十五人である。

法会において中心となる『最勝王経』を講説する講師は興福寺維摩会の講師をつとめた僧のなかから選ばれた（承和六年〈八三九〉以降）。『日本三代実録』には、講師の名を記しており、ここには元興寺・薬師寺・東大寺・大安寺といった南都の寺々、延暦寺の僧などの名がみえる。

経題や経文を読み上げる読師は内供奉《ないぐぶ》十禅師《じゅうぜんじ》や持律《じりつ》・持《じ》経《きょう》・久修練行《くしゅれんぎょう》三色の僧から選ばれた。

呪願師は法会の際に施主の幸福を祈願したり、呪願文を読み上げたりする役、法用は四箇法要に由来する役僧である。大法会には仏の功徳を賛嘆し（梵唄《ぼんばい》）、華を散らして会場を清め（散華《さんげ》）、偈《げ》を唱えて仏を供養し（梵音）、錫杖を振る（錫杖）の四つが伴った。このため、法用の四人は、このそれぞれを担当したものと考えられる。なお、『延喜式』玄蕃寮・仁王会条には、七僧として講師・読師・呪願・三《さん》礼《らい》・唄・散花・維那が挙げられている。

聴衆の二十五人は南都六宗（華厳・律・三論・成実《じょうじつ》・法相・倶舎）の学業に聞こえた者や、天台宗の僧、四天王寺、梵釈寺《ぼんしゃくじ》、常住寺の十禅師それぞれ一人も招かれた。

これらの僧には計三十四人の沙弥が講師・読師には二人ずつ、その他にはそれぞれ一人ずつ従った。

講師・読師の装束はあらかじめ下され、講師は赤紫の綾、読師は深緋の綾の七条袈裟などを身に着けた。

《法会の次第》

法会に先立ち、講師・読師をはじめとし、出仕する僧の選定が行われる。法会の中心となる講師・読師は太政官の決裁をあおぐこと、その他については治部省に名簿を提出し、そこから太政官に報告されることとなっていた。

御斎会は七日間行われる法会であるが、大きな行事は初日（八日）と終日（十四日）に行われた。『儀式』「正月八日講最勝王経儀《十四日儀准之》」に依拠すれば、おおよそ次のような次第である。

当日の明け方、外記、史、式部・弾正が大極殿前庭に並ぶ。皇太子以下が着座した後、衆僧が治部省・玄蕃寮の官人や威儀師《いぎし》の僧に率いられて会場に入る。この行列は二列であり、大極殿の東西にある東福《とうふく》・西華《せいか》両門より入った。先述の『年中行事絵巻』が描くのは、この場面である。ついで講師・読師が輿に乗って参入する。この際、雅楽寮も奏楽しつつ、これを先導する。『江家次第』には、雅楽寮は「物の声」（楽器などの音色）を発するとある。

講師・読師は大極殿内の礼盤に登って本尊に向かい三礼した後に高座に着く。その後、衆僧も着座する。雅楽寮の

御斎会における舞楽(田中本『年中行事絵巻』巻7より)

人々は竜尾道《たつのおみち》《りゅうびどう》の内側左右に設けられた座につくと、それぞれ一曲奏する。

法会が始まると、唄師が声を発し、堂童子が花筥を衆僧に配る。これには紙で作った花(紙花)が盛られた。

次に再び唄師が声を発すると沙弥や僧綱は座を立ち、香炉を手にとって行道し、散花師が仏の名を讃すると、衆僧は紙花を散らしながら行道する。

続いて講師により、『最勝王経』の講説が行われる。

講説が終わり、唄師が声を発すると、講師・読師は高座を降り、礼盤について三礼する。これが終わると講師・読師は再び輿に乗って退出した。

法用の呪願・三礼は立ち上がって礼盤で三礼すると、図書雑色生が焼香(行香)のための香炉をもって、衆僧・親王以下の人々の座をまわる。終わると呪願・三礼は座に戻り、衆僧、皇太子、親王以下の順で退出する。

この講説は十三日まで行われた。散華で用いられる紙花は一日三十筥、合計二百十筥用意されている。

『今昔物語集』巻十二「大極殿にして御斎会を行われたる語」には「昼は最勝王経を講じ、夜は吉祥悔過を行ひ賜ふ」とあるが、吉祥悔過の詳細は明らかではなく、講説の附属儀礼となっていったためとの見解もある〔吉田：一九九三〕。

《十　四　日》

御斎会では十四日に斎会や内論議といった特徴的な行事が行われる。

まず十四日には早朝、大極殿の南の庇の下に雑穀を盛った漆器が並べられ、その前庭には山城国より調達された稲が並べられた。これについて、その年の豊かな実りを祈念する予祝行事としての性格を見出すこともでき、仏教的な祈年祭とみる見解もある〔倉林：一九八七〕。この様子は『年中行事絵巻』巻七（田中家本）の終わりに描かれている。

天永二年（一一一一）や久安六年（一一五〇）には、雑人たちによってこの穀物が奪い取られる事件が起こっている。これは食べるために奪いたかったのではなく、法会の呪力の籠もった穀物を手にし、これがその年の実りにつながるものと考えたからであろう〔倉林：同前〕。

十四日の法会が終了すると、年分度者の授戒が行われ、その後に大臣以下が東廊の座につき、宴が催された。

また、講師以下は昌福堂において布施をうける。ここでは、大蔵輔らが講師・読師・呪願師に布施状を授け、衆僧の前に諸国朝集の使いが布施物を置く。

朝堂院での儀式が終わると、清涼殿東の庇において内論議が行われる。これは御斎会の附属行事として行われたものであり、『儀式』には記述がなく、『江家次第』に詳細にみえる。同行事は弘仁四年（八一三）から行われるようになったもので、天皇や公卿の前で、顕教《けんぎょう》僧による論議が行われた。承和二年（八三五）からは後七日御修法を終えた真言僧による香水加持も行われるようになる。

成立と展開　御斎会の成立年代は神護景雲元年頃とされるが、特定はできない。それは、同法会の構成要素である『金光明経』あるいは『金光明最勝王経』の講説と吉祥悔過は、それ以前から行われていたからである。

『日本書紀』持統天皇八年（六九四）五月癸巳条に諸国で毎年、『金光明経』を読むことを命じたことがみえる。また、『続日本紀』天平勝宝元年正月丙寅条には元日から四十九日の間に悔過と『金光明経』の転読を命じている記事がある。御斎会は、これらの系譜を引き、正月の宮中行事として構成されたものであるといえる。弘仁四年からは内論議が加わり、のちに密教修法である後七日御修法が始められた。このことから、御斎会は八世紀～九世紀に基礎が確立したものといえる。

吉祥悔過はやがて規模を縮小し、さらに十世紀には特殊な例を除き、天皇の出御はなくなる。これにより、公卿たちも御斎会に臨席しなくなる。一方で、御願寺などで行われるようになる修正月（修正会）には多くの臨席者がみられるようになった。

十世紀半ばには、国制機構が大きく展開することに関連して、御斎会に准じた准御斎会が成立する。これは個人的性格が強い法会に御斎会と同様に律令官人が参加するものであり、この時期には律令国家の重要法会は個人の御願供養が模倣しうるものへと変化していたと指摘される〔吉江：二〇〇一〕。

〈参考文献〉

中川善教「御斎会」日本仏教学会編『仏教儀礼　その理念と実践』平楽寺書店、一九七八
倉林正次「御斎会の構成」『饗宴の研究〔歳事・索引編〕』桜楓社、一九八七
榎本榮一「御斎会試論」『東洋学研究』三五、東洋学研究所、一九九八
吉田一彦「御斎会の研究」『日本古代社会と仏教』吉川弘文館、一九九五（初出一九九三）
堅田　修「御斎会の成立」角田文衞先生傘寿記念会編『古代世界の諸相』晃洋書房、一九九三
遠藤基郎「御斎会・『准御斎会』の儀礼論」『歴史評論』五五九、一九九六
吉江　崇「御願供養会の准御斎会化」『日本古代宮廷社会の儀礼と天皇』塙書房、二〇一八（初出二〇〇一）
山本　崇「御斎会とその舗設」『奈良文化財研究所紀要』、二〇〇四

（大東敬明）

恒例法会

一月

真言院後七日御修法
（しんごんいんごしちにちのみしほ）

概　要　真言院後七日御修法（以下、「御修法」と表記する）は正月八日より十四日にかけて、真言院で行われた密教法会である。この期間には別に御斎会《ごさいえ》《みさいえ》や大元帥法《たいげんのほう》も行われた。

同法会は承和元年（八三四）十二月十九日に空海（七七四〜八三五）が上奏し、同二十九日に許可する官符が出され、翌年正月より行われた。空海の上奏文では正月八日より十四日にかけて行われる御斎会に加え、別室で密教修法を行うことを願っている。

会場《えじょう》は宮中真言院であり、出仕するのは真言僧十五人（阿闍梨《あじゃり》一人、僧十四人）と沙弥《しゃみ》である。

その目的は、護持国家であったが、十世紀末から十一世紀に「玉体《ぎょくたい》安穏」も加わるようになる。

御斎会が太政官をはじめ諸省・寮が関与して国家的に行われていたのに対し、御修法は東寺によって行われており、大元帥法に比しても重要度が低くみられていた。このため、儀礼次第などについては、十二世紀以降の修法記に多くの部分を依拠せざるをえない。

次　第

《会場と舗設》

御修法は真言院で行われた。しかし、貞観十八年（八七六）の「大元帥法縁起奏上」には、御修法は真言院に定まる前は治部省で行われたとあって、承和二年より真言院で行われたとは断定しづらい。成尊《せいぞん》『真言付法纂要抄《しんごんふほうさんようしょう》』（康平三年〈一〇六〇〉成立）には勘解由司庁を譲り受けて真言院としたとあるが、それは空海没後のことも考えられ、真言院を整えたのは空海の後継者であったと考えられる〔栗本：一九八五〕。

『年中行事絵巻』巻六（田中家本）には、御修法の会場の様子が描かれ、また『永治二年真言院御修法記』（一一四二年）には現存する最も古い指図が含まれる。まず、これらに基づいて、会場の設えを示す。

真言院中央に壁代と幔で囲んだ空間が作られる。そのなかには北側に南面して五大明王《みょうおう》（不動《ふどう》明王、降三世《ごうざんぜ》明王、大《だい》威徳《いとく》明王、金剛夜叉《こんごうやしゃ》明王、軍荼利《ぐんだり》明王）の画像が掛けられ、東側に胎蔵界曼荼羅《たいぞうかいまんだら》、西側に金剛界《こんごうかい》曼荼羅が向かい合うように掛けられる。それぞれの前には壇が設けられる。『年中行事絵巻』巻六（田中家本）、『御修法記』ともに胎蔵界曼荼羅の前には宝塔が置かれている。御修法は胎蔵界を行なった翌年は金剛界、その翌年は胎蔵界というように隔年で行われた。

曼荼羅の前の壇上に置かれた宝塔は舎利であり、同法会の本尊ともなる。『覚禅鈔《かくぜんしよう》』巻一三四（後七日下）に引用される「香隆寺記」（延喜二十年〈九二〇〉八月九日）には、御修法の壇上に置く舎利について、本尊の三昧耶《さんまや》形・舎利・宀一山《べんいちさん》（室生山）は一体であると観想せよとある。

金剛界壇の南には天皇の御衣を置く机（御衣机）と香水を置く机が置かれた。先述の『年中行事絵巻』には、真言院の東側の長者房に天皇の御衣が届けられたと思われる様子が描かれる〔栗本：一九九四〕。

壁代の外側、南には伴僧の座、西には息災壇と増益壇が設けられ、東側には十二天（地天《ちてん》、梵天《ぼんてん》、多聞天《たもんてん》、伊舎那天《いしやなてん》、帝釈天《たいしやくてん》、火天《かてん》、閻魔天《えんまてん》、羅刹天《らせつてん》、水天《すいてん》、風天《ふうてん》、日天《につてん》、月天《がつてん》）の画像が掛けられる。

『延喜式』主殿寮《しゆでんりよう》には五大菩薩・十二天のための油についての記述があるが、これは五大明王と十二天のための油であろう。仁海が長暦三年（一〇三九）に著わした『灌頂御願記』からは、両界曼荼羅および五大明王・十二天の画像が真言院に安置されていたことがわかる。

また『三代実録』元慶八年（八八四）三月十六日条の宗叡卒伝には、金胎両部の曼荼羅を宮中修法院持念堂（真言院）に安置したとある。

《出仕する僧》

御修法の勤修が許可された太政官符（『類聚三代格』承和元年十二月二十九日）には、真言僧十四人、沙弥《しやみ》十四人が一室を荘厳し、大極殿御斎会《みさいえ》とは別に護持国家・五穀成就のために修法を行うとある。『延喜式』大蔵省には同法会に際しての布施が定められているが、阿闍梨一口、僧十四口、沙弥十五口とある。御斎会においては玄蕃寮において出仕する僧について細かく示されていたが、同法会については、七日間、真言院で行うことが記されるのみである。これは同法会を真言僧が中心となって行なっていたためである。

《法会の次第》

空海によって始められた当時の御修法の実態は資料が乏しいが、『覚禅鈔』巻一三三（後七日中）には延喜二十一年（九二一）の巻数《かんず》が引用される。巻数は読誦した陀羅尼《だらに》や経文の度数などを依頼主に送った文書であるから、法会の内容をある程度うかがうことができる〔上島：二〇〇四〕。

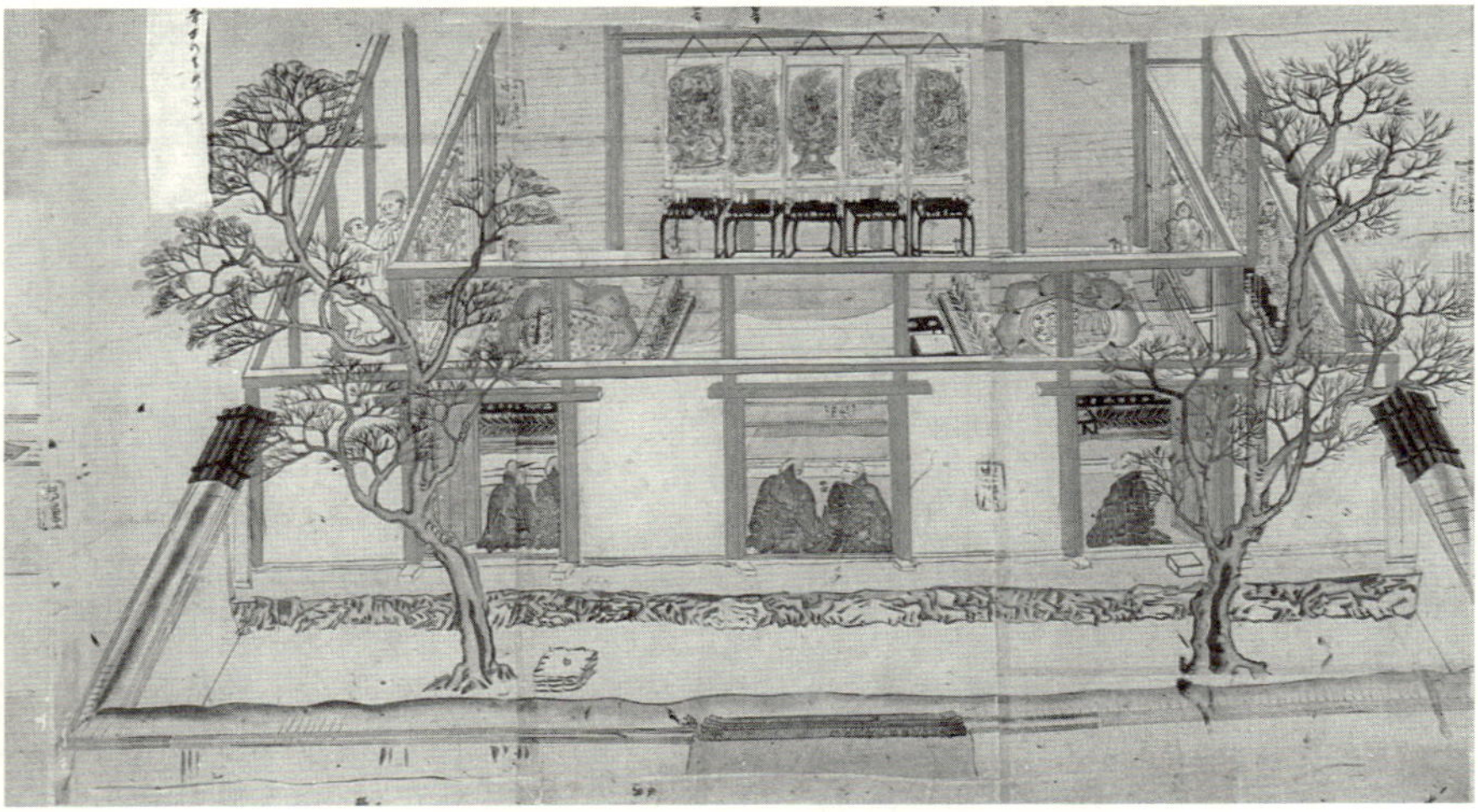

真言院後七日御修法（田中本『年中行事絵巻』巻7より）

そこには、

宝生如来真言四万八千遍

仏眼真言四万八千遍／不動明王真言六万六千遍／大吉祥天真言六十五万百二十遍／護摩真言六万六千遍／聖天真言一万四千遍／大日尊宝号三万五千遍／薬師宝号三万五千遍／観音宝号三万五千遍

胎蔵大壇二十二度／息災護摩壇二十二度／増益護摩壇二十二度

五大明王壇二十二度／聖天壇十四度／十二天壇二十二度／神供三度

とあり、これらが修され、唱えられていたことがわかる。その目的は国家のためであり、空海の上表文に対する太政官符に示された「護持国家」とも一致する。

これらのほか、御修法には「御衣加持」「香水加持」といった作法がある。これらがいつ頃から行われたのかは明らかではない。御衣については『年中行事秘抄』に引用される「経頼記」寛仁元年（一〇一七）正月八日条には、後七日御修法と大元帥法の両方に御衣を遣わすことについての議論がある。大元帥法のみに遣わせば良いとする意見に対し、藤原道長は両所に遣わすのが先例であるとして、御衣の入った筥とそれを置く机が遣わされている。

また、香水加持は十二日に神泉苑の水を汲んで行われた。十四日の結願日には、御斎会と同じく清涼殿での内論議《うちろんぎ》に参加した。ここでは、五鈷杵をもって加持する。

成立と変遷　空海は、顕教の法会である御斎会に密教修法（御修法）を加え、両者を一体として行うことで、新たな法会を創始しようとした〔上島：二〇〇四〕。

御修法が始められた当初、法会の目的は「護持国家」であり「国家」のためであったが、十一世紀になると「玉体安穏」の修法へと変質していく。長久五年（一〇四〇）の巻数には「金輪聖主御息災安穏、増長宝寿、恒受快楽、消除転変怪異、所変災難悉消除」とあって、そのことがみて取れる〔斎木：二〇〇七〕。

また、十二世紀になると鳥羽院の関与などにより、その地位は変質する。『年中行事絵巻』巻五（田中家本）に描かれる内論議の様子は、顕教僧の論議ではなく、香水加持である。

本尊については『遺告《ゆいごう》二十五箇条』などの成立を背景として、本尊の舎利が如意宝珠であるとされるようになる。さらに牛玉《ごおう》加持など、修正会で用いられる作法も取り込んでゆき、十二世紀以降数多く著わされる次第のように変化した〔斎木：二〇〇七〕。この修法は真言院の倒壊などもあり、中世に変遷しやがて長禄四年（一四六〇）を最後に断絶する。これを義演《ぎえん》が元和九年（一六二三）に再興した〔総本山醍醐寺：二〇一六〕。なお、現在、御修法は東寺灌頂院で行われる。これは明治四年（一八七一）に中絶したものを同十六年に再興したものである。

〈参考文献〉

平岡定海「平安時代における寺院の成立と構造」『日本寺院史の研究』吉川弘文館、一九八一

栗本徳子「平安時代の宮中真言院と五大尊・十二天画像」『文化史学』四一、一九八五

栗本徳子「『年中行事絵巻』「真言院」の段の成立について」『文化史学』五〇、一九九四

上島　享「密教諸修法の構成と歴史的変遷に関する基礎的考察」覚禅鈔研究会編『覚禅鈔の研究』親王院堯榮文庫、二〇〇四

斎木涼子「後七日御修法と「玉体安穏」」『南都仏教』九〇、二〇〇七

総本山醍醐寺　仲田順和編『後七日御修法再興記　影印・翻刻・解題』勉誠出版、二〇一六

（大東敬明）

一　月

修正月（しゅしょうがつ）

概　要　修正月・修二月は、修正会《しゅしょうえ》・修二会《しゅにえ》ともいい、年頭の一月・二月（旧暦）に国土安穏・五穀豊穣などを祈願するために諸寺で行われる行事である。それ以前に行われていた吉祥悔過《きっしょうけか》が変容して十世紀末頃に成立したと考えられている。

現在でも、毎年一月に行われる法隆寺金堂修正会、三月に行われる東大寺二月堂修二会（通称、お水取り）、四月に行われる薬師寺修二会（通称、花会式《はなえしき》）をはじめ、全国各地の寺院で行われている。

成立と展開　法要としての悔過は、『日本書紀』皇極天皇元年（六四二）七月戊寅条を初見とするが、八世紀中頃以降になると、阿弥陀・薬師・十一面・吉祥など、仏別の「悔過之法」が現われてくる〔山岸：一九九〇、佐藤：一九九〇・一九九一〕。

正月に行われた悔過の初見は『続日本紀』天平勝宝元年（七四九）正月丙寅条であり、元日から四十九日の間、『金光明経』の転読と吉祥悔過を行うよう、諸寺に命じたものである。『延喜式』玄蕃寮には、正月八日から十四日まで部内（行政区画内）諸寺の僧を国庁に招いて吉祥悔過を修すことが規定されている。

これ以降、諸寺において悔過が行われるようになっていった。平安時代初期の悔過は昼に経典の講説が行われ夜に悔過が行われていた。大極殿御斎会《だいごくでんごさいえ》もこの形式である。

「修正月」「修二月」の初見は天禄元年（九七〇）十月十六日の「天台座主良源《りょうげん》起請」（『平安遺文』三〇三）であり、源為憲編著『三宝絵』（永観二年〈九八四〉献上）には、「修正月」「修二月」が立項されている。

具体的な法要内容がわかるのは、藤原実資の日記である『小右記』寛和三年（九八七）正月六日条の円融院修正月や『同』治安三年（一〇二三）正月八日条の法成寺金堂修正月である。これらでは、平安時代前期の悔過とは異なり、法会の間に芸能や音楽がともなっていた。このような変化は、十世紀末以降、法会の大衆化が進んでいったことや貴族文化と合うような変化としておこったと考えられている〔酒井：一九八五〕。

十一世紀になり法成寺・円宗寺・法勝寺などが創建されると、その翌年あるいは、数年以内にそれぞれの寺院で修正月が始まった。よって、修正月は御堂の修正月に始まり、やがて寺院行事となっていったと考えられる〔酒井：一九八五〕。

修正会・修二会の隆盛は、同じく年頭に行われる御斎会にも影響を与え、寛治六年（一〇九二）あるいは同八年には欠席者が多くなっていることがわかる（『中右記』）。

日程・次第　修正月は、年頭に各寺院で行われるものであったため、それぞれ日程が異なる。修正月は法成寺十斎堂（一月一日）、法成寺金堂・円宗寺金堂・法勝寺金堂（一月八日〜十四日）、修二月は大懺法院（二月十一日）、延暦寺（二月三日）、〔酒井：一九八五〕などである。

悔過は本来、六時（日中・日没・初夜・半夜・後夜・晨朝）に行われていた。一方、十世紀末以降に現われる修正月・修二月においては、初夜と後夜の二時に行われるものとなり、「悔過作法」と「大導師作法」によって構成された〔佐藤：一九九四・二〇〇二〕。京の諸寺では、こちらで行われ、各地に伝播した。現行の修正会・修二会と特徴づけている呪師作法や鬼追いなどは京において成立し、南都の諸寺に影響を与えたとの見解もある〔西瀬：二〇〇五〕。

真福寺所蔵『中堂咒師作法』は天仁元年（一一〇八）の書写であり、十一世紀の咒師作法を記したものである。この作法は『陀羅尼集経』巻八・金剛阿蜜哩多軍荼利菩薩自在神力呪印品を典拠とし、また法隆寺や薬師寺の現行儀礼とも近く、刀や鈴をもって会場を回るなども行なっている。京の修正月などでも同様の作法が行われていたのであろう〔松尾・大東：二〇〇九、大東：二〇一二〕。また、東大寺修二会の咒師作法もまた、同経を典拠としていることが指摘されている〔吉田：二〇一六〕。

全国への伝播　『三宝絵』によると、修正月には公的に七道の国々に僧尼に布施をして祈らせ、私的には多くの寺々に男女が御燈をかかげて集まる。修二月には造花を作り、名香をたき、仏の前を飾って人々が祈るとある。このように修正会・修二会は民衆と結びついてゆく。これは修正月・修二月は各寺院で営まれており、法会間の連関よりも庄園などとの結びつきが重視されていたためである。同法会の目的が五穀豊穣などにあったこともあり、予祝儀礼としての性格も強めていった。

このような庄園と密接に関わる法会の性格があって、その秩序に依拠しながら京の法会形式が全国に伝播していったと考えられる〔山路：一九八八、上島：二〇一一〕。

〈参考文献〉

酒井信彦「法成寺ならびに六勝寺の修正会」『風俗』八三、一九八五

山路興造「修正会の変容と地方伝播」『中世芸能の底流』岩田書院、二〇一〇（初出一九八八）

山岸常人「悔過会の変容」『中世寺院社会と仏堂』塙書房、一九九〇（初出一九八四）

佐藤道子「悔過法要の形式」『悔過会と芸能』法藏館、二〇〇二（初出一九九〇・一九九一）

佐藤道子「悔過会　中世への変容」『悔過会と芸能』法藏館、二〇〇二（初出一九九四）

佐藤道子「懺悔と祈願の法会」『悔過会と芸能』法藏館、二〇〇二

西瀬英紀「春迎えの仏教法会と民俗行事」『奈良県祭礼・年中行事データベース（解説編）』奈良県教育委員会、二〇〇五

松尾恒一・大東敬明「真福寺蔵『中堂咒師作法』」（阿部泰郎・三好俊徳編『中世宗教テクスト体系の復原的研究』（平成19年度～平成21年度 科学研究費補助金（基盤研究（B））研究成果報告書、研究代表者・阿部泰郎）、二〇〇九

大東敬明「真福寺大須文庫所蔵『中堂咒師作法』考」『芸能史研究』一九二、二〇一一

上島　享「日本中世社会の形成・展開と修正会・修二会」『芸能史研究』一九二、二〇一一

吉田一彦「修二会と『陀羅尼集経』」『芸能史研究』二一二、二〇一六

（大東敬明）

三　月

薬師寺最勝会（やくしじさいしょうえ）

概　要　最勝会は毎春、三月七日より七日間にわたって薬師寺で厳修される法会である（『延喜式』玄蕃寮）。最勝会で中心となる行事は講堂で行われる講問論義と研《けん》学竪義《がくりゅうぎ》であり、護国安寧を述べる金光明経の思想にのっとった法会である。主に義浄《ぎじょう》訳『金光明最勝王経《こんこうみょうさいしょうおうきょう》』（以下『最勝王経』と略す）を講義し、その経の功徳（幸福になる原因）によって、国家の安泰や幸福を祈る法会である。「最勝会」の「最勝」という名称もこの経典による。

儀式次第と表白　最勝会は薬師寺講堂を中心に、三月七日から十三日を結願《けちがん》日として、七日間で厳修された。

講堂には持統天皇が天武天皇の往生を発願して制作されたとされる「阿弥陀三尊繍仏《しゅうぶつ》」が掲げられた（『薬師寺縁起』『七大寺巡礼私記』）。

同法会の中心となる行事は講堂で行われる講問論義と研学竪義である。最勝会の基本的な規定は維摩会《ゆいまえ》と同様であることが『延喜式』「玄蕃寮」「太政官」「式部」、および『今昔物語集』などに記されている。それに従えば、朝夕の講座は四箇法要《しかほうよう》が行われ、その後に講師が表白《ひょうびゃく》を行い、読師が経題を掲揚し、講師と問者によって論義が遂行された。また講問論義後には竪義や勅使による行香《ぎょうこう》が行われたと考えられる。論義の内容は平安時代に平備《ひょうび》によって撰述された『最勝王経羽足』や鎌倉時代に貞慶《じょうけい》たちによって撰述された『最勝問答抄』などが参考とされたと考えられる。

行事は王氏（皇族諸王の集団）の長者（のち源氏の代表）が責任者となってこれを進行し、主な出席者も王氏であった。しかし、源氏の登場によって次第に源氏が王氏にとって代わり、九世紀後半より源氏氏人が中心となり行われたと考えられる〔下向井：一九九〇〕。なお、三月十日に宮中で国忌（亡天皇の命日）が行われるが、最勝会と日程が重なるため、五位以上の王氏の参列は免除されている。一方、最勝会に不参加であった王氏は、五位以上は節会に預からず、六位以下は季禄が剥奪された。

最勝会当初は源氏に限らず「王氏」が主催して行われるようになったが、『延喜式』や『西宮記』には、法要に出仕する僧侶の竪義や聴衆の交名《きょうみょう》、および競望《けもう》などの規定が記されている。最勝会の講師は御斎会《ごさいえ》（正月に宮中の大極殿で行われた法会）を経験した者であり、読師や出仕する僧侶は薬師寺内の僧から苦行修練された者が主に選出された。

表白は法会の趣旨や祈願を諸仏に対して表明する奏上文である。現存する最勝会の表白は維摩会に比べて数点しかない。宮内庁書陵部所蔵の寛弘七年(一〇一〇)本の他に応長二年(一三一二)本、仁安四年(一一六九)奥書がある道恕《どうじょ》法親王によって写された江戸時代初期の薬師寺本があり、文末の施主や紀年以外はほとんど同文である。その内容を述べると、まず、冒頭で三宝に帰依し、次に平安前期の僧で薬師寺最勝会の創始者である仲継律師《ちゅうけいりつし》と、寺中の学業問題を記し、最勝会創始を奏上した直世王《なおよおう》を大施主として挙げて、法会の縁起を述べる。直世王の意思を「彼の興福寺、当に孟冬《もうとう》(十月)錦葉《きんよう》の時、維摩の法会を修むること有るべし。この薬師寺、何ぞ暮春《ぼしゅん》(三月)桜花の節にて最勝の講説を行わざらんや。須《すべから》く彼の冬の会《え》に対し、以て此の春の事を設け、聖朝を護り奉り、天下を祈請すべきと」と述べ、すでに成立していた十月冬の維摩会(興福寺)に対応する形で、三月春の最勝会を斎行するものとしている。そして、天長六年(八二九)に上奏し、勅を奉じて執行したと述べ、最勝会の創始から現在までの歳が記され、『最勝王経』の内容と諷誦文《ふじゅもん》(法会の布施の趣旨や祈願を詩文調記した文章)が記されている。ただし、成立年代が天長六年であることについては誤写という考えもある〔難波：二〇〇五〕。

『金光明最勝王経』の思想と受容　最勝会は『金光明最勝王経』を高揚する法会であるため、はじめに、この経典の思想とその受容による影響を確認し、その背景をみていきたい。

金光明経典は、曇無讖《どんむしん》訳『金光明経』四巻(五世紀)、宝《ほう》貴《き》等《とう》訳『合部金光明経』八巻(六世紀)、義浄訳『最勝王経』十巻(七〇三)があり、義浄訳が一般的に用いられている。内容や構成が『法華経』に類似し、空の思想を基調とし、この経を広め読誦《どくじゅ》し、仏法をもって国王が施政すれば、国は豊かになり、四天王などの天の神々が守護(護法善神《ごほうぜんしん》)として国家を護持することを説く。さらに密教的呪術も説かれ、医術なども記されている。

本経がいつ頃、日本に渡来したかは明確にはわからないが、『日本書紀』用明天皇二年(五八七)条に四天王が護国のために祀られた記事があり、四天王寺創建と関連する。これは『金光明経』「四天王護国品」によると推測され、推古朝には伝来していたと思われる。史料での経名の初見は『日本書紀』天武天皇五年(六七六)条であり、護国経典として重視され、しばしば国家安泰、五穀豊穣を願う法会において講説、誦経《じゅきょう》された。この時までは曇無讖訳、宝貴等訳が用いられたと思われる。持統天皇八年(六九四)には諸国に『金光明経』を頒布し、正月に講説する勅旨が発せられ、制度化されている。

そして、聖武天皇の御代になると、中国より新訳『最勝王経』十巻が伝来し、政治的に重要視された。

『続日本紀』によると、天平六年（七三四）十一月の勅令では、僧となるために『最勝王経』か『法華経』の暗誦が必須となり、当時の僧団において『最勝王経』は盛んに学ばれた。さらに天平九年十月には、大安寺《だいあんじ》の道慈《どうじ》が宮中大極殿で『最勝王経』を講説し、ついで天平十三年三月には国分寺建立の詔が出され、諸国には七重の塔が造られ、その塔のなかには『最勝王経』十巻が安置された。さらに各国の僧寺は「金光明四天王護国之寺」、尼寺は「法華滅罪之寺」と命名され、さらに天皇自らも『最勝王経』を書写し、各国分寺の塔内に奉置した。

ところで、これらの寺号は護国三部経典（『法華経』『金光明経』『仁王経』）に由来し、国家法会で重要な経典とされた。奈良朝では尼寺の寺号で法華経の名称が用いられ、とくに女性側（尼僧）で『法華経』が重視されたと思われる。一方、『最勝王経』は国家全体の安泰を願うという意味で最も重く位置づけられていたと考えられる〔藤谷：二〇一一〕。

このように奈良朝では、鎮護国家的宗教として仏教が展開する上で、『最勝王経』が最重要な経典として位置づけられた。そして、大陸の教学中心の仏教の影響を受けて、単に本経を書写、転読するだけではなく、本経を教学の上で位置づけ、研究する動きがあらわれたため、註釈書が著されることとなった。註釈者としては善珠《ぜんじゅ》、明一《みょういつ》、行信《ぎょうしん》、常騰《じょうとう》、護命《ごみょう》、願暁《がんぎょう》、平備などの学僧があげられ、御斎会、最勝会の講説に影響を与えたと考えられる。

また、神護景雲元年（七六七）の詔勅では、正月に宮中で『最勝王経』を講説することが命じられているが、この正月の『最勝王経』の法会が宮中最勝会といわれた。のちに薬師寺最勝会が発展すると、宮中最勝会は大極殿で僧侶へ食を施す斎《さい》を設けるため、「御斎会」と呼ばれるようになったと考えられている。ただし、御斎会は斎会《さいえ》や吉祥悔過《きちじょうけか》が行われ、国家祈願を中心とする法会であるが、僧侶の昇進試験である竪義が行われていない。

成立と変遷　最勝会の初見は『類聚三代格』巻二の天長七年（八三〇）九月の太政官符の記述である。そこには中納言直世王が薬師寺で講会を行うことを奏上したことが記されている。その奏上には「薬師寺は天武天皇と持統天皇によって建立した最高の格式を持つ寺院であり、寺の運営や僧侶の数も満たしているが、僧侶の学問を引き出す説法や論義の機会が少ない」とし、そのため、『最勝王経』の講説する会場を薬師寺に設けて、竪義を設置し、諸国に派遣する講師、読師の試験をすることを求めていた。なお、こ

薬師寺最勝会論義の様子（薬師寺提供）

の法会で使う供料は播磨国賀茂郡の薬師寺領の水田七十余町を用いるという。

なお、最勝会の起源を記すものとして先に挙げた『最勝会表白』や『類聚三代格』のほかに『薬師寺縁起』『今昔物語集』などが存在する。これらの史料には天長六年創始説、天長七年創始説が記されている。しかし、先述の太政官符が発せられた天長七年九月以前の三月に最勝会が薬師寺で行われる確実な史料はないため、太政官符の発布年を開始年と誤認したか、誤認した史料をさらに誤読したと考えられる。そのため、早くても最勝会が開始されたのは天長八年とされる〔難波：二〇〇五〕。

薬師寺最勝会の創始の背景として、創始者である直世王が薬師寺を創建した天武天皇系の王氏であり、その天武、持統朝で行われた『金光明経』の法会を天武朝の血統であった直世王が僧侶階業《かいごう》（僧の試験、試験による昇進）という付加価値をつけて薬師寺の地位の上昇をねらったと考えられる。これは最勝会の時のみ大講堂に掲げられる持統天皇発願の阿弥陀繍仏を本尊とすることと一致する。そして、竪義の設置は仲継を中心とする薬師寺側の意向の反映であると思われる。

要するに興福寺、藤原氏優位な権利がある維摩会に対し、

薬師寺最勝会は、藤原氏の関与がない僧侶の昇進ルートとして設けられたと考えられる〔中本：二〇一六〕。

貞観元年（八五九）に三会制度が確立すると、最勝会講師は維摩会と御斎会で講師を遂行した者を請じた（『日本三代実録』）。南京三会の最後に位置する最勝会は、僧綱《そうごう》（僧尼を統率し諸寺を管理する官職）に任命される僧階昇進の登竜門となった。薬師寺最勝会は当初から法会開始の目的として、天長七年の太政官符より、勅を奉じて竪義を設置して、諸国に派遣する講読師の階業（試験）を求めている。これに影響を受けて大安寺においても同様の動きがあり、南都諸寺が抱えた競合をうかがうことができる〔中本：二〇一六〕。

以後、天禄四年（九七三）の薬師寺大火災や応仁の乱により一時的に途絶えながらも、王氏、とくに源氏を大檀越とする法会として継続された。室町期には源氏の長者であった足利幕府の保護を受けながら断続的に厳修された。ところが、享禄元年（一五二八）の兵火によって大講堂とともに持統天皇御願の阿弥陀繍仏が灰塵と化した。江戸末期に薬師寺の講堂が再建され、嘉永年間（一八四八～五四）に寺内で最勝講として復活されるものの、明治維新によって廃絶した。しかし、近年、大講堂が再建されたことを機に再興されている。

〈参考文献〉

下向井龍彦「『水左記』にみる源俊房と薬師寺」財団法人古代学協会編『後期摂関時代史の研究』吉川弘文館、一九九〇
安田映胤・大橋一章編『薬師寺』里文出版、一九九〇
薬師寺最勝会復興上演実行委員会編『薬師寺最勝会復興上演図録』、二〇〇二
西口順子『平安時代の寺院と民衆』法蔵館、二〇〇四
難波謙一「薬師寺最勝会の開始年について」笠井昌昭編『文化史学の挑戦』思文閣出版、二〇〇五
藤谷厚生「『金光明経』の成立と展開」『日本仏教学界年報』七七、二〇一一
中本由美「薬師寺最勝会の成立に関する一考察」『史聚』四九、二〇一六

（有働智奘）

六月／十一月

延暦寺六月会・霜月会

（えんりゃくじみなづきえ・しもつきえ）

概　要　延暦寺において最澄の忌日である六月四日（六月会）と智顗《ちぎ》の忌日である十一月二十四日（霜月会）にあたって行われた法会で、ともに出家者の修学を目的として法華十講が行われる。これは『妙法蓮華経』八巻に『無量義経』一巻、『観普賢経』一巻を加え、論議を行うものである。

両法会は、次第に同時期に行われるようになり、さらに織田信長による比叡山焼き討ち（元亀二年〈一五七一〉）によって中断したが、天正十七年（一五八九）に両会あわせて「法華大会《ほっけたいえ》」として再興された。

成立と展開　霜月会について、『叡山大師伝』は延暦十七年（七九八）十一月に最澄が法華十講をはじめ、同二十年十一月には比叡山一乗院止観院に南都の僧らを招いて天台の教理を講じたとする。『釈家官班記』や『吉記』（治承五年〈一一八一〉六月十五日条）には、延暦二十年十一月に始められたとある。これは、多くの僧侶を集めて始められたのが同年であるためである。

十一月十四日より十日間行われ、『三宝絵』（源為憲編、永観二年〈九八四〉成立）には、智顗の忌日である二十四日に、最澄が唐より持ち帰り朝廷に献じた智顗の画像（霊応図）を掛け、茶や菓子、花や香を捧げるとある。

最澄が弘仁十三年（八二二）六月に没すると、翌年六月に浄野夏嗣らの勧めに従って義真・円澄・光定《こうじょう》らが最澄を偲ぶ法会を行なった（『叡山大師伝』）。これが六月会である。

康保三年（九六六）九月、良源《りょうげん》は六月会において「広学竪義」を行い竪者《りっしゃ》一人の枠を設けること、それに及第した僧を季御読経《きのみどきょう》に加えることを上奏し、十二月に認可された（『西宮記』『天台座主記』）。

『釈家官班録』には、康保四年五月に禅芸を探題とすることが決まり、翌年六月から広学竪義が行われたとある。さらに同書には、それまで南都の僧が勤めていた探題をこれ以降、天台僧が勤めるようになったとある。このことは天台宗内部で判定が許されるようになったことを意味している。

建保二年（一二一四）には、准御斎会と位置づけられ、勅使が派遣されることとなった（『天台座主記』）。准御斎会は、大極殿《だいごくでん》御斎会《みさいえ》のように、官人や勅使が法会に参向する処遇であり、十世紀以降にみられる。

同年六月二十六日には権右中弁平経高、翌日には僧綱所の威儀師・従儀師らが比叡山に登っている。

なお、霜月会が准御斎会となるのは、嘉元三年（一三〇五）のことである（『釈家官班録』）。

構成員　六月会・霜月会には、座主・講師・読師・探題・竪者・聴衆らが出仕する。

座主は天台宗を統括する立場にあり、六月会の竪義における探題を朝廷に推挙した。探題は論題を選定し、受験者である竪者の問答の可否を判断する役である。推挙された探題は朝廷によって認可され、その裁可の宣旨は公卿・弁官が兼務する延暦寺俗別当によって作成された。

六月会に勅使が派遣されるようになった建保二年、延暦寺所司のなかから、法会の運営を担当する会行事《えぎょうじ》（会頭・勾当）が置かれた。同年の法会には僧綱所の威儀師や従儀師が比叡山に登っている。しかし、同法会は延暦寺僧が中心となって行うもので、威儀師や従儀師は進行役にしか過ぎなかった。

法華大会　先述のように法華大会は六月会・霜月会を合わせて行うものであり、現在は三年を隔てて四年目の十月に比叡山東塔の大講堂で行われている。

この法会は、①祖師（智顗・最澄）に対する供養と報恩のための天台宗において最も重要な行事であること、②祖師の前で天台宗僧侶としての学識試験が行われること、③勅使が差し遣わされること、の三点において天台宗における最も重要な法会であるとされる〔佐藤：一九八六〕。

法華大会は十日間の日程で行われるものであったが、現在は五日～七日の日程で行われる。このような場合でも、四日目までは十日間の日程と同様に行われる。

法華経の第五巻目の提婆達多品が講じられ、問答が行われる四日目は「五巻日《ごかんび》」と呼ばれ、勅使が遣わされる。この日は、多くの僧侶が大講堂の周りをめぐる「大行道」、勅使が根本中堂において「桓武天皇御影」「伝教大師袈裟」ほかが入った唐櫃の中を改め、再び錠前に封をする「宝物披覧」、大講堂前で勅使、新探題、已講が出会う「三方の出会い」、勅使の前で稚児が論議する「番論議」などがある。

本法会の成立・展開などについては、岡野浩二の論文〔岡野：二〇〇六〕に詳しい。

〈参考文献〉

佐藤道子「比叡山と伝統行事」『月刊文化財』昭和六十一

年五月号、一九八六

即眞尊龗「法華大会・広学竪義」『儀礼文化』二七、二〇〇〇

岡野浩二「延暦寺六月会・霜月会の竪義について」速水侑編『奈良・平安仏教の展開』吉川弘文館、二〇〇六

（大東敬明）

十月

興福寺維摩会（こうふくじゆいまえ）

概　要　維摩会は藤原氏の始祖である鎌足（中臣鎌足）の忌日である十月十六日を結願《けちがん》日として、十月十日より七日間にわたって興福寺（別称、山階寺《やましなでら》）で厳修される法会である。大乗仏典である『維摩経』を講義することを中心とし、その経の功徳（幸福になる原因）によって、国家の安泰や幸福を祈ることを目的とする。

その中心行事は講堂で行われる講問論義と研学竪義《けんがくりゅうぎ》である。基本的な形式として一日に朝座と夕座の二回が行われた。

六国史における維摩会の初見は、『続日本紀』天平宝字元年（七五七）閏八月壬戌条の藤原仲麻呂の上奏文である。そこには大織冠《たいしょくかん》である藤原鎌足が病に伏した時に『維摩経』の講説を行なったことがはじまりであると記す。

そして、承和六年（八三九）十二月十五日の勅旨により、維摩会の講師をもって宮中最勝会（御斎会《ごさいえ》）の講師とすることが恒例となり（『続日本後紀』）。さらに貞観元年（八五九）に興福寺維摩会、宮中御斎会、薬師寺最勝会が僧綱《そうごう》（僧侶を管理する僧官、つまり、僧正、僧都、律師などに補任する）に任じられる規定として三会制度が確立した（『三会定一記』）。

南京三会の最初に位置する維摩会は、僧綱に任命される僧階昇進の登竜門となった。以後、日本仏教の法会において最高位の大法会として位置づけられ、御斎会や最勝会は中世までに途絶えたものの、維摩会のみが儀式や内容は変遷しながらも、江戸時代末期まで勅使が派遣されて行われた。

なお、興福寺で行われる法会ではあるが、法相宗《ほっそうしゅう》のみでなく、八宗兼学の法会としての性格もあった。

儀式次第　維摩会については『延喜式』玄蕃寮《げんばりょう》、『西宮記』『北山抄』『初例抄』などに比較的詳しく書かれ、儀式次第は平安時代後期から鎌倉時代に形式が確定していた。その形態は『権記』長保元年（九九九）条、『中右記』承徳二年（一〇九八）条、『経光卿維摩会参向記』嘉禎元年（一二三五）条、『大会日記』嘉禎三年などの日記にみられる。江戸時代後期成立の『維摩会参向雑記草』では、近世に少し改変されている様相があるものの、他の記録にみない作法や指図をみることができる〔松尾：一九九七〕。

これらの資料を参考に以下では維摩会の儀式次第をみて

いきたい。

《次　第》

維摩会の中心行事は講堂で行われる講問論義と研学竪義である。十月十日から十六日の七日間で厳修される。論義、儀式の形態は鎌倉時代でほぼ固定化されたと思われる。

行事構成の概略を述べると、朝夕二座の講座（四箇《しか》法要《ほうよう》、講問論義）、竪義、行香《ぎょうこう》（「こうくばり」ともいう）、試経《しきょう》、番《ばん》論義《ろんぎ》（「つがいろんぎ」ともいう）、講師挙《こうしきょ》、拝講師、細殿挙《ほそどのきょ》、僧供、布施、賜禄《しろく》などが行われた（【図表参照】）。

朝夕の講座は「梵唄《ぼんばい》」「散華《さんげ》」「錫杖《しゃくじょう》」「梵音《ぼんのん》」という四つの声明法要である「四箇法要」が行われ、その後に講師《こうじ》が表白《ひょうびゃく》、神分《じんぶん》、勧請を行い、読師が経題を掲揚し、講師と問者によって講問論義があり、その後に竪義が執行された。また、出仕の僧には行香があった。

これらは講堂で行われる維摩会行事であるが、ほかにも『維摩経』以外の『法華経』『金光明最勝王経』などの経典を読誦させて、経典を読む試験「試経」が金堂で行われ、勅使の饗応をかねて若年の僧が論義する「番論義」が行われた。

そして、翌年の講師を選出する「講師挙」や僧侶への布施や勅使から俸禄を賜る「賜禄」が行われて終了した。

興福寺講堂における維摩会（『春日権現験記』第11巻第2段より，宮内庁三の丸尚蔵館所蔵）
勅使は左の堂外に着座

《竪　義》

竪義とは立義とも書き、「自分の教義を竪てる」という意味である。一人前の学侶として認められるための論義を中心とした学僧の試験をいい、僧階昇進・補任のための要件となった。受験者である竪者《りっしゃ》は、探題《たんだい》（講問法要責任者）が論義の問題を出題し、問者《もんじゃ》による質問に答え、精義《せいぎ》（「しょうぎ」ともいう、証義とも）者の判定を仰ぎ、探題による最終判定を受けた。これを修了したものが講師となる資格が与えられる。東大寺、大安寺など南都諸大寺でも行われ、教学を研くため、研学竪義といった。

維摩会は、元治元年（一八六八）以降、断絶している（『旧一乗院水谷川家文書』）。ただし、維摩会を彷彿とさせる講問論義や竪義の法会は薬師寺と興福寺で隔年に開催される「慈恩会《じおんね》」、東大寺「方広会《ほごえ》」でその様相をみることができる。

《出仕する僧・参列者》

『延喜式』によれば、藤原氏の長者（藤長者《とうのちょうじゃ》、藤原氏の代表）が行事の責任者となり、主な参列者（貴族）は藤氏の中から選出される。また、勅使は藤氏のなかの五位の弁官が任じられ派遣された。選出された者が欠席した場合、五位以上は節会《せちえ》のことに預からなくなり、六位以下の官人は季禄を奪われるという。

維摩会の聴衆《ちょうす》（出仕する僧侶）は僧綱が九月中旬に選び、藤長者による聴衆の交名《きょうみょう》、および競望《けもう》などの確認を経て参集し、学僧十人に論議させ、竪義する者は探題によって論題を与えられて試験を受け、合格者は及第者《ぎゅうだいしゃ》といい、伝燈《でんとう》満位《まんい》に叙せられ、解答に至らず不合格のものは落第者《らくだいしゃ》と呼ばれた。

維摩会は藤原氏が主導して、南京三会の人事権を優位に掌握する印象が強くみられるが、一方、朝廷が講師に補任する僧侶がすべて藤原氏一門であったとは限らない。維摩会参列者は興福寺を拠点とする法相宗を含め、三論、華厳《けごん》などの僧侶においても他氏族出身が散見されるからである。また、法相宗を研鑽する寺院は興福寺のみではなく、薬師寺や元興寺も存在し、藤原氏を主とする興福寺側と他寺との関わりが存在する。

維摩会で最も中心人物となる講師が、東大寺所蔵の「五《ご》獅子如意《ししのにょい》」を使用することも注目すべき特徴であろう。三論宗・真言宗を所依とする東大寺東南院を開創した聖宝《しょうぼう》が南都七大寺検校となった際、顕密兼学の旨を表顕するために製作されたという（『雑記』「五獅子の如意の由来」）。聖宝の弟子が延喜十一年（九一一）に維摩会講師となって以来、維摩会講師はこの如意を所持して勤仕する定めとなった〔堀池：一九八六〕。これは、院政期に「北京三会《ほっきんさんえ》」が成立するまで、維摩会が興福寺を主とする「法相宗」のみの法会ではなく、八宗兼学《はっしゅうけんがく》の法会であったことを示している。

《表　白》

維摩会全体の趣旨は講師が高座で述べる「表白」に記される。

表白とは華麗な美文調で法会の趣旨や目的、祈願を諸仏に対して表明する奏上文である。南京三大会では講師がそれぞれの法会の表白を奏上する。基本的に三段の部分から成り、はじめに本尊や諸仏、諸神への帰依を表明し、次に法会の由来(縁起)、趣旨と目的を述べ、法会開催の徳を講讃し、最後に法会の功徳によって法会主催者や参加者の祈願を神仏へ奏上する。

現存する維摩会の表白は三十数点あり、同法会の「縁起」としての体裁で述べている。十方諸仏に帰依し、インドにおける『維摩経』成立の由来を挙げ、日本への仏教伝来から始まる。そして、百済の尼僧、法明《ほうみょう》の『維摩経』読《どく》誦《じゅ》、山階の家を精舎(寺)として建立、福亮《ふくりょう》の講説を起源とすることを述べ、藤原不比等が鎌足の遠忌《おんき》に興福寺を再興し、光明皇太后と藤原仲麻呂の法会料の施入、桓武天皇の勅旨により興福寺を会場としたことを記す。さらに貞観十八年(八七六)に規模を拡大して体裁を整え、聴衆を四十人へ増加し、仁和、延喜の時代に竪義者の増員や維摩と文殊の像を寄進したことについて記し、次に法会の施主である天皇や藤原氏の安寧、学侶の仏教興隆を述べ、国家の安泰を祈祷し、最後にそれらを諷誦文《ふじゅもん》(法会の布施の趣旨や祈願を詩文調記した文章)でまとめて誓願する。

表　維摩会　行事日程

十日(初日)～十三日	十四日	十五日	十六日(結願日)
○朝座仏事 ○夕座仏事 ○竪義 〈講堂〉	○朝座仏事 ○夕座仏事 〈講堂〉	○朝座仏事 ○夕座仏事 〈講堂〉 ○試経 〈金堂〉 ○番論義 〈勅使坊〉 (または別当房)	○朝座仏事 ○講師挙 〈講堂〉 ○拝講師 〈講師房〉 ○細殿挙 ○僧供 ○布施 〈細殿〉 ○賜禄 〈勅使坊〉

＊〈　〉は行事場所を示す。

成　立　維摩会の成立について『日本書紀』等の国

史には記載されていないため、幾つか議論されている。維摩会の起源を記すものとして先述した『維摩会表白』のほか、『扶桑略記《ふそうりゃくき》』や『元亨釈書《げんこうしゃくしょ》』などがあり、三つの説が伝えられている。

　まず、第一は『扶桑略記』などに記されるもので、斉明二年(六五六)の藤原鎌足の病の際、百済の尼僧・法明による『維摩経』の読誦によって体調を回復したために翌三年、山階の陶原《すえはら》の家に精舎を建てて斎会《さいえ》を設けたことから始まったとする説。第二に『元亨釈書』を中心とする説で、斉明四年(六五八)に元興寺の僧福亮を講師として、陶原家の精舎という場所で、『維摩経』の講義を行なったこととする説。第三の説として、『釈家官班記』『多武峰《とうのみね》略記』などによる鎌足の息子定恵《じょうえ》が白鳳十一年十月に鎌足の遠忌法要の際、『維摩経』を講じたという起源説話がある。

　維摩会は中国から伝わった『維摩経』信仰の典型化したものであり、それが藤原氏の私寺である興福寺を中心に根付いていったと考えられる。興福寺の創建と維摩会とは深く関連していたと思われるが、国史に明確な記述はない。

　そのため、維摩会の起源については、歴史事項が記載されており、史料としての価値を評価できると考えられている『維摩会表白』に依拠すべきであろう〔上田：一九八〇、高山：一九九三〕。つまり、維摩会は不比等の死後から仲麻呂の奏上文までの間、まったく行われていなかったわけではなく、『維摩会表白』に記されるように、藤原一門の内部で断続的に行われていたものと想定される。

　そして奈良時代において、藤原氏と皇室との関係が深まった結果、天平宝字元年(七五七)、藤原仲麻呂が維摩会を興隆させるために叔母である光明皇太后とその娘孝謙天皇に『維摩経』の講説を奏上する(『続日本紀』)に至ったと考えられる。

　この奏上文の内容は、維摩会の原点である鎌足と不比等の体調不良に関する藤原氏の私的部分のことには触れずに、天皇・皇室を助け国家を繁栄に導くこと、学業が栄えるとことを述べた文章で尽くされており、法会は仏教により国家を鎮護するためのものであった。また、この頃に維摩会が藤原氏のみの儀礼から護国儀礼へと広く変わっていったと考えられている〔冨樫：二〇〇五〕。

　しかしながら、奈良朝の時点では藤原氏の私的法会という認識が強く、興福寺以外の会場《えじょう》でも行われており、国家による年中行事には含まれていなかった。

　ところが、八世紀末に三論宗と法相宗との論争により維摩会を中断しようとした事件が生じたため、延暦二十年

(八〇一)桓武天皇の勅旨によって会場が興福寺に固定され(『維摩会表白』)、延暦二十一年において均しく南都六宗の諸宗の学業に分けて教学論議を競わせることが定められたと考えられる(『類聚三代格』二巻)。この頃から国家行事として年中行事に組み込まれ、御斎会、維摩会の竪義や講師の補任が慣習的に僧侶の階業となっていったという〔内田：二〇一四〕。これらは維摩会を僧侶の補任制度に組み込むことによって、宗派抗争をなくそうとする意図がみられる。そして、承和元年(八三四)に維摩会の竪義遂行者を諸寺の安居講師《あごこうし》(夏講《げこう》)にすると規定され(『類聚三代格』二巻)、講師の記録も『三会定一記』承和元年条から維摩会講師を記し、同時に氏の長者名も明記している。

さらに承和六年に維摩会で講師を行なった者が宮中最勝会(のち、御斎会)の講師とすることが恒例となり(『続日本後紀』)、貞観元年に維摩会と御斎会、最勝会の三つの講師を経験した者を僧綱に補任し、三会已講《いこう》と呼ばれることとなった(『日本三大実録』『今昔物語集』)。

なお、維摩会を藤長者が主催する点などより、藤原氏が祭祀氏族の中臣氏から分離した以降、氏《うじ》の結集の場として、藤原氏創始者(鎌足)ゆかりの維摩会が成立したとの見方がある。しかし、維摩会が氏の結集の場となった時期については、国家の年中行事となっていく八世紀末以降とする見解と〔土橋：一九八九〕、氏の仏事としての整備が進められた九世紀から十世紀初頭とする見解が存在している〔上村：二〇一七〕。

変遷　このように官僧の管理職(僧綱)になるための最初の登竜門となった維摩会は、諸宗を均等に議論する場として規定がなされたものの、実際は法相、三論が中心で、時に天台、華厳等が請用されたようである。また法会に出仕する僧侶も貞観十八年(八七六)までは竪義者九人に対し聴衆二十一人であったが、仁和元年(八八五)から竪義者十人、聴衆三十人に加増した(『類聚三代格』二巻)。ただし、当初、竪義は南都六大寺から各一人であったが、貞観十八年に南都六宗八人、天台宗一人と定められたと考えられ〔上田：一九八〇〕、その後も竪義者は増えていった。そして、院政期に北京三会が成立すると、天台宗の参加はなくなるのである。

なお、院政期から鎌倉期になると、維摩会の構造はほぼ固定し、貴種・良家の入寺による僧綱の昇進過程が注目され、それに伴い維摩会の竪義制度が重要視された。維摩会の参集についても、興福寺以外では東大寺、薬師寺、法隆寺の僧侶が出仕するようになり、僧綱、僧階を得るために維摩会の竪義を遂行するようになる〔堀池：一九八八〕。室町の戦乱期では維摩会の遅延や中止がなされるようになるが、江戸時代になると、維摩会が再興される。そして、南都寺院の僧侶に対する僧綱を認可する儀礼となり、興福寺による南都仏教の新たな位置づけとして維摩会が重要視されるようになった〔谷本：二〇〇七〕。そのため、薬師寺などの僧侶の僧綱を補任する際には、維摩会竪義を遂行していることが条件となった。そして、維摩会は元治元年の勅使下向を最後として、明治維新に至り途絶えた。

『維摩経』の思想と受容　この維摩会は『維摩経』を高揚する法会であるため、『維摩経』の思想とその受容による影響を確認し、その背景をみていきたい。

まず、いつ頃に『維摩経』が日本に渡来したかは明確ではないが、聖徳太子の撰述という『維摩経義疏《ゆいまきょうぎしょ》』が挙げられるため、推古朝には伝来していたと想定される。しかし、『維摩経義疏』は聖徳太子撰述ではなく、藤原不比等の時期に撰述されたという説（福井康順）と聖徳太子在世時期に成立したという説（花山信勝）があったが、近年の『維摩経義疏』の撰述問題についての研究では、六世紀末から七世紀初頭に、朝鮮か日本で撰述されたと考えられており〔有働：二〇一三、石井：二〇一六〕、当時の東アジアのおける『維摩経』の受容状況をふまえれば、このころに日本へ受容されたと考えるのが妥当であろう。少なくとも八世紀初頭に製作された法隆寺五重塔に安置される維摩と文殊の対談塑像《そぞう》群をふまえると、七世紀後半には一般的に普及されていたと思われる。さらに『万葉集』巻八には光明皇后が宮中で維摩講を催した際の歌（「仏前唱歌一種」）があり、同じく『万葉集』巻五には山上憶良の序文のなかに、維摩が方丈《ほうじょう》という一丈四方の部屋で臥したことが記されており、藤原氏以外でも『維摩経』は普及していたと想定される。現在、日本仏教が在家仏教主義であるのは、この日本仏教の形成期に『維摩経』の思想を受容した影響が強いためであると考えられる。

この『維摩経』と藤原氏との関係は、維摩会の起源である鎌足の病気平癒のために『維摩経』問疾品《もんしつぼん》を読誦したことに関係する。主人公の維摩が在家仏教を推進する思想の影響を受けていると考えられ、氏寺の興福寺という寺名も鳩摩羅什《くらまじゅう》訳『維摩経』方便品の「興二福力一」（福力を興す）という文言が起源であるという〔上田：一九八〇〕。

このように藤原氏と仏教との関連性は鎌足以降の『維摩経』信仰にみることができる。けれどもあらゆる対立を超えた絶対平等の境地を説く不二《ふに》法門《ほうもん》の思想を中心とする

『維摩経』は国家仏教と縁のない経典であるとも思われている（土橋：一九八九）。しかし、聖徳太子の『維摩経義疏』撰述にみられるように、『維摩経』は仏国品《ぶつこくぼん》で十七条にわたり清らかな国土を形成する教義を述べており、『維摩経』はまさしく菩薩の浄土国家を理想とする護国経典であった。

〈参考文献〉

平岡定海「三会制度について」『印度学仏教学研究』七―二、一九五九
伊藤隆寿「興福寺維摩会と諸宗」『駒澤大学仏教学部論集』一〇、一九七九
上田晃圓「興福寺の維摩會の成立とその展開」『南都仏教』四五、一九八〇
堀池春峰「東大寺秘話4　維摩会の五獅子如意」『日本美術工芸』五七一、一九八六
土橋　誠「維摩会に関する基礎的考察」直木孝次郎先生古稀記念会編『古代史論集』下、塙書房、一九八九
高山有紀「『維摩会表白』の史的意義」『史艸』三四、一九九三
松尾恒一「興福寺維摩会延年の成立」『延年の芸能史的研究』岩田書院、一九九七（初出一九九五）
松尾恒一「興福寺維摩会の儀礼構成」『延年の芸能史的研究』岩田書院、一九九七
堀池春峰「維摩会と閑道の昇進」『南都仏教史の研究』法蔵館、二〇〇四（初出一九八八）
冨樫　進「藤原仲麻呂における維摩会」『日本思想史学』三七、二〇〇五
谷本　啓「近世の維摩会」『南都仏教』九〇、二〇〇七
谷本　啓「『維摩会縁起』の史料性」『南都仏教』九三、二〇〇九
岡野浩二『平安時代の国家と寺院』塙書房、二〇〇九
菅　真城「南京三会の成立」『史人』四、二〇一二
有働智奘「伝上宮太子撰『維摩経義疏』「百行云」の再検討」『印度学仏教学研究』六一―二、二〇一三
内田敦士「南京三会の成立に関する再検討」『日本歴史』七九五、二〇一四
石井公成『聖徳太子　実像と伝説の間』春秋社、二〇一六
上村正裕「平安時代の興福寺維摩会と藤原氏」『国史学』二二三、二〇一七

（有働智奘）

臨　時

一代一度仁王会

（いちだいいちどのにんのうえ）

概　要　一代一度大仁王会は、天皇の即位に伴い『仁王般若経』を講説させる法会で、『吏部王記』承平三年（九三三）四月二十七日条に「一代一度仁王会ならびに百講、〈京中三十二講、五畿七道六十八講〉」、『日本紀略』天暦元年（九四七）四月二十五日条に「一代一度大仁王会」とある。大嘗祭の翌年に行われることが多い。

式次第　『延喜式』玄蕃寮に、次のように規定されている。①一代一講の行事で、一箇日の朝夕二座で講じ終える。宮城諸殿、省寮等の庁舎、近京の諸寺、畿内七道の国分寺等に百座を設け、同日に斎会を行わせる。一堂に高座一具を設け、七僧（講師《こうし》・読師《どくし》・呪願《じゅがん》・三礼《さんらい》・唄《ばい》・散花《さんげ》・維那《いな》）と定座沙弥《じょうざのしゃみ》を請う。また堂ごとに堂童子《どうどうじ》（法会の際の役職で、六位以下の官人）四人、仏供養の前《ぜん》（前駆の先導役で、五位の王や六位官人）二人、講師・読師・衆僧の前（五位の王や六位の官人）が配置される。あらかじめ行事司を定める。行事司は中納言一人、参議および少弁以上一人、五位二人、六位以下からなり、職掌（担当者）とともに堂・僧房の装束などのことを供する。京官と国司の使で在京の者が、それに当たる。斎会《さいえ》の当日は殺生禁断《せっしょうきんだん》とする。②諸堂に、釈迦像ならびに菩薩・羅漢《らかん》像一鋪《ほ》、仁王般若経一部二巻と、高座・榻《しじ》・案《つくえ》を設け、大極殿には仏台に高御座《たかみくら》を用い、五大力菩薩像五鋪を設ける。③講師・読師の法服として、三衣（九条袈裟・七条袈裟・五条袈裟）・什物《じゅうもつ》（座具・鉢など）を設ける。④布施として、三宝《さんぽう》、講師、読師、法用《ほうよう》、定座沙弥に対する綿・絹・商布などを設ける。

『延喜式』太政官には行事司と殺生禁断のことが、図書寮には大極殿・紫宸殿の装束が規定されている。また掃部寮に大極殿・紫宸殿・御在所・太政官庁・外記庁・中宮・東宮の各々が僧の座を設ける規定がある。『西宮記』に行事所は陰陽寮を用いる、呪願は文章博士が作成する、『北山抄』に壱岐・対馬は殺生禁断のみという規定もみられる。

『仁王経』の護国思想　『仁王経』は、鳩摩羅什《くまらじゅう》訳『仏説仁王般若波羅蜜経』、不空《ふくう》訳『仁王護国般若波羅蜜多経』が現存し、いずれも中国成立の経典である〔鎌田：一九九〇〕。釈迦が十六の国王に国土を護る因縁を説法するかたちで、国土が乱れたり賊が国を破ろうとする時には、百の仏像、百の菩薩像、百の羅漢像、百の比丘衆、四大衆・七衆を請じ、百の法師に般若波羅蜜を講じさせること、百高座の前に百灯を燃やし、百香をたき、百の花をもって三宝を供養し、三衣・什物をもって法師を供養せよ、一日二時にこの経を講説せよ、汝の国土に百の鬼神がおり、この経を聞くことを願っており、その鬼神が国土を護る、と記されている。

仁王会は陳の武帝（五五七～五九）の時に開催され、隋・唐にも受け継がれた〔鎌田：一九九〇〕。新羅では善徳王五年（六三六）に皇竜寺で行われて百座講会と呼ばれた〔濱田：一九八二〕。日本では、『日本書紀』斉明六年（六六〇）五月是月条に「有司、勅を奉じ、一百高座・一百納袈裟を造り、仁王般若の会《え》を設く」とあるのが初見で、天武五年（六七六）十一月甲申（二十日）条の使を四方国に遣して『金光明経』『仁王経』を説かせた記事、持統七年（六九三）十月己卯（二十三日）条に『仁王経』を百国において講じさせた記事がそれに続く。

一代一度の定着　『濫觴抄』上や『初例抄』下は、一代一度の仁王会のはじまりを聖武天皇の天平元年（七二九）六月一日としており、それは『続日本紀』天平元年六月庚申（一日）条「仁王経を朝堂および畿内七道諸国に講ず」の記事と符合する。同書および『類聚国史』『日本後紀』『続日本後紀』『日本文徳天皇実録』『日本三代実録』の仁王会の記事から、孝謙（天平勝宝二年〈七五〇〉五月八日）・淳仁（天平宝字四年〈七六〇〉二月二十九日）・称徳（神護景雲四年〈七七〇〉正月十五日）・光仁（宝亀三年〈七七二〉六月十五日）・桓武（延暦十三年〈七九四〉九月二十九日）・嵯峨（弘仁二年〈八一一〉十月二十日）・淳和（天長二年〈八二五〉閏七月十九日）、仁明（承和元年〈八三四〉六月十五日）、文徳（仁寿二年〈八五二〉四月十四日）、清和（貞観二年〈八六〇〉四月二十九日）、陽成（元慶二年〈八七八〉四月二十九日）、光孝（仁和元年〈八八五〉四月二十六日）と、平城を除いて歴代天皇の時代に、仁王会が確認できる。しかし、『延喜式』に規定される一代一度の仁王会が、どの時点で確立したかには、いくつかの解釈がある。

堀一郎は、聖武朝がはじまりで清和朝に恒式化したとする〔堀：一九四一〕。中林隆之は、孝謙朝の天平勝宝二年の仁王会が一代一講仁王会の初例とみられるが、嵯峨朝になって定式化したと捉えている〔中林：一九九九〕。瀧川政次郎は、『日本三代実録』貞観二年四月二十九日条に載る仁王会呪願文《じゆがんもん》を清和朝の践祚仁王会のものと見なし、践祚仁王会の制度化を文徳か清和の代と考えている〔瀧川：

一九八八①〕。しかし瀧川は、弘仁儀式・貞観儀式に仁王会のことがみえないとして、光孝朝に一代一度の仁王会が行われ、醍醐朝に定制化されたとも考えている〔瀧川：一九八八②〕。

難波俊成は、空海が弘仁元年十月二十七日に『仁王経』『守護国界主経』をもって国家のために修法することを申請して裁可され（『性霊集』巻四）、天長二年閏七月十九日に宮中・五畿七道で百座を設けて『仁王護国般若経』を講演したこと（『続性霊集補闕抄』巻八）が、嵯峨・淳和即位後の仁王会と関係するとし、また大嘗祭の翌年でなければ開催されない慣行が仁明朝から定式化したと指摘した。嵯峨朝を濫觴、仁明朝を定式化とみる説である〔難波：一九七三・一九七四〕。垣内和孝は、『延喜式』太政官の一代一度仁王会記事に「弘」の頭注があることに着目し、弘仁式の奏進（弘仁十一年）・施行（天長七年）ののち、初めて即位したのが仁明であり、承和元年の仁明以降、大嘗祭の翌年に仁王会が挙行されたことを指摘した〔垣内：一九九七〕。

西本昌弘は、天長元年九月二十二日の官符（『高野大師御広伝』）で図書寮に対して旧訳『仁王経』の書写を停止し、空海請来《しょうらい》の不空訳『仁王護国般若経』に換えることが命じられ、翌二年閏七月十九日に宮中・左右京・五畿内・七道諸国で『仁王護国般若経』が講説され、空海が東宮講師をつとめたこと（『類聚国史』）を取り上げ、一代一度の仁王会が淳和の天長二年に創始されたと指摘している。また弘仁式奏進後の補訂作業で一代一度仁王会の規定が追加されたとし、また空海が天皇を金輪《こんりん》（転輪《てんりん》）聖王《じょうおう》と表現したことを重視している〔西本：二〇一四〕。

一代一度仁王会の実例　清和朝の仁王会の講師は円仁で、『慈覚大師伝』に「今上即位し、貞観元年、仁王会、また御前講師となる」、陽成・光孝の講師は円珍で、『天台宗延暦寺座主円珍伝』に「天皇登祚の初、例により百座仁王般若経を講ず。別に勅命ありて和尚、御前講師となる」「仁和元年、皇帝践祚す。また例に依り仁王経を講ず。和尚また仁寿殿の講主となる」と記されている。光孝の仁王会は、『日本三代実録』に「行事の人」の選定（仁和元年三月十五日）、京・五畿七道に対する潔斎戒慎、殺生禁断（閏三月一日）、宮中諸殿諸司をはじめ五畿七道での朝夕二時の講説が確認でき、『菅家文草』巻十二に呪願文が収録されている。百座の場所は、『日本三代実録』元慶二年四月二十九日条・仁和元年四月二十六日条から、京内の三二所と六六国二島の六八所であったことがわかる。

後一条の一代一度仁王会は、検校《けんぎょう》（行事の上卿《しょうけい》）をつとめた大納言藤原実資が『小右記』に記録しており、寛仁元年(一〇一七)八月の仁王会定、行事所始、九月の僧名定、十月に入っての闕請僧補《けっしょうそうほ》、仁王会大祓《にんのうえおおばらえ》などの準備記事、十月八日条の大極殿での朝講・夕講が知られる。行事の納言・参議や式部・弾正台、講師・呪願僧の遅参もみられる。

その後、一代一度仁王会は、白河・安徳・仲恭を除き、後深草の建長四年(一二五二)まで確認できる〔垣内：一九九七〕。大極殿を中心とした法会であったが、十世紀後半までに内裏清涼殿に比重が移り、十一世紀には諸院宮の仁王会に公卿が参列するようになった〔野田：二〇〇六〕。

一代一度仏舎利使

(いちだいいちどのぶっしゃりし)

概　要　一代一度仏舎利使は、即位した天皇が、宇佐・石清水・賀茂をはじめ五畿七道の五十余社に仏舎利を奉献する儀式で、一代一度大神宝使の発遣の後に行われた。宮中真言院で沙弥《しゃみ》を受戒させて使僧《しそう》とした。宇多の仁和四年(八八八)から後深草の建長五年(一二五三)まで二十一例が確認できる〔大原：二〇一七①・②〕。

式次第と実例　『西宮記』「一代一度度者」に、僧綱が指定した沙弥を真言院で受戒させ、仏舎利を持たせ、官符を副えて分遣する、宇佐には御装束を加える、使は左右衛門府の番長である、五畿七道の諸社に定数がある、と記されている。

『日本紀略』安和二年(九六九)五月二十六日条(冷泉朝)に、真言院で出家した五十五人に沙弥戒を授け、五十五社に仏舎利を持たせた記事があり、また同書天禄二年(九七一)十月二十八日条(円融朝)に、五畿七道の名神社五十五社に僧一人を遣わす、社ごとに舎利一粒を銀壺に入れて奉る、宇佐宮には僧侶の法服を奉る、と記されている。

『玉葉』建久三年(一一九二)三月十日条に発遣当日の記事がある。仏舎利を諸社に発遣する。主上(後鳥羽天皇)は御直衣(引直衣)を着していた。これより先に御浴殿(沐浴)があった。あらかじめ五位蔵人が神宝を運び置き、主上は先に清涼殿の二間において毎日の御拝を済ませ、ついで昼《ひの》御座《おまし》に出御した。関白藤原兼実は御帳の後を経て母屋円座に着いた。この間に神宝を置いた。仏舎利を献じるのは五十社である。そのうち宇佐八幡・石清水八幡には、御装束一具(ともに法服)を加える。念珠(水精)と韈《べつ》(足袋)を合わせて朱漆の辛櫃《からびつ》に入れた。賀茂社以下は仏舎利だけである。

各々一粒を銀小筥に入れ、その上を紙で包み小塔に納めた。叡覧の時には辛櫃の蓋に五碁を置いた。

使僧・対象社・行事所・叡覧　さらに実例を踏まえて、この儀式の構成要素を整理しておこう。使僧となる沙弥は、真言院で剃髪し五戒を授けられ度縁《どえん》（僧の身分証）が与えられ（『小右記』寛仁元年〈一〇一七〉十二月十六日条）、戒師として東大寺の戒和尚が真言院に出向くのが原則であった（『殿暦』天永三年〈一一一二〉六月十六日条）。使僧の名前には、派遣される神社の「片字」が付けられており（『日本紀略』永延元年〈九八七〉九月二十五日条）、その実例として承安二年（一一七二）二月二十八日に安芸国伊都岐島社《いつくしましゃ》に遣わされた「都楽」が指摘できる（『厳島神社文書』『平安遺文』三五九四号）。『日本文徳天皇実録』嘉祥三年（八五〇）五月丙戌（九日）条に、諸名神のために七十人を得度させ、神の字をもって僧名の首に付けたとあるのも、その前史として注目すべきである。

仏舎利が奉献される神社のうち宇佐と石清水は、神仏習合を象徴するように、法服・念珠・襯といった僧侶の什物《じゅうもつ》が仏舎利とともに奉献されている。それ以外で具体名が知られるのは賀茂社のみである。対象社はおよそ五十五と記されているが、五十七の場合もある（『小右記』寛仁二年十

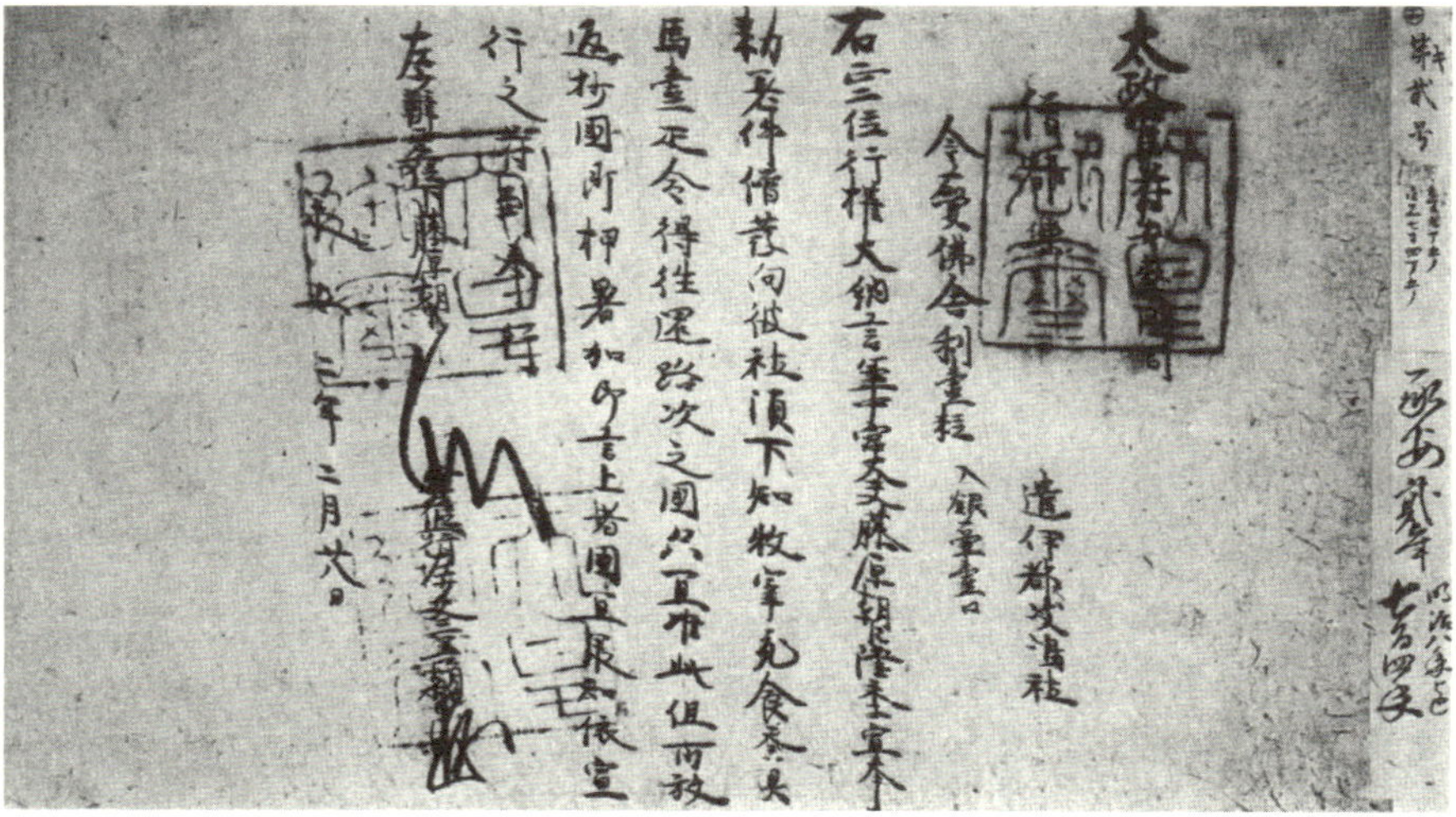

一代一度仏舎利使の派遣を安芸国司に伝えた太政官符（「厳島神社文書」承安２年（1172）２月28日〈『広島県史』古代中世資料編３〉，「天皇御璽」の内印３つが押されている）

月八・十一日条）。これは賀茂社・紀伊国日前国懸社《ひのくまくにかがすしゃ》を各々二社と数えたために生じたものかもしれない〔大原：二〇一六〕。対象社の具体名は、『左経記』寛仁元年十月二日条の大神宝使の記事から類推が可能である。そこには五畿七道の諸社が列記され総数が「已上四十八所」とみえる。七道については各国に一社の傾向がみられ、一宮の先駆形態と考えられる〔岡田：一九九〇〕。また伊勢神宮が含まれていないことも大きな特徴である。

仏舎利使の実務を担う公卿・弁官・蔵人らが行事所を構成した。後一条朝の寛仁元年十一・十二月の仏舎使派遣の準備と極寒による延期、翌二年十月の仏舎利使派遣を記録した『小右記』『左経記』の記事は、それを担った大納言藤原実資と左少弁源経頼の筆になるものである。また後堀河朝の寛喜元年（一二二九）五・六月の仏舎使派遣の準備を詳細に伝える『民経記』も、その行事蔵人の藤原経光の日記である。なお承安二年二月二十八日の安芸国司宛の太政官符（前掲）は、仏舎利使の発遣を所在国・路地国に伝え、その往還を確保する内容であった。

仏舎利使発遣の当日には、天皇が仏舎利をご覧になった。前掲の『玉葉』建久三年（一一九二）三月十日条のほか、『殿暦』天永三年（一一一二）六月十七日条（鳥羽朝）、『玉蘂』寛喜元年八月八日条（後堀河朝）にもその記事がある。天皇は事前に沐浴し、引直衣を着け、清涼殿の昼御座に着座し、仏舎利を叡覧する。宇佐・石清水に奉献する御装束（法服）・念珠・幡のことが、それらにも記されている。

成立と定着　一代一度仏舎利使の史料上の初見は、『貞信公記抄』天暦元年（九四七）四月十七日条である。それは村上の即位に伴う記事で、一代一度の神宝は、寛平（宇多）・延喜（醍醐）の例では、度者一人を奉って仏舎利を銀塔に入れていたが、承平（朱雀）の時にはそれをしなかった、と記されている。

一代一度の大神宝使の発遣は、宇多から確認でき（仁和四年〈八八八〉十一月八日）、醍醐（昌泰元年〈八九八〉八月二十三日）・朱雀（承平二年〈九三二〉九月二十二日）・村上（天暦元年〈九四七〉四月二十日）のそれも『日本紀略』に記されている。宇多・醍醐の時に仏舎利の奉献が合わせて始まったとみられるが、それは一代一度の大神宝使と一連のものと認識されていたのである。いっぽう『西宮記』臨時一「臨時奉幣」によると、延喜十六年（九一六）に石清水・賀茂・松尾・平野・稲荷・春日の諸社に神宝仏舎利使が派遣され、延長三年（九二五）九月十三日の諸社奉幣にも舎利が加えられている。醍醐朝には臨時奉幣の際に仏舎利奉献が伴ったのである。朱雀の即位に伴う大神宝使には仏舎利奉献が伴わなかった。次いで村上が即位すると、そのことが問題となり、大神宝使と仏舎利使とを峻別して別々に派遣するようになったと考えることができる〔大原：二〇一六・一七①〕。

大神宝使や仏舎利使の成立は、宇多の神祇・仏教に篤い信仰に起因している。すなわち宇多は、幼少から仏教に帰依し、在位中に仁和寺を建立し、退位後に真言宗の益信《やくしん》を師として出家しているのである〔井後：一九八九〕。

仏舎利信仰　仏舎利は、釈迦の遺骨を指す梵語SARIRA（サリーラ）に由来し、漢字表記の舎利羅を略して舎利と呼ぶ。釈迦の遺骨はインド国域の八ヵ国に分与されたといい、それを安置するストゥパ（仏塔）が誕生した。アショーカ王が舎利をさらに分配して八万四千塔を建立したと『阿育王伝』に記される。隋の文帝は仁寿元年（六〇一）・二年に諸州に舎利を安置する仏塔の建立を命じた（『広弘明集』巻十七）。また唐の憲宗は、元和十四年（八一九）に舎利を禁中に三日間留め、それに反対した韓愈《かんゆ》を左遷している（『旧唐書』巻百六十・韓愈伝）。

日本では、敏達天皇十四年（五八五）二月に大野丘北塔に、推古元年（五九三）正月に法興寺の柱礎に、仏舎利を納置したと『日本書紀』が伝える。また宇佐八幡宮弥勒寺・多度神宮寺・熱田神宮寺のように塔を伴ったり、日吉神宮寺のように仏舎利出現の話をもつ神宮寺が八・九世紀に登場している〔竹居：一九八四〕。仏舎利の頒布については、『日本紀略』天長八年（八三一）三月乙巳（七日）条に、観世音寺講師光豊が大宰府管内の国分寺・定額寺に仏舎利五百粒を安置させた記事がある。それは、天長二年に入唐僧の霊仙《れいせん》が日本に一万粒の舎利を届けさせたことと関連するようである〔ブライアン：二〇〇二〕。

空海請来の仏舎利　大同元年（八〇六）の空海『御請来目録《ごしょうらいもくろく》』（東寺文書『平安遺文』四三二七号）に仏舎利八十粒がみえる。また『日本紀略』天長四年五月丙戌（二十六日）条に、空海に命じて仏舎利を内裏に請い、礼拝灌浴させたところ雨が降った。それは舎利の霊験の感応するところであると記されている。空海が唐から請来した仏舎利は東寺に納められ、後七日御修法の際に宮中真言院に運ばれたようで、『仏舎利勘計記』〔景山：一九八六〕によると、天暦四年から正月十五日に東寺長者《とうじちょうじゃ》が仏舎利の数を確認するようになり、康平五年（一〇六二）には増加した仏舎利の三～五粒を天皇が受け取る儀式が始まっている〔井原：二〇〇八〕。一代一度仏舎利使も、こうした空海請来の仏舎利に対する信仰と密接な関係にあるといえよう。

〈参考文献〉

堀　一郎「一代一講仁王会」『上代日本仏教文化史』上、大東出版社、一九四一
難波俊成「わが国における仁王経受容過程の一考察」一・二『元興寺仏教民俗資料研究所年報』、一九七三・一九七四
濱田耕策「神宮と百座講会と宗廟」『新羅国史の研究』吉川弘文館、二〇〇二（初出一九八二）
竹居明男「初期神宮寺と仏舎利信仰」『日本古代仏教の文化史』吉川弘文館、一九九八（初出一九八四）
景山春樹『舎利信仰』東京美術、一九八六
瀧川政次郎「践祚仁王会考」上・下『古代文化』四〇―一一、四一―一、一九八八①・一九八九
瀧川政次郎「一代一度の仁王会考」『律令と大嘗祭』国書刊行会、一九八八②
井後政晏「一代一度大神宝使の研究」皇學館大学神道研究会編『続大嘗祭の研究』皇學館大学出版部、一九八九
岡田莊司「即位奉幣と大神宝使」『平安時代の国家と祭祀』続群書類従完成会、一九九四（初出一九九〇）
鎌田茂雄「護国経典の成立」『南北朝の仏教』下（『中国仏教史』四）、東京大学出版会、一九九〇
垣内和孝「一代一度仁王会の再検討」『仏教史学研究』四〇―一、一九九七
ブライアン・小野坂・ルパート「舎利信仰と贈与・集積・情報の日本中世史」今井雅晴編『中世仏教の展開とその基盤』大藏出版、二〇〇二
野田有紀子「平安中後期の仁王会と儀式空間」『工学院大学共通課程研究論叢』四三―一、二〇〇六
中林隆之「日本古代の仁王会」『日本古代国家の仏教編成』塙書房、二〇〇七（初出一九九九）
井原今朝男「天皇と仏教」『中世の国家と天皇・儀礼』校倉書房、二〇一二（初出二〇〇八）
西本昌弘「空海請来不空・般若新訳経の書写と公認」原田正俊編『日本古代中世の仏教と東アジア』関西大学出版部、二〇一四
大原眞弓「即位儀礼に見える仏舎利信仰」『京都女子大学大学院文学研究科研究紀要』史学編一五、二〇一六
大原眞弓「平安時代前期の即位儀礼の変化」『京都女子大学大学院文学研究科研究紀要』史学編一六、二〇一七①
大原眞弓「一代一度仏舎利使の成立」『日本宗教文化史研究』二一―二、二〇一七②

（岡野浩二）

付録

五十鈴川の清流

宮内庁書陵部蔵『神祇官年中行事』解題

概　要　宮内庁書陵部蔵『神祇官年中行事』は、平安時代末期より神祇伯を世襲してきた白川家の旧蔵本であり、大正七年に白川資長氏より宮内省へ献上された。装丁は上・下二軸の巻子本であり、内題は上巻に「神祇官年中行事」と記され、外題は後筆で「神祇官年中行事 上（下）」とある。奥書はない。もと冊子本であったものを改装したもので、消息その他の反故文書を継ぎ合わせ、その紙背を用いて書写されている。

内　容　内容は以下の四つの部分から構成されている。

（上巻）
一　恒例の年中行事
二　臨時の行事
三　王氏の年爵挙奏案
（下巻）
四　神祇伯初任神事（安元二年〈一一七六〉、貞応三年〈一二二四〉）

恒例の年中行事は一月から十二月までの神祇官が関わる恒例行事を記したものである。正月の官庁吉書始や毎月旬日の神拝行事など神祇官内の恒例行事や、祈年祭をはじめとする神祇官が関わる四時祭の記事が存在する。続く臨時の行事には神社行幸や神祇官が関わる奉幣使のことなどが記されている。記事そのものは簡略ではあるが、神祇官側で作成された年中行事書として貴重なものであり、鎌倉時代初・中期の神祇祭祀の実態を知るには格好の史料である。

王氏の年爵挙奏案は建久九年（一一九八）正月の時のものであり、神祇伯初任神事は安元二年仲資王、貞応三年資宗王の際の初任神事の記事である。

このうち、上巻の内題「神祇官年中行事」の内容にふさわしいのは恒例の年中行事と臨時の行事のみである。同じ上巻に記載された臨時の行事と王氏の年爵挙奏案の間には大きな空白が存在しており、内容から考えても年爵挙奏案と神祇伯初任神事は恒例と臨時の行事を書き記した「神祇官年中行事」に後から附載されたものであろう。

ちなみに、群書類従本やその他の流布本には以上に続けて、褰帳《けんちょう》女王用途注進状（元暦元年〈一一八四〉後鳥羽天皇即位に際する）が附載されている。天皇即位式にて高御座の御帳をかかげる女官は伯家の女子が任ぜられる慣例であったため、白川家旧蔵『神祇官年中行事』成立より後に、その末尾に附載されて書写されたのであろう。

成立と書写年代　『神祇官年中行事』の成立時期を探る一つの手がかりは、本文に「宝治二」と記され、宝治二年五月に祭主となった大中臣隆世の名も見える箇所の存在である。これらは冒頭に合点を付し、細字や段を低く下げるなどして記され、同一の行事に関することが前掲されていながら、その月の末尾に重複して記載された箇所も存在している。そのため、これらの箇所は宝治二年（一二四八）の記録などを追記したものと考えられる。そして白川本『神祇官年中行事』の本文と追記は同筆で記されているため、この本を書写する際には既に追記の箇所は存在していたものと推測される。

また、四月四日には広瀬龍田祭の記事が存在し、「近代無使之沙汰歟」と記され、近年は使が発遣されていない旨が記されているが、久保田収は『禰家文書』《でいけ》から建久年間以後は広瀬龍田祭の使が中絶したことがわかるとし、『神

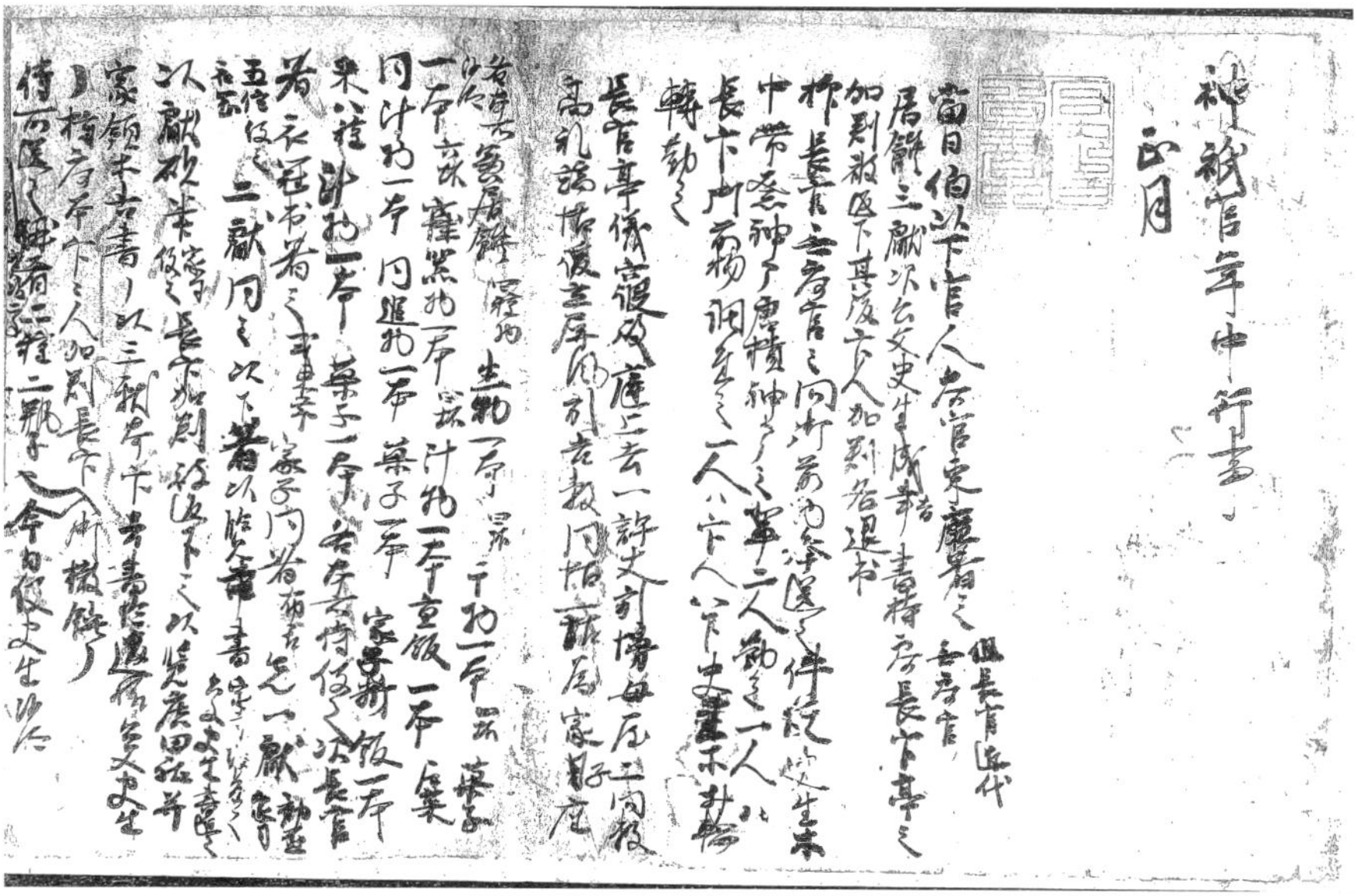

宮内庁本『神祇官年中行事』冒頭部分

祇官年中行事』の本文は建久以後に成立したものであるとした。よって、『神祇官年中行事』は恒例と臨時の行事を記したものとして建久以後に成立したものであり、その本に宝治二年以後の早い段階で記録の追記が加えられた一本が存在していたものと考えられる。白川家旧蔵『神祇官年中行事』は、その一本を原本として、それに建久九年王氏年爵挙奏案と安元二年・貞応三年の神祇伯初任神事を合わせて書写したものと考えられる。

次に書写年代であるが、曾根研三は、紙背文書に資邦王（一二三三～九八）の書状が存在していることが認められ、書写年代はおおよそ資邦王もしくはその子業顕王（一二六六～一三二〇）の時代とされた。しかし久保田収は、書状を紙背文書として利用するのはその書状を受け取った側とするのが自然であり、かつ神祇官の年中行事書や初任神事の記録を書写する必要のあるのは神祇伯かそれに近い立場であろうから、資邦王の流れではない資宗王流側で書写されたものとした。具体的には資邦王と同時代の資基王（一二二六～六四）・資緒王（一二五〇～九七）のころ、かれらに近い立場の者が筆写したと推定した。また、「神祇官年中行事」に付せられた神祇伯初任神事の記事も仲資王と資宗王の記録しかなく、その間に任伯した業資王（建久九年、任伯、資邦王の祖父）の初任神事記事が存在していないことは、現白川本『神祇官年中行事』を筆写した側に業資王任伯の記録が伝わっていないことを意味し、筆写が資宗王流で行われたことを物語るとする。

ちなみに、臨時の神事を記した部分の中に「少巻物ニハ大嘗会已後斎宮已下事無之」とか「少巻物、宇佐使次ニ書之」などと細字が付された箇所が存在する。その付された注記の内容から推察するに、おそらく白川家旧蔵『神祇官年中行事』が書写されたころにはその原本とは別に「少巻物」と呼ばれた一本が存在しており、それは一部追記が存在せず、そのために一部記事の記された場所が異なっていた一本であろう。白川家旧蔵『神祇官年中行事』が書写されたころの時代に、すでに複数の『神祇官年中行事』が存在していたことが推測される。

諸本　宮内庁書陵部には白川家旧蔵本以外にも貞享四年（一六八七）壬生季連書写本、元禄七年（一六九四）書写本（天明八年〈一七八八〉松岡辰方校）などが存在する。ほかにも内閣文庫、静嘉堂文庫、神宮文庫、鶴舞図書館、國學院大學などに諸本が存在するが、皆近世以後の写本であり、唯一の古写本である白川家旧蔵本の貴重性が伺われる。

〈参考文献〉

曾根研三『伯家記録考』西宮神社社務所、一九三三
宮内庁書陵部編『図書寮典籍解題　続歴史編』国立書院、一九五一
岩橋小彌太「神祇官年中行事」『群書解題』六、続群書類従完成会、一九六〇
久保田収「『神祇官年中行事』について」『神道史の研究』皇學館大學出版部、二〇〇六（初出一九七五）

（塩川哲朗）

宮内庁書陵部蔵『神祇官年中行事』（白川本）翻刻

○凡　例

一　漢字は原則として現行の字体を用いた。
一　虫損等の破損により判読困難な文字はその字数を□で示した。
一　合点（＼）が付され、宝治二年〈一二四八〉以後に追記された記事と想定される箇所は「　」で括り示した。
一　翻刻を行う際に宮内庁書陵部蔵壬生本（貞享四年〈一六八七〉写）・松岡辰方校本（元禄七年〈一六九四〉写）、國學院大學所蔵本（江戸時代後期写）、群書類従本を適宜参照した。
一　校訂で補った箇所は〔　〕で括り示し、校訂に関する傍注は〔　〕で右傍に付した。
一　割注や細注などは〈　〉に入れて示した。
一　本文中に適宜読点（、）並列点（・）を付した。
一　「神祇官年中行事」に附載された王氏年爵挙奏案と神祇伯初任神事の翻刻は割愛した。

神祇官年中行事

正月

当日伯以下官人参㆓官東庁㆒着㆑之、〈但長官近代無㆓参官㆒、〉居㆑饌三献、次公文史生成㆓吉書㆒、持㆓参長官亭之㆒、加判被㆓返下㆒、其後官人加判各退出、抑長官無㆓参官㆒之間、御前物奉㆑送㆑之、件使史生等中、帯㆓祭神部唐櫃㆒、神部之輩二人勤㆑之、一人ハ長官御前物調㆓進之㆒、一人ハ官人以下史生等、以㆓輪転㆒勤㆑之、長官亭儀、寝殿庭上去㆓一許丈㆒引㆑幔、母屋二間敷㆓高礼端帖㆒、後立㆓屛風㆒、引去敷㆓同帖一帖㆒為㆓家子座㆒、〈各本所沙汰、〉兼居㆑饌、〈四種物、〉生物一本、〈四坏、〉干物一本、〈四坏、〉菓子一本、〈六坏、〉窪器物一本、〈四坏、〉汁物一本、重飯一本、〈居㆑菜、〉同汁物一本、同進物一本、菓子一本、家子料飯一本、〈菜八種、〉汁物一本、菓子一本、各本所侍役㆑之、次長官着㆓衣冠㆒出着㆑之、〈或束帯、〉家子同着〈布衣〉、先一献、〈勧盃家司五位役㆑之、衣冠、〉二献同㆑之、次下㆑箸、次覧㆓吉書㆒、〈家司役㆓進之一、〈公文史生書二進之一、〉次献二硯筆一、〈家司役レ之、〉長官加判被レ返二下之一、次覧二広田社并家領等吉書一了、次三献、本官吉書於返二給公文史生一、了持二参本官一、々人加判、長官入御、撤レ饌了侍所送レ之、但肴二種二瓶子也、今日役史生沙汰、

茂〔射カ〕賭事、「〈宝治二年、庁始以二吉日一被レ行レ之、廿四日親尚、能貞、本官官人、史生参二行之一、七日行レ之、官人参進、兼佐、為孝、能貞、〉」中旬之間以二吉日一史生等参二本官一賭也、

石塔事、下旬之比、〈或二月、〉為二鎰取之沙汰一行レ之、布施官人等也、所役史生皆参行也、

二月

一日旬日也、官人参レ官神拝如レ常、酒肴如二正月朔日定一、

四日祈年祭也、諸社幣料請奏長官以下官人等加署、諸社催レ牒(カ)長官已下加判行、奉行忌部書二進之一、当日官人着二出居一、御巫子廻二見幣物案一、詔戸師申二詔戸一、諸社神馬廿二匹、〈左馬寮十一疋、右馬寮十一疋、〉諸社司可二請取一之処近代本官年預請二取之一、「〈宝治二、伊勢使祭主可(カ)レ勤レ之歟、隆泰□代官、出居官人事、諸司被レ用事、〉」

十一日旬日次第如レ常、

廿一日同レ之、

上申日春日祭、平岡祭、率川祭、

上卯日大原野祭、

已上幣物以二本官一請奏、〈長官加署、〉付レ官請二取幣一、以二本官史生一持二向社頭一、春日祭ニハ詔戸師参向、

園韓神祭、

幣以二請奏一、長官加署付レ官、卜部長者沙汰、

祈年穀奉幣、〈中下旬之間、〉

廿二社幣物事、以二本官一請奏、兼日付レ官、但伊勢幣物之請奏ハ内蔵寮之沙汰、伊勢使王、〈外記沙汰、〉中臣一人、忌部一人、卜部一人也、差文長官加署同付二外記一、丹生・貴布禰両社使同二本官差文一也、

「〈宝治二、廿二社請奏事、廿八日発二遣中臣知経・忌部孝篤(カ)・卜部兼名一、已上本官差文、〉」

三月

一日旬日也、其儀如レ常、今日内并諸宮宮主等奉二御灯奏一、

三日御灯御祓也、宮主等参二本所一御祓勤レ之、

「三日八神殿節供、」

中午日石清水臨時祭也、内宮主参内、

十一日、廿一日旬日如レ例、

晦日鎮花祭《ハナシツメノマツリ》也、件幣以二本官一請奏、兼日付レ官、公

文史生沙汰、
四月
一日旬日如㆑常、
大神祭、稲荷祭、山科祭、松尾祭、平野祭、
已上件幣以㆓本官㆒請奏、長官加署付㆑官、公文史生沙
汰、
四日、広瀬・龍田祭、
件幣以㆓本官㆒請奏、長官加署兼日付㆑官、公文史生沙
汰、使王臣五位五位〔衍字〕已上并神祇六位官人一人、卜部
一人、神部二人也、而近代無㆓使之沙汰㆒歟、本官之
方史生請㆓取幣物㆒、参㆓向社頭㆒、
吉田祭、供神物公文史生調㆓進之㆒、
中山祭、四面御門祭、神楽岡祭、忌火庭火祭、四角四堺《ケ》
祭、狭井祭、御井祭、御河水祭、
已上件祭之幣物等以㆓本官㆒請奏、兼日付㆑官請㆑之、
本官史生持参也、件用送〔途カ〕料知下宣旨、近代無㆓其沙
汰㆒歟、
「四日広瀬龍田祭者(カ)、〈式条王一人、神祇官可㆑向歟、〉
奉幣使、〈神祇史生持参、〉」
十一日、廿一日旬日如㆑常、
晦日御神祭、〈用送〔途カ〕長官沙汰、〉厨女請行之祭也、

五月
一日旬日也、五日八神殿節供、
九日紫野今宮祭、
幣帛供神物等為㆓本官之史生等之沙汰㆒調献也、
「幣帛供神物本官史生持参也、」
十一日、廿一日旬日也、
六月
一日旬日如㆑例、今日御体御卜始也、中臣一人・宮主一
人并卜部官人・氏人等参㆓本官㆒始㆑之、中臣儲㆓酒肴㆒、
自㆓今夕㆒至㆓八日㆒献㆓御贖㆒、〈内諸宮、〉御巫・史生調㆓
進之㆒、御体御卜儀、〈除㆓公家御衰日并子日㆒卜㆑之、〉
当日中臣・宮主・卜部官人・氏人等参㆓本官㆒行㆑之、
季御卜并伊勢宮司、禰宜、神戸司等、五畿七道祓等事、
「御贖物、御巫《カン》子持参之例事、近代官人巡役、」
十日御卜奏、上卿着陣奏㆑之、本官奏書二通、
一通ハ伊勢宮司禰宜等祓事、一通ハ七道祓事、長官以
下官人加署奏㆑之、又同案二通長官以下加判行、〈宮
主役(カ)ニ兼置也、〉、抑件祓、伊勢祓ハ宮主向、七道祓長
官進㆓止之㆒、
十一日月次祭使祭主・出居官人等、
次第同㆓祈年祭㆒、神今食、上卿・参木・弁・少納言

参二本官一行レ之、内宮主参二勤之一、
晦日節折也、中臣・宮主参勤也、〈内諸宮、〉
今日朱雀門大祓、上卿向二朱雀門一行也、御祓詔戸師
勤レ之、立二稲成一遣二本官下文松尾・稲荷両社之間、
又賀茂上下一也、一社弁二勤之一、
「御体御卜始、
中臣一人・卜部八人参二勤之一、同斎卜以二去日一行レ之、
十日内奏、
中臣一人・卜部・宮主等参陣、
十一日〔月〕次祭、祭主隆世朝臣、
伊勢使祭主、諸社幣〈社司参官受レ之、〉出居官人、
神今食、
上卿以下参二本官一行レ之日、宮主参役、
晦日節折、
中臣一人・宮主参二勤之一、
朱雀門大祓、
上卿以下参二朱雀門一行レ之、本官詔戸師勤二解除一、立二
稲功諸社一也、」
七月
一日旬日、
四日広瀬龍田祭、幣以〔下〕使間事、如二四月祭定一、

祈年穀奉幣、
次第如二二月一、
十一日、廿一日旬日如レ例、
「七日八神殿御節供、」
八月
一日旬日如レ定、
十一日、廿一日同レ之、
九月
一日旬日、今日奏二御灯御卜一如二三月一、
二日造酒司御卜、中臣・卜部参二本官一卜レ之、
三日御灯御祓如二三月一、
十一日伊勢例幣也、幣物内蔵寮請奏也、
使王、〈外記沙汰、〉中臣、〈祭主勤レ之、〉忌部、〈氏
長勤レ之、〉卜部、〈内宮主勤(カ)レ之、〉使差文兼日付二外
記一、長官加署、
旬日、廿一日旬日、
「二日造酒司以下、〈新嘗会[白]黒二酒(カ)料文卜定也、〉中
臣一人・卜部一人参二本官一行レ之、近代不レ参、史未
レ行レ之、
九日八神殿御節供、
十一日伊勢例幣、

付録

使王、中臣、〈祭王隆世、〉忌部、〈氏長、〉卜部、〈内
宮主、〉使差文付二外記一、」
十月
一日旬日、
二日大炊寮御卜、中臣・卜部参二本官一卜也、
十一日、廿一日旬日、
「二日大炊寮御卜、新嘗会料稲粟文卜定也、中臣一人・
卜部一人参二本官一卜也、」
十一月
一日供二御贖物一、〈至二八日一、〉
松尾・平野以下諸社祭幣物之請奏、兼日以二本官一請奏、
付レ官請レ之、〈公文史生沙汰、〉然而近代無二異沙汰一歟、
中寅日鎮魂祭、
上卿・弁於二宮内省一行レ之、中臣・宮主〈内諸宮、〉
参勤也、
下酉日賀茂臨時祭、
御禊内宮主参勤也、
晦日御神祭次第如二四月一、
「十一月一日、自二今夕一供二御贖物一、御巫・史生沙汰、
中寅日鎮魂祭、上卿・弁以下参二宮内省一行レ之、内
及諸宮宮主参勤也、
中卯日新嘗祭、内宮主勤レ之、上卿已下着二少忌一参
仕、」
十二月
一日旬日如レ常、自二今夕一迄二八日一供二御贖物一如二十一
月一、今日御体御卜始レ之、次第如二六月一、
御体御卜儀如二六月一、
十日同御卜奏如二六月一、
十一日今日月次祭也、使祭主・出居本官官人、次第如二
六月一、
廿一日旬日、
晦日朱雀門大祓、其儀如二六月一、
節折次第如二六月一、
「一日供二御贖物一、〈如二十一月一、〉御体御卜始、同
斎卜如二六月一、
十日御体御卜奏、
十一日月次祭如二六月一、斎部殿、内及諸宮御巫・
史生祭レ之、」
臨時
一神社行幸
供奉官人、〈副二人、祐二人、史二人、史生二人、官

掌二人、〉
社頭役官人、
　祐史皆参、史生皆参、差文兼日付二外記一、
　「路次〈社〉幣帛事、」
大殿祭、〈内宮社頭、〉中臣・忌部祭レ之、「参二勤之一、」
大麻、〈内宮社頭、〉中臣献レ之、
宮主社頭御禊勤レ之、
御祈、兼日被二仰下一、
大祓、立二稲成一副二本官下文一、長官加判付レ社、鎰取
沙汰、
一御方違行幸、
大殿祭、〈中臣・忌部〉祭レ之、還御之時於二内裏一又
有レ之、
当日朱雀門大祓、立二稲成一副二本官々文一、長官加判、
「大麻奉レ之、」
一朝覲行幸、
大殿祭、中臣・忌部勤レ之、「大麻、」
一御元服之時、
官人七八人参内、無二指役一進二差文一、
「四条院御時無レ之、官人七・八人参陣、見参許(カ)也、
本官御祈差二進之一、」

一斎宮卜定、
中臣女、〈謂二節折一、〉主神司、〈中臣、忌部、卜部長
者挙二申之一、宮主、〉
差文長官加署、付二本宮庁一、
見参官人十人許、史生皆参、同付二差文一、
〈少巻物ニハ大嘗会已後斎宮已下事無レ之、〉
「斎宮卜定、当日御禊上座、卜部勤レ之、
中臣女、〈謂二節折一、〉中臣氏長者沙汰進、
主神司、〈中臣一人、忌部一人、宮主一人、〉
見参官人十余人、史生皆参、
大殿祭、〈中臣・忌部〉祭レ之、
御井竈神祭、本官史生祭レ之、請奏兼進レ之、
賢木事本官史生(カ)沙汰、
卜二定由伊勢奉幣一、
入二御諸司河原御禊点地一、
中臣・卜部参勤、号(カ)二河合祓一、
入二御野宮一条川原湊所点地一、
中臣・卜部勤レ之、
群行之時、
供奉官人、〈副・祐・史、自二野宮一至二于官庁一供奉、〉

付録

国供奉、
副使四人、〈長官送レ使、召二幣使一、〉記録使〈一人、
卜部氏人勤レ之、〉
群行之時、
松尾社奉幣、〈使中臣官人、〉」
一斎院卜定、
大殿祭、中臣・忌部参二勤之一、
宮主・見参官人十人許、史生皆参、
已上差文付二本院庁一、
「見参官人十余人許、被レ入二御諸司川御禊所一役(カ)、
中臣・卜部勤レ之、
入二御本院一之時、一条御禊所役(カ)、
中臣・卜部勤レ之、
賢木事、〈本官史生用意、〉
軒廊以下事、
中臣一人、〈本官催二卜部一、皆参レ官通文、〉」
一本官差進使事、〈差文公文史生書二上之一、〉長官加署、
斎院卜定一事歟、史大方事歟、〉
太神宮御遷宮、
弁代、伯或中臣官人、史代、〈忌部・卜部同、〉「本
官史代・卜部・忌部官人氏人同勤レ之、」

同三ヶ国祓使、「卜部同三ヶ国治レ祓、近江、伊
勢(賀カ)、神宮、」
五畿内一人、三ヶ国一人、「使五木内一人、」「三ヶ
国一人、」
伊勢覆二勘損色一、
使二人、〈中臣・卜部・忌部之間、〉史生一人、
「使二人、〈中臣・卜部・忌部官人氏人之間差二進之一、〉」
「伊勢太神宮、覆二勘損色一、」
斎宮群行、
副使、〈中臣、忌部、卜部、〉記録使、〈卜部、〉
同時清祓使、
左右京職一人、五畿内一人、七道各一人、神部各二
人、三ヶ国使一人、〈伊勢、宮司、近江、〉
宇佐勅使副使、卜部一人、〈云二主典一、〉神部二人、
「卜部一人、〈云二主典一、〉同臨時使、或中臣歟、
卜部官人勤レ之、」
大嘗会之時、
抜穂使四人、〈悠紀二人、主基二人、〉「卜部、」
三ヵ国由加物使、
紀伊国一人、〈神部二人、〉淡路一人、〈神部二人、〉
阿波三人、〈荒妙神服使一人、戸座童使一人、「忌部、」

由加物使一人、神部二人、〉
三河国和妙神服使、
　神服氏人一人、神部二人、
上旬大祓、〈左右京職、〉五木内七道、一道各一人、神
部二人、
大奉幣使、
　同レ之、
同下旬祓使、
　同、
三ヵ国祓、〈近江、伊賀、伊勢、〉
　使一人、神部二人、
大嘗会由三社奉幣、
伊勢使、〈中臣、忌部、卜部、〉神部四人、
会日、〈祭主中臣、氏長忌部〉勤レ之、
大殿祭、
宮主供二神物一沙汰、抜穂使四人、〈忌部、〉
和妙神服使、
寿詞奏、
　祭主奏レ之、
神璽剣、
　忌部奉レ之、氏長勤レ之、

二季御体御卜清祓使、
　一道ニ各二人、〈中臣、卜部、〉神部各二人、
「践祚、〈官人、〉
　御祈、〈官人一人、〈受禅不レ及二御祈一歟、参二籠本
　官一、〉〉
当日大殿祭、宮主已下本官差二進之一、
御即位由伊勢奉幣、
　同御祈、官人一人参籠、
御即位行幸、
　大麻、大殿祭、
同由天神地祇大奉幣、〈神三千一百四十二座歟、〉
　使、〈左右京職一人、五畿内一人、七道各一人、
　神部各二人、〉
　件使以二中臣・忌部氏人一差二進之一、随二官催一進
　レ之、
大嘗会国郡卜定、中臣二人、卜部四・五人参陣、史
生両三人、
同行事所諸司并山野卜二定之一、
　中臣二人(カ)・卜部四人、参二役之一、
同行事所被レ鎮、〈悠紀、主基、〉

中臣二人、卜部四人、神部等、
荒見河祓、
中臣二人・卜部四人・神部等参勤、
八月上旬大祓使、左右京職、五木内七道、一道各一
人、神部二人、
件使、中臣・卜部伊岐氏人差二進之一、
八月下旬大祓、〈左右京一人、□□同一人、〉五木内
一人、
大嘗会大奉幣、〈宮中、京中、京職、五木内、七道、〉
使、一道各一人、神部二人、
件使、〈中臣・忌部・卜部伊岐氏人等差二進之一、〉
抜穂使、〈六・七月中下旬比差二進之一、〉
四人、〈悠紀二人、主基二人、〉
件使以二卜部伊岐直氏人一差二進之一、
神部八人、〈一方副二神部四人一、〉
阿波国荒妙神服使一人、由加物使一人、
戸座童使一人、神部二人、
淡路国由加物使一人、神部二人、
〈近代無二沙汰一、〉紀伊国由加物使一人、〈神部二人、
□□上沙汰、〉
参河国和妙神服使、
以二神服社神主神服氏人一差二進之一、
大嘗会由三社奉幣、〈伊勢、石清水、賀茂、〉
河原御禊、
供奉官人、副二人、祐二人、史二人、史生二人、官
掌二人、神部二人、
蔀屋贖物役官人、
副祐史十余人、史生皆参、
大麻祭□奉之、
大殿祭、〈中臣、忌部、〉
御贖物、
内御巫・史生調二進之一、〈戸座童等、〉
御禊、
宮主勤レ之、
大嘗会日、
寿詞奏、〈祭主奏レ之、令条式条委見レ之、〉
神璽鏡剣、〈忌部奏レ之、〉
大殿祭、〈中臣、忌部、〉
抜穂使四人、〈忌部、〉和妙神服使参役、荒妙使、〈近
代不レ参、〉」
臨時伊勢奉幣、

付録

使々如レ例、
丹生貴布禰使、
卜部忌部氏人中五位・六位氏人勤レ之、
〈少巻物、宇佐使次ニ書之、〉臨時鹿島香取両社使、
伊岐氏人、近例、元暦、〈伊岐致友歟、不レ参(カ)レ之、
文治可レ尋、能貞、〉
中臣氏人、〈仁治二年、大中臣行輔、始勤レ之歟、〉
熱田社使、
直氏人、
日前国懸社使、
中臣氏人、紀氏人、
祈雨十一社奉幣使、
五位・六位中臣氏人・官人、
一代一度太神宝伊勢使、
四姓氏人、
出雲杵築大社覆勘、
使一人、伊岐氏人、史生一人、
住吉遷宮事、
史・々生等参向、行々歟、
凡伊勢幣使、王毎度卜二合之一、

（塩川哲朗）

祭祀関係用語集

〈祭祀用語〉

幣　帛(へいはく)

「みてぐら」とも読まれ、広義には神への供え物全般を指し、狭義には、神に奉る布帛類を意味する。神への奉献品には、入手できる最高の物が選ばれ、武具類・布帛類・食品(海産物・穀物・酒など)などが奉られた。その組成はおおよそ五世紀ごろには日本列島で共通化していたようである。奉献品の内、武具類・装束類は特別に「神宝」と呼ばれ、幣帛とは別に奉られることもあるほか、神への食事を「御饌」や「神饌」と称することもある。『延喜式』には諸祭で奉られる広義の幣帛が列挙され、その細目をみることができる。

御　幣(ごへい)

「幣」そのものは神への捧げものを意味し、幣物や「みてぐら」とも呼ばれ、狭義の布帛類を意味するが、このうち、竹や木の串に木綿《ゆう》や麻布、白、金、銀、五色の紙を切った紙垂《しで》をつけたものを御幣、または幣束《へいそく》と呼ぶ。神前に供えたり、祓に使用したりし、たんに「幣《へい》《ぬさ》」とも呼ばれる。

神　饌(しんせん)

神に奉る食物のこと。「御饌」ともいう。食物を供えて神を饗応することは多くの祭祀に見られ、神饌の供進は古くより祭祀の基本であった。祈年祭や新嘗祭のように、穀物の豊穣や新穀への感謝を目的とする祭祀も多く、人間生活に不可欠な食物の豊穣と、その食物の神への奉献は連動していた。そのためもあり、神饌にはきわめて丁重な扱いが求められていた。『延喜式』に定められた諸祭の神饌は、米・粟などの穀物類や、酒などの米類の加工品のほか、鮑《あわび》・鰹《かつお》・海藻などの魚介類が中心である。この品目構成は現代の神社の祭りにも受け継がれているが、鹿を供える信濃国諏訪大社の御頭祭など、祭りによって特別な品を用意する神社は多い。調理の有無も祭りによって異なるが、調理した神饌を特に熟饌という。

神　宝(しんぽう)

「かんだから」とも読まれ、神社所有の宝物・財物の総称でもあるが、神への重要な奉納品や、祭神と深い関わりがあるものを指す場合もある。古代では、比較的耐久性のある武具類（鉾・剣・弓など）や紡織具などで主に構成される。神宝を神に奉る例として、春日祭などのほか、伊勢神宮の式年遷宮では宮殿とともに二十一種の神宝も新調された。その他、古くより石上神宮に神宝が納められた記事や、天日槍《あめのひぼこ》が神宝をもたらした記事が『日本書紀』にみえるほか、饒速日命《にぎはやひのみこと》がもたらした十種の瑞宝（『先代旧事本紀』）などもある。

班　幣（はんぺい）

国家が幣帛を諸神社に分配して奉ることをいう。これが行われる代表的な祭祀は祈年祭、月次祭であり、神祇官の管轄する「神名帳《じんみょうちょう》」（『延喜式』巻九・十が相当する）に記載された神社（官社）の祝部《はふりべ》を神祇官に集め、国家の用意した幣帛を分配し、各社に持ち帰らせて奉らせた。延暦十七年（七九八）以降には、国司が国家に代わり一部の神社への班幣を行うようになった。国家の幣帛を分配するという点では、相嘗祭も班幣の祭祀に該当する。

奉　幣（ほうべい）

幣帛を神に奉ることをいい、その使者は奉幣使と呼ばれる。奉幣は恒例のものと臨時のものがあるが、臨時に幣帛を神に奉る場合は、五位以上の者が卜定されて使者に選ばれた（「神祇令」）。神社によって奉幣使の姓氏が定まっている場合もあり、その場合多くは神社の氏人が使者を務めていた。奉幣の対象と範囲はその目的や時代によって変化し、災害・戦乱の克服のための奉幣や、即位や大嘗祭に際する全国への奉幣、特別の有力神社に限定した二十二社奉幣など、さまざまな実例が存在する。

祝　詞（のりと）

祭祀・儀式で読まれる詞章をいう。神に対して奏上する形式と、参集した人々に対して宣読する形式が存在する。ほとんどの祝詞文は伝統的な和語によって構成され、文意は列挙・反復・対句的な表現で格調高く修飾され、口誦表現の伝統を引き継いでいる。古代の祝詞は平安時代中期成立の『延喜式』巻八でみることができるが、時代による祝詞文の変化は限定的で、多くが成立当初の形式を留めているものと想定されている。

宣　命（せんみょう）

天皇などが発した詔《みことのり》を和語で読み聞かせるために記したものをいう。古く大王・天皇の命令は口頭によって宣布されており、律令制以後も漢文体の詔書と並立した。日本語の語順で記し、助詞・助動詞の語尾を一字一音の万葉仮名などで記したものを宣命書き（宣命体）という。即位や外国使節の来朝などに際し、大内裏の朝堂院で公卿や中務卿（中務省の長官）が臣下に宣する例の他、神社に対する宣命（告文《こうもん》）を勅使などが宣する例もある。

亀　卜（きぼく）

亀甲を焼き、現われたひび割れの形から吉凶を判断した占い。古代の祭祀においては、祭祀者や使者の選定など多くの場面で行われた。また、災害などを神の祟りと認識し、その神や原因を特定するためにも行われた。神祇官の卜部が担当し、恒例の御体御卜《おおみまのみうら》や臨時の軒廊御卜《こんろうのみうら》などがあった。亀甲は紀伊・阿波・土佐の三国が献上することになっていた。

拍　手（かしわで）

神を拝する時や、祭儀などにおいて、手を打つ作法をいう。神拝のほか、祝詞を読み終わった後や、直会の際に拍手する例がある。八つ拍手することを八開手《やひらで》といい、古代の伊勢神宮においては、再拝を二度行う再拝両段《さいはいりょうだん》と八開手が組み合わされた神拝作法がある。具体的には四回奉拝して八度拍手し、さらに四回奉拝して八度拍手するものである。

称　唯（いしょう）

「オー」という声を発して応答することをいう。天皇や上卿など目上の人の召し・命令に応じる際や、祝詞などを拝聴する際に行われる。了承した意（唯）を称《とな》えることであり、上から下に「しょうい」と読まず、「いしょう」と逆さまに読むことを通例としている。また、女性の称唯は「あ」という（『日中行事』）。

警　蹕（けいひつ）

天皇の出御・入御、また御膳を運び参るときなどに、周囲を戒め、先払いするために発声すること。神事においても御扉の開閉などの時に行われた。「蹕《ひつ》」とは人々の足を止めることをいう。「おお」や「おし」などと唱えた。

玉　串（たまぐし）

榊などの枝に木綿や絹、麻、紙などを付けたもので、祭祀や神社参拝で神前などに捧げるものをいう。玉串を美称して「太玉串」という場合もある。古代伊勢神宮では延暦のころより祭祀にて太玉串を供える儀が恒例化していた。『延暦儀式帳』ではその由来を、高天原にて天照大神が天磐戸に隠れた時、鏡・勾玉・木綿を榊に付けて祈った神話に求めている。

案（あん）

物を載せる台をいう。神饌や幣物などの神への奉り物のほか、剣・璽や禄、文房具など、丁重に扱われるべき物が安置された。形状・材質の違いから高案、八足案、榁案《しもとあん》などさまざまな種類が存在する。

穢（けがれ）

日や身体、物などに触れる不浄のことをいい、これに接触もしくは接近することを触穢《しょくえ》という。罪と同一視される場合もある。神事において不浄は避けなければならず、人や動物の死、喪中や病、肉食などは避けられ、それに触れた場合は祭儀に参加せず、軽重に応じて一定期間忌み慎む必要があった。そのため内裏などの祭場や神事に関する人・物が穢に触れた場合、祭祀が延引する例も多い。

斎　戒（さいかい）

神事のために心身を清め、忌み慎むことをいう。物忌《ものいみ》、斎、潔斎とも呼ばれる。斎戒中は喪を弔い、病を問い、肉を食べ、死刑・刑罰を執行し、音楽をなすことや不浄のものに触れることが避けられた（「神祇令」）。斎戒の期間は祭祀によって異なり、大祀（践祚大嘗祭）は一ヵ月、中祀（祈年祭、月次祭、神嘗祭、新嘗祭、賀茂祭）は三ヵ日、小祀（大忌・風神祭、鎮花祭、春日祭など）は一ヵ日と定められた。斎戒には散斎《あらいみ》（祭祀の前後）と致斎《まいみ》（祭祀当日）があり、散斎では日常業務を行うことは許されたが、致斎ではただ祭祀のことしか行なってはならなかった。

祓（はらえ）

罪・穢・病気・災厄などをはらい除くことをいう。一般的には祓詞《はらえことば》を読むことや祓麻《はらえぬさ》によって行われ、祭祀の前に心身を清浄化するためや、臨時に穢などをはらい清めるために行われる。「祓」は本来、罪を解除することであって、穢を清める「禊《みそぎ》」とは異なり、古くは罪を贖うために財物を出して行われ、祓は「解除」とも記された。国家が執行する祓は「大祓」と呼ばれ、六月・十二月晦日の大祓や、大嘗祭における大祓使の発遣、祭祀の中止・延引に際する臨時の大祓などが存在する。

御　禊（ごけい）

「禊《みそぎ》」は水中に潜って汚れ・穢を洗い清めることをいうが、「御禊」という場合、天皇・三后・東宮・斎宮・斎院などの祓をいい、祭祀などにあたって心身を清め潔斎することをいう。天皇の御禊は石清水臨時祭や賀茂臨時祭、大嘗祭などの際に行われる。米や人形《ひとがた》などの御贖物《みあがもの》を供え、大麻《おおぬさ》で祓い、宮主が祓詞《はらえことば》を読んだ。

神幸還幸（神行還御）（しんこうかんこう〈かんぎょ〉）

神霊が本社より他所に移動することを神幸といい、他所より本社へ戻ることを還幸という。神幸は「おいで」「みゆき」「おわたり」とも呼び、還幸は「おかえり」とも呼ばれる。神幸には神輿や鳳輦《ほうれん》（屋形の頂上に金銅の鳳凰を飾った御輿）などが使用されるが、船に乗せて川や海を渡ることもある。山から神霊を迎えたり、氏子地域内を移動したり、祭神と由縁のある場所へ渡御したりとさまざまな形式が存在するが、おおむね神をもてなし、神威を高め、地域や人々の安寧を祈るために行われている。

遷　宮（せんぐう）

定期的な社殿造替や、社殿が破損した場合に行われる修理・修造などの際に、神体を本殿から遷し奉ること、もしくはそれを中心とする一連の祭儀をいう。遷座、遷霊という語も同じ意味で用いられることがある。一時的な社殿である仮殿《かりどの》へ移すのを仮遷宮《げせんぐう》（下遷宮）、仮殿から新しく建替えた宮殿に移すのを正遷宮《しょうせんぐう》（上遷宮）ともいう。古代では、伊勢神宮のほか、住吉・香取・鹿島社も二十年に一度社殿を新たに造り替えることが規定されていた（『延喜式』）。

〈祭　祀　者〉

神宮司（じんぐうじ）

祭祀を含む一切の神社政務の責任者。現在の神社の代表者である「宮司」の名称の由来でもある。古代ではすべての神社に神宮司が置かれていたわけではなく、海上交通の要になり得るような、朝廷の影響力を及ぼしたい場所の神社に置かれる例が多かったようである。また、大中臣氏の同系氏族が多く任ぜられていたことも特徴である。奈良～平安時代に神宮司の存在を確認できる神社には、伊勢神宮、香取神宮、鹿島神宮、気比社、気多社、宇佐宮を挙げることができ、伊勢神宮の場合は「大神宮司」と呼称された。

神　主（かんぬし）

神祭りを掌《つかさど》る者、もしくはその職の総称であるが、律令に明確な規定は存在しない。宮司職が置かれたいくつかの神社を除き、神主は祭祀の責任者であり、最上位の奉仕者であった。神社を伝統的に奉斎してきた氏族のなかから選ばれ、氏族の長（氏上《うじのかみ》）が務めることが多かったようである。古くは官職と兼務する例もあったようだが、平安時代初期に禁止され、六年交替制となった。古代の春日社のように、常駐の神主はおらず、祭りのたびに神祇官の中臣氏を神主に選んで祝詞を奏上する例もあり、神主の実態は神社ごとに異なっていたようである。

禰　宜（ねぎ）

神職の一つであり、おおむね神主の次位に位置する奉仕者である。神意を請願し、加護を求めること（「ねぐ」）を語

付録

源とする説もある。禰宜の実態は神社によって異なり、伊勢神宮の荒木田・度会氏や賀茂上下社の賀茂県主《かものあがたぬし》のように、禰宜が筆頭の奉仕者である例もあり、特定の氏族が奉斎者として務める例もあった。

祝（はふり）

おおむね禰宜の次位に位置する奉仕者であるが、諏訪大社の「大祝《おおほおり》」のように、祝が筆頭の神職である例もある。「祝」は祭祀にて神を饗応する者の意であり、古代日本においても神の祭祀者の呼称として『日本書紀』などに散見される。古代において、一般的な祭祀者は「祝」と呼称されていたのであろう。朝廷において祝に関する細かい規定は禰宜と同様に存在せず、祭祀者の実態は神社によって異なっていた。

祝　部（はふりべ）

神主・禰宜・祝が律令に規定されていないのに対し、「祝部」は「職員令」神祇伯条に規定された在地神職である。そのため、神職一般の「祝」と、神祇官の末端官人とも形容できる「祝部」とは異なる位置付けを持つ。この「祝部」は神社に神戸《かんべ》（神社にあてがわれた民戸）がある場合は神戸より選ばれ、それ以外の場合は一般の居住者から選ばれており、その名簿は神祇官によって管理されていた。祝部は祈年祭などの国家祭祀において幣帛の授受と奉献を行うことが求められており、課役（人頭税）が免除されるなどの優遇措置を受けていた。

物　忌（ものいみ）

不浄を遠ざけ心身を清浄に保つことの意であるが、神に奉仕する童女・童男を指す神職の呼称でもある。古代の伊勢神宮では伊勢国の度会郡から選ばれた童女・童男が物忌を務め、物忌父《ものいみのちち》と呼ばれる補佐役と共に祭祀に奉仕した。物忌には天照大神に御饌を奉る大物忌のほか、職掌に応じて様々な種類があったが、神に近侍し、清浄性を尊ぶ存在であったことに変わりはない。伊勢神宮の物忌は厳重な潔斎生活を送り、大物忌などは神域から出ることを許されなかった。古代において、物忌は伊勢神宮のほか、春日社、平野社、松尾社、鹿島社、香取社などにも仕えていた。

勅　使（ちょくし）

「みかどつかい」「みことつかい」とも読み、天皇の使者を意味する。上皇の使いは「院使《いんし》」という。祭祀にあたっては、天皇の命を受けて神社に参り、幣帛を供え、宣命を奏上することもある。勅使参向の祭祀として、賀茂祭・春日祭・石清水祭（三勅祭）が有名である。賀茂祭などの公祭《おおやけまつり》では主に天皇の財政をつかさどる内蔵寮《くらりょう》の官人が勅使を務めて奉幣していたが、十世紀以降は殿上人《てんじょうびと》ら天皇の近臣を勅使として神社に遣わし、奉幣する形式が主流となる。

上　卿（しょうけい）

朝廷で行われる諸祭儀・行事の準備・執行・後始末など全体運営を担当し、筆頭として指揮する公卿《くぎょう》（大臣以下、参議および三位以上の上級官人）のこと。多く中納言以上が務め、参議も一部の儀式にあたった。年間の恒例行事の上卿については、前年度末に大臣により現任の公卿があらかじめ担当を割り当てられる。これを公卿分配《くぎょうぶばい》といい、その起源は寛和二年（九八六）に求められる。ほかにその日に太政《だいじょう》官《かん》に出仕した公卿のうち、最も上位の者が務める日上《ひのしょう》（当日の太政官の政務を主宰する）もある。

王　氏（おうし）

親王でない皇裔を指し、女性の場合は女王《にょおう》と呼ばれる。伊勢神宮神嘗祭への使者には、五位以上の王氏が卜定されて選ばれるほか、広瀬大忌祭・龍田風神祭にも五位以上の王が五位以上の臣と共に選定されている。伊勢神宮神嘗祭には王氏のほか、中臣氏・忌部氏・卜部氏が使いを務め、「四姓使《しせいのつかい》」とも呼ばれた。なお、花山天皇の孫にあたる延《のぶ》信王《ざねおう》の系統が神祇伯を歴任し、顕広王《あきひろおう》以後は神祇伯を世襲するようになる。のち、延信王の子孫は白川家と称し、通常は源《みなもと》姓を名乗るが、神祇伯在任中は「〇〇王」と称するのを通例とした。

中　臣　氏（なかとみし）

古代以来の祭祀氏族であり、神祇官の上級官人を多く勤めた。中臣氏は鎌足の功績により政治的地位を大幅に向上させ、藤原姓を賜わったが、不比等の系統以外は中臣氏に復している。中臣氏の祖神は、春日社などで祀られる天児《あめのこ》屋命《やねのみこと》であり、『日本書紀』『古事記』の天磐戸神話で祈祷や祝詞を行い、「神事を主《つかさど》る宗源者」とされ、天孫と共に天降っている。中臣氏は律令制下においても、多くの祭祀で祝詞を奏上する役目が与えられ、伊勢神宮への奉幣使も務めた。

祭主（伊勢神宮）（さいしゅ）

神祇官人で五位以上の中臣が任ぜられる役職であり、伊勢神宮のみに置かれ、神宮政務の頂点に立った。のちに「神宮官長」「惣官」とも称される。祭主の最大の職務は神宮祭祀（祈年祭・月次祭・神嘗祭）で幣帛使を務め、祝詞を奏上することであった。ほかにも式年遷宮では奉遷使《ほうせんし》を務めて全体を統率し、斎王交替にあってはその旨を神宮に奉告する務めを担っていた。祭主の初見は九世紀の大中臣淵《おおなかとみのふち》魚《な》である。祭主職は本来神祇官との兼務であるが、平安時代後期ころから伊勢の地に留まるようになる。

忌部氏（いんべし）

古代の国家祭祀を担当した祭祀氏族である。祖神は太玉《ふとだまの》命《みこと》であり、中臣氏の祖神である天児屋命とともに天磐戸神話で活躍し、榊や幣帛の作成、祝詞の奏上などを行なっている。律令祭祀では主に幣帛の作成・分配などに携わり、神今食《じんこんじき》や新嘗祭にて行われる大殿祭《おおとののほがい》や御門祭《みかどのまつり》で祝詞を奏した。また、伊勢神宮神嘗祭や大嘗祭における奉幣使を中臣氏とともに務め、幣帛の運搬などを行なった。平安時代初期に「斎部《いんべ》」と字を改めている。

卜部氏（うらべし）

古代の神祇官には亀卜《きぼく》に専門的に奉仕する「卜部」が二十人おり、伊豆・壱岐・対馬の卜部から選ばれて神祇官に出仕した。律令祭祀では、使者や奉仕者を選定する亀卜を行うほか、道饗祭《みちあえのまつり》や鎮火祭《ほしずめのまつり》で祝詞を読み、平安時代以降には伊勢神宮神嘗祭の使いにも従事した。また、卜部のなかでもとくに卜術に優れた者は宮主《みやじ》に任ぜられ、天皇・中宮・春宮《とうぐう》や斎宮・斎院などに置かれて、宮中の占いや神事、祓などに奉仕した。大嘗祭では国郡卜定《こくぐんぼくじょう》を行うほか、悠《ゆ》紀《き》・主基《すき》国への抜穂使《ぬきほのつかい》を務めるなど、重要な諸役を担っている。卜部氏は中臣氏と同族関係を結び、神祇官の主要な地位を占め、平安時代の卜部平麻呂《うらべのひらまろ》を祖とする吉田氏（平安時代中期に平野流と分かれる）は『日本書紀』をはじめとする多くの古典籍を伝来し、学問の家として栄えた。中世には兼倶が吉田神道を創始する。

〈芸能・催物〉

神　楽（かぐら）

祭祀における歌舞をいう。平安時代の宮中においては大嘗祭の節会にて夜通し行われる清暑堂御神楽《せいしょどうのみかぐら》（貞観元年〈八五九〉清和天皇大嘗祭が初見）や、恒例の賀茂臨時祭の還立《かえりだち》の御神楽（十世紀初頭成立）、内侍所御神楽（一条天皇のころに成立）などがあり、石清水社をはじめ、諸社においても行われていた。御神楽は多くの場合、夕刻から深夜にかけて開始されたようであり、また、歌われる神楽歌の曲名や曲数はその時々によって変動があったようである。奉仕者は人長《にんじょう》（全体の進行役）、本方《もとかた》・末方《すえかた》の拍子《ひょうし》（独唱者）、笛・篳篥《ひちりき》・和琴《わごん》、が一人ずつ、さらに何名かの付歌《つけうた》（独唱者を助けて斉唱する人）によって構成されていた。楽人たちは本方と末方に分かれ、それぞれが向かい合って着座し、一曲目の「阿知女《あちめ》」から歌が始まり、本方と末方のかけあいによって進行する。途中の「韓神《からかみ》」では人長が歌曲に合わせて舞を奏し、最後は「朝倉」「其駒《そのこま》」などが歌われた。なお、神楽を奏する神社内の建築物を神楽殿といい、春日若宮神社や日光東照宮の神楽殿が著名である。

東　遊（あずまあそび）

雅楽の曲種名で祭儀にて行われる音楽および舞のこと。古代東国の舞が中央に流入し、西国の倭舞に対応して舞われていたものに淵源するという。寛平元年（八八九）、宇多天皇が創始した賀茂臨時祭において催されて定着し、他社の祭りにも用いられるようになった。室町時代には戦乱のため一時中絶したが、文化十年（一八一三）に石清水臨時祭とともに再興した。「一歌《いちうた》」「二歌《にうた》」「駿河歌《するがうた》」「求子歌《もとめごのうた》」「大比礼歌《おおひれのうた》」の五曲に前奏・間奏の歌や器楽曲を取り合わせた構成であり、駿河歌の後半と求子歌には舞を伴う。

倭舞（大和舞）（やまとまい）

宮中や諸社の祭りに奏される歌舞。大嘗祭巳日の節会のほか、平野祭、梅宮祭、春日祭、大原野祭、園韓神祭などで奏された。山の神を迎える祭りの山人の舞が、百済系渡来氏族の和氏の舞となり、やがて倭舞とも書されるようになったという。宮中における倭歌は鎌倉時代末期頃に中絶し、寛延元年（一七四八）に再興された。

久 米 舞（くめまい）

神武天皇の東征戦勝を祝って従者の久米部《くめべ》が歌った久米《くめ》歌《うた》に由来する。天平勝宝元年（七四九）東大寺での演奏を初見とし、大嘗祭午日の豊明節会で奏されるようになる。もともとは久米氏が奏していたが、子孫が絶えた後は久米部の伴造《とものみやつこ》であった伴・佐伯の二氏が奏した。大嘗祭中絶とともに行われなくなったが、文政元年（一八一八）仁孝天皇の即位礼において、古譜をもとに再興した。「参入音声《まいりおんじょう》」「揚拍子《あげびょうし》」「伊麻波予《いまわよ》」「退出音声《まかでおんじょう》」の四楽章に短い前奏・間奏などが付き、揚拍子と伊麻波予に先立つ和琴《わごん》の間奏部分には久米舞がある。戦勝を祝う歌であったため、武人の勇壮な舞を中心にし、四人の舞人が四方から中央へ敵を切り伏せる型がある。

吉 志 舞（きしまい）

古代日本の歌舞であり、大嘗祭午日の豊明節会《とよあかりのせちえ》にて安倍氏によって奏された。舞人が甲冑を身に着け、手に楯や鉾を取り、舞中に刀を抜くものであったという。原型は摂津国の吉士部《きしべ》などが伝えた朝鮮系の舞楽で、久米舞と同じく職業軍人団の歌舞であったようである。大嘗祭中絶とともに絶えた。

陪　従（べいじゅう）

神楽《かぐら》や東遊《あずまあそび》などで歌や管弦を担った楽人のこと。内侍所《ないしどころ》御神楽《のみかぐら》や賀茂・石清水臨時祭などに奉仕した。本来は、天皇の行幸に付き従うことやその従者のことであるが、平安時代中期ころより近衛《このえ》府の官人で管弦を奏する者を呼ぶようになった。臨時に加わった者は加陪従《かべいじゅう》と呼ばれる。陪従には近衛府の楽人が奉仕する例が多かったが、殿上人《てんじょうびと》も選ばれて奉仕する例も少なくなかった。

〈神社の制度〉

式内社・式外社（しきないしゃ・しきげしゃ）

『延喜式』巻九・十（『延喜神名式』、「神名帳」とも）に記載された神社を「式内社」（「官社」ともいう）、記載されていない神社のことを「式外社」という。式内社は祈年祭において国家の幣帛に与る神社であり、合計二千八百六十一社、神々の総数は三千百三十二座である（一社で複数の神が幣帛に与る場合、一座を除いた神々を「前」といい、全部で二百七十一座ある）。もともと神祇官において全社に幣帛が分与されていたが、延暦一七年（七九八）以降、神祇官で幣帛が分与される神社（「官幣社」：七百三十七座）と、国司が各国で幣帛を分与する神社（「国幣社」：二千三百九十五座）に分けられた。官幣社はさらに「案上」の幣帛に与るか否かで分けられ、案上の幣帛を奉る三百四座は祈年祭だけでなく月次祭・新嘗祭の班幣にも与った。さらにこのうちの七十一座は相嘗祭にも与る。式内社は官幣社・国幣社に限らず全国に分布しており、理念的には天皇統治下の神社を意味する（崇神紀「天社国社《あまつやしろくにつやしろ》」）。しかし、その中核は畿内を中心として古くより朝廷と関係を有してきた神祇であり、諸国においては奈良時代以降、段階的に増加していったものとされている。

神　階（しんかい）

神に授け奉る位階をいう。「神位」ともいう。一品から四品までと、正一位から正六位上までの諸位が確認でき、律令社会における人への位階に対応している。神に位階を奉る例は、早く壬申の乱にみえ（天武紀）、天平三年（七三一）に越前国（福井県）気比《けひ》神が従三位であったとする記録もある（『新抄格勅符抄』）。神階は神社ごとでなく、祭神それぞれに対して奉られ、位階に付随する経済的な特典は存在しなかった。平安初期になると、諸国国司の神祇行政ともかかわりつつ対象が広がり、嘉祥三年（八五〇）には初めて天下諸神一斉に奉授され、平安時代中期には朝廷と密接な神社の多くが最高位に達した。

一　宮（いちのみや）

特定の地域の代表的な神社への呼称である。各国内において、由緒・信仰・経済基盤が第一の神社が多く選ばれ、国の鎮守神とされた。康和五年(一一〇三)に伯耆国《ほうきのくに》倭文《しどり》神社の境内より出土した経筒《きょうづつ》の銘に「一宮大明神」とあるのが確実な初出である。おおむね平安時代後期から鎌倉時代初期にその制が整えられたものと見られる。一宮に対しては国守による神拝がなされるなど、国司の神祇信仰の核であり、鎌倉期には朝廷や幕府の神事の対象にもなっている。氏人や地域社会だけでなく、一国規模の守護神でもあり、中世日本国にとっての国家的な守護神でもあった。一宮とされる神社は時期等によって異なる場合もあり、その地位をめぐって争う事態も起きた。国によっては二宮《にのみや》、三宮《さんのみや》のように、一宮に準じた神社もあった。

惣　社（そうじゃ）

国や郡など一定地域内にある神社の祭神を一ヵ所に集めて祀った神社をいい、各国の他、荘園や寺院にも置かれた。「総社」とも記される。国の惣社は、地方行政の中心である国府の中か、国府に近接した地に置かれ、一宮以下の国内神祇を一堂に集めたものであり、地方統治機構である国衙の祭祀・儀礼の重要施設であった。国司は国内神社を管理祭祀することが任務とされたが、各神社を巡拝するのに難があったために惣社が成立したとされる。惣社と一宮制は同時期(十一世紀ころ)に成立し、中世の地方神社制度は、惣社での国衙祭祀と国内の有力神社(一宮)を中心にして形成された。

〈神社の形式〉

祭　神（さいじん）

神社に祀られている神をいう。自然環境の働きに神を見出して祀る場合や、氏族が祖先神や関係の深い神を祀る場合が多く、国や特定の地域の守護神である場合も多い。平安時代以降には神とされた人霊を祀ることもあった。中世以降には有力神が各地に勧請されて祀られる例も多い。

神　体（しんたい）

神の存在が意識され、祭祀の対象となるものをいい、「御神体」「御正体《みしょうたい》」ともいう。秀麗な容姿であったり、人智で測りがたいほどに優れているものを神体とする場合が多い。神体には、鏡・玉・石・剣・鉾・鈴などがあるが、山や川そのものを神体とする場合や、神体が存在しない場合もある。神体を安置する場所は社殿や塀などで区画遮蔽される場合が多く、その神を祀る一帯を「神籬《ひもろぎ》」と呼ぶこともある。

相　殿（あいどの）

複数の神を一つの社殿に祀ることをいい、そのうち主祭神以外を相殿神《あいどののかみ》という。相殿神は主祭神と深い関係にある場合が多いが、神社合祀などの事情により関係の薄い神を祀ることもある。

別　宮（べつぐう）

神社の中心となる本宮に関係する神社をいう。伊勢神宮には現在十四社の別宮が存在するが、このうち七宮は平安時代初期ですでに宮号を持っており、以外は順次増加したものである。別宮は本宮に準じた扱いがなされ、式年遷宮の造替や神宝・装束の調進の対象となった。なお、石清水八幡宮の別宮は荘園内に設けられた神社をいい、なかでも九州の要衝に勧請された五所別宮は重視された。

摂社・末社（せっしゃ・まっしゃ）

神社に付属している小社をいい、そのなかでもとくに本社や鎮座地などに由縁の深い神が祀られた神社を摂社といい、摂社よりも本社との縁故が浅い神社を末社という。本社の境内にあるものとそうでないものがある。摂社の神には、祭神との特別な縁故・由縁もつ神や、本社の地主神、旧社地に祀る神などがある。中世には、大社寺の領地に勧請され、本社と本末関係を結ぶ神社を末社と呼ぶ場合もあった。

祠（ほこら）

神を祀る小さな社をいう。神宝などを保管する「ほくら（神庫）」から変化した語とする説もある。古くは、朝廷に重んじられた神社でも「祠」とした例があったが、現在では民間信仰の影響を受けた小規模の社や、路傍の神、道祖神を祀る社を指すことが多い。

〈施　設〉

本　殿（ほんでん）

神社の社殿のうち、主祭神が坐す建物をいう。正殿《しょうでん》、瑞《みずの》殿《みあらか》、神殿、宝殿と称することもある。本殿の建築形式は各神社固有のものを保持する場合が多い。建築形式には神名造、大社造、住吉造、流造、春日造、八幡造、日吉造などがある。

拝　殿（はいでん）

祭典を行い、参拝するための建物をいう。大規模な神社では二棟あり、内拝殿・外拝殿という。拝殿は祭祀に奉仕・参列する諸員が着座する場所であるが、神社によっては舞楽や祭儀を行い、幣帛を捧げ、直会を行う場所でもある。拝殿のない神社もあり、その場合は舞殿や回廊、門などに諸員が着座し、祭典を行う。

幣　殿(へいでん)

幣帛を神に奉る場所であり、本殿と拝殿の間に位置する。直会などを行う場となることもある。伊勢神宮には外幣殿《げへいでん》があり、古くは東宮や皇后の幣帛、調《みつぎ》の荷前《のさき》などを納めていた。

舞　殿(まいどの)

舞楽などを奉納する建物をいうが、諸員が着座し、参拝を行う場所や、様々な儀礼を行う場所でもあり、参籠所とした例もあった。現在でも神輿奉安の場や、祝詞、玉串奉奠の場に用いられることがある。

神 饌 殿(しんせんでん)

神に奉る飲食物(神饌)を準備・調理する場所をいう。祭祀や神社によってその呼称は異なり、膳屋《かしわや》、忌火屋殿《いみびやでん》、御《み》贄調舎《にえちょうしゃ》、御炊殿《みかしぎどの》、御膳《みかしわ》(柏)殿《どの》、などとも称する。大嘗宮内の膳屋がその正殿と同じく塀で囲まれて不浄を避けているように、神饌殿では清浄性が強く期されていた。なお、伊勢神宮の豊受大神宮(外宮)には毎日天照大神に御饌を奉る「御饌殿《みけでん》」があり、その北に位置する忌火屋殿で調理された神饌が運ばれる。

参 籠 所(さんろうしょ)

神社や寺院の境内の浄域内で、何日間か心身を忌み清めて籠る建物や場所をいう。参詣のためや神への奉仕、また神意を伺うことなどを目的とする。神仏の託宣を受けるため、時には断食などの苦行や、礼拝や誦経などを行う場合もある。

斎　館(さいかん)

神事のために奉仕者が心身を清め潔斎する建物をいう。「かんだち」や「いみだち」とも読まれる。古代伊勢神宮では禰宜や大内人、物忌らが潔斎して神域内に宿泊する斎館が存在していた。現在では社務所の一室を斎館の代わりに充てている場合もある。

斎　場(さいじょう)

神を祭る場や、神を祭るための諸準備・諸儀礼を行う忌み清めた場所をいう。「斎庭《ゆにわ》」「沙庭《さにわ》」とする場合もある。古代の大嘗祭では京の北野の地に斎場を作り、畿外からの新穀や貢納品を保管し、祭りの準備を行なった。また、室町時代末期に吉田兼倶によって建てられた、太元宮を中心に式内社と伊勢両宮を周囲に配した施設を斎場所という。

玉　垣（たまがき）

社殿や神域の周りに張り巡らした垣をいい、社殿や神域を不浄なものから区画遮蔽して護ることを目的とする。「瑞垣《みずがき》」「斎垣《いがき》」とも称し、多くは方形の木や厚い板に貫（横木）を通したものであり、「荒垣」（目が粗くすき間の大きい垣根）、「板垣」（板で作った垣根）ともいう。また、木の皮を剥がない黒木の垣や、朱を塗った垣のほか、石造りの垣もある。伊勢神宮の玉垣は内側から瑞垣、内玉垣、外玉垣、板垣という。

行宮・頓宮（かりみや・とんぐう）

天皇の行幸にあたり、各地に設けられる天皇の仮の御在所をいい、転じて祭神の神霊が移動した先の中継地・目的地（もしくはそこに設けられた建物）の名称にも用いられた。行宮は「あんぐう」とも読まれる。伊勢斎王の群行で路地に設けられる仮宮をいう場合もあるが、『延喜式』では行幸に際するものを「行宮」、斎王群行に際するものを「頓宮」と書き分けている。また、石清水祭では、男山山上の本社から鳳輦が渡御し、山下で本祭が行われるが、その山下の御旅所を頓宮という。

御旅所（おたびしょ）

祭神の神霊が神輿、鳳輦、船などに乗って移動した先の場所をいう。「御輿宿《みこしやどり》」「御旅宮」ともいう。神の移動先は祭神に由縁のある地が選ばれる場合もあり、移動先の地域の安寧や、神をそこでもてなすことなどを目的とする。祭礼によって御旅所は一ヵ所の場合も数ヵ所の場合もある。また、御旅所の神主は本社の神主と同一ではなく、御旅所祭祀には在地住人の独自性がみられる。

神宮寺（じんぐうじ）

神社に付属し、神のための仏事を行う寺をいう。「宮寺《みやでら》」「神願寺《しんがんじ》」「神護寺《じんごじ》」「神供寺《じんぐじ》」ともいう。八世紀初頭ころからみられ、霊亀年間（七一五～一七）に藤原武智麻呂が創建した気比神宮寺などが早い例である。初期の神宮寺は、神の苦悩を仏法により救済するために建立されるものであった。中世から近世までは多くの神社に建てられ、神宮寺の僧が神社自体の管理を担う場合も多かったが、明治の神仏分離政策によって多くが廃絶、いくつかは独立した。

（塩川哲朗）

参考図書

青木紀元『祝詞古伝承の研究』国書刊行会、一九八五
青木紀元『祝詞全評釈　延喜式祝詞　中臣寿詞』右文書院、二〇〇〇
阿部　猛『北山抄注解』巻十吏途指南・巻一年中要抄、東京堂出版、一九九六・二〇一二
阿部　猛・義江明子・相曽貴志編『平安時代儀式年中行事事典』東京堂出版、二〇〇三
阿部泰郎『中世日本の宗教テクスト体系』名古屋大学出版会、二〇一三
池　浩三『家屋文鏡の世界　古代祭祀建築群の構成原理』相模書房、一九八三
石川登志雄・宇野日出生・地主智彦編『上賀茂のもり・やしろ・まつり』思文閣出版、二〇〇六
石野浩司『石灰壇「毎朝御拝」の史的研究』皇學館大学出版部、二〇一一
石村吉甫『神道論』国書刊行会、一九八三
一宮研究会編『中世一宮制の歴史的展開』上・下、岩田書院、二〇〇四
井上寛司『日本の神社と「神道」』校倉書房、二〇〇六
井上辰雄編『古代東国と常陸国風土記』雄山閣、一九九九
井上光貞『日本古代の王権と祭祀』東京大学出版会、一九八四
井上　亘『日本古代の天皇と祭儀』吉川弘文館、一九九八
井原今朝男『中世の国家と天皇・儀礼』校倉書房、二〇一二
今谷　明編『王権と神祇』思文閣出版、二〇〇二
岩井忠熊・岡田精司編『天皇代替り儀式の歴史的展開——即位儀と大嘗祭——』柏書房、一九八九
上島　享『日本中世社会の形成と王権』名古屋大学出版会、二〇一〇
梅田義彦『神祇制度史の基礎的研究』吉川弘文館、一九六四
江見清風『増訂版　神道説苑』明治書院、一九四三
榎村寛之『律令天皇制祭祀の研究』塙書房、一九九六
榎村寛之『伊勢斎宮の祭祀と制度』塙書房、二〇一〇
遠藤基郎『中世王権と王朝儀礼』東京大学出版会、二〇〇八
遠藤基郎編『年中行事・神事・仏事』竹林舎、二〇一三
太田直之『中世の社寺と信仰　勧進と勧進聖の時代』弘文

付録

堂、二〇〇八
大津　透『古代の天皇制』岩波書店、一九九九
大津　透他『古代天皇制を考える』(『日本の歴史』08)講談社、二〇〇九
大西源一『大神宮史要』平凡社、一九六〇
大場磐雄『祭祀遺蹟—神道考古学の基礎的研究—』角川書店、一九七〇
大村拓生『中世京都首都論』吉川弘文館、二〇〇六
岡田重精『古代の斎忌　日本人の基層信仰』国書刊行会、一九八二
岡田莊司『大嘗の祭り』学生社、一九九〇
岡田莊司『平安時代の国家と祭祀』続群書類従完成会、一九九四
岡田莊司編『古代諸国神社神階制の研究』岩田書院、二〇〇二
岡田莊司編『日本神道史』吉川弘文館、二〇一〇
岡田莊司・笹生衛編『事典　神社の歴史と祭り』吉川弘文館、二〇一三
岡田莊司編『古代の信仰・祭祀』竹林舎、二〇一八
岡田精司『古代王権の祭祀と神話』塙書房、一九七〇
岡田精司『古代祭祀の史的研究』塙書房、一九九二
岡野浩二『平安時代の国家と寺院』塙書房、二〇〇九
小倉慈司・山口輝臣『天皇と宗教』(天皇の歴史09)講談社、二〇一八
折口博士記念古代研究所編『折口信夫全集』(新訂版)中央公論社、一九六五〜六八
景山春樹『舎利信仰—その研究と史料—』東京美術、一九八六
粕谷興紀『延喜式祝詞　付・中臣寿詞』和泉書院、二〇一三
加瀬直弥『平安時代の神社と神職』吉川弘文館、二〇一五
加瀬直弥『古代の神社と神職—神をまつる人びと—』吉川弘文館、二〇一八
角田文衛監修・古代学協会・古代学研究所編『平安時代史事典』角川書店、一九九四
勝浦令子『日本古代の僧尼と社会』吉川弘文館、二〇〇〇
門脇禎二『出雲の古代史』日本放送出版協会、一九七六
金子武雄『延喜式祝詞講』武蔵野書院、一九五一
鎌田純一『先代旧事本紀の研究(研究の部)』吉川弘文館、一九六二
鎌田純一『即位礼・大嘗祭平成大礼要話』錦正社、二〇〇三
鎌田純一『神道史概説』神社新報社、二〇一〇
神谷正昌『平安宮廷の儀式と天皇』同成社、二〇一六

加茂正典『日本古代即位儀礼史の研究』思文閣出版、一九九九
川出清彦『祭祀概説』学生社、一九七八
川出清彦『大嘗祭と宮中の祭り』名著出版、一九九〇
菊地照夫『古代王権の宗教的世界観と出雲』同成社、二〇一六
清原貞雄『神道史』厚生閣、一九三二
工藤　浩『氏族伝承と律令祭儀の研究』新典社、二〇〇七
熊谷保孝『日本古代の神祇と政治』日東館出版、一九七七
熊谷保孝『律令国家と神祇』第一書房、一九八二
倉林正次『饗宴の研究』儀礼編・祭祀篇・歳事・索引編、桜楓社、一九六五・一九八七
黒田俊雄『日本中世の国家と宗教』岩波書店、一九七五
皇學館大学神道研究所編『大嘗祭の研究』正・続、皇学館大学出版部、一九七八・一九八九
皇學館大学神道研究所編『訓読註釈　儀式　践祚大嘗祭』思文閣出版、二〇一二
皇室事典編集委員会編『皇室事典』角川学芸出版、二〇〇九
甲田利雄『年中行事御障子文注解』続群書類従完成会、一九七六
甲田利雄『平安朝臨時公事略解』続群書類従完成会、一九八一
國學院大學神道文化研究所編『神道要語集』宗教篇・祭祀篇、神道文化会、二〇一三
小林宣彦『律令国家の祭祀と災異』吉川弘文館、二〇一九
祭祀史料研究会編『祭祀研究と日本文化』塙書房、二〇一六
斎藤英喜『アマテラスの深みへ』新曜社、一九九六
佐伯有義『神祇官考證』会通社、一九〇〇
阪本是丸『国家神道形成過程の研究』岩波書店、一九九四
櫻井勝之進『伊勢神宮の祖型と展開』国書刊行会、一九九一
笹生　衛『神仏と村景観の考古学　地域環境の変化と信仰の視点から』弘文堂、二〇〇五
笹生　衛『日本古代の祭祀考古学』吉川弘文館、二〇一二
佐藤宗諄先生退官記念論文集刊行会編『『親信卿記』の研究』思文閣出版、二〇〇五
佐藤長門編『遣唐使と入唐僧の研究』高志書院、二〇一五
佐藤道子『悔過会と芸能』法藏館、二〇〇二
佐野惠作『皇室と寺院』明治書院、一九三九
塩川哲朗『古代の祭祀構造と伊勢神宮』吉川弘文館、二〇一八
柴田　実『中世庶民信仰の研究』角川書店、一九六六
清水　潔編『新校本朝月令』皇學館大學神道研究所、二〇

〇二
下出積与・圭室文雄編『講座神道』第一・二巻、桜楓社、一九九一
神宮司庁編『神宮要綱』一九二八
神宮司庁編『神宮史年表』戎光祥出版、二〇〇五
神道学会編『出雲学論攷』出雲大社、一九七七
神道文化會編『明治維新神道百年史』全五巻、神道文化会、一九六六～六八
末松　剛『平安宮廷の儀礼文化』吉川弘文館、二〇一〇
椙山林継他『古代出雲大社の祭儀と神殿』学生社、二〇〇五
鈴木敬三『有識故実図典―服装と故実―』吉川弘文館、一九九五
鈴木重胤『延喜式祝詞講義』(『鈴木重胤全集』十～十二)鈴木重胤先生学徳顕揚会、一九三九
関　和彦『古代出雲世界の思想と実像』大社文化事業団、一九九七
高取正男『神道の成立』平凡社、一九七九
高山有紀『中世興福寺維摩会の研究』勉誠社、一九九七
瀧川政次郎『律令の研究』刀江書院、一九六六
武光　誠編『古代日本の政治と宗教』同成社、二〇〇五
武光　誠『増訂　律令太政官制の研究』吉川弘文館、二〇〇七
田中　卓『田中卓著作集』国書刊行会、一九八五～二〇一三
田中初夫『践祚大嘗祭』資料編・研究編、木耳社、一九七五
中世諸国一宮制研究会編『中世諸国一宮制の基礎的研究』岩田書院、二〇〇〇
次田　潤『祝詞新講』戎光祥出版、二〇〇八
津田左右吉『日本の神道』(『津田左右吉全集』第九巻)岩波書店、一九六四
土田直鎮『奈良平安時代史研究』吉川弘文館、一九九二
土橋　寛『古代歌謡と儀礼の研究』岩波書店、一九六五
土橋　誠『古代祭祀の歴史と文学』塙書房、一九九七
帝国学士院編『帝室制度史』四、吉川弘文館、一九七九
所　功編『三代御記逸文集成』国書刊行会、一九八二
所　功『平安朝儀式書成立史の研究』国書刊行会、一九八五
所　功『宮廷儀式書成立史の再検討』国書刊行会、二〇〇一
所　京子『斎王研究の史的展開　伊勢斎宮と賀茂斎院の世界』勉誠出版、二〇一七
虎尾俊哉『古代典籍文書論考』吉川弘文館、一九八二
虎尾俊哉『延喜式』吉川弘文館、一九九五

虎尾俊哉編『訳注日本史料　延喜式』上・中・下、集英社、二〇〇〇・二〇〇七・二〇一八
中西正幸『神宮祭祀の研究』国書刊行会、二〇〇七
中林隆之『日本古代国家の仏教編成』塙書房、二〇〇七
中村英重『古代祭祀論』吉川弘文館、一九九九
奈良女子大学古代学学術研究センター設立準備室編『儀礼にみる日本の仏教　東大寺・興福寺・薬師寺』法藏館、二〇〇一
にひなめ研究会編『新嘗の研究』一・二・三、学生社、一九七八・八八
西口順子『平安時代の寺院と民衆』法藏館、二〇〇四
西田長男『日本神道史研究』全十巻、講談社、一九七八・一九七九
西宮一民『上代祭祀と言語』桜楓社、一九九〇
西宮秀紀『律令国家と神祇祭祀制度の研究』塙書房、二〇〇四
西本昌弘『日本古代儀礼成立史の研究』塙書房、一九九七
西本昌弘『日本古代の王宮と儀礼』塙書房、二〇〇八
西本昌弘『日本古代の年中行事書と新史料』吉川弘文館、二〇一二
西山　徳『上代神道史の研究』国書刊行会、一九八三
二十二社研究会編『平安時代の神社と祭祀』国書刊行会、一九八六
仁藤智子『平安初期の王権と官僚制』吉川弘文館、二〇〇〇
日本仏教学会編『仏教儀礼　その理念と実践』平楽寺書店、一九七八
西角井正慶『神楽研究』壬生書院、一九三七
西角井正慶『神楽歌研究』畝傍書房、一九四一
二宮正彦『古代の神社と祭祀』創元社、一九八八
沼部春友・茂木貞純編『神道祭祀の伝統と祭式』戎光祥出版、二〇一八
野口　剛『古代貴族社会の結集原理』同成社、二〇一六
萩原龍夫『中世祭祀組織の研究』(増補版)吉川弘文館、一九七五
早川庄八『日本古代官僚制の研究』岩波書店、一九八六
早川庄八『日本古代の文書と典籍』吉川弘文館、一九九七
林屋辰三郎『中世芸能史の研究』岩波書店、一九六〇
林　陸朗・鈴木靖民編『復元天平諸国正税帳』現代思潮社、一九八五
速水　侑編『奈良・平安仏教の展開』吉川弘文館、二〇〇六
原田正俊編『日本古代中世の仏教と東アジア』関西大学出版部、二〇一四

伴　信友『伴信友全集』ぺりかん社、一九七七・一九七九
東アジア怪異学会編『亀卜―歴史の地層に秘められたうらないの技をほりおこす―』臨川書店、二〇〇六
橋本義彦『日本古代の儀礼と典籍』青史出版、一九九九
平泉隆房『中世伊勢神宮史の研究』吉川弘文館、二〇〇〇
平岡定海『日本寺院史の研究』吉川弘文館、一九八一
平野邦雄『大化前代政治過程の研究』吉川弘文館、一九八五
福田豊彦編『中世の社会と武力』吉川弘文館、一九九四
服藤早苗『平安王朝の五節舞姫・童女　天皇と大嘗祭・新嘗祭』塙書房、二〇一五
福原敏男『祭礼文化史の研究』法政大学出版局、一九九五
福山敏男『伊勢神宮の建築と歴史』日本資料刊行会、一九七六
福山敏男『神社建築の研究』中央公論美術出版、一九八四
藤森　馨『改訂増補　平安時代の宮廷祭祀と神祇官人』原書房、二〇〇八
藤森　馨『古代の天皇祭祀と神宮祭祀』吉川弘文館、二〇一七
古瀬奈津子『日本古代王権と儀式』吉川弘文館、一九九八
堀池春峰『南都仏教史の研究』上・下・遺芳篇、法蔵館、一九八〇・八二・二〇〇四
堀　一郎『上代日本佛教文化史』上・下、臨川書店、一九七五
松尾恒一『延年の芸能史的研究』岩田書院、二〇〇七
松前　健『王権祭式論』（『松前健著作集』六）おうふう、一九九八
松本郁代『中世王権と即位灌頂―聖教のなかの歴史叙述―』森話社、二〇〇五
松本郁代『天皇の即位儀礼と神仏』吉川弘文館、二〇一七
真弓常忠『日本古代祭祀の研究』学生社、一九七八
丸山　茂『神社建築史論―古代王権と祭祀―』中央公論美術出版、二〇〇一
御巫清勇『延喜式祝詞教本』神社新報社、一九五九
三橋　正『平安時代の信仰と宗教儀礼』続群書類従完成会、二〇〇〇
三橋　正『小右記註釈　長元四年』小右記講読会、二〇〇八
三橋　正『日本古代神祇制度の形成と展開』法蔵館、二〇一〇
宮城栄昌『延喜式の研究』史料編・論述編、大修館書店、一九五五・五七
三宅和朗『古代国家の神祇と祭祀』吉川弘文館、一九九五
宮地直一他編『大祓詞註釋大成』名著出版、一九八一

付録

宮地直一先生遺著刊行会編『宮地直一論集』桜楓社、一九八五
牟禮　仁『大嘗・遷宮と聖なるもの』皇學館大学出版部、一九九九
森田　悌『解体期律令政治社会史の研究』国書刊行会、一九八二
森田　悌『日本古代律令法史の研究』文献出版、一九八六
安江和宣『神道祭祀論考』神道史学会、一九七九
安田映胤・大橋一章編『薬師寺』里文出版、一九九〇
山岸常人『中世寺院の僧団・法会・文書』東京大学出版会、二〇〇四
山田孝雄『出雲国造神賀詞義解』出雲大社教教務本庁、一九六〇
山中　裕『平安朝の年中行事』塙書房、一九七二
山中　裕『平安時代の古記録と貴族文化』思文閣出版、一九八八
山中裕・森田悌編『論争古代史』新人物往来社、一九九一
義江明子『日本古代の氏の構造』吉川弘文館、一九八六
吉江　崇『日本古代宮廷社会の儀礼と天皇』塙書房、二〇一八
吉田一彦『日本古代社会と仏教』吉川弘文館、一九九五
米田雄介監修・井筒清次編『天皇家全系図』河出書房新社、二〇一八
和田　萃『日本古代の儀礼と祭祀・信仰』上・中・下、塙書房、一九九五
和田英松『国史国文之研究』雄山閣、一九二六
和田英松『皇室御撰之研究』明治書院、一九三三
和田英松註解・所功校訂『建武年中行事註解』講談社、一九八九
和田英松『本朝書籍目録考証』明治書院、一九三六
渡辺勝義『鎮魂祭の研究』名著出版、一九九四

※本付録は、古代祭祀・法会の全般にわたる図書を選定した。

（塩　川　哲　朗）

付録図版

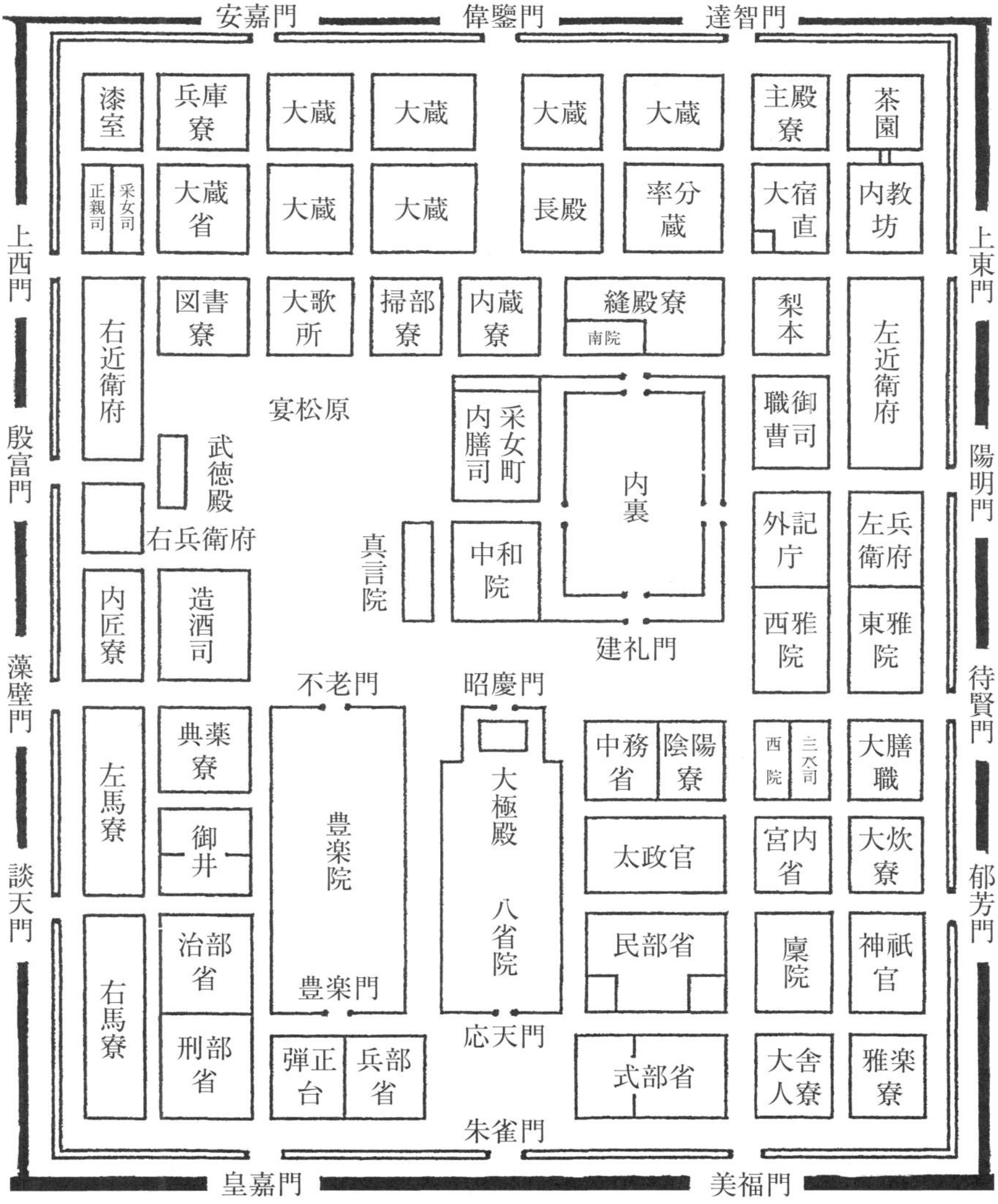

1　平安京大内裏図

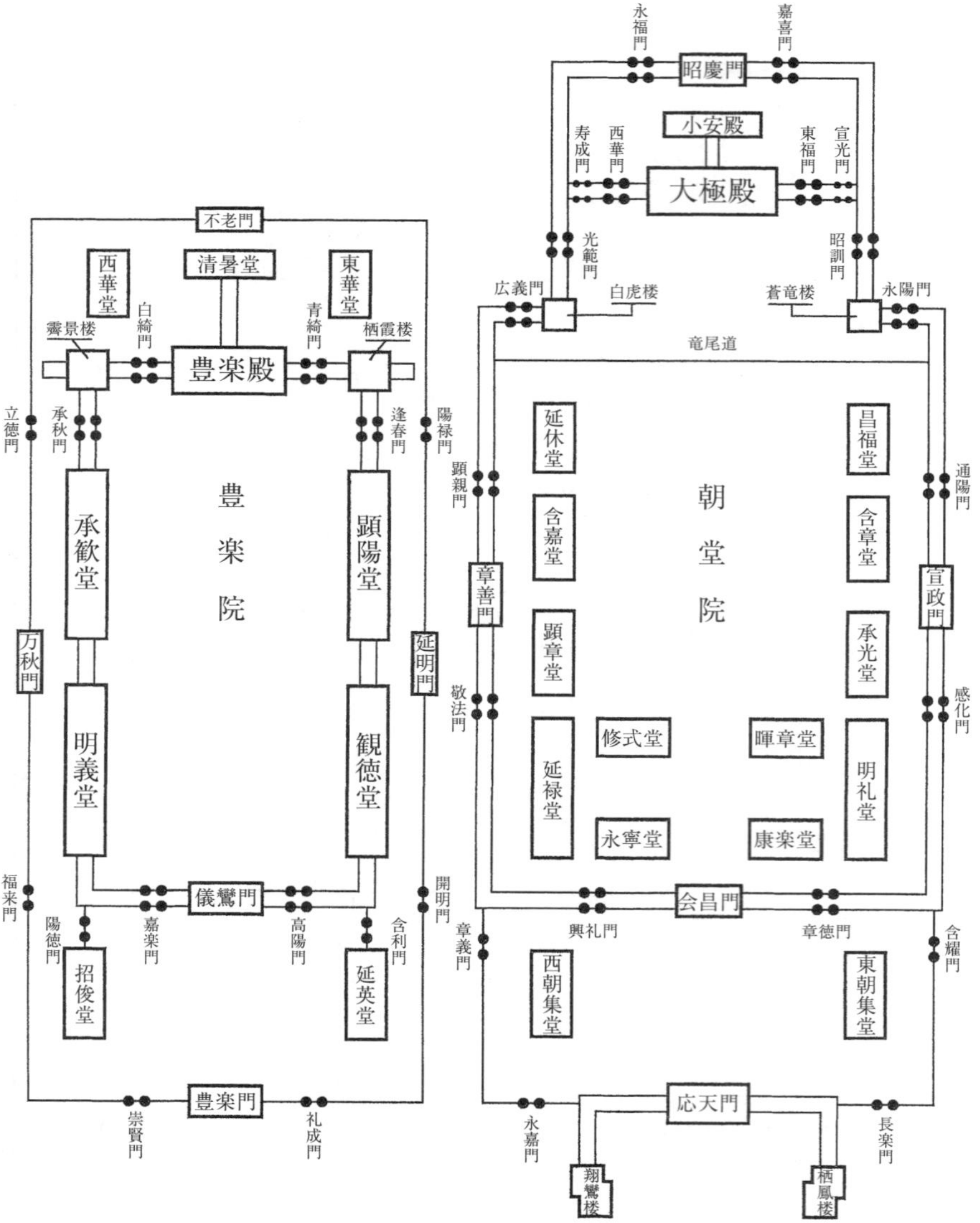

2　平安京朝堂院・豊楽院図
（虎尾俊哉編『訳注日本史料　延喜式』中〈集英社，2007〉掲載の図をもとに作成）

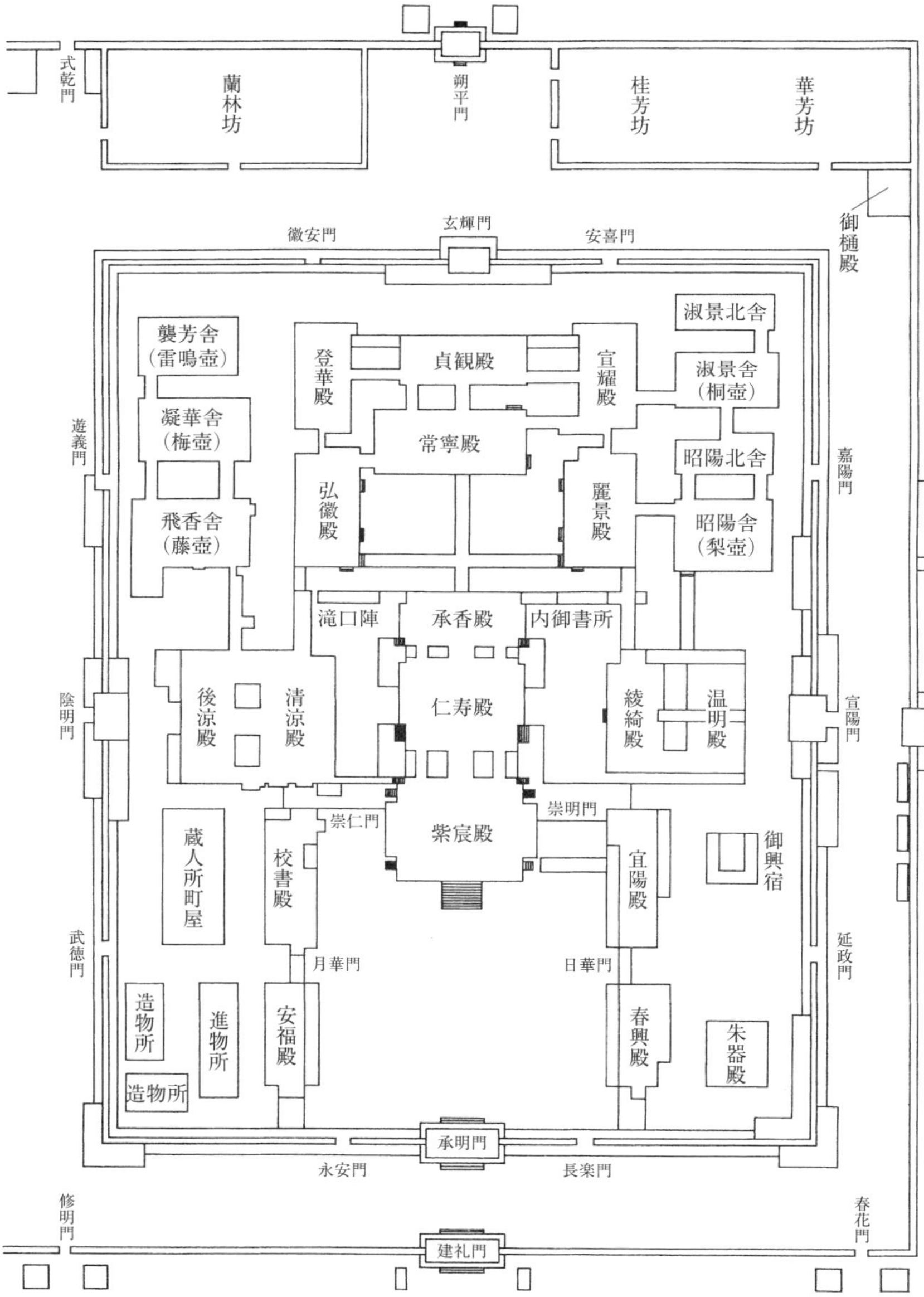
式乾門
蘭林坊
朔平門
桂芳坊
華芳坊
御樋殿
徽安門
玄輝門
安喜門
襲芳舎
(雷鳴壺)
登華殿
貞観殿
宣耀殿
淑景北舎
淑景舎
(桐壺)
凝華舎
(梅壺)
常寧殿
遊義門
昭陽北舎
嘉陽門
弘徽殿
麗景殿
飛香舎
(藤壺)
昭陽舎
(梨壺)
滝口陣
承香殿
内御書所
後涼殿
清涼殿
仁寿殿
綾綺殿
温明殿
陰明門
宣陽門
建春門
崇仁門
紫宸殿
崇明門
蔵人所町屋
校書殿
宜陽殿
御輿宿
武徳門
月華門
日華門
延政門
造物所
進物所
安福殿
春興殿
朱器殿
造物所
承明門
永安門
長楽門
修明門
春花門
建礼門

3　平安京内裏図

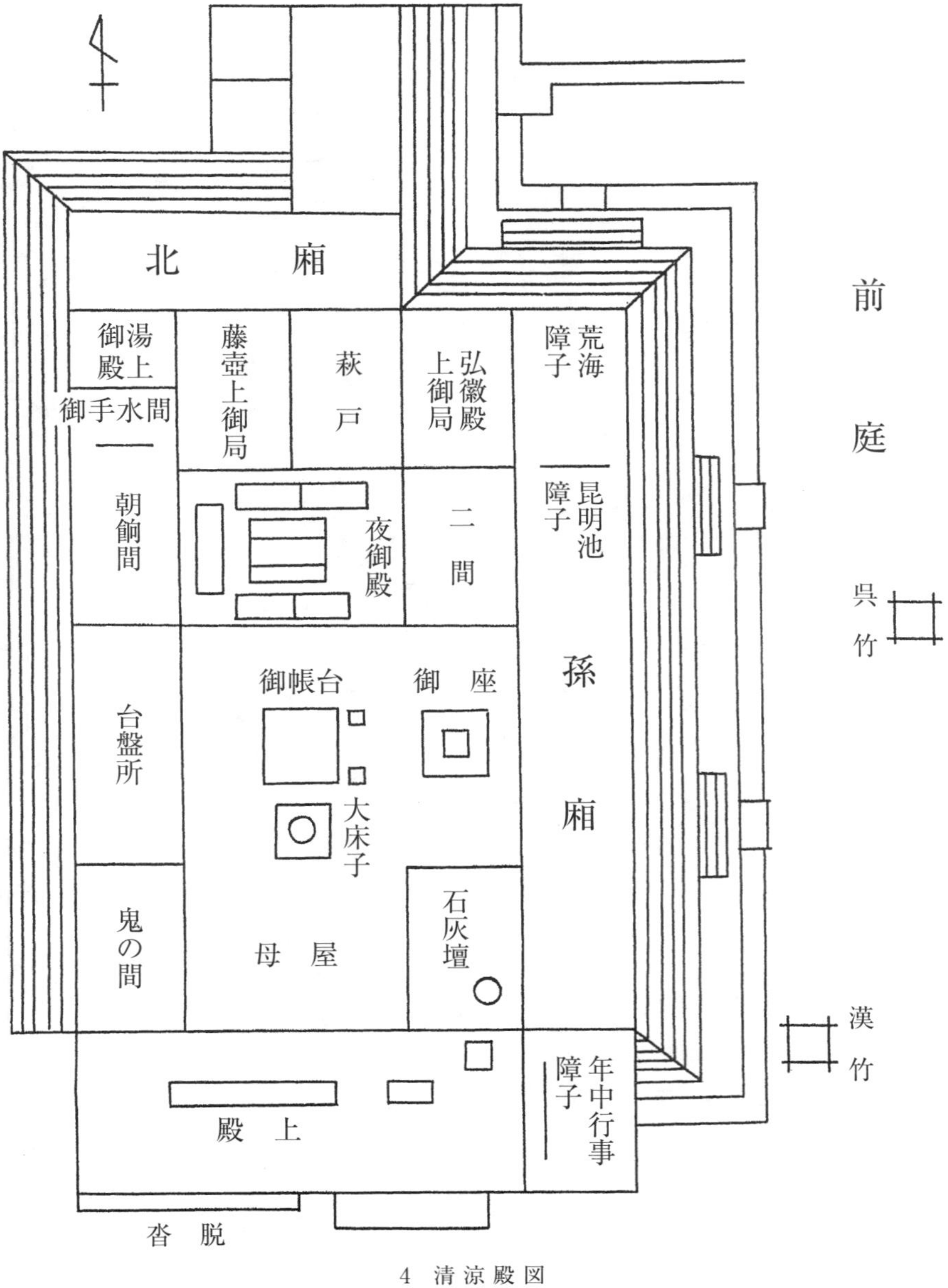
北廂
御湯殿上
御手水間
藤壺上御局
萩戸
弘徽殿上御局
荒海障子
前庭
朝餉間
夜御殿
二間
昆明池障子
呉竹
御帳台
御座
孫廂
台盤所
大床子
鬼の間
母屋
石灰壇
漢竹
年中行事障子
殿上
沓脱

4　清涼殿図

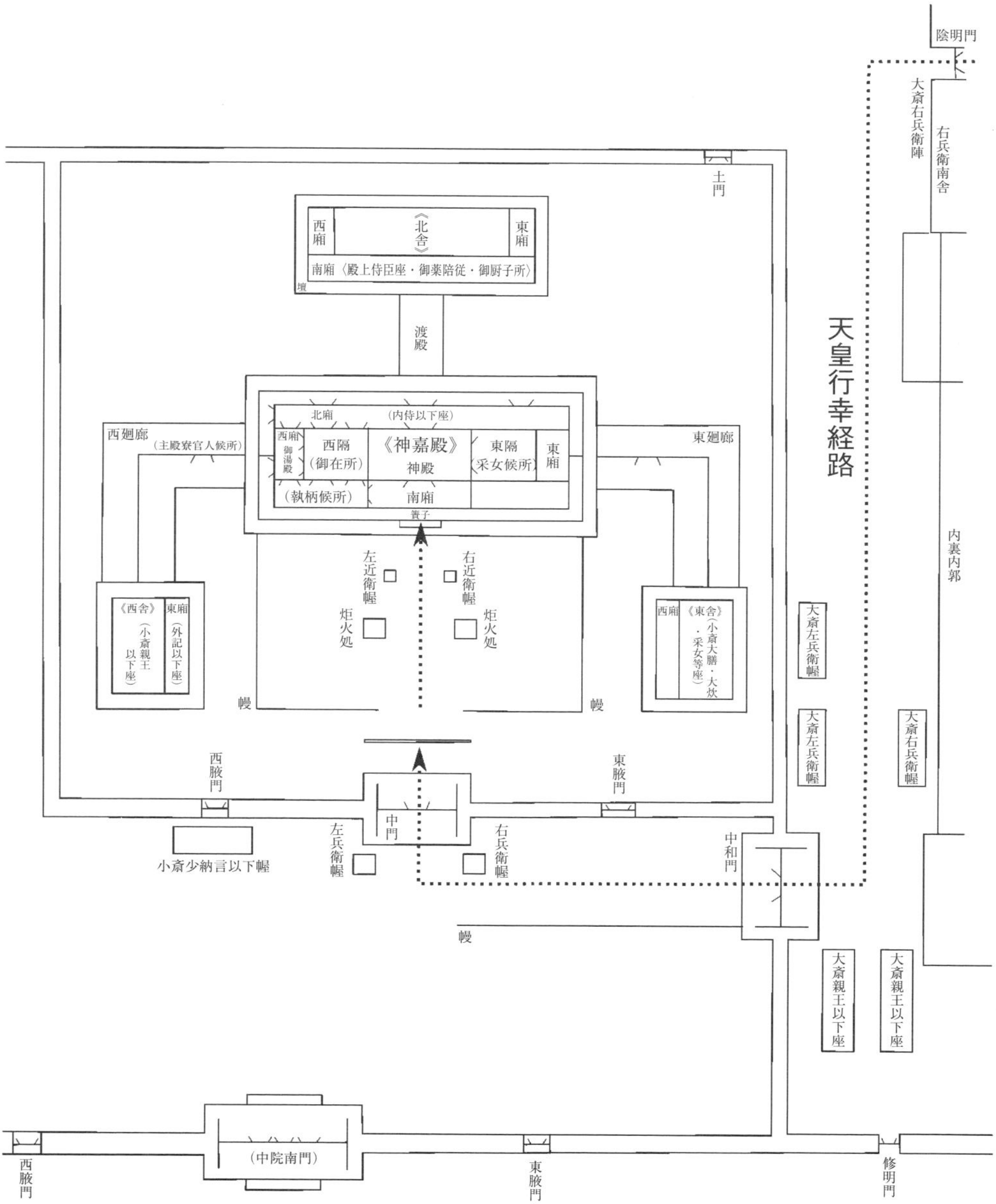

5　中和院新嘗祭・神今食装束図
（「内裏図附中和院」〈『故実叢書』38〉などをもとに『江家次第』神今食条の内容を付して，木村大樹作成）

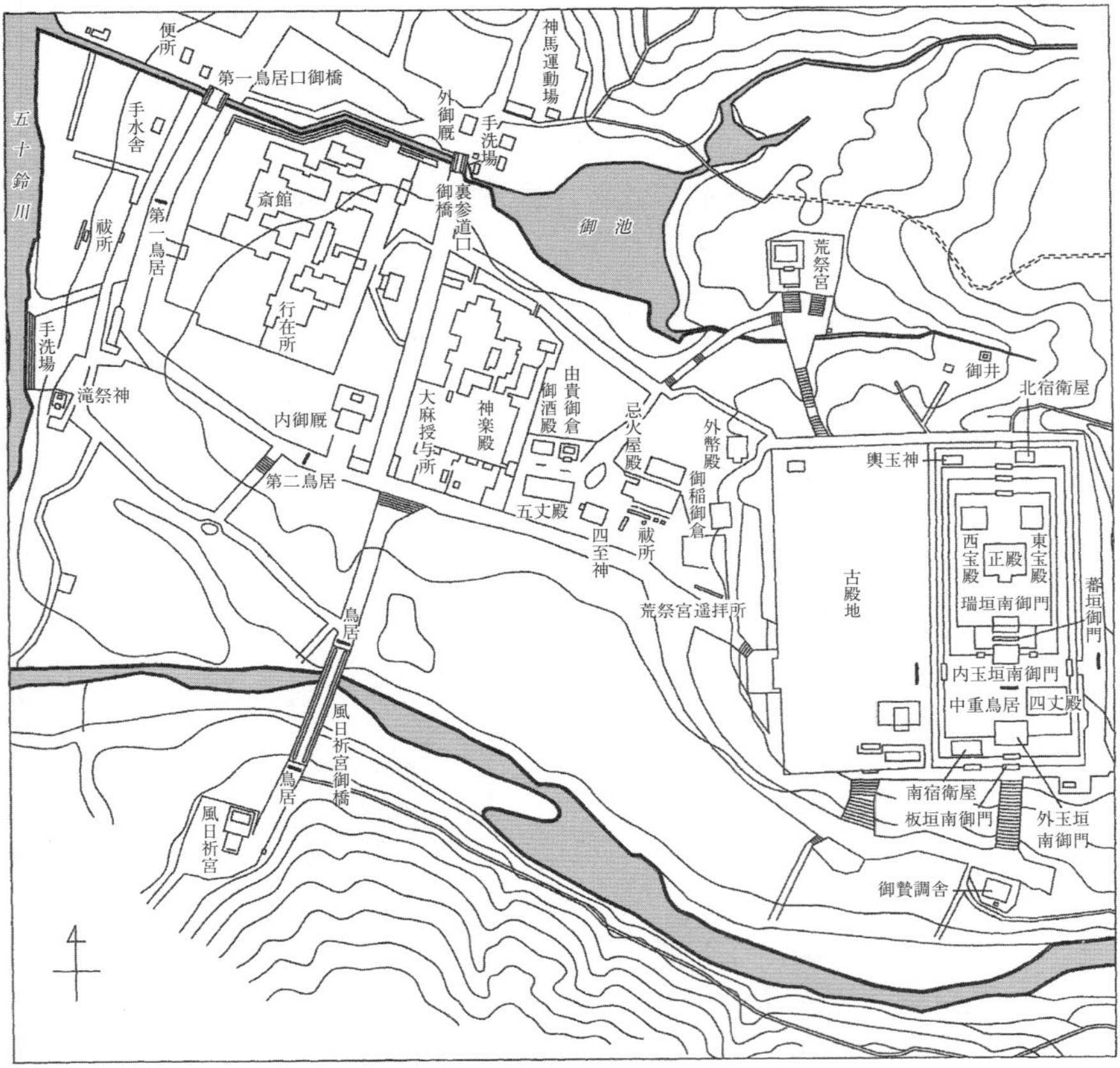

6　内宮境内図

（6・7ともに『神宮要略』をもとに虎尾俊哉編『註注日本史料　延喜式』上〈集英社，2000〉掲載の図を参考に作成）

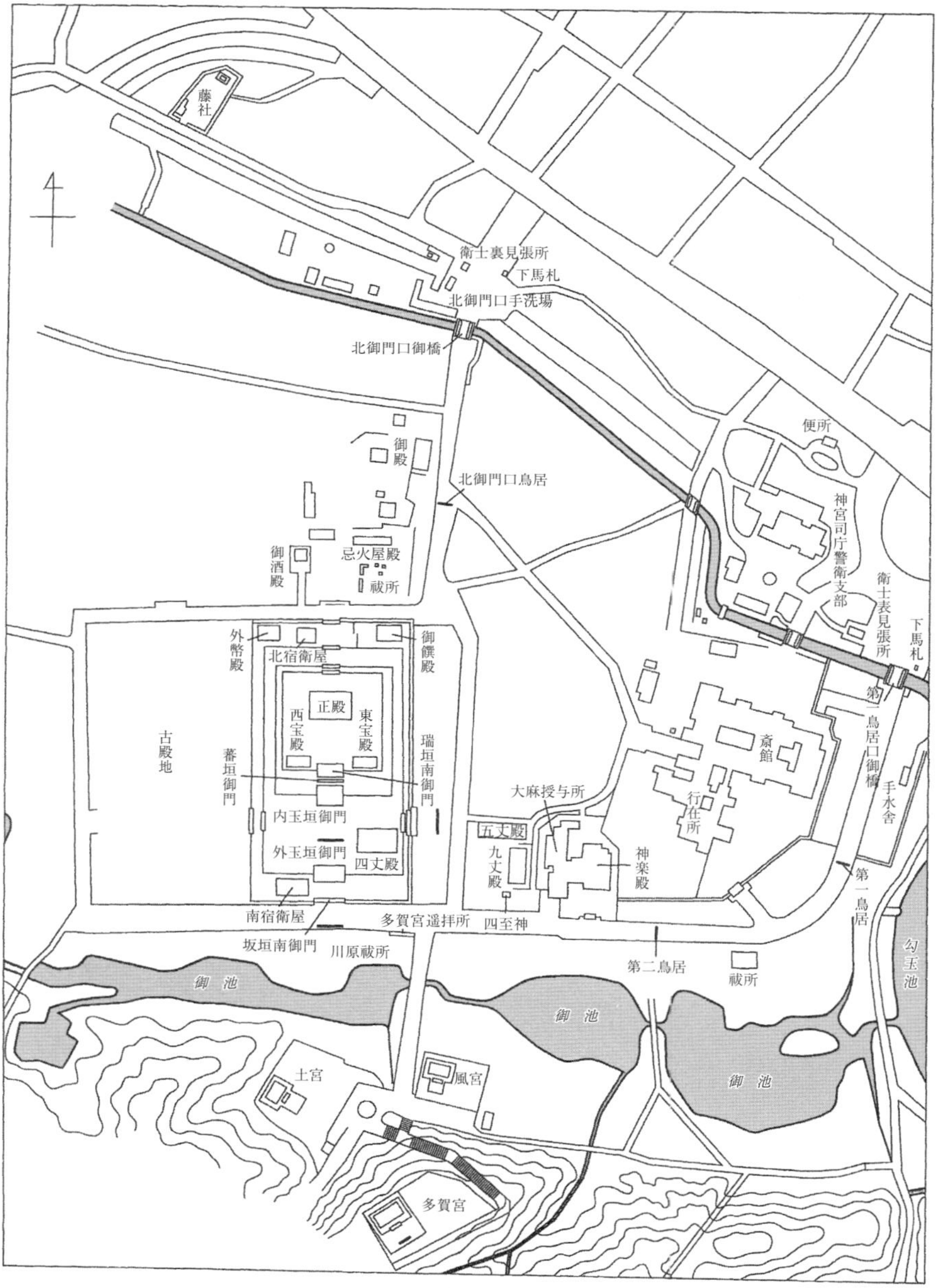
藤社
衛士裏見張所
下馬札
北御門口手洗場
北御門口御橋
御殿
北御門口鳥居
便所
神宮司庁警衛支部
衛士表見張所
下馬札
御酒殿
忌火屋殿
祓所
外幣殿
北宿衛屋
御饌殿
正殿
西宝殿
東宝殿
古殿地
蕃垣御門
瑞垣南御門
内玉垣御門
外玉垣御門
四丈殿
南宿衛屋
坂垣南御門
多賀宮遥拝所
川原祓所
五丈殿
九丈殿
四至神
大麻授与所
神楽殿
行在所
斎館
第一鳥居口御橋
手水舎
第一鳥居
第二鳥居
祓所
勾玉池
御池
御池
御池
土宮
風宮
多賀宮

7　外宮境内図

方位図

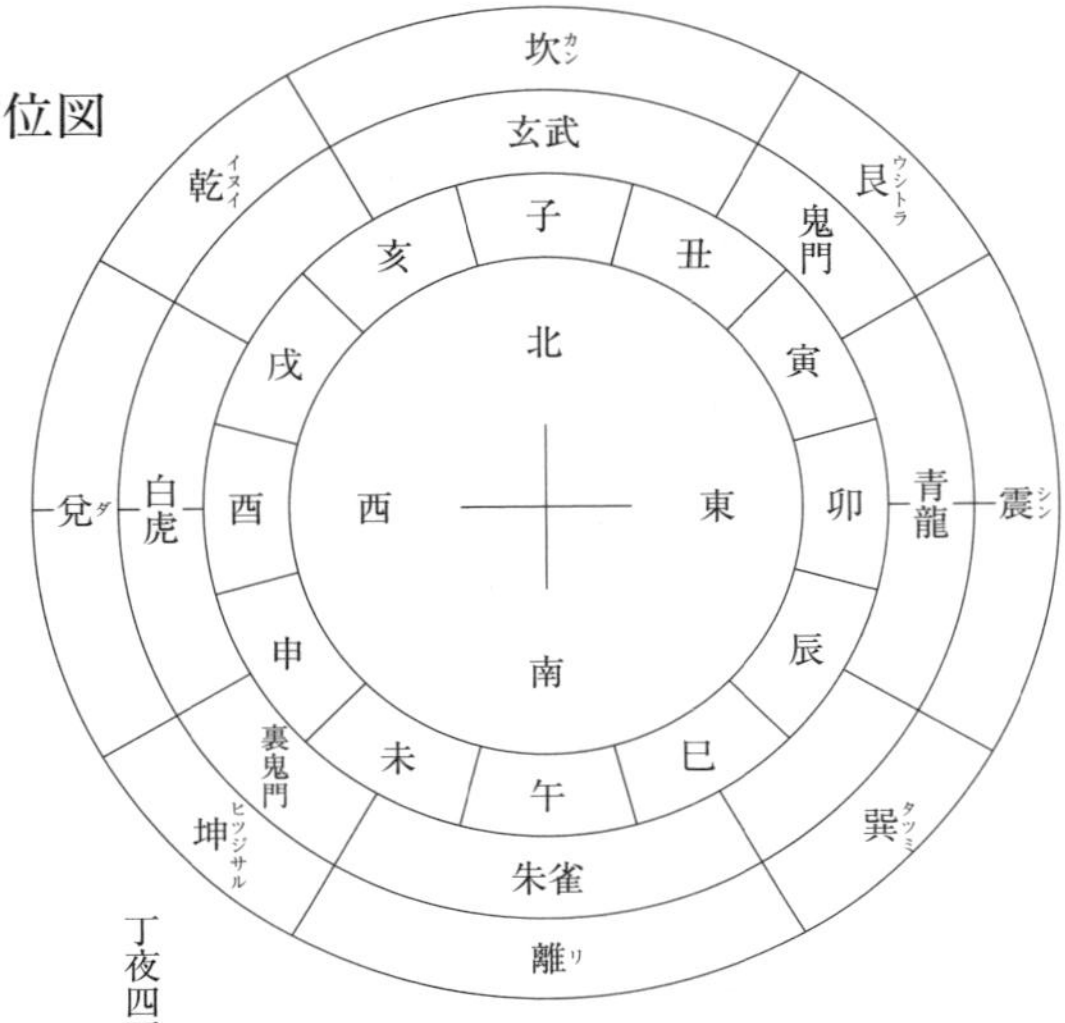

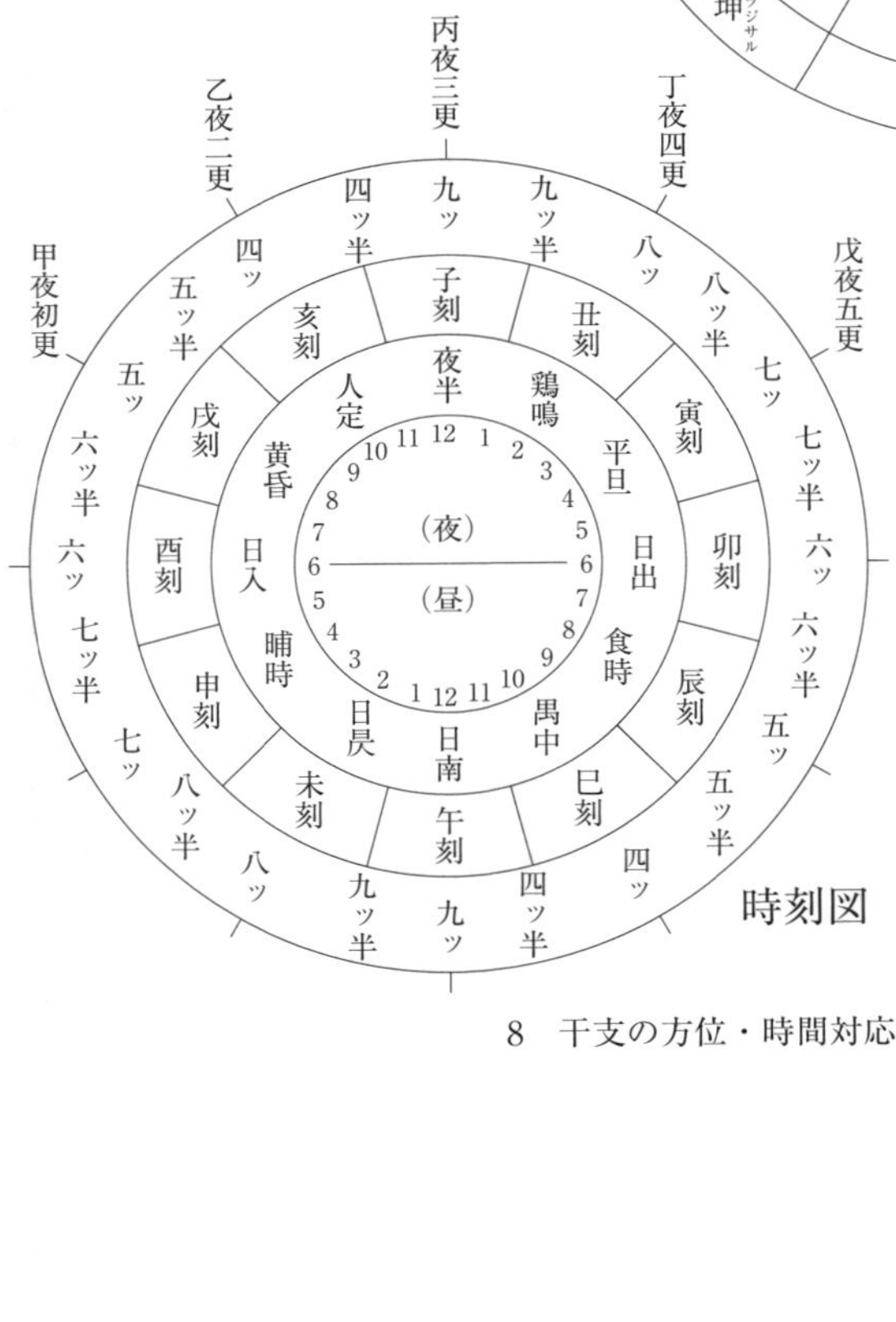

時刻図

8　干支の方位・時間対応図

あとがき

平成二十一年(二〇〇九)の『日本神道史』、同二十五年の『事典 神社の歴史と祭り』(笹生衛氏と共編、ともに吉川弘文館)の刊行につづいて、三冊目の編著にあたる。いつも、手元ですぐ読める神祇・神道に関する通史・事典が、自分に欲しいと思い編集に入る。内容の整った祭祀の事典は、これまでなかった。来年の御代替《おだいが》わりと大嘗祭を控え、祭祀の本質を踏まえた論集に近い祭祀事典が望まれていた。

本事典の項目執筆には、前回の事典同様、わたしが所属する國學院大學大学院「神道史研究」ゼミ在籍・修了生に、多くの項目をお願いし、付録や編集の細部まで、協力していただいた。長年、大学院で一緒に祭式作法を踏まえた祭祀研究を続けてこられた方々の成果であり、ゼミ修了生との調査や祭礼見学は、思い出が数々重なってくる。

とりわけ何度か訪れた石清水祭(近世までは石清水放生会)は印象深い。九月十五日の真夜中から早朝にかけて、五時間にわたり祭祀はつづく。とにかく眠い。庭燎を焚く所役もコックリ、コックリ。こちらも吸い込まれていく。平安王朝の祭祀の時間が、ゆったりすすむ。これこそが、人間本来の時間の流れではないのかと思う。祭祀のなかで、神饌を供える献饌に三十分、最後の撤饌に三十分、あわせて一時間かかる。それだけ大神への「おもてなし」は丁重である。時間に追われて、すべて短縮していく現代の人間世界。いくらでも祭祀の時間を短縮できるのに、ここだけは別世界である。祭祀のなかに身をおくことで、つぎに向けた元気を取り戻すことができた。神祇の祭祀とは、創祀のときに回帰し、その本分を取り戻す時と場なのであろう。この感覚・感性を事典のなかから、汲み取っていただければ、有り難いことである。まさに祭式作法と「祭祀学」の本義がここにある。

本事典の作成にあたっては、「執筆者紹介」に示されているとおり、大学院ゼミ出身者のほか、とくに、仏教法会については岡野浩二氏はじめ、各分野でそれぞれ専門性をもった方々にも協力をいただいた。また、編集の全般にわたっては、吉川弘文館の並木隆氏のお世話になった。

わたしは、平成の年号が終わる来春で定年を迎え、勤務校の専任を退くことになっている。今後は神道史と祭祀学の学問を、老から壮・青である本事典執筆の皆様で受け継いでいって欲しいと思う。長い間お世話になりました。感謝を込めて、ありがとう。

平成三十年(二〇一八)十一月

岡田莊司

編者略歴
一九四八年　神奈川県に生まれる
一九七三年　國學院大學大学院文学研究科修士課程修了
現在、同大学神道文化学部教授、博士（歴史学）
〔主要編著書〕
『平安時代の国家と祭祀』（続群書類従完成会、一九九四年）
『日本神道史』（編著、吉川弘文館、二〇一〇年）
『古代の信仰・祭祀』（『古代文学と隣接諸学』七、編著、竹林舍、二〇一八年）

事典 古代の祭祀と年中行事

二〇一九年（平成三十一）二月十日　第一刷発行

編者　岡《おか》田《だ》荘《しょう》司《じ》

発行者　吉川道郎

発行所　株式会社 吉川弘文館
郵便番号一一三―〇〇三三
東京都文京区本郷七丁目二番八号
電話〇三―三八一三―九一五一〈代〉
振替口座〇〇一〇〇―五―二四四番
http://www.yoshikawa-k.co.jp/

印刷＝株式会社 東京印書館
製本＝誠製本株式会社
装幀＝岸 顯樹郎

ISBN978-4-642-01478-6

執筆者一覧

伊 東 裕 介(いとう　ゆうすけ)　1980年生　神社新報社編輯部
担当　(８月)北野祭・北野臨時祭

有 働 智 奘(うどう　ちじょう)　1972年生　國學院大學兼任講師, 武蔵野大学非常勤講師
担当　(３月)薬師寺最勝会／(10月)興福寺維摩会

老田理恵子(おいた　りえこ)　1973年生　國學院大學大学院博士課程後期満期退学
担当　(12月)内侍所御神楽

岡 田 莊 司(おかだ　しょうじ)　別　掲
担当　(総論)平安祭祀制／(２月)春日祭／(２月)祈年穀奉幣／(臨時)大嘗祭／(臨時)一代一度大神宝使

岡 野 浩 二(おかの　こうじ)　1961年生　國學院大學大学院兼任講師, 駒沢大学非常勤講師
担当　(総論)仏教法会の概観／(臨時)一代一度仁王会・一代一度仏舎利使

加 瀬 直 弥(かせ　なおや)　1975年生　國學院大學神道文化学部准教授
担当　(総論)中世・近世の祭祀制／(総論)祭祀の祝詞／(２月)大原野祭／(４月)大忌祭・風神祭／(４月)梅宮祭／(臨時)宇佐使

木 村 大 樹(きむら　だいき)　1987年生　國學院大學研究開発推進機構ＰＤ研究員
担当　原色口絵解説／(総論)祭祀等収載儀式書一覧／(総論)祭祀・儀式の復元、図版・写真／(２月)鹿島祭使・園韓神祭／(４月)三枝祭／(４月)宗像祭・当宗祭・吉田祭・日吉祭・中山祭／(６月)月次祭・神今食・忌火御飯・御体御卜／(11月)新嘗祭／(神宮)斎王と斎宮寮

黒 澤　舞(くろさわ　まい)　1974年生　國學院大學大学院博士課程前期修了
担当　(３月)石清水臨時祭／(８月)石清水放生会／(臨時)大嘗祭のうち、辰日・巳日・豊明節会

小 林 宣 彦(こばやし　のりひこ)　1974年生　國學院大學神道文化学部准教授，栃木県　太平山神社禰宜

担当　(総論) 律令祭祀制／(総論) 儀式書解説／(6月) 大祓・御贖／(11月) 相嘗祭／(臨時) 八十嶋祭／出雲国造神賀詞奏上儀礼

齊 藤 智 朗(さいとう　ともお)　1972年生　國學院大學神道文化学部教授

担当　(総論) 近現代の祭祀制

笹 生　衛(さそう　まもる)　1961年生　國學院大學神道文化学部教授

担当　(総論) 神祭りの起源

塩 川 哲 朗(しおかわ　てつろう)　1982年生　國學院大學研究開発推進機構PD研究員

担当　原色口絵解説／(2月)祈年祭／(2月)平岡祭・率川祭／(3月)鎮花祭／(4月)平野祭・平野臨時祭／(4月)大神祭・山科祭・松尾祭・杜本祭・当麻祭／(11月)鎮魂祭／(臨時) 神社行幸

宍 戸 忠 男(ししど　ただお)　1951年生　國學院大學兼任講師

担当　(総論) 天皇の神事装束

嶋 津 宣 史(しまづ　のりふみ)　1967年生　兵庫県　広田神社禰宜

担当　(臨時)神宮式年遷宮

鈴 木 聡 子(すずき　さとこ)　1979年生　國學院大學兼任講師，千葉県　白幡天神社禰宜

担当　(4月)賀茂祭／(11月)賀茂臨時祭

大 東 敬 明(だいとう　たかあき)　1975年生　國學院大學研究開発推進機構准教授

担当　(1月)大極殿御斎会／(1月)真言院後七日御修法／(6月)延暦寺六月会・霜月会／(1月)修正月

針 谷 武 文(はりがい　たけふみ)　1975年生　國學院大學大学院博士課程後期在籍

担当　(4月)稲荷祭

藤森　　馨(ふじもり　かおる)　1958年生　国士舘大学文学部教授

担当　(9月)神嘗祭発遣儀

船井まどか(ふない　まどか)　1972年生　國學院大學大学院博士課程後期満期退学

担当　(6月)鎮火祭・道饗祭

松本昌子(まつもと　まさこ)　1978年生　國學院大學神道文化学部学務補助員

担当　(6月)祇園御霊会・祇園臨時祭

山口祐樹(やまぐち　ゆうき)　1981年生　國學院大學大学院博士課程後期在籍，東京都　雉子神社禰宜

担当　(総論)神宮祭祀／(神宮)祈年祭／(神宮)神衣祭／(神宮)月次祭／(神宮)神嘗祭

吉永博彰(よしなが　ひろあき)　1982年生　國學院大學研究開発推進機構助教

担当　(臨時) 名神祭

渡辺瑞穂子(わたなべ　みほこ)　1976年生　國學院大學兼任講師

担当　(1月)四方拝

神道祭祀・仏教法会年表

和　　暦	西暦	事　　　　項	参　照　頁
3世紀前半～中頃		古墳とその祭祀が成立，纏向の中枢部で飲食を供える祭儀が形成．	神祭りの起源
4世紀後半		宗像・沖ノ島，三輪山の山麓などで祭祀が始まる．	
5世紀頃		東北～九州の各地域で祭祀の基本形式が形成，共通化する．	
崇神天皇6		この年，豊鍬入姫に託して天照大神を倭笠縫邑に祀る．	
崇神天皇7		11崇神天皇，神託により，大田田根子に大物主神を祀らせる．	鎮花祭・三枝祭
垂仁天皇25		この年，倭姫命，天照大神を伊勢に遷し祭る(伊勢神宮の創祀)．	伊勢神宮祭祀(総論)
欽明天皇	538	この年，百済の聖明王より仏像・経典などが贈られる(『上宮聖徳法王帝説』『元興寺伽藍縁起并流記資材帳』)．	
欽明天皇13	552	10百済の聖明王より釈迦仏金銅像・経典などが贈られる(『日本書紀』)．	
敏達天皇13	584	この年，蘇我馬子が善信尼ら3尼を出家させ，仏殿を経営し，3尼に大会の設斎をさせる．	仏教法会の概観
崇峻天皇元	588	この年，百済より仏舎利・僧・寺工・鑪盤博士・瓦博士・画工が贈られ，善信尼らを百済に遣わし学問を学ばせ，法興寺を建てる．	
推古天皇2	594	2推古天皇，厩戸皇子と蘇我馬子に三宝を興隆させ，臣下たちは仏舎(寺)を建てる．	
推古天皇3	595	5高句麗の僧慧慈が来朝，厩戸皇子の師となる． この年，百済の僧慧聡が来朝，この両僧は仏教を広め，三宝の棟梁となる．	
推古天皇4	596	11法興寺の塔が落成，蘇我馬子の子善徳臣が寺司に，慧慈・慧聡が入り住む．	
推古天皇11	603	11厩戸皇子，仏像を秦造河勝に与えて拝礼させ，河勝は蜂岡寺(広隆寺)を建てる．	
推古天皇14	606	4銅・繡の仏像を完成させ，元興寺の金堂に入れ，設斎する．この年から寺ごとに4月8日(灌仏会)と7月8日(盂蘭盆会)に設斎することとなる． 7推古天皇，厩戸皇子に勝鬘経を講じさせ，皇子は3日間で説きおえる． この年，厩戸皇子，法華経を講じる．	仏教法会の概観
推古天皇15	607	2厩戸皇子・蘇我馬子，百官を率いて神祇を祭り拝する．	
推古天皇31	623	7新羅より仏像・金塔・舎利・大観頂幡・小幡が贈られ，仏像は秦寺(蜂岡寺)に，その他は四天王寺に納める．	
推古天皇33	625	1高句麗より僧恵灌が贈られ，恵灌は僧正に任じられる．	
皇極天皇元	642	8皇極天皇，南淵の川上で四方を拝して雨を祈る． 11皇極天皇，新嘗を御し，葛城皇子・蘇我蝦夷も各自新嘗を行う．	
大化5	649	この年，常陸国鹿島郡が神郡(評)として建評される(伊勢神郡も同じ孝徳朝で建評)．	
白雉2	651	12味経宮に僧尼を招請して一切経を読ませる．	
白雉3	652	4沙門恵隠を内裏に招請して無量寿経を講じさせ，沙門恵資	

和　暦	西暦	事　　　項	参 照 頁
		を論議者とする.	
白雉4	653	この年，御体御卜が始まったとされる(『古語拾遺』).	月次祭・神今食
斉明5	659	この年，出雲国造に出雲大社を修厳させる.	
斉明天皇6	660	5仁王般若会が設けられる.	
天智天皇9	670	3山御井のほとりに諸神の座を敷いて幣帛を班ち，中臣金，祝詞を宣る(祈年祭の淵源).	祈年祭
天武天皇元	672	6天武天皇，朝明郡の迹太川辺で天照大神を望拝する.	
天武天皇2	673	3一切経を川原寺において書写させる.	
		4大来皇女，伊勢神宮奉仕のため泊瀬斎宮で潔斎，翌年10月伊勢へ下向(伊勢斎王の実質的初見).	伊勢神宮祭祀(斎王と斎宮寮)
		12天武天皇，大嘗祭奉仕の中臣・忌部，神官人，播磨・丹波の郡司以下に禄を賜う(国郡卜定の方式が整備される).	大嘗祭
天武天皇3	674	8忍壁皇子を石上神宮に遣わし，神宝を磨かせ，諸家の宝物を返却する.	
天武天皇4	675	1諸社に幣帛を奉る(班幣の整備).	
		2十市皇女・阿閉皇女，伊勢神宮に参る.	
		4広瀬大忌祭・龍田風神祭が創始される.	大忌祭・風神祭
天武天皇5	676	夏，日照りのために諸の神祇への祈願が行われる.	
		8諸国の大解除(大祓)を実施し，用物を国造・郡司が準備する.	大　祓
		10相嘗祭が開始.	相嘗祭
		11諸国に金光明経・仁王経を説かしめる.	
天武天皇6	677	5天社地社の神税が整備.	
		8飛鳥寺に設斎して一切経を読ませ，天武天皇は寺の南門にて三宝を拝礼する.	
		11新嘗祭が行われ，奉仕した神官と国司に禄を賜う.	新嘗祭
天武天皇7	678	4十市皇女の薨去のため，天神地祇の親祭が中止.	
天武天皇9	680	4国の大寺を除き，官司の管理・援助を止める.	
		5金光明経を宮中と諸寺に説かしめる.	
		11皇后の病により薬師寺を建立，100人を出家させる．天武天皇の病のため100人を出家させる.	
天武天皇10	681	1幣帛を諸神祇に頒布．畿内及び諸国の社殿を修理させる.	
天武天皇12	683	夏，宮中で安居を始める.	仏教法会の概観(修学法会)
天武天皇14	685	3諸国の家ごとに仏舎を作り，仏像と経を置いて礼拝供養させる.	
		11天皇のために招魂を行う(鎮魂祭の初見).	鎮魂祭
天武天皇15	686	4多紀皇女・山背姫王・石川夫人を伊勢神宮に遣わす.	
		5天皇不予のため川原寺で薬師経を説かしめ，宮中で安居を行う.	
		6天皇の病を占い，草薙剣の祟りと判明．草薙剣は熱田社に送られ安置される.	
		7紀伊国国懸神・飛鳥4社・住吉大神に幣帛を奉る.	
持統元		9天武天皇の国忌の斎を京の諸寺で行わせる.	仏教法会の概観(回向法会)
持統天皇3	689	6飛鳥浄御原令頒布.	

和　暦	西暦	事　　　項	参 照 頁
		8神祇官にて天神地祇の事を宣べる.	
持統天皇4	690	1持統天皇即位し，中臣大島が天神寿詞を奏上，忌部色夫知が神璽の剣・鏡を奉上する．畿内の天神地祇に班幣し，神戸と田地を増やさせる.	
		7幣帛を天神地祇に頒布(月次祭班幣の初見か).	
		この年，伊勢神宮内宮の遷宮が行われ，式年遷宮が開始される(『太神宮諸雑事記』).	神宮式年遷宮
持統天皇5	691	11持統天皇大嘗祭が行われ，神祇伯中臣大島が天神寿詞を読む．大嘗祭に奉仕した神祇官人や播磨・因幡の郡司以下の百姓などに饗が設けられ，禄を賜う(一代一度の大嘗祭の初見).	大嘗祭
持統天皇6	692	この年，伊勢神宮外宮の遷宮が行われる(『太神宮諸雑事記』).	
持統天皇8	694	5金光明経100部を諸国に送り，毎年正月に読経させる.	
		12藤原遷都.	
大宝元	701	6大宝令施行.	律令祭祀制
		8斎宮司が斎宮寮に准じられる(斎宮寮の成立).	伊勢神宮祭祀(斎王と斎宮寮)
大宝2	702	3幣帛を畿内七道の諸社に頒布(全国規模の班幣の初見).	祈年祭
		12天武・天智の国忌を定める．同月，東西文部解除の記事.	
和銅3	710	3平城遷都.	
和銅5	712	1『古事記』撰上.	
霊亀2	716	2出雲国造神賀詞奏上の初見.	出雲国造神賀詞奏上儀礼
養老2	718	12神今食の初見(『高橋氏文』).	月次祭・神今食
		この年，養老律令が成立したとされる.	
養老4	720	5『日本書紀』成立.	
養老5	721	9伊勢神宮への例幣使発遣の初見.	神嘗祭発遣儀
天平元	729	6仁王経を朝堂・畿内七道諸国に講じる(仁王会の始源．定着は嵯峨・淳和・仁明朝).	一代一度仁王会
天平5	733	2『出雲国風土記』成立.	
天平12	740	2聖武天皇，河内国智識寺の盧舎那仏を拝する.	
		6諸国に法華経を書写させ，七重塔を建立させる.	
天平13	741	2国分寺建立の詔.	
天平15	743	10大仏建立の詔.	
天平勝宝元	749	1元日から49日の間，金光明経の転読と吉祥悔過を行うよう諸寺に命じる(正月悔過の初見).	修正月
		4天皇，東大寺に行幸し，盧舎那仏を礼拝.	
		12宇佐八幡宮の八幡神・比咩神，東大寺に渡御，朝廷より神階が奉授される.	
天平勝宝4	752	4東大寺大仏開眼供養.	
天平勝宝6	754	この年，東大寺盧舎那仏殿の前に戒壇を立て，鑑真が孝謙天皇らに授戒.	
天平宝字元	757	5養老律令施行.	
		閏8藤原仲麻呂，維摩会の復興を請う上表を奏上.	興福寺維摩会
天平宝字8	764	12内裏で仏名会が行われる(正倉院文書).	仏教法会の概観(祈願法会)
神護景雲元	767	1大寺の僧に金光明経最勝王経を読ませて吉祥天悔過を行わ	大極殿御斎会

和　暦	西暦	事　　項	参 照 頁
		せる．翌年から大極殿で執行，天皇が出御する年中行事となる(この頃が御斎会の成立)．	
神護景雲2	768	11春日社の社殿が創建され，春日祭公祭化．	春日祭
神護景雲3	769	9宇佐八幡宮の八幡神，和気清麻呂へ御神託．	
宝亀3	772	1祟により，山城双栗社に神田，同国乙訓社に神戸・幣帛を奉る(宝亀3太政官符)．	月次祭・神今食(御体御卜)
		8伊勢大神宮寺，飯高郡度瀬山房に移転．	
延暦4	785	11桓武天皇，郊祀を行う(延暦6にも行う)．	
延暦7	788	5伊勢神宮をはじめ畿内七道諸国の名神へ使を発遣(名神奉幣の初見)．	名神祭
延暦13	794	10平安遷都．平野社創始か(平野祭公祭化)．	平野祭
延暦17	798	1神宮司・神主らの終身制を改め6年任期制を導入．	
		9祈年祭の対象を官幣・国幣に分け，官社制の再編．	
		11最澄が法華十講を始める(霜月会の創始)．	延暦寺六月会・霜月会
延暦23	804	3『止由気宮儀式帳』撰進．	伊勢神宮祭祀
		8『皇大神宮儀式帳』撰進．	
大同2	807	2『古語拾遺』撰進．	
		5賀茂上下社に正一位．この頃，賀茂祭公祭化．	賀茂祭
弘仁元	810	この年，有智子内親王を賀茂斎院に卜定(斎院の初見)．	
弘仁11	820	2嵯峨天皇，大・小の諸神事と諸陵への奉幣には帛衣を用いるとする詔．	天皇の神事装束
弘仁12	821	1『内裏式』成立(天長10に補訂したものを再度奏上)．	儀式書解説
弘仁14	823	6義真・円澄・光定らが最澄を偲ぶ法会を行う(六月会の創始)．	延暦寺六月会・霜月会
天長10	824	8伊勢・名神年穀奉幣(祈年穀奉幣の淵源)．	祈年穀奉幣
天長4	827	1稲荷山の樹木を伐り東寺の用材にしたため，淳和天皇へ祟．稲荷神に神階が奉授．	稲荷祭
天長7	830	9薬師寺最勝会開始．	薬師寺最勝会
天長10	833	4仁明天皇即位に際し，和気真綱を宇佐宮・香椎廟に遣わし神宝を奉る(即位時宇佐使の初見)．	宇佐使
		11大嘗祭辰日での忌部氏神璽鏡剣奉上が停止．	
承和2	835	1宮中真言院の後七日御修法が開始(前年12月の空海の上表による)．	真言院後七日御修法
承和3	836	11梅宮社の神に神階奉授．この頃，梅宮祭公祭化．	梅宮祭
承和7	840	4清涼殿で灌仏会が始まる．	仏教法会の概観(祈願法会)
嘉祥3	850	9八十嶋祭の初見．	八十嶋祭
仁寿元	851	2大原野祭公祭化．	大原野祭
仁寿2	852	1常寧殿で大元法が開始(貞観8から治部省に場所を変える)．	仏教法会の概観(祈願法会)
仁寿3	853	この年，杜本祭の公祭化がなされたとされる．	杜本祭
斉衡3	856	4三位以上の名神の神主・禰宜・祝に把笏が許される．	
天安2	858	これ以後，貞観初期までに当麻祭公祭化．	当宗祭
貞観元	859	2季御読経創始．	仏教法会の概観(祈願法会)
		9石清水八幡宮の創祀．	

和　暦	西暦	事　　項	参照頁
貞観5	863	5神泉苑で御霊会が行われる.	
貞観7	865	10平岡祭公祭化.	平岡祭
貞観8	866	11松尾神に正一位. この頃, 松尾祭公祭化.	松尾祭
貞観18	876	4大神祭の初見記事. この年, 南都僧円如が薬師像など仏像安置のための堂塔を建立(祇園社の前身).	大神祭
貞観19／元慶元	878	この年, 疫病流行により, 観慶寺(祇園寺)に勅使を遣わす. 藤原基経が社壇を寄進(祇園社の始まり).	
仁和4	888	10宇多天皇が御記に「わが国は神国なり」と記し, 天神地祇を毎日神拝する日中の作法を定める. 11大神宝使を発遣する(一代一度大神宝使の始源).	 一代一度大神宝使
仁和5／寛平元	889	4当宗祭公祭化. 11賀茂臨時祭が創始され, 藤原時平が祭使となる.	当宗祭 賀茂臨時祭
寛平2	890	1元旦四方拝の初見記事.	四方拝
寛平6	894	4伊勢神宮への公卿勅使の制が開始.	
寛平10／昌泰元	898	3山科祭公祭化. 8三年一度の宇佐使が確立. 5十六社奉幣の初見.	山科祭 宇佐使
昌泰2	899	11賀茂臨時祭の恒例化.	
延喜2	902	4十六社を対象にしたものと見られる祈年穀奉幣が行われる.	祈年穀奉幣
延喜7	907	10宇多法皇, 熊野御幸.	
延長5	927	12『延喜式』完成・奏上(施行は康保4〈967〉).	祭祀の祝詞
天慶5	942	4朱雀天皇, 承平・天慶の乱平定の奉賽のため石清水臨時祭を創始し, 賀茂社に行幸する.	石清水臨時祭 神社行幸
天暦2	948	9一代一度仏舎利使の初見(宇多・醍醐天皇の際も行われたとされる).	一代一度仏舎利使
天禄2	971	3石清水臨時祭が恒例化.	
天延2	974	6祇園御霊会成立.	祇園御霊会
天延3	975	6祇園臨時祭が行われ, あわせて藤原兼通の祇園詣, 中宮奉幣が行われる.	祇園臨時祭
天元2	979	3円融天皇による初の石清水行幸.	神社行幸
天元4	981	2円融天皇による平野行幸の初例.	
永観3	985	4平野臨時祭の創始.	平野臨時祭
寛和2	986	12吉田祭の公祭化が決定.	吉田祭
永延元	987	8北野祭公祭化.	北野祭
永延3	989	一条天皇による初の春日行幸.	
正暦元	990	この頃, 宗像祭公祭化.	宗像祭
正暦2	991	6吉田・北野・広田社が加わり十九社奉幣成立.	
正暦4	993	11一条天皇による初の大原野行幸.	
正暦5	994	2梅宮社が加わり20社奉幣成立.	
長徳2	996	2祇園社が加わり21社奉幣成立.	
長保4	1002	この年, 内侍所御神楽創始とされる.	
寛弘元	1004	10一条天皇による初の松尾社・北野社への行幸.	
寛弘2	1005	11内裏温明殿焼亡, 内侍所で神楽・歌舞が奏される(不定期の内侍所御神楽創始).	内侍所御神楽

和　　暦	西暦	事　　　　項	参　照　頁
寛弘 3	1006	4 この頃には稲荷祭の祭礼が成立・定着.	稲荷祭
万寿 3	1026	3 清涼殿にて仁王経御八講.	
長元 4	1031	6 伊勢斎宮へ神託あり. 後一条天皇, 密々内侍所にて祈念を行う.	
長暦 2	1038	12後朱雀天皇, 内侍所御神楽を毎年恒例にすべき仰せを下す(実施の記録は寛治元以降).	内侍所御神楽
長暦 3	1039	8 日吉社が加わり二十二社奉幣.	
天喜元	1053	4 中山祭公祭化.	中山祭
延久 2	1070	8 石清水放生会公祭化.	石清水放生会
延久 3	1071	10後三条天皇による初の日吉行幸.	
延久 4	1072	3 後三条天皇による初の稲荷社・祇園社への行幸(十社行幸の成立).	
		4 日吉祭公祭化.	日吉祭
承暦 2	1078	10法勝寺大乗会創始.	
承暦 5	1081	11日吉が加わり,「永制」の二十二社が固定化.	
永保 2	1082	2 円宗寺最勝会創始.	
嘉保 3 ／ 永長元	1096	6 永長の大田楽が行われる.	
承徳 3	1099	2 因幡守平時範, 国司として初任神拝.	
天承 2	1132	6 二十余年中絶していた神今食の親祭を再興(中右記).	
保延 2	1136	9 春日若宮祭創祀.	
永暦元	1160	10新熊野社・新日吉社を創始.	
安元元	1175	6 蓮華王院惣社を創始.	
治承 4	1180	10京都の石清水八幡宮から勧請した社を鶴岡八幡宮の地に遷座(建久元に現在の高台の上に遷座).	中世・近世の祭祀制
養和元	1181	正月元旦, 源頼朝が鶴岡八幡宮を参詣(元旦初詣の初見).	
元暦元	1184	4 崇徳院廟社(粟田宮)を創始.	
文治 2	1186	4 重源と東大寺僧侶60名, 伊勢参宮.	
建久 3	1192	2 後白河院の不予御祈のため, 日吉臨時祭を斎行.	
		11粟田宮祭公祭化(翌年より 8 月を式日).	
建暦 2	1212	9 賀茂斎院礼子内親王退下(賀茂斎院廃絶).	
仁治 3	1242	1 四条天皇の葬儀, 泉涌寺にて執行.	
文永11	1274	6 九条忠家, 大嘗祭の故実を知らなかったという理由で摂政を解任. 新摂政の一条家経, 卜部兼文を師として『日本書紀』の勉強会を立ち上げる.	
弘安 6	1283	この年の秋, 一遍, 伊勢神宮参詣.	
正応 2	1290	7 北野臨時祭恒例化.	北野臨時祭
建武元	1334	9 後醍醐天皇, 石清水・賀茂行幸(以後文久 3 まで神社行幸中絶).	
延元元	1336	この年, 兵乱により伊勢斎宮祥子内親王, 野宮より退下(伊勢斎宮廃絶).	
延元 4	1339	秋, 北畠親房『神皇正統記』を著わす.	
永享 6	1434	9 伊勢外宮式年遷宮(以後, 永禄 6 まで中絶).	
文安 6	1449	8 二十二社奉幣, この年を最後に中絶.	
寛正 3	1462	12伊勢内宮式年遷宮(以後, 天正12まで中絶).	
寛正 4	1463	11後花園天皇新嘗祭(以後, 江戸時代まで中絶).	

和　　暦	西暦	事　　　　項	参　照　頁
文正元	1466	9神嘗祭例幣使発遣(以後，正保4まで中絶). 12後土御門天皇大嘗祭(以後，貞享4まで中絶).	
文明2	1470	10足利義政が諏訪社に祈願し，あわせて吉田兼倶に命じて「神祇官斎場所」(兼倶の邸宅の隣)において祈願.	
文明16	1484	11斎場所が日野富子の協賛により現在地(吉田神社境内)に遷座. この年，吉田兼倶『唯一神道名法要集』が成立.	
長享3	1489	この年，吉田兼倶による延徳の密奏事件.	
天文14	1545	8後奈良天皇，伊勢神宮に宸筆宣命を奉り，大嘗祭未実施を謝す.	
永禄6	1563	9伊勢外宮式年遷宮が再興.	
天正13	1585	10伊勢内宮式年遷宮が織豊政権の援助で再興.	
天正18	1590	3神祇官八神殿が吉田の斎場所に遷座.	
慶長4	1599	閏3後陽成天皇，慶長勅版『日本書紀神代巻』刊行. 4豊臣秀吉に豊国大明神の神号授与.	
慶長14	1609	9吉田の斎場所内八神殿を神祇官代とする.	
元和2	1616	4徳川家康没．久能山に埋葬(久能山東照宮の創祀)．日光にも祖廟が造営.	
元和3	1617	2徳川家康に東照大権現号宣下. 4徳川家康が日光に改葬される(日光東照宮の創祀).	
元和9	1623	1後七日御修法再興.	
正保3	1646	3日光例幣使が創始.	
正保4	1647	9後光明天皇の特旨により伊勢神宮例幣使発遣が再興.	
寛文5	1665	7諸社禰宜神主等法度(神社条目)発布.	
延宝2	1674	5内侍所法楽和歌再興.	
延宝7	1679	8石清水放生会再興.	
天和元	1681	寺社奉行，この年より山王祭・神田祭を隔年で行うことを命じる.	
天和2	1682	1伊勢神宮への宸筆宣命奏上再興.	
貞享4	1687	11東山天皇，大嘗祭再興.	
元禄元	1688	9神田明神の祭礼で初めて神輿が江戸城に入る. 11新嘗祭，新嘗御祈として再興.	
元禄7	1694	4賀茂祭再興.	
元禄12	1699	2神宮祈年祭再興. 4神御衣祭(伊勢神宮)再興.	
元文3	1738	11桜町天皇大嘗祭(辰巳節会など再興).	
元文5	1740	11新嘗祭，紫宸殿を神嘉殿代として再興.	
延享元	1744	9宇佐・香椎奉幣再興. 10上七社奉幣再興.	
文化10	1813	3石清水臨時祭再興.	
文化11	1814	11賀茂臨時祭再興.	
天保12	1841	閏1光格上皇の遺勅により諡号・天皇号復活.	
文久3	1863	2神武天皇陵・神功皇后陵に勅使発遣(山陵奉幣再興). 3孝明天皇，伊勢・石清水に勅使発遣，賀茂社行幸. 4石清水行幸. 5賀茂祭を行い，とくに攘夷を祈願.	

和　　暦	西暦	事　　　　　項	参　照　頁
元治元	1864	11北野臨時祭再興.	
元治2／慶応元	1865	2春日祭近衛使参向儀など再興. 4吉田祭再興. 6祇園臨時祭再興. 11大原野祭再興.	
慶応2	1866	4松尾祭再興.	
慶応3	1867	10大政奉還. 12王政復古の大号令.	
慶応4／明治元	1868	1神祇事務科が設置, 同年内に神祇事務局, さらに太政官内神祇官へと拡充. 3五箇条の御誓文. 一連の神仏分離政策の開始. 8明治天皇即位礼が京都御所内の紫宸殿で執行. 10天皇, 大宮氷川神社に参拝.	
明治2	1869	2祈年祭復興, 神宮奉幣使が吉田の斎場所(神祇官代)にて発遣. 3天皇, 伊勢神宮へ親拝. 6東京招魂社の創建. 7神祇官を太政官外に特立. 宣教使設置. 12神祇官仮神殿鎮座.	
明治3	1870	1神祇鎮祭の詔, 大教宣布の詔. 2二十九社奉幣. この年, 賀茂・石清水両臨時祭の廃絶.	
明治4	1871	1社寺領上知. 藤波家の神宮祭主職が免ぜられる. 5神社を「国家の宗祀」とし, 神官世襲廃止. 7師職(御師)の廃止. 郷社定則・大小神社氏子取調規則制定. 8神祇官廃止, 太政官下の神祇省へと改組. 9後七日御修法・大元師法・勅会など廃止. 10四時祭典定則・地方祭典定則制定. 11東京で大嘗祭.	近現代の祭祀制
明治5	1872	3神祇省・宣教使廃止, 教部省設置. 4八神・天神地祇を宮中に遷座. 6韓神祭など廃止. 5別格官幣社の社格が設定, 湊川神社が最初に列格.	
明治6	1873	1太陽暦への改暦に伴い五節句廃止. 10新年宴会・紀元節・天長節が祝日に, 元始祭, 孝明天皇祭, 神武天皇祭, 神嘗祭, 新嘗祭が祭日の休暇日と定められる.	
明治7	1874	この年, 菅政友による石上神宮禁足地内の発掘.	
明治8	1875	4式部寮達「神社祭式」.	
明治9	1876	10神道黒住派・神道修成派が別派特立. 12神宮明治祭式刊行.	
明治10	1877	1歴代皇后・皇妃・皇親を皇霊に合祀. 教部省廃止, 内務省社寺局設置.	
明治12	1879	6東京招魂社が「靖国神社」と改称, 別格官幣社へ列格.	
明治15	1882	1神官教導職分離. 5神道神宮派・神道大社派・神道扶桑派・神道実行派・神道大成派・神道神習派が独立. 9神道御嶽派が特立. 11神道修成派を除く8派が派名から教名に改めることが認められる.	
明治16	1883	1後七日御修法再興.	
明治17	1884	8神仏教導職廃止. 葬儀自由化. 10宮内省式部寮が宮内省式部職へ改組.	

和暦	西暦	事項	参照頁
明治22	1889	1明治宮殿完成．宮中三殿完成．2大日本帝国憲法・皇室典範発布．	
明治23	1890	1神宮祭主は皇族を任ずることが勅令で定められる．	
明治27	1894	2府県社以下神社神職職制．10神理教・禊教の独立公認．	
明治29	1896	1神宮司庁官制公布．	
明治31	1898	11全国神職会結成．	
明治32	1899	9神宮教改組，財団法人神宮奉賛会設立．	
明治33	1900	4内務省神社局特立．教派神道，仏教，キリスト教は新設された宗教局の管轄となる．6金光教会一派独立．	
明治35	1902	2官国幣社職制公布・施行．	
明治40	1907	6神社祭式行事作法告示．	
明治41	1908	9皇室祭祀令制定．この年，天理教一派独立認可．	
明治42	1909	2登極令制定．	
大正2	1913	6内務省宗教局が文部省に移管．この年，石上神宮造営．	
大正3	1914	1神宮祭祀令，官国幣社以下祭祀令制定．	
大正4	1915	11大正天皇即位礼・大嘗祭．	
大正5	1916	12神宮祭式行事作法成立．	
大正9	1920	11明治神宮鎮座祭．	
大正10	1921	4長日御修法・御修法大法再興．	
大正15	1926	5宗教制度調査会設置．	
昭和3	1928	11昭和天皇の即位礼・大嘗祭．	
昭和4	1929	12神社制度調査会設置．	
昭和14	1939	3招魂社が護国神社と改称．4宗教団体法公布(施行は昭和15)．	
昭和15	1940	1宮内省掌典職設置．11内務省の外局として神祇院設置．	
昭和20	1945	12神道指令発令．宗教団体法の廃止．宗教法人令制定．	
昭和21	1946	1元旦詔書(人間宣言)．皇典講究所・大日本神祇会・神宮奉賛会が発展的に解消し神社本庁設立．2神祇院や神社制度調査会，および明治以降の神社関係法令がすべて廃止．神社本庁が開庁．宗教法人令附則改正により，神社が宗教法人化．4剣璽動座停止．11日本国憲法発布．	
昭和22	1947	1新皇室典範公布．5旧皇室典範・皇室令廃止．日本国憲法施行．	
昭和49	1974	11神宮参拝にあわせて剣璽動座復活．	
昭和50	1975	11天皇，靖国神社参拝．	
平成2	1990	11明仁天皇即位礼・大嘗祭．	

(塩川哲朗)